弗洛伊德传

THE LIFE AND WORK OF
SIGMUND FREUD

Ernest Jones
Lionel Trilling & Steven Marcus

〔英〕厄内斯特·琼斯 ——— 原著
〔美〕莱昂内尔·特里林　史蒂芬·马库斯 ——— 编
张洪量 ——— 译

献给安娜·弗洛伊德
一位永恒父亲的忠实女儿

序

弗洛伊德曾多次强烈反对自己成为传记研究的对象，他给出了若干原因，其中之一是他认为唯一重要的东西是他的观点——而他的私人生活，他说，不可能是这个世界的兴趣所在。然而世界的反响却没有支持他的看法。弗洛伊德作为一个个体带着特殊意义站在我们眼前时，可以说现代再没有哪个伟大的人物能够凭借其不断发展的观点和气质，与他一样光彩夺目了。

究其原因，第一个答案当然在于他所取得的巨大成就及其价值。精神分析对西方生活的影响是不可估量的。起初精神分析只是作为应对某种特定的精神类疾病的理论，随后逐渐成为一个有关心灵本身的全新的重要理论。在一切与人类本质及命运相关的智力学科中，没有人能够绕过精神分析的影响。它的概念在大众思想中已经扎稳脚跟，尽管往往有些粗糙甚至有时略显变态，精神分析不仅仅是一个新词汇，更是一种全新的判断模式。对于这位为我们的心理习惯带来如此深刻而普遍改变的人物，我们对他怀有不可抗拒的好奇心，更重要的是因为弗洛伊德的观点影响了我们作为人类存在的方式，也是因为这些说法大多都是以一种非常激烈的个人方式被体验到的。

除了天生的好奇心之外，我们对弗洛伊德个人生活的兴趣还有另外一重原因，主要是理性上的或者我们可以说是一种学究式的原因。对于弗洛伊德个人历史的讲述可以促进我们对精神分析的进一步理解。与其他学科一样，如果对其发展史加以仔细研究的话，精神分析学也有着更为清晰和深刻的认识。但是精神分析的历史基本上就是它在弗洛伊德个人头脑中成长的历史，因为这个概念完全是由弗洛伊德自己创造出来的。我们并不否认他的早期助手们的杰出成绩——除了约瑟夫·布罗伊尔（Joseph Breuer），他的角色不只是助手而已——但我们可能要说，他们并没有为精神分析理论做出任何本质上的贡献。他们带给弗洛伊德的帮助主要包括对其思想的回应，以及在其知识圈中讨论他的观点和想法并提交临床经验来检验。弗洛伊德不仅是孕育了科学的那个人，同时也是将其发展成熟的人，这对于精神分析学来说并非完全是件好事。但这就是事实，重述弗洛伊德的生活，可以使我们对精神分析的概念获得更多亲密认知，这比从它的系统性研究中得到的更多，不论我们研读得多么清楚。而我相信这一点是教育机构进行精神分析训练时惯于恪守的教条。

弗洛伊德的生活对我们来说是值得关注的，还有第三点重要理由，同样也是最令人信服的。在于其生活本身的风格和方式，和我们能在其传奇品格中寻找到的魅力和意义。

这些魅力和意义的一部分，我认为源于弗洛伊德生活和工作之间的和谐共鸣。他的工作是宏大的、有序的、果敢而雄心勃勃的；而他的生活也毫不逊色。在我们这个时代我们很难找到这种共鸣。叶芝的一行诗句时常被人引用，它告诉我们："一个人必须选择完美的工作或完美的生活。"这是一句特别时髦的话。当然叶芝谈论的是诗人，他的意思是，诗人从自己的激情和冲动中获得诗的内涵和风格，而这种情感可能会成为其个人生活的某种障碍；他所说的是道德使命，那种使"生命完善"的强大力量，这是站在文学创作过程的角度来说的。其中蕴含着一些道理———一些弗洛伊德式的真谛——我们不必怀疑，但是我们必须留意到如今一种十分奇特的时髦趋势，即将诗人的人生作为所有传记的典范，以及强调他们的生活和工作之间是如何脱节的，力图在"完美的工作"之中发现"不完美"的生活，这是现代人的一种偏好。

如果是这样的话，那么弗洛伊德的人生则符合了一种老式趣味，它的审美特点是生活与工作和谐共鸣，这种生活从对莎士比亚高尚品格的信念中获得愉悦，从索福克勒斯（Sophocles）冷静的高贵和美丽中获得欣慰，并为弥尔顿（Milton）笔下的卑劣行径感到沮丧。弗洛伊德本人理想中的生活，就是我们可能会视为古典的那种品质。

在公开宣称自己想当一名英雄之前，弗洛伊德坦然而问心无愧地想要成为一个天才。这与一个事实无疑是相关的，即与他最喜欢的狄更斯小说《大卫·科波菲尔》（David Copperfield）里的主人公一样，他出生时也伴着胎膜，这是一个预示着命运的记号。他也是那种曾被古怪的陌生人预言将会成为伟人的孩子之一，他们根据他的外表就能未卜先知。弗洛伊德自己也曾谈及他从母亲的特殊关爱中汲取的不可估量的、甚至是神奇的强大力量——"一个人若始终是其母亲无可争议的最爱的人，那么他一生都会怀有一种征服者的感觉，这种对成功的信心最终往往会带来真正的成功。"他是七个幸存的孩子中最年长的一位，他与自己唯一的弟弟相差 10 岁，之间隔了 5 个妹妹——家庭的希望集中在他身上，犹太家庭通常都会对儿子寄予厚望；在维也纳的新犹太家庭里这种期待可能是特别高的。毫无疑问，弗洛伊德已经准备好迎接这些挑战，因为这与时代的精神完全一致——19 世纪 90 年代中期，在科学和艺术中取得个人成就的那种理想仍然存在，那时候还没有人从准弗洛伊德式的理论中发现"给孩子施加压力"的危险。实现成就的责任来自于家庭和其文化背景的双重压力，同时也被传统教育所要求的道德模式所强化。想要理解弗洛伊德的生活方式，我们必须首先明白普鲁塔克（Plutarch）的《希腊罗马名人传》对于欧洲的男孩子们曾有着何种重要意义。虽然作为一名犹太人，弗洛伊德很早就在罗马帝国的伟大将领汉尼拔身上找到了认同，但是他对罗马本身的想象则是众所周知的。他那种孩子气的军事幻想让位于成为文化英雄的雄心；当他梦想着有朝一日他的半身塑像会在大学礼堂里屹立时，他想象中最合适的一句铭文就是《俄底浦斯王》中的那句台词："解开狮身人面像之谜的人是全知全能的。"古罗马和古希腊的传统又被英语强化——英国是弗洛伊德心目中的理性与自由之邦，他常常流露出想要去那里生活的愿望；在他年轻时有段时间他几乎只读英语文章；那时他最喜欢的英语诗人是弥尔顿，他崇拜奥利弗·克伦威尔，后来还用他的名字为自己的一个儿子取名。在勇敢的英国清教主义与古老的公共美德的共同影响下，弗洛伊德的犹太家庭表现出更为私密但并不那么严苛的道德特点，这种观念也帮助塑造了他关于应当如何生活的观点：过一种严格的、坚韧的、光荣的生活。既然是这样，那么弗洛伊德的临床治疗就会不可避免地指向过分严苛的道德生活所造成的伤害，这实在是一个悖论；而在肯定社会和文化有权对个人提出巨大要求的同时，弗洛伊德也用非常悲伤的目光凝视着痛苦，那些在满足社会要求时必须忍受的痛苦。他对自身的约束是最为严格的，似乎以最为苛刻的性道德来生活，但正如他自己所说，他为一份超越社会容忍限度的"无比自由的性生活"而斗争。

弗洛伊德人生中一个特别有趣的事实，就是他早年的成功梦实现得相对较晚，他非凡的能力直到中年才逐渐显现出来。这在天才传记中不是很常见。弗洛伊德在年轻的时代无疑已经表现出其独特的思维和性格特点，这使得他的朋友和师长们都对他未来的成就抱有较大期望，因为他专业能力十分突出。但是根据弗洛伊德年轻时给出的证据表明，没有人被迫去预言他将来的卓越成就。可以肯定的是真正的成就在本质上是无法预测的，即便弗洛伊德早期科学工作中表现出的最佳状态，也无法与其最终的成就相匹敌。如果我们把伊丽莎白·冯·R小姐（Elisabeth Von R）的案例视为弗洛伊德成就的第一个迹象的话，我们暂且将这个案例的起始日期定为1892年（不太确定），那么使弗洛伊德功成名就的事业便是直到36岁那年才开始起航。

姗姗来迟的成就使我们不得不去考虑，弗洛伊德的智性成就有多少需要被同时视作一种道义上的成就。这里有两件不得不说的事。其一是我们必须提到中年人的勇气问题，当他面临家庭的责任，并非常传统地坚信自己必须担负起这份责任时，他为了理论而冒险，提出一种令其职业生涯中所有前辈深恶痛绝的观点。他所谴责的不仅是备受尊敬的道德基石，尽管非常令人信服，同时也是知识的根基——弗洛伊德的观点挑战了德国医学界已取得巨大进展所凭借的科学假设。对赫尔姆霍兹学派的人来说，思想（mind）——不是大脑，也不是神经系统——其本身就是造成自身失调的原因，甚至是身体机能紊乱的原因，这种看法比学术上的异端更为糟糕：这是一种亵渎。弗洛伊德正是在这些人的传统中接受了科学训练，他原本被寄予厚望将其装点和继承。事实上他从未完全否定它，因为他肯定它的决定论部分而否定其唯物主义精神，但是他所否定的方面激起了一场愤怒的暴风雨，他用极其从容和冷静的态度直面风暴。通过弗洛伊德成就的道义性质，我想说的另一件事是他的智力禀赋。对此他从不满意。他想象自己面对上帝时可能会向他抱怨没能给予自己"更好的头脑武装"。他对自身智力特点的评估之一是众所周知的："我不是真正的科学家，不是观察家，不是实验家，也不是思想家。我只是具有一种征服者（conquistador）的气质——如果更通俗易懂一点，就是一个冒险家——充满好奇、大胆，还有属于这类人物的那种韧性。"弗洛伊德对自己智力的低估可能令我们觉得好笑，假如我们无法理解他的话，可能还会觉得他这是一种虚伪的过度谦虚。然而弗洛伊德描述的正是事实。今天看来，不论他业已成熟的思想可以如何证明他智力上的成就，这些想法在当初刚刚被提出时，他并不觉得这是多么聪明的看法；这种感觉需要相当多的耐心，对事实的绝对忠诚和坚持。骄傲，这个词在其正面的意义上可谓弗洛伊德身上的一种突出气质。但是他在通往最终发现的道路上，走得勇敢而谦逊。科学家确实经常故意谦虚，但事实上弗洛伊德不仅向困难，同时向整个人类奉献了自身。这意味着令人恶心的，或者说遭到道德排斥的，甚至是亲自上阵的那种奉献。这不仅仅是通常意义上的才智，不仅仅只是一种精神力量，当弗洛伊德意识到病人所谓的童年时期遭受的性暴行都是谎言以后，意味着早期他基于这些故事得出的所有理论都必须被丢弃。这是那种能够控制某些事物的才智，超越了对欺骗的愤怒和对前功尽弃的懊恼。他没有去质问为什么所有病人都撒了同样的谎，他决定不去把它称为谎言，而是视作一种幻想，找出其中的原因，并创立了婴儿性欲理论。比才智更值得称道的是他还对自己的潜意识进行了重要分析。

弗洛伊德迟到的起步是他一生中最幸运的一件事，我们所发现的大部分传奇品质都是来源于此。因为他充满创造力的时期始于他成熟的岁月，因为他的思想必须慢慢发展，因为他必须保护它们免于世界的敌意，甚至是他助手们那些令人无法接受的修正，他的中年生活被赋予一种更为明显的英雄主义力量，和更为明晰的表述能力，比他晚年成熟时期更突出。在中年岁月里，他没有向时间投降，年轻时代的那些冒险和严格要求自己的浪漫情怀丝毫没有减退；如果有变化的话，那么就是这些情怀变得更加激烈和炽热了。随着年龄的增长，弗洛伊德感到力不从心，他常常说自己的能力在衰减，他越来越被死亡的问题困扰，这在某种程度上已经在《超越快乐原则》（*Beyond the Pleasure Principle*）中清晰无疑地表达出来了。但是阅读他的书信或详细探索他的生活的人们必须看到，弗洛伊德的核心能力减少得多么微小，他几乎不允许死亡侵袭自己。不只是因为弗洛伊德70岁时仍然可以在《禁忌、症状和焦虑》（*Inhibitions, Symptoms, and Anxiety*）中对神经症理论进行激进的修正（在美国出版时的题目是论焦虑问题：*The Problem of Anxiety*），更在于他所有人际关系仍然处于非常重要的阶段，包括一个多年以来许多人都很难维护好的——自己与自己的关系。当桑德尔·费伦齐（Sandor Ferenczi）坚持比较弗洛伊德与歌德之间的相似性时，弗洛伊德先是开了个玩笑，然后尖刻地批评了这种比较。但费伦齐的这种比较至少在一个方面是准确的，即弗洛伊德与歌德一样，都有能力在青年过后仍然长期保持着一种直接的、健康而富有创造力的兴趣。我们甚至在他疲倦和绝望的表达中也能感受到这种能力。

这一点即使在弗洛伊德晚年时期也未减退，这就是为什么弗洛伊德在人生的最后几年里，仍可能充分地吸引我们的注意力，与他生命中的其他时刻一样。这是一个充满悬念的关注。当阅读他早年经历时我们不禁问道："这个婴儿，这个男孩，这个年轻人，这个家庭的宠儿，真的会变成西格蒙德·弗洛伊德吗？"而读罢他晚年的叙述时，我们好奇地问："这个老家伙，这个老人，这个垂死的人，他还是西格蒙德·弗洛伊德吗？"他做到了，他的耐力不只体现在生活中，更是在他自己的品质里，这种耐力可以成就个人历史上最令人触动的生活。

晚年生活中弗洛伊德享受着——其实这个词并不恰当——一种远远超过他年轻时梦寐以求的胜利。1919年以后，虽然学界对精神分析的攻击尚未停止，但与弗洛伊德理论接受度的日益提高相比，它们的效果要弱得多。弗洛伊德的第70个生日在维也纳公开庆祝，而更多的荣誉接踵而至。弗洛伊德在知识界的声望或许还有些模糊，但已声名远扬。然而他总是干巴巴地说，他几乎没有一帆风顺的时候。弗洛伊德的最后岁月是他人生中最为灰暗的时日。尽管他对自己的生活提出了很高的要求，尽管他有着惊人的承受能力，但他长期以来一直以讽刺的眼光看待人类的处境；现在通过一连串事件，人类生存的残酷和非理性本质又以一种全新的可怕力量降临到他身上。

他的两位最杰出的同僚的背叛是这个时期弗洛伊德生活里最突出的重点。他从不轻易背叛，而他与荣格关系的破裂深深地伤害了他的个人感情。尽管早期的分裂已经令双方非常痛苦，但这种分裂是知识事业中非常正常的现象，不同的气质、文化和智力类型都会催生不同的结论。兰克（Rank）和费伦齐的背叛则是不同的类型。多年里，弗洛伊德都与二人过从甚密，尤其是费伦齐，他是弗洛伊德最喜爱的同事，弗洛伊德将他当儿子看待。这些被弗洛伊德寄予厚望的同事们转而对精神分析理论简单粗暴地加以修改，但这不是唯一原因，更重要的在于他们的分裂还伴随着个性上的深刻障碍，其中费伦齐最终死于发疯。

在弗洛伊德晚年之初，死亡的阴影是沉重的。安东·冯·弗罗因德（Anton von Freund）在经历了漫长而可怕的痛苦后，于1920年死于癌症，他曾通过大量财富来推进精神分析事业的发展，弗洛伊德也深深依恋着他。而几天过后，弗洛伊德收到女儿苏菲（Sophie）的死讯，她年仅26岁，美丽动人，弗洛伊德称她"星期日的孩子"（Sunday Children），苏菲4个月的儿子海因茨（Heinz）于1923年夭折。弗洛伊德对这个小外孙有着特殊的宠爱——他说海因茨对于他来说，比他所有子女和孙子孙女们都重要——他的死亡对他是个可怕的打击。弗洛伊德经历了每一次死亡，他也在其中失去了自己的一部分。他说安东·冯·弗罗因德的死亡是令他衰老的一个重要事件。苏菲的死，他说这是一场"永远无法治愈的深度自恋的伤害"。而小海因茨的死，他认为标志着自己情感生活的终结。

1923年他得知自己患了口腔癌。其间断断续续进行了33次手术，每一次都足够痛苦，16年里他忍受着极度的病痛维持着生命。他戴的假体又疼又难看，他的脸被扭曲了，说话也不利索，但我们知道，他是个有点爱面子的人。

当然，弗洛伊德也没有宗教信仰来帮助他面对自己的苦难。他也没有"哲学"的酊剂聊以自慰。他和约伯（Job）一样顽固，拒绝言语的慰藉，甚至他更加顽固，因为他不允许自己从抱怨中获得满足。事实正是如此。人生是一份严酷的、非理性的、屈辱的事业——没有什么能缓和这种判断。弗洛伊德仅仅将其视为《伊利亚特》（Iliad）本身来过活。

然而，没有什么能摧毁他，没有什么能真正削弱他。他常说自己日渐疲乏，但他没有。他常说自己漠不关心，但工作仍在继续。《文明及其不满》（Civilization and Its Discontents）这本十分重要的书问世时，弗洛伊德已经73岁。在他83岁去世的那年，他正在写作他的《精神分析纲要》（Outline of Psychoanalysis）。去世前一个月他还在接待患者。

正如他常说的，他可能对自己的生命漠不关心，不关心自己是生是死。但只要他活着，他就不会对自己漠不关心。正如我所说的那样，这种英雄式的利己主义正是他道德的秘密。"你们有什么权利这样做？"——当医生做出癌症诊断时，他的朋友们都想对他隐瞒真相，在他生命最后时日得知这一消息时他哭了，眼里燃烧着怒火。他已经很老了，这个故事如今已经覆盖了漫长的岁月，这种善意的欺骗实际上并未在他身上奏效，他瞬间的愤怒是因为朋友们开始怀疑他还能否自主思考，这种想法令他的自尊心受到了深深的侮辱。我们明白，他的爱的力量源于他的骄傲。当谈起女儿的死亡给他带来的伤害时，他说这是一种"深度自恋的伤害"。他继续说道："我的妻子和安娜尔（Annerl）所受到的伤害是更人性化的。"这可能暗含某种批评。尽管这种说法很值得怀疑，但如果他付出爱的方式确实没有其他方式，那么"人性化"，那也是十分迅猛和强烈的。弗洛伊德自身的利己主义使他认识并尊重他人的利己主义。在他深感疲惫、不堪重负之时，吸引他给那些陌生人回信的是何种力量？——例如用英文写一封长信，对一位深受儿子同性恋事实困扰的美国女人给予如此严肃的关注。

经历了多年来的巨大痛苦——生命将尽，弗洛伊德说他的世界是"一座充满苦痛的孤岛——漂浮在一片冷漠疏离的海上"——他没有服用任何止痛药，直到最后他才同意服用阿司匹林。他说他宁愿在痛苦中思考，但不能不保持清晰的头脑。只有当他确信，他的肉身已经失去他的心灵时，他才要求使用帮助他安然死去的镇静剂。

　　弗洛伊德认为厄内斯特·琼斯（Ernst Jones）是自己命中注定的、极其合适的传记作者。我们不能预见，在漫长的时光中还会有什么其他关于弗洛伊德的故事被写下，但我们相信这些作品或多或少都会借鉴琼斯医生这部权威和不朽的著作。琼斯医生有其独特的优势足以应对这项艰巨使命，这几乎不需要解释。他与弗洛伊德交往了31年。他在美洲大陆和英国地区的精神分析创立工作中扮演着举足轻重的角色。在弗洛伊德生前，为了保证他死后，那些他最为欣赏和信任的同事们仍然能够围绕精神分析事业共同合作，他创办了著名的"委员会"（Committee），琼斯医生是其中最聪明最富判断力的两三个人之一。他致力于精神分析——正如这个字眼本身的意思——在最正统的路径上发展它，他发现在责任心的强化下，他可以就与某些理论相关的事件与弗洛伊德进行讨论。他自身的显赫地位使其能够以一种深情而客观的视角看待弗洛伊德，同时笔下也流露出他自己的极大钦佩。他在许多领域里的知识储备都令他游刃有余，此外他的散文风格生动而明晰。

　　在个性的某些方面，琼斯医生与弗洛伊德很是相像。他没有也不渴望拥有弗洛伊德的那种宏伟的知识储备；他是极其善变的。但是他与弗洛伊德都拥有巨大的能量，尽管二人的能量风格不同，而且在琼斯医生那部记录个人成就及自身生活的未完成的自传中，我们可以看出他极富创造力的自我，还有他对英雄式的坚韧和成就的欲望是何等强大。

　　琼斯医生非凡的个人才能我曾有过直接的体验。在弗洛伊德百年诞辰之际他最后一次访问美国，同意为电视台录制一部影片，我被请去做他的谈话人。这部片子现在剪辑出来已经不到半小时了，但原始录像带长达好几英尺，拍摄了三天。那些天的工作任务比我想象的要艰巨得多。在5月的炎热的一天，琼斯医生和我坐在精神分析研究所（Psychoanalytic Institute）图书馆的桌子前谈论弗洛伊德、精神分析理论和琼斯医生本人的生活，灯光、摄像机、制片人、道具师（他的主要任务是摆放我桌子上那个烟灰缸）、带妆的男人、电工，在片场里，一切都强烈地刺激着我们的神经。

　　当时琼斯医生已经78岁了。就在他飞往纽约的前几天，他刚刚做完一场大型癌症手术出院，在飞行途中他还出现了大出血。然而琼斯医生看上去十分镇静,不知疲倦。在我们开工的第一天,中午剧组为他提供了午休时间,让他回到房间休息,他的医生舒尔(Schur)大夫也来了,后者也曾在弗洛伊德的最后几年里担任他的医生。我试图拒绝加入他们的聊天邀请,我想他可能需要小憩一下,或者至少不能一直说话。但这跟琼斯医生的想法刚好相反。舒尔医生是他的老朋友,而我高兴地发现,我正在成为他的新朋友。琼斯医生显然认为,谈话才是此情此景最该做的事。他还是同意躺下了,但是他一直与我和舒尔医生热情攀谈,直到下午重新开始工作。对于一部分人来说,对着镜头发表一段清晰机智的即兴演讲是相当困难的。但琼斯医生则丝毫不是这样;不论应对什么话题,他都能给出一段清晰、直观、具有说服力的完美陈述,并且似乎丝毫不费力;他只谈那些他知道并相信的东西,很显然他喜欢这样做。在每一天的工作结束后,琼斯医生都高高兴兴地前去出席所有等待着他的社交活动,我疲倦而僵直地望着他走远,心想我一定是认识了某个巨人种族的幸存者。

在琼斯的美国出版商的邀请下,马库斯先生(Mr.Marcus)和我着手将原来卷帙浩繁的三大卷,精简到一个适合普通读者阅读的版本,我想我们已经充分意识到我们的肩上是一份多么精细的任务。但是我们相信这本书将会是这样的,我们可以缩短原文的长度,同时确保不限制其范围或是删减其材料和架构,我们认为事实证明了这一点。

某些部分的删减可以认为是完全没有问题的。琼斯医生记录了他的陈述并透彻地给出了各种出处;但普通读者并不需要他提供的众多学术著述。毫无疑问,外科医生对弗洛伊德下颚动过的所有手术记录都是可以保存的,但大多数读者对此也不感兴趣。就其本身而言,琼斯医生对弗洛伊德理论的萌发到放弃的整个过程的记录是相当有趣的,然而他的那些概括说明,读者已经可以从前面的叙述中看出来。类似的情况还有,原始版本的第二卷中有近170多页都是琼斯医生对弗洛伊德1919年全部工作所做的总结和评论;但出于他的写作意图,这些篇幅使他对弗洛伊德科学工作中的某些情节段落做了一些更为经济的调整,我们保留了这份调查中的一些篇幅,将其转移到传记叙事的合适部分。原版第三卷中有近200页的"历史回顾",梳理了弗洛伊德与各个学科之间的关系和影响;这些篇幅固然很有意思,但事实上光是它们自己就可以独立了,有一些确确实实是与弗洛伊德的研究相关的,但对于理解他的生活和性格并不是很必要。这里我们保留了某些段落,并运用它们使得部分叙述更加明确。弗洛伊德的书信也总是相当有趣，但我们认为，那些全部或部分附在第二卷和第三卷后面的复印件并不能算是整个传记的一个组成部分。在原来的版本中，这些书信中的致敬和结语都占据了大量篇幅；如果不是特别有必要的，其他的我们都删掉了。我们保留了琼斯医生的部分脚注，一些提供了必要解释，不是特别有意义的也都删除了。

　　做出类似的决定并不困难。当然真正的困难在于处理文本本身。本书当中异常丰厚的材料使我们安心，而且我们也意识到琼斯医生需要处理的材料，比他写作所需要的多得多。除了他自己对弗洛伊德的了解，弗洛伊德一生中的大事件，以及"精神分析运动"的形成，以及它背后的这位伟大人物的人格特征等等，还有大量细节资料涌向他，因为他是"官方"的完全可信的传记作者。弗洛伊德的家人、朋友、同事们的个人回忆录、信件和其他文件也是他不得不面对的，这是一个极为庞大的规模。（据琼斯医生的儿子记载，当弗洛伊德的遗孀死后，满箱的信件被发现，琼斯把传记第一章几乎是全部重写了一遍。）在这样的情况下，传记作者既是幸运的，也是不幸的。一种天然的虔诚使他试图将每一个信息都保存下来，他觉得自己有责任展示一些可用的证据，或者还要讨论一下它们的利弊。举一个例子：在早期的叙述中有几次琼斯医生都引用了弗洛伊德一个妹妹的回忆，而他几乎每次都得出结论：她的记忆肯定是错的。我们认为，弗洛伊德妹妹的回忆——无论对与错，包括琼斯医生为什么认为它是错的——都是没有意义的。总的来说，只要在我们看来，琼斯医生将管理员的职责附加于传记作者的身上时，我们就会想办法减轻他的负担，以便他作为一位出色的传记作家的水平得以更加生动活泼地呈现给读者。

　　只有这样，规则才会指引我们走得更远。马库斯先生和我凭借着我们不佳的文学技巧，和对琼斯医生及其著作的敬重，以及我们对弗洛伊德本人及其思想的浓厚兴趣，完成了接下来的编辑工作。我们的方法是密切地讨论与合作。我们每个人分别阅读这些章节，分别标记我们认为可以删掉或保留的部分。接着我们一同阅读，比较我们各自建议删减的段落，通常总会滔滔不绝地讨论一番；我们的规则是遇到意见分歧，就先保留问题。在一些被我们删除的地方还添加了一些必要的转换，我们希望自己在这些部分承袭了琼斯医生本人的文风。

莱昂内尔·特里林（Lionel Trilling）

前　言

　　写作这本书的意图，并不是想让它成为弗洛伊德的畅销传记，市面上已经有了几本传记，其中夹杂着对事实的严重扭曲和大量不真实的信息。这本书的目的仅仅是记录弗洛伊德生活的主要事实，趁着我们还能知道——说得更有抱负一点——还试图把他的个性和人生经历与其思想发展联系起来。这不是一本会获得弗洛伊德本人批准的书。他觉得自己已经在著作中的许多段落里，透露了足够多的私人生活信息了——对此他后来确实后悔过——他有权保留私人生活；世界应该继续使用他所贡献的知识，而忘记他个性上的东西。但是他对自我揭露的忏悔来得太迟了。居心不良的人们已经开始忙于断章取义地诋毁他的人格，所以现在我们只有通过对他的内在世界和外在生活进行一次更为完整的阐释，才能纠正那些错误的说法。弗洛伊德家人们对他保留隐私的愿望表示理解和尊重，并且确实做到了。他们经常庇护着他，不让他成为公众好奇的焦点。然而，越来越多从来不认识弗洛伊德的人编造了许多虚假故事，故事逐渐累积成一个虚构的传奇，这些消息改变了弗洛伊德家人们的态度。于是他们决定给予我全心全意的支持和信任，在我的努力下，我将尽我所能地记录和呈现弗洛伊德生活的真实面貌。

　　人们可能普遍认为，伟大的人物因其地位显赫而丧失了在公众生活以外拥有私人道德的特权；通常他们的个人生活和他们为世界做出的贡献同样具有价值。弗洛伊德自己也经常对那些在伟人生活中没有被记载的细节表示遗憾，它们都是值得学习和效仿的；如果弗洛伊德没有他自己的天地，对世界来说是个很大损失。他呈现给世界的并不是一个十分完整的心灵理论，不是一个可以不必参考作者便能随意讨论的哲学命题，而是一场逐步打开的探视，我们的视线会偶尔模糊，有时又能清晰起来。他所揭示的洞见，不仅与其日益增长的知识结构相一致，并且与他的思想和人生观的演变保持一致。精神分析学，与其他任何科学分支一样，只能作为一种历史演变，而不能作为完善的知识系统来进行研究，它的发展与其创始人的个性有着十分密切的联系。

如我们所见，弗洛伊德采取了精心措施来保护他的个人隐私，特别是关于他早年生活的那部分。曾有两次，他销毁了他全部书信、笔记、日记和手稿。而这两次大清扫确确实实都是出于外部原因：一次是在他离开医院宿舍无家可归的时候；另外一次是当他彻底改变了他的住所布置。幸运的是，第二次销毁，即1907年的这一次也是最后一次，自那以后他开始仔细保存他的书信。关于第一次销毁文件的事，他在给未婚妻的信中风趣地写了如下的一段话；当时他才28岁（1885年4月28日）。

"我刚刚执行了一项决定，可能对一部分人来说是残酷的，这是一群尚未降生的但注定不幸的人。既然你想不到我说的是谁，那就让我来告诉你：他们是我的传记作者。我销毁了过去14年里我所有的日记、科学手记和出版物手稿。只有家庭信件留了下来。而你的信，亲爱的，当然毫无危险。所有的旧日友谊和交往的一幕幕又从我眼前划过，无声地走向死亡（我的思绪仍然停留在俄罗斯历史上）；我对整个世界的一切想法和感受，特别是世界如何看待我，都宣告了它们自身不值得被幸免。现在它们必须被重新思考了。我已经记下了很多。但是这些东西把我裹了起来，就像狮身人面像上面的沙土一样，很快我的鼻孔就会在一摞纸的上方出现。我不能离开这儿，在我死掉之前我得摆脱那些旧报纸带来的烦恼。除此之外，在我生命中决定性的突破之前，在我们走到一起和我召唤的选择之前，我将一切抛在脑后；它早已死去，不可否认那是一场光荣的葬礼。让传记作者气恼去吧；我们不会让他们的工作太轻松。让他们每个人都相信自己正确理解了'这位英雄的成长'：现在我甚至很乐意去想象他们是如何误入歧途的。"

弗洛伊德这场有趣的幻想伴随着轻快的嘲讽结论，在欣赏这段话的同时我们仍然敢于心怀希望，希望他最后的总结是一种夸张。

编写一本弗洛伊德传记的任务是相当惊人的。这些数据如此庞杂，在它们当中你只能有一种选择——希望它是最有代表性的——并将其展示出来；在弗洛伊德发展的特定阶段，仍有充足的空间去进行深入研究。我最终还是选择接受这项使命的原因是，我是我们那个小圈子（委员会）中唯一一名还活着的人，与弗洛伊德保持长期的亲密联系，我和弗洛伊德是40年的老友了，也被称为所谓"精神分析运动"中的核心人物。弗洛伊德通往精神分析之路上的那些学科我也都十分熟悉——哲学，神经学，语言障碍，精神病理学，也是这个顺序——帮助我去追随他的前分析时代的成果，及其是如何过渡到分析阶段的。我是这个圈子里唯一的外国人，也许这个事实某种程度上给了我机会，比其他人更具客观性。我对弗洛伊德的人格和科学成就均抱有无限的倾慕和崇敬，我的英雄崇拜倾向在我遇到他之前就已经出现了。弗洛伊德非凡的人格魅力——他性格上的突出特点——给他身边的人留下了深深的印象，而为他绘制一幅远离人类的理想化肖像，则是我能想到的对弗洛伊德最为严重的亵渎。他对伟大的诉求，很大程度上仰赖他的诚实和勇气，他用对于他人来说是无价的一种方法，去克服内心的困境和情感冲突。

目录
Contents

第一部分　性格形成时期和重大发现（1856—1900）/001

1. 早期（1856—1860）/002

2. 少年时代和青春期（1860—1873）/012

3. 职业选择（1873）/020

4. 医学系学生（1873—1881）/025

5. 医学生涯（1881—1885）/036

6. 可卡因的故事（1884—1887）/047

7. 婚约（1882—1886）/061

8. 结婚（1886）/085

9. 个人生活（1880—1890）/095

10. 神经科医生（1883—1897）/122

11. 布罗伊尔时期（1882—1894）/135

12. 早期精神病理学（1890—1897）/162

13. 弗里斯时期（1887—1902）/172

14. 自我分析（1897—）/193

15. 私人生活（1890—1900）/199

16.《梦的解析》（1895—1899）/211

第二部分　成熟时期（1901—1919）/219

17. 摆脱孤独（1901—1906）/220

18. 国际认可的开始（1906—1909）/231

19. 国际精神分析协会（1910—1914）/252

20. 反对　/277

21. 纷争　/288

22. 委员会　/303

23. 战争年代　/311

24. 生活与工作模式　/330

25. 性格和个性　/343

第三部分　最后岁月（1919—1939）/355

26. 重聚（1919—1920）/356

27. 分裂（1921—1926）/378

28. 进步与不幸（1921—1925）/399

29. 名誉与痛苦（1926—1933）/423

30. 在维也纳的最后时光（1934—1938）/460

31. 伦敦——结局　/474

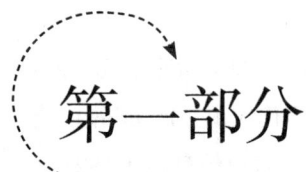

第一部分

性格形成时期和重大发现
（1856—1900）

第一部分　性格形成时期和重大发现（1856—1900）

1. 早期（1856—1860）

1856 年 5 月 6 日早上 6 点 30 分，西格蒙德·弗洛伊德出生在摩拉维亚（Moravia）弗莱堡（Freiberg）的锁匠街（Schlossergasse）117 号，1939 年 9 月 23 日于伦敦梅尔斯菲尔德田园街（Maresfield Gardens）20 号逝世。锁匠街后更名为弗洛伊德大街（Freudova）来纪念他。

在简短的自传（1925）中弗洛伊德写道："我有理由相信，我父亲的家族在莱茵兰（科隆地区）一带居住过相当长的时间，但是由于 14—15 世纪犹太人受到迫害，他们才逃亡东部，而后大约在 19 世纪，他们又从立陶宛折返，途经加利西亚（Galicia），迁回德属奥地利。"当纳粹颁布"种族"条令时，弗洛伊德半幽默半悲伤地抱怨道，在莱茵河畔，犹太人至少应该享有与德国人同等的权利，因为犹太人自罗马时期就在此定居了，而当时德国人还在抵抗凯尔特人的进攻。

弗洛伊德年幼时对自己家族的历史十分感兴趣，但除了一些关于罗马时期犹太人定居地的历史知识外，他口中有关家族与莱茵兰、科隆等地的故事是从何而来我们无从知晓。弗洛伊德的说法似乎后来又得到了证实，1910 年有人发现在南部蒂罗尔（Tirol）的布列瑟农（Brixen）（现在叫 Bressanone）教堂里有一幅署名为"科隆的弗洛伊德"的壁画。弗洛伊德和他的兄弟曾前去考察，但很难确认这幅画的作者是否果真是其家族祖先，甚至连他是不是犹太人都无法确定。

弗洛伊德的曾祖父名叫以法莲·弗洛伊德（Ephraim Freud），祖父叫史洛墨·弗洛伊德（Schlomo Freud）。后者于 1856 年 2 月 21 日逝世，也即弗洛伊德出生前不久；于是弗洛伊德后来的犹太名字便随他叫作史洛墨（Schlomo）。

他的父亲雅各布·弗洛伊德（Jakob Freud）是一名以羊毛交易为主业的商人，1815 年 12 月 18 日出生在加利西亚的蒂斯曼尼兹（Tysmenitz），于 1896 年 10 月 23 日去世。雅各布有过两段婚史。17 岁时他第一次订婚，在这段婚姻中他有两个儿子，老大伊曼努尔（Emmanuel），生于 1832 年或 1833 年，老二菲利普（Phillip），1836 年出生。1855 年 6 月 29 日，在雅各布 40 岁这一年，与阿玛莉亚·纳坦森（Amalie Nathansohn）在维也纳结婚；阿玛莉亚的寿命更长，1835年8月18日出生，1930年9月12日逝世。拥有一位活到81岁的父亲和95岁高寿的母亲，弗洛伊德恐怕注定长寿。雅各布·弗洛伊德比他儿子个子高一点，相貌酷似加里波第（Garibaldi），性情温柔，因而在整个家庭中很受欢迎。弗洛伊德说，他的外形几乎是父亲的复制品，心智上也有所继承。他曾说父亲像米考伯（Micawber）①一样"始终充满希望地期待着未来"。雅各布·弗洛伊德第二次结婚时已经是祖父：大儿子当时已经二十多岁，住在附近，有一个1岁大的儿子约翰（John），随后很快又有了一个女儿波琳（Pauline）。于是小西格蒙德一出生时就是个叔叔了，这后来也成为他年轻的脑袋里需要去应对的诸多悖论之一。

弗洛伊德的母亲性格活泼，笔者收集了许多她在维也纳和伊斯克（Ischl）两地时的往事。夏天她常前往伊斯克度假——在大部分老太太躺在床上时，她可能在打牌。伊斯克的市长来给她庆祝生日（碰巧那天也是国王的生日），还会带一束鲜花做见面礼，在她80岁生日那年她开玩笑道，以后这种半皇家式的访问活动应该每十年来一次。她90岁时，拒绝了一条漂亮头巾作为生日礼物，说这个东西会"显得她太老了"。在她95岁那年，也就是在她过世前六个星期，她的照片出现在报纸上；对此她评价道："一张差劲的复制品；我在照片上看起来得有一百岁。"对于一个年轻人来说，听她称那位杰出的大师为"我宝贵的西基"（mein goldener sigi）可能很奇怪，很明显母子二人之间始终保持着亲密的关系。年轻时她十分苗条漂亮，她也将自己的快乐、机敏和犀利的智慧保留到生命的最后时分。阿玛莉亚来自加利西亚东北部的布罗迪（Brody）地区，靠近俄罗斯边境。她的少女时代几乎都在敖德萨度过，她的两位兄弟生活在那里。很小的时候她随父母搬到维也纳，并仍对1848年的革命记忆犹新；她还保存了一幅画，上面有几个枪眼，就是那次事件中留下的。不到20岁时，她结了婚并生下了第一个儿子西格蒙德。21岁时，她产下第二个孩子，接下来又有了五个女儿和两个儿子，顺序依次为：尤利乌斯（Julius），在8个月的时候夭折；安娜（Anna），出生在弗洛伊德两岁半的时候（1858年12月31日）；罗莎（Rosa），玛丽（Mitzi），阿德菲娜（Adolfine），宝拉（Paula），亚历山大（Alexander），最后一个孩子只比弗洛伊德小10岁。其他孩子长大以后都各自结婚成家，只有阿德菲娜一直与母亲同住。

---

① 译者注：狄更斯小说《大卫·科波菲尔》中的人物。

第一部分 性格形成时期和重大发现（1856—1900）

弗洛伊德从父亲那里继承了幽默感，并对生活的悲欢离合持有敏锐的怀疑。他那种引用犹太人轶事来表达道德观的习惯，他的自由主义和独立思考，都与父亲有关，或许还继承了过分宠爱妻子的毛病。而从母亲那里继承的，根据他自己的说法，则是他的"多愁善感"。这个词在德语中的含义更是暧昧不明，很有可能是指他的性情方面，总是充满富有才能的激情。他的才智则是属于自己的。

弗洛伊德一共有五个叔叔，但被他提过名字的只有约瑟夫。约瑟夫（Josef）这个名字似乎总在他的生活中扮演某种角色。他的学生时代（1875—1883）在维也纳的凯泽约瑟夫大街（Kaiser Josefstrasse）度过，约瑟夫·帕内斯（Josef Paneth）（即《梦的解析》中那位"我的朋友约瑟夫"）是他在生理学学院的朋友和同事，后来也成为弗洛伊德的追随者，而约瑟夫·布罗伊尔（Josef Breuer）则是后来对他人生有长期影响的重要人物——他引导他走上了精神分析的道路。约瑟夫·波普尔-林克斯（Josef Popper-lynkeus）是对他有关梦的理论预测得最贴近的人。尤其重要的是，《圣经》中的约瑟夫作为著名的梦的阐释者，也是弗洛伊德自己梦里常常将自己伪装起来的形象。

弗洛伊德刚刚出生的时候长着茂盛的黑色鬈发，他年轻的母亲就戏称他为"小黑鬼"（little blackamoor）。成年后他的眼睛和头发也是深色的，但面色并不黝黑。他伴着胎膜出生，这后来被看作是保佑了他一生的幸福和声望的东西。曾有一天，他母亲在糕点店偶遇的老妇对她说，她为这个世界带来了一位伟大的人物，充满自豪和喜悦的母亲便对这个预言深信不疑。于是，英雄的外衣在摇篮中起就开始编织了。但是作为怀疑论者的弗洛伊德却并没轻率地接受。他写道："这种预言肯定很常见；世上有千千万万充满期待的快乐母亲，许多老农妇，还有其他一些被俗世生活抛弃了的老妇人，她们把目光投向未来；而且，这些女先知们也不会为她们的预言承担什么不良后果。"尽管如此，类似的故事似乎却总是重复出现，在弗洛伊德11岁的时候，这件事又被一则新的预言强化了，他对此还保有一点模糊的印象。后来他这样描述道：

> 十一二岁时，父母经常带我去普拉特（Prater）的餐厅吃饭，一天晚上，我们注意到有个男人正在餐桌之间游走，简言之他是在卖艺。他可以针对客人给出的任何题目即兴作诗。父母让我去把他带来，他对我表示了感激。于是，在我们给出他题目前，他先甩出了几行以我为题的诗句来，然后对我们

说，如果他能确信自己的灵感的话，有朝一日我会成为一名"内阁部长"。我至今仍然能清楚地记得这第二次预言带来的影响。那还是"布尔乔亚内阁"时期；我的父亲买回家一些肖像画，一些资产阶级大学毕业生，赫布斯特，吉斯克拉，安格尔，伯格，等等，他们的光彩装点了整个房间。在这些人当中，有一部分是犹太人，因此，当时每一名勤奋的犹太中学生都怀揣着成为内阁部长的梦想。这种影响后来使我在上大学前的一段时间想选择法学专业，直到最后一刻才改变主意。

在他后来描述的一场梦里，他成了一名内阁部长，而当时这种特殊的抱负在他清醒时早已不复存在；在成年以后的生活里，他对政治和政府的兴趣也只是平平常常。

母亲对长子的自豪感和爱，在这个成长中的孩子身上留下了一种强烈、深刻、不可磨灭的印记。正如他后来写的那样："一个人如果毫无疑问地成为母亲最心爱的孩子，那么他一生中都会有种征服者的感觉，对成功所怀有的信心，往往也会促使他最终真的获得成功。"自信是弗洛伊德性格中最有主导性的特征之一，他的自信心受挫仅有那么几次，而且将自信心溯源到母亲的爱这里来，毫无疑问也是正确的。而且正如我们所料，弗洛伊德是母乳喂养的。

弗洛伊德的家庭里也有一位奶妈，又老又丑，当孩子犯错时，她有着那种常见的既慈爱又严厉的态度；她很有本事也很能干，弗洛伊德在自己的著作中几次提起她，称之为"史前时代的老太太"。他很迷恋她，常常把自己的零花钱都送她，但提及后面这件事时，似乎只是一种相对模糊的银幕记忆（screen memory）[①]；或许这与后来她因偷窃而被辞退的事有关，这件事大约发生在弗洛伊德两岁到两岁半的时候。奶妈是捷克人，常常用捷克语与小弗洛伊德对话，不过后来他忘掉了这门语言。此外她还是一名天主教徒，经常带着这个小孩上教堂。她在他的头脑中植入有关天堂和地狱的概念，或许还有拯救和复活。从教堂回来以后的小弗洛伊德经常会讲道，详细描绘上帝都做了什么。

弗洛伊德对自己3岁前事情的清醒记忆相当少，事实上六七岁以前的他都不太记得清，但在对自己的分析中，他毫无疑问地重现了相当多之前可能已经忘掉

---

① 一种不重要的记忆，代替了与之相关的重要记忆。

第一部分 性格形成时期和重大发现（1856—1900）

的重要事情；他说自己做这件事时已经42岁了。后来他又从那些早先被遗忘的事件中重拾了捷克语。而在那些清醒的记忆中，有很多事件本身是相当平庸的，只有在遗忘的海洋中才显得与众不同。其中一件就是一次他出于（性方面的）好奇心闯入父母的卧室，接着被盛怒中的父亲轰了出去。

弗洛伊德两岁的时候仍会尿床，此时只有父亲会责骂他，而那位自我陶醉的母亲则不会。他回忆在这些场景下他说的话："别担心，爸爸。我会从新伊钦（Neutitschein）（本地区的首府）给你买一张红色的新床。"上述的这些类似经历促使他逐渐形成了一些典型观念，例如父亲在儿子面前代表否定性原则，代表约束、限制和权威；父亲代表的是现实原则，而母亲代表快乐原则。然而并没有理由认为，弗洛伊德的父亲比其他大多数父亲更严格。相反，一切证据显示，他的父亲非常友善、充满关爱，很宽容，同时公正客观。

还有一件弗洛伊德想不起来的意外事件，发生在他两岁时，他当时在一张凳子上，似乎正要找点什么吃的，一不小心滑了下去，下巴磕在桌子的边缘。他摔得很重，需要缝合，也流了很多血；后来这道伤疤伴随了他一生。

在这次事件前不久，发生了一件更严重的事。在弗洛伊德19个月的时候，他8个月大的弟弟尤利乌斯夭折了。在这个新成员到来之前，婴儿时期的弗洛伊德对母亲的爱和乳汁都享有独占的权利，而后他不得不从自己的经历中认识到，一个年幼孩子的嫉妒心可以有多强。在1897年的信中，他承认他曾对这位小对手怀有邪恶的愿望，并补充道，最终弟弟的死亡实现了他的这些愿望，而这引发了他的强烈自责，这种自责倾向自此开始持续了一生。[①]在同一封信中他谈到自己的力比多（libido）是如何被母亲唤起的。在他大概两岁到两岁半期间，一次他偶然撞见了母亲的裸体。由此我们可以看到，婴儿时期的弗洛伊德已经被有关出生、爱和死亡的问题深深困扰着。

有很多理由认为在弗洛伊德的童年时期，除父母以外最重要的人是比他大一岁的侄子约翰（John）。他们一直形影不离，而且一些迹象表明，二人之间的相互影响并非一直是天真无邪的。如我们所料，爱和敌意时常在二人之间交替，而且至少在西格蒙德这里，被唤起的那些情绪比正常状况下要强烈得多。后来谈及自

[①] 鉴于这段令人震惊的自白，20年后的弗洛伊德应该写一写，一个15个月大的婴儿是如何不可思议地对即将到来的新成员产生嫉妒之情的。

己少年时期的偶像汉尼拔和马塞纳（Masséna）元帅时他写道："或许这种对武力理想的崇尚可以追溯到更早些时候，3岁之前我总与一个比我大一岁的男孩一起玩耍，我们的关系在友善和敌意之间不断切换，二人之中相对较弱的那一方心中难免会产生对武力的崇拜感。"约翰自然是二人中更强壮的一个，但是小西格蒙德经得起他的挑战，并且也能应对得很好。他显然天性好斗，尽管这种倾向被成熟的个性抑制着；通常来说，了解他的人不会怀疑在他风度翩翩的举止之下燃烧或曾经燃烧过怎样的怒火。

弗洛伊德回顾自己的童年时代时曾经重复指出，他对约翰的矛盾心理影响着他性格的成长和发展。"在我3周岁之前，我们都是形影不离的；我们爱着对方，也时常打斗，正如我指出的那样，儿童时期我与约翰的关系对于后来我与同龄人交往时的情感模式有着决定性作用。我的侄子约翰后来有了许多化身，他根深蒂固地生活在我的潜意识中，并时常以一个又一个不同的面貌出现。有时候他会对我很坏，而我必须勇敢地反对我的暴君……"此外，"一个亲密的朋友和一个令我憎恨的对手也始终是我感情生活中不可缺少的部分；我总能再造他们，往往很接近我童年时期的理想，朋友和敌人恰是同一人；当然，不会像我小时候那样，这种巧合往往不是同时出现的"。

他很快意识到与自己是同龄人的这位小伙伴其实是他同父异母的哥哥伊曼努尔的儿子，他的侄子，而自己的父亲雅各布则是约翰的爷爷。真正应该做叔叔的是比他年长比他强壮的那个男孩，而不是他。弗洛伊德的智慧无疑是与生俱来的，但同时复杂的家庭关系对于他正在萌发的智慧、好奇心和兴趣来说也必然是一个强大的诱因。从很小的时候起，弗洛伊德就不得不去处理一些棘手的问题，一些对他情绪有着极大影响的问题。出于这种原因，我们有必要进一步强调其中的复杂性，并试图去弄清楚这些复杂事件对于成长中的儿童心灵来说具有何种意义。

在后来的生活中（大概19岁）伊曼努尔对他说，这个家庭已经由三代人组成了——这席话对弗洛伊德来说很有启发性。很明显，这与他自己早期的感受不谋而合。两岁半时，他的第一个妹妹安娜降临，家庭关系问题达到了亟待解决的地步。这个篡权者是怎么出现的，她为什么会出现，这一次他又将与谁分享母亲温暖的怀抱和那原本只属于他的爱？母亲体型的改变使这位善于观察的孩子懂得了一些有关婴儿来源的问题，但是他仍不知道这一切是怎么发生的。而在同一时期，就在母亲与她的新宝宝一同躺在床上的时候，弗洛伊德的奶妈也离开了。后来他得知,她被人发现偷窃钱财和玩具,菲利普坚持让警察来逮捕她[①];她被监禁了10个月。由于不太理解菲利普所说的消失是什么意思,弗洛伊德一直追着他问,并得到了菲利普半开玩笑的模糊回答:"她被关进盒子里了。"(Sie ist eingekastelt)一个成年人可以正确理解这句话的含义为"她进监狱了",但儿童则会从字面意思去解读它:"她被放进盒子里去了。"40年后,弗洛伊德根据这次事件,对自己童年的一段显然不知所云的记忆进行了引人入胜的分析。他看到自己站在一个盒子前,向他同父异母的哥哥菲利普泪眼汪汪地乞求着什么,后者把守着盒子的大门,现在正在打开。接着,他的母亲出现了,体型苗条(即没有怀孕),大概是从街上刚刚回来,要进房间。起初,弗洛伊德认为这段记忆的所指是嘲弄哥哥,随后被母亲的出现打断。然而,对这段记忆的精神分析却给出了相当不同的解释。他很想念母亲,她可能出去散步很长时间了,接着他充满焦虑地转向他调皮的哥哥,因为后者曾把他的保姆关进了盒子,于是他恳求后者把自己的妈妈从同样的命运中解救出来。哥哥热情地打开盒子安抚他,然而他发现妈妈根本不在里面,随后他又大哭起来。进一步的分析揭示出盒子是子宫的象征,向哥哥发起的焦虑的请求也不仅仅是由于母亲短暂地离开了,同时也抛出了一个更加令人焦躁不安的问题,即那个至关重要的场所中是否还藏着一个不会受欢迎的小弟弟。菲利普曾经参与把某个人关进"盒子"的事件,此外一种幻想此时已经逐步出现在他心中,这位与自己的母亲几乎同龄的同父异母哥哥,可能联手制造了安娜这位不速之客。

　　这次经历似乎产生了持续性的效果,因为弗洛伊德从未喜欢过这个妹妹。但是他明显已经与这些现象和解了,第二个妹妹出生时,他天性中慈爱的一面显露出来;罗莎成了他最喜欢的妹妹,阿德菲娜次之。

　　在孩子眼中,将父亲雅各布和保姆看作一对儿并不稀奇,两人都是令人生畏的权威代表。其次是伊曼努尔及其太太,最后剩下的就是菲利普和阿玛莉亚这一组同龄人了。这一切看上去严密而符合逻辑,然而一个糟糕的事实仍然存在,和阿玛莉亚睡在同一张床上的并不是菲利普,而是雅各布。这些现象令他困惑不已。

　　上述所谓的符合逻辑的结对想法,或许还有着更深层次的心理动因。将父亲

[①] 有人会谈起那个巧合事件,即弗洛伊德在弗莱堡时期所接受的最初的性启蒙,也是从一位名叫菲利普的人那里得到的。奇怪的是弗洛伊德应该记得并困惑地记录下这件事和这个名字,不过有关怀孕的知识他是从他哥哥菲利普那里获知的。

从家庭秩序的中心位置调离,可以避免与他结成围绕母亲的竞争关系,同时也将其从制造一堆讨厌小孩的恶作剧中豁免了。种种迹象表明,尽管父亲始终是权威和挫败感的来源,但弗洛伊德始终有意识地保留了对父亲的爱慕、钦佩和尊敬。他对父亲的态度里,任何一种有敌意的成分都彻头彻尾地被菲利普和约翰的形象接替了。于是在 40 年后当弗洛伊德意识到自己的俄底浦斯情结时他大为震惊,他不得不承认,自己潜意识中对待父亲的态度与表面迥然不同。仅在父亲过世后一两年的时间里要想产生这种洞见是不可能的。

为了尽可能追踪弗洛伊德早期发现的源头,我们有理由认为,他自己非同寻常的家庭关系曾有效促进了他理论中最重要的部分——即俄底浦斯情结的普遍性,同时鞭策了他的好奇心,也为完全的压抑提供了机会。

弗洛伊德从未在著作中提及伊曼努尔的太太。然而提到他的侄女波琳时却表现出一些感情。在他的银幕记忆中,她的出场有种色情意味,除此之外弗洛伊德还有过和约翰同时强奸她的无意识幻想。弗洛伊德谈到,他和侄子过去如何残忍地对待这个小姑娘,也许有人会说其中包含一些色情成分——不论是否表露了出来。这个特征也是首个信号,预示着弗洛伊德的性别构成里并非完全是男性气质;"成双结对"意味着与一位同性分享快乐。

弗莱堡是莫拉维亚东南部一个非常小的镇子,距离维也纳东北部 150 英里,靠近西里西亚的边境。镇上最醒目的是圣玛丽教堂(St.Mary's Church)200 英尺高的塔楼,还拥有一座全省最好的编钟。在弗洛伊德出生时这个城镇有 5000 人,几乎全是罗马天主教徒,新教徒和犹太人各占百分之二。小孩很容易发现自己的家庭从不上教堂,也并不属于镇上的主流,于是对于这一小圈非信徒来说,钟声传来的也不是友爱而是敌意。

对于这个小家庭福祉的负责人来说,这个时代令人倍感忧虑。雅各布·弗洛伊德是名羊毛商人,在过去的 20 年里,作为镇上主要收入来源的纺织制造一直走下坡路。与欧洲中心其他地区一样,机器生产方式的引进对传统手工业的冲击越来越明显。19 世纪 40 年代从维也纳修建的新北方铁路(Northern Railway)绕过了弗莱堡,使得该地区的贸易活动与外界脱节,引发大规模失业。1851 年复辟带来的通货膨胀使本地贫困加剧,至 1859 年意大利独立战争(Austro-Italian)时,该地区几乎遭到毁灭。

雅各布的生意也遭受了直接影响,而还有更为险恶的征兆加重了他的焦虑。

第一部分 性格形成时期和重大发现（1856—1900）

1848—1849 年革命带来的后果之一是，作为一股新势力的捷克民族主义在奥地利政治中崛起，捷克人针对德国奥地利人，即对波西米亚和莫拉维亚地区统治阶层的仇恨情绪被煽动起来。于是，接受德语教育的犹太人很快成为靶心；事实上，布拉格革命的缘起就是捷克人针对犹太纺织工厂主发起的叛乱。经济危机加上不断上升的民族主义最终将民众的矛头转向犹太人，他们是世袭的替罪羊。即便在弗莱堡这样的小地方，满腹牢骚的捷克纺织工也开始将犹太人视为造成经济窘境的罪魁祸首。尽管针对犹太人或其财产的实质性攻击尚未出现，但生活在这样一个落后的小镇，无人能感到心安。

即便一切情况没有这么糟糕，假如一直在这个偏远的衰落小城接受教育，西格蒙德也很难实现那位老妇曾为他预言的辉煌前景。雅各布有充分理由相信，在弗莱堡上学对西格蒙德的前途没有好处。于是 1859 年，在弗洛伊德年仅 3 岁时，这个家族又踏上了古老的迁徙之路，而此后 8 年，弗洛伊德再度踏上征途。

此次去往维也纳的路上，他们在莱比锡驻足并居住了一年，当火车经过布雷斯劳（Breslau）时，弗洛伊德第一次看见蒸汽；它们让他联想起在地狱中燃烧的灵魂。也是从这次路途中，弗洛伊德的火车旅行"恐惧症"开始了，为之忍受了十几年的折磨后（1887—1899），他才用精神分析的方法彻底化解了这个问题。事实证明，这与他对失去家园的恐惧有关（而归根结底是害怕失去母亲的乳房）——关于饥饿的恐慌又必然是对某些婴儿式贪婪情绪的反映。这一点在他后来的生活中也留下了印迹，例如对赶火车的过分焦虑。

一年后从莱比锡启程前往维也纳的旅途中，弗洛伊德偶然撞见了母亲的裸体；40 年后在与威廉·弗里斯（Wilhelm Fliess）的一封通信中，他说出了这个可怕的事实——并且用拉丁文书写。奇怪的是，他自称当时的年龄是两岁到两岁半之间，而实际上，踏上这段旅途时他已经 4 岁了。我们只能猜测弗洛伊德曾有过两次这样的经历，他将其压缩合并了。

伊曼努尔带着太太、两个孩子和弟弟菲利普一同移居到英国的曼彻斯特，在那里伊曼努尔小有成就，他在布料制造方面的积累为他谋得了不错的境遇。而他这位同父异母的弟弟，却从未停止对他此次移民的羡慕，在弗洛伊德后来的一生中，英国都是他相当偏爱的国家。

弗洛伊德告诉我们，人的基本性格塑造是在 3 岁之前完成的，后来的境况可能会对其有所调整，但无法彻底改变那时建立起的基本特征。而3岁恰恰也是弗洛伊德离开故土的年纪，结合这些具体情况我们或许可以说，从那时起，他便几乎从童年温暖的家庭生活中被撕裂出来。对此刻正在回顾的这段岁月我们知之甚少，但我们将试图探索它对弗洛伊德后来的成长究竟有何种影响。

凭现有的资料，我们似乎可以推断出弗洛伊德当时是个健壮的正常孩子，除此之外，还有少数几个使之与其他孩子区分开来的个人特征。这些线索很少，却相当重要。弗洛伊德是家里最年长的孩子，至少是他母亲的长子，因而很长一段时期里，他在所谓的内在家庭（inner family）中都处于中心地位。这个事实本身就有重要意义，因为家中的长子不论好坏，都与其他孩子不同。这种孩子内心可能会生发出特殊的重要感和责任感，也有可能产生自卑——直至另一个更小的孩子出现——成为他所在的社区里最脆弱的成员。无疑前一种情况更符合弗洛伊德；他对自己所有的亲属和朋友都具有强烈责任感，而这后来也成为他性格中的核心特征。这个重要转向很显然是由他对母亲的爱甚或说是崇拜促成的。他所建立起来的自信心达到了难以撼动的程度。

另一方面，这种宝贵的特权也不能想当然地占有。它同时也是一种挑战，而且弗洛伊德需要应对挑战。虽然他是家中唯一的男孩，但他的侄子约翰理论上说应该占据第二顺位，而有点荒谬的是，约翰比他年长，也更强壮。于是他不得不付出全部精力与之抗衡，以捍卫自己的地位。

当他意识到有人与母亲的关系比他更加亲密时，一些更阴暗的问题也慢慢浮现了。在他满两周岁前，又一个新生儿即将出世，而且这一事实很快就肉眼可见了。他不可避免地对入侵者产生了强烈的嫉妒，同时愤恨那个试图引诱母亲陷入如此不忠境地的人。然而他无法接受那位极其邪恶的诱惑者正是自己所挚爱的、完美的父亲，于是，他无视家中到底谁和谁睡在一起的事实，否定了自己的猜想。为了维护自己对父亲的爱，他用同父异母的哥哥置换了父亲，况且他对菲利普夺走他的保姆一事还耿耿于怀。这种方式似乎可以减少他心中的许多不快。

这是一种感性的而非理性的解决方式，然而从一开始直至生命结束，他从来都不满足于仅凭感性的方式来解决问题。他对于知性理解怀有真正的热情。起初这种对理解的需要某种程度上来说就是无法逃避的。他的聪明才智接受了一项他从不畏缩的任务，直到40年后，他多少找到了一条解决之路，而这条路使他的名字从此永垂不朽。

第一部分 性格形成时期和重大发现（1856—1900）

2. 少年时代和青春期（1860—1873）

相比于童年时代，我们对弗洛伊德的少年和青春期知之甚少。41岁那年他开始着手研究儿童早期发展问题，而对于少年和青春时代，他则同样缺乏动力和热情去研究和书写。我们对此仅有的了解来自他母亲和姐姐的说法，还有他个人一些零星的评论。从这些笼统的印象中，人们可以大致勾勒出一个不任性、认真学习和读书的"乖孩子"形象。作为母亲最心爱的孩子，他既有雄心壮志，同时信心十足，想要在未来的人生中做出一番事业来，尽管长远的方向尚不明确。早年在维也纳的生活明显不愉快。弗洛伊德后来说，有关3岁到7岁之间的事情他几乎不记得什么了："那是艰难岁月，也没什么值得记住的。"

弗洛伊德比较连贯的记忆是从7岁才开始的。在3岁到7岁之间有相关记载的只有五件事。第一件是他母亲讲述的，一次他用脏手弄脏了一把椅子，为了安慰母亲，他承诺长大成人以后会

西格蒙德·弗洛伊德，8岁，与父亲雅各布·弗洛伊德在一起，1864年。

2. 少年时代和青春期（1860—1873）

给她买一把新的——又是一个反映了复归倾向（restituting tendency）的事例，类似早先他向父亲许诺给他买一张新的红床。这表明他心中的爱比攻击性更强烈。第二件事更有趣，是弗洛伊德自己讲述的。5岁时，父亲给了他和妹妹一本书（内容是穿越波斯的故事），恶作剧似的建议他俩撕掉上面的彩页部分玩：显然这不是一个严酷的父亲。这是一种怪异的教育方式，但颇有成效，后来弗洛伊德把他人生中最早的激情追溯到这段小插曲上来——它激发了他藏书的热情。另一段记忆，是在他6岁那年，母亲严肃地告诉他，人生于尘土，亦将归于尘土。他对这段令人不快的说法表达了自己的怀疑，于是母亲把双手合拢搓了几下，把搓下来的黑色死皮给他看，表示我们人类确实是泥土做的。他震惊得无以复加，这也是他人生中第一次捕捉到了有关不可抗拒之事的感觉。他这样说道："那是我逐渐理解了后来我将听到的那句话'你欠自然一个死亡。'（Thou owest nature a death.）"

另一件有意识的记忆是在他大约七八岁时，一次他（故意）在父母的卧室里撒尿，暴怒中的父亲慨叹道："这孩子将来肯定一事无成。"这句预言与父亲对儿子一贯的自豪态度大相径庭。对此弗洛伊德这样写道："这件事想必对我当时的雄心壮志造成了可怕的打击，因为在我的梦中常常反复出现对这个场景的指涉，还经常与我所取得的成就联系起来，仿佛我在说：'你看，最终我还是做成了不少事。'"

在维也纳的第一个住所是在胡椒小巷（Pfeffergasse），位于利奥波德史塔特区（Leopoldstadt）（大部分都是犹太人）的一条小街上。随着家庭成员的迅速增加，弗洛伊德一家不得不再次搬家，来到凯泽约瑟夫大街的一间更大一些的公寓，1875—1885年间他们都住在这里。这栋公寓有一个客厅，一间餐厅，三个卧室，和一间"内室"，这个面积对于8个人来说并不宽松。房子里没有浴室，不过每两周都会有一群强壮的搬运工抬来一个硕大的木头浴缸连同几小桶冷水热水，放在厨房里，第二天再来搬走它们。等孩子们稍大一些，母亲便带他们去外面的公共澡堂洗澡。"内室"是一个狭长的房间，与公寓的其余部分隔开，有一扇窗可以眺望街道，这间屋子被分给了西格蒙德；屋里有一张床、椅子、书架和写字台。他在这里生活、学习，直到去医院实习；从他的小学、中学到大学时代，这间屋子的唯一变化就是书柜数量不断增多。十几岁时，他喜欢在自己的房间里吃晚饭来节省时间学习。他有一盏油灯，而其他房间只有蜡烛。

弗洛伊德的妹妹曾讲述了一个有些伤感的故事，从中我们可以看出弗洛伊

第一部分 性格形成时期和重大发现（1856—1900）

德和他的学业在整个家庭中都倍受重视。在她大概 8 岁左右时，他们那位颇有音乐天分的母亲让她学习钢琴，尽管安娜弹琴的地方离弗洛伊德的"内室"还有相当一段的距离，但琴声仍然干扰了他的学习，他坚持把琴搬走；于是钢琴被搬走了。此后，家中任何人都没再接受过音乐方面的训练，后来弗洛伊德自己的孩子也是如此。弗洛伊德对音乐的厌恶也是他众所周知的一个性格特征。

在来自母亲的第一堂人生启蒙完成后，弗洛伊德的父亲接手了他的早教任务。尽管是自学，但他显然非常聪明，在智力和前景上都展现出高于常人的水平。如果这个说法属实，那么小弗洛伊德这一时期的进步便是他和父亲之间友好关系的证据。他说从 12 岁起，他就常常和父亲一起在维也纳的郊区散步。那个时候，体育爱好在欧洲中部还没有那么盛行，所以那时他最着迷的运动无疑就是散步，尤其是在山坡上散步。弗洛伊德后来也谈到过，独自一人散步是他学生时代最大的乐趣。他还说自己喜欢滑冰，不过这在当时属于过于基础的运动。弗洛伊德还很擅长游泳，他不会错过任何一个泡在湖里或海水中的机会。他说唯一的一次骑马经历令他颇感不适。此外他还是个很厉害的徒步旅行家。65 岁那年他参加了一场哈尔茨山脉（Harz Mountains）的徒步旅行，跟他一起去的五六个同事都比他小 25 岁以上，结果无论是速度和耐力上，弗洛伊德都超过了他们。

17 岁时，弗洛伊德与父亲唯一的分歧似乎显现出来，他当时严重痴迷于买书，常常无力支付。弗洛伊德的父亲并不是通常意义上的严苛的类型，在做出各种各样的决定之前他也常常会询问孩子们的意见。这些议题会在"家庭会议"上提出，例如为小儿子取什么名字的讨论会。西格蒙德投票支持"亚历山大"（Alexander）这个词，他的意见后来得到采纳，他选择的理由是亚历山大大帝的慷慨伟大和军事上的智勇双全。为了支持自己的选项，他还把马其顿胜利的故事从头到尾背了一遍。

然而，弗洛伊德的父亲归根结底是一名犹太家长，因而也要求相应的尊重。钢琴家莫里斯·罗森塔尔（Moritz Rosenthal）讲过一段往事：一天他正和自己的父亲在大街上争吵，这时雅各布·弗洛伊德走了过来，笑着责备他道："你怎么顶撞你父亲呢？我的西格蒙德虽然连小脚趾头都比我聪明百倍，但他也从来不敢这么顶撞我！"

对于弗洛伊德的宗教背景我们知道的不是很多。当然，他曾受到过天主教的奶妈的影响，或许正是那个时期的恐怖印象导致弗洛伊德后来对基督教信仰和相关仪式都相当反感。他的父亲必定是在正统犹太家庭中长大的,弗洛伊德本人对于犹太传统习俗和节日应该也非常熟悉。弗洛伊德的孩子们曾向我保证,他们的祖父已经成为绝对的自由主义者了,但是仍有一些证据指向相反的结论。他无疑是一个开明的人,持有进步的观点,并且在他移居维也纳后也不太可能保留十分正统的犹太习俗。然而,雅各布曾在儿子35岁生日时送了他一本《圣经》,并用希伯来文写了以下的题词:

> 我亲爱的儿子,
> 在你只有7岁时,上帝的圣灵就开始启迪你去学习。我想说,上帝告诉你:"读我的书;知识和智慧之源在这里向你敞开。"它是书中之书,这是智者挖掘的井,立法者从中汲取知识。
> 在这本书中你看到了全能者的异象,你甘愿倾听,你已做到,并试图在圣灵的翅膀上高飞。从那时起我便保存着这本《圣经》。现在,在你35岁生日这天,我把本已安睡了的它拿出来,交给你,象征着你年迈的父亲对你的爱。

弗洛伊德说自己受早年阅读的《圣经》影响很深,但除了历史兴趣以外,只能从伦理层面上这样讲了。弗洛伊德的成长排除了一切有关上帝或永生的信仰,并且似乎他从来没有过这种需要。那种通常会在青春期流露出来的情感需求,率先表现在一些尚且模糊的哲学思考中,而后很快呈现为对科学原理的热切执著。

9岁时弗洛伊德通过了一项考试,使他有机会比正常孩子提前一年进入高中。中学时代他取得了卓越的成绩。在8年中学生涯的后6年里,他在班里的成绩始终名列前茅。他在班级中享有的特权地位几乎是毋庸置疑的。17岁时他以相当优异的成绩毕业,父亲为此许诺他一次去英国旅行的机会作为奖励,这个诺言也在两年后兑现了。

为了报答父亲的教诲,他开始为妹妹们辅导功课。他甚至在妹妹们的阅读方面进行一些审查,告诉她们读哪些书现在还为时尚早。例如妹妹安娜15岁时被警告不许碰巴尔扎克和大仲马。他是一个真正的老大哥。在一封写于1876年7月的信中,他告诫小他4岁的妹妹罗莎,切莫被一些社交上的微小成就冲昏头脑。当时罗莎正和母亲一同呆在博岑(Bozen),她参加了一次齐特琴(zither)演出,尽管她对这种乐器只是略知皮毛。这封信字里行间充满了人情世故,弗洛伊德告诉她,人们往往会不着边际地赞美和恭维年轻姑娘们,而这种行为会对她们今后的性格造成不良影响。

年轻的西格蒙德无疑全神贯注于他的研究,十分勤奋。阅读和学习似乎占据了他生活的绝大部分。甚至前来拜访他的那些朋友也常常被他带到"内室"里去讨论一些严肃问题,不论是在学生时代还是其后都是如此。这件事令他的妹妹们非常不满,她们不得不眼睁睁看着这些男孩子从自己身边走过。弗洛伊德学习的一个显著特点是偏爱各个学科领域中卷帙浩繁的专著,而不太喜欢教科书中给出的精简材料,这种倾向在他晚年的考古学阅读中也很明显。他在研究以外的领域也广泛阅读,尽管他自称13岁以后才开始读第一本小说。①

他在语言方面的天资十分突出,后来他成为公认的德语散文大师只是其中一个例子。除了精通拉丁文和希腊文外,对法语和英语他也掌握得相当全面而透彻,此外他还自学了意大利语和西班牙语。当然他也会希伯来语。他特别喜欢英语,他告诉过我,有那么十几年里他所有的读物都是英文的。

他尤其钟爱莎士比亚,8岁起就开始阅读他的作品,一遍又一遍,还总是准备着从剧本里引用一句恰当的台词。他钦佩其高超的表达能力,更钦佩其对人性的深刻理解。不过我记得他对莎士比亚的个性有过一些非常时髦的看法。他还坚持认为从莎士比亚的面容来看他不可能是盎格鲁-撒克逊人,一定是法国人,他觉得他的名字应该是雅克(Jacques)和皮埃尔(Pierre)的变体。弗洛伊德对培根主义的说法嗤之以鼻②,但他后来对于莎剧的原作者是牛津大学的厄尔(Earl)这种观点又相当认同,我的质疑还曾令他大为失望。

非犹太人可能会说弗洛伊德有一些非常明显的犹太特征,例如热衷于犹太人的笑话轶事等,这可能是他最突出的特点之一。他认为自己的犹太性深入骨髓,显然对他意义重大,他有着犹太人通常的那种对反犹主义的强烈敏感,他也很少跟非犹太人交朋友。他强烈反对那种犹太人不受欢迎或低人一等的想法,显然在校园时代他曾有过不少烦恼,特别是在大学,那时反犹主义已经逐渐遍及维也纳。他早年经历的那个德国狂热的民族主义时期已经永远结束了。

---

① 大概特指现代小说。他已经读过许多德语文学经典。
② 译者注:原文为"Baconian theories",一种认为莎士比亚和培根是同一人的说法。

2. 少年时代和青春期（1860—1873）

顺从不是他的天性，12岁时父亲给他讲述了自己的一段伤痛经历：一天一个非犹太人把他的新皮帽打落到污泥里，还冲着他大叫："犹太佬，滚出人行道。"这件事令父亲在弗洛伊德心中的地位一落千丈。他愤怒地问道："那您是怎么做的呢？"父亲冷静地回答："我走进阴沟，拾起了我的帽子。"父亲这位昔日偶像身上所缺失的英雄主义，促使弗洛伊德立即联想起一个反例：罕弥卡尔（Hamilcar）让儿子汉尼拔（Hannibal）在家族祭坛前发誓，有朝一日将向罗马人报仇雪恨。弗洛伊德明显将自己认同为少年汉尼拔，因为他说自那以后，汉尼拔便在他的幻想中占据了一席之地。

在他的成长过程中曾出现过一个明显的军国主义阶段，他最终将其追溯到幼年时期与侄子的战斗上。在学会阅读后，落入他稚嫩之手的第一本书是梯也尔（Thier）的《执政府和帝国的历史》（*Consulate and Empire*）。弗洛伊德还告诉我们，他曾在木头士兵玩具的背面贴上拿破仑手下将领们的名签。这些将领中他最中意的是马塞纳，后者通常被认为是犹太人；他还错误地认为，他们二人出生在相隔百年的同一个日子，而这又进一步助长了他的英雄崇拜。14岁那年爆发的普法战争激起他浓厚的兴趣。他的妹妹说，当时西格蒙德在写字台上铺了一张大地图，用小旗子仔仔细细地跟进战役。他会对妹妹们宏观地描绘战争，也会分别分析交战方各种行动背后的意义。但是，他想成为将军的梦想在逐渐褪色，23岁那年，正处于科研期间的他在军队里度过了无聊的一年，这使得他任何残存的军事热情都归于寂灭。

19岁，弗洛伊德踏上了他梦想中的国度英格兰。同父异母的哥哥移居至此并在此把孩子抚养长大。在这里，犹太人可以远离日复一日的迫害，不必像在奥地利那样成为众矢之的，弗洛伊德对这种生活的嫉妒从未停止。关于此次游玩，我们唯一知道的故事是他由于把名词性别①带入并没有词性之分的英语中而引发了一些尴尬。他的妹妹还有另外一些记录，说伊曼努尔当时给父亲写了一封热情洋溢的信，称赞弟弟的性格和进步。另外这次访问也使得弗洛伊德对奥利弗·克伦威尔（Oliver Cromwell）的长期仰慕加深了（他的第二个儿子就是以克伦威尔命名的）。此外，与这位同父异母的哥哥的一段谈话，使他对父亲去阴沟捡帽子受辱的那件事的批评态度有所缓解。后来，当弗洛伊德的人生道路变得稍稍平坦些

---

① 译者注：德语有阴性阳性，英语则没有。

时，他坦白曾一度沉迷于幻想自己是伊曼努尔的儿子。

有关弗洛伊德在青春期性方面的发育成长，我们仅知道一件事。根据我们所熟知的他那种平衡和谐的成熟感，以及明显相当成功的青春期升华可以判断，他的青春期比大多数青少年更平稳。

即将谈到的这个故事有关弗洛伊德的初恋。在他16岁那年，他第一次重访自己的出生地。当时他住在父母的好友弗路斯（Fluss）家里，弗路斯与他父亲一样也是做纺织品生意的。他的女儿吉塞拉（Gisela）是弗洛伊德儿时的玩伴，小他一两岁，这次回去后，他一下子爱上了她。但弗洛伊德过于害羞，不仅没能向她表达感情，甚至连一句话都没跟她说，而几天后她便离开家回学校去了。这位惆怅的年轻人只能通过在林间漫步排解心中的忧愁，散步时他幻想着，假如当初他们一家人没有离开这片欢乐之地，现在的生活将是多么美好。他也许会跟那位姑娘的兄弟们一样，长成一个结实的乡村小伙，然后娶她为妻。所以这一切都是父亲的错。也许如我们所料，这些幻想中还无意识地伴随了一些深层的、显而易见的性的意味。

这件事后来又与另一件事相互关联起来，弗洛伊德发现他的父亲和哥哥

弗洛伊德，16岁，与母亲阿玛莉亚·纳坦森·弗洛伊德在一起，1872年。

伊曼努尔在筹划着让他停止对知识的过度追求,代之以一些更为实际的人生规划。他们希望他接下来在曼彻斯特定居,并迎娶同父异母的哥哥的女儿波琳,后者也是他幼年时期的伙伴之一。于是,吉塞拉·弗路斯(Gisela Fluss)和波琳便在他这里发生了关联。他对前者那段伴之以无意识色情幻想的恋爱插曲,又必然激活了幼儿时期对波琳(无疑本质上是其母亲替代物)的强奸幻想。

后来在维也纳面临生计困境时,这个瞬间又时常闪回,他错过了去选择一种更安逸的生活的机会,他想,父亲当时的计划或许也是有道理的。但这个想法最终没能实现。在他 19 岁访问曼彻斯特时,波琳对他态度很冷淡,这或许也是他后来坚持继续科研事业的原因之一。如果当年她的魅力比得上那位乡村姑娘,也许今天我们的世界是另一番模样。

第一部分　性格形成时期和重大发现（1856—1900）

3. 职业选择（1873）

离开学校后，弗洛伊德不得不面临令人焦虑的择业问题。当时他尚未做出任何决定，父亲在这件事上也给予他绝对自由。少年时代那些成为将军或内阁部长的梦想在现实面前荡然无存。作为一名生活在维也纳的犹太人，可以选择的领域只有工业、商业、法律和医学。从事工业活动的想法很快就被这位智力型的男孩抛弃了，尽管他偶尔也会遗憾没能选择更安稳的生活。他似乎也曾怀着投身社会工作的目的，短暂考虑过法学专业——算是对早年政治抱负的一种回应，但心灵深处的动力驱使他选择了另一个方向；另外一个奇特的事实是，弗洛伊德人生中唯一一次失败的考试科目是法医学。

他觉得医学本身没有直接的吸引力。晚年时期，他没有隐瞒自己从未对医学感到精通的事实，他似乎也从不觉得自己是正规的医学人士。我记得早在1910年他就曾叹息着表示，从医疗工作中退休后他希望致力于解决有关文化和历史的相关问题——一些关于人类是如何如其所是的重大的终极问题。然而今天，世界已经在众多领域恰如其分地接纳了他，也包括认为他是一名伟大的医生！

这里是他个人的记录：

虽然当时的生活条件有限，但父亲坚持认为我应当按照自己的意愿来选择职业。但不论是当时还是以后，实际上我对医生的职业从未有过特殊偏爱。我的好奇心和动力是有关人类的，而非关于自然世界的；我也尚未意识到观察的重要性，没能从观察中获得好奇心的满足。

正如我后来认识到的那样，小时候对《圣经》故事的耳熟能详（当时我几乎还没有掌握阅读的艺术）对于我后来的兴趣方向产生了较为持久的影响。在学校里，我和一位学长的友谊也对我产生了很大影响，这个学长后

3. 职业选择（1873）

来成了一位知名政客①，而这使我逐渐萌生了想要学习法律并参与社会活动的愿望。与此同时，我还被风靡一时的达尔文理论吸引，因其使我们对世界的理解得以突飞猛进；另外就是在毕业离校前的一场备受欢迎的讲座上，卡尔·布吕尔（Carl Bruhl）教授高声朗读了歌德的《论自然》（*On Nature*）的一段美文，听罢我决定学医。

还有另外一个版本：

经过了41年的医疗工作，我的自知之明告诉我，我从未成为一名真正意义上的医生。我被迫偏离最初的目的成为一名医生；而我生命的胜利则在于，经历了漫长而迂回的旅程后，我回到了最初的道路上。我没发现自己早年有什么救苦救难的强烈渴望，我天性中的施虐倾向不是很突出，因而也无需发展它的这种衍生物。我连"医生游戏"都没玩过；我显然选择了其他途径来满足儿童时期的好奇心。在年轻时，对于我们身在其中的整个世界之谜，我怀有十分强烈的愿望想要了解，甚至希望可以为它的答案贡献力量。实现这一目标最有希望的方法似乎就是进入医学院。即便如此，我还尝试了一些其他学科——动物学和化学——最后宣告失败。直到最后，在那位对我人生影响最大的布吕克（Brück）教授的影响下，我最终决定学习生理学，但是在当时它还过于狭隘地局限于组织学（histology）相关知识。那时我已经通过了所有的医学课程考试，但是我对医学仍然毫无兴趣，直到后来一位我很是敬重的老师告诫我，鉴于我个人的经济条件，将来从事理论研究是不太可能的。于是我修完了神经系统组织学和神经病理学的课程，之后又受到一些新鲜事物的影响和敦促，转而关注神经症（neuroses）。然而我也很少认为由于我缺乏真正的医学气质，就给我的病人带来什么伤害。如果医生的治疗兴趣过于集中在对情感的强调，这于病人来说反而是无益的。尽可能精准和冷静地完成任务才是对病人最有好处的。

---

① 译者注：这位学长即海因利希·布劳恩（Heinrich Braun），奥地利社会民主党政治领袖和社论作家。

这些神圣的好奇心主要是关于人类的存在和起源之谜，甚或延伸到有关整个宇宙的本质问题；而对于弗洛伊德来说，他感兴趣的显然是前者。同样，好奇心寻求两种可能的途径之一来满足自身，即通过哲学思辨或科学调查。我们知道弗洛伊德事实上选择了哪条道路，维特尔斯（Wittels）[①]对此有一番精明的看法。他认为弗洛伊德属于那种过于倾向于抽象思辨的人，以至于自己都害怕过分受到抽象的控制，由此他可能觉得有必要掌握一些更为坚实的科学资料来应对这种状况。这种观点也曾被弗洛伊德证实过，当时我问他读过多少哲学著作，他的回答是："非常少。作为一个年轻人，思辨对我来说相当有吸引力，但是我对它保持冷静的质疑。"

歌德那篇狂热的散文描绘了一幅浪漫的图景，称大自然这位美丽而富饶的母亲给予她最喜爱的孩子以探索她秘密的特权。对于年轻弗洛伊德来说，歌德笔下这个意象的魅力已经远远超过与一名曼彻斯特亲戚结婚的平淡前景。他的人生理想站在物质生活的反面。不论贫穷富有，他最终都选择了理想的事业，而不是世俗的安逸。

维特尔斯认为，歌德那篇散文中真正吸引弗洛伊德的东西不仅仅是大自然的美好，更是自然的意义和目的。没有任何理由认为弗洛伊德曾拿一些有关宇宙目的的大道理来折磨自己的脑袋——他始终是坚定的无神论者——但是，关于人类活动背后的不同意志、动机、目标等许多答案并非显而易见的问题才正是他的兴趣所在，这些是他脑袋中长久以来就存在着的命题，很久以后他通过解决斯芬克斯之谜精彩地回答了这些问题。或许这种假设也是合理的，即弗洛伊德对有关人性、人与人关系等问题的不安的追问，可以最早追溯到他早年家庭生活中那些棘手的问题；并且我们还可以援引他的格言来佐证这种假设，即一个人一生中的前两三年，对于其性格和人格的形成有着决定性作用。

现在我们可以认为，弗洛伊德人生关键时刻的重大改变始于对智力的首要地位的认可。他认识到权力的终极秘密并非蛮力，而是理解，这也是过去3个世纪科学成就的巨大见证。在这个真理适用于人类的行为之前，他认为有必要学习一些关于自然、人在自然中的位置和人体结构的知识。这条道路是达尔文指明的，达尔文的著作在19世纪70年代的欧洲达到了巅峰地位。

[①] 译者注：弗里茨·维特尔斯（Fritz Wittels），维也纳医生，弗洛伊德的第一位传记作家。

在一次谈话中，我曾与他谈及希腊典范的平衡本质，在智力和身体层面均取得完美成就——"美"一词或许就是这两者的结合形式——弗洛伊德说："是的，若能将二者结合当然更好。但出于种种原因，犹太人发展得较为片面，比起身体更重视头脑，如果我不得不在二者间做出选择的话，我恐怕也会将智力优先。"

从蛮力到理解，根本上也是从身体到智力的转变，这是极其彻底而深远的。尽管受到广泛的挑战，弗洛伊德却很少沉浸于争论之中：他天性不喜与人争执。面对批评他很敏感，但他回应的方式仅仅是继续自己的研究，为自己的论点找到越来越多的证据。在这一点上他比较接近达尔文，而不同于当时其他大部分科学家。他没什么兴趣影响自己的同僚。他提出一些有价值的东西，但也并不想迫使他们去接受。他不喜欢争辩，甚至不喜欢公开的科学研讨会，因为他深知这些会议的讨论对象基本都是有争议的问题。鉴于此，学者们在后来的精神分析大会上宣读论文后，就没有针对论文的后续讨论了。

弗洛伊德的头脑非常有序（也有有序的习惯），他将冗杂的事实整合成一个系统化分组的能力是相当出众的；对于儿童瘫痪和梦境主题的文献的把控能力只是其中一个例子。但另一方面他对准确度和精确定义又嗤之以鼻，认为那无非是乏味或是迂腐；他或许永远都不会成为一名数学家或是物理学家，甚至一名专业象棋爱好者。他的写作轻盈、流畅、自然，或许觉得修改太多也令人心烦。如果我说在弗洛伊德的著作中，有一些晦涩或歧义的地方其实稍加谨慎留心就不难避免，他的翻译们都会为我作证，而类似这种遗憾并不仅仅出现在他们的实验里。他自己当然也意识到了这一点。我记得有一次，我针对一个意义不甚明晰的词问他为什么一定要用这个词，他做了个鬼脸答道："纯粹瞎写。"（*Pure Schlamperei*）[①] 于是我们又触及弗洛伊德性格中的另一个主要特点——他不喜欢受到阻碍或束缚。他喜欢把自己的想法先自由地放在心上，看看它们会带他通往哪里，暂且不去考虑精确描述的问题；这些可以先留着，以后再进一步思考。

我们已经指出了他早年对思辨活动那种审慎质疑的倾向。而这种质疑的动机或许是他意识到智力感知在某种程度上有引他误入歧途的危险性，有可能使他过于偏离客观事实；即使这种情况还没有发生，过分的思辨也有在时机未到时就将无意识思想释放出来的危险。对于一个40岁的人来说，自我反省直至得出最后

---

① 纯粹马虎、大意了。

第一部分　性格形成时期和重大发现（1856—1900）

结论是需要相当大的勇气和动力的。

这种考量使他感到需要一些智力训练，并把科学至上作为最高法则。正如对于今天大多数人来说的那样，科学不仅意味着客观，更重要的是它指向严密、测量、精确等一切弗洛伊德所缺乏的方面。此外，自19世纪起，将科学视为世界之症结的最佳良药——一种弗洛伊德一直坚持到最后的信念——开始取代了先前那些寄托在宗教、政治行动和哲学上的希望。这种对科学的高度尊敬晚些时候从西欧地区，尤其是从德国传入维也纳并在70年代达到了顶峰，这是一个有争议的时代。弗洛伊德必定也接受了这种观点，因此尽管他有着探索未知并将秩序引入混沌之中的天分，但他肯定也认为严密和精确是更加重要的——这在"精确科学"中是显而易见的。

在充分的自由思考——无疑也包括幻想游戏——和科学规则限制的需要之间存在着冲突，最终以后者的决定性胜利告终。这种对立或许可以用他日后的术语"唯乐原则与现实原则"来表达，尽管很快后者也被灌注了巨大的乐趣。或许这也回应了自由意志和宿命论之间的古老冲突，而在四分之一个世纪后弗洛伊德完美地解决了这个难题。正如这种状态下经常出现的情况那样，弗洛伊德的自我限制不仅很彻底，甚至有矫枉过正之嫌。因为后来我们看到，最终为他赢得世界声誉的是对自己想象力的更自由、更大胆的运用，而不是那些实验室的研究课题，他最终没有小心翼翼地克制那种从工作中推导出符合逻辑的结论的渴望。

弗洛伊德雄心勃勃地追求知识，将其视为取得成就、成功和获得权力的秘密，这种想法从前面提到的他给艾米尔·弗路斯（Emil Fluss）的信中可见一斑。他哀叹自己对平庸的恐惧，并且他总是拒绝朋友的安慰。弗洛伊德一生都对自己的成就表现出谦虚的态度，他所展示出的那种严厉的自我批评，我们在大多数志存高远的人物身上都可以看到。我曾经告诉过他一个外科医生的故事，那名医生说如果有朝一日他可以抵达永恒的宝座，他会带着癌症质问全能者，问他对此有什么看法。而弗洛伊德的回应是："如果我发现自己处于类似的场景，我对全能者的主要责骂应该是他怎么没给我一颗更聪明的脑袋。"这是一个难以获得满足感的人才会说出的话。

4. 医学系学生（1873—1881）

今天医学教育的方式很奇特，教学不太规则且周期非常漫长，这不足为怪。其实弗洛伊德在医学院里也额外度过了完全不必要的 3 年。晚年他曾谈起此事，以前同事们嘲笑他延迟毕业，觉得他可能是个差生，但实际上他的延期是有原因的。正是那些他迫切想要了解的领域，他才愿意在上面花费漫长的时间。

1873 年秋，17 岁的弗洛伊德进入维也纳大学。他自己承认，当时他对那些有助于个人医学生涯的研究都有点漫不经心，而是抓住一切机会花费时间在那些令他感兴趣的事物上，同时他也在相关的领域里挖掘新的兴趣。

第一学期，1873 年 10 月到 1874 年 3 月，弗洛伊德注册了每周 23 个学时的课程：12 个学时的解剖学讲座，6 小时的化学课，以及这两门课对应的实践课。在他的第一个夏季学期，从 4 月底到 7 月下旬这段时间里，弗洛伊德每周花 28 个小时学习解剖学、植物学、化学、显微镜学和矿物学。在强烈的兴趣驱使下，他选择了一门叫作"生物学和达尔文进化论"的课程，由动物学家克劳斯（Carl Claus）授课，另一门则是布吕克教授的"声音和言语的生理学"。这是他第一次见到大名鼎鼎的布吕克，在他后来的人生中，布吕克教授是相当重要的人物。第一学年就这样过去了。

在接下来的冬季学期，弗洛伊德继续作为一名普通的医学生，每周花 28 个课时分别学习解剖、物理、生理学（布吕克授课）和动物学（克劳斯授课）。不过他还会每周参加一次哲学课，即布伦塔诺（Brentano）的阅读研讨会。从 1804 年开始，为期三年的哲学课也是维也纳医学学生的必修科目，但在 1872 年以后便不再有此要求。

第四学期，即 1875 年的夏季，我们发现弗洛伊德在另一条更加独立的轨道上脱颖而出。他选修了动物学专题（每周 15 个课时），而非"为医学生开设的动物学"，他还修了两门物理课，而对于医学课程来说修一门就够了。他继续参加哲学研讨会，除了布伦塔诺原有的课程之外，他还增修了一门亚里士多德的逻辑学。另有 11 个学时他用来修读布吕克教授的生理学专题。

在接下来的那个夏季学期里，弗洛伊德对生物学的偏爱更加明显，他每周花 10 个小时待在克劳斯的动物学实验室里。解剖学和生理学课程占据了他剩余的时间，但即便如此他仍然坚持每周参加一次布伦塔诺的哲学研讨会。

1876 年 3 月的学期末，在做了两半年的大学生之后，弗洛伊德着手开始他众多的原创研究。这是在克劳斯教授的建议下展开的。卡尔·克劳斯，比较解剖学研究所主任，两年前从哥廷根来到维也纳，将整个动物学系提升至更为现代化的水准。他对海洋动物学尤其感兴趣，1875 年他被许可在特里雅斯特湾成立了当时世界上首个生态实验站。他决定派几个学生到特里雅斯特（Trieste）进行为期几周的学习，每年有两次机会。1876 年 3 月，第一批被授予这个机会的人之中就有年轻的弗洛伊德；可见他的老师对他评价是很高的。通往亚得里亚海岸的科学之旅自然受到许多学生的关注，因此这次机会实际上也包含了对能力的评价。此次旅途使弗洛伊德首次见识到了南欧文明，同时这也是他人生的第一次科研努力。

在两次访问特里雅斯特之间的暑期间歇里，弗洛伊德集中学习生物学。他每周用 15 个学时聆听动物学讲座，留给其他科目的只有 11 小时；此外每周还有 3 个小时用来参加布伦塔诺主持的有关亚里士多德的讨论课。在生理学课上，弗洛伊德初次结识了埃克斯纳和弗莱施（Fleischl），二人后来都成为重要人物。除此之外他还修读了一些关于光谱分析和植物生理学的讲座课。

弗洛伊德所面临的，是自亚里士多德时代以来一直困扰着人类的问题。鳗鱼的性腺结构问题始终没有答案。正如他在论文所写的那样："从没有人发现一只成熟的雄性鳗鱼——尽管几个世纪以来人们做了无数努力，却从来没有人见到过鳗鱼的睾丸。"这种困难显然与鳗鱼交配前的异常洄游密切相关。1874 年，瑟斯基（Simon de Syrski）在特里雅斯特期间描述了一种小叶状器官，并认为这代表了鳗鱼失踪的睾丸。这个结论显然还需要更多检验，而这恰是弗洛伊德要做的工作。于是弗洛伊德解剖了 400 条鳗鱼，并在当中找到了许多瑟斯基所说的那种器官。在显微镜检查中，他通过对组织结构的观察，确定这很可能是一个还未成熟的睾丸器官，虽然尚无确切的证据来证实。尽管如此，弗洛伊德的论文还是成为第一篇佐证瑟斯基理论的文章。

在当时的条件下，研究工作确实也很难做到尽善尽美，但弗洛伊德对于自己这份不太能令人信服的研究结果尤其不满，他的不满程度甚至超过了他的导师。

毕竟作为一位满怀雄心壮志的青年，他必然盼望着能在某项研究中取得开创性的卓越成就。①

到这里我们已经把弗洛伊德求学之路的前三年讲完了，对于这段时期的经历弗洛伊德后来还有过这样的评价："在我大学的头三年里，我不得不认识到自己天赋的特殊性和局限性，这使我不可能在那些我青年时期就急切地投身其中的科学领域取得全部成功。于是我懂得了梅菲斯特（Mephistopheles）的告诫之真谛：'对科学的广泛涉猎是徒劳无功的，每个人只能学到他所能学的东西。'最后，在恩斯特·布吕克的生理研究室里，我才找到了归宿和充分的满足。同时，我还在这里找到了我应该尊敬并奉为楷模的人，他们是：伟大的布吕克先生，他的助手西格蒙德·埃克斯纳和恩斯特·弗莱施·冯·马克索（Ernst Fleischl von Marxow）。"

在后来的岁月里，弗洛伊德也总会谈起他对布吕克教授绝对权威的钦佩，话语间还夹杂着几分敬畏之情。多年后他回忆起曾经一次因迟到而遭到布吕克教授谴责的场景，当时"被他可怕的凝视吓坏了"，而在以后的人生中，每每对工作萌生怠慢情绪，或是未能完美而仔细地执行任务时，布吕克教授那双钢蓝色的眼睛就会浮现在他的眼前。

弗洛伊德终其一生对代表着知识分子理想的科学事业忠贞不渝，这使他可以最清楚明白地看到真相。但另一方面，科学那乏味的绝对正确就没那么有魅力了。被严密和精确的测量过分束缚是与他天性相悖的事。弗洛伊德天性里那种随时都有可能爆发的、打破一切惯例的革命倾向与科学学科的严格约束是互相冲突的，而最终在他身上前者获胜了。然而在接下来的十年里，弗洛伊德的这种革命倾向被断然搁置起来，他尽一切努力去迎合"科学规范"来抑制那些他隐约感觉到的东西。他曾是一名优秀的学生，完成了许多有价值的研究，但是对科学准则的恪守，是以他那与生俱来的大胆和想象力的牺牲为代价的。

布吕克就是训练有素的科学家的良好典范，弗洛伊德觉得自己也应当成为这种人。首先，他是德国人而非奥地利人，因此他的品质与那种维也纳式的邋遢（schlamperei）截然相反，而弗洛伊德对此也必定非常熟悉，并为之心怀某种善意

---

① 顺便说句可能无关紧要的话，后来发现了阉割情结的这位科学家，当年对于未能找到鳗鱼睾丸而深感失望。

的轻视，或许还夹杂着些许暗暗的同情。

布吕克的研究机构实际上是那场影响深远的科学运动的一个部分，即广为人知的赫尔姆霍兹医学院（Helmholtz's School of Medicine）。有关这所学校的骇人听闻的故事始于1840年代初，埃米尔·杜布瓦-雷伊蒙德（Emil Dubois-Reymond）和厄内斯特·布吕克的友谊，很快赫尔曼·赫尔姆霍兹（Hermann Helmholtz）和卡尔·路德维希（Carl Ludwig）加入。这个组织从一开始就带有真正的圣战精神。1842年杜布瓦写道："有机体内只有一般的物理化学力在起作用。而那些在当时难以解释的现象，必须以物理数学方法加以研究，或者认定有某种内在于物质的新的力量，那么现象必定可以还原到吸引和排斥的元素。"

在25或30年时间里，这所学校完全地支配着德国生理学家和医学教师的思想认识，强力推动了科学方方面面的发展，并彻底解决了若干古老的科学难题。

布吕克在柏林被戏称为"我们的远东大使"，1874年他出版了《生理学讲义》（Lectures on Physiology）一书。有关物理生理学的下述说法吸引了弗洛伊德，即这本书的扉页上这样写道：生理学是有关生物体的科学。有机体与已死的物质实体不同，包括行动、机能、同化与吸收机制等方面，但它们都是物理世界的现象；根据罗伯特·梅耶（Robert Mayer）1842年提出的能量守恒定律，在力的作用下运动的原子系统却被忽视了长达二十多年，在赫尔姆霍兹的影响下又重新受到重视。在每一个孤立的系统中，力（动力力和势力）的总和都是恒定的，真正的原因是"力"这个词在科学上的象征。我们对它们了解得越少，我们就必须分辨出更多的力量：机械、电、磁力、光、热。知识的进步使它们减少到两种——吸引和排斥。所有这一切同样适用于人类有机体。

接着，布吕克在他的两卷中详细介绍了当时已知的关于生物体内物理力的转化和相互作用的相关知识。这些讲座的精神和内容与弗洛伊德1926年归纳的精神分析中的动力学有着密切的联系："这些力互相协助或互相压制、相互结合、彼此妥协等等。"

与布吕克的生理动态论密切相关的是他的进化倾向。生物体不仅是物质世界的一部分，而且生物体本身也是一个家庭。其明显的多样性是发散的发展与微观的单细胞的"基本生物有机体"。它包括植物、高等和低等动物，以及人类，从类人猿的部落到当代西方文明的顶峰。在这场有关生命的革命中，没有什么精神

4. 医学系学生（1873—1881）

力量、本质、生命圆满，或什么更为崇高的终极目的在驱使着。某种程度上，起作用的只有身体的力量本身。达尔文已经表示，在不久的将来，有望在关于"如何"演变的问题上获得一些具体洞见。狂热信徒确信达尔文已经说得够多——事实上已经说出了全部。而怀疑论者和狂热信徒们相互斗争，活跃的科研人员兴高采烈地忙着把有机物的家谱整合，缩小差距，根据遗传关系对植物和动物的系统进行重新分类，发现蜕变系（transformation series），在多样性的表象背后寻找同源性。

赫尔姆霍兹学校有种不妥协的理想主义情怀，甚至有些禁欲主义倾向，而布吕克的个性与之很是匹配。他是个有着非同凡响的大脑袋的小个子男人，稳健的步伐，安静，略显拘谨的动作；嘴唇窄小，一双著名的"可怕的蓝眼睛"，害羞且严厉，寡言少语。他是位新教徒，操着普鲁士的语言，他必定很不适应维也纳的温和天主教。他是个从更严酷的世界前来的使者——事实如此。他是个认真的、不知疲倦的工作者，他也以同样的标准要求自己的助手和学生。这里有一则很典型的轶事。一个学生在他的一篇论文中写道："通过粗浅的观察发现……"作业被打回来时，上面被狠狠地划了一大条讨厌的横线，布吕克在边页评论道："不要粗浅地观察。"他也是最可怕的考官之一。如果考生漏答了一个问题，在余下的十几二十分钟里，布吕克便会全程保持僵硬的沉默，对考生的请求以及同时在场的系主任说的话全都置之不理。舆论把他称为一个冷酷、纯粹理性的人。然而当我们回想起1873年他面对爱子死亡时的反应，就会明白他想要建立一种怎样的强大力量来对抗情感及自身。他禁止家人和朋友提到儿子的名字，藏起他的照片，比以前更加努力地工作。但是这个人完全没有虚荣心、阴谋和对权力的渴望。对于那些有能力且能证明自身的学生来说，他是一位最仁慈的父亲，他给予他们的建议和关心远远超出了科研的范畴。他尊重学生的个人观点，鼓励原创研究，资助有才能的人，即使其研究远远偏离了他的方向。据说，布吕克的学生和朋友对他向来都是忠心耿耿的。

人们常常认为弗洛伊德的心理学理论始于他与沙尔可（Charcot）、布罗伊尔（Breuer）甚至之后的人物的接触。正相反，可以看出他构建自己理论的那些原则，是他作为医学生期间在布吕克教授影响下获得的。这种影响下的解放，包括不放弃原则而能够运用他们的经验对心理现象进行解释，而无需任何解剖学基础。这使他付出了巨大的代价，但他真正的天资始终是在严酷的斗争中崭露头

第一部分　性格形成时期和重大发现（1856—1900）

角的。

委婉点说，布吕克应该也很震惊，当他发现弗洛伊德这个他曾经最喜欢的学生，一个显然已经将严肃科学奉为终身信仰的学生，却在自己著名的理论中将"目的""目标""意图"等概念带回到科学当中，这些东西明明早就从世界上消失了。但是我们也知道，弗洛伊德也从未放弃过科学原则，他还将这些概念与科学原则相互调和；他从未放弃目的论的决定论。

1876年秋，从特里亚斯特忙碌的动物学研究回来后，20岁那年，弗洛伊德被生理学研究所聘任为助教（famulus），这是奖学金形式的一种。不过这间著名研究所的办公场所，却与其宏大的目标和令人钦佩的科学成就不太配套。该研究所被安置在一个黑暗而发臭的底层地下室，原本是一间废弃的枪支工厂。它包括一个大房间，学生在那里放显微镜、听讲座；还有两间小的，其中一间是布吕克的私人办公室。上下两层楼都有一些无窗的小隔间，作为化学、生理学、光学实验室。这里没有供水，没有煤气，当然也没有电，所有取暖工作都要通过酒精灯完成，水要从院子里的井里打，院子里还有一个动物实验棚。然而这里却有着数量众多的高水准学生和来自国外的访问学者，因而仍然是整个医学院的骄傲。

尽管布吕克更喜欢学生们提出自己的研究项目，但他还是准备为那些胆小或过于含糊的初学者专门制定一个课题以供研究。于是弗洛伊德被送到显微镜下去研究那些与神经细胞的组织学相关的问题。

伴随着神经纤维内部结构的问题同时出现了另一个有趣问题，高等动物神经系统的组成单位与低等动物是否相同呢？这个话题在当时很有争议。哲学和宗教观点的介入更是令人不安。

与神经元素结构问题俱来的一个有趣的问题是，难道低等动物和高级动物思维中的差别，仅仅是复杂程度上的差别吗？人类的思想和那些软体动物的是否真的不同——不仅是基础层面上的，而且也与二者神经元数量的多少以及各自神经纤维的复杂程度有关。科学家们正在为这些问题寻求答案，以便能得出明确判断——关于人类的本质、上帝的存在和生命的目的等问题。

布吕克在弗洛伊德面前提出的谦逊问题，打开了一个令人振奋的广阔的研究领域。在一种原始圆口纲鱼属动物七鳃鳗（Amoecetes）身上，赖斯纳（Reissner）发现了一种奇特的大细胞。这些细胞的性质及其与脊髓系统的关联，引发了一系列失败的研究。布吕克希望看到这些细胞的组织学说明。得益于准备技术的提

4. 医学系学生（1873—1881）

升，弗洛伊德明确提出，赖斯纳细胞"不是别的，只是脊髓神经节细胞而已，在低等脊椎动物身上，胚胎神经管向外围的迁移尚未完成而残留在脊髓之中。这些分散的细胞标记了脊神经节细胞在其进化过程中所形成的路径"。对赖斯纳细胞问题的解决是精确观察和遗传学解释的胜利——正是数千个这样的小成就，最终在科学家当中确立了生物进化一致性的信念。

但真正的新发现在于，低等动物神经系统细胞与高等动物的呈现出连续性，因而先前人们所普遍接受的二者之间的鲜明区分便不复存在了。

弗洛伊德在七鳃鳗身上有了重大发现："鱼类的脊髓神经节细胞早已被认为是双极性的（拥有两个过程），而高等脊椎动物是单极性的。"弗洛伊德将低等和高等动物之间的鸿沟填平了。"七鳃鳗的神经细胞显示了从单向过渡到双极的转换全部过程，包括带有分支神经的双极性。"弗洛伊德的这篇论文不论是字面意义还是内在涵义上，毫无疑问都超出了初学者水平：任何一位动物学家都会以做出这样的发现为荣。布吕克在1878年7月18日的学术会议上展示了这项成果，在8月份该论文以长达86页的篇幅刊登在《子弹头》（*Bulletin*）杂志上。

弗洛伊德在1879年和1881年夏天选择进行进一步研究，目标仍然是这个宏观问题。而这一次的研究对象是小龙虾的神经细胞。他用显微镜检查活体组织，使用的是哈纳克8号镜头——这项技术当时还相当不成熟，鲜为人知——而后他得出了明确的结论，神经纤维的轴突无一例外都是纤维结构的。他是第一个证明这一基本特征的人。他认为神经节由两种物质构成，其中一种是网状的，同时也是神经突起的起点。在这些早期的研究论文中，弗洛伊德严格地把自己限制在解剖学的观点内，但是他明确表示，他的调查是为了深入了解神经行为的奥秘。只有一次，大约是在1882年或1883年的一次关于"神经系统元素的结构"的讲座上，他总结了自己的工作，并用一段话探索了组织学领域以外的疆域："如果我们假设神经纤维的意义是孤立的传导通路，我们则应该说那些神经分散开的通路将在神经细胞当中汇合，那么神经细胞就成了所有与之在解剖学意义上相联系的神经纤维的'起点'。如果我要收集支持这一假设有效性的事实，那就要违背我对本文的限制了：我不知道现有的材料是否足以解决问题，而这对生理学又很重要。如果这个假设能够成立，它将使我们在神经元素生理学上走得更远。我们可以想象，某种强度的刺激可能会破坏纤维的隔离，从而使神经作为一个单元传导刺激，等等。"

第一部分　性格形成时期和重大发现（1856—1900）

有关神经细胞和过程的单一概念——未来神经元理论的本质——似乎是佛洛伊德独立于学院老师们的个人概念。当然，在他那寥寥几句表述谨慎而思想大胆的话中并没有真正说出什么。但有两个意见似乎比较到位。包含了上述观点的演讲，是在他进行研究的4到5年后才被提出，由此可见这段反思的时间相当漫长。其后经过这么长时间的思考，人们会认为，弗洛伊德后来经常表现出来的那一点自由和大胆的想象力会使他有一小步的前进，因为他在重要的神经元理论的边缘上摇摆不定，而这个理论恰是现代神经病学的基础。在习得"规范"的努力过程中他还尚未意识到，在最初的科学工作中，想象力同样重要。

实际上这些珍贵的句子当时没有被注意到，因此在神经元理论的先驱里并没有弗洛伊德的名字。这样的先驱有很多——主要如威廉（Wilhelm），他对神经细胞发生的胚胎学研究使其留名史册；奥古斯特·福雷尔（August Forel）对神经纤维的部分损伤后沃勒变性（Wallerian degeneration）的观察；拉蒙·Y.卡加勒（Ramon y Cajal）及其通过高尔基银浸渗的漂亮制剂。神经元理论的最终确立，通常认为始于瓦耳代尔（Waldeyer）1891年的综合性专著，在这本书中首次使用了"神经元"的概念。在弗洛伊德的早年生活中，这并不是唯一一次由于不敢大胆为自己的想法寻求符合逻辑的结论——其实已经不远了——而险些错过世界性的声誉。

但是，他展示了富于开创性的科学家的另一个特征。科学的进步通常源于一些新方法或新工具的发明，从而揭开一重新的事实。例如，在望远镜发明之前，天文学就已经走向一个死胡同，而后得益于新发明又向前迈进了一步。而当弗洛伊德进入研究所后，他在1877年推出的新发明可以说大大促进了组织学研究的发展，使其成为可能。这是对赖克特（Reichert）公式的改良，一种硝酸和甘油的混合物，用于准备等待显微镜检查的神经组织。他在研究七鳃鳗的脊髓细胞时率先使用了它。

几年后，弗洛伊德完成了一项更重要的技术发明——用氯化金染色神经组织的方法——但这两种方法在维也纳研究所之外都没有用过。他肯定是一位技术专家，因为他在研究小龙虾的神经组织时，谈到了他作为活的有机体体内物质的特殊研究，一项十分细致的操作；这是他从史翠克那里学到的方法。顺便提一提，他为自己的七鳃鳗出版物画插图，第一份出版物中有1幅，第二份中有4幅。

显然，弗洛伊德早就掌握了这样一个事实：知识的进步需要新方法或对原有

4. 医学系学生（1873—1881）

方法进行改进。于是新的事实出现了，接踵而至的是新旧知识理论体系的重组。这个理论可能会指向推测，在现有的观察手段之外，对问题和答案进行概览和猜测。同一个人在这些发展的所有阶段都一样成功，这是极为罕见的。弗洛伊德在精神分析上所做的工作却是这种罕见案例的证明。他发明了这个工具并凭借它发现了大量新的科学事实，提供了组织理论，并试图在已知之外进行更激动人心的思考。

然而我们必须注意，弗洛伊德神经学研究的一个显著特点是他对解剖学的坚守。显微镜是他唯一的工具。生理学对他来说似乎意味着组织学，而不是实验：是静态的，而非动态的。在弗洛伊德活跃的头脑中有这种想法，乍一看似乎很奇怪，但通过反思我们发现，这与他天性中的某种显著特点高度呼应。当他刚刚起步时，他首先向布吕克教授要一个课题来研究，布吕克给他的就是一个组织学的课题。他将更高级的实验活动留给三位教授、三位"大人"去做，这种他后来始终保留着的降格做法，是否可以用某种顺从和自卑感来解释呢？可能如此，但从他的表现上，人们会感觉他的性格中有某种更深刻更具个性的东西。

这种眼高手低的情况有两面性；对有的人来说很有吸引力，对有的人来说则很讨厌。两种情况都存在。前一种情况我们接下来还会说，后一种情况则他在1878年写给朋友威廉·科诺马舍（Wilhelm Knöpfmacher）的一封信中明白无误地反映了出来："我已经搬到另一个实验室，为适合自己的职业做准备——要么残害动物要么折磨人类——现在我越来越倾向于赞成前者。"他很难让自己变得残酷无情，他甚至极其不愿意干涉别人，也不愿试图影响他人。后来当他开始治疗大量神经病患者时，他很快就抛弃了电击疗法——这种治疗方法在当时是约定俗成的，而最近它又以其他形式重出江湖了。不久他还放弃了使用催眠术，他认为这是"一种粗糙的干扰的方法"。他选择了看和听，坚信如果自己能感知到神经症的结构，便会真正理解并对引发这种症状的驱力拥有控制力。皮埃尔·雅奈（Pierre Janet）总是被错误地认为是弗洛伊德的先驱，他在19世纪80年代采取了替代疗法。他做出了一些颇为生动的描述性结论，却没有把这种动力带入工作中。最终取得成功的不是积极疗法，而是消极疗法。

在1879年的夏天或秋天，弗洛伊德被征召服役一年。那时候的兵役比现在轻松很多。医学院的学生仍旧住在家里，也无需在医院里站岗。真正艰苦的部分是那可怕的极度无聊，这可能也是为什么几年后在役士兵不得不花一半时间

第一部分 性格形成时期和重大发现（1856—1900）

进行军事训练。弗洛伊德24岁的生日是在拘留所度过的，因擅离职守而被逮捕（1880年5月6日）。5年后，在一次晚饭时他与当年审判他的将军波德拉斯基（Podratzsky）相遇，这令他兴致盎然，他没有心存怨恨，因为他承认确实没有连续出勤8次。

在服役一年的最初，弗洛伊德通过翻译约翰·斯图亚特·穆勒（John Stuart Mill）的一本书来打发无聊，这是他翻译的五本书当中的第一本。这项工作很适合他，因为他是个特别有天赋的翻译家。他不会从外语、成语等东西中费力地抄录，而是会先读上一段，合上书，想想德语作者会怎样表达相似的想法——这种翻译方法不是很常见。他的翻译工作既出色又迅速。这是他发表的不论是原创还是译作中，唯一与他的科学兴趣无关的作品；虽然这本书的内容可能确实吸引了他，但他的主要动机无疑还是消磨时间。顺便说一句，他还由此赚了一点钱。

穆勒的书中三篇文章都关注社会问题：劳工问题、妇女解放和社会主义。穆勒在序言中写道，其中最伟大的部分是由他妻子完成的。而第四篇是他自己写的，关于格罗特（Grote）的柏拉图。弗洛伊德在多年后（1933年）提到，他对柏拉图哲学的认识是非常零碎的，所以这些零碎的知识有可能是源于穆勒的这篇文章。然而他补充说，他十分欣赏柏拉图的回忆说，而对此穆勒曾慷慨地论述过，并一度进行过大篇幅的讨论。许多年后，弗洛伊德把柏拉图的一些理论写入自己的《超越快乐原则》（*Beyond the Pleasure Principle*）一书中。

我们所描述的研究，毕竟只占他时间中的一小部分，主要都是关于医学研究、病理学、外科学等。在这方面他拥有许多位给予他启迪的优秀教师。其中如外科医生比尔洛特（Billroth），皮肤病专家赫波拉（Hebra），眼科医生奥尔特（Arlt）——都是世界级的知名人士，有大批狂热的学生追随者。他们传授的不仅仅是当代医学的常规知识；他们是自己所在领域的杰出创新者，并将科学的医学精神灌注给学生。但是，弗洛伊德仍冷静地看待他们的工作。诚然，他对比尔洛特始终怀有高度钦佩。他唯一真正感兴趣的课程则是梅涅特（Meynert）关于精神病治疗的系列讲座，对于他这位实验室的信徒来说这似乎是个相当新奇的领域。

1881年3月30日，弗洛伊德以优异的成绩通过了医学院最后的考试。根据弗洛伊德自己的说法，这得益于他童年和青春期就一直享有的影像记忆能力，尽管它变得越来越不可靠。他不喜欢长时间为考试做准备，但是"在期末考试前紧张的7分钟，我必须得使用这种残存的影像记忆能力，在某些科目的考试中，我

4. 医学系学生（1873—1881）

给考官的答案都是机械地照本宣科，很明显都是我考试前匆匆忙忙从课本里面一扫而过的东西"。毕业典礼在这所古老大学巴洛克建筑的美丽光晕中举行。弗洛伊德的家人都到场了，还有理查德·弗路斯（Richard Fluss）及其父母，以及他童年时代在摩拉维亚弗莱堡的小伙伴们都悉数到场。

获得医学资格证书在弗洛伊德的一生中根本算不上一个转折点，甚至毕业本身也不是一件大事。这只是在一系列事件中不得不完成的一件而已，这使他至少不会被嘲笑为一个游手好闲的人。但他径直前往布吕克研究所，继续着那份也许在适当时候会为他在生理学领域赢得一把交椅的工作。然而，任何一个美好的梦想都会在不到一年的时间里灰飞烟灭。

弗洛伊德一家，1876 年。后排左起，从左至右：葆利，安娜，西格蒙德，未知，罗莎，玛丽（米茨），西蒙·纳坦森。第二排：德尔芬，未知，雅各布。前排：亚历山大，未知名男孩。

第一部分　性格形成时期和重大发现（1856—1900）

5. 医学生涯（1881—1885）

在布吕克实验室的这些年里，弗洛伊德的生计并没有多少改观，他的经济状况不佳这一点显然又十分重要。他不可能对这个赤裸裸的事实视而不见，这甚至很可能意味着，他需要做一些医疗实践来改善生计。但他把这个问题先放到了一边，他能够并且有足够强烈的理由去这样做。其中两个原因是显而易见的。其一是他对医疗实践本身的厌恶。另一个则是他对实验室工作的极度热爱。这种情况的原因不止一个。他大概觉得实验室工作本身很有趣，但更重要的是他一贯偏爱研究甚于实践。发现新事物，将其添加到我们原有的知识库中，这或许是他天性中最强的动力所在。

于是，弗洛伊德做出决定，只要还能体面地保持一些可能性，他就会将适合自己的科研工作继续下去。这首先取决于父亲的支持，此外在他开始失败之时还需要朋友们伸出援手。然而与此同时，弗洛伊德也继续进行着常规医学研究，最后他决定在1883年3月参加上岗资格考试。这无疑缓解了他由于延后毕业3年而产生的自责，但正如我们所见，这又使他面临着更为严重的问题。

行医资格证表面看起来并没有使他的生活有什么起色。弗洛伊德继续在生理学研究所工作了15个月，并且将他的全部时间投入研究中去。两个月后，他被提升为示范员，担负一定的教学任务；他于1881年5月至1882年7月都在这个岗位上工作。

他在路德维希化学研究所（Ludwig's Chemical Institute）对气体分析进行了一年的深入研究，他的朋友勒斯特加滕（Lustgarten）在这里担任研究助理（Assistant）。虽然他很喜欢化学，但最终未能在这方面有什么建树。他后来将这一年的时光判定为荒废的一年，是令他感到耻辱的回忆。事实上他后来称1882年是"我职业生涯中最灰暗最不成功的一年"。

弗洛伊德担任了三个学期的示范员。按照正常流程，无论多长时间，示范员会逐步晋升至研究助理、助理教授，最后成为这个他热爱的研究所的生理学教授，这是个合理的目标。然而，1882年6月，第三学期结束时，发生了一件可以说是弗洛伊德人生中重大转折点的事件，在不知不觉中影响了他后来的整个生涯。

这个事件是他决定去当医生来谋求生计，辞去了在布吕克研究所的职务。有关这件事他在《自传》（*Autobiography*）（1923）中这样写道："转折点出现在1882年，一位我极其敬重的老师纠正了我父亲慷慨而无用的浅见，由于我经济状况不佳，他极力劝说我放弃理论工作。我听从了他的建议，离开生理学实验室，进入综合医院（General Hospital）。"

一些人认为这次离开导致弗洛伊德和布吕克之间产生裂痕，但弗洛伊德十分肯定地驳斥了这种说法，并且重复强调他是在布吕克的建议下离开的。布吕克对弗洛伊德的职业生涯始终保留着一定兴趣。他是弗洛伊德无薪大学教师（Privatdocent）头衔的首要赞助人，而且也正是布吕克通过自己的影响力帮助他冲破重重阻力，最终获得了前往巴黎求学的宝贵的旅行津贴。

在布吕克实验室继续工作下去，前景必定也不会太好。实验室里的两位研究助理都只比弗洛伊德大10岁，因此他们在未来几年内都不会为他腾出位子。至于那把最遥远的交椅，布吕克的继任者埃克斯纳谢世时，弗洛伊德已经69岁了，所以即便是在最顺利的情况下，等待也将是相当漫长的。此外，研究助理的薪水太低，如果不接私活几乎连自己都养活不了，更别说组建家庭了。

鉴于这些不良的发展前景，加上自己糟糕的财务状况，弗洛伊德还能指望在眼下的项目中撑多久？起初他很依赖于父亲的支持；出版物所获得一点微薄酬金，以及1879年一所大学授予他的100个荷兰盾（40美元）就是他仅有的一点贡献了。弗洛伊德的父亲当时67岁，负担着一个有7个孩子的家庭，在贫穷和非常不确定的经济情况下，有时不得不靠贷款和妻子娘家的接济来渡过难关。在1873年的金融危机中他仅有的一点资本也没有保住，除此之外，艰难的时代已经到来，他的经济收入停滞以后，他和家人多年来都处于痛苦之中。他也确实心甘情愿地慷慨支持儿子的事业，他是目光短浅的，这是他的特点之一。早些时候他曾希望儿子经商，或许他自己也曾叹息着放弃了知识生涯，于是毫无疑问为儿子的成就和成功感到自豪。他认为弗洛伊德应该继续他选择的道路，并且只要能做到，就愿意帮助他实现。确实，西格蒙德的需求也很适度。能够平和安静地阅读，有一些志同道合的朋友相伴，除此之外他想要的就只有书了。当然，买书对他的零用钱数额有一定要求。有时他不得不向朋友借钱，但每次都一丝不苟地偿还,甚至比预定期限还要提早一些。然而这一次,约瑟夫·布罗伊尔成为弗洛伊德的慈善的资助者。布罗伊尔在弗洛伊德后来的职业生涯中扮演着举足轻重的角色,他几乎定期借给弗洛伊德钱。截至1884年,这笔高额债务已经达到1500盾(580美元)。

总之,这幅前景并不是一片光明。人们只想知道弗洛伊德当时的精神状态是怎样的。他26岁。不想当医生。然而,他走在一条绝路上,几乎没有能够为将来谋生的前途。缺乏远见甚至缺少现实感,似乎与我们后来所熟知的那个总是对实际生活问题感兴趣的弗洛伊德大相径庭。从他随后记载的事件中甚至可以得到这样的印象,他曾经梦想能够为科学事业贡献全部,无视任何世俗的生活考量,而后来正是布吕克的干预才使得他如梦初醒。

事实上,弗洛伊德并没有完全无视他的处境,离开实验室也不是一个意料之外的决定。从他获得医学博士学位的那一刻起,他就怀着"越来越沉重的心"思考着那个他即将面临的无法避免的选择——是否应当离开研究所,投身医疗实践。这时他神魂颠倒地坠入了爱河!不只是这样:在命运中重要的那一天,6月10日,星期六,在莫德林(Modling)的一座花园里,他收到了来自玛尔塔·伯奈斯(Martha Bernays)的邀请,使他对自己的西装都惴惴不安起来。在接下来的一整天他都在想事情,最终得到一个清晰的答案,并在翌日早上告诉了布吕克他的决定。

尽管弗洛伊德从未提及这个动因,但显然它是决定性的。他似乎很想隐瞒这件事;在那散落于著作各个角落的自白中,弗洛伊德的形象时常是反派的,弑父者,野心勃勃,聪慧,苦大仇深,但从来都不是个恋爱中的人(提及他的妻子只有寥寥数语)。

这一决定无疑也令他非常痛心,但弗洛伊德毅然坚持。承认玛尔塔是把他"和科学分开"的扳手时,他还开心地补充道:"但或许还不是最终原因。"他迈出的第一步也是迫不得已,显然他还没有办法开个私人诊所来谋生,这样做——除非一个人仍处于业内最低水平——意味着应该先去医院里工作,获得一些临床经验,而弗洛伊德在这方面恰好比较缺乏。那时的医科学生,至少在欧洲大陆地区情况是这样的,他们只是通过上课和一些演示范例来学习,而对病人的个人护理完全没有经验。于是弗洛伊德计划在医院各个分支科室里度过两年的学习生活。结果他在那儿待了整整3年。如果他有机会坐到助理医师(Sekundararzt)的

5. 医学生涯（1881—1885）

位置，相当于我们的（长期）病房医师加医院接收员的职务，他至少会位居这个行业的中等水平，如果运气好的话说不定会更高。于是他毫不犹豫地行动了，1882年7月31日，他在维也纳综合医院（General Hospital of Vienna）登记入职。

他选择从外科开始，由于这项工作需要高度责任感，这将迫使他投入高度的注意力，而且他也已经习惯了动手实践。他发现这项工作很累人，最后只在外科病房待了两个多月。工作时间是凌晨4点到6点，然后是上午8点到10点。上午10点到中午12点这段时间，他还得就刚刚检查过的病例查阅一些文献资料。院长比尔洛特教授大概外出度假去了，因为后来弗洛伊德称没有在医院见到过他。

他带着一封来自梅涅特的介绍信去拜访了杰出的诺特纳格尔（Nothnagel）先生。诺特纳格尔当时刚刚离开德国来到维也纳接手医学界的第一把交椅，一坐就是23年直至去世。位居如此要职的人物影响力固然也很大，弗洛伊德对自己职业生涯的计划是正确的，尤其有关自身未来的实践方面，确实将在很大程度上取决于诺特纳格尔的恩泽。在一封长信中，弗洛伊德详细描述了诺特纳格尔的住宅，他的外表和举止，并对面谈的内容逐字叙述。诺特纳格尔有两个助手。还有一个空位，但也已经许诺出去了。于是弗洛伊德问他，自己是否可以去他所在的部门做临床助理，直至晋升至助理医师。梅涅特再一次向诺特纳格尔举荐了弗洛伊德，弗洛伊德由此于1882年10月12日进诺特纳格尔的临床部门，作为临床助理上岗，拿一点微薄的薪水。

弗洛伊德所在的分支机构就是诺特纳格尔的内科部（Division of Internal Medicine）。诺特纳格尔是一位伟大的内科医生，但还没有他的前任罗基坦斯基（Rokitansky）那样富于创新精神。他于1882年离开德国来到维也纳，于1906年过世。他的医疗责任观念极其严格。他对他的学生说："睡眠需要超过5小时的人不要学医了，医学生必须从早上8点上课到晚上6点。"此外，他还有一个慷慨高尚的品格，为他的学生和病人所崇拜。佛洛伊德钦佩和尊敬他，但无法效仿他对医学的那种热情。他觉得在病房里处理那些患者，要比在学校学习他们的疾病更无聊。如今他肯定更加确信，自己天生不是当医生的料。

弗洛伊德在诺特纳格尔手底下工作了6个半月左右，直至4月底。1883年5月1日，他转去梅涅特的精神病诊所（Psychiatric Clinic），并立即晋升为助理医师。

现在弗洛伊德搬到医院住了，这是他除了一些短暂的假期外第一次离开家。

这年他 27 岁。此后他再也没有在家里睡过觉。

他的新上司西奥多·梅涅特（Theodor Meynert，1833—1893）在自己领域内的杰出程度与布吕克不相上下，所以弗洛伊德对他抱有同样的尊敬，但可能相比之下没那么怕他。梅涅特的讲座是唯一能够激起弗洛伊德求学兴趣的医学课。在他的著作中我们听到"我怀着强烈的崇敬感追随着伟大的梅涅特的脚步"，尽管在之后的岁月里梅涅特曾有过一点个人的失望，除此之外他总是将弗洛伊德看作他曾遇到过的最有才华的天才。

与普遍看法保持一致，弗洛伊德也认为梅涅特是他那个时代最伟大的脑解剖学专家，然而对于他是否是最伟大的精神科医生，弗洛伊德的态度有所保留。尽管如此，正是"梅涅特精神错乱"（急性幻觉性精神病）研究中的愿望满足机制给他留下了生动的印象，在他日后的无意识研究中对此进行了广泛运用。

弗洛伊德在梅涅特这里工作了 5 个月，前两个月在男子病房，后两个月在女病房。这段经历是他关于精神病治疗经验的主要构成。在那段时间的信件中，他把那位鼓舞人心的老师梅涅特热情洋溢地评价为："他一个人能带来的激励，比一大群朋友还多。"这是项艰苦的工作，每天在病房里的 7 个小时几乎不足为道。他决心掌握这门学科，并刻苦钻研埃斯基罗尔（Esquirol）[①]、莫雷尔（Morel）[②]等；他说看起来似乎也没几个精神科医生能弄懂这些东西。

在精神科诊所的 3 个月生活在许多方面都颇令人满意。弗洛伊德说，他在住院医师当中结交了不少好友，并补充道："所以说我并非那么令人难以忍受。"当助理医师们联合起来，向病理学研究所的住宿部发出抗议时，他们选择让弗洛伊德作为他们的发言人，显然他已经开始在其中脱颖而出了。

1883 年 10 月 1 日，弗洛伊德转到了皮肤科。在这家医院设有两个皮肤科：一个是普通的皮肤疾病科室；另一个是专为梅毒及其他传染性疾病设置的。弗洛伊德想体验的是后者，因为梅毒与神经系统的各种疾病之间有重要联系。然而很遗憾的是，他的工作只限于男性病房，所以没有看到同类疾病的女性患者。这项工作非常清闲，病房访问在上午 10 点钟完成，而且一周只需访问两次。因此他有足够的时间待在实验室。

[①] 译者注：让－艾蒂安·埃斯基罗尔（Jean-étienne Dominique Esquirol，1772—1840），法国精神病学家，皮内尔的继承人，创立现代临床精神病学的巴黎学派的成员。

[②] 译者注：法国精神病学家 B. A. 莫雷尔。

在此期间，弗洛伊德也参与了鼻喉科专业的特殊课程，在那里，他发现自己在门诊部实际使用器械时笨手笨脚的。

玛尔塔离开万茨贝克之前常去医院看望弗洛伊德。10月份弗洛伊德离开迈内特以后，必须搬到另一个房间去住，为了让玛尔塔能详细了解到他日常生活的细节，他为她仔细描绘了新房间的样子，并画了一幅示意图。为了给这间从未得到过玛尔塔造访的房间增辉，弗洛伊德问她要了两幅"许愿板"的刺绣挂在书桌前。他为"许愿板"选了两段铭文作为愿望：第一个是改编自《老实人》（Candide）的"但行好事，莫问前程"（Travailler sans raisonner）；另一段话，弗莱施告诉他出于圣·奥古斯丁，即"若有疑问，克制自身"（En cas de doute abstiens toi）。在1883年底，弗洛伊德坐到了可以在医院拥有两个房间的地位。

1884年1月1日，他来到一个新的部门，开始了为期最长的一段医院实践。这个部门叫作神经疾病部（Nervenabteilung），但通常没什么神经病病例。然而他们来到这里后，科室负责人弗兰茨·肖尔茨（Franz Scholz）尽可能地排挤他们，尽管他本人对这些患者也漠不关心，只是在增加科室人数这件事上，负责人之间存在着一定的共谋。科室负责人似乎只对削减经费开支的事情感兴趣，所以即使病人再怎么需要，医生也只能开最便宜的处方；新药不能测试，因为成本更高。但是由于这一限制条件的存在，年轻医生则可以放开手脚，肖尔茨甚至鼓励他们尽可能地承担一些研究任务。弗洛伊德很讨厌这里的病房条件。病房卫生没有得到保证，所以偶尔清扫一下都会扬起令人难以忍受的大片灰尘。医院里也没有安装任何汽灯，天黑之后病人就不得不躺在黑暗中。医生们查房得借助灯笼，甚至点着灯笼进行紧急手术。

弗洛伊德在接下来6个月里的工作很稳定，他每天花费两个小时在病房和实验室之间流动。到了7月，一些非常激动人心的事发生了。在他启程前往万茨贝克准备度过一个月的长假前三天，消息传来，黑山政府派出一批奥地利医生帮助他们控制边境地区霍乱疫情蔓延的趋势。使弗洛伊德没有想到的是，科室里的两个助理医师——资历较低的莫里茨·厄尔曼（Moritz Ullmann）和另一位资历较高的约瑟夫·波拉克（Josef Pollack）都自愿参加这次冒险。最后科室里剩下弗洛伊德一个人。而主管肖尔茨也已经出发开始为期两个月的度假了。弗洛伊德的第一反应是立即从这个医院彻底辞职，先去万茨贝克，然后再碰碰运气，另找一家综合医院当医生。但经过弗莱施和布罗伊尔两位朋友的影响和劝说，他渐渐冷静下来，答应继续留在这里。

　　两名新的初级医师被安排在他手下，而弗洛伊德本人也直接担负起科室主管的责任，级别两级跳。玛尔塔问他这样做的意义是什么，他精当地答道："这意味着医院院长邀请你坐在他面前。"弗洛伊德于7月15日就任新岗位，持续了6个星期。其中最后4周里他的工资涨到45盾（18美元）。

　　现在他已完全是106例患者的主管医生了，他手底下还有10名护士、两位助理医师、一个临床助理和施泰根贝格（Steigenberger）医生。后者是玛尔塔的忠实爱慕者，对在恋爱争夺中的获胜者弗洛伊德满怀敬畏。弗洛伊德本人很享受这段经历，尽管他经常抱怨"管理如此艰难"，但他也从中获益："在这几周，我真的成了一名医生。"9月1日，他终于启程前往万茨贝克，开始他应得的假日。

　　在弗洛伊德返回医院后，肖尔茨责备他没有使科室的经济收入达标，但当弗洛伊德给了他一个令人满意的医疗工作汇报时，他又似乎缓和了一些。然而他们二人之间的关系显然相当紧张。吝啬是弗洛伊德憎恶的一个特质，而且他也从不掩饰自己的厌恶。正如我们所看到的，事情在接下来的2月开始发生了。

　　弗洛伊德说，1883年春他被任命为神经病理学专业讲师，这是"出于我的细胞学及临床出版物上的成就"。显然他指的是无薪大学教师的职位，这个职位在奥地利和德国十分重要，但在美国和英国的医学院我们难以找到确切对应的职位。无薪大学教师没有资格参加院系会议，也不能收取任何薪资，但他被允许开设一定数量的课程，通常都是些常规课程之外的专题。这个职位价值很高。它是任何一所大学进步的必要条件，它在大众当中具有高度威望，因为它是一种特殊能力的保证。被授予这个职位的人很少，因此这是一个精英云集的小团体。

　　在个人医疗生涯伊始，弗洛伊德就把自己的目标牢记于心。对他来说，真正重要的不仅仅是它将带给他的专业地位，更重要的是医疗实践将会大大提升他结婚的可能性。1883年，他希望自己设计的染色方案能够成功地帮他赢得自己想要的东西，但一年后事实表明，他的论文必须以对髓质解剖的研究为基础。那一年的5月份，弗洛伊德盼望能在下一年的圣诞节之前将发明付诸应用。然而在6月，他收到了由一位精神病患者提供的旅行津贴请求，这位患者的预期寿命大约还有10个月（可能是全身瘫痪）。这对弗洛伊德来说诱惑很大，因为这段时间里他可以赚3000盾（1150美元），这意味着他可以比预期还要提早一年结婚。但是，做出这样的选择也意味着将要永远离开医院，并永久地放弃医疗职称上的晋升机会。他毫不犹豫地选择继续自己的工作,尽管漫长的婚约早已使他感到不耐烦。他有合法的资格可以通过授课赚钱,一位资深的同事把他换了进去。所以现在他想知道的是,自己是否有机会在解剖工作完成之前就获得讲师(Docent)职位,这是他正在考虑的目标。布罗伊尔对此表示同意,他又试着询问诺特纳格尔的意见,这位杰出的人物非常和蔼而富于同情心,他相信弗洛伊德会成功。他向他保证,自己将会在决定性会议上出面,只要有他就足够搞定这件事,无论有什么样的反对意见。在多方鼓舞下,弗洛伊德于1885年1月21日寄出了他的申请。

1月24日的全体教师会议选举产生了一个委员会,由梅涅特、布吕克和诺特纳格尔担任委员,目的是探讨一些发明的应用情况以及向学院汇报研究成果。2月1日布吕克向委员会简要地传达了他的观点:"弗洛伊德医生的微观解剖论文结论被普遍接受和认可。从开始检测到现在,结论基本都得到了证实。我很了解弗洛伊德本人的工作,并准备签署任何推荐将其发明付诸应用的申请报告;如有必要我愿意出席委员会会议做进一步讨论。"诺特纳格尔同意了布吕克的观点,2月28日,布吕克向学院递交了委员会会议报告,由他本人撰写,梅涅特和诺特纳格尔会签。

布吕克在报告中全面仔细地分析了弗洛伊德的研究,对其高度推崇,并附上了以下建议:"弗洛伊德医生有着良好的教育背景,性格安静认真,是神经解剖学领域不可多得的人才。他具有灵敏的洞察力,清晰的视角,全面的知识储备和谨慎的演绎方法,同时拥有良好的书面表达才能。他的研究发现值得给予承认和肯定,他的授课风格通透而严谨。在他身上,一位优秀的科学研究者和一位称职的教师良好地结合起来,本委员会向荣誉学院(Honorable College)提交申请,建议准许他进行进一步的康复实验。"学院教职员会议立刻接受了这份申请书,以21比1的意见通过。

这是一个决定性的时期,弗洛伊德当即把这个好消息致电未婚妻玛尔塔。3个月后他收到了一份6月13日面试的邀请信,却为服装的问题犯起了愁。他买了一顶丝绸帽子和一副白手套,但除此之外,他不知道晚礼服到底是应该借一套,还是去订做一套天价的;最终他选择了后者。除了弗洛伊德之外这次面试还有两个候选人。他是第一个入场的,被带进一个坐着七八个大人物的房间里。首先是布吕克和梅涅特发问,问题主要关于脊髓的解剖与病理等。弗洛伊德如数家珍。整场面试他都表现得非常好，布吕克跟着他走出房间，告诉他他的演讲多么精彩，并转达了在场其他评审们的称赞。面试结束后，弗洛伊德第一时间将整场面试的完整内容发送给了玛尔塔。

6月20日学院做出了最终决定，但这次以19票比3票通过，给弗洛伊德试讲的机会。此次试讲是一场公开演出，并在报纸上被正式报道。演讲地点在布吕克研究所的演讲厅。"在这里，我曾怀着无与伦比的热忱投入我人生中第一份工作，在这里我曾梦想着成为我导师的助手。难道这是一个征兆吗？预示着我终将被准许重返科学工作和理论研究？你相信预兆吗？"他将此次试讲的主题选定为"大脑的髓质束"（The Medullary Tracts of the Brain）。官方报告指出，这次试讲收获了全体一致的赞叹。

7月18日学院决定推荐弗洛伊德为神经病理学的无薪大学教师，即使这样手续也没有完全结束。8月8日，弗洛伊德被要求前往警察局报到，以确认他的人格是否足够担负这份殊荣，查明他的过往行为是否无可指摘。他开玩笑地说道："我绝不泄漏一丝一毫。"一个月后，1885年9月5日，经过谨慎的考虑后公安部决定批准任命，弗洛伊德真正成为一名无薪大学教师。

弗洛伊德在肖尔茨的所谓"神经部门"工作了40个月。快到2月时，医院院长通知他，他的领导肖尔茨希望他调到另一个部门去。弗洛伊德向肖尔茨提出抗议，但徒劳无功；他们二人对医院经营前景的看法有些不同。于是3月1日他转入眼科，但仍然保留他原来的房间。这同时意味着他的课程也结束了，最后一堂课是在3月6日。对此他感到十分遗憾，因为他说自己既喜欢学习也喜欢教课。他留在眼科工作了3个月，6月1日转入皮肤科。

而就在前一天，他应奥伯施坦纳（Oberstainer）之邀，前往维也纳城外欧柏都柏林（Oberdobling）地区的私人精神病院作为"临时代理"（locum tenens）。他得到领导的许可后便在6月7日开始了他在那里的工作。在那边他的食宿不必自理，报酬是100盾（40美元）。疗养院的住院部主管是莱德斯多夫（Leidesdorf）教授，后来他在弗洛伊德的人生中又多次出现，以不同的方式为他提供过不少帮助。这是一个属于上流社会的疗养机构，在那里工作时弗洛伊德必须戴上丝绸帽子和白手套。那里的60例患者中有一位是拿破仑的皇后玛丽·路易（Marie Louise）的儿子；他是个无可救药的疯子。弗洛伊德很喜欢那里的生活，他还问玛尔塔若是他们此前那雄心勃勃的计划出现什么偏差，她是否愿意来这边生活。

然而不久后，一个重大的好消息来到了。为了解释这一点我们必须再退回去说说。

1885年3月3日，弗洛伊德在一封信件中提到，他打算申请研究生旅行津贴（stipendium），这是由教育部为助理医师中成功的候选人提供的特殊津贴。总额为600盾（240美元），同时还有6个月的假期。后一点弗洛伊德并不在意，因为他出发之前就打算从医院辞职了，但他计划离开维也纳6个月。令人颇为不解的是，即便是在当时，人们怎么能用这么一点钱就可以去任何想去的地方，并且还能维持6个月的正常生活？而且其中一半的费用还是在期满后几个月才发放。但弗洛伊德从来不会被自然不可抗力所阻碍，他立即决定只要条件允许，就去巴黎找沙尔可（Charcot）。但是他也知道，维也纳的红衣主教势力喜欢任人唯亲，自己几乎没什么希望成为幸运的候选人。

最后的报名日期是5月1日，而会议决议则是一个月后。这给了申请人几周的时间来寻求他人支持。弗洛伊德马上开始努力拉票了，接下来的两个月里，他忙于拉票，对这次扑朔迷离的机会过分专注，所以工作方面完成得很少。他的朋友勒斯特加滕获得路德汶（Ludwin）教授的支持，后者是弗洛伊德所在科室的新的部门主任。诺特纳格尔和梅涅特都承诺支持弗洛伊德，布罗伊尔则得到著名的外科医生比尔洛特的支持。而那位莱德斯多夫教授，弗洛伊德曾在他的私人精神病院做了3个月的临时代理，则选择支持有着著名耳科医生等头衔的波利策（Pollitzer）医生。而这一点令弗洛伊德有所警觉，因为他知道梅涅特非常讨厌莱德斯多夫，因此梅涅特的支持可能削弱后者的支持。更为严重的是，布吕克作为弗洛伊德背后一位最强的支持者，在会议之前病了几个星期，但幸运的是及时地康复了。

时间越来越迫近，弗洛伊德认为，在总计的21票中他可以指望的有8票。还有另两位申请者，当他听说其中一位是很有影响力的教授布劳恩（Braun）的侄子时，他几乎已经默认自己失败了。这也确实是事实，但仍然有一线希望，例如投票意见发生分歧也是有可能给他一点机会的。然而假如那位危险的侄子被指出不应该参与青年组的评分的话，弗洛伊德就又没有机会了。5月30日当天，学院全体教师出席了此次会议，弗洛伊德伤心地写道："今天是其他人得到奖学金的一天。"然而第二天，弗洛伊德听说会议并未做出最终决定，这件事被指派给一个由三人组成的次级委员会评议,三位委员分别是三位申请人的支持者。弗洛伊德对这种"空无希望的推迟"感到恼火。

在争论和反驳中时间又过了3个星期。在最终决定前一晚,弗洛伊德梦见了他的代表布吕克告诉他,他没机会了,因为还有另外7个申请人有比他更好的发展前景。弗洛伊德家中除去他自己,还有7个兄弟姐妹,除此之外在这个简单的梦里我们也不难察觉到一丝宽慰。因为在家里的孩子当中弗洛伊德无疑是最有前途的,也最受青睐,而那个可能会令他感到愧疚自责的不佳成绩,又是由严厉的布吕克教授通报的,而事实上这正是他不论如何都会无条件信任的人。

第二天,即6月20日,他给女友发去了一封狂热的信,此刻他感到胜利近在眼前。他以13票对8票获胜。"哦,接下来的日子将多么美好。我会带着这笔钱去找你跟你呆很久很久,还会带许多可爱的小玩意给你,然后我会去巴黎成为一个伟大的学者,接着我带着巨大的光环回到维也纳。然后我们很快就会结婚,我会治好所有不易治愈的精神病人,你会好好地爱我而我会吻你直到你幸福快乐——他们从此过上了幸福的生活。"

几天后他得知,他的成功主要得益于布吕克"热情洋溢的斡旋和争取,造成了一种支持他的普遍气氛"。

1885年8月的最后一天,弗洛伊德离开了综合医院,在那里他曾工作和生活了3年零1个月。这基本上也是他个人医疗实践的终点。他在巴黎度过的19周专门致力于神经病学研究。接着他前往柏林,用3周时间师从巴金斯基(Baginsky)研究儿童疾病,这是他曾在维也纳的培训中所错过的环节。这样做是因为他得到了一份工作,可以在卡索维茨(Kassowitz)的儿童诊所的神经疾病门诊就职。他在那里所做的关于小儿麻痹的重要工作隶属于他的神经学研究之内。

要成为一名优秀的全科医生,弗洛伊德还需要更多的助产和外科手术经验,但在医学知识方面他装备齐全。作为一名医生在医院中度过的3年,与仅仅获得医疗上岗资格证是全然不同的。这些年里弗洛伊德同样进行着重要的科研项目,与此同时他也被公认为神经学讲师,说明这些年并没有荒废。在他29岁时,他的医疗实践生涯走到了尽头。

因此1885年是成功的一年。他已经完成了有关脑髓的重要研究,将于不久后发表。他也赢得了通往巴黎和沙尔可门下求学的机会之路,在那里,他将作为一名神经病理学领域的无薪大学教师开始他的新生活。

6. 可卡因的故事（1884—1887）

在医院的 3 年时间里，弗洛伊德坚持不懈地努力为自己正名，试图在临床或病理学研究中取得一些重要发现。他的动机并不像人们所想象的那样，只是出于一种职业抱负，更是因为他想由此收获一些实践经验，以便日后开私人诊所，将婚期提前一到两年。他在探寻的道路上必定产生过许多丰富的想法，在他的信件中，他会反复暗示一个可能会引领他达到预期目标的新发现，但这些想法一个都没有实现。很不幸，他的大部分想法都只是惊鸿一瞥。他仔细考虑过的点子只有两个，而二者都曾帮助他接近成功：一个是使用氯化金法对神经组织进行染色；另一个则是可卡因的临床应用。

正如我们所知，可卡因的使用并不是常规工作内容之一，弗洛伊德与可卡因的故事值得特别讲述一下。弗洛伊德记载如下：

> 我需要退回去一点说说，我没有在年轻时功成名就实际上是我未婚妻的过错。出于一些比较深入的业余爱好，1884 年我从默克（Merck）那里了解到一些鲜为人知的生物碱可卡因的知识，并开始着手研究它的生理作用。这项工作进行到一半时，我突然有了一个外出旅行的机会，我决定去看望我的未婚妻，当时我们已经两年没有在一起了。于是我把我的可卡因研究草草收场，对自己的专论感到志得意满，还预言很快它就会得到进一步应用。但是临行前，我建议我的一位眼科医生朋友柯尼施泰因（Konigstein）去了解一下，可卡因的麻醉性在多大程度上可以适用于眼疾治疗。当我结束假期回来时，我却发现我的另一个朋友卡尔·科勒（Carl Koller）已经在动物眼球上完成了一个至关重要的实验，并在海德堡的眼科大会上做了展示，我走之前也对他提过可卡因的事。于是，科勒理所当然地被看作可卡因局部麻醉的发明者，后来这项技术被广泛应用于小型外科手术中；而我却没有向我的未婚妻抱怨过一句，尽管是她打断了我的工作。

第一部分 性格形成时期和重大发现（1856—1900）

上述段落的开头和结尾处，弗洛伊德都十分不必要地指出有人需要为此事负责，然而有大量证据表明，弗洛伊德真正责怪的人是自己。在另一篇文章中他写道："我曾在文章中暗示，生物碱可以被用作麻醉剂，但是我对这一问题的探究还不够深入。"在谈话中，他将这次粗心大意归咎于自己的"懒惰"。

我们第一次听闻有关可卡因的话题是在1884年4月21日的一封信中，在这里他通报了"一个治疗项目和希望"的好消息。"我一直在阅读有关可卡因的资料，这种东西提取自古柯叶，在印第安的一些部落里人们通过咀嚼古柯叶来抵御痛苦和磨难。一个德国人①将它应用在士兵身上，事实上据报道这种药物确实能够增加人体的能量和对痛苦的耐受力。我现在也弄到了一些可卡因，准备在心脏病和神经衰弱（neurasthenia）的案例上尝试一下，特别是在一些已经戒断吗啡的悲惨情境下（弗莱施医生）。或许现在也有其他人在做这项研究；也许可能最后搞不出什么名堂。不过我肯定会试一试的，你也知道只要坚持早晚都会成功。要想在这件事上有所建树，我们可能只需要一点点好运气。不过也不能对成功的前景过于肯定。你知道，一个研究者需要有两个基本素养：热情地尝试，严谨地工作。"

起初弗洛伊德也没有想到，后续会发生这么多事："我敢说它最后会像那个方法②一样，比我想象中要差点，不过仍然是可敬的东西。"他遇到的第一个困难是可卡因的成本问题，他从达姆施塔特（Darmstadt）的默克那里订货；他原本以为一克是33金币（13美分），结果很吃惊地发现每克的要价是3盾33金币（1.27美元）。起初他觉得，这宣告他的研究到此为止了，但不久后他从震惊中恢复过来，大胆地订了一克货，希望有朝一日能还上钱。他立即尝试了二十分之一克的效果，发现这种物质可以使他原本低落的心情变得愉悦起来，并且有一种吃饱了饭的感觉。"什么都不需要去烦心了"，但这并没有剥夺他运动和工作的能量。于是他突然想到，既然这种药物很明显是一种胃麻醉剂，可以消除所有饥饿感，那么它对于任何原因引发的呕吐很可能都有抑制功能。

同时，他决定向他的朋友弗莱施提供这种药物。厄恩斯特·冯·弗莱施－马科索（Ernst von Fleischl-Marxow）是布吕克实验室的一个助理。他与弗洛伊德之间的

---

① 这是一位陆军医生——西奥多·阿申布兰特（Theodor Aschenbrandt）。在之前的秋季演习中，他对一些巴伐利亚士兵提出了这种意见。

② 即他先前发明的氯化金方法。

友谊非常深厚，后来他的英年早逝令弗洛伊德深感痛惜。他是一位年轻、英俊、热情、才华横溢的演说家，也是一位极富魅力的导师。他掌握着一种迷人而亲切的老维也纳式社交礼仪，随时欢迎与他人讨论科学和文学相关的话题，并涌现出敏捷的才思。这些杰出品质与他作为生理学殉道者的悲剧英雄形象形成了鲜明对照。25岁那年，他在进行病理解剖学研究时被感染。尽管右拇指截肢帮他保住了性命，但持续增生的神经瘤需要反复进行手术。他的生活逐渐变成一场折磨，在痛苦中慢慢地接近死亡。他用这只残缺而疼痛的手完成了许多技术堪称一流的实验。在那些失眠的夜里，他学习物理、数学，后来是梵文。他疼痛难忍，不得不求助于吗啡，最终成瘾。他努力摆脱毒瘾，处于戒毒的痛苦之中时，弗洛伊德提出让他用可卡因代替吗啡。这是弗洛伊德在后来几年里非常后悔的一个决定。可卡因的这种功用是他在一篇发表于《底特律医学公报》（*Detroit Medical Gazette*）的报告里读到的。弗莱施"如同溺水者一般"抓住了新药，几天内便上了瘾。

现在弗洛伊德变得愈发精力旺盛。可卡因是一种神奇的毒品。在一个胃黏膜炎的病例治疗中，弗洛伊德用可卡因帮助患者即刻解除了痛苦，这件事为他赢来了令人瞩目的成就。"如果一切顺利，我将写一篇文章来论证可卡因比吗啡优越的方面，我希望这种药物能够在治疗领域获得一席之地。我对它还有一些其他目标和期待。我自己也定期服用很小的剂量，用来对抗抑郁和消化不良，效果都无与伦比地好。我希望它能对付最顽固的呕吐，即使是由于严重疼痛引发的呕吐。总而言之，有了它我终于觉得自己是个真正的医生了，因为我成功地帮助了一位患者，我还希望救助更多。如果事情继续这样下去，我们就不必再去担忧能否在一起的问题了，我们可以好好留在维也纳。"他把信寄给玛尔塔"让她坚强，让她的脸颊上出现喜悦的红晕"。他把可卡因极力推荐给自己的朋友和同事及他们各自的病人，还把它送给自己的妹妹们。总之，从我们现有的知识角度来看，他正在迅速成为一个公害人物。当然他当时根本没有任何理由认为这样做有什么危险性，因为他说尽管自己也一直在服用可卡因，但没有察觉到自身有任何对该物渴求的迹象，这绝对是实话。正如我们今天所知道的，药物成瘾还需要借助一种特殊的性格要素，幸运的是这种要素在弗洛伊德的性格中不存在。

在弗洛伊德的同事当中，有一些人反映说可卡因的应用十分成功，另一部分则持怀疑态度。布罗伊尔出于他本身小心谨慎的性格，就是对此不太感兴趣的那部分人。

第一部分 性格形成时期和重大发现（1856—1900）

弗洛伊德很难找到关于这个冷门学科的相关文献，但弗莱施给了他一份《医师协会》（*Gesellschaft der Arzte*）杂志，在那里他偶然发现了最近出版的外科总目录，其中包含了对可卡因的一份完整记载。弗洛伊德考虑在两周内完成这篇文章。他于 18 号写完，第二天文章的一半已经印好了。它出现在海特勒（Heitiler）的《全科治疗专刊》（*Centralblatt für die gesammte Therapie*）上。

这篇文章如果从整个主题上全面审查的话——也是截至当时弗洛伊德发表过的最优秀的一篇——可能文学上的贡献比科学上的更加突出。这篇文章充分体现了弗洛伊德的写作风格，以他特有的活泼、简洁和个性，与他描写小龙虾的神经或髓质纤维那两篇文章的手法相差无几，此后过了许多年，他才再次有机会施展自己的文字天赋。而且，这篇文章中透露着弗洛伊德以往作品中从未有过的基调，一种客观理性与个人温情的高度结合，仿佛他已经爱上了内容本身。他使用了一些科学论文中不甚常见的表述，例如注射可卡因后动物表现出的"令人惊叹的兴奋"，给予药物的单位是"给"（offering）而非"剂"。他激烈地反驳出版物上关于该种药物的负面"谣言"。

文章的开头，弗洛伊德便深入南美印度安人早期使用古柯叶的历史中去，进而描述它的植物学背景以及处理叶子的各种方法。他甚至详细复述了该种植物在宗教仪式中的功能，还提到了曼科·卡帕克（Manco Capac）的神话传说。其中太阳神之子声称古柯叶是一种"神的礼物，用来帮助那些潦倒的人驱赶饥饿，强健身心，忘却忧愁"。我们得知有关这种神奇植物的描述最早于 1569 年传入西班牙，1596 年传入英国，1859 年奥地利探险家施尔泽（Scherzer）博士将古柯叶从秘鲁带回，随后把它寄给化学家黎曼（Niemann），后者从植物中分离出生物碱可卡因。

然后，他叙述了一些通过自我观察得出的数据结论，其中分析了该药物对于饥饿、睡眠和疲劳的影响效果。他写道："愉悦和持久的兴奋，与健康的人所感觉到的那种正常兴奋完全一样……你还会感到自制力提高了，工作的活力和能力也提高了……换句话说，你完全正常，很难相信你受到了什么药物作用……即使进行长期密集的智力工作或体力劳作，也感觉不到疲劳感……而且这种体验还没有副作用。在兴奋退却后，不会有像酒精那样的不良反应……第一次服用，甚至反复服用都不会成瘾；有的人甚至还会对它持有一种奇特的排斥感。"弗洛伊德证实了曼泰加扎（Mantegazza）关于该药物的一些研究结论，包括它的治疗价值，它对胃部的刺激和麻痹作用，它在抗忧郁方面的功效等等。他列举了一个本人的例证（其实是弗莱施的）用以说明可卡因可以帮助戒断吗啡。总结起来，该种药物的全部功能适用于"神经衰弱的功能状态"、吗啡戒断和消化不良三种情况。

有关可卡因的作用原理，弗洛伊德认为正如既有研究已证实的那样，可卡因并非直接通过刺激大脑发挥作用，而是将压抑身体感觉的机制废除。

在文章的最后一段弗洛伊德匆忙写道："当应用于高浓度溶液时，可卡因及其盐类对于皮肤和粘膜的麻醉效果证明，这种药物在未来有望应用于局部感染的情况。"这也是后来弗洛伊德责备自己没有尽力探索的一个方向。

弗洛伊德的自我谴责心理似乎更为复杂。的确，他希望通过对可卡因的研究来获取某种程度的声誉，但他不明白，掌握人们使用可卡因的特定方式将会带来比他想象中更大的声誉。当他花费很久终于慢慢意识到这一点时，他很自责，还同时将责任归于他的未婚妻。后一种情况并不少见，其中所包含的非理性因素暗示了一种无意识过程。古柯叶在提升身心活力方面的强大效果和其无副作用的非凡美名显然令弗洛伊德痴迷不已。然而可卡因可以增强活力的前提是，服用者在此之前有一些低迷状态；一个正常人是不需要这种刺激的。而弗洛伊德并不属于这种幸运的正常人。多年来他遭受着周期性的抑郁、疲劳或冷漠等情绪以及神经症症状的折磨，在他对自己进行精神分析消除了这些症状之前，神经症一直以焦虑的形式困扰着他。长期的贫困和其他因素使他的爱情征途也时有动荡，这加剧了他的神经质反应。1884年夏天，在看望未婚妻的日子越来越迫近时，他陷入相当焦虑不安的境地，这绝不仅仅是因为这桩婚事的不确定性。可卡因使他的焦躁和沮丧状态有所缓解。除此之外它还带给他不同寻常的活力感。

与神经质的其他表现一样，抑郁也会降低人的活力和性能力：这也是可卡因赖以生存的契机。对此若有任何疑问的话，或许1884年6月2日的一封信可以打消这些疑问，当时玛尔塔似乎身体不太舒服，食欲不振。"我的公主，等我来了你就完蛋了。我会吻到你满脸通红，然后把你喂得胖胖的。如果你还是很顽固，我就让你看看一个总也吃不饱的温柔的小女孩能否拗得过一个身体里有着可卡因的狂野男人。在我最近一次严重的抑郁发作时，我又服用了可卡因，一点点剂量就让我感觉飘飘然，我正搜肠刮肚地找寻合适的词汇来赞美这个神奇的物质。"

为了像个真正的男人一样与心爱的人幸福地生活在一起，弗洛伊德抛弃了

第一部分　性格形成时期和重大发现（1856—1900）

脑解剖的清醒的"科学"工作，将自己切换到一个不太体面的场景中去：这终将使他在成功之处遭受不幸。在一到两个月内，另一个人会凭借可卡因赢得世界声誉，但后者提出的是有利于人类健康的用法。两年后，弗洛伊德因错误地坚持倡导可卡因"无害"论而遭受鄙视和谴责，他曾大力推崇过的这项药物被反对者们称作"人类的第三大灾难"[①]。最后弗洛伊德陷入深深自责，他的反复推荐致使那位既是挚友又是恩人的弗莱施严重地药物成瘾，从而加速了他的死亡。

此时，还有一个新的人物进入我们的视野：卡尔·科勒（Carl Koller）。他年龄比弗洛伊德小 18 个月，在开创局部麻醉方面成就卓越。科勒当时在眼科实习，渴望成为一名研究助理。他每天围着眼部疾病的问题打转，据弗洛伊德的说法，科勒的偏执狂特质使其他同事都觉得他很无聊。科勒开始着重寻找一些能够麻醉眼睛敏感表面的药物，并确信自己需要这种东西；他已经尝试了各种药物，如吗啡和氯溴，但基本都徒劳无获。在弗洛伊德后来的一次演讲中，为了引以为鉴，他讲述了这样一个事件：

> 有一天，我和一群同事站在院子里，其中就有这个人，当时另一位实习生表示身上某处很疼（这里弗洛伊德向我指了一下具体的疼痛部位，但具体位置我记不清了）。我对他说："我想我可以帮助你。"于是我们来到我的房间，我给他用了几滴药，痛楚即刻消失不见。我向朋友们解释道，这是一种南美洲的植物古柯叶，似乎具有减缓疼痛的功效，我正准备出版有关的研究成果。而这位一直对此高度关注的科勒当时并没有说什么，然而几个月后我了解到，他已经开始使用可卡因进行眼科手术革命了，可卡因使得手术变得轻而易举，在当时这几乎是不可能的。这也是要想取得重大发现的唯一途径：将自己的注意力完全集中在一个核心兴趣点上。

弗洛伊德开始使用测量仪器进行测试，以确定可卡因能够增强肌肉力量的效果到底是主观错觉还是客观事实，这些实验由他和科勒合作完成。他们都吞食了一些可卡因，和其他人一样，他们也注意到了口腔和嘴唇的麻木感。这个发现对于科勒来说更加有意义。

[①] 另外两个分别是酒精和吗啡。

6. 可卡因的故事（1884—1887）

弗洛伊德的文章在7月份发表后，科勒拜读并反复思考，9月初弗洛伊德离开维也纳前往汉堡，科勒带着一小瓶白色粉末出现在史翠克（Stricker）病理解剖研究所。他向助理加特纳（Gaertner）医生宣称，有理由认为这瓶药物可以在眼局部麻醉手术中派上用场。这个事实很容易检测。他们先在青蛙、兔子和狗的眼睛上进行了实验，然后是自己亲自上阵——均获得了成功。科勒于9月初撰写了一份《简报》（*Preliminary Communication*），在9月15日的海德堡眼科大会上由布雷特沃（Brettauer）医生宣读。10月17日，在维也纳的医师大会（Gesellschaft der Arzte）上他宣读了这篇文章，不久后得到发表。文章中有这样一段话："我在医院的同事西格蒙德·弗洛伊德医生对可卡因进行了一番详尽的介绍和汇编，并撰写了一篇有趣的治疗研究文章，将其引入维也纳医生们的视野。"

弗洛伊德同时引起了一位密友利奥波德·柯尼施泰因（Leopold Konigstein）的注意，他也是眼科医生，比弗洛伊德大6岁，担任讲师3年之久。他相当关注可卡因在麻醉方面的效果，弗洛伊德曾建议他用可卡因来缓解某些眼疾的疼痛，如沙眼、虹膜炎。柯尼施泰因忠实地采纳了他的建议并进行了一系列实验，仅仅几周便取得了成功，10月初，他将自己的实验扩展应用到外科领域，在弗洛伊德的帮助下顺利完成了一只狗的眼球摘除手术。但他还是有些晚了。在10月17日的会议上，柯尼施泰因也宣读了一篇关于可卡因实验的论文，但没有提到科勒的名字。这看似一场对优先权的争夺，但是弗洛伊德和他的同事瓦格纳-若雷格（Wagner-Jauregg）一起试图劝说他，最终柯尼施泰因极不情愿地在他公开发表的论文中加入一段参考出处——来自科勒在上个月发表的《简报》，因而放弃了自己的主张。然而正如我们所看到的那样，科勒并未对弗洛伊德的侠义之举有所回应。

1885年4月5日，弗洛伊德的父亲打电话给他，说自己的一只眼睛出了点问题。弗洛伊德一开始倾向于认为这是暂时性症状，想把病因探照出来，但当时碰巧科勒也在，便帮忙做了一下检查，诊断出他父亲患有青光眼。他们叫来他们的前辈柯尼施泰因，后者于次日成功地完成了手术。科勒在弗洛伊德的协助下负责局部麻醉工作，他优雅地表示，今天与可卡因相关的三位人物都来到了手术现场。弗洛伊德当时一定非常自豪，既帮助了父亲，同时也向他证明了自己最终还是有所成就的。

弗洛伊德仍然选择维持了与科勒的友谊。在他与一位反犹同事角斗胜利后，他热情地表示祝贺，同时，这一年后期科勒患上了严重的疾病，他也非常关心。

第一部分　性格形成时期和重大发现（1856—1900）

弗洛伊德在著作中最后一次提起他，是祝贺他即将前往乌得勒支（Utrecht）任职，并希望以后有机会从巴黎过去看他。

后来科勒移民去了纽约，正如弗洛伊德预言的那样，科勒到了美国以后在事业上取得了不小的成就。但在他最初有所成就之时，他人格上的一些"错误症状"就已经初露痕迹，并在后来的岁月里显现出来。1884年10月，科勒在维也纳的会议上宣读的论文中引用了弗洛伊德的专著，然而他所标注的时间是8月，而不是7月，由此给人造成一种印象，好像他跟弗洛伊德的研究是同步的，而非晚于弗洛伊德。弗洛伊德和奥伯施坦纳（Obersteiner）都注意到了这个小"过失"，并在随后的出版物中纠正了它。随着时间的推移，科勒仍然在更多的问题上做出与真实情况不符的陈述，他甚至声称，弗洛伊德的专注比自己的发现晚了整整一年，从而使其与弗洛伊德所做的其他工作都独立开来。

人们可能会猜测，弗洛伊德听闻科勒的成果后一定又生气又对自己感到失望。但有趣的是事实并非如此，对于这件事弗洛伊德这样写道："我的第二则消息更令人高兴。一个同事发现了可卡因在眼科手术方面令人瞩目的应用价值，并且在海德堡眼科大会宣告了他的发现，引起轰动。我在离开维也纳前半个月就建议柯尼施泰因也去尝试一下类似的实验。他真的有所发现，现在他和科勒二人之间对此持有争议。他们把结果摆在我面前，让我来判断谁的成果应该先公布。我建议柯尼施泰因和科勒同时在医师协会的会议上宣读自己的论文。不论如何这都是有关可卡因价值的研究，而我曾成功地将其引入维也纳医学界，我的工作也保持了声誉。"

显然在那时，弗洛伊德仍然将可卡因的研究视为自己的私人财产。他的心里仍然将可卡因的价值本身当作最关键的事，他继续尝试用它来治疗各种类型的疾病，希望可以去病的疗效。因此他不仅没有因为科勒的发现而感到不安，相反他将其视作对他心爱药物的一种新的外围应用。弗洛伊德用了很长时间才逐渐明白这个苦涩的事实，即只有科勒的应用才是唯一有价值的，其余的都是尘与土。

当生理学俱乐部（Physiological Club）重新召开秋季会议时，弗洛伊德收到了关于他的可卡因专论的许多祝贺。眼科门诊主任罗伊斯教授（Professor Reuss）告诉他，他几乎"带来了一场革命"。诺特纳格尔教授递给他一些重印稿，并责怪他为什么没在他自己的杂志上发表专著。那段时间里他正在进行糖尿病实验，希望可卡因在对付糖尿病问题上有所突破。如果实验成功，他就可以提前一年结婚，他们将会名利双收。但什么也没有得到。接着他的妹妹罗莎（Rosa）和他的一个朋友、一名船上的外科医生，为了对付晕船而使用了可卡因并收效良好，弗洛伊德希望这能成为可卡因应用的另一条道路。他表示他打算尝试可卡因的效果，于是在普拉特公园的摇摆船上面把自己晃晕，但我们再也没听说过什么后续的实验。

在接下来的医师协会会议上，弗洛伊德终于睁开眼睛看到事情的严重性了。描述这场会议时，弗洛伊德说他被提到的次数只占百分之五，狼狈地离开了。真希望当初没有建议柯尼施泰因进行那场眼部手术实验，弗洛伊德相信自己肯定会完成得更出色，而且不会从困难中退缩，他也不会像柯尼施泰因那样错过那个"基本事实"（即麻醉）。"但我被太多的怀疑包围以至于误入歧途。"这是他的第一次自我责备。过了段时间，他给未来的小姨子明娜写信道："可卡因确实曾给我带来过很大的荣誉，但是如今狮子口中的肉已经分散到别处了。"他不得不意识到科勒的发现已经在全世界产生了巨大的轰动效应。

让我们回到弗莱施的故事，他对于弗洛伊德来说非常重要，不仅是他与可卡因之间的关系。弗洛伊德第一次仰慕弗莱施是从远处间接得知他，而在离开布吕克的实验室以后，他与他的私人往来增加了。例如在1884年2月，他提到"与朋友弗莱施的亲密友谊"。再早些时候，在他订婚的那个月，他这样写道："昨天我与我的朋友恩斯特·冯·弗莱施在一起，在我认识玛尔塔之前，他是我迄今为止在各个方面都特别羡慕嫉妒的人。不过现在我比他有优势了。他已经与某个与他同龄的人订婚10年或12年了，对方似乎愿意无限期地等他，现在他出于一些未知原因与她分开。他是一个极其杰出的人，他的先天能力和后天教育都是最佳的。他富有，接受过各种体育训练，有着天才气质，精力充沛，英俊，感受力出众，在各个方面都颇具天赋，并且对大多数事情都很有主见。他一直是我的理想形象，在我们成为朋友之前我不能松懈，我也会因他非凡的能力和声誉而体验到一种纯粹的快乐。"他答应弗莱施不会出卖他正在学习梵文的"秘密"。随后很长一段时间他都沉浸在幻想中，像弗莱施这样一个拥有如此之多优点的人，应会让玛尔塔感到十分幸福吧，不过他终止了对她的这种倡议。"为什么我就不能有那么一次得到某个超出我应得的东西？"

又一次他写道："我怀着智力上的激情崇敬他、爱他，如果你允许我用这个词汇的话。他的毁灭对于我的震撼，不亚于一个神圣而著名的神庙毁灭时，给整个古希腊带来的震撼。我对他的爱并不完全是爱一个人类那样,而是像爱上帝的一个宝贵造物。对此你完全不必嫉妒。"

但是这个了不起的人物却遭受了莫大的不幸。已经折磨了他十年的难以忍受的神经痛逐渐将他击溃。他的精神也受到周期性的影响。他服用大剂量的吗啡,后果可想而知。弗洛伊德于1883年10月短暂地探望过他,对他的情况也有了初步了解。"我很惆怅,我问他接下来的路要怎么走。他说,他的父母认为他是一个伟大的学者,所以只要他们还活着,他就应该将工作继续下去。一旦他们死了,他就会开枪自杀,因为他认为他撑不了多久了。试图安慰一个对自己处境如此清醒的人是毫无意义的。"两周后,他又去探访了他一次,触动很大。"他不是那种你可以用空洞的言语安慰的人。他的状态正如他所说的那样绝望,令人无法反驳他。'我不能忍受',他说,'现在我得用别人三倍的工夫去做每件事,我原本已经习惯了我做什么都比他们更容易。没有人会忍受我做的事了。'他补充道。我很了解他,也足以相信他说的话。"

前面提到过,早在1884年,弗洛伊德第一次对可卡因寄予希望,希望借此能够帮助弗莱施戒断吗啡,这在短时间内也是非常成功的。此后弗洛伊德时常去探望他,帮他整理他的丛书等等。但仅仅在一周后,尽管可卡因确实帮助他摆脱了吗啡的瘾,然而弗莱施的状况非常糟糕。在多次尝试敲门都没有人应答的情况下,弗洛伊德向他人求助,奥伯施坦纳和埃克斯纳冲进房间,发现弗莱施几乎已经毫无知觉地躺着。他的主治医生布罗伊尔安排奥伯施坦纳每天拿着万能钥匙去房间里查看病情。几天后,比尔洛特在其手部残肢上进行的几次实验都未能成功,于是他尝试了麻醉状态下的电击刺激。正如我们猜测的那样,这个尝试的后果是灾难性的,弗莱施呈现历史最糟的状态。

弗莱施赞同弗洛伊德关于可卡因功效的乐观看法,1884年12月,一篇专著概要被发表在《圣路易斯医学外科杂志》(*St.Louis Medical and Surgical Journal*)上时,弗莱施在后面补充说明了自己的体验,指出在帮助戒断吗啡上收效良好。弗莱施以为这两种药是互相排斥的。

1885年1月,弗洛伊德正在尝试通过将可卡因注射入神经来缓解三叉神经痛的病症,并希望可以对弗莱施的神经瘤如法炮制,但是这样做的效果似乎并不好。4月的一个晚上,弗洛伊德彻夜守着他,弗莱施则整晚泡在浴缸里。他写道,这件事完全无法形容,因为他从未有过这样的经历:"最深的绝望中,每一枚音符响起。"这只是接下来几个月里，许多这样的夜晚的第一个。此时弗莱施已经开始服用大剂量的可卡因；弗洛伊德说，在过去的 3 个月里他花费了至少 1800 马克（428 美元）。这意味着一天一克的剂量，这是弗洛伊德自己偶尔服用时，惯用剂量的一百倍。6 月 8 日，弗洛伊德写道，大剂量地服用可卡因对弗莱施的伤害很大，虽然他一直给玛尔塔寄可卡因，但是警告她不要养成习惯。

然而在此之前，弗洛伊德也经历了许多。"每一次我都会问自己，如果我的人生中出现如此之多激荡的令人心神不宁的夜晚……他的言谈，他对所有晦暗不明之物的解释，他对我们圈子中的每个人的评价，他那需要通过吗啡和可卡因来缓解的无力感，以及被这种无力而中止了的各种活动：所有的一切形成了一个和鸣，而无法描述。"但是来自弗莱施的刺激甚至掩盖了那些惊恐不安。

弗莱施的症状包括经常晕倒（往往伴随抽搐），严重失眠，表现出各种古怪行为又缺乏自控力。可卡因在一段时间里对于这些症状有效，但大剂量的服用导致慢性中毒，最后引发了震颤性谵妄，认为有一条白色的蛇在自己皮肤上爬行。接着便是 6 月 4 日的危机。在那天晚上通电话时，弗洛伊德发现弗莱施的状态过于糟糕，于是叫上布罗伊尔一起去他那里过夜。这是他度过的最可怕的夜晚。虽然弗洛伊德当时认为，他不可能活过 6 个月，然而弗莱施又在痛苦中活了 6 年。

1885 年春天，他发表了一篇关于可卡因问题的综述。他指出，精神病理学在那些降低刺激的神经活动方面有许多办法（例如溴化物等），但是在那些旨在提升状态方面的方法却十分贫瘠，例如对抗神经衰弱和抑郁等问题。而可卡因在某些情况下的特定用途表明，它的本质——一种性质不明的干扰剂，可以集中发挥作用，有时可以用化学方法除去。他承认在对付吗啡成瘾的问题上，有些时候可卡因很有效，有些时候则没有。他没有见过可卡因成瘾的情况。（这是在弗莱施可卡因中毒之前。）所以他说："在这种情况下我会毫不犹豫地建议，可卡因每次剂量应该控制在 0.03—0.05 克，皮下注射给药，无需考虑药物积累。"

但弗洛伊德与可卡因的故事远远没有结束。在接下来的一个月，我们总是听闻有关可卡因的新用途被发现的消息；最新的一则案例是狂犬病患者在喉咙涂抹了可卡因以后便可以顺利吞咽了。

然而，潮流发生了逆转。7 月份，厄伦美厄（Erlenmeyer）的批评文章刊登在《神经医学专刊》（*Centralblatt für Nervenheilkunde*）上，弗洛伊德这样说道："是我将可卡因引入吗啡戒断的应用上来的，人们也证实了它前所未有的效果。

第一部分 性格形成时期和重大发现（1856—1900）

因此人们可以始终对敌人表示感激。"当年夏天，在哥本哈根举行的医学会议上，奥伯施坦纳的一篇题为"可卡因在神经症和精神病上的应用"的文章热忱地为弗洛伊德辩护，也有其他人这样做；奥伯施坦纳将这篇文章的复印件连同一封热情洋溢的信一同发往巴黎弗洛伊德那里去。他证实了戒断吗啡期间可卡因所发挥的功效，他在欧柏都柏林的私人疗养院中对此进行了一系列测试。然而到了第二年的1月，在一篇关于中毒性精神病的文章中，他不得不承认持续使用可卡因会导致震颤性谵妄，与酒精所产生的副作用十分相似。

然而在同一年，1886年，全世界范围内接连出现可卡因成瘾和中毒的病例，德国境内已经出现综合警报。厄伦美厄在5月的第二次袭击中，表示得毫不含糊：在这次事件中，他将可卡因称为"人类的第三次天灾"。1884年，厄伦美厄撰写了一本书《吗啡成瘾》（*Ueber Morphiumsucht*），在1887年的第三次修订中，他把他写的关于可卡因成瘾的第一篇文章收录进来。在书的结尾处，他用一句话赞赏了弗洛伊德的可卡因文章的文笔，但没有更多评论。"他提议毫无保留地将可卡因应用于吗啡成瘾的治疗上。"第三版是由一位身份不亚于阿尔图尔·施尼茨勒（Arthur Schnitzler）的人评论的，他曾在这个课题上与弗洛伊德一决胜负。

这个曾经试图造福人类的人，或者无论如何，通过治疗"神经衰弱"来创造声誉的人，现在被指控为在这个世界上播撒邪恶的恶魔。至少现在在许多人眼中，弗洛伊德是个行事鲁莽妄下判断的人。如果他敏感的良心中也划过了这句话，那么只能被后来的一次令人悲哀的经历证实。他假设这种药物无害，并订购了一大堆可卡因给一位患者服用，后者以屈服告终。整个事件给弗洛伊德在维也纳的声誉造成了多大程度的影响也很难说，后来提及此事时，他只是说，这使他遭受了"严重谴责"。同年稍晚些时候，他热情支持了沙尔可有关歇斯底里症催眠的奇特想法，而这件事丝毫没有使情况有什么改善。这也反映出当时维也纳医学界贫瘠的背景，几年后，弗洛伊德以他有关神经官能症当中的性欲根源理论又一次震动了维也纳医坛。

在一篇于1887年7月9日发表在《维也纳医学周刊》（*Wiener medizinische wochenschrift*）上面的文章中，弗洛伊德对所有的批评做了一个迟到的回复。起因是一篇W. A.哈蒙德（W.A.Hammond）的文章，弗洛伊德曾大量引用他的观点。他有两道防线。其一是，除了用可卡因来治疗吗啡成瘾的情况之外，再没有

6. 可卡因的故事（1884—1887）

一个可卡因成瘾的案例出现，这表明除此种情况之外是不可能出现受害者的。任何一种习惯的形成并不如人们普遍认为的那样，是吸食了某种有毒药物的直接结果，而是出于患者本身的一些特点。在这一点上，当然，他是完全正确的，但当时这个观点备受争议。

第二道防线更加模棱两可。可卡因对不同的患者作用效果不确定，其中的变量被弗洛伊德归因于脑血管的不稳定、不可靠因素：如果变量的压力稳定，则可卡因就没有疗效；在其他情况下它则可以带来良好的充血状况，但同时也有其他毒性作用。由于无法事先确定，所以必须避免对任何内科或神经疾病患者皮下注射可卡因。口服可以是无害的，皮下注射有一定风险。他再次拿出弗莱施的案例（没有提他的名字）作为可卡因可以用来戒断吗啡的说明。

有关这第二道防线，可能只是在不知不觉中，弗洛伊德陷入特别糟糕的一幕。1885年1月，他非常合乎逻辑地试图通过注射可卡因来缓解三叉神经痛，但也许是因为缺乏手术技巧，这次尝试并不成功。而在同一年，美国最知名的外科医生之一，同时也是现代外科创始人的 W. H. 霍斯塔德（W.H.Halsted）将其成功地注入神经，并由此奠定了神经阻断手术的基础。然而，他为自己的成功付出了沉重的代价，因为他对可卡因严重成瘾，他花了很长时间的治疗才把自己从毒品中解救出来。他是第一个新的吸毒者之一。

弗洛伊德给弗莱施提供可卡因时，弗莱施即刻在自己皮下注射了。几年后弗洛伊德说，他从来没有让他这样做，他建议的是口服。然而，有关这部分的说法当时并没有任何证据来佐证。几个月后，他还提出倡议，可以大剂量皮下注射可卡因，并以弗莱施戒断了吗啡的事例为依据，所以他大概确实是这样操作了。当时他的领导肖尔茨教授刚刚完善了注射针技术，毫无疑问弗洛伊德从他那里拿到了最新的针。他在接下来的十年里将其用于多种不同场合，在他著作的某处他曾提到，因从未引发感染而感到自豪。另一方面，在他的梦里，注射的主题不止一次地与内疚有关。

在1887年弗洛伊德的早期辩解文章的参考文献中，他暗示了皮下注射针头可能就是可卡因应用当中的危险源，他将与自己1885年强烈主张使用这可怕注射的文章相关的出处都删略了。1897年他为申请教授职称而递交的著作成果名单中，也删掉了1885年的这篇文章。他自己保存的论文复印件当中也没有这篇。这件事似乎已经被完全掩盖了。

第一部分 性格形成时期和重大发现（1856—1900）

可卡因事件的启示价值在于，它成为一种弗洛伊德专属的工作方式。他最强大的力量，虽然有时也是弱点，在于他对于单一事实会给予非同寻常的重视。这当然是很罕见的品质。在科学工作中，遇到不与其他数据或基本知识发生关联的现象时，人们通常会放弃单一的观察。而弗洛伊德却不是这样。孤立的事实也会令他着迷，他没有办法无视它们，直到自己能为其做出一些解释为止。这种心理品质的实际价值则取决于另一个能力：判断。也许所关注的事实可能真的微不足道，解释它也是没有意义的；坚持下去就是偏执。但是它也有可能是一枚隐藏的宝石，或是一粒指示着矿脉的金子。心理学尚且不能解释，依凭何种天赋或直觉才能够引导观察者去追踪那些他觉得重要的事物，这意味着不仅从单个事件本身去解释，更要将其作为一个例子去探讨一些更广泛的自然规律。

例如，当弗洛伊德发觉，早年对父母存有一些不明确的态度时，他并没有立刻感到奇怪，而是由此发现了一些关于普遍人性的东西：俄底浦斯、哈姆雷特及其他都很快地闪过他的脑海。

这就是弗洛伊德的思维方式。当他发觉了一个简单却意义重大的事实时，他可以感觉到，并且知道这就是某种普世的通行的例子，他很少会想到去搜集相关资料。这个特质也常常遭到其他一些人，一些比他无聊得多的人的责备，但不管怎样，一个天才的头脑就是这样运作的。

要我说这种品质或许也是一种缺点。在对某个单一事件是否足够值得重视做出判断时，批判力有时会失效。这样的失败往往来自一些与这件事主题相关的另一种观点或另一种情绪的干扰。在可卡因事件中，我们既有成功的例子，也有失败的例子。弗洛伊德通过亲身体验发觉，可卡因可以麻痹一些令人不安的因素，从而释放他的全部活力。他从这个单一的观察中得出普遍结论，并且很不明白，为什么在别人身上就会成瘾，并且最终导致中毒。他认为在他们身上原本就存在一些病态的因素，而他自己则没有。这种看法是正确的，但他用了很多年时间才最终弄懂这种因素究竟是什么。

另一方面，当他在面临弗莱施可卡因成瘾的事实时，他错误地将其归因于并不太重要的注射方式上去。起初他并没有这么做，他还推荐使用可卡因。然而，后来那些因服用可卡因而引发了不幸事件，他的自责感和内疚感不得不找一个落脚点。他将目标集中到了令人发指的针，他建议以后要彻底废弃注射。这一选择与他起初给出的自责的理由相一致，没人会否认。

7. 婚约（1882—1886）

如果不了解一个人对爱情的基本态度，就很难真正理解一个人的内心世界和他性格的核心要义。再没有什么能比他在恋爱中的各种情感反应更敏锐、更微妙、更全面而彻底地揭示一个人的人格本质，因为生活中很少再有什么事情能如此严峻地考验他的精神和谐能力了。

这是弗洛伊德天性中的一面，他严格地保护着他的私人生活：爱与温柔的能力。他的孩子们当然很清楚这一点，但他与妻子或未来妻子之间的感情经历——他从未说过或写过。当提及他们当年订婚的事情时，老太太会回应一个幸福的微笑，这令她追忆起那些无比快乐的时光，但是她惠予我们的只是一些事实而不是情感。她的恋人是美好的，他在她眼中完美无瑕；这就是她想说的全部。1951年底，在她过世后，我有幸成为唯一一位可以翻阅她保存下来的大量情书的人。

在后来那几年中，这些信件险些遭到毁灭。在丈夫去世后，弗洛伊德太太曾几次威胁要烧掉它们，只是在女儿的请求下作罢。关于订婚这一部分，这对夫妇合著了一部"编年史"，他们想要记录和保存这一段激动人心的日子，等到他们结婚的那一天，就烧毁这些信件。然而真的到了那一天，她没有决心去销毁所有真心相爱的证据，最后两个人的信件以及弗洛伊德记录求爱历程的日记也都保留了下来。

弗洛伊德在16岁那年第一次品尝到了爱情的滋味，这件事我们已经说过了。显然这只是一次纯粹幻想，因为他与吉塞拉·弗路斯（Gisela Fluss）完全没有一点关系。10年后他遇见了他后来的妻子，在此期间这种感情再没触动过他。他在一封写给她的信中说，自己从未注意过女孩子，现在他为自己的疏忽付出了沉重代价。甚至任何身体的经验都可能很少和遥远。在一封写给普特南（Putnam）博士的信中，谈及青年人在这方面更为开放自由时，弗洛伊德说："虽然我自己态度也比较开放，不过基本没有什么经验。"也不奇怪为什么会有人认为，弗洛伊德对工作的专注来源于大量压抑的升华。

第一部分 性格形成时期和重大发现（1856—1900）

那些熟悉弗洛伊德后来家庭生活情况的人很容易形成这样一种印象：他的婚姻是件很简单的事，两个人觉得很合适便决定结婚。他在著作中也很少提及这件事，除了两个人漫长的异地恋。其他现存的资料，例如从他妹妹安娜那里得来的，仅仅是一些误导。

但是那些情书揭示的事实何其相反！从这些信件里我们看到了复杂而激烈感情，每一次快乐和悲伤都极其强烈，从幸福的巅峰到绝望的深渊，各种情绪轮番上演。

在他们订婚的 4 年零 3 个月当中，有整整 3 年都是异地恋。弗洛伊德给他的未婚妻写了九百多封信。他们习惯每天通信，偶尔两三天没有写信就会相当痛苦不安，需要向对方解释一堆原因；要是有一天没有写信，弗洛伊德的朋友们就会打趣他，怀疑他是否真的有婚约。此外还有很多时候，他们一天内会写两三封信。除了极个别的情况以外，这些信的篇幅通常也不短。4 页已经算非常短的了，有几次写了密密麻麻的 12 页。刚刚开始通信的时候，他问玛尔塔喜欢他写拉丁字体还是哥特字体，她选择了后者，这令传记作者很是头疼。

在讨论这段关系之前，先介绍一下新娘。玛尔塔·伯奈斯（Martha Bernays），出生于 1861 年 7 月 26 日，比弗洛伊德小 5 岁，成长在一个颇为独特的犹太家庭。她的祖父艾萨克·伯奈斯（Issac Bernays）在 1848 年革命席卷正统犹太教期间是汉堡地区的首席拉比，他努力抵制改革。艾萨克与海涅（Heine）有亲戚关系。海涅的信中也反复提及他的名字，他被海涅称为智者（Geistreicher Mann）——才华出众的人。海涅的第一首诗就是艾萨克的兄弟印刷的，刊登在他在巴黎编辑的自由派犹太报纸《前进》（Vorwarts）上——诗人在信中向一位人物表达问候，那个人就是卡尔·马克思。艾萨克的另一位兄弟米迦勒（Michael）是慕尼黑大学的德文教授，这是以放弃自己的信仰为代价换得的职位，后来他又成为教学领事（Lehr konsul），是巴伐利亚路德维希国王的官方读者；他写过一本关于歌德的鸿篇巨著。艾萨克还有一个兄弟叫雅各布，作为传统犹太人，雅各布为兄弟米迦勒弃教之事深表遗憾，他在海德堡大学教授拉丁语和希腊语，但拒绝接受其兄弟为之提供的教授职位。第三个兄弟就是玛尔塔的父亲伯曼（Berman），他是一名商人，忠于自己的信仰。

伯曼一家于 1869 年从汉堡搬到维也纳，玛尔塔时年 8 岁。玛尔塔还能记起当时母亲的眼泪滴在炉灶上发出的滋滋声，她舍不得离开热爱的汉堡。我们可以

7. 婚约（1882—1886）

看出，玛尔塔的母亲在重返故乡之前对此都颇为不满。玛尔塔的父亲到了维也纳以后成为一位著名的维也纳经济学家洛伦兹·冯·施泰因（Lorenz von Stein）的秘书。在1879年12月9日的一个寒冷的夜晚，伯曼因心力衰竭死在大街上。他死后，他的儿子艾利（Eli）又在他的岗位上工作了一些年。

玛尔塔·伯奈斯身材苗条，娇小，苍白。她在吸引异性方面可谓大获全胜，这是显而易见的，她的仰慕者和追求者们的狂热令弗洛伊德有点嫉妒。尽管信中从未提过，但我们从弗洛伊德教授太太这里得知，她之前差点跟一个比自己大很多的商人雨果·卡迪什（Hugo Kadisch）结婚。但哥哥艾利劝说她不要这样做，他坚称与自己并不爱的人结婚是愚蠢的。

有关玛尔塔外貌的微妙问题，弗洛伊德用他惯常的坦然态度回应了玛尔塔的一次自谦评价："我知道你在一个画家或雕塑家的意义上可能并不美丽，如果你坚持严格而正确地使用这个词汇的话，我必须承认你并不算美丽。但我不会奉承你，我意思是我不能恭维，我确实可以这样做，但这样做不对。我想说的是，你的面容和身体传递出你的存在本身就是一种魔力，从你可见的外表之中，我可以看出你是多么甜美，慷慨，恰到好处。我自己总是对形式美比较迟钝。但如果你脑袋里留有什么虚荣的东西，我不会向你隐瞒，有些人称你很美丽，甚至美得惊人。我对此没有意见。"他在下一封信里对这位年仅22岁的姑娘也并没有更多鼓励之辞。"别忘了，'美丽'只停留那么几年，而我们却要一起度过漫长的一生。青春的光鲜和新奇一旦逝去，留存下来唯一美丽的事物便是善良和体贴的美好品质，这才是你的优势所在。"

玛尔塔受过良好的教育，也很聪明，尽管她不能算是知识分子。在后来的岁月里，日常生活琐事足以占据她的大部分注意力了。

弗洛伊德总是不太必要地过分担心玛尔塔的健康，他常说她的一生只有两个义务：一个是照顾好身体，另一个是好好地爱她。在订婚的前几年，他坚持让她服用布劳德（Blaud）药片，喝葡萄酒。我们据此推测她也和那个时代的大多数女孩一样患有缺铁症。

1883年10月14日，艾利·伯奈斯迎娶了弗洛伊德最大的妹妹安娜。人们普遍认为，艾利和安娜订婚早于弗洛伊德和玛尔塔，并认为是通过前者的婚约，弗洛伊德才认识了艾利的妹妹玛尔塔。然而事实恰好相反。事实上弗洛伊德和玛尔塔于1882年6月17日订婚，而艾利和安娜的订婚则是在同年的圣诞节，比弗洛

第一部分　性格形成时期和重大发现（1856—1900）

伊德他们晚了近半年。

1882年4月的一个晚上，玛尔塔可能是跟她的妹妹明娜一起拜访了弗洛伊德家。通常下班以后，弗洛伊德都会直奔房间复习功课，无视家里的来访者。但这一次，他的目光被家庭餐桌上一位正在削着苹果、欢快聊天的少女捕获了；他也出人意料地加入了餐桌谈话。最初的一瞥便是致命的。然而，后面的几个星期里，他发现外表表现得不善交际甚至有些古怪，比直截了当地向她示好要容易很多，但当他突然明白了这种情感的严重性，他焦灼地盼望将她牢牢抓住，"因为向这样一个女孩诉说任何造作的语词都令人难以忍受"。他每天都送她一朵红玫瑰，不是维也纳玫瑰骑士（Viennese Rosenkavalier）的那朵银色玫瑰①，但饱含同样含义；每朵花都附送一张卡片，上面用拉丁文、西班牙文、英文或德文写着一句话。他后来回忆说，他第一次赞美她，是把她比作一个仙女公主，嘴唇上落满了玫瑰和珍珠，而玛尔塔的嘴唇上也总是带着善意和友善的怀疑。自此弗洛伊德对她最喜欢的称呼就是"公主"。

5月的最后一天他们有了第一次私人会面，那天他们手挽着手从卡伦山（Kahlenberg）走下来。他在那天的日记中写道，想知道自己能否做到像她对他一样疏远，他解释说今天当他送给她一小片像树叶时，她冷漠地回绝了；这让他开始讨厌橡树。第二天他和玛尔塔及其母亲在普拉特（Prater）公园漫步，他询问了许多有关她的问题，她回家后把白天的事跟妹妹明娜详细讲了一遍，并补充问道："你怎么看这件事？"不过她得到的答案颇令她沮丧："很不错啊，这位医生先生对我们这么感兴趣。"

6月8日，他发现玛尔塔为表兄马克思·梅耶（Max Mayer）画了幅画像，他断定，自己的出现已经太晚了。不过两天过后，玛尔塔对他来说又充满魅力了，在莫德林（Modling）的一座公园里，他们偶然看到了两颗杏仁，维也纳人称之为vielliebchen，碰到这个的人应该互赠礼物给对方。至此，双方显然已经是互相吸引了，弗洛伊德第一次敢于心怀希望。第二天，她寄给他一个自己亲手烘焙的蛋糕，让他来"解剖"，并署名"玛尔塔·伯奈斯"。不过在寄出前，她收到

---

① 译者注：玫瑰骑士（Der Rosenkavalier）是理查·史特劳斯所写的歌剧。故事叙述一位19岁的单身伯爵与32岁的元帅夫人发生了外遇，伯爵又阴错阳差地担任了夫人表亲的"玫瑰骑士"，向一位富家女提亲，却爱上她的故事。其中一个情节是，"玫瑰骑士"必须把银玫瑰这个传统的订婚礼物送给富家女苏菲。

7. 婚约（1882—1886）

了一份他寄过来的《大卫·科波菲尔》的复印版，于是她又补充了几行热情的话，并署名"玛尔塔"。又过了两天，6月13日，她跟他们一家人共进晚餐，他把写有她名字的卡片当作纪念品；这个举动令她深受感动，于是她在桌子下面按着他的手。他的妹妹们也注意到了这个动作，毫无疑问她们对此也得出了自己的结论。第二天，周三，她又给他写了几行信，而接下来他便没有再收到她的来信，直到周六订婚的那天。接下来的一天，他们和她的哥哥一起外出散步，她告诉他，自己在巴登给他摘了一枝青柠花，周六送给他。弗洛伊德听闻后受到鼓舞，他现在已经拥有了给她往汉堡写信并称呼她为玛尔塔的特权，他还想要将这份亲密继续扩大到可以用"你"来代替"您"的程度。于是当他回到家中，他给她写了第一封信，羞涩、犹豫、谨慎地向她请求这份特权。

周六那天在弗洛伊德的家中，玛尔塔用一枚戒指回应了他的信，这是她母亲送给她父亲的戒指——或许就是为了这种用途。当然这枚戒指对她来说太大了，弗洛伊德把它戴在自己的小指上。然后他去复制了一只尺寸小一圈的戒指送她，因为全家都知道她有这样一枚戒指，还表示说不论如何她那枚都应当是原版的，因为人人都爱她。① 仅一个月后，另一件事发生了："现在我有一个悲惨的非常严肃问题要问你。请你以你的名誉和良心回答我，上周四上午10点钟，你是不是有点没那么喜欢我了，或者比平时更讨厌我，或者对我有些'虚情假意'——就像那首歌里面唱的那样。② 为什么我在说着这些无聊的仪式性的咒语？因为我有个好机会来破除迷信。就在我前面所说的那个时间点，我戒指上珍珠那个位置碎了。我必须承认我的心并没有随之消沉，我也没有不祥的预感，我也没有去怀疑我们的婚约是否会以失败告终，没有什么阴暗的念头去想象那一瞬间你心里是否已经把我的形象抹去。也许一个敏感的人会有以上种种念头，但我此刻唯一的想法就是，必须去修补一下戒指，因为这种事故是难以避免的。"事情是这样的，弗洛伊德突然心绞痛发作，一位外科医生过来将刀卡在他喉咙口以缓解疼痛，而他则用手猛捶桌子。同一时刻，玛尔塔并没有从事什么有害的事，她不过是在吃蛋糕。果然一年后，弗洛伊德心绞痛再次发作时（虽然这次温和许多），这个戒指又坏掉了，这一次戒指上的珍珠丢了。一年后她又送了他一枚新戒指，上面仍然缀着一颗珍珠。直到1883年12月，弗洛伊德才付得起钱给她买了一枚订婚戒

---

① 一个来自莱辛的智者纳旦（Nathan der Weise）里戒指的典故。
② 艾兴多夫（Eichendorff）：《打碎的戒指》（*Das zerbrochene Ringlein*）。

指，普普通通，上面带着一颗石榴石。

弗洛伊德和玛尔塔将 6 月 17 日视为二人的订婚日，他们永远不会忘记这个命中注定的星期六，有那么几年他们甚至会庆祝每个月的 17 号；他们第一次忘了在信中提这件事是 1885 年 2 月的那个 17 号纪念日。

但同时，订婚仍然是个可怕的秘密，必须采取精心的防范措施。玛尔塔的一位老友弗里茨·沃勒（Fritzz Wahle）给她寄来一堆信封，但是在右上角背面都会写有一个"M"字母以标明信件的真实来路，他大概不会引起任何人怀疑，因为他已经订婚了。玛尔塔写给弗洛伊德的信并不寄到家里，而是通过布吕克实验室的助理转交。

相识之初，弗洛伊德的性格想必给玛尔塔留下了深刻的印象，越是这样，她越觉得他像她的父亲，这令弗洛伊德感到很开心。从她后来的信件中可以明显看出她真切地深爱着他。不过很长一段时间里弗洛伊德对她的爱都充满怀疑，订婚结束以后他开始责备她，称他们的关系是一种原始假象（Primum Falsum）——他比她早 9 个月坠入爱河，她违背自己的意愿接受了他，在她试图爱上他却难以做到期间，他经历了一段可怕的岁月。所有这一切事件之中事实大概是，她的爱需要更长时间来转换，以承担他那瞬间爆发的激情，但是这种念头一旦生根，便总是很难从弗洛伊德的脑海中消除。在 1884 年 4 月 9 日的一封信中，他说这是她犯下的唯一错误，但两年后他承认，大多数女生在同意交往的那一刻并没有真正爱上对方，爱总是后来慢慢发展的。

他对所爱之人的态度远非一种简单的吸引。那是一种真正伟大的激情（Grande Passion）。他想要亲自体验爱情的一切强大的可怖的力量，去经历爱的狂喜，爱的恐惧，爱的痛苦和爱的折磨。它激起了他强烈天性中的一切激情。如果有一个狂热的学徒，有足够资格成为爱情话语的权威人物的话，那个人就是弗洛伊德。

分别后那天，他想这或许是一场骗人的美梦，但他害怕醒来，他不相信自己会有如此的好运。但一星期后他反问自己，为什么他不能有那么一次得到超过他应得的事物呢。这样的幸福他从未想象过。

弗洛伊德的性格本身厌恶妥协、回避和缓和，这种特点在他人生最强烈的情感体验中充分显现出来。他与玛尔塔的关系必然是相当完美的；最轻微的瑕疵都无法被容忍。有些时候似乎他的目标是将两个人融合而不仅仅是结合。这个目

7. 婚约（1882—1886）

的，对人类来说在任何情况下都是不可能的，尤其是面对一个比较坚定的性格时，必然会遇到许多阻挠，而玛尔塔尽管甜美可人，却并不是那种屈服和顺从的相处模式。离别后仅一周，他便第一次隐隐约约发觉自己怀有将她塑造成一个完美形象的意图，而这永远无法实现。一次，他送她一个奢侈的礼物时玛尔塔坚定地回绝道："不许这么做。"这是一次直截了当的责备，弗洛伊德感到无比自责。

然而，更严重的麻烦很快就降临了。玛尔塔在汉堡的那个表哥马克斯·梅耶是她在遇到弗洛伊德之前第一个倾心的男生。这件事激起弗洛伊德的嫉妒。而这又是由他的一个妹妹满怀恶意地告诉他的，并且说马克斯谱了一些曲子唱给玛尔塔听，而玛尔塔对此如何热情回应。之后马克斯真正激怒了弗洛伊德，因为他说，玛尔塔很需要爱，现在应该找个丈夫了！

弗洛伊德对自己的折磨总是比任何人都厉害。这次轻微的醋意发作之后他不得不说，他已经完全克服了上次写到的那种令自己都感到羞愧的心情。"还能更疯狂点儿吗？我对自己说。一个没有什么优点的你已经赢得了世界上最可爱的女孩，你也知道，不到一周你就责怪她尖刻，用你的嫉妒心去折磨她……既然有像玛尔塔这样的女孩喜欢我，我还害怕什么马克斯·梅耶呢？一个军团的马克斯·梅耶我也不必害怕……这是我深切的爱情之中，那种根深蒂固的笨拙、自我折磨……现在我已经像摆脱疾病一样甩掉它了……我对马克斯·梅耶的那种情绪是源于不够自信，而不是不够信任你。"然而，这种清醒的睿智并没有维持多久，此后阴云又一次接一次地笼罩他的心头。

马克斯很快就被一个更加令人烦恼的人物盖过了，这次的人物对于弗洛伊德来说不是陌生人了，而是他的好朋友弗里茨·沃勒。马克斯是个音乐家，弗里茨是画家，二人身上都有些不太安分的因素。弗洛伊德觉得他们有能力取悦女性，而且有一次他也听闻，弗里茨有种能力，能把任何女人从另外一个男人身边哄走。"我认为艺术家和那些从事精细科学工作的人之间存在普遍的敌对。我们知道，他们拥有一把艺术的万能钥匙，可以轻而易举打开女人的心扉，而我们只能无助地站在那把奇怪的心门之锁旁边，先折磨自己，以求找到打开它的合适的钥匙。"

弗里茨与玛尔塔的表亲艾丽斯（Elise）订了婚，但他一直像兄长般维持着与玛尔塔的友谊，他带她出去玩，在生活的方方面面给她鼓励。他们之间存在着一种亲密的友谊，但显而易见这当中没什么糟糕的别有用心（arrière-pensée），而只

第一部分 性格形成时期和重大发现（1856—1900）

是糟糕（terribile dictu）——她不止一次地允许他吻她。此外这件事发生的日子，刚好也是弗洛伊德和玛尔塔手挽手从卡伦山上走下来的那天，她没有顾及他的感受，抽出了自己的手臂。这件令人不安的小事是后来由弗洛伊德的朋友勋伯格（Schönberg）告诉他的，他还告诉过他一些更糟糕的事，不过在此之前磨难已经够多了。刚开始的一次弗里茨开玩笑道，他与玛尔塔的老交情不会变，而玛尔塔显然没有反驳。毫无疑问他们都没有意识到表面之下严重的暗涌。弗洛伊德起先也不太在意，尽管他觉得玛尔塔和弗里茨的信件有些不太体面，语气也令人难以理解。接着是勋伯格留意到弗里茨的怪异举动——当他听闻自己的朋友订婚时突然哭了起来，而且自此开始，不论玛尔塔的信多么深情，他都会抱怨玛尔塔不理他，还说她的信总是冷冰冰的。

勋伯格把他的两位朋友叫到咖啡厅，想要大家摊牌，以修补他们之间的友谊。弗里茨肯定是不太对劲的。他威胁说，如果弗洛伊德不能让玛尔塔幸福，他就先开枪打死他然后再自杀。弗洛伊德很天真地笑出了声，然后弗里茨又厚颜无耻地说道，如果他现在给玛尔塔写信，劝说她离开弗洛伊德，他相信她一定会听话的。弗洛伊德仍然没太当回事。于是弗里茨叫来笔和纸，当场给她写了一封信，弗洛伊德坚持要读一下，然而这一读使他血液涌上了头，勋伯格也读了一遍，同样震惊。这封信里面仍然跟以前一样，出现了"我心爱的玛尔塔"和"不朽的爱"等字眼。弗洛伊德把这封信撕了个粉碎，留下弗里茨一人羞愧难当。他们跟着他，试图使他清醒过来，但他哭到崩溃了。弗洛伊德见状又心软下来，他的眼眶也湿了；他抓住朋友的胳膊，把他一路送回家。然而第二天早晨一种更强烈的心情出现了，弗洛伊德为自己的软弱感到惭愧。"那个让我流泪的男人要想获得我的原谅必须付出很多。他不再是我的朋友了，他要是成了我的对手那他可就倒了霉了。我比他坚强得多，如果我们俩对阵，他会发现他根本不是我的对手。"至于干涉他跟玛尔塔关系的事，"他人谁敢亵渎（Guai a chi la tocca）[①]。我会毫不留情。"

弗洛伊德最终搞清楚了情况，尽管玛尔塔并不接受他的意见，并且争辩说弗里茨只不过是个老朋友。但现在他清楚地知道，弗里茨是真的爱上了玛尔塔，只是可能并不自知。"这个难题的解决方法是这样：矛盾双方仅仅是在逻辑上无法

[①] 伦巴第国王取得铁王冠时的呐喊。

7. 婚约（1882—1886）

共存；而在感情之中，他们可以快乐地相伴相随。像弗里茨那样去争辩，无疑是否定了生活的一半事实。最要紧的是，在对艺术家的感觉问题上，人们如果一定要否定这种矛盾的可能性，那么他就没有机会去将内心生活交给严格自控的理智了。"一位未来的心理学家如是说。

然而玛尔塔坚决不同意他的解释。正如几天后见面时弗里茨对弗洛伊德所说的那样，他们之间仅仅是一种简单的友谊。或许她潜意识里更清楚，因为她对一个不幸的恋人表现出了一个善良女人会有的典型反应：非常同情他。弗洛伊德决定当务之急是不择手段地借到足够钱去万茨贝克，以使二人之间混乱的状态再度和谐起来。他做到了，他抵达万茨贝克是7月17号，是他们的"订婚日"，他在那里逗留了10天，他一共6次去过万茨贝克，此次是第一回。他在信中宣布他的到来：

> 漂泊止于爱人的相遇，
> 这是人人都懂的道理。

然而在启程之前，他度过了一些糟糕的时刻。先前弗里茨威胁说，要说服玛尔塔离开弗洛伊德，因为他太折磨她了，这令弗洛伊德开始怀疑自己对她的控制是不是太矫枉过正了。这种想法引发了可怕的恐惧。接着，玛尔塔又在信中向弗里茨保证说他们的关系永远不会变，这把弗洛伊德逼疯了，他夜里在街上闲逛了好几个小时。

在前往万茨贝克旅行计划中，保密工作存在相当大的困难。弗洛伊德打算骗艾利说他要去美其名曰萨克森瑞士①的地方旅行；不过那里有可能下雨，这又使得故事少了一些合理性。在万茨贝克期间，他住在邮局酒店里，但是跟玛尔塔见面同时保证不被她的亲戚们撞见是比较困难的。他拜访了玛尔塔的一位朋友，还准备了一个假名字，以防万一她出现时表现得不太友好。毫无疑问他还戴了一副假胡子，因为他当时还没有蓄胡子。绝望的日子终于过去了，玛尔塔设法在汉堡的集市上安排了一次约会。正如他所说："在这些事情上，女人比男人聪明得多。"几次会面都十分开心，回到维也纳以后他写道，他又可以振作一百年了。

---

① 萨克森瑞士（Sächsische Schweiz）是德国的一个国家公园。

第一部分　性格形成时期和重大发现（1856—1900）

可能就是这个时候，弗洛伊德向玛尔塔提出，他们俩的婚约应该以一年为试用期；而她用一个词就回绝了这个念头：胡说八道。这显然是他设计出来试探她的，后来他说，如果当初两个人果真这样冷静而理智，那么一周之后就会永远分手了。

然而，失而复得的幸福并没有维持多久。在他回来一个多星期后，他不得不承认他对玛尔塔的谴责并不像他所想的那样完全客观——他当时欺骗了自己——而且他真的很嫉妒。太嫉妒了！他明白在所有的折磨当中，嫉妒是最强烈的。在清醒的时候，他知道自己不够信任玛尔塔的爱，其实是不相信自己的可爱之处，而这只会使情况更糟。他不像马克斯和其他艺术家那样，对女人充满魔力。他要采取行动，不想被马克斯和弗里茨与她相亲相爱而他永远也代替不了他们的想法所困扰。年少时对女性的漠不关心如今令他尝到了苦果。这痛苦是如此之大，即便放下笔沉入永恒的睡眠都没有用。第二天，绝望被狂怒取代。"当我又再度回想起你给弗里茨的那封信，还有我们在卡伦山那天的事时，我就失控了，我身上的力量可以摧毁整个世界，包括我们自己，让一切都重新开始——甚至有可能这个新的世界里不会再有玛尔塔和我——我也会毫不迟疑地这样做。"

几周后，他又写了封信表达他对弗里茨的痛恨，而在其他情况下他可能还爱他。但她绝不想把他们聚在一起；记忆总是太令人痛苦。9月11日，当她回到维也纳时，有迹象表明弗里茨还没有准备好屈服于事态的变化。勋伯格在信中介入，玛尔塔试图坦率地处理整个情况。弗洛伊德警告她，除非她拒绝弗里茨任何一次哪怕是最轻微的接近，他才有可能跟他和解。第一次谈话并不令人满意。她闪烁其词，时常沉默，把在一起为数不多的美好时光这样毁掉有些遗憾。但是弗洛伊德很固执，而她最后也同意了他有关弗里茨的意见。他不止一次告诉她，假如她没有做到与弗里茨保持距离，那么他们就会分手。弗里茨本人没有再添麻烦，但是伤口愈合却很漫长。3年后，弗洛伊德仍称这段痛苦的记忆是"难以忘记"的。

弗里茨的位置又被两个更麻烦的对手取代了，他们是玛尔塔的家人：她哥哥和她母亲。这两个人必须介绍一下。艾利·伯奈斯，比玛尔塔大一岁，是弗洛伊德的知心朋友，他天性慷慨，而且总有本事送别人合适的礼物。弗洛伊德十分珍爱他送他的那份美国独立宣言复印本，住在医院期间一直把它挂在床头。在友谊破裂之前弗洛伊德很喜欢艾利，后来他表示他用了"最大的努力"来维持两人之间的关系。在这两个家庭里,艾利比其他任何人都好很多:他是一本经济学杂志的编者,同时是个精明的商人。在1879年他的父亲去世后,母亲和两个姐妹的生活来源完全由他来支持;在与弗洛伊德家里的长女安娜结婚以后,他也在经济上帮助弗洛伊德一家。他对生活的态度不像弗洛伊德那么严肃,而弗洛伊德则认为艾利是个被宠坏了的孩子——他是家中的长子,也是唯一活下来的儿子——在10岁以前他自己的地位也是如此。然而,弗洛伊德的这种判断显然是错误的。

玛尔塔的母亲爱米琳·伯奈斯(Emmeline Bernays),原姓菲利普(née Philipp)(1830—1910),是一个聪明的、受过良好教育的女人,她的家族来自斯堪的纳维亚,她仍然会说瑞典语。像她丈夫一样,她恪守正统犹太教的严格规则,她的孩子们也是这样被抚养长大的。这本身就是一个严重的摩擦源,因为弗洛伊德根本不能容忍宗教,并且很蔑视,对他来说这纯粹是迷信。出于对母亲感情的考虑,玛尔塔会在安息日禁止写作的时候,在花园里用铅笔写信,而不是在母亲面前用钢笔和墨水写信。这类事情使弗洛伊德大为恼火,他称她"软弱",不敢在母亲面前站出来。"艾利根本不知道,我打算把你变成一个怎样的异教徒",这是他早年所说的一句话,总的说来——在生活实践当中——他也成功了。弗洛伊德第一次提到玛尔塔的母亲时这样说:"她很迷人,但她是个外人,而且对我来说永远如此。我努力寻找你们的相似之处,但是什么都找不到。她的极度热情之中,有种屈尊俯就的气质,而且她需要被赞美。我可以预见到,我有无数个机会来令自己不喜欢她,我并不打算回避这个。其一,她开始对我弟弟不太好了,而我非常爱他;其二,我决定不能让我的玛尔塔身体健康受到那些疯疯癫癫的虔诚斋戒的影响。"他最抱怨她身上的两个问题:一个是她太容易自满;另一点是她太喜欢安逸舒适。这与他那种不论多么残酷都喜欢把问题拎出来的激情刚好相反。此外就是她拒绝屈从于自己的年龄去将孩子们的兴趣放在第一位,而弗洛伊德的母亲则可以做到。她仍然是家庭的首脑,处于父亲的位置上,根据弗洛伊德的说法,这是一种过于男性化的态度,他显然以消极态度对此进行回应。勋伯格认为这纯粹是出于自私,弗洛伊德也这么认为。

显然弗洛伊德是在找麻烦,有时是发现,有时是制造麻烦。在玛尔塔一生的感情生活当中,除了弗洛伊德之外就没有其他男性了。这个假设似乎也包括了她的母亲。玛尔塔对待她母亲的态度是一种虔诚和严格的服从;于她而言,母亲的坚决意志并不是自私,反而是值得钦佩、毋庸置疑的。而另一方面,她的妹妹明

第一部分　性格形成时期和重大发现（1856—1900）

娜则会相当坦率地批评她的母亲，这也是明娜与弗洛伊德之间的第一次羁绊。他巧妙地把这两种截然相反的特点用心理学角度敏锐地加以总结："你不怎么爱她，但是会尽可能地体谅她；明娜爱她，但不会纵容她。"

1882年7月，艾利与弗洛伊德在一起，这是当时两个家庭交往密切的另一个证明。艾利如此友善而富于魅力，弗洛伊德为自己向他隐瞒了一个天大的秘密而感到羞愧。但他说，在订婚后两周他便将艾利视作"最危险的对手"，几周后，这个曾经令他感觉那么亲近的艾利已经变得"难以忍受"了。

有问题的"机会"很快就出现了。当时只有16岁的亚力山大（Alexander）被艾利带去学习一些本领，这些本领后来也成了亚历山大的工作内容，根据当时的习惯学徒起初是没有薪酬的。9个星期以后，弗洛伊德别有用心地让他的弟弟去讨工资，并说如果对方拒绝，哪怕是拖延了工资，就甩手走人。艾利承诺从1月份起给他付薪水，两个月后，亚历山大听话地离开了。艾利十分烦躁地向弗洛伊德抱怨此事，而弗洛伊德则以他特有的毫不妥协的方式作答。艾利便向母亲报告了弗洛伊德跟他红脸的事，他的母亲自然是站在儿子的一边。玛尔塔与弗洛伊德充分讨论了各个方面的问题后，选择站在他这一边，尽管她也觉得他的行为太过刻薄。弗洛伊德后来说，假使她当时没有选择他，那么他就会跟她分手，他当时强烈地认为自己是正确的。然而，玛尔塔一想到弗洛伊德与她家人之间的裂隙就感到非常苦恼，于是她请求他做点什么来补救一下他们的关系。显然他付出了不少，也做出了努力。他给伯奈斯太太的一封信被保存了下来，尽管已经被撕成碎片了——大概是那位盛怒之中的母亲撕碎的。经过一系列夸张的恭维之后，他又绞尽脑汁面面俱到地努力着，不管她的态度如何。这是他在外交方面一次相当不幸的努力，在外交的艺术上弗洛伊德从未取得什么成就。

随着时间的推移，这件事也逐渐被淡忘了。艾利当时正在追求弗洛伊德的大妹妹安娜，并在转年就订了婚。对于弗洛伊德的家庭来说，艾利不论是社会地位还是经济状况都是最合格的结婚人选。弗洛伊德对此非常高兴，对艾利更友好了，因为他意识到艾利在本可以有更好的选择时，却选择了安娜这个身无分文的女孩结婚，他必定是个好人。这则新闻，伴着圣诞节的家庭气氛，或许就是他们决定向妈妈透露自己秘密的原因，他们在12月26日订婚，同时送她席勒的《钟之歌》（Glock）作为礼物。我们不知道她是如何接受这个消息的，但已有迹象表明，她早已经说服自己接受了玛尔塔的选择，尽管对方既没本事又没前景，还明显认为她的宗教观点很可悲。

在 1 月 22 日写给明娜的一封信中，弗洛伊德这样写道："我们坦然地承认，我们对待艾利非常不公正。在所有重要的事情上，他都表现出高尚和善解人意的品质。"

从 1 月起，这对儿恋人开始书写他们的婚约了，他们称之为"秘密记事"。

只有二人同在一座城市那些激动人心的日子里，他们才很少通信。其余时候二人交替地写；这是日记和自我告白的结合。弗洛伊德的第一封信包含以下内容："我身上有些被封锁的果敢和勇气，它们不轻易被驱散也很难熄灭。当我严格地审视自身，比我所爱的人更严格地审视自己时，我意识到大自然可能已经夺走了我许多的才能，并且给予了我不多，事实上是很少的那种能够让人认可的天赋。但是她赐予我一个无畏的爱的真理，一双观察者的敏锐眼睛，一个真正意义上的生活的价值，以及努力工作并获得乐趣的才能。这些最宝贵的能力，使我能够忍受其他方面的贫穷和匮乏……我们将共同度过这一生，这件事的直接目标很好理解，但是它的终极目的却是难以理解的。"他们一起学习历史和诗歌，"不是为了美化生活，而是去生活"。

1883 年 3 月，弗洛伊德对艾利的敌对情绪再度出现，并且比从前更加强烈了。弗洛伊德此次对艾利的非难一直持续到弗洛伊德和玛尔塔结婚为止，原因在这里不便说明，而且在某种程度上玛尔塔也受到他的影响。艾利支持母亲搬到汉堡的决定加强了弗洛伊德对他的不满。这两位老朋友很多年都没有再说过话。弗洛伊德也没有出席 1883 年 10 月份艾利和安娜的婚礼，不过这里很大一部分原因是他本身就讨厌此类正式场合。这是一个需要盛装出席的仪式，弗洛伊德形容其为（道听途说）"简直令人作呕"；他不认为自己的时间应该被用来做这种事情。

18 个月后，艾利来访的那天弗洛伊德刚好离开家；他们互相鞠了个躬，没有说话。然后，趁艾利不在的时候，弗洛伊德去看望自己的妹妹，祝贺她生下第一个孩子。不过他向她说明，不要认为这个举动是与她丈夫和解的表示。

1892 年艾利前往美国考察那边的发展前景，一年后他将妻子也接去纽约定居。那时候弗洛伊德对艾利的反感已经失去了原来的强度。他不仅在有关移民的经济困难上支持姐夫，还帮他把露西（Lucy）——艾利两个孩子中的一个，放在自己家里照看，直到他们在新的国家一切安顿下来。他们两人在余下的日子里保持着友好的关系。家庭的感觉依然存在，几年之后，弗洛伊德接受了他杰出的外甥爱德华. L. 伯奈斯的提议，将《入门讲义》(Introductory Lectures)译介到美国出版。

与此同时，由于此次关系破裂，弗洛伊德就不再愿意去玛尔塔家了，两个月来他们只在街上或者拥挤的弗洛伊德家见面。这些不愉快的状况直到5月1日，弗洛伊德在医院有了自己的房间，之后她就去医院看望他。更严重的问题在于他对她提出的那些严苛的要求。她不得不改变那种与每个人都友好相处的性格，并且在弗洛伊德与自己哥哥和母亲的争执中，总是选择支持他。事实上她必须认识到，她不再属于他们，而只属于他。她还必须放弃对自己的"宗教偏见"讨价还价。玛尔塔能做的只有拖延回避并且盼望着和平的日子，但她的沉默和"逃避"态度恰恰是最能惹恼弗洛伊德的事：他更喜欢在公开的冲突中将问题摊开。

玛尔塔母亲的汉堡计划日趋成熟。勋伯格表示强烈抗议，因为他的未婚妻（明娜）也要被带走了，但是抗议毫无效果；骂她是个自私的老太婆也没有用。艾利支持母亲的意见，毫无疑问她要是走了，他就会清静许多。玛尔塔的恳求和抗议没有弗洛伊德希望的那么强烈——这是二人之间的另一个分歧——对于她来说妈妈的愿望就是金科玉律。最后，离别再次到来，这是弗洛伊德与玛尔塔的第二次分离。1883年6月17日，此时，未来相当不确定。妈妈试图安慰他们说，去汉堡只是为了重温对它的热爱，至于是否定居以后再决定。后来弗洛伊德经常谈及这次"骗局"。

弗洛伊德为玛尔塔的健康状况焦虑不安，她总是脸颊苍白，眼下发青，这可能是偶尔几次在令人不快的环境里会面时，他那些热情的拥抱所致。这是他后来描述的订婚夫妇焦虑症的第一个线索。她的离开对于他的影响，比对她自身要严重得多。当时弗洛伊德的处境确实很凄凉。他还没有开始任何研究工作，成家和立业都看不到前景，家庭温暖也在粉碎，现在，他甚至被剥夺了唯一的安慰——能分担他烦恼的玛尔塔——这是一直支撑着他的事情。他的痛苦伴随着对玛尔塔的母亲和哥哥的不满，他们没有考虑到他的利益，他也很生气玛尔塔自己没有奋力抗争。随后的一个月里，他心中充满苦涩和对她的困惑。在这种情况下，二人互相误解的频率也很高，而弗洛伊德强烈的天性又深化到一种纯粹悲剧的水平。这种悲剧性的口吻如此明显地反映了他人生这一阶段的情绪特点，如果不把那些浩繁的信件拿出来，这段简短的总结是很难将其呈现出来的——但这样做的不可行原因又有很多。

除了他的情绪的强度更大之外，弗洛伊德的性情在好几个方面都与玛尔塔不同。她拥有女人那种渴望被爱的天性，同时她又很确定这种愿望正在被满足。而弗洛伊德在这方面的需求和欲望不仅比大多数男人更强烈，并且永远不确定自己被爱的需求是否得到了满足。他因此饱受折磨，于是他对玛尔塔的爱出现周期性的怀疑，并且需要反反复复地确认和保证。他经常设计出一些方法来试探她，其中有一些不太恰当，甚至是非理性的。最重要的是他需要确认，她完全地认同他，他的意见，他的感情，他的目的。除非他能察觉到她身上已经有了他的"印记"，否则她就还不属于他，没有这一点，就无法说明她到底是谁的未婚妻。然而一年多以后，他说她在此过程中表现出的反抗态度令他欣喜，尽管也带来了痛苦，因为他欣赏她"坚实"的个性，这使她比以往更加珍贵。

鉴于他们的根本目标是一致的，玛尔塔很顺利地通过了这些考验。然而，当问题触及是否要否认或抹去她原有的生活准则时，她坚持做自己。占有欲、排他性的感情、对不同人严格保持相同的态度，所有这些都没能对抗得了玛尔塔"坚实"的个性。弗洛伊德很高兴自己最后失败了。毕竟尽管他非常希望有人分享他的战斗，而并不想要一个玩偶。

从订婚到结婚——作为一种必然规律——情侣或夫妻们自动自觉地经历一个互相适应的过程，他们通常只是在事件的引导下进行这种磨合，而不去反思到底发生了什么。弗洛伊德则恰恰相反，他从一开始就知道，一个明确的"任务"摆在他们面前，他几乎是有系统性地进行了一番计划。"纵容彼此只会导致隔阂。如果真的有什么需要克服的困难，一味迁就是无济于事的。"他讨厌折中的方法，他决心探寻事实的真相，不论真相如何令人痛苦，这些特点必定是与他天性好斗的一面相互交织，最终组成了一整个相当难以对付的性格。他甚至承认，如果一个人身上没有任何可以纠正之处是很无聊的。玛尔塔那些避免不愉快发生的办法，只能致使他们最终分开。所有这些说法都是订婚后前两个月里说出的。

在弗洛伊德的爱情生活中，所有迹象都指向一个明显的隐秘倾向；也许我们可以说，它必须被小心翼翼地呵护。它可以被释放，但只能在非常完善的条件下才能显现。甚至在他与自己深爱的女人的关系之中，都会给人们这样一种印象，在他相信可以释放自己的爱之前，他往往需要先做出许多强硬的、负面的批评。

在他内心深处的温柔和爱之上,覆盖着一层坚硬的外壳,这有时可能会使人对他的天性做出不符合实情的错误判断。在他们快走向婚姻殿堂时,他告诉玛尔塔,他从未真正向她展示自己最好的一面;或许它从来都没有充分显露出它全部的力量。但玛尔塔的想法足以给她一个不可动摇的信念,即不论与弗洛伊德在一起遇到何种复杂的感情问题,爱能够战胜一切,在那些她不得不忍受的考验中,这种信念无疑是一种支撑。

1883年6月,分开的前两周是他们生活中极其糟糕的岁月。玛尔塔在信中十分耐心体贴,同意答应他的要求做他的"战友",但她也明确表示自己不打算参与到他对她家人的攻击中。她接连收到一封又一封的信,谴责她的软弱、唯唯诺诺、总是选择安逸的道路,而不是勇敢地直面痛苦。事情终于在这个月的最后一天中断了,他说,除非她承认他的要求非常合理,不然他只能相信自己失败了。他太累了,不能再战斗了。"然后我们中断了通信。我再也没有更多要求了。我那暴风雨般充满渴望的心就会死去。在这个孤立无援的境地我只能尽我的职责,除此之外我什么都不剩了,而当我成功的那一天你才会发现我其实是一个谦和而体贴的生活伴侣……如果你并非我以为的那个样子,那也是我的错,我不应该在还不了解你的时候就追求你。"她特别讨厌这类由于自己的缘故,导致他意识消沉的事情:"女人应该使男人变得温柔,但不能削弱男人。"她的信收到了预期的效果。7月1日他写道:"我要放弃我先前的要求。我不需要什么战友,就像我之前一直想要把你变成的那样。你也不会再听到什么刺耳的话了。我察觉到我没有从你那里得到我想要的东西,而如果我继续下去,我则会失去我所爱的人。我问过你,有什么东西不是你与生俱来的,而我却没有给你任何回应……你已经放弃了你最没价值的东西:那不可或缺的部分,我曾用我全部感情和思想装点,你为我保留了一个宝贵的可爱的恋人。"

然而顺从从来就不适合弗洛伊德。他经常表示,对于他们这样一段可怕的经历他感到很满意。"这样的回忆比生活在一起时更能拉近两个人的距离。共同经历的鲜血和苦难铸成最坚固的牵绊。"

弗洛伊德的贫穷在这些年里是他痛苦的主要原因,这一点我们在后面的章节里会继续了解。这也是他与未婚妻在一起的唯一障碍,同时也是她家人反对他求婚的重要理由。他只能偶尔送她一点微薄的礼物,这使他很受伤。他将这些场合视为他凄凉生活中"最伟大的时刻"之一。但是即使在有关钱这个令人沮丧的话

7. 婚约（1882—1886）

题上，他也尽最大努力寻找光明的一面。很早的时候他写道："我甘心我们如此贫穷。想想看，假如个人的成功与苦闷恰好成正比，我们不是就会错过感情的激情吗？我可能就不会知道你是否爱我，也不会认识到我所接收的感情是什么，而我那不幸的女士可能会说：'我不再爱你了；事实证明你毫无价值。'这跟礼服一样可恨，人们从一个人的衣领和胸部来判断他的价值。""当我们可以分享时——那是生活散文里的一段诗。"

弗洛伊德遵从了当时的许多拘谨习惯，在当时的环境下，提及女孩下肢相关话题是不太得体的。在一件惊人的事件发生18个月以后他写道："你好像不知道我多敏锐。你还记得我们跟明娜一起在贝多芬小径（Beethovengang）散步那次，你一直走到一边去把袜子拉起来的事吗？我很大胆地注意到了，但是我希望你不要介意。"甚至是温和的暗示也得附加一些道歉。他把她和两千年前那个健壮的女人作比，他说米罗的维纳斯（Venus di Milo）的一只脚能覆盖她的两只。"原谅我做这种比较，谁让这位古典美女没有手呢？"1885年中旬，玛尔塔说她想跟一个老朋友待一段时间，这个朋友刚刚结婚，她微妙地这样写道："在婚礼之前便结婚了。"然而，玛尔塔与这样一个道德污染源的接触被弗洛伊德严厉禁止了，虽然公正地说，他对刚刚提到的那位女士还存有一些其他偏见。

现在我们可以再次按照时间顺序回顾这段往事。在接下来的两三个非常痛苦的星期过后，分离的事情稍微平息了。到了下个月底，弗洛伊德仍然相信玛尔塔一家有可能还会回到维也纳，只是他现在不确定自己是否还欢迎。弗洛伊德在他们短暂的约会中遇到了一些之前就有的困难——无论是在医院里还是大街上见面——他会因工作而分心，他热情的拥抱可能会再次损害玛尔塔的健康。这一切都很合理，但他那时并不知道，在接下来的几年里他会遭受怎样的孤独、贫困、苦闷和渴望。而伯奈斯太太自然也不知道什么时候会回来。"磨合"仍在继续，第二年似乎这种相互适应已经慢慢建立起来了，但后来仍然出现了问题。次年5月，他当时已经乐观地认为以后他们不会再吵架了，但仅仅几周以后，他又开始严厉谴责玛尔塔当初同意搬走的事。这次还伴随着他对所谓经济上的依赖加以激烈的反抗。

而在那之前，在当年的2月底，发生了一场持续数日的风暴。在此之前他已经说过离别后的8个月就像刚刚分别一周似的；新的解剖工作占据了他的注意力，这无疑帮助了他。如今又是旧事重提，即她对她母亲的依恋。没什么特别的

第一部分　性格形成时期和重大发现（1856—1900）

原因，除非有人把它跟当时弗洛伊德所遭受的坐骨神经痛联系起来。不管怎样，他的情绪会自发出现，并且周期性地发作。这次发作很快就结束了，他的"邪恶激情"消失了，取而代之的是强烈的爱和温柔的倾诉。他承认："我亲爱的，你在等待一个不太讨人喜欢的人，但我希望那个人不会给你带来遗憾。"

坐骨神经痛给弗洛伊德带来了一个特点，在他晚年变得十分突出——他特别讨厌无助状态，而热爱独立。当他的亲戚朋友一股脑涌入他的房间时，他什么都不能做，却很气恼："我看起来像是个等着分娩的妇女，我有时候诅咒这些毫无节制的爱。我宁愿听到些恶语然后健健康康地工作，这样我才能告诉人们我有多么爱他们。"

一些最温馨的爱情片段就是从这个时候开始的，然而仅仅两周后麻烦又出现了，有可能是他失望的余波。他告诉玛尔塔，他在考虑让她尽快离开母亲家（以及脱离她的影响），然后他会问问弗莱施能否帮她介绍一个合适的工作——当然是在维也纳。分开时她没能这样做的障碍之一是出于饮食考虑，她当时坚持住在犹太家庭里，现在这个障碍已经不复存在了。但玛尔塔在接下来的回复中，说了两句失礼的话。首先她提议，在维也纳找工作期间她可以住在她哥哥那里；这个未经深思的建议遭到弗洛伊德尖酸的反击。然后她还不太谨慎地表示，觉得他的计划很好，因为这样可以减轻她妈妈的负担。似乎这就是背后的根本目的！弗洛伊德讽刺地说道："如果这样说的话，那你去匈牙利也是一样的。"玛尔塔这些话令他狂怒无比，他写了两封言辞最为激烈的信。她首先想到的是她母亲，而不是他。"如果是这样的话，那你就是我的敌人了：如果我们不克服这个障碍，我们就完了。你只能二选一。如果你不能足够爱我到为了我放弃家庭，那么你一定会失去我，毁掉我的生活，而且你自己的家庭生活也不会像以前那么好了。"再一次，玛尔塔的机智和柔情成功地化解了这件事。

在万茨贝克的这个9月似乎是真正纯粹的幸福时光，从后来一些提及这段时间的事中我们可以得出这样的结论。玛尔塔早上6点钟在车站见到他，他问候她，"像在做梦"。尽管就在几个月前，弗洛伊德还发誓绝对不跟她妈妈说话，而真的到了那一刻，他第一次与她相处得很好，从那以后这个状态便成了常态。显然玛尔塔最终说服了他，让他相信在她的爱中，他是首位，尽管对她母亲的一些考虑仍然存在。几个月后他也发现，他们的关系比团聚之前更加可喜。

然而，这次幸福的经历强化了弗洛伊德对于长久在一起的渴望，直至那两年

7. 婚约（1882—1886）

饱受贫穷折磨的艰难岁月逐渐消逝。现在他真的对她的感情有了安全感，而他自己手头能促使他们早点在一起的科研工作也进展顺利，但贫穷的严峻事实仍然存在。

自1884年在万茨贝克度过的这一个月以后，弗洛伊德对于两人分离及其必然带来的贫困处境的态度发生了根本转变。在此之前，他曾怀有痛苦的怨恨，主要是针对她的母亲，也部分地针对她。从现在起，除了偶尔的几次情绪复发，总的来说他对她的爱情充满信心，而且现在他也意识到，玛尔塔的妈妈也是人，不是食人魔。对分离的怨恨转化为渴望，随着梦想实现的可能性越来越近，这种渴望也日渐强烈。

在订婚之初那种激情和怨恨的结合如今已经转化为深深的爱。它的纯度比从前更强了，但是它还没有开始向更为平静的爱转变，后一种直到他婚后才体验到。他自己也深知爱的专注和自私。当他最好的朋友勋伯格生命危在旦夕的消息传来时，他坦白说，相比于朋友的悲惨境遇，玛尔塔的青色眼圈更让他不安。

弗洛伊德总是很担心未婚妻的安全和健康。1885年夏天，他听说她身体不太好。"当我因你而倍感焦虑的时候，我真的很孤独。我立刻失去了所有的生活意义，有时，可怕的恐惧降临在我身上，唯恐你生病。我现在太激动了，没办法再写下去了。"第二天，在收到她寄来的一张卡片后他又写道："所以是我搞错了，我想象你生病了。我太疯狂……恋爱中的人总是疯狂的。"30年后当弗洛伊德要讨论恋爱状态的病历本质时，借鉴了一些亲身的经历。

玛尔塔在吕贝克（Lübeck）度假时，开玩笑说自己幻想在洗澡时被淹死，他这样回复："可能有这样一种观点认为，即使是失去所爱的人，在人类几千年的历史长河中似乎也是微不足道的。但我必须承认，我的态度完全相反，失去我爱的人对我来说就等于世界末日，至少对于我所关心的这个世界而言；我看不到任何可以将生活继续的理由了——我的赫尔犹巴（Hecuba）！"大概一两个月后，关于他朋友勋伯格的临终，他写道："很早以前我就下定决心，失去你的时候我绝对不要痛苦。我们不可能因分离而失去彼此：你必须做一个与众不同的人，而我对自己也很有信心。你不知道我究竟有多么爱你，我希望我永远都不要表现出来。"①

---

① 即，通过自杀。

比从前都要幸福的一年是1885年，不仅仅因为那一年弗洛伊德事业上取得了成就，更重要的是，因为去年秋天的万茨贝克之旅让他足够自信和肯定，自己已经成功赢得了玛尔塔的爱。他感到确定，但是如果没有经过彼此伤害的那些艰难岁月，也就没有今天。1885年1月份，玛尔塔感叹他们两个人现在多么聪明，而过去又是多么愚蠢地对待对方，对此弗洛伊德这样回应："我承认我们现在非常明智，对我们的感情也不再有怀疑，但是如果我们不曾经历过那些痛苦，我们就不可能像现在一样在一起。两年前以及随后你给我带来的那些痛苦的时日和深深的痛苦，让我意识到我对你的爱是多么毋庸置疑地强烈，如果没有这些经历我就不会得到我现在所拥有的坚定信念。我们不要鄙视那些岁月，那时候你的一封来信就能让我的生活获得意义，等待你做出决定就像等待生死审判。我不知道我当时还能怎么做。那时艰苦的斗争最终取得了胜利，只有在那之后我才可以心平气和地工作，以此来争取你。那时我为赢得你的爱情而战，而现在我想赢得你，那时候我必须获胜，现在也是。"

不管是不是这样，弗洛伊德的特点就是他不会指望天上掉馅饼；他必须努力去争取他想要的生活。他的生活经历似乎也验证了这一观点，但是他却并不总是选择最简便的方法。

在那一年，他可以向她保证，他爱她远远超过三年前，那时他几乎并不真正认识她——那时只是一个形象，如今是活生生的人。世界仿佛被施了魔法。"早些年，我

弗洛伊德与玛尔塔·伯奈斯，1885年，结婚的前一年。

7. 婚约（1882—1886）

对你的爱夹杂着苦涩的痛苦，后来则是为持久的忠诚和友谊，我感到振奋而有信心，现在我以一种激情的魔力来爱你，这是此刻剩下的唯一感觉，远超我的预想。"

现在我们可以从这些欢快的峰顶下来，用两个不太重要的小故事调节一下紧张的气氛。第一件事发生在那年冬天，玛尔塔请求他允许自己去滑冰。弗洛伊德严厉地拒绝了，并不是因为害怕她有可能不慎摔断腿，而是因为这意味着她可能得跟自己以外的其他男人手挽着手。然而他对此不是非常清楚，于是向朋友帕内斯（Paneth）请教了一番才做决定。三天后，他准许她去滑冰，但条件是不能有人陪着。

6个月后又发生了一件事。"我们刚刚经历了一阵热浪，这或许可能是使最相爱的恋人分手的原因。我来描绘一下来龙去脉。他的爱情比温度计还炙热，突然间碰到了她，在她的嘴唇上印上一个温暖的吻。她站起身，推开他，没好气地喊道：'走开，我太热了。'他在那里站了一会儿不知所措，他的神态接二连三地出卖他的感情，最后他转过身离开了她。他怀着一种难以名状的苦涩，感到自己异常无助，这种感受我很明白。她在想什么我不知道，但是我相信，她斥责他并且心里想：'假如他这么小气，会因此而受伤，那么他就无法爱我。'——这就是那种炙热的来源。"

1885年秋，弗洛伊德在万茨贝克度过的6周让他和玛尔塔的妈妈建立了永久的良好关系；在那之后，他在给玛尔塔的信中也常亲切地问候她。现在只剩下艾利了，这个障碍需要更长时间才能克服。并不是说，玛尔塔的其他家人有多赞成她嫁给一个异教徒。"他们宁愿你嫁给一个老拉比或肖谢特（Schochet）①。当然我们很高兴这种事没有发生，你的亲戚们可能会表现出很希望如此。你的家人对我唯一不满的地方就是我的家境，这也是我最关心的问题。"弗洛伊德为自己在整件事当中表现出的独立感到十分自豪。

在对二人订婚这些年的关系进行总结之前，我们还不得不讲述发生在那年6月，即婚礼前3个月的一段令人震惊的插曲。我们已经了解到在过去的几年里，弗洛伊德和玛尔塔之间的相互适应已经进展得相当顺利，明显是近乎完美了：先前所有的怀疑、恐惧、不满、猜忌和嫉妒都一个接一个地被埋葬了。所以这就更

---

① 恪守屠宰动物洁净规则的犹太屠户。

令人意想不到，6月，整个订婚这些年里最激烈的一场争吵爆发了，差一点就摧毁了他们结婚的可能性。

要理解这件事，我们必须描述一下弗洛伊德当时的心境。最令他失望的就是他未能从可卡因研究中获得名声，并且他还逐渐意识到越来越多的攻击正朝自己袭来，由于他带来了一种新型药物成瘾的风险。这件事无疑令他很困扰，但更严重的是他由此深深怀疑自己究竟能否在维也纳谋生。5月份，他已经感到希望渺茫了。即使前来就诊的病人令他很感兴趣，他也感到无力应付了。然而，最重要的问题在于随着日子的迫近，他长期以来的梦想终于要实现了，他愈发地紧张和惊慌。他总担心在最后一刻会节外生枝，更是因为他仍然无法解决财务难题，而这又恰是一切后续安排的依据。

想让结婚成为可能，弗洛伊德需要工作几个年头才能攒到足够的钱，因此现在结婚事宜基本上完全取决于玛尔塔有多少钱。即便如此，家具的问题还没有解决，弗洛伊德为借钱所做出的尝试迄今无一成功。然后到了6月，传出他不得不参加8月军事演习的消息，这意味着一笔开支，同时也要中断他在医院工作的收入。整个局势异常紧张。

这时，他所害怕的新的困难出现了。玛尔塔之前已经把嫁妆钱的一半托付给了哥哥艾利。弗洛伊德对这类信任托付的看法是，他会把这些票据锁在一个保险箱里，或者最多放进银行账户储存起来，永远不会碰。弗洛伊德此时似乎还能区分投资和投机，事实上，他直到生命后期都没有拿他的钱去做过投资。然而，对于像艾利这样的商人来说，一笔"闲置资金"完全是可恶的浪费，于是他把玛尔塔的钱拿去投资了。艾利是个讲信用的人，但在那个节骨眼上，他的投资未能成功，他发现手头的现钱有点吃紧。这种情况对于商人来说司空见惯，但是对弗洛伊德来说其中的意味就有些暧昧不明。他并不熟悉资本和货币之间的区别；他认为钱要么在，要么没了。于是当听说艾利经济上出现困难，他对此构想了最严重的后果，他告诉玛尔塔去把自己的钱要回来。半个月以后——艾利似乎总是拖延写信——寄来了一封闪烁其词的明信片，这激起了弗洛伊德最阴暗的猜疑，使过去对艾利的那些怀疑和敌意再度升腾。他给玛尔塔写了许多封发疯了似的信，坚持让她向艾利施压，把钱拿回来，显然这对于艾利来说不太方便。弗洛伊德告诉玛尔塔，他怀疑艾利把这笔钱据为己有了，玛尔塔指责他这是诽谤。她很确信艾利一定会把钱还回来的，他一生从没让她失望过，出于对哥哥的忠诚，弗洛伊德

7. 婚约（1882—1886）

对艾利使用的那些过激言辞激起了她的厌恶。

于是，那些长久以来处于休眠状态、似乎已被驱散的旧情绪再度复燃，爆发出比以往任何时候都更大的威力。经过了这么多年漫长的等待和困苦，在最后一刻，他爱的人弃他而去，与他所憎恨的对手为伍——那是一个阻挠他们在一起的卑鄙小人。这令他相当难以忍受。令他无法相信的是，当他终于可以在她的爱里安睡时，这一切却被证明是一场错误，在关键的时刻这份爱情遭到背叛，他们面对着一道无法弥补的裂痕。

危机到来了，当艾利从玛尔塔那里听说那笔钱是要来装修他们新家时，便主动提出帮他们安排分期付款，担保人是自己。玛尔塔虽然不喜欢分期付款这种想法，对此没太放在心上，但也没有拒绝，而这对于弗洛伊德来说则是忍耐的极限了。接受他所不信任之人的好意，承担房子随时都有可能被扣押、随时可能丢掉工作的风险——如果玛尔塔看不到其中的危险性，选择接受这样的提议，那他们也就真的走到头了。他给她下了最后通牒，强调了四个重点，首先是要她给她哥哥写一封愤怒的信，称他是个恶棍。玛尔塔没有听他的。

接着是威胁艾利使其意识到他的愤怒的重量，并向他的上司告状。然而转念一想，弗洛伊德没对玛尔塔说什么，却亲自给艾利写了一封据理力争的信，并请未来的姐夫莫里兹（Moritz）亲手转交给他，并向他说明问题的严重性。艾利不知道怎么把钱凑齐了，第二天就寄给了玛尔塔。带着无辜受冤的委屈，他对玛尔塔说他完全不知道她这么急着用钱，甚至没有想到婚礼这么快就要举行了，而且对于她未来丈夫这种"残忍"的手段感到很悲哀。玛尔塔斥责弗洛伊德的粗鲁行径，并表示很惊讶他为了"这么几个破盾"如此激动。他向她解释说，这不是钱的问题，而是他们婚姻幸福的希望已经岌岌可危。在她答应断绝与艾利的所有关系之前，不要再写信给他了。他们两人的关系现在处在深渊的边缘。

然而玛尔塔的机智和坚定再次取胜。危机化解了，两人都是残兵败将。玛尔塔甚至承认，这是第一次也是唯一一次她觉得自己心里没有任何爱了。支撑着她的是想起几年前在奥瑟（Alser）大街上她的恋人愤然离去时的背影。她知道柔情最终会战胜一切。但是她已筋疲力尽。而弗洛伊德说自己几乎已经战死，却在这场没有她任何帮助的战斗中，单枪匹马地击败了他的敌人取得胜利，这场风暴将会自己平息。

第一部分　性格形成时期和重大发现（1856—1900）

　　在阅读我所概述的这一段宏大故事时，若想真正理解这一切，需要明白弗洛伊德身后驱动他的激情何其强大，真实的他与他平常所描述的冷静沉着的科学家又是多么不同。无疑弗洛伊德的本能驱力要比大多数人都强烈得多，但他的压抑也更为剧烈。这种结合导致某种程度的内在强度，而这或许正是伟大天才的本质特征。他从前被爱与恨撕裂，还要不止一次地继续重复，然而这是他生命中唯一的一次——所有这些情感都集中在一位女士身上——内心的火山带着毁灭性的力量几欲喷发。

8. 结婚（1886）

弗洛伊德以非比寻常的程度恪守对婚姻的忠诚，甚至有段时间这几乎成为溺爱妻子的一种方式。但一段时间后他便认识到，他的爱情正在"从抒情诗走向史诗阶段"，他很现实地明白，幸福的婚姻会比先前少了许多情绪周期。"于我而言，社会和法律并不能在既有的基础之上，给予我们的爱情以更多庄重和祝福……你是我亲爱的妻子，比全世界都重要，你将冠以我的姓氏，在宁静的幸福中与我共度一生，我们为了自己的快乐而生活，为了人类的福祉辛勤工作，直到我们不得不闭上眼睛，在永恒的沉睡中离开，留下一些令人愉快的记忆。"这个愿望最终彻底实现了，然而在订婚的前几周就这样说，似乎也相当不寻常。

他已经通知她，她必须完全属于他的家庭，不再属于她自己。因此一年后他引用的梅涅特的那句"每段婚姻的首要条件就是驱逐对方的家人（in-laws）"，似乎是片面的。

然而，他对未来图景的规划大多是轻松的语调。"我们只需要两到三个小房间，居住，吃饭，接待客人，还要有一个壁炉，里面的火苗从不熄灭。还有什么桌椅、床、镜子、提醒美好时光正在流逝的挂钟，一把扶手椅，可以躺在上面做一个小时的白日梦，要有一张地毯，以便女主人保持地面卫生，床单用精美的绸带绑在栏杆上，时下最新潮的衣服，缀着人工花朵的帽子，墙上的挂画，日常喝水的玻璃杯，节日酒杯，盘子，餐碟；当我们突然饿了或者突然有客人造访时还需要一个食物储藏柜，一大串叮当作响的钥匙。我们可以享受的事物如此之多：书架、缝纫篮和一盏温馨的台灯。每件物品都要秩序井然，否则我们那位把家具照看得无微不至的主妇就会抗议。这些物品是我们的见证者，见证了我们共同维持家业的庄严工作，和我们对美好事物的热爱，那些一想起就令人开心的亲密朋友，那些我们走过的城市，我们喜欢追忆的欢乐时日。这个小小的世界充满着幸福和沉默的朋友们，它是高贵人类的象征。"

在订婚之初，这幅蓝图中并没有孩子，弗洛伊德对孩子的喜爱当时尚未显现出来。几年以后他还产生了一些其他想法。"现在是我们恋情中最快乐的时光。我一直认为，一个人一旦结了婚——在大多数情况下——就不再像以前那样生活了。两个人更像是为了二者之外的第三件事生活在一起，而对于丈夫来说，危险的对手很快就会出现：家务和育儿。接着，无视所有的爱和家庭的团结，他们曾在对方身上找到的依靠感消失了。丈夫们开始重新寻找朋友，常常住在旅馆，发展一些个人兴趣爱好。这根本没有意义。"

有段时间，结婚仪式一直是个敏感话题。婚礼流程对于弗洛伊德来说是个可怕的想法；他讨厌一切仪式，尤其是宗教性质的。他希望自己的婚礼尽可能安静而秘密地进行。有一次他去参加朋友帕内斯和苏菲·施瓦布（Sophie Schwab）的犹太婚礼。他被吓傻了，回来后写了一封长达16页的信，把婚礼现场所有令他生厌的细节都狠狠嘲讽了一遍。

经过了如此漫长的婚约，弗洛伊德最突出的想法无疑就是早点把这段关系带往目的地。他所有的努力都一心朝向这个目标。他尝试了一个又一个点子，设计了一个又一个发明，希望能通过医学实践获得一些声誉，以此收获足够的生活前景来尽早结婚。其间，除了坚实的组织学研究以外，其他尝试都失败了。他似乎也明白，并满怀热情地孜孜追求，但早年那种仅是为了研究本身而专注于研究的兴趣不复存在了，尽管后来这种热情再度出现。正如他一开始说的那样，他的前途"一片灰暗"。没有迹象表明他不借钱也能活下去，更别说偿还债务了。但他挣扎着，坚信总有一天事态会改变。然而等待转机的过程很漫长，甚至在他结婚之后，也有许多年里他面临着严重的经济困难。

经过反反复复的估算，弗洛伊德认为要想度过婚后危机重重的第一年，没有2500盾（1000美元）的支撑是不太容易的。那一天到来时，他还只有几年前帕内斯捐助他剩下来的1000盾。但就在这时，玛尔塔一位富裕的姑妈莉亚·罗碧尔（Lea Löwbeer）伸出援手，于是，他们可以指望一笔数额为弗洛伊德存款3倍的嫁妆度日。

关于婚期他们没有过多设想，早该决定一个确定日期了，弗洛伊德建议定在1887年6月17日，刚好是他们订婚的5周年。玛尔塔表示同意，这对于弗洛伊德来说就像第一次听到她答应在一起时一样高兴。几个月后，当他得知自己获得了巴黎游学津贴，即将跟随沙尔可继续研究，他将婚期提前到1886年12月。然而到了第二年春，离开巴黎之后弗洛伊德开始与巴金斯基（Baginsky）合作，他

8. 结婚（1886）

从柏林写信回来，表示现在只能确定，婚期绝不会迟于最初预想的1887年6月。然而，1886年4月刚刚回到维也纳，他得知自己在卡索维茨研究所的职务已经确定下来，他希望重燃，将婚期改定在本年11月。漫长婚约的终点站终于近在咫尺。但他首先要看看自己能否在维也纳立足。他于4月3日早晨离开柏林，次日抵达维也纳。他先找了一家旅馆，但由于房间太小无法写作，于是让母亲帮忙在诺瓦拉大街（Novaragasse）29号找了一个房间，距离他家现在的住址只有两门之隔。他在那里住了一个星期，同时寻找一个可以在此展开医疗实践的长期处所。

离开这么久回到维也纳以后，弗洛伊德要拜访不少朋友，而且总体情况还有待探索。布罗伊尔给了弗洛伊德热情的亲吻和拥抱，但两周后的一场面试结束后，他向弗洛伊德表达了自己对他职业前景的悲观态度。他认为弗洛伊德最好的计划就是选择一份低收入的职业，给许多患者免费看病，在每天只赚5盾的情况下度过最初两年。没有人能在如此低收入的情况下生活这么长时间，弗洛伊德得出结论，6个月后他就得移民，但布罗伊尔认为这也是不现实的，除非他去做服务员。然而，过了一两天，弗洛伊德便克服了沮丧，尽管他认为布罗伊尔的建议可能也有道理。另一位朋友海特勒（Heitler）立即聘请他到自己编辑的《治疗专刊》（*Centralblatt für Therapie*）一起工作。卡索维茨的安排事项很快落实，弗洛伊德的部门即刻开张了。他要在每周二、周四和周六下午3点到4点在这工作。梅涅特很友好地邀请他到自己的实验室。诺特纳格尔则不是那么热情，未做更多承诺，但事实上他是个敏行讷言之人，他的性格也不喜欢轻易许诺。

弗洛伊德观察到，这里所有人都具备某种个性化的"行为方式"，所以他最好决定培养一个。他选择开拓正直和诚实的方向：这将成为他的一个"标签"，其他人需要去适应它。如果不成功，至少他不会降低自我要求。

4月15日弗洛伊德搬到他位于市政厅大街（Rathausstrasse）7号的公寓，这里是维也纳最优质的居住区，前面就是宏伟的市政厅。含服务费在内每月租金为80盾（32美元）。公寓有一间走廊，两个大房间。其中一间被窗帘隔成两部分，一部分可以用来当卧室。还有一个小房间用来做眼底镜检（ophthalmoscopic）。房子装修雅致，唯一需要购置的只有一张医用沙发；书架和书籍他已经有了。此外还有两块专用玻璃板，黑底上面带黄色字母的用来做窗户，瓷白色的用来做门。布罗伊尔的太太坚持自己帮忙修理。

不过在此之前，弗洛伊德已经在波利策（Pollitzer）的房子里进行过首次会

第一部分 性格形成时期和重大发现（1856—1900）

诊了。所得的这笔钱立即汇往万茨贝克，为玛尔塔买了一根翎毛以及一些用来庆祝的葡萄酒。一周后他又一次与波利策会诊，赚了 15 盾。但是波利策从弗莱施那里听闻弗洛伊德的婚讯后大为震惊，因为弗洛伊德连自己谋生的手段都不甚明朗，却计划着迎娶一个身无分文的女孩。

弗洛伊德在日报和医学期刊上刊登了私人诊所开业的公告："西格蒙德·弗洛伊德医生，维也纳大学神经病理学讲师，从 6 个月的巴黎访学归来，现居市政厅大街 7 号。"刊登在维也纳《新自由通讯》（*Neue Freie Presse*）上的启示花费了他 20 个盾（8 美元）。他同时向各类医生寄去了 200 张卡片。这个重大的冒险日选在星期日的复活节——1886 年 4 月 25 日。选择这个日子开张是很奇怪的，因为在维也纳，每逢这个神圣节日，各个机构都关门歇业。

在接下来的几个月里，弗洛伊德详细叙述了他每日的收入，也大篇幅地详细描述了病人的情况。付费患者大多都是布罗伊尔介绍来的，而那些直接上门的大多是无偿的。7 月份，诺特纳格尔给他介绍了一位葡萄牙大使。尽管营业必然会有各种波折，但日子却风平浪静，总的来说比预想要成功得多。有一次，他的候诊室里从 12 点到下午 3 点都人满为患。仅在 6 月份，他的收入就达到了 387 盾（155 美元），对于一个新手来说是相当可观的数额，也远远超过了他每天日常开销所需的 10 盾。

然而，弗洛伊德对于自己的行医能力却很不自信，他也反复抱怨自己在处理患者时那种无法胜任的感觉。毕竟，作为私人执业中的唯一责任方，很不同于他在医院里所习惯的公共工作。而当事情出了差错时，他的信心遭到进一步削弱。例如有一次，他给著名演员雨果·蒂米希（Hugo Thimig）做了一点轻微的处理，但没有成功。病人给他写了封有礼貌的感谢信，但没有再光临过。弗洛伊德归还了他寄来的费用。他写信给未婚妻说自己需要一种良好的幽默感，以把他从"为无知感到的羞愧、尴尬和无助"中解救出来。

那个夏天弗洛伊德很是繁忙。每天早晨，他在梅涅特的实验室里进行解剖学研究。除了撰写 8 月要发表的相关论文，他还着手翻译沙尔可的讲座文章，包括他的游学报告，为医学会准备一份演讲，并举行两场有关催眠的讲座。接着还要在卡索维茨的研究所和自己的私人诊所里工作。

然而，不久之后，在与重大的婚姻问题的斗争中，所有这些活动都相形见绌了。弗洛伊德仍然不确定究竟能否在维也纳生存下去，5月初他写道，这个希望很渺茫。4月底时，他身上只有400盾，仅够维持自己一个人6周的生活。直到7月以后，他才开始感到了些信心，有了立足之地。

在这段漫长的婚约中，经济问题始终是一个严肃话题，而当盼望已久的时刻越发迫近时，这个问题也变得更加突出了。在接下来几个月的信中，复杂的收支计算占据了大部分篇幅，但这些计算也精确描述了他的经济情况。除了先前帕内斯捐款中剩下的部分，玛尔塔手头还有从遗产中存下来的以及从姑妈那里得来的1800盾（720美元）。这些钱当中有1200盾需要用来购买嫁妆和布料，这在当时是新娘的一种习俗。她把其中800盾（320美元）委托哥哥帮忙保管，如前一章所述，她请求哥哥返还这笔存款时引发了一场严重争吵，在弗洛伊德的严厉干预下，艾利在6月底把钱寄给了她。

弗洛伊德承诺每年给自己家人500盾以备不时之需；他预估婚礼，蜜月和旅行开销大致也是这个数额。他提出要确保自己的生活费用一年在1000盾左右，按季度支付；其他就是家具、房租，还有一些存款等等。很明显，他所赚得的利润过于少了。首要任务是保险，弗洛伊德承诺不会让玛尔塔守寡哪怕一年。如果房租没这么高的话，或许他们还可能实现这个目标，但是没有任何家具。他想通过分期付款的方式来实现，但分期付款必定会带来长期的额外支出，这令玛尔塔很反感，而且她无疑也不喜欢在这样一种基础上开始自己的婚姻生活。他们谈论了许多有关家具的话题，弗洛伊德评论道："我觉得世界上最亲爱的女人在这个问题上也很要命，她们把丈夫当作——美丽的家的一个补充——尽管是很必要的。"

弗洛伊德向朋友们借更多钱的尝试失败了，于是他写信给岳母，请求她向她富裕的姐姐借钱。起初他觉得1000盾就够了，不过很快他不得不把数额翻倍。然而这种请求很是糟糕，这可能会给玛尔塔唯一抱有期望的亲戚留下不好的印象；这个请求获准了。

6月中旬，弗洛伊德开始没有任何理由地担心和忧虑起玛尔塔的健康问题来，在他们结婚时，玛尔塔应当是相当健康的。于是他寄给她一笔度假用的钱，并附了一些严格禁令："如果我发现你把它花在任何一件衣服上，我来的时候就把它撕碎，如果我不知道是哪一件，我就把它们都撕碎。"这个玩笑话是他愤怒的一个信号，不久之后，玛尔塔对她哥哥的态度使弗洛伊德的愤怒彻底爆发出来。

因长期贫困而导致的不耐烦如今已经接近尾声，次日一封长信出卖了他的心声。谈及办理结婚手续的问题他继续说道:"我又重获新生了,亲爱的,我愿意再次节衣缩食,如果有时候我们不得不绞尽脑汁去想,这个或者那个到底是从哪里来的,那又有什么关系呢?毕竟,我们不应该只是用美好的未来的幻景聊以自慰,因为未来再美好也抵不过我们为它做出的牺牲,我们应该共同抵抗和远离那可怕的贫穷,尽管贫穷并不能妨碍那么多人彼此相爱。一个人能有多久的青春年华、多久健康的时日、能保持多久的柔韧来适应另一个人情绪的改变?如果我让你一直等到我攒够钱,你就会成为一位老妪,你会忘记如何微笑。自从我回来以后就非常想念你,我几乎活得不像个体面的人。我在生活的方方面面都会想你,因我已经在所有事情上都把你当作自己,当作恋人,当作妻子,当作同志,当作工作伙伴,我不得不生活在最痛苦的状态中。我无法驾驭时间,任何事物都索然无味,几周以来我都没有露出过一个欢快的表情,总而言之,我很不快乐。"

此时,另一个打击落到这对痛苦的恋人身上。弗洛伊德被征召参加一个月的军事演习,这是直到次年才得知的消息。这不仅意味着某些装备的花销等,而且也意味着他将会失去整整一个月的经济收入,而这笔钱原本已经计入二人的入账预算。弗洛伊德坚韧地面对这种处境,决定不能让这件事妨碍他们的计划。然而,伯奈斯夫人被此情此景下即将发生的事情吓坏了,她给他写了一封信,在结尾处这样写道:

> 不要认为我想象不出你现在的生活有多么不自在,然而,想要没有生计地经营家庭,这必然是一个诅咒。因为我自己就如是地承担了多年,因此我可以做出这样的结论。我恳请你不要这样做。不要对我的忠告置之不理,在解决方案出现之前你应该静静地等待。
>
> 首先你应当恢复平静和平和的心态,你目前已经完全崩溃了。无论如何你都没有理由这样沮丧、失去幽默感,近乎于病态。暂时放下有关结婚预算的所有事务,首先恢复你的理智状态。此时此刻你就像一个被宠坏了的孩子,无法得到自己想要的东西便号啕大哭,错以为通过这种方式就可以获得一切。
>
> 不要介意这最后一句话,但这也是真心忠告。记住这些真正有价值的话,也不要误会。
>
> 你的忠诚的
母亲

8. 结婚（1886）

我们不知道弗洛伊德是否答复了这则通告，但这并不影响他的决定。剩下的问题就是为这对年轻夫妇寻找一个合适的家，并装修好它，但这两件事都是非常困难的。没有地方开展医疗经营的话弗洛伊德赚不到任何钱，二人也不可能生活在完全没有家具的房子里。7月初，玛尔塔的一封电报传来了一个快乐的解决方案："万岁，1250盾（500美元），罗碧尔！"这是从布鲁恩的姨妈莉亚那里得到的结婚礼物。除此之外，还有伦敦的叔叔路易斯·伯奈斯汇来的800马克（190美元），对此玛尔塔更加珍视，因为对她来说这笔钱并不是小数目。至此，有关家具的开支已经解决了，接下来他们可以着手准备婚礼了。

除去无疑会有的不耐烦情绪外，婚期由11月改至9月主要是出于现实考量。在维也纳，套房是按季度租住的，起租日或是8月1日或是11月1日。尽管他在广告上花了很大工夫，最终还是发现合适的住处非常少。他只能在晚上找房子。这个问题令他很是困扰，因为他一心想有个家能带他的新娘住进来，而他在赶赴军演之前的时间却十分有限。他找到的最合适的套房位于费尔斯特大街（Ferselgasse），但是这个房子最大的缺点是在11月才能空出来，这也就意味着他将失去一年中收益最好的一个月——10月，他没有条件在这个问题上犹豫。他可能会保留他目前的公寓，其中两个额外的房间现在已经被房东占用了，然而这套公寓的租金为1400盾（560美元），对他来说也是天价。最终，弗洛伊德租下玛利亚特来辛大街（Maria Theresienstrasse）5号的一套宽敞的四居室。

在弗洛伊德的希望即将实现之前，最后一击落在他身上。一直以来他都安慰自己，他将在德国结婚，仅需一场民事的仪式，所以他能够幸免于那个令人烦恼的两难选择，即要么改变他的"信条"——这件事他从没严肃考虑过；要么就是举行一场复杂的犹太婚礼，这又令他憎恶。于是到了7月份，玛尔塔不得不通知他，虽然公证结婚（Civil Marriag）①在德国是有效的，但在奥地利不被承认，所以回到维也纳以后，他们还是未婚的。因此他们不得不举办一场犹太婚礼。但玛尔塔为弗洛伊德安排得尽可能简单。婚礼安排在工作日，很少有朋友可以参加，所以可以在玛尔塔母亲家里举行；一顶丝绸帽子和一件礼服便可替代惯用的更为正式的晚礼服。婚礼就是这样安排的。

---

① 译者注：西方国家不举行宗教仪式的民事婚姻。

第一部分 性格形成时期和重大发现（1856—1900）

军事演习从 8 月 9 日持续到 9 月 10 日。结束后弗洛伊德返回维也纳换下军装并于次日启程前往万茨贝克。他发现军队的薪水只有他原本期望的一半，于是他不得不私下里写信给未来的妻妹明娜·伯奈斯，问她借钱买去万茨贝克的票。然而，他却成功地为他的新娘买了一块漂亮的金表作为结婚礼物。他原本还想给明娜买一条珊瑚项链，不过由于那位葡萄牙大使还没有支付他的看病费，弗洛伊德不得不作罢。

这场公证婚礼于 9 月 13 日在万茨贝克市政厅举行。65 年过去了，当年的新娘仍然能够清晰地回忆起，典礼上的公证员是如何毫不犹豫地喊出她在婚姻登记册上注册的新名字。在第 12 个和 13 个晚上，弗洛伊德在埃利阿斯·菲利普（Elias Philipp）叔叔家里度过，后者指导他如何在接下来的婚礼上背诵希伯来祷文（Brochos）。也许在走下楚普（Chuppe）①时他咬着嘴唇，但后来一切都很顺利。除了直系亲属外，只有 8 个亲戚到场，接着这对夫妇便启程前往吕贝克。

他们从吕贝克给万茨贝克的伯奈斯太太寄去了一封交替写成的联名信。弗洛伊德这样总结道："这是我们在吕贝克居住的第一天，也是西格蒙德和玛尔塔 30 年战争的开端。"战争从未到来，而 30 年最终成为 53 年。在接下来的几年里，二人之间唯一能算作"战争"记录的是针对蘑菇是否应该带着杆煮的短暂的意见分歧。两年前他承诺每周吵架一次的玩笑已经被遗忘了。

几天后他们来到波罗的海荷尔斯坦（Holstein）的特拉沃明德（Travemunde），蜜月的大部分时间是在这里度过的。在回家的旅途中，他们分别在柏林、德累斯顿和布鲁恩呆了一段时间，他们要去向布鲁恩的莉亚姨妈（Aunt Lea）表示感谢，毕竟她让他们的婚姻成为可能。他们最终于 10 月 1 日抵达维也纳，新娘在这里受到弗洛伊德朋友们的热烈欢迎，很快便适应了这里的生活。

当时新娘 25 岁，新郎 30 岁。他们是一对儿光鲜亮丽的夫妇。弗洛伊德相貌英俊，身材细长而结实，漂亮的头部，五官端正，眼睛黑亮。他身高 5 英尺 7 英寸，体重刚刚超过 126 磅。他的妻子喜欢赞美他从军事演习归来时的深色皮肤。

用一种十分丘吉尔式的方式，弗洛伊德能让他的妻子在美好未来来临之前，为一小段艰难时光做好准备。起初这个前景完全得到了证实。在第一个月，他充满希望的 10 月，收益却少得可怜。这是个好月份，所有的医生都抱怨人们宁愿

---

① 华盖，代表圣殿，在婚礼仪式上，犹太新婚夫妇需要站在那里。

8. 结婚（1886）

享受温暖的天气，也不愿来接受任何治疗。弗洛伊德写信给明娜说，他可以选择思考，他在今夏取得的事业上的成就是否只是一次意外，还是说目前的失败才是意外；当然他自己宁愿相信后者。整个月里他只赚了112盾（45美元），仅目前的开支每个月就需要300盾（120美元）。他拼命努力，但一切都跟他开了个玩笑。他已经把伊曼努尔送他的金表当掉了，现在他送给玛尔塔的结婚礼物——那块金表也得遭受同样的命运，除非明娜能拉他们一把——她当然同意了。到了下个月，形势开始好转，于是这场创业冒险并不算太莽撞。

弗洛伊德终于抵达他梦寐以求的幸福天堂。没有比他们更成功的婚姻了。玛尔塔当然是一位出色的妻子和母亲。她是一位令人钦佩的管理者——那种很少见地可以无限期雇佣仆人的类型——然而她从不是那种爱出风头的人。丈夫的舒适和方便总是排在第一位。早年，他常常在晚上和她讨论他的病例，但后来他不能指望她会比大多数人更愿意追随他在想象中漫游飞行。

不久后，孩子们到来，使他们的幸福更加完整。弗洛伊德两年后在信中写道："我们在稳定而愈发踏实的步调中快乐地生活着。当我听见孩子们的笑声时，我们想象那是我所能遇到的最可爱的事物。我并不胸怀大志，也不努力工作。"三个孩子，一个女儿和两个儿子（分别于1887年10月16日、1889年12月6日、1891年2月19日出生）在他们的第一处住所降生。儿子们的名字分别是让·马丁（Jean Martin），纪念沙尔可①（而不是传说中的纪念路德），另一个儿子叫奥利弗（Oliver），与克伦威尔同名，那是弗洛伊德早年的偶像。随着家庭人数的增长，他们需要更大的房子，于是在1891年8月弗洛伊德一家搬到了伯格大街（Berggasse）19号，这里还有额外的优点是租金便宜。一年后，他们在一楼又租下3个房间，作为弗洛伊德的书房、候诊室和咨询室。弗洛伊德在这里生活了47年。后来又有更多的孩子出生在这里：一个儿子和两个女儿。小儿子的名字为纪念布吕克，取作恩斯特（Ernst）。

弗洛伊德不仅是个慈爱的人，还是一位宽容的父亲，这一点从他平常的处事原则中就可以看出。孩子们的各种疾病自然也引起了他的极大关注。他的大女儿在五六岁时差点死于白喉。在这场危机中，心烦意乱的父亲问她，在世界上最喜欢的东西是什么，她答道"草莓"。当时草莓已经过季，但还有一家著名的商店

---

① 沙尔可全名让·马丁·沙尔可（Jean Martin Charcot）。

仍然有售。女儿咽下草莓的第一口引发了一阵剧烈的咳嗽,恰好将喉咙中的阻塞膜完全冲破,第二天孩子便开始恢复健康,她的生命被草莓和一位慈爱的父亲挽救了。

当6个孩子出生后,弗洛伊德的妻妹明娜·伯奈斯也于1895年底加入这个家庭,并一直与他们生活在一起直到1941年2月13日过世。在此之前,她的未婚夫勋伯格去世,她一直给一位夫人做伴,这份工作她始终难以感兴趣。她是个一手拿着掸子做家务,另一手捧着书的女孩,因而并不奇怪,明娜的一生都沉浸在知识,尤其是文学当中。小姨子明娜很聪明,风趣,幽默,言词辛辣,为家中贡献了不少警句。她和弗洛伊德相处得特别好。对二人来说任何一方都没有性吸引力,弗洛伊德只认为她是一个令人兴奋和有趣的伙伴,当他没有空余时间旅行时,他偶尔会和明娜在假日短暂出游。这一切都引起了一些恶意而不符合实情的传说,认为明娜使弗洛伊德的妻子失去了他的爱。弗洛伊德总是喜欢与知识型和比较偏男性化的女性交往,这类女性他结识得颇多。然而可能令人有些吃惊的是,"小姨子明娜"从未在弗洛伊德的文字工作上帮助过他,例如学习速记[①]或者打字。然而弗洛伊德却从来离不开笔,他用来书写私人信件,也用它书写科学著作:显然在那些他想法最精彩的时刻,他的手中都握着一支笔。

---

① 弗洛伊德会速记,并且在医院的案例记录上常常使用,但后来就再也没用过了。

9. 个人生活（1880—1890）

从弗洛伊德的书信中，我们可以对于他这一时期的生活有两个重点把握：他的贫困和他那些优秀的朋友们。后者是我们即将探讨的话题。

弗洛伊德对待金钱的态度似乎总是过于严谨和客观。金钱本身没有价值；它的价值在于被使用，条件允许时弗洛伊德总是非常慷慨的。甚至可以说有点大手大脚，除非出于特定目的迫切需要钱。对于他来说，施舍朋友或是从朋友那里拿钱，跟借出借入是一样的。在早年学生时代，他的需求很低，钱对于他不是非常重要；他的钱主要都是用来买书。

同时，弗洛伊德看待金钱又相当现实，他绝不蔑视金钱。钱可以带来许多东西，缺少它则会导致贫穷。因此，当他的许多愿望，例如去旅行或者其他等受到金钱制约时他都感到无比沮丧。弗洛伊德早年因为钱的问题而遭受的挫折是无人能及的，因为他的愿望总是那样强。

在他订婚后半个月他做的第一件事就是让自己受到管制，让他的未婚妻来打理财务，限制他的奢侈浪费。他让她在盒子里插入一枚银币："金属具有神奇的魔力，它能吸引更多的钱；而纸币则飞在风中。你知道，我变得迷信了。个中缘由非常严肃而忧郁。一点点迷信也会是相当迷人的。"但他确实有迷信的倾向，其中很多例子在他的书信中也都提到过。例如他还是个孩子时，买过一种卜算性格的彩票，当时他选择了 17 号，卜算的结论是"坚定不移"，他把这件事与他后来的订婚日 17 日联系起来。他把自己暂时不用的钱都给了玛尔塔，让她来负责保管他们的公共财产；他根据自己的财务状况从这笔钱中借贷或还款。有几次她似乎羞于接受这笔钱，但他为安慰她便问道，他们两个人是不是一个整体，还是说她还想重新回到小姐和医生先生那种关系中去。

此外，他每周都会给她寄去自己的每日开销账单，其中有一些被保存了下来。从 1882 年 9 月中旬的信中我们可以发现，弗洛伊德每天的两餐一共花费 1 盾加 11 个金币（keuzers）（45 美分）。买雪茄要花 26 个金币（10 美分），他称之为"可耻的巨款"。一天他拿了 10 金币去买巧克力,并解释道:"我在去布罗伊尔家的路上感觉很饿。"还有一天他少了 10 金币,原本是借给了柯尼施泰因,但是第二天有关这笔钱的去向他只能想起来"被(某个人)借走了"。还有一次他不得不坦白,在打牌时输掉了 80 个金币。

弗洛伊德的贫困生活持续了数年,甚至直到 1890 年代仍有许多证据表明,他对入不敷出的状况很是担忧。1883 年夏,他说自己的一位朋友迫切需要借一笔钱。然而,弗洛伊德经过一番人情世故的权衡,把借款数降到了 4 个金币,他含糊其辞地兜着圈子,直到他借到朋友所需的数额——可惜已经太晚了。对此他说道:"我们不是过着波西米亚式的生活吗?或者是你并不接受我那种幽默,怜悯我的可怜的处境?"难怪当弗莱施预言有朝一日他可以一年赚 4000 盾(1600 美元)时他一笑置之。但在这个问题上弗洛伊德也并非总是那么幽默。当十年来他第一次未能给妹妹罗莎(Rosa)买一个小小的生日礼物时,他感到十分受伤。对于弗洛伊德这样一个胸襟开阔、气量大度的人来说,因贫穷而使自己不得不变得斤斤计较是何等烦恼。

衣服自然也是个大难题,弗洛伊德一生都非常重视外表的干净整洁,这也确实反映了服装与自尊心的密切关系。他有一位极其和善的裁缝,显然是他们家的朋友,但即便如此,有时至少也要分期付款。当他的裁缝听说弗洛伊德是医院里最杰出的医生时,弗洛伊德说道:"对我而言,优秀的裁缝的意见和教授的意见一样重要。"家庭中的一切开支都需要反复斟酌;如果想要动用他们的小金库做一套新衣服,或者买一条新领带,弗洛伊德都会事先与玛尔塔商讨。一次,玛尔塔送了他一条领带做礼物,于是他人生第一次拥有了两条优质领带。有时外套上的破洞太大导致他无法出门,他两次提到为了拜访某位德高望重的友人,不得不跟弗莱施借衣服穿。

然而有两件事让弗洛伊德因贫穷而倍感心酸。第一是对待自己的未婚妻,他连最微不足道的小礼物,甚至连一点儿生活用品都送不起。她也同样贫穷,他还很少去看望她。第二个是他对迫切的家用需求的担忧。他听说玛尔塔为了保持健康每天喝一杯啤酒时感到很震惊,并问:"你哪儿来的钱呢?"弗洛伊德还有一个从未实现的梦想,是有一天能送她一只蛇形金手镯(eine goldene Schlange)。这个想法开始于 1882 年初,围绕它还有许多故事。1885 年初,他申请讲师(docent)职位时信心满满,并向她保证,所有讲师的太太都戴着蛇形金手镯,以区别于其他普通医生的太太。但他的希望一再破灭。3年后，1885年的圣诞节，他设法在汉堡为她买了一只银手镯。而至于前去看望她，成本似乎过于高昂。

弗洛伊德自己的家庭，对他来说也是一项持久的焦虑和负担。他的父亲从来就不是个积极进取的成功人士，如今他已年近七十，陷入宿命的无助乃至幼稚状态。距离他还能赚钱的时代过去很久了，很难说这一家人究竟依靠什么生存。家里的6位女性做家务，即使算不上懒惰，至少也是打理得相当混乱。1884年底，伊曼努尔努力为这个家庭带来了一些秩序，弗洛伊德对于这种状态能维持多久保持怀疑态度。奇怪的是，弗洛伊德提到他母亲时只有两件事：她非常爱抱怨，她患有严重的肺结核。后一件事自然令他十分焦虑，弗洛伊德更在意的是她于炎热的季节离开维也纳前往乡下。例如1884年他写道，大家都试图让她活得更久一点，如果他知道她后来又生存了将近半个多世纪，并度过了一个硬朗的晚年，应该会感到宽慰而惊讶吧。弗洛伊德做了一切他能做的，但他常常不得不承认，他根本没有任何东西可以给母亲及家人。在这样的岁月里，他甚至无法去家里看望他们，目睹他们悲惨的处境。他曾因妹妹们的消瘦而悲伤不已，一次他被邀请出去吃午饭，当他想起自己饥饿的妹妹们时，感到面前的烤肉难以下咽。有一段时间里，弗洛伊德的父亲、弟弟和三个妹妹每天只能依凭一个盾来维持生活。

在这些年中弗洛伊德的收入十分微薄，也很不稳定，他有好几份收入来源，这一切他都如实记录了。首先是1883年4月起来自医院的津贴。他分到一个可以做饭的房间，工资跟掌灯人一样少。随后工资上涨至30盾一个月，比他伙食费的一半还少。他的午饭长期包括一盘牛肉，60金币（12美分），晚餐是咸牛肉加奶酪，36金币；甜点就不必了。有段时间他想通过自己做饭来省钱，或者更确切地说，不做饭。他买了一台咖啡机，一些冷火腿、奶酪和面包。

为一个医学期刊撰写摘要可以带来每季度20盾的收入。还有一次他发明了一些科学装置，拿到了15盾。在4年的医院生涯中，弗洛伊德有自己的私人患者，这在当时是允许的；1884年底，他的门上甚至为此专设一个牌子。前几年里，这些私人患者都是他的朋友引介过来的，主要是布罗伊尔介绍的。但到了1884年7月，弗洛伊德骄傲地宣布因为听闻他对可卡因的发现，第一个主动上门的患者出现了；他付了2盾。弗洛伊德通常的收费是3盾（1.2美元），但是为此他有时需要横穿维也纳，去为病人进行电击治疗。有一次，经过数月治疗的患者支付了总共55盾的费用。他说他对此感激不尽，但还没有愚蠢到拿这笔钱还贷的地

第一部分　性格形成时期和重大发现（1856—1900）

步；还有许许多多更为迫切的需要。

另一份收入来自一些学徒，大多数都是弗莱施送来的。这一新的收入来源从1884年夏天开始，学生通常每课时支付3个盾。有段时间弗洛伊德每天5点起床，在早饭前上课，以便有更多的时间工作。更赚钱的一份工作是他在1884年开设的课程，学生大多是前来维也纳进修的美国医生；一部分课程是英文授课，1885年2月3日他获得第一笔收入。弗洛伊德同时担任了几门课程的授课教师，其中大部分是与临床神经病学有关的，还有一门是关于电的医疗使用。参加课程的学生人数在6到10人不等，这是他所能允许的限度。一门课程包括25次讲座，历时5周；这为他带来高达200盾的收入。不幸的是，由于教学材料的限制，这个收益丰厚的工作只持续了3个月。最后一项收入来源是1886年翻译沙尔可的书，从中他获得290盾的报酬。

尽管如此，这些收入远远不能平衡他的预算，弗洛伊德还得常常依靠跟朋友借钱生活。最早提供帮助的是他的学校教师哈默施拉格（Hammerschlag）。这位老人自己也非常贫穷，靠微薄的养老金度日。"在我的学生时代里，甚至我都没有开口，他就常常会在我拼命挣扎的时候帮我走出困境。一开始我感到很羞愧，但后来，他跟布罗伊尔的看法一致，我便屈服了，同意不带任何个人义务地从这些朋友手里借一些钱。"一次，哈默施拉格得到50个盾，用于他认为最值得花费的地方：他把它给了弗洛伊德，而后者又把这笔钱的大部分给了自己的家人。

然而弗洛伊德最主要的资助者是布罗伊尔。在相当长的一段时间里，布罗伊尔每个月都会借给弗洛伊德一些钱。这好像从弗洛伊德在布吕克研究所的最后一年开始的，没过多久他订婚了。在《梦的解析》中有一则关于一位朋友的故事，无疑正是这位曾帮助过他四五年的布罗伊尔。他最后一次资助弗洛伊德是在1886年的2月。不管怎样，截至1884年5月，弗洛伊德的债务总和已达到1000盾，对此弗洛伊德说道："这增强了我的自尊心，让我看到了我对于他们来说是多么有价值。"到了11月，这笔债务增加到1300盾，而在来年的7月增至1500盾，是非常大的一笔数额。它继续增加；多年后弗洛伊德称总数为2300盾。只要弗洛伊德和布罗伊尔维持着良好的关系——多年来他们的关系都非常融洽——这份债务便是可以忍受的。但我们知道，在1890年代二人决裂以后这笔债对于弗洛伊德来说就成了一个巨大的烦恼。布罗伊尔从不难为他。弗洛伊德说他不止一次向布罗伊尔表示，在接受别人的赠予时会有自尊降低的感觉，但布罗伊尔坚持，不仅因为他能负担得起这笔钱，更因为弗洛伊德应当认识到自己对于世界的价值所在。尽管如此，像弗洛伊德这样天性敏感的人很难不对此感到受伤。他曾经写道："布罗伊尔似乎把这些钱视为一个正规的机构贷款，但它们总在我心头挥之不去。"他对经济和其他方面独立的渴求始终是十分强烈的。

弗莱施成为他的第二个支持者。1884年夏，他告诉弗洛伊德，他应该不带任何羞怯地尽管跟他借钱，并质问他为什么只向布罗伊尔借，而从不跟他开口。"在一个特定的小圈子里，大家在最重要的事情上往往保持一致，任何一个人有事不对其他人开口都是不对的，同样，任何一个人都不可以拒绝接受其他人的帮助。"弗洛伊德向弗莱施借过几次钱，当弗洛伊德启程前往巴黎时，弗莱施告诉他有需要时务必写信。在弗洛伊德有能力偿还之前，他便过世了。

约瑟夫·帕内斯（Josef Paneth）跟弗莱施一样，也有私人收入，同样乐善好施。但他采用了另一种形式。1884年4月他告知弗洛伊德，打算拿出1500盾（600美元）作为捐款赠予他，以便缩短他的婚期。其中84盾的利息他可以拿来探望玛尔塔，这些资本他一直保存着。弗洛伊德对此自然非常高兴，他写信给玛尔塔说，他们似乎进入了爱情冒险的第二卷，他模仿《小杜丽》（*Little Dorrit*）的目录将之命名为"财富"。其实整件事听上去都像是狄更斯小说中的章节。"一个富人应该调整他自身既得利益的合法性，设法改善我们与生俱来的不公状况，这难道不是一件美妙的事吗？"

但无论如何，弗洛伊德都无法保证这笔资产原封不动。他不得不多次动用它来解决他在巴黎和柏林的开支，在那次访问结束时，这笔钱的三分之一已经用掉了。

玛尔塔这边也遇到了一位神仙般的好人。1883年11月，玛尔塔的叔叔路易斯·伯奈斯答应每个季度给她和她妹妹50马克（12美元）。然而，因为这笔钱的根本目的还是间接援助她们的母亲，因而大部分都交给母亲了。接着在第二年的3月，玛尔塔宣布了一份更大的礼物。1885年春，消息越来越确定了。事实上有两个幸运事件一同到来。她母亲的一位亲戚去世了，留给她1500马克（357美元）的遗产。几周后传来了更好的消息。她的姨妈莉亚·罗碧尔打算给玛尔塔和明娜各2500盾（1000美元）。

第一部分　性格形成时期和重大发现（1856—1900）

弗洛伊德在他的著作中多次谈到，他需要一位挚友也需要一位劲敌。这充满戏剧性的话语中包含着许多真理，即他可以饱含激情地去爱去恨。而两种感情也很容易互相转换，然而一些推论表明，这种情绪并没有占据弗洛伊德的大部分情感生活，或者说，这很难算是他的一个突出特点。对此我只知道五六个事例。很难认为弗洛伊德是个难以相处的人。他完全不是那种施展自身魅力去取悦和迎合社交礼仪的人；正相反，他与人交往的原初方式甚至可能是相当唐突的。但另一方面，他还被认为是那种你越了解他就越喜欢的那种人。不管怎样，在他生命的每一个时期，他身边的朋友的数量及其带来的强大支持都是毋庸置疑的，事实胜于雄辩。

弗洛伊德自己知道，他没有本事在与人初次相识时就展现出自己最好的一面。"我认为这是个非常不幸的事，上天没有赋予我那种能吸引人的神秘能力。回顾一下我的生活，我认为这是我最缺乏的东西，它本可以为我的存在增色。我往往要花费很长时间才能交到一个朋友，每当结识一个人时我都注意到，某种说不清道不明的力量会促使他低估我。这可能是一个眼神、一些感觉或是出于一些其他的神秘原因，它对我的影响很糟。但当我想起我身边那些朋友一直以来对我有多么好，心里就会得到一些安慰。"

在他那些年长一些的朋友中，曾经在学校里教授弗洛伊德《圣经》和希伯来文的哈默施拉格先生是最重要的一个。弗洛伊德这样评价他："多年来他一直都真心地爱护我：我们之间有某种隐秘的同情，我们可以亲密无间地交谈。他总是把我当作他的儿子。"弗洛伊德对哈默施拉格的妻子也有极高的评价："我不知道有什么比她更好、更高尚，她从来没有任何低劣的想法。"多年后，弗洛伊德给自己的小女儿取了一个和哈默施拉格女儿相同的名字；另一个女儿则追随了哈默施拉格外甥女苏菲·施瓦布（Sophie Schwab）的名字，后者嫁给了约瑟夫·帕内斯，弗洛伊德还出席了他们的婚礼。

弗洛伊德严格意义上的私交分为两个截然不同的队伍：一些是他在医学或科研工作中结识的，大多比他年长；另一群则是他的同龄人小团体。后者大约由15到20人组成，他们称之为联盟（Bund）。这个小团体经常聚会，通常是每周一次，在库尔兹维尔（Kurzweil）咖啡馆聊天、打牌或下棋。有时他们也在普拉特公园或维也纳郊区某处短途旅行，有些男孩带着女朋友一起来——大部分时候带姐姐妹妹。但弗洛伊德当时很少注意异性，这一特点在他坠入爱河之后发生了

9. 个人生活（1880—1890）

反转。

联盟中的成员包括艾利·伯奈斯（Eli Bernays），伊格纳兹·勋伯格（Ignaz Schönberg），沃勒三兄弟，弗里茨（Fritz），理查德（Richard），埃米尔·沃勒（Emil Wahle）以及阿尔弗雷德（Alfred）。最后三位与弗洛伊德的友谊要追溯到弗莱堡时代，1878年，在弗洛伊德一家搬走数年后，他们也搬到了维也纳。前三个名字在后来的若干年里，在弗洛伊德的生活中扮演着重要角色。1880年代早期，勋伯格是弗洛伊德最好的朋友；另外两位后来与弗洛伊德发生了争执，最终形同陌路。

弗洛伊德的全家都没人知道为什么他的西班牙语这么好。这个谜底在一封写给玛尔塔的信中解开，那天他说他去见了一位三年未见的老同学——西尔伯施泰因（Silberstein）。在学校时，西尔伯施泰因是弗洛伊德的知心朋友，他们几乎时时刻刻形影不离。他们一起学习西班牙语，发明了自己的私人词汇和神话故事，主要灵感来源是塞万提斯。在某本书中，他们读到关于两只躺在医院门口的狗的哲学对话，便用它们的名字给自己命名。西尔伯施泰因是博冈萨（Berganza），弗洛伊德是西皮翁（Cipion），给朋友写信时他还会署上这个名字："你的医生西皮翁，于塞维利亚医院。"他们组成了一个学会，取名为卡特兰纳学院（Academia Cartellane），与之相关地创作了大量语调诙谐的纯文学作品。随着他们的成长，二人的兴趣也逐渐分化，他们的过去被埋葬了；西尔伯施泰因后来成为一名银行家。

伊格纳兹·勋伯格当时已经与玛尔塔·伯奈斯的妹妹明娜订婚（1881—1882），明娜16岁；所以假如一切顺利的话，他就是弗洛伊德的妹夫。他们原本很期待成为快乐的四人组。弗洛伊德曾经这样评价，在他们四人当中，玛尔塔和勋伯格两个人确实非常完美，而自己和明娜就没那么好了——狂热、情感过于强烈；他们两个都有较好的适应能力，同时又都固执己见。

然而，勋伯格已经感染了肺结核，这在当时的维也纳是一种常见疾病。由于很多人都康复了，因此一开始并没有太被当回事。他是个天赋出众、性格认真的人，但幽默感欠佳，也时常优柔寡断。1883年夏，他的肺部情况恶化。1884年4月，他获得了一个职位——牛津大学莫尼埃·威廉斯（Monier Williams）教授的助手，协助筹备一部梵文字典的工作；每年拿150法郎（729美元）的报酬。5月，刚刚拿到大学学位后他便启程离开。在牛津的生活并不顺利，他的健康情况

第一部分 性格形成时期和重大发现（1856—1900）

急剧恶化，以至于一年后他不得不离开英国。他去汉堡看望明娜，最后一次，接着前往维也纳附近的巴登（Baden）。6月，弗洛伊德为他做了检查，认为他的希望不大了；他的喉部也已经被感染。这时勋伯格解除了婚约，他不想这样一辈子牵连对方。弗洛伊德在给玛尔塔的信中写道，假如他遭遇同样状况，他不会选择这么做；除了死亡本身，没什么能将他们分开。1886年2月初，勋伯格逝世。

弗洛伊德对此深感痛惜。在他的朋友圈子里，勋伯格不是第一个死去的。1883年夏的一天，他震惊地听闻他的朋友兼医院同事纳坦·韦斯（Nathan Weiss）在公共浴室上吊自杀，当时韦斯刚从蜜月旅行中归来十天。他性格古怪，而弗洛伊德可能是唯一能够吸引他兴趣的人。

在弗洛伊德年长的一批朋友中，布罗伊尔是唯一一位犹太人，他的性格最富同情心。他也是唯一一个会被心理学家认为是基本"正常"的人，这是一份罕见的恭维。弗洛伊德的信中充满了热情关切以及他对布罗伊尔高尚品格的高度赞赏。聪明的头脑，渊博的学识，他的实践意识，他的生活智慧，最重要的是他机敏的理解力，都是布罗伊尔身上一次次闪现出来的优秀品质。

他是布罗伊尔家的常客，他描述了在布罗伊尔的家中是多么幸福舒适和安宁；他们都是十分"善解人意的好人"。他非常喜欢布罗伊尔那位年轻漂亮的妻子，后来他为自己的大女儿取了和她相同的名字马蒂尔德（Mathilde）。与布罗伊尔交谈如同"沐浴在阳光里"；他周身散发着光和热。"他是如此阳光，我不知道他从我身上看到了什么才会对我这么好。"布罗伊尔身上最富于魅力的一件事大概是他在弗莱施病重期间的反应。布罗伊尔在弗莱施的事情上表现得太完美了。人们无法通过溢美之词来充分概括他；也无法仅仅通过强调他没有缺点来总结他。

布罗伊尔几乎从没想过要影响弗洛伊德。弗洛伊德经常在许多问题上向他寻求建议，例如决定专攻神经学研究，申请游学津贴，以及在勋伯格和明娜之间那些微妙的问题上等等。布罗伊尔总是能够洞悉弗洛伊德对待某个问题的真实态度，并通过积极讨论问题来鼓励他。当他不同于弗洛伊德的看法时，他就习惯用一个词来表达他的反对意见。因此当弗洛伊德想加入新教徒（Protestant）的"忏悔"①以便能摆脱他深恶痛绝的复杂的犹太婚礼时，布罗伊尔只是喃喃地说："太

---

① 在奥地利，除了真正的宗教之外，人们还必须隶属于某种"忏悔"的流派。

复杂。"1884年弗洛伊德启程前往万茨贝克度假之前，向布罗伊尔请求额外50个盾。"布罗伊尔平静地答道：'亲爱的，我不会借你这个钱。你从万茨贝克回来的时候肯定是身无分文，在那边放荡地暴饮暴食，还欠裁缝一屁股债。''亲爱的朋友，'我说，'请不要打断我这种冒险的生活方式'，但无济于事。布罗伊尔对我是真的亲近和关切，他不只是拒绝我，他更加在乎的是我的理智，可是我对此很生气。"然而，几天后布罗伊尔带着钱找他，说自己只是想控制一点程度，并不打算限制他。

布罗伊尔外出时常常带着弗洛伊德。有些时候路途较远，他们不得不在维也纳以外的地方过夜。一次在巴登，布罗伊尔在旅馆登记簿上把弗洛伊德写成自己的弟弟，这样弗洛伊德就不必给服务员付小费了。最令人难忘的一次是他邀请弗洛伊德前往他在萨尔茨卡默古特（Salzkammergut）格蒙登（Gmunden）的消夏别墅玩几天。弗洛伊德很少离开维也纳这么远，也很少看到这么美丽的景色，有关这次美妙经历他还写了一首抒情诗。

当我们读到弗洛伊德在1890年代的那些对布罗伊尔逐渐饱含哀怨的书信时，我们不应该忘记那些美好的过去；弗洛伊德确实从未背叛任何自己出版过的著作，在书中他总是对布罗伊尔表示赞扬和感激。我们只能得出这样的结论：弗洛伊德的变化比布罗伊尔还大，而且是出于他个人内部原因，而非外部原因。

接下来我们该谈谈弗洛伊德那些年的健康状况。首先，他得了一些身体疾病：两次旧疾复发，还有1885年4月的天花。后者不太严重，痊愈后没有留下什么疤痕，但是随之而来的毒副作用似乎很严重。另一件事在1882年秋，诺特纳格尔诊断他患有逍遥型伤寒病（ambulatory typhoid fever），但病情同样比较轻微。真正麻烦的是他背部和手臂的"风湿性"疼痛。在往后的岁月里，弗洛伊德时不时提起他的书写痉挛，但他描述得太宽泛，这种症状很可能是神经炎而非神经症所致。他早年患过臂丛神经炎（branchial neuritis），他的父亲年轻时也得过这个病。1884年3月，弗洛伊德由于左侧坐骨神经痛卧病在床五周没有工作。然而，刚刚在床上躺了两周他就受够了。"早上我躺在床上，疼痛难忍，突然间我看到了镜子里的自己，我被自己杂草丛生的胡子吓坏了。我决定摆脱坐骨神经痛，放弃生病的奢侈生活，再次成为一个真正的人类。"于是他穿好衣服，来到理发店，还前去拜访了几个目瞪口呆的朋友。

第一部分　性格形成时期和重大发现（1856—1900）

弗洛伊德还是一位重度鼻粘膜炎受害者，那些轻微的头部伤风患者是无法理解这种痛苦的，他还多年患有鼻窦并发症。他在给妻妹的信中写道，这种小毛病和严重疾病仅在后果上有所差别。20年后露·莎乐美（Lou Salomé）创作了一首乐观的抒情诗，宣称她想活一千年，即使生活中只有痛苦，弗洛伊德冷淡地评论道："一场头部伤风就能让我打消这种念头。"

1882年8月，他得了严重的咽喉炎，好几天都不能吞咽和说话。康复后他将其描述为"像冬眠的动物醒来时一样饥饿"。接着他又描述了与之俱来的一种对恋人的强烈想念："可怕的思念——可怕已经很难确切表述了，更像是诡异的，惊悚的，恐怖的，巨大的；简言之，一种无法描述的对你的强烈思念。"

弗洛伊德一生都遭受着偏头痛招致的无力感的伤害，这种病很难做任何处理。直到今天也没有弄清楚它的病因到底是器质性的（organic）还是功能性的（functional）。他后来的说法印证了前者："仿佛所有的疼痛都是外在的；我并不知道这种病是什么，但我站在它上面。"那是他虚弱得站不住脚的时候写的，但心里却完全清醒。这让我想起了很多年后的一次类似情景，当时我去探望患重感冒的他，他说："病痛纯粹是外在的；内在的人是完整的。"

然而这些麻烦的病痛带给他的痛苦远比精神上的痛苦少得多，后者在他成年早期折磨了他20年。我们不知道他所谓的"神经衰弱"（neurasthenia）始于何时，也不知道在它出现在那些书信上以前是否早已存在。毫无疑问的是，伴随着爱情激流的情绪起伏和冲突，加剧了病情的发展，但奇怪的是，症状在他婚后几年似乎达到了顶点。困扰他的首要毛病是胃肠方面的（严重消化不良，经常便秘），这是一种功能性的疾病，但在当时还未被认识到，此外还有大幅度的喜怒无常。后一种症状自然在他的爱情生活中出现过，正如他所描述的那样。在神经质的情绪发作时，他会丧失所有快乐的能力，并产生一种不同寻常的疲倦感。

在那些日子里弗洛伊德习惯性地把他的"神经衰弱"归因于正在经历的充满担忧、焦虑和紧张刺激的生活。确实，当人们详细阅读这些资料的细节时会发现，它仅仅可能是因为他当时承受了过多的压力。但是他也同时指出，只要未婚妻在他身旁，一切烦恼"如同被魔棒一击"顷刻间烟消云散。

> 虽然我天生有一副强健的体格，但在最近的两年里我的健康状况并不好，生活是如此艰难，我真的很需要你的陪伴，给我带来幸福和快乐，才能

健康起来。我就像一块年久失修的手表，所有的部件都已落满灰尘。在追求你的过程中，我甚至对于我自身而言都变得更重要了，我更加重视自己的健康，不希望自己垮掉。我宁愿胸无大志地活着，不给世界增添太多噪音，不那么成功，也不愿意伤害我的神经系统。我在医院里其他的时间会活得像个异教徒（Goy）①，谦虚地学习一些平平淡淡的东西，无需努力去追求什么深度或新的发明发现。为了实现独立而需要的那些事物，只要老老实实脚踏实地去工作就可以获得，不必付出过于巨大的努力。

长期贫困有时会导致嫉妒，这也不足为奇。一天晚上布罗伊尔家里有一群年轻人跳舞。"你能想象，在经历了头痛的折磨和你我长久的分离后，我看到那么多青年男女，美好，欢乐，欢声笑语，这一切令我多么愤怒。我不得不羞愧地说，此情此景令我心生妒忌；我决定在接下来的几年里绝不去任何超过两个人的场所。我真的很不开心，无法享受任何事物。这个场合本身是很愉快的：大多数都是15到18岁的女孩子，有一些非常漂亮。而我的状况跟个霍乱病人差不多。"

他的情绪肯定是相当起伏不定的，当一切进展顺利时他明显会很愉悦。他经历了"珍贵的快乐时刻"。"这项工作进展得很顺利，是最有前途的。玛尔塔，我现在太激动了，此刻我所有的一切感觉都如此强烈，我的头脑十分清晰，有你陪伴时是多么美好，我怎么能保持冷静。""因为我正享受着健康的状态，生活对我来说充满阳光。""生活可以如此快乐。"但情绪也可以迅速转变。1885年3月12日，我们读到："我一生中从未感到如此神清气爽。"而到了21号，"我再也忍受不了了"。

情绪不佳不能算精神病学意义上的抑郁症。值得注意的是，弗洛伊德从头到尾都没有出现过悲观或绝望的迹象。相反，我们一次又一次地看到他对最终成功和幸福的绝对信心。"我们会很好地克服这一切"，指的是反复发作的情绪，"我明白我不必为努力的最终结果而焦虑不已，因为成功仅仅是个时间问题"。弗洛伊德实际上是个彻底的乐观主义者，而不是人们通常以为的那样。当得知奥地利和俄国的战争似乎会拖延他们的结婚计划时，弗洛伊德写道："让我们展望未来，看看未来会发生什么。什么都不会发生；战争仅仅是反复无常的命运，劫掠了我

---

① 一个对非犹太人或多或少有些轻蔑的术语。

们几年的青春岁月。没有什么能真正触及我们；我们最终将会走到一起，彼此更加相爱，因我们已经彻底品尝了贫穷的滋味。没有什么阻碍和霉运可以阻止我最后的成功，最多只是推延了它的到来，只要我们一直这样好好在一起，让我知道你充满信心地爱着我。"

现在我们可能要转到外部兴趣上谈一谈。不论他从事的职业是什么，弗洛伊德都可算作一名伟大的读者，同时他也尽其所能地与玛尔塔分享自己的兴趣爱好。起初他希望自己的工作能够引起她的兴趣，他甚至写了一份名为"哲学 ABC"的哲学概论来帮助她入门。接着他又推荐她看赫胥黎的《科学入门》(Introduction to Science)，不过似乎也没有成效。他也没法说服她去熟悉英文，在英国文学成为他休闲阅读首选的那段时间，他常常会强迫她也一起阅读。另一方面，玛尔塔很喜欢和他讨论小说，当然她对经典的德语名著也十分通晓。他们常常为对方引用诗句，多数来自歌德、海涅、乌兰德（Uhland），玛尔塔有时也会用韵文写信；弗洛伊德有时也这样做。弗洛伊德在引用的道路上走得更远，他会在给她的信中整页地誊抄来自伯恩斯（Burns）、拜伦、斯科特和弥尔顿的诗文。

他最喜欢的礼物莫过于送书给玛尔塔和她妹妹。其中可能包括卡尔德隆（Calderon）的著作；还有《大卫·科波菲尔》，狄更斯小说中他最喜欢的一部；荷马（Homer）的《奥德赛》(Odyssey)，这本书对于他们每个人来说都价值不菲；弗莱塔格（Freytag）的《路德医生》(Dr.Luther)；席勒的《阴谋与爱情》(Kabale und Liebe)；兰克的《教皇史》(Geschichete der Päpste)；勃兰兑斯（Brandes）的《现代精神》(Moderne Geister)。最后他提到，认为福楼拜的文章写得最好，而穆勒的最烂。菲尔丁的《弃儿汤姆·琼斯的历史》(Tom Jones)尽管他很喜欢，但他认为这部书不适合玛尔塔纯洁的心灵阅读。

他经常评论各种各样的书。他称《艰难时世》(Hard Times)是一本残酷的书，读罢像被一把硬毛刷擦得遍体鳞伤。奇怪的是，他对《荒凉山庄》(Bleak House)的评价却不高；这部作品刻意悲苦，如同大多数狄更斯晚期作品那样，包含了太多的技巧。

弗洛伊德也提到过塔索（Tasso）的《被解放的耶路撒冷》(Gerusalemme Liberata)以及乔治·艾略特的《米德尔马契》(MiddleMarch)；这本书非常吸引他，他发现它照亮了他与玛尔塔关系的重要方面。她笔下的丹尼尔·德隆达（Daniel Deronda）对犹太亲密方式的无所不知使他倍感惊奇，"我们只在自己中间

9. 个人生活（1880—1890）

谈论这件事"。不那么严肃的文学作品中他喜欢内斯特洛伊（Nestroy）、弗里茨·罗伊特（Fritz Reuter）的作品，以及马克·吐温（Mark Twain）的《汤姆·索亚历险记》(*Tom Sawyer*)。

令他印象最为深刻的两部作品，至少在相当一些年里如此，是《堂吉诃德》和《圣安东尼的诱惑》(*Les Tentations de Saint Antoine*)[①]。他第一次读《堂吉诃德》是童年时代。现在他的朋友赫尔齐格（Herzig）送了他一份他渴望已久的豪华复印本，里面包含了许多多尔（Doré）的插图。他一直非常喜欢书中的那些故事，重读他已经熟知的一切，仍然感到有趣和愉快。他寄了一本给玛尔塔，在他对这本书的众多评论中有一则这样写道："你不觉得一个伟大的理想主义者反过来嘲笑自己的理想是非常令人触动的事吗？在我们有幸领悟深埋在我们爱情当中的真理之前，我们都是在梦的世界里穿行的高贵骑士，曲解了最简单的事物，把平庸的琐事放大得珍稀，留下一抹悲伤的剪影。于是，人们在读到曾经的自己时往往心怀敬意，其中某些部分仍然存留在我们身上。"

《圣安东尼的诱惑》激起了他更强烈的反应。他是在与布罗伊尔一同前往格蒙登的路途上看的，次日就读完了。"我已经被这本书的辉煌气象深深打动，而现在它最令人动容的是那简练的文笔，将一团糟的混乱世界以一种无与伦比的生动方式呈现在我们面前：它提出的并非是有关知识的重大问题，而是关于生活的真正谜语，一切情感的冲突和冲动；它证实了我们对无处不在的神秘世界的困惑。这些问题确实是无处不在的，然而，人们总是将自己的每一天每一刻局限在狭隘的目标里，习惯性地认为，这些迷雾般的问题只是某些特殊时刻的任务，相信它只在那些特殊时刻中存在。然后有那么一个早晨，这些问题突然间攻陷了你，使你失魂落魄。"

关于约翰·斯图亚特·穆勒的讨论引起了他对妇女问题的重视。提及有关自己在1880年对穆勒著作的翻译时他写道：

> 有一段时间我常常批判他死气沉沉的写作风格，他很难找到一个便于记忆的句子或词组。[②]但后来我读了他那些风趣、活泼、讽刺巧妙的哲学著

[①] 福楼拜的小说。
[②] 在为穆勒辩解时，人们应该记得他的妻子才应该是这本书的主要作者。

作。他或许是本世纪最能摆脱习惯偏见支配的一个人。另一方面——这一点总是与之相关的——他在许多问题上缺乏一种对荒诞的认识，例如在妇女解放和女性问题上。我记得我翻译的一篇文章的著名论点是，已婚妇女的收入可以和丈夫一样多。我们明白，打理一所房子、照顾和养育子女几乎挤占了一个人获取任何其他收入的可能性，即使只是非常简单的家务，例如除尘、清洗、烹饪等。穆勒显然把这些抛诸脑后，正如他对其他一切有关两性关系的事物的态度一样。这是穆勒的一个突出特点，令人常常意识不到他是人类。他的自传也是如此谨慎而空灵，人们永远无法从中看出人类是由男人和女人组成的，而这种区别恰是最关键的。在他的整个论证中，从未显示出女人与男人的不同——我们不会说她们缺少什么，而只是刚好相反的两种类型。穆勒觉得对妇女的压迫和对黑人是差不多的。任何女孩，即使没有选举权或法律能力，也能让男人改邪归正，他会亲吻她的手，为了她的爱情奋不顾身。将女人送往和男人一样的生存斗争中的想法胎死腹中。举个例子，如果我把我温柔甜蜜的女孩儿想象成竞争对手，最终结果大概是我告诉她我爱她并恳求她从这场争斗中退出，回到那平静安宁的家庭生活中去，正如我 17 个月前所做的那样。家庭教育上的变化确实有可能压制一个女人的温柔本性和对保护的需求，但是她们成功地可以像男人一样谋生。在这样一个事件之中，一个人将无法为这世上最美好事物的消逝去辩护——我们的理想女性。我相信，法律和教育方面的一切改革都将在这样一个事实面前瓦解，即早在男人在社会上获得地位之前，大自然就决定了女人可以通过美貌、魅力和甜蜜的温情来书写命运。法律和习俗有所保留，本应当给予女人更多权利，然而女人的地位却无疑是这样的：青春岁月里她们是可爱的恋人，成熟岁月里是被深爱着的妻子。

如果不常常光顾剧院，弗洛伊德就不是一个地道的维也纳人；在当时的维也纳，观剧比食物还重要。20 年代，弗洛伊德饱受贫困之苦，并专注于工作和护理，这段时间他很少光临剧院。在他的书信中只提及过六场演出。当他在莱比锡遇到同父异母的哥哥时，他陪他走了很远的路直到德累斯顿（Dresden），他们在那里度过了一个晚上。在市民剧场（Residenz Theater）他们观看了格里尔帕策（Grillparzer）的《以斯帖》（*Esther*）和莫里哀（Molière）的《无病呻吟》

(*Le Malade Imaginaire*);弗洛伊德对此持不快的批评态度。在巴黎求学的岁月里,除去收紧支出的几次,他也看了几场剧。由穆内·絮利主演的《俄狄浦斯王》(*Oedipus Rex*)给他留下了深刻的印象。另一场是莫里哀的《伪君子》(*Tartuffe*),科奎林兄弟主演——一场非常精彩的演出。前廊的座位票价为一法郎,然而,在这他严重的偏头痛发作了。另一部剧是雨果的《艾那尼》(*Hernani*)。这部剧只剩下6法郎的座位了。弗洛伊德起先转身离开,接着又情绪激动地回来了,后来他说他从来没把6法郎花得这么值过,这场演出太精彩了。他和朋友达克谢维奇(Darkschewitsch)去看了《费加罗的婚礼》,他非常想念这个歌剧的旋律;他和玛尔塔在维也纳也曾一起看过这部剧。

这些都是法国喜剧。但最激动人心的则是他在圣·马丁港口(Porte St.Martin)看到莎拉·贝恩哈特(Sarah Bernhardt)的演出。"莎拉演得太好了!她那充满活力的可爱嗓音吐出第一个字时,我觉得我与她已经相识多年了。她说的一切都不会让我吃惊;她立刻相信了她所说的每一句话……在第二幕中,我没见过比莎拉更滑稽的人物形象了,她穿着一件简简单单的衣服,但人们很快停止大笑,因为这个人物身上的每一寸都是鲜活的、令人陶醉的。然后是她的奉承、恳求和拥抱,她那些姿态,她的四肢和各个关节的表现力都令人难以置信。一个奇特的存在:我可以想象,她在舞台之下的生活也无需有什么不同。"

这些年里弗洛伊德谈到的歌剧只有三部,《卡门》(*Carmen*)、《堂·乔万尼》(*Don Giovanni*)和《魔笛》(*The Magic Flute*)。他对最后一部很失望:"一部分咏叹调非常优美,但是整个故事相当拖泥带水,没有任何真正特别的旋律。戏剧行动很愚蠢,唱词很疯癫,简而言之根本没法跟《堂·乔万尼》相比。"

在维也纳生活的前景如此难以确定,弗洛伊德好几次想在别处定居。他心中最为突出的问题是他最快何时才能结婚,但我们知道,不管怎样,弗洛伊德对维也纳总持有一种矛盾的态度。显然他厌恶它——这里没有心爱的"斯塔菲"(Steffel),只有"可恶的圣·斯特凡尖塔"——他一遍遍表达这种情绪。然而,不知是什么东西把他留在了维也纳,那是属于无意识的。

我们第一次听闻这种想法是在他订婚后的几个月:

> 我渴望独立,以便追随自己的意愿。有关英国的一些想法浮现在我面前,

第一部分 性格形成时期和重大发现（1856—1900）

这个国家的清醒勤劳，慷慨的公共福利，它的居民对待正义那种固执而又敏感的态度，那些有关公共利益的一连串问题在报纸上迸发出的火花；7年前那场旅行给我留下的一切不可磨灭的印象，对我一生有着决定性的影响，如今它们又无比鲜活地唤醒了。我再度思考这座岛屿的历史，那些我真正的导师的著作都在此诞生——均为英格兰或苏格兰的作品；我追忆着对我而言最为有趣的历史时期，清教徒时期和奥利弗·克伦威尔那高耸的纪念碑——还有失乐园，就在最近，当我怀疑你的爱时，我在它里面寻找到了安慰。我们必须留在这儿吗，玛尔塔？如果可能的话，让我们去寻找一个更值得生活的家园吧。躺在中央墓地（Centralfriedhof）是我能想象的最悲惨的事了。

而最终他的骸骨确实没有在可怕的维也纳公墓入土，而是在他心爱的英国的土地上安息了。

一年以后，弗洛伊德的漫游癖又回来了。这次的目的地是美国，许多来自德国的科学家想要在那边定居。1883年11月，弗洛伊德向玛尔塔提出了一个计划，希望她认真考虑，他说自己对这件事非常认真。他将在1885年复活节前从朋友那里借到足以维持他们一年生活的钱，然后在汉堡迎娶玛尔塔，并从那儿起航前往美国。然而玛尔塔对这些建议很冷静。她非常愿意陪他去冒险，但是她担心一旦失败了，他会因为辜负了朋友的期望而感到无比失望。当月他也询问了伊曼努尔的意见，后者表示希望他能到曼彻斯特去。于是这个计划被暂时搁置了，却停留在他的脑海里。几个月后玛尔塔自己又绕回到这个话题上："我听说美国没有太多脑解剖方面的专家，你不应该考虑去那儿吗？我们可以等待他们给你一个职务。"他唯一的回答是："他们在美国名利双收，从此幸福地生活在一起。"明娜给出了一个非常明智的建议，认为弗洛伊德应该先留在奥地利，等自己的名声传到美国以后，许多美国患者都会涌向他，这样他移民的问题就可以解决了。这是一个预言，尽管花了30年才得以实现。

尽管对未来前途疑虑重重，但也有某种乐观情绪迸发出来。于是1886年2月2日他从巴黎写信说道："我从骨子里感到，我有那种跻身于'千万分之一'的才能。"

有关移民的话题在他们的通信中不时出现。甚至在他结婚前4个月，他仍然不能确定是否能在维也纳谋求生计。在他30岁生日那天他写道："只要是你每天用一个清晨的吻把我唤醒，不论我们生活在美国、澳大利亚还是世界上的任何地方都无关紧要了。"

弗洛伊德一生中遭遇着不同程度的旅行病（Reisefieber）折磨（对出发去旅行的焦虑），以1890年代尤为严重。有时他称之为恐惧症，然而这从未阻止过他的脚步。也许这正是他对旅行怀有极大兴趣的原因。他的旅行爱好不只有一个渊源——逃离维也纳的乐趣，去探索不论是人造还是天然的美丽事物，新鲜的景色和风土人情令他快乐。他说这是出于"在别处时，一种孩子气的喜悦"，并希望这种情感永远不会消失。

有关1885至1886年冬天在巴黎师从沙尔可的求学岁月，弗洛伊德说，做选择太困难了。这个城市的名字本身就富有魔力。几年后弗洛伊德写道："巴黎多年来一直是我渴望的目标，当我第一次踏上巴黎的人行道时我感到十分幸福，于是我向自己保证，在其他事情上的愿望也一定要实现。"

在抵达巴黎的前6周时间里，弗洛伊德住在拉丁区（Latin Quater）的拉派克斯酒店（Hotel de la Paix），距离帕特农（Pantheon）有两分钟的车程。后来他于12月20日前往万茨贝克度假时退掉了这里的房间，回到巴黎9天以后他在戈夫大街（Rue de Goff）的巴西旅馆（Hotel de Brésil）住下来，之前的租金是每月55法郎（11美元），后来则是155法郎（30美元），后者包括膳宿费。他注意到客房里的床帘是免费的，便对它做了化学测试以确保里面不含砷。起初他每天吃两顿饭，每顿花2个法郎。据说他每个月的生活费是300法郎，其中包括买书和汇给母亲的钱。

一开始，他为巴黎城拥挤的人群和复杂的生活感到困惑，这是一座有着"二十多条像环形大街（Ringstrasse）一样的，但是长度是后者两倍"的城市。下雨时街道泥泞不堪，因此它的罗马名字似乎确实很恰当——鲁塔西亚（Lutetia），意为泥泞的小镇。来到巴黎的第一天，他在人群之中感到异常孤独，如果不是他蓄着长胡子，戴着丝绸帽子和手套，他可能就会在街上崩溃地哭起来。他感到孤独，渴望与人交谈，这种感受贯穿了他的巴黎通信。"我在这里仿佛是被困在一座孤岛上，长期盼望着有那样一艘船只出现，能够将我与世界重新联结。你是我的全世界，而有时这艘船却迟迟不肯出现。"然而，过了一段时间，弗洛伊德逐渐适应了这里的生活，他发现巴黎城"宏伟而迷人"，开始谈及它的"神奇魔力"，甚至开始出现了某种"巴黎地方爱国主义"。他长篇大论地为玛尔塔描述巴黎的地理和经典，并附以精美的素描详加说明。在卢浮宫，他首先参观了古埃及和古亚述的文物，但他从未提到过绘画。弗洛伊德是那种很快就能发现克吕尼博物馆（Musée Cluny）的人。他被拉雪兹神父公墓（Père Lachaise）震撼了，但毫无疑问，最令他动容的建筑是巴黎圣母院。他一生中第一次有了置身于教堂之中的感觉。他提到过两次登上巴黎圣母院的经历，分别是12月5日和12月11日，几年后他在一份陈述中说，这是他最喜欢的度假胜地。他走进雨果的《巴黎圣母院》的灵魂深处，之前他对此评价不高，但现在他甚至说他爱它胜过神经病理学。他选择的巴黎纪念品也是一张巴黎圣母院的照片。

他印象中的法国人则不那么讨人喜欢。"傲慢"和"难以接近"是他信中经常出现的关键词。我们可以把这种判断归咎于弗洛伊德的过分敏感。尽管在离开维也纳之前他学了四节法语课——他只能付得起这么多学费——他的法语口语还是相当磕磕绊绊。所以在巴黎如果可以的话，他会说英语或西班牙语。而医院里的医生们在最初的礼貌过后，也当然更喜欢跟交流更方便的人聊天，于是弗洛伊德就被疏离了。此外，德国口音在当时有些敏感，对于法国人来说并不是个良好的通行证。布朗热将军（General Boulanger）刚刚出任战争部长（Minister of War）并开始着手发动他的沙文主义运动，又叫布朗热主义。著名的神经学家吉尔斯·德·拉·杜赫特（Gilles de la Tourette）向弗洛伊德讲述了他们将要对德国采取的可怕的报复行动，弗洛伊德则宣布自己是犹太人，既不属于奥地利人也不属于德国人。

巴黎的大众也引起了弗洛伊德的怀疑和忧虑。商人"用一个无耻的冷冰冰的微笑骗人"。"每个人都礼貌而充满敌意。我不相信这里有这么多正派的人。总之我是少数几个人之一，这让我感到孤立无援。""整个城市和人群都很诡异，他们像是跟我不同的另一个物种。我相信他们身上都住着一千个恶魔，而不是'先生'和'这就是巴黎的回音'。我听见他们高声喊叫道'（把他们挂到）灯柱上'或是'打倒这个打倒那个'。他们都是心理传染病患者，是历史大动乱的庸众。"甚至连女性也未能救赎他们。"巴黎女人的丑陋无与伦比：一张像模像样的漂亮脸蛋都没有。"

但沙尔可的出现弥补了一切。弗洛伊德对他的赞美十分生动感人，7年后他用同样的笔触为沙尔可写了讣告。沙尔可大概是一位"极其启发人，几乎令人兴奋的人"。"我相信我变了很多。沙尔可这位伟大的医生，有着天才般的思维和知识,简明地批驳了我的观点和目标。许多次讲座过后,我走出圣母院,带着全新的法想要重新开始我的工作。他如此吸引我:当我离开他时,我再也不想在我那些简单的事务上花费时间了。我的头脑就像在剧场度过了一夜一样充溢。这个种子是否会结出果实,我不知道;但我知道,没有任何其他人曾像他这般影响过我。"这一重要的段落就足以证明,在弗洛伊德从一名神经学家到精神病理学家的道路上,沙尔可是影响最重大的人。

沙尔可给弗洛伊德留下的印象是没有争议的。他病后回来与弗洛伊德握了握手,并友好地交谈了片刻。弗洛伊德对此的说法是:"抛开我追求独立的事,他对我的关注令我备感自豪,因为他不仅是一个我必须服从的人,而且是一个我十分乐意去服从的人。"

他对沙尔可的外形描述如下:"沙尔可先生在10点钟准时出现,他58岁,身材高大,戴着一顶丝绸礼帽,黑色的眼睛温和并充满好奇(他有一只眼睛比较呆滞,而且向内斜视),长头发别在耳朵后,脸刮得很干净。他是一个非常富有表现力的人物,嘴唇向前突出。简言之,他像一位世俗牧师,人们会认为他很有智慧,懂得如何更好地生活。"这是弗洛伊德于1885年10月20日第一次见到沙尔可时的印象。

我们得知,沙尔可太太身材矮小结实,活泼随和,但其貌不扬。据说她的父亲身价百万。沙尔可一家在圣日耳曼大道(Boulevard St.Germain)有一栋富丽堂皇的房子。弗洛伊德一共去过那里6次,3次参加社交,其他3次是去翻译沙尔可的讲义。

弗洛伊德第一次受邀参加沙尔可的晚宴是一个亮点。晚会上需要穿晚礼服,这对弗洛伊德来说是不同寻常的体验。弗洛伊德怎么也戴不好他买的那条白领带,只能愤怒地作罢,最后戴了一条他从汉堡带回来的黑领带。后来他很高兴地听说沙尔可也遭遇了同样的困难,还不得不打电话给妻子寻求帮助。起先他很害怕出现什么尴尬的场景,但晚会进展得很顺利,弗洛伊德心满意足。

另一次社交活动是在2月2号,在沙尔可家中举行。那天来了四五十人,大部分弗洛伊德都不认识。那是个无聊的夜晚。然而第三次聚会则极好地弥补了社交的烦闷。这次晚宴几乎是弗洛伊德在巴黎度过的最愉快的夜晚。在那些尊贵的来宾中有一位是阿方索·都德(Alphonse Daudet)。"英俊的面容。身材瘦小,窄脑袋上顶着一头茂密的黑色卷发,长长的胡须,眉清目秀,声音洪亮,举止

第一部分　性格形成时期和重大发现（1856—1900）

敏捷。"

1886年2月23日，弗洛伊德离开沙尔可，从此他们再也没有见过面。1889年7月弗洛伊德再次来到巴黎时沙尔可刚好不在巴黎；1891年8月，沙尔可在莫斯科的咨询结束后回程途经维也纳，而此时弗洛伊德刚好外出度假。弗洛伊德请求沙尔可在他买来的一张照片上签个名，沙尔可还附赠了一张更好的。他也送了他两份柏林城市介绍。沙尔可是非常富于魅力的人物，而他们的分离也是如此完美。

著名的组织学家兰维尔（Ranvier）是除沙尔可之外唯一邀请过弗洛伊德赴宴的法国人。弗洛伊德在医院以外见过几个人。他带着一封介绍信去拜访马克思·诺尔道（Max Nordau），但发现他愚蠢而自负，就没有培养为自己的熟人。玛尔塔有两个表亲也在巴黎，弗洛伊德见过他们几次。除此之外他还有两个好朋友。一位是俄罗斯贵族达克谢维奇，当年在维也纳二人曾合作进行过髓质研究。另一位也是在维也纳时认识的奥地利医生里凯蒂（Richetti），在威尼斯取得了不凡的成就；那段时间他提议，将来让弗洛伊德去他在威尼斯的房子里度蜜月，这令弗洛伊德欣喜不已，不过等那一天真的来临时他又对此只字不提了。他也是11月中旬来巴黎参加沙尔可的培训班的。里凯蒂显然很喜欢弗洛伊德，而且因为里凯蒂夫妇没有子女，弗洛伊德便沉浸在自己所谓的乞丐幻想（Schnorrer Phantasies）当中，想象有朝一日可以继承里凯蒂的一些财产。他们是一对儿很有趣的夫妇，弗洛伊德也讲过几则他们的故事。其中一件是，一次他们三人一起出去吃饭，来到一个看起来分明是餐厅的地方，结果发现是一家高级妓院。

大约15年后，弗洛伊德讲述了一个更为有趣的乞丐幻想。他幻想自己制服了一匹脱了缰的马，于是一位伟大的人物走出马车，对他说："你是我的救星——我欠你一命！我能为你做点什么？"他立即压制住了当时的这种幻想，但几年后他又以一种奇特的方式回溯了这件往事，发现自己把它误认成了阿方索·都德笔下的一个虚构故事。这是一段恼人的回忆，因为那时候他已经不再需要早期的资助了，而且还会强硬地拒绝接受。"但是整件事情中发人深省的部分恰恰也是事实，即几乎没有什么比做一个门徒（protege）更令我敌视的了。在我们国家看到的这种事，破坏了我对它的所有渴望，我的个性完全不适合做一个被保护的孩子。我一直都强烈渴望自己成为一个强大的人。"

在巴黎期间还有一个值得一提的小插曲。弗洛伊德被要求去看望他们家庭医生的妻子，她住在巴黎布瓦松尼耶郊区（Faubourg Poissonière）的蓝色大街（Rue de Bleu），于是弗洛伊德前去拜访。"这个不幸的女人有一个 10 岁的儿子，小男孩在维也纳艺术学院学习了两年以后就荣获了大奖，被公认具有极高的天赋。如今，那位劳累过度，还有着满屋孩子的可怜父亲并没有打压神童的天赋，而是把他和他母亲送到巴黎艺术学院来继续深造，争取再拿一个大奖。想想这些巨额开销、亲人分离和家庭的破裂吧。"这位最终有幸逃脱了上述不幸命运的小伙子，就是弗里茨·克莱斯勒（Fritz Kreisler）！

1886 年 2 月 28 日弗洛伊德离开巴黎。后来他又访问了两次巴黎城，分别是在 1889 年和 1938 年。

柏林生活值得说的并不多。对于柏林弗洛伊德当然熟悉得多，但那里的神经科医师令他十分失望。"'在我的法国情况要好得多（In meinem Frankreich war's doch schoner.）①'，我在这些神经科医生之中像玛丽·斯图亚特一样地叹息。"他们比沙尔可差远了，而且他们自己都承认这一点。"对比使我明白沙尔可是多么了不起。"孟德尔（Mendel）是他眼里唯一一个还有点想法的人，但对于沙尔可转而研究"歇斯底里症"这样困难、徒劳而充满不确定性的课题，孟德尔深感遗憾。"最强的大脑去处理最复杂的问题，这有什么好遗憾的吗？我不知道。"不过他与孟德尔建立了良好的关系，并且答应给他的杂志《神经学专刊》（Neurologisches Centralblatt）里有关维也纳神经学的文献部分撰写摘要。

参观柏林皇家博物馆（Royal Museum）唤起了他对卢浮宫的怀旧记忆。"最有趣的当属珀加蒙（Pergamene）雕塑，众神与巨人之战的吉光片羽，都是异常鲜活的景象。然而，我在诊所里见到的孩子们却比这些石头重要得多；出于他们的外形，同时也因为大部分孩子都干干净净的，所以我觉得他们比那些成年患者迷人得多。"

弗洛伊德时不时地在信中评论一些外界公共事件，并对其中一些抱有极大兴趣。1883 年夏天，臭名昭著的"仪式谋杀"（Ritual Murder）审判在匈牙利进行，整个犹太世界都紧张地注视着。弗洛伊德探讨了主要证人的精神病症候。自然他对这个案件的成功结果感到满意，但他也不会因此就抱有希望，认为这会有助于

---

① "Dans ma France il était mieux." 这是苏格兰王后玛丽的一句话，席勒曾在其戏剧中引用过。

减少普遍的反犹主义。

弗洛伊德不止一次地谈论起人类（主体性）的话题。有一次在观看歌剧《卡门》的演出时他产生了一个新思路：

> 暴徒发泄他们的冲动，我们剥夺了自身。我们这样做是为了维护我们的正直。我们克制地运用享乐的权力，节省自身的能量，并小心翼翼地维持健康：我们为某事存钱，并不知道自己究竟为了什么。这种不断抑制自然本能的习惯给予我们文雅的品格。我们深谙其道，因而也不敢奢求太多。为什么我们不去买醉？因为宿醉后的不适感和羞耻感，要比喝醉时的喜悦更为强烈。为什么我们不会每个月都重新坠入爱河一次？因为每一次分手都撕裂了你的心。为什么我们不与每一个人交朋友？因为失去他或承受任何不幸会带来更多痛苦，而非创造快乐。当我们这些努力成功了，那些剥夺自身的人也和我们一样，他们也为了生命和死亡约束着自身，他们忍受着贫困，渴望着彼此，正如我们恪守誓言，这些人肯定无法在那些夺走我们挚爱的命运重击之下幸存：人一生只能爱一次。我们整个生活的前提是，必须躲避那可怕的贫穷，贫穷总是向我们张开双臂，诱惑我们从整个社会结构的弊端里脱身。穷人，普通人，如果没有厚脸皮的温和的方式，就不可能生存。当自然和社会中所有的苦难都指向他们所爱之人时，他们为什么应当强烈地感受自己的渴望——当世间已无人在等候他时，他为什么要轻视一时的痛快？贫穷的人们无能为力，无遮无蔽地无计可施，我们也一样。当我看到人们生活得很好时，抛开一切严肃的考虑，我觉得这是一种补偿，毕竟他们曾手无寸铁地抵抗着捐税、瘟疫、疾病和我们整个社会的险恶环境的折磨。我不会顺着这些想法继续说下去了，但是总有一天我们会看到"人民"（das Volk）最终如何裁判，如何相信，如何心怀希望，如何担负起完全不同于我们的任务。这是一种普通人的常见心理，但与我们多少有点不同。这些人比我们拥有更多的社群感：对于他们来说，活着的人是以一种延续下一个人生命的方式存在，然而对于我们而言，世界随着他的死亡而消失。

这篇文章孕育了半个世纪以后的思想成果，尤其表现在《文明及其缺憾》（*Civilization and Its Discontents*）一书中。应该记住的是，在这篇文章中，弗洛伊德心目中的奥地利农民与其他任何国家任何阶级都明显不同。

那些充满世俗智慧和敏锐心理剖析的段落出现在信件中。玛尔塔的一个朋友经过三年的犹豫徘徊，最终决定与某人订婚，但不久后她发现自己的一个怀疑得到了证实，于是立即解除了婚约。玛尔塔在给弗洛伊德的信中对这位求婚者做了一番贬损，而弗洛伊德这样回应：

> 这位勇敢的女孩仰起头做出了一个需要勇气的决定。但是我亲爱的，当你见到她时，你一定不会坦率地告诉她，我们对她的求婚者持有多么恶劣的看法。这里有几个原因。首先，在热烈祝贺她的选择之后，我们应该表现得蠢一点。其次，她肯定不会听你的，因为我完全可以想象她心里是什么想法。她最无法忍受的就是自己曾热情地接受了一个并不值得尊敬的人。她曾经为了爱上他而付出过一些努力，在决定分手之后，她接下来的反应会充分显现出这些努力的效果。于是，任何来自陌生人对他的贬低都只会唤起她对他的友好回忆，毕竟他在女人眼中具备卓越的优点，有着真诚而热烈的爱。第三点，亲爱的，还记得X先生吗？他当初是如何虐待那个遭他抛弃的女人，而如今她成了他的妻子。许多分手了的恋人后来又重归于好。假如我说，我觉得塞西莉（Cecilie）不会出现这种情况，那算是给她极大的恭维了。所以亲爱的，要保持克制、中立和谨慎的态度，希望你向我学习，做一个对自身完全坦诚的人，但对待他人要保持含蓄，这并不是虚伪。

关于公众人物弗洛伊德只做过三次评论。三句话都涉及他们的死。第一个，他说俾斯麦就像噩梦一样沉重地压在整个欧洲大陆上：他的死亡将带来普遍的解脱。这很可能是一个完全客观的政治判断，但这也不免让人回想起俾斯麦（1815）和弗洛伊德的父亲是同一天生日，弗洛伊德曾经还就此问过他的朋友弗里斯，能否通过数值计算预测一下这两个人哪个会先死。事实上，也许正是出于上述原因，俾斯麦在弗洛伊德眼中成为一个富有特殊魅力的形象。这位伟人于1892年6月访问维也纳时，弗洛伊德曾多次尝试见到他，但最后只是对他的背影匆匆一瞥，为此他在街上等了两个半小时——这被认为是很不"弗洛伊德"的一个举动。还有更有趣的一件事，出于俾斯麦统一德国的伟大功绩，弗洛伊德的父亲一直是俾斯麦的狂热崇拜者，他甚至还把自己的生日从犹太教历转换成基督教历上对应的日期，与俾斯麦同天。① 雅各布·弗洛伊德与俾斯麦之间或许真的有许多关联。弗洛伊德评价过的第二个人物很奇怪，是西班牙的国王阿方索七世（King Alphonso Ⅻ）。弗洛伊德说他的死给他留下了深刻的印象，然后补充道，毫无疑问这是因为阿方索是第一个比他活得短的国王。他还进一步评论说："一人升天举国哀悼暴露了世袭等级制彻头彻尾的愚蠢性。"

第三次是关于巴伐利亚国王路德维希二世（King Ludwig Ⅱ）之死，也使得弗洛伊德大为震惊。在这件事情当中，弗洛伊德对同时丧生的古德勒（Gudeler）医生也深感惋惜，后者是弗洛伊德认识的一位脑解剖专家。但他认为，古德勒医生冒着生命危险去救溺水的国王是正确的，尽管他最终因此丧命。

1886年夏，弗洛伊德不得不启程前往摩拉维亚的一个小镇奥莫茨（Olmütz）参加为期一个月的军事演习，这比他预计的时间提前了一年。2月他被提升为高级军医，并以这个身份前往兰韦尔（Landwehr）。直到1887年底弗洛伊德才彻底服完兵役。他的头衔是中尉（Oberarzt），但在服役过程中被提升为上尉（Regimentsarzt）。

这是一项艰苦的任务，哪怕是弗洛伊德这样健壮的身体都有些吃不消。他们早晨3点半起床进行行军训练直至午后，医疗工作也得随时跟上。玛尔塔像个典型的女人那样劝他天热时不要做任何训练。他得非常小心，最好不要走得太快。

尽管当时"厌烦"（browned off）这个词还没被发明，但其概念本身高度发达。这次军旅经历丝毫没有增加弗洛伊德对武装事业的钦佩感，这一点在服役快结束时他给布罗伊尔的信中得到了充分描述：

尊敬的朋友：

听说你们去看望我的小女儿，用我们当地的话说，还对她们相当"不错"，我不知道该怎么表达我的惊喜之情。愿你收获最美好的假期、最晴朗的天气和始终愉快的心情。

我在这个肮脏的地洞里被紧紧绑住——我想不出其他形容词了——我正在研究黑与黄。② 我一直在给他们做有关野外卫生的相关培训：课程内容

---

① 顺便说一句，弗洛伊德母亲和国王弗兰兹·约瑟夫的生日巧合也有类似的情况。
② 奥地利的颜色。

9. 个人生活（1880—1890）

很受欢迎还被翻译成捷克文。我还没被"局限在军营里"。

关于镇上唯一值得一谈的特点就是，它看上去没那么远，但实际上非常远。通常得走上三四个小时，有些时候我还没太睡醒，感觉自己离它前所未有的遥远。正如保罗·林道（Paul Lindau）在一篇关于中世纪的小说评论里曾写的："我的大部分读者可能都不记得4世纪中叶这么个时期。"所以我想问，哪个正常的公民会愿意在凌晨3点到3点半之间忙忙碌碌。我们始终把战争当成游戏——有一次我们还对要塞进行了围攻——我扮演军医，处理那些书写着可怕伤口的单据。我的部队进攻时，我和我的部下躺在石头地上。弹药和首领都是假的，但昨天将军骑马过去时喊道："预备队，如果他们用实弹的话你会怎么样呢？你们当中谁也逃不掉。"

在奥莫茨唯一让人可以忍受的是一间一流的咖啡馆，提供冰块、报纸、精致的甜点。与其他一切一样，那里的服务也受到军事制度的影响。当两三个将军——我控制不了，他们总让我想起长尾小鹦鹉（parakeets），因为哺乳动物通常不穿这种颜色（狒狒的背部除外）——坐在一起时，所有的侍者都围在他们旁边，对其他人视若无睹。曾经在绝望中我不得不诉诸吹牛，我抓住一个侍者的大衣尾喊道："看这儿，我有一天可能当上将军的，给我拿杯水来。"居然奏效了。

军官是一种可怜的生物。每一个军官都羡慕他的同事，欺负他的下属，害怕他的上级；地位越高，越害怕领导。我很讨厌这种把自己的价值标注在衣服领子上的行为，好像我是某个商品的样本似的。然而不论如何，军事体系内部都是有等级差距的。指挥官最近从布鲁恩回来了，那天他跳进游泳池，我发现他的象鼻上居然没有标注身份的记号，大为震惊！

但是，部队生活里那种摆脱不掉的"必须"却对神经衰弱症大有裨益，不承认这一点就是忘恩负义了。我的症状在第一周就消失得无影无踪。[①]

整件事都快结束了；十天内我就会飞回北方，彻底忘掉这疯狂的四周。

在这里我没有做任何科研。我最近跟您谈到过的那个瘫痪的奇特病例又突然出现了，那个患者发誓说，我给他注射的砷使他好转许多。

我为我这愚蠢的闲扯和不知怎么就越写越跑题的信道歉，期待回到维

---

① 这段很有趣，表明布罗伊尔对弗洛伊德的神经问题是了解的。

第一部分　性格形成时期和重大发现（1856—1900）

也纳以后，第一次同我的妻子一起去拜访您。

您真诚的，

西格蒙德·弗洛伊德医生

1886年9月1日

我们可以用弗洛伊德的一些自我描述来结束这一章，但不要忘了，自我审视并不总是十分可观的。独立是他长期渴望的关键词，总是不断出现。弗洛伊德一再声称自己没有什么野心，即便有也是很轻微的。在社会地位方面，甚至在行业职称方面，弗洛伊德的这种自我评价都无疑是符合实情的，但是，他始终怀有一种强烈的愿望，希望能够在生活中找到一些真正值得去做的事，并且把它做好。他以科学研究的形式构想了这个目标。在开始进行解剖学研究时他写道："我觉得引起世界的关注是很困难的，因为世界总是闭目塞听。"但这种看法，似乎也并未显现出他对名利有什么过度追求。"我并非真正雄心勃勃。我在科学研究的过程中和获得发现的那一刹那都会收获满足感，但我绝不是那种不甘心死后不能把自己名字刻在石头上的人。""在漫长的人生中学会了解世界，这才是我的志向所在。"

关于他偶尔的爆发，弗洛伊德对玛尔塔的解释无疑是正确的。"因为我身上混杂着暴力和激情的魔鬼，它们被压抑着无法出现，它们在我身体内部隆隆作响，而有时一部分挣脱出来冲向我亲爱的你。我应该只在那些冒险和竞争的活动中大胆一些，而在家里应当是温柔的，但我不得不努力学会节制，锻炼我的自制力，在这一点上我甚至享有声誉。"然而，他的工作即使不断挑战他的耐心，也迫使他自律。"在医学工作中，一个人需要充分利用自己的才智去避免做错事，在医学学习中，学会理性思考的道路是非常平静的。"

资产阶级的平庸和日常钝感为弗洛伊德所憎恶。"我们的生活不会像你画的田园那般美好。即使我成了一名大学讲师，课程也并非就按照我的方式进行，而我的玛尔塔，一位出身德国的教授夫人，不得不将就这种不怎么样的生活。我应该也并不适合这份工作。我身上仍有些狂野的东西，至今我还没有找到恰当的方式去表达它。"

弗洛伊德容易对安逸的生活感到厌烦，困难却能给他以激励，正如他自己所说："（科研工作中的）失败使人更富创造力，失败可以生成一系列自由的关联，

9. 个人生活（1880—1890）

可以带来一个接一个的观点，人们一旦成功就容易思想狭隘或呆板停滞，因此人们常常重返既有的成果上去，而难以做出新的组合。"

最长的一段描述是他在几年后稍有成就时写下的：

你真的觉得，看到我第一眼人们就会产生一种同情的印象吗？我自己很怀疑这一点。我相信人们会注意到我的奇怪之处，这种印象最终会追溯到初次见面。我无法变得更加苍老。曾有一段时间，我孜孜以求地学习，每天都雄心勃勃且悲痛万分地责怪上天没有赋予我一个天才的印记，而有时一部分人会获得这种恩宠。从那以后我明白自己不是个天才，我也不再能够理解，为什么我希望自己是个天才。我甚至不能算有天分的那种，我的整个工作能力可能得益于我的性格特点，以及没有什么明显的智力缺陷。但我知道，这两个特征的混合，可以帮助我慢慢走向成功，在条件有利的情况下我可以超越诺特纳格尔，我觉得我比他优秀，甚至我也许可以达到沙尔可的水平。但这并不意味我能够做到，因为我找不到那些有利条件，我没有天赋或力量去强行创造条件。但我会继续坚持。我想说点完全不同的东西，向你解释一下你所说的，我对陌生人的那种莽撞和难以接近的特点是从何而来。这只是不信任的结果，因为我经常会遭受来自普通人和坏人的恶意，但随着我变得更加独立，我对他们的恐惧越来越少，最后逐渐消失。我总会用那些比我差的，或者跟我处于同一水平上的人来安慰自己，因为他们尊重我的权威。我可能并不喜欢这种感觉，但在我上学的时候，总是跟老师作对，是一个极端主义者，而且常常不得不为此付出代价。后来当我在班上稳居前茅以后，获得了普遍认可，他们就再也没有什么可抱怨的了。

你知道一天晚上布罗伊尔对我说了什么吗？他发现在我羞涩的面具背后隐藏着的是一个大胆无畏的人。我一直十分相信自己，但从不敢对任何人说。我常常觉得，当祖先们为他们的圣殿辩护时，我就继承了他们的全部热情，仿佛我可以在一个伟大的事业中充满喜悦地抛弃我的生命。我总是那么无力，无法用一句话或一首诗来表达那流动的激情。所以我一直压抑自己，我相信人们必定会注意到我身体里的这种感情。

第一部分　性格形成时期和重大发现（1856—1900）

10. 神经科医生（1883—1897）

　　1883年9月中旬，在梅涅特手下的工作结束前不久，弗洛伊德拜访了布罗伊尔，想就自己能否成为专家的问题征求布罗伊尔的意见，但在他提出问题之前，布罗伊尔先谈起了这个话题。起因是即将上任的神经科医生韦斯（Dr.Weiss）近期离世。弗洛伊德说明了情况。他认为自己有几个扎实的特点足以胜任，但不足在于缺乏天分和雄心，现在的弗洛伊德一心盼望早点结婚。如果他把自己局限于神经病学领域，那就意味着将被绑定在维也纳，可能要让他的未婚妻继续无限期等待；如果他接受全面的医学训练，可以接手分娩、拔牙、残肢修复等工作，就一定可以谋求生计，自由地奔向"乡村，英国，美国，或者月球"。经过思考，布罗伊尔给出了选择中间路线的明智意见，建议他继续手头的工作，并同时关注其他可能性。于是第二天弗洛伊德向医院院长申请在神经科和肝病科（！）的候选名单上填上自己的名字，与此同时他还被转移去做梅毒患者的病房大夫。

　　自1884年1月1日来到弗兰茨·肖尔茨（Franz Scholz）医生的部门，弗洛伊德在这里呆了14个月，在此期间他获得许多器质性神经疾病研究的机会，尽管没有像他希望的那么多。在1884年4月1日的一封信中弗洛伊德写道："我逐渐把自己看作一位神经病理学家，与我的上司划清界限，希望能进一步推进我的未来发展。"弗洛伊德后来谈起肖尔茨时称他"顽固而低能"。尽管弗洛伊德没有从他那里学到什么，但肖尔茨的老糊涂和懒散个性至少给了手下医生们一个自由的空间。弗洛伊德因此也有机会接手一些或多或少非正式的教学工作。提到这个，他用自己一贯的坦率方式说道："我逐渐熟悉了状况；我能够在病理解剖学家没有给出进一步信息的情况下，准确定位延髓的病变部位；我是维也纳第一个带着多发性神经炎（polyneuritis acuta）诊断书送交尸检的医生。尸检报告证实了我的判断，我由此获得的声誉为我带来了一大批美国医生，我便以我科室的患者为案例，用洋泾浜英语给他们讲课。其实我对神经病一无所知。一次，我向听众们介绍了一个患有持续性头痛的神经症患者的案例，作为慢性局限型脑膜炎的例

10. 神经科医生（1883—1897）

子。他们全体站起来反驳我，于是我早产的教师生涯结束了。其实当时我如果要申辩的话可以说，当时维也纳那些比我有威望的医生们还会将神经衰弱诊断为脑肿瘤呢。"

三份临床出版物都是弗洛伊德在医院的第四门诊部期间的临床案例。杰利夫（Jelliffe），弗洛伊德神经学著作的评论家，称之为"神经学论文的典范"。

第一个案例，一名16岁的补鞋匠学徒于1884年1月7日入院时伴随牙龈出血，下肢瘀点，但没有坏血病之外的症状。然而次日清早，他陷入深度昏迷并于当晚死亡。在白天频繁的仔细检查中，男孩表现出一些令人困惑的症状，包括动眼神经麻痹、呕吐、瞳孔反应异常、轻偏瘫（hemiparesis）。弗洛伊德做出的诊断是脑膜出血间接影响了他的基底神经节（basal ganglia），尸检报告则在每一个细节处均证实了弗洛伊德的判断。

第二个案例是一位年轻的面包师，从1884年10月3日起弗洛伊德对他进行观察，直到同年12月17日患者去世。弗洛伊德将其诊断为感染性心内膜炎—肺炎并急性多发性神经炎（脊髓和脑）——坤哈德（Kunradt）大夫进行的尸检结果完全证实了上述诊断。

第三例为肌萎缩并伴随奇特的感官变化，弗洛伊德的诊断结果是脊髓空洞症（syringomyelia），这在当时是十分罕见的病症。病人是一位36岁的织布工人，从1884年11月10日接受弗洛伊德的观察和治疗，6个星期后出院。

在19世纪八九十年代，不论是直流电（galvanic）还是感应电（faradic），在神经病学中都相当重要，不仅用于诊断病情，电疗法更是临床治疗中的中流砥柱。弗洛伊德很早就认识到学习这门知识的重要性。从1884年3月至1885年7月，弗洛伊德与贝特尔海姆（Bettelheim）、海特勒（Heitler）、波罗维茨（Plowitz）等同事均合作进行过各式各样的研究，希望能获得某个有价值的发现。他提到的唯一一个课题是试图确定热变化会对神经肌系统的电导率（electrical conductivity）产生何种影响，此外还有一项与柯尼施泰因共同研究的有关视神经的电反应，却在这个领域里他从未发表过任何东西。但是，他在用电疗法处理自己的第一个私人患者时做出了一番有趣的评论，大意是在这种情况下，与其说是与工具打交道不如说是与人的个性打交道。

有关弗洛伊德访问巴黎之前18个月的临床神经病学实践就说这么多。然而在此期间，包括在此之前，他的心思仍然停留在他的组织学研究上。他在梅涅特

第一部分　性格形成时期和重大发现（1856—1900）

的实验室里呆了两年——1883年夏到1885年夏，在那里做出了不少一流的发明创新。和所有科学工作者一样，弗洛伊德也充分意识到了技术的重要性——在学生时代，他就凭借这方面的优势脱颖而出——现在他已经尝试过许多用来检查神经组织的新方法。其中有两个获得了成功。这两个方法都是受到了弗莱齐格（Flechsig）的启发，而后者是梅涅特的主要对手，事实上或许正是从这时起，弗洛伊德和梅涅特的隔阂逐渐显现。

在进入新实验室后的几个星期内，弗洛伊德就开始朝这个方向努力；如果成功了，他的讲师资格就不成问题，但这种情况不太可能。10月，他突然想到了一个主意，并且预感这个想法一定会给他带来好运，因为他刚刚打碎了玛尔塔送他的戒指；弗洛伊德总是倾向于相信一些运气之类的说法。他采纳了弗莱齐格1876年提出但未跟进的一个提示，即可以使用氯化金溶液为神经组织染色。经过几个星期的实验，并在一位化学家朋友勒斯特加滕的帮助下，他取得了成功。弗洛伊德写了一封最为欢欣鼓舞的信，好像此时此刻他职业生涯中的一切困难都已经克服了。他做的第一件事是召集一些朋友，让他们发誓保密，然后授予他们权限在各自特定领域运用这个崭新的神奇方法。于是，霍兰德（Hollander）负责脑部神经组织的染色实验，勒斯特加滕负责皮肤，埃赫曼（Ehrmann）分到肾上腺，霍洛维茨（Horowitz）则在膀胱组织进行了实验。"因此我以指挥官的身份分配了身体的各个部分。"截至当月月底，他已经准备好将其运用到自己的领域，并开始阐明结构上的问题了。

2月，他听说魏格特（Weigert）发明了神经组织染色的新方法，于是急匆匆地向《医学科学院专刊》（*Centralblatt für die medizinischen Wissenschaften*）发送了一份有关自己新发现的《简报》（*Preliminary Communication*），保留了《宣传员的解剖学和生理学的档案》（*Plugger's Archiv für Anatomie und Physiologie*）的详细说明。他还拜托朋友弗莱施给伦敦的费里尔（Ferrier）寄去一篇论文以求发表在《大脑》（*Brain*）杂志上，碰巧这也是我读到的第一篇弗洛伊德的文章。这篇文章用英语写作，并由一位美国人帮他校正。

弗洛伊德对于自己的方法的成功极其满意，这给了他有关细胞和纤维的一个"非常清晰而精确的画面"。本书引起一阵轰动，立即在捷克、意大利和俄罗斯出版。然而随后的试验结果却差别很大，在一些情况下这种方法可以产生良好的效果，但在另一些时候结果则不是很确定，因而并不可靠。

10. 神经科医生（1883—1897）

在布吕克的领导下，弗洛伊德研究了脊髓细胞，神经系统方面的研究仍然是他主要的兴趣所在，但为了成为一名全面的神经病理学家，弗洛伊德有必要追求得更高。于是他开始着手研究下一个接近中枢神经系统的部分，即延髓。许多年后，当看到医学界试图用器官障碍论来解释患者的病态焦虑时，弗洛伊德可能是一边笑着一边写道："延髓是一种非常严肃美丽的东西。我记得多年前我花了多少时间和精力去研究它。然而今天，我必须说，在我看来我不知道除了应激反应所遵循的神经路线之外，还有什么东西能更好地理解焦虑的心理机制。"

弗洛伊德集中研究了两年的髓质，并发表了三篇论文。这个凝结着各种各样神经束的极其复杂的微小器官一直是一个颇有争议的话题，其结构在当时还尚未被完全了解。对那些穿过延髓连接到其他部位的纤维进行跟踪需要极大的灵活性、耐心和精确度。在对这个模糊领域所进行的研究中，弗洛伊德采用的研究方法值得特别注意。甚至早在1883年11月，弗洛伊德就梦想着运用一种完全不同的方法来研究中枢神经系统的精细结构。他已经根据弗莱齐格的启示发展了氯化金染色法，该方法至少是他手头上能够最有效地提供清晰画面的一个。现在他还对弗莱舍的另一项发现加以运用，即神经纤维鞘的髓鞘化（myelinization）并非同时进行的，而是一组接一组。这为进一步分化提供了希望，弗洛伊德充分利用了这个结论。他认为这种方法大大优于当时现存的唯一方法——对一系列连续切片的幻灯片研究——他对这种方法得出的结论十分怀疑，他的看法无疑是正确的。弗莱齐格的胚胎学发现成为一个解剖学内部联系的指南。于是他放弃了成人大脑结构转而以胎儿大脑来代替，后者起初只能看到少数髓束，而不是"与截面密不可分的影像，这意味着仅能进行一些表面的拓扑（topographical）测量"。然后通过比较不同水平的胎儿大脑切片，可以直接观察到神经束的源头和关联，而这在发育成熟的大脑中只能通过猜测完成。人们发现，最早期的结构一直存在，始终未被埋藏，尽管在继续发育的过程中变得越来越复杂。因此，弗洛伊德首先对小猫小狗的大脑进行研究，然后才是胚胎和婴儿的大脑。

弗洛伊德对髓质的实际研究中，仅有一部分发表；该项研究完成后，他开始转向更多的临床研究。

他的三篇论文都涉及声神经的路由和连接问题，其中第一篇于1885年6月刊登在《神经学专刊》（*neurologisches centralblatt*）杂志上。研究的材料为5到6个月胎儿的髓，其声纤维此时已有髓。第二篇论文于次年（1886年）3月发表于

第一部分　性格形成时期和重大发现（1856—1900）

同一刊物，目的是追踪小脑下脚（peduncle of the cerebellum）。

第三篇论文发表在一个特殊的耳科学刊物，1886年8月和9月两期，附带插图若干。它详细介绍了声神经的起源和连接。这篇文章的主要亮点在于弗洛伊德的阐释，指出第五、第八、第九、和（第十）感觉神经的神经核及其三重根（triple roots），与脊髓后根神经节完全同源。他甚至讨论了这些核在向外运动时所采取的路线，由脊神经节完成。在一个听觉神经的案例中，他对此进行了详尽阐述。

梅涅特对弗洛伊德仍然十分友好；普遍认为他对弗洛伊德的态度转变是从1886年开始的。梅涅特的全盛时期已经过去了，几年后的1892年梅涅特逝世，同年布吕克也逝世了。梅涅特发现自己很难跟上脑解剖的新方法和新思路，特别是自从他的兴趣转移到临床精神病学之后。也许他羡慕更容易掌握新方法的年轻的弗洛伊德，后者显然是一个即将升起的新星。对此，梅涅特的反应是一种投降姿态。他将自己限定在精神病学研究之内，而弗洛伊德则应当在解剖学领域取代他的位置。"梅涅特曾经在我还没开始为他工作的时候，就给了我进入实验室的机会。一天他建议我应该完全投入脑解剖工作中去，还承诺会把他的授课工作交给我，因为他觉得自己太老了，无法掌握和管理更新的方法。我谢绝了他，我对这份工作的规模非常警惕；也有可能是因为，我已经警觉地猜到这位伟大的人物绝不会对我如此仁慈。"梅涅特提议他重拾这个刚刚被他放弃的徒劳的学术方向，并等待继承一个不可能的大学教授的位子，弗洛伊德对此或许也非常震惊；一朝被蛇咬，十年怕井绳。

于是，1885年秋，弗洛伊德前去拜访沙尔可，当时后者的名声如日中天。在沙尔可之前或之后，都无人像他那样成为神经学世界的主宰，沙尔可的学生这个身份本身就可以是永久的通行证。萨勒帕提埃（Salpetrière）医院也被称为神经科学研究者的麦加圣地。沙尔可曾穿梭在慢性病疗养院的旧病房里，发现并以亚当般的方式为许多神经系统疾病命名。他是一位伟大的人物：和蔼，亲切，机智，但又怀有与生俱来的好胜心。1893年沙尔可逝世后，弗洛伊德写了一封感谢信，谈到沙尔可的外貌和声音中散发出来的魔力，他那亲切坦率的态度，他时刻准备着把一切都交到学生手中，终生对学生们无私奉献。"作为一名教师，沙尔可十分富于魅力，他每一堂课的结构和内容都堪称一幅杰作，完美的授课风格，深入人心的谆谆教诲时常在我们耳边回响，课堂的主题在一天余下的时间里仍然会浮

10. 神经科医生（1883—1897）

现在人们的眼前。"

弗洛伊德带着维也纳催眠师本尼迪克特（Benedikt）的一封介绍信前去拜访沙尔可，而沙尔可事实上可能是通过达克谢维奇才记得他的名字的。后者后来成为弗洛伊德的学生，达克谢维奇给了沙尔可一些弗洛伊德一年前发表的论文复印件。沙尔可十分礼貌地接待了弗洛伊德，但没有对他表现出更多的关注，弗洛伊德郁郁寡欢地离开巴黎返回维也纳之际，给他寄了一封信，这是由里凯蒂太太帮他写的。

亲爱的教授：

在过去的两个月里，我为您的口才而深深着迷，对于您用巧妙方法解决的问题十分感兴趣，于是我突然产生一个想法，想为您提供一项将您"讲义（Lessons）"的第三卷译成德语的服务，如果您想要一个翻译并愿意让我来效劳的话。关于我能否胜任这份工作我不得不说，我的法语只是运动性失语而非感觉性失语。我曾翻译过约翰·斯图亚特·穆勒的著作，译文中可以看出我的德语语言风格。

在"讲义"第一部分第三卷当中您提出了一些新问题并加以阐明，通过对这一部分进行翻译，先生，我一定会使我的同胞获益匪浅；您的这部分研究对于他们来说比较难懂，也顺便向德国医生介绍我自己。

我仍需向您解释，为什么我有幸与您交谈，并在您访问萨勒帕提埃时被允许同行，如今还要冒昧地给您写这样一封信。为了免除您给我一个否定回答的麻烦——我坦率地承认——我有心理准备，因为很可能您已经授权过他人，或出于其他原因而拒绝我。如果是这样，您只需不对我提起这事即可，并希望您能原谅我的这个请求，相信我，对您怀着最真诚的赞美。

您忠诚的
西格蒙德·弗洛伊德医生

几天后，弗洛伊德在信中喜出望外地报告了一个消息，沙尔可已经同意了他的请求——承担他讲义的德文翻译，包括现已以法文出版的部分，以及尚未问世的部分。4天后，他授权维也纳多伊蒂克出版社对此进行出版，一个月后他把部分稿件交给弗洛伊德。弗洛伊德的翻译速度总是很快，他迅速完成了手

第一部分　性格形成时期和重大发现（1856—1900）

头的卷本。1886 年 7 月 18 日，在序言中他表示满意，认为德文译本应该比法文原版早几个月问世。这本讲义于 1886 年正式出版，副标题为《神经系统疾病的全新讲义，尤其针对歇斯底里症》(*Neue Vorlesungen uber die krankheiten des Nervensystems, insbesondere uber Hysterie*)。沙尔可对此表示感谢，送了弗洛伊德一套他的著作全集，用皮革包装好，并题词如下：

赠予尊敬的先生弗洛伊德医生，来自萨勒帕提埃医院的精美纪念。

沙尔可

弗洛伊德在信中生动地描绘了沙尔可的外貌和举止，他把他对病人温暖而浓厚的兴趣，与维也纳医生那种"表面的和平"进行对比。甚至一周后，他可以宣称他在任何地方学到的东西都没有师从沙尔可期间的收获多。那些不同寻常的，独特的病房巡视经验，萨勒帕提埃医院里丰富的临床材料，沙尔可充满启迪性的话语，弗洛伊德在神经病学方面必然获益匪浅。但对他影响最为深刻的则是沙尔可对歇斯底里症患者的说明，这是我们接下来会详细讨论的主题。

沙尔可诊所里的石版画。1885—1886 年间弗洛伊德跟随他学习，后从巴黎将这幅画带回。

10. 神经科医生（1883—1897）

在弗洛伊德从巴黎带回的石版画上，可以看到沙尔可正为他的助手和学生传授知识。画面中作为演示案例出现的病人，正在半意识的状态中煎熬，而巴宾斯基（Babinsky）搀扶着她，手臂环绕在她优美的腰部。弗洛伊德的大女儿写道："我童年时这幅画对我有种奇特的吸引力，我常常问父亲这个病人到底出了什么问题。出于某种愚蠢的道德考虑，我每次得到的答案都是'带子勒得太紧了'。他在观看那幅画时的神情，即使是还很年幼的我也能感觉得到它唤起了他心底幸福的或重要的回忆，在他心中弥足珍贵。"

弗洛伊德来到巴黎后，对解剖学研究的兴趣仍然超过任何临床领域，起初他试着在萨勒帕提埃的实验室里继续解剖学研究。沙尔可和居伊农（Guinon）帮他弄到了一些婴儿的大脑。接下来他进行了一项有关他心爱的脊髓退化的研究。当时他没有发表任何有关病理学的文章，但在5年后一部儿童脑瘫的专著中，弗洛伊德描述了这样一个案例，沙尔可曾将一名病人委托给他。这个女患者自1853年起就在萨勒帕提埃医院长期住院，患有偏瘫等症状。弗洛伊德做了一份精确准确的报告，指出是30年以上的栓塞导致了她的硬化症。

萨勒帕提埃实验室的条件与弗洛伊德从前已经熟悉了的环境非常不同，他越来越觉得不满意，12月3日他宣布退出实验室。这几乎意味着他的显微镜下的工作自此结束：从今往后他要成为一名纯粹的临床医生。在接下来的一封信中他给出了7个颇具说服力的理由，来解释他为什么决定重新回到维也纳进行解剖学研究。然而理由的杂多通常意味着根本原因被掩盖了，有人可能会认为这是由于沙尔可向他灌输了精神病理学的魅力，但事实上有一个更为私人的理由在其中。在弗洛伊德订婚的一年里，他已经认识到，全神贯注于"科学工作"，即通常就是指实验室工作，和他对玛尔塔的爱情发生了冲突。他说，有时候他觉得前者只是美梦一场，后者才是现实本身。后来他还曾向她保证说，她唯一可能拥有的真正对手就是脑解剖了。他从巴黎写信说道："我早就知道，我无法完全放弃神经病理学研究，但是，在你面前它可以完全缴械投降，因为当我此时在巴黎，只有那位亲爱的女孩是如此清晰。"写这封信时他刚刚从萨勒帕提埃实验室退出一周。在宣布这一决定时他还补充道："你可以确定我已经克服了我对科学的爱，因为这份爱来到了你我之间。"所有这一切都有着现实因素和情感方面的考量。弗洛伊德很清楚，婚姻生活只能意味着临床工作。

1886年2月底，弗洛伊德离开了巴黎，但在返回维也纳的路上他又在柏林逗

第一部分 性格形成时期和重大发现（1856—1900）

留了几周，目的是师从阿道夫·巴金斯基（Adolf Baginsky）学习一些儿童综合疾病的临床知识；他知道一旦回到维也纳，就没有这种学习机会了。这项研究的原因在于，可能出于"种族"原因，弗洛伊德没有获得维也纳精神神经临床医学院（University Psychiatric-Neurological Clinic）教职的希望，而事实也确实如此；耳科医生马克斯·卡索维茨在他前往巴黎之前，就邀请他担任即将增设的神经科主任职位。这是第一家儿童疾病公立医院，始建于1878年，是由国王约瑟夫二世（Emperor Josef Ⅱ）创办的古老机构，但目前已经经过了现代化改建。弗洛伊德在这个岗位上工作了许多年，每周在那里工作3个小时，并为神经学研究做出了一些贡献。

在接下来的5年时间里，弗洛伊德沉浸在家庭、工作以及翻译沙尔可和伯恩海姆（Bernheim）著作的工作当中。在这时期（1881年）他发表的唯一一篇文章是对两位偏盲症（hemianopsia）孩子的观察，年龄分别是两岁和3岁，这是前所未有的病例。

接下来的一部则是弗洛伊德的第一本书《失语症》，出版于1891年。1886年在维也纳生理学社团（Physiology Club in Vienna），弗洛伊德已经对这个主题做过演讲，1887年在大学里也做过相关讲座。此外，他还在《医药百科大全手册》（1881—1891）（*handworterbuch Villeret der gesamten*）上发表了关于失语症的文章。弗洛伊德把这本书献给布罗伊尔。布罗伊尔曾在他最艰难的岁月里无条件支持他，对于弗洛伊德后来的整个生涯，他都无疑提供了关键性的指导，弗洛伊德将自己的第一本书献给他确实也是非常合适的。然而，感激并非弗洛伊德唯一的动机；他还希望借此使布罗伊尔获得一种更好的幽默感，但令人失望的是，出于一些模糊的原因，这件事产生了相反的效果。

研读弗洛伊德著作的大多数学生可能都会同意弗洛伊德自己的判断，即认为这是他神经学著作中最有价值的一部。这是对于几年后的弗洛伊德第一次真实的一瞥。这部书具有严密的推理，清晰而富于说服力，论证发人深省，对异议的坦率探讨、杰出的材料驾驭能力等都是他创作的鲜明特征。现年35岁的弗洛伊德早已不再是一位谦虚的学生，而是一位经验丰富的神经科专家，他能以平等的口吻对前辈们说话，而任何对他们的批评意见，不论多么具有杀伤力，都可以以一种礼貌的、就事论事的方式表达出来。

这本书有一个颇适当的副标题"批判性研究"，全书基本上围绕着对当时被

10. 神经科医生（1883—1897）

普遍接受的韦尼克 - 利希海姆（Wernicke-Lichtheim）失语症研究进行激烈批判；这是当时首个批评的声音。然而，批评并不只是简单的否定，因为弗洛伊德也相应提出了自己的观点。

在布罗卡（Broca）（1861）发现造成"运动性失语症（motor aphasia）"（言语功能的严重干扰）的原因是大脑额叶损伤，以及韦尼克（1874）发现是颞叶（temporal）损伤导致"感觉性失语（sensory aphasia）"（无法理解话语）后，神经学研究者们都面临着一种解释困境。因为据观察，很多情况下都是多种类型的部分混合。这些令人困惑的混合产生了诸如无法自主说话、无法重复别人说的话、能读单词但不能读字母；或者相反的情况，在仍然掌握母语的情况下无法理解新近学习的语言中的词汇，等等。韦尼克及后来的利希海姆发展出一套假说，来推断中心部分的可能性关联，并假定不同的病变部分导致失语性障碍发生。观察越是充分，图表越是复杂，直到这个托勒密似的复杂体系急需开普勒的出现为其进行一番简化。弗洛伊德接过了这个任务。他对已有的假说进行了详细的分析，指出该体系内部存在矛盾，因此弗洛伊德大胆提出，整个假说的根基可能就是值得怀疑的，即各种失语症都可以被解释为所谓相关路径的脑皮质下病变。

假如弗洛伊德知道巴斯钦（Bastin）——英国失语症研究的权威人物在他的著作出版后仅一年时间里发生了什么，他的怀疑就会得到惊人的证实。在一个失语症的微妙案例里，巴斯钦假定在皮层下假想关联纤维之间可能存在一个微小病变。但是尸检结果表明，一个巨大的囊肿破坏了大脑左半球的一部分，巴斯钦惊呆了，于是从医院辞职了。

弗洛伊德引入一种全然不同的功能性解释来取代这种细微的局部化图式。在同意运动、听觉和视觉三项中心的破坏会分别导致运动性失语、感觉性失语和失读症的基础上，弗洛伊德指出，所有的亚变种都可以解释为来自某个损坏区域的不同程度的功能失调（轻微或严重）。为了说明这一点，他援引修格拉斯·杰克逊（Hughlings Jackson）"反复归"（disinvolution）理论，由于病人新近获知的或不是十分重要的能力，丧失得要比那些早期基础能力更为严重，他列举了很多例子加以说明。

弗洛伊德剥去了布罗卡和韦尼克的"中心"（center）理论的神秘外衣，并指出它们的意义纯粹是解剖学的而非生理学的，"中心"的价值仅仅在于与之毗邻的区域，在前一个案例中是大脑的运动区域，后一个案例中是听觉神经核。因

第一部分 性格形成时期和重大发现（1856—1900）

此，所谓中心只不过是一般网络中的节点。

所有这些都是弗洛伊德从赫尔姆霍兹学校里掌握的一种机械的方面。基于梅涅特的教学，弗洛伊德之后又对一个概念发起了挑战，即认为思想认识和记忆都可以被描绘成多种脑细胞。他对言语和阅读的发展、词汇和思想的习得等问题进行了心理学论述，并抗议生理学与心理学数据的混杂现状。他认为，物体的名称是我们语言机制中最薄弱的环节，因而在遭受损害时首当其冲。这一缺陷，他称之为象征性失语，从而取代了芬克恩堡（Finkelburg）的术语，因为后者未能将对对象的命名和识别区分开来。有关识别对象这种能力，弗洛伊德现在将其命名为"失认"缺陷，这个术语是他独创的，并且保留了下来。他将失语症中的言语模仿症（echolalia）仅仅视为说示不能（asymbolia）①的一个信号。

也许最严厉的批评，是他对于自己以前的老师梅涅特有关皮层含有"身体各部位的投射（projection）"的说法，弗洛伊德证明了这是一种基于组织解剖学的错误。尽管这本书的许多结论最终得到了普遍接受，但弗洛伊德并未因此获得多少好运。时机尚未成熟。杰利夫（Jelliffe）说，史上几乎所有关于失语症的著作，都没有引用过这本书的内容［唯一的例外是戈德施泰因（Goldstein）的关于失语症的著作，1910］。在付印的850份书稿中，9年后只有257份售出，其他的都荒废了。英国的任何图书馆都没有收录复印本。弗洛伊德当时拿到了156盾（62美元）的版税。

现在我们来看看弗洛伊德最后一次神经学研究成果——都是在卡索维茨的儿童中心进行的研究。这段时期的9篇论文中，有一篇关于儿童早期偏盲症的，我们之前已经提到过了。

接下来是一部长达220页的鸿篇巨制，援引了180个书目，这是由弗洛伊德和他的朋友奥斯卡·里尔（Oscar Rie）医生联合著述的，后者在弗洛伊德所在的部门里协助他。在这部书里，弗洛伊德的名字写在最后——然而这仍然不影响他被全世界的神经病学家铭记。书中他从各个角度详尽地分析了儿童单侧麻痹症（unilateral paralyses），并着重阐述分析了35个典型案例。首先这本书对该学科的历史和文献材料加以充分的考虑，然后针对个别症状、病例剖析、鉴别诊断和治

---

① 译者注：说示不能，常与示痛不能（pain asymbolia）同时出现，后者指患者经受疼痛的同时不伴有任何负面情绪，通常是由脑损伤、前脑叶白质切除术、扣带回切开术等导致。

10. 神经科医生（1883—1897）

疗方法等均进行了详细分析，是一部一流的临床研究著作。

一种新的综合征——"舞蹈型麻痹"（choreatiform paresis）在这里首次被提出。这是一种类似舞蹈的运动形式，取代了预期出现的单侧麻痹。弗洛伊德进一步指出，许多儿童癫痫的病例都属于这种类型，尽管也发生了实际的瘫痪。作者对施特林姆佩尔（Strümpell）急性脊髓灰质炎可引起脑偏瘫的观点表示怀疑，虽然他们预计有关前者的一个更广泛的概念将会带来一个普遍病因的发现。①

同年（1893年）他发表了另一部长达168页的专著来论述有关儿童瘫痪症，这次主要围绕中心型双侧瘫痪（central diplegias）。与前者类似，这篇论文也发表在卡索维茨编纂的档案中。这是前一部著作的补充，于是现在各种形式的儿童麻痹症都得到了研究。大部分内容是在李特尔（Little）30年前的研究成果基础上完成的，弗洛伊德曾经在他的丛书里给我看过李特尔著作的复印件。

皮埃尔·玛丽（Pierre Marie）是法国神经学界泰斗，在许多方面都是沙尔可的继承人，他在对弗洛伊德有关儿童脑瘫著作进行评论时说："这部专著无疑是最完整、最准确、最全面的，其中反映了许多目前鲜为人知的婴儿脑瘫问题。"玛丽是《神经学杂志》（*Revue Neurologique*）的编辑，可能是应他之邀，弗洛伊德用法语写了一本关于这本期刊的第一卷中有关问题的总结性叙述。

1896年，弗洛伊德发表了一篇简短的文章，讲述了他多年来一直遭受的大腿神经的一种奇特而无害的感受，他把对自己所做的观察给予了解释。伯恩哈特最近描述了这种情况，他的名字从此得到了重视，但弗洛伊德说，对此他几年前就已经通过一些患者熟悉了。

现在，弗洛伊德成为儿童瘫痪症领域的权威专家，所以当诺特纳格尔计划编写他伟大的医学百科全书时，委托弗洛伊德撰写"小儿脑瘫"部分也是自然而然的事。或许弗洛伊德觉得关于这个领域，他想说的已经差不多说完了，而且那段时间他对精神病理学兴趣更大些，所以对于诺特纳格尔的请求感到十分乏味，他轻描淡写了几句完成了这部分。最无聊的部分是文献回顾和参考书目。整个著作327页，是一部综合性的论文，伯纳德·萨克斯（Bernard Sachs）将其特点归纳为"精湛而详尽"。在近期的一篇评论中，瑞士神经学家布鲁恩（Brun）认为，它在现代神经病学中仍占有重要地位。他写道："弗洛伊德的专著是目前有关小儿

---

① 现代脑炎（The modern encephalitis）。

脑瘫问题既有著作中，论述最为全面、完整的一部……这部书汇集了规模庞大的临床资料，人们可以对其进行精确的把握，仅是参考书目就占据了 14 页半，读者还可以对其进行批判性阅读。这是一项卓越的成果，仅仅凭借这个，就足以保证弗洛伊德的名字将在临床神经病学上占据永久的地位。"

一般认为，弗洛伊德活跃的神经学研究时代的结束，是从 1893 年 9 月出版的他为沙尔可书写的讣告开始。弗洛伊德毫无保留地表达了对这位伟大人物的极度钦佩："他的人格和他的工作，任何人一旦靠近就会向他学习。"弗洛伊德以其一贯的慷慨指出，沙尔可"对歇斯底里症的首次阐释为他带来了永远的荣耀"，这个评价在我们今天看来是过于高估了。无疑，沙尔可对歇斯底里症的研究态度大大鼓舞了——用心理学家的话说，是"激励（sanction）"了——弗洛伊德，为此他始终对他心怀感激。

11. 布罗伊尔时期（1882—1894）

约瑟夫·布罗伊尔医生（1842—1925），由于他与弗洛伊德早期的交往，其名字才广泛地为人所知。但布罗伊尔本人并不像他有时描述的那样，仅仅是维也纳地区的一位知名医生，他同时也是一位颇有地位的科学家。弗洛伊德称他是"有着广博而丰富天分的人，他的兴趣远远超出了他的职业活动"。青年时代，布罗伊尔曾在埃瓦尔德·赫林（Ewald Hering）门下研究呼吸系统生理学（physiology of respiration），成果颇丰，是他发现了迷走神经（vagus nerve）的自动控制问题。布罗伊尔后期对半规管功能的研究是他对科学界的永久贡献。1868年，他成为维也纳的一名无薪大学教师，但1871年后退居私人诊所。比尔洛特（Billroth）曾向他提供竞争教授头衔的机会，布罗伊尔拒绝了。1894年，布罗伊尔当选为维也纳科学院通讯会员；推荐他的是三位享有极高国际声誉的人物：西格蒙德·埃克斯纳（Sigmund Exner）、埃瓦尔德·赫林和恩斯特·马赫（Ernst Mach）。

布罗伊尔是赫尔姆霍兹学派的忠实拥趸，这一点我们前面已经说过。他评价最高的作家是歌德和费希纳（Fechner）。他也是维也纳最受推崇的医生之一，他同时担任布吕克、埃克斯纳、比尔洛特、克罗巴克（Chrobak）以及其他同等地位的人物的家庭医生。

1870年代末，弗洛伊德在生理学研究所第一次见到布罗伊尔，二人分享着相同的兴趣和观点，很快成为朋友。弗洛伊德说："他成为我的朋友，在我困难时期提供了很多帮助。我们习惯与彼此分享所有的科学兴趣。在这份关系中，无疑是我受益更多。"早年时代，弗洛伊德与布罗伊尔及其妻子的关系都非常友好，他对布罗伊尔的妻子怀有特殊的倾慕之情。后来弗洛伊德、布罗伊尔两个家庭的往来也十分密切。弗洛伊德的大女儿就是以布罗伊尔妻子的名字命名的。

从1880年12月到1882年6月，布罗伊尔接收了一个病人，就是后来被公认为歇斯底里症经典案例的安娜·O小姐[①]。这位病人是个21岁的绝顶聪明的女孩，她身上表现出的系列症状，如同博物馆般规模宏大，均与其父亲的重病有关。这些症状包括三条肢体挛缩和麻醉性麻痹，严重复杂的视觉和言语障碍，无法进食，伴有揪心的剧烈咳嗽，而布罗伊尔最初被请来正是为了治疗她的咳嗽。然而更有趣的是，她身上存在两种截然不同的意识状态：一种是相当正常的状态，另一状态下则是淘气捣蛋的孩子。这是一个双重人格的案例。从一种状态过渡到另一种的标记是一段自我催眠（autohypnosis）。这段时间里她神志清醒，精神正常。这件事碰巧发生在布罗伊尔问诊的过程之中，于是她很快就养成了跟他聊天的习惯，她给他讲述白天发生的不愉快的事，包括一些可怕的幻觉，谈话过后她会感到十分放松。有一次，她描述了自己身上某个首次出现的症状的细节，令布罗伊尔十分震惊的是，在她讲完之后，这个症状就全然消失了。安娜也觉察到了这个效果，于是她开始一个症状接一个地讲述起来，她将治疗过程称为"谈话疗法（the talking cure）"或"扫烟囱（chimney sweeping）"。顺便说一句，那时候安娜已经不会使用自己的母语德语，只会说英语了，当被要求大声朗读意大利语或法语书时，她也会迅速而流利地用英语表达。

　　过了一段时间，由于越来越多的材料势不可挡地涌现出来，布罗伊尔开始每天早晨为她进行人工催眠，作为晚间治疗过程的补充。在当时，用超过一年的时间每天花费数个小时治疗同一个歇斯底里症患者，需要极大的耐心、兴趣和洞察力等特殊品质。不过，布罗伊尔的"宣泄疗法"大大丰富了心理治疗的技术与方式。这种方法与他的名字密切相关，并且仍然被广泛运用。

　　弗洛伊德给我讲得更详细些，在他的著作中他围绕这次新奇治疗的尾声记录了一个特殊事件。看起来，布罗伊尔逐渐对他的病人发展出我们今天称之为反移情（countertransference）的情况。不管怎么说，他对这位病人的全神贯注，使他妻子对这个话题感到十分厌烦，不久她就有些吃醋了。她没有公开流露出这一点，但是内心充满不满和郁闷。而由于布罗伊尔的心思在别处，他很久才察觉到妻子这种心理状态的意义所在。这引起了他激烈的反应，也许是混杂着爱与愧疚，他决定结束对安娜的治疗。他向已经大有好转的安娜·O说明了这件事并向

[①] 她是宣泄法（cathartic）的真正发现者，原名贝莎·巴本海姆（Bertha Pappenheim）（1859—1936），她的名字值得被铭记。

11. 布罗伊尔时期（1882—1894）

她告别。但是那天晚上他又被找回来，发现安娜又进入极度兴奋状态，病得显然跟以前一样了。据他自己的说法，这位病人先前似乎完全是无性别的存在，在整个治疗过程中，从未暗示过任何禁忌的话题，然而这天晚上她却表现出歇斯底里症式的分娩阵痛（假孕），这是对布罗伊尔治疗工作的一种无形回应。[①] 尽管极其震惊，布罗伊尔还是设法催眠她令她平静下来，然后一身冷汗地夺路而逃。第二天，他和妻子前往威尼斯度第二次蜜月，这次蜜月带来了一个女儿；这个在此种诡异状态下出生的女孩，60年后在纽约自杀。

这位可怜的病人后来的状况，并不像布罗伊尔所宣称的那么好。她的病情不断反复，辗转去了恩策斯多夫（Gross Enzersdorf）的治疗中心。在停止治疗一年后，布罗伊尔告诉弗洛伊德，她太疯狂了，他甚至希望她死掉，以从这种痛苦中解脱出来。然而后来她的情况改善了。几年后玛尔塔提到"安娜·O"经常拜访她，她恰好曾是后者的朋友，后来又因婚姻再次发生联系。当时她白天状态很好，但是每当夜幕降临她的幻觉症状仍然会发作。

贝莎小姐（安娜·O）不仅智商很高，在外形和性格方面也非常富于魅力；她被转移到疗养院以后，燃起了主管她的精神科医生的爱意。在她去世之前的几年，她在不同的刊物上发表了5篇为自己撰写的风趣讣告。关于她还有一个重要的方面，30岁时她成为德国第一位社会工作者，也是世界上第一批社工之一。她创办了一个刊物和若干研究所来培训学生。她一生的大部分时间都在为妇女解放事务奔波忙碌，同时在儿童事业上也享有盛誉。在她的事迹中还包括几次前往俄罗斯、波兰、罗马尼亚去救助那些父母死于大屠杀中的儿童。她一生未婚，忠于上帝。

1882年6月安娜治疗终止，之后弗洛伊德听闻了这个案例并表现出相当浓厚的兴趣；确切地说，他是在11月18日听到这个病史的。这个故事远远超出了他的经验，弗洛伊德对此印象极深，他一次又一次地与布罗伊尔讨论案例的种种细节。三年后他来到巴黎，一次有机会和沙尔可聊天时，给他讲述了这个惊人的发现。但是正如弗洛伊德后来对我所说的那样，"沙尔可的心思似乎在别处"，完全没能引起他的兴趣。这似乎一度削弱了弗洛伊德对这个发现的热情。

[①] 译者注：根据盖伊（Peter Gay）记载，安娜·O假孕时喊道："B医生（布罗伊尔）的孩子要出生了！"

第一部分 性格形成时期和重大发现（1856—1900）

正如先前提到过的，沙尔可留给弗洛伊德印象最深刻的一点，是他关于歇斯底里症的革命式的观点，这的确是当时最吸引沙尔可的话题。首先，这样一位杰出的神经学家如此严肃地关注这个话题，本身就令人吃惊。在此之前学界对待歇斯底里症只有两种态度，要么认为这是装病，充其量是"幻想"（似乎含义也差不多），没有什么有威望的医生会在这个问题上面浪费时间；要么认为这是源于某种可以治愈的与子宫相关的特殊病症，有时候会通过阴蒂切除术来治疗；到处漫游的子宫也可以被缬草赶回原来的位置上去，因为它讨厌缬草的气味。而如今，得益于沙尔可，歇斯底里症几乎在一夜之间成为一种完美而体面的神经系统疾病。

在 7 年后为沙尔可书写的讣告中，弗洛伊德将这样的成就完全归功于沙尔可一个人。他这样做必定是夸大了其重要性，他把这个成就与皮内尔（Pinel）在 18 世纪解开精神病患者的枷锁相类比——同样都是发生在萨勒帕提埃医院。沙尔可的研究无疑激励了法国医学界对歇斯底里症的重视态度，而且——最重要的——它对弗洛伊德本人意义重大。这项研究在欧洲大陆地区并没有引起什么反响，在盎格鲁—撒克逊国家则只激起了一些负面评价。

即便如此，沙尔可所阐述的许多东西不能被忽视，它带来的新知意义深远。他对歇斯底里症的表现形式进行了系统而全面的研究，使其诊断更加明确，同时也证明了许多被归因于其他源头的情感实质上源于一种歇斯底里的本质。他还强调了男性歇斯底里症的情况，如今它已经被归类于神经疾病，也就不足为奇了。首先，同时也是他最大的贡献，就是演示并说明了医生可以通过催眠方式在恰当的主体身上逗引出歇斯底里症的诸多症状，包括瘫痪、震颤、麻痹等等。即使在最微小的细节上都与那些自发性歇斯底里症患者一致，这些发病症状在中世纪的作品中也得到过详细描述，那时人们将其归因于恶魔附身所致。

所有这一切意味着不论歇斯底里症的神经学基础是什么，其症状本身都是可以单独治疗和消除的。因其都具有心因性。这为医学上对患者心理的研究打开了大门，这是过去的半个世纪里所有分枝结果所显示出的最终成就。它将心理学本身置于与先前学术研究完全不同的基础上，并在思想的更深层次研究上取得了发现，而这种发现可能无法以除此之外的任何其他方式实现。

于是，1886 年，弗洛伊德带着所有这些结论满载而归维也纳。他有如此多新鲜的令人兴奋的知识要分享。他在 5 月 11 日的生理学俱乐部会议（Physiological

Club）和 5 月 27 日的精神病学会（Psychiatric Society）会议上阅读了一篇有关催眠的论文；但这并不能提升他对梅涅特的认同，对于后者来说催眠无异于施咒。他在医学协会（Gesellschaft der Arzte）6 月 4 号那场他称之为"旅行汇报"上又仔细研读了一篇文章，但日程排得太满，汇报被推迟到了秋季。

在 1886 年 10 月 15 日的会议上，弗洛伊德宣读了题为"男性歇斯底里症"的论文，时任会议主席是冯·巴姆伯格（Von Bamberger）。这就是弗洛伊德称之为"履行向协会做报告义务"的著名事件，这次经历使他非常失望。他详细阐述了沙尔可对歇斯底里症的四级发作分类，包括典型的视觉障碍、感觉障碍、运动障碍和后成区域（hysterogenetic zones）。这使得许多异常病例通过它们与标准型之间不同程度的接近性而得到承认，基于上述积极迹象做出的定义使过去歇斯底里症被普遍视作暧昧的诈病的概念得到了扭转。根据沙尔可的说法，这种疾病与生殖器之间没有直接关联，男性和女性之间的表现形式也没有任何差异。弗洛伊德描述了一例他在萨勒帕提埃医院里观察到的创伤性歇斯底里症案例，当时病人从脚手架上摔了下来。最后，他提到了沙尔可"火车脊柱（railway spine）"的相关案例，即某些情况下事故会引发歇斯底里症，这是一种美国式的观点，在德国饱受争议。这最后一点并不是外交层面的问题，尽管这个补充对于本文主题来说可能略显多余，对于神经科医生来说处理伤者是可以获益的，但真正的神经系统方面的疾病则常常会将他们卷入官司之中。

神经学家罗森塔尔（Rosenthal）对此展开了讨论，他指出男性歇斯底里症尽管相对罕见但也被公认是存在的，他还描述了 20 年前自己就曾研究过的两个典型案例。即使是很轻微的精神损伤都会引发歇斯底里症状，他推测病源为皮层干扰。梅涅特谈到了一些创伤后癫痫性发作，并将其归类为癫痫病。他不无挖苦地补充说，如果弗洛伊德医生来他的门诊部一起讨论会很有趣，他们可以讨论一下他从沙尔可那里援引的那些案例的症状。巴姆伯格说，除了对沙尔可的钦佩之外，他从维也纳医生刚刚的汇报里好像没有发现什么新鲜的东西。男性歇斯底里症广为人知。他对创伤性病源论表示怀疑。莱德斯多夫（Leidesdorf）确信许多火车故事案例都会对中枢神经系统有所影响。轻度事故后当事人会出现烦躁、失眠等症状，但这种症状的原因是休克而非歇斯底里症。

后来谈到这次会议时，弗洛伊德将它视作一次"糟糕的接待"，似乎这件事对他影响很深，他经常表示他从中受到了伤害。会议报告很难证实这一点，尽管报告也不可能描述招待会有多冷淡。事实上，这场会议似乎没有什么有价值的要点，这在很大程度上也在预料之中，因为医学界的大多数会议也是如此。

于是，梅涅特向弗洛伊德发起了挑战，让他找出一个具备沙尔可所说的典型症状的男性歇斯底里症案例来证明自己的结论①，但是每当弗洛伊德发现合适的对象，维也纳综合医院的高级医师们总是不允许他使用任何材料。一个医生甚至质疑他接受的传统教育功底，问他是否知道"hysteria"这个词来自"Hysteron"即希腊语里子宫的意思，这种疾病从定义上就排除了男性。然而不久后，在年轻的喉科医生冯·贝尔格斯基（Beregszaszy）的帮助下，弗洛伊德成功找到了一个符合条件的病例。患者是一名29岁的金属工人，在与其兄弟发生争吵后陷入典型的偏身麻木（hemianesthesia）状态，视觉和色彩认知方面出现明显障碍。该案例在1886年11月26日的医学协会（Medical Society）会议前被描述；眼科医生柯尼施泰因（Konigstein）在12月11号的会议上对患者的眼部症状做了报告。这场会议由埃克斯纳主持。

近40年后提起这件事时，弗洛伊德仍然显露出一些痛苦的神色。"这一次我虽然得到了掌声，却没有引起任何兴趣。权威高层对我的开拓工作给予拒绝的姿态，这个印象始终留存在我的脑海中。我发现，我的男性歇斯底里症理论和歇斯底里性瘫痪案例，将我置于一种反派的位置。不久之后我就被排除在脑解剖实验室之外，一整场会议我都没有机会发表演说，我退出了学术生活，不再参加任何学术社团的活动。从我最后一次造访医学会至今，算起来已经整整一代的光阴了。"

弗洛伊德与梅涅特的冲突也没有平息。1889年梅涅特在《维也纳临床周刊》（*Wiener Klinische Wochenschrift*）上发表论文公开反对沙尔可，后者认为自我暗示是引发歇斯底里症的原因，梅涅特则使用一种解剖学视角进行解释，在《临床表现》（*Poliklinische Vortrage*）的一个脚注里，弗洛伊德辛辣地将其讽刺为"完全不恰当"。根据梅涅特的观点，沙尔可理论中潜在的错误在于他忽略了颈内动脉的一个小分支——脉络膜动脉（choroidal artery）的存在！显然他对弗洛伊德的许多敌对态度，与后者和沙尔可的关系有关。他讥讽弗洛伊德"喜欢教导他（梅涅

---

① 梅涅特作为主要的反对者之一，在临终之际向弗洛伊德坦白说，自己正是一个男性歇斯底里症的典型案例，但是他一直努力掩饰这个事实。顺带提一句，梅涅特被认为是个阴晴不定的神经质人格的人，而且饮酒过度。这对于弗洛伊德来说多少是个安慰，尽管只是很轻微的。

特)",并补充说:"我觉得自从离开了维也纳(去巴黎)以后,他对暗示疗法的防御更显著了,而他本来是个受过精确生理学训练的医生。"他显然觉得,沙尔可把弗洛伊德从严格的纯科学的小路上引诱得偏离了路线。

弗洛伊德在自传中将这段时间缩短了一些,他写道,1886年他从巴黎回到维也纳之后,梅涅特就把他排挤出了实验室。但实际上这是他度完蜜月归来以后的事,应该发生在6个月之后。事实上,当他刚刚从巴黎回来时,梅涅特还热情地接待了他,并把接下来有可能会在实验室里和他打交道的学生向他一一介绍。弗洛伊德的整个夏天都是这样度过的。5月份他发表的催眠演说和10月份有关沙尔可的论文无疑导致他和梅涅特的关系愈发紧张,但是我们不知道这种隔阂是突然出现还是逐步产生的;种种迹象指向后一种情况,毕竟后来弗洛伊德还曾提到他在梅涅特病重期间最后一次探望他的情形。此外,弗洛伊德还声称整整一年他都没有机会发表演讲,但这里说的仅限于临床示范,并且这种困难也不能全然归咎于梅涅特,因为梅涅特的两个助手相对于弗洛伊德享有材料使用的优先权。事实上弗洛伊德在那年的秋季还做过一次解剖学方面的演讲,且大受欢迎。

1886年夏,弗洛伊德的生活内容仅仅包括每周去卡索维茨医院坐诊三次,从事翻译和评论工作以及私人执业活动。私人接待的主要都是神经症患者,因此治疗方法成为一个亟待解决的问题。这个问题搞科研的学生可以逃避,但临床医生不能。弗洛伊德的初次尝试,是按照厄尔布(Erb)教科书上的正统电击疗法进行的。说起来似乎很奇怪,当时他已经了解到布罗伊尔的更有前景的宣泄疗法,却选择在传统权威面前低头;沙尔可的贬损态度确实对他有所影响,于是他先将其放在一边。这个阶段确实也没有持续很长时间。"不幸的是,我很快就被迫认识到按照厄尔布的方法去做对病人一点好处都没有,我曾经深以为然的精确观察事实上只是幻想建构出来的。觉悟到德国神经病理学领域最伟大的专家的著作,竟不过像廉价书店货架上的埃及说梦全书一样与现实格格不入。认识到这一点是很痛苦的,但也大有裨益,它帮助我摆脱了对权威的天真信仰,在此之前我还没有从中解放出来。"

尽管如此,弗洛伊德使用了20个月的电击疗法,并伴随一些辅助疗法,例如洗澡和按摩等,事实上直至90年代初他仍然在使用按摩作为辅助治疗。1887年12月,他开始转而尝试催眠,并坚持了18个月。当他还是个学生时,他参观了魔术家汉森(Hansen)的当众表演,亲眼看到一个被催眠的人面色惨白,于是

第一部分 性格形成时期和重大发现（1856—1900）

弗洛伊德被催眠术的力量说服了。在前往巴黎之前，他已经看到过催眠术在临床治疗上的运用，或许 1885 年夏天，在奥伯施坦纳（Obersteiner）私人疗养院里的几周里，弗洛伊德也着手尝试过。此后他在沙尔可的诊所里获得了丰富的相关经验。在私人诊所开业之初，弗洛伊德偶尔也会使用催眠方法；例如他有一次说，一个意大利患者每次听到"苹果（Apfel）"或"波马（poma）"这两个单词时都会惊厥发作，他用催眠术为她进行了治疗。在德国，莫比乌斯（Möbius）和海登汉（Heidenhaim）正在认真地使用催眠法，但大多数医生和精神科医生认为这是一场骗局或者什么更糟糕的东西。针对催眠的谴责十分频繁且经久不息。例如 1889 年梅涅特写道，催眠"将人类退化为某种无理性的或丧失意志的生物，这只会加速他的神经和精神方面的恶化……这是一种异化的人工形式"。假如这种方法"在心理医生之间传播流行"将是一场巨大的灾难。

弗洛伊德以他特有的热情大力提倡催眠事业。他有时候为维也纳医学周刊撰写书评，例如 1887 年的两本——威尔·米切尔（Weir Mitchell）的《神经衰弱症和歇斯底里症的特殊治疗方法》（*The Treatment of Certain Forms of Neurasthenia and Hysteria*）和奥伯施坦纳的《神经学》（*Neurology*）。1889 年他还为福莱尔（Forel）那本有关催眠的著作撰写了一篇长达 7 页的洋洋洒洒的评论。从福莱尔的书中，弗洛伊德知道了伯恩海姆（Bernheim）这个名字。他利用这个机会来强烈反驳梅涅特戏称他"只是一个催眠师"的言论；他强调自己是一名神经科医生，他只想用最合适的方法来对待不同患者。对于上文中提到的梅涅特有关催眠的尖刻言论，弗洛伊德说"这位在神经病理学某些领域已经获得很多经验和精当理解的科学家[①]，在其他任何领域遭到否定，对于大多数人来说可能都是难以接受的。对伟大事物的尊敬，尤其是对知识事业的敬重属于人类品质中最佳的部分。但是面对事实时这种尊重应退居其次。当一个人已放下对权威的依赖并通过对事实研究获得了属于自己的判断时，他不必感到不好意思"。

然而，弗洛伊德发现，他并不总是能够成功地对患者施行催眠，有时候是完全不能，有时候是达不到要求的深度。"怀着完善我的催眠技术的意图，我在 1889 年的夏天前往南锡（Nancy），在那里呆了几个星期。我亲眼目睹了年老的李厄保（Liebault）在劳动阶级的贫困妇女和儿童中工作的感人场面。我在医院

[①] 即梅涅特。

里旁观了伯恩海姆在病人身上进行的惊人实验,使我印象最深的是,人的意识之下可能仍然潜藏着某种强大的心理过程。我说服我的病人跟我一起前往南锡,因为这可能对她很有帮助。她是一个天赋很高的歇斯底里症患者,出身良好,她被送到我这里,因为大家都不知道该怎么处理她。在催眠的影响下,我帮助她恢复到令人基本可以忍受的状态,我也总能把她从悲伤痛苦中解救出来。但她常常很快就再度复发,由于我的无知,我将其归因于她的症状还没有达到梦游失忆(somnambulism with amnesia)的阶段。伯恩海姆现在多次尝试改善这个状况,但是都失败了。他坦率地向我承认,他那些用暗示疗法完成的成功治疗,都是在医院里进行的,而不是对他的私人病人使用的。我和他进行了几番相当富有启发性的谈话,并承诺将他那两本关于治疗建议和治疗效果的著作翻译成德文。"

这里有个奇怪的错误,事实上一年前,他上面提到的那两本书之一就已经出版了[《催眠,建议和心理治疗》(*Hypnotismus, Suggestion und Psychotherapie*)],弗洛伊德还撰写了一篇很长的序言。他甚至在维也纳医学周刊上发表了一大段这本书的摘要。1887年12月,在他访问伯恩海姆前18个月,他就已经和出版商安排好了翻译事宜。

在对伯恩海姆第一本书(1888年)所做的序言中,弗洛伊德针对近期出现的南锡学派(伯恩海姆、李厄保等)和萨勒帕提埃(沙尔可)学派之间的论证进行了充分讨论。总的来说,他在为后者声辩。使他尤为震动的是,如果说催眠现象可以被证明是由医生暗示产生的,那么批评的声音则会宣称,歇斯底里症的症状也是这样产生的(伯恩海姆倒是倾向于这样做,而20年以后巴宾斯基更明显地如法炮制)。那么研究心理规律就完全失去了意义,而这正是弗洛伊德最为重视的问题。他给出了极佳的论据来表明,歇斯底里症不可能是由医生暗示产生的;不同国家不同年龄段的规律性描述证明了这一点。

至于催眠,他认为,大部分是纯粹的心理现象,但是有一些例外,例如神经肌肉超兴奋性似乎就是生理现象。在讨论这个异常情况时,弗洛伊德进行了精细的观察,从医生那里得到的直接暗示,应当有别于间接的暗示,后者更多是一种自我暗示,且常常与个体神经兴奋程度有关。

对暗示疗法的单调重复不久就使弗洛伊德感到厌烦了。4年以后他坚决地表达了自己对这种方法的不满:"对暗示疗法中的乱象的坚决否定和结束该疗法的必要认知之间的矛盾,医生和病人都不能无限期地容忍。"

第一部分　性格形成时期和重大发现（1856—1900）

　　弗洛伊德确信在明显的装备后隐藏着许多秘密，他不安的想象力燃烧着几乎要穿透它们。他后来写道，第一次使用催眠时不仅仅是出于治疗的目的，也是想借此追溯一下这种症状的历史，即布罗伊尔的宣泄疗法。在《歇斯底里症研究》（*Studies on Hysteria*）中写道，他首次使用宣泄疗法的患者是艾米（Emmy V.N.）太太，她在接受了 18 个月的催眠疗法后于 1889 年 5 月 1 日开始前来接受治疗。最初的尝试是利用深度梦游症（somnambulism），人们不会期待这时会出现什么更为深入的探索，事实上弗洛伊德似乎非常依赖治疗建议，他像往常一样将其与按摩、洗澡和休息配合起来运用。他从这个案例中明白了为什么催眠暗示的有益效果往往总是暂时的，这是因为这些效果是患者做出来取悦医生的，因而当二者的接触结束时效果就减退了。有人还更深入地注意到，弗洛伊德当时仍然受到沙尔可有关歇斯底里症中创伤源头的重要性的强烈影响。如果病人的兄弟在童年时向她扔蟾蜍，那么这就足以解释患者对这种动物的永久恐惧症。个人想法（意愿）的不可接受性在三年后才首次被记录下来。1892 年弗洛伊德的一篇论文报告了催眠术治愈成功的案例。患者是一个显然强烈渴望母乳喂养孩子的女人，但由于她出现了呕吐、神经性厌食症、失眠、激越行为等歇斯底里症的症状而被阻止。弗洛伊德两次催眠暗示治疗帮助她消除了所有的梗阻症状，而一年后当另一个孩子出生时又发生了相同的情况。在这篇文章中，弗洛伊德最关心的问题是他所谓的"对抗思想"（antithetic ideas）的有意识干扰。他分别对比了这种现象在神经衰弱和歇斯底里症中的行为方式的不同。前者意识到冲突，削弱了意志力，但最终设法实现意图。而典型的歇斯底里症患者意识不到冲突的存在，但他产生了挫败感，于是在这种状况下对抗思想通过一些身体上的障碍反映出来。弗洛伊德并没有探究这些思想具体是什么，或者为什么存在这种对抗意识，假设它们真的存在，弗洛伊德想说的仅仅是，这种对抗思想在患者兴奋或疲惫的时刻往往会比较突出地占据上风。疲惫对"原初意识（自我）"的削弱程度远远超过了其对对抗性思想的影响，后者往往完全脱离了它的控制。这里有一个提示，布罗伊尔提出神经症症状仅仅源于一个特定的心理状态——他的"催眠状态"（hypnoid condition），弗洛伊德将其简单地描述为一种疲惫的状态。

　　我们现在要谈到最重要的事情。根据精神分析学家的记录，宣泄法逐渐过渡到了"自由联想"的方法。正是通过设计了新的方法，弗洛伊德才得以找到恰当

11. 布罗伊尔时期（1882—1894）

方式进入先前未知的无意识领域并得到深刻发现，他的名字由此变得不朽。这种治疗方法的发明是弗洛伊德科学生活中两大事迹之一，另一个重大事迹是他的自我分析法，他由此探索了儿童的早期性生活，包括著名的俄底浦斯情结。

对于一个伟大的天才来说，取得重大发现或发明的正统方式往往是一种闪电般的直觉之光，科学史上充满了这类富于戏剧色彩的事件。这种路数可能让那些写编年史的人感到失望，但我们必须记录一下弗洛伊德的完全不同的故事。尽管他也拥有敏锐的直觉，这种特点在他的成熟岁月里自由运作着，但是有充分理由认为，这些年来，特别是1875年和1892年间，我们一直会感觉他的进度十分缓慢而费力。艰难并痛苦地进步似乎是他前进的一个特点。只有通过艰苦的工作，洞察力才能获得增长。他对沙尔可描述的工作方式印象很深——盯着事实一遍又一遍琢磨，直到它们对你说话；这与弗洛伊德自己的态度也相符。确实他曾经也取得过事业上的突飞猛进，

西格蒙德·弗洛伊德，1891年，35岁。

90年代则是又一次，一个个新鲜的洞见接二连三涌现，这是他最有创造力的时期。艰苦工作和艰难思考中融入了情绪和直觉，使其变得更为重要。在90年代初，他的个性也发生了改变，这个现象在他的一生中出现过几次。1895年夏，歇斯底里症研究发表三个月后，布罗伊尔写信给他们的朋友弗里斯（Fliess）："弗洛伊德的才华正在以最高的速度增长着。我现在看他，就像一只母鸡望着雄鹰。"

没有确切时间记载"自由联想"法具体是哪天发现的。我们只能说，它是在1892年到1895年非常渐进式地演变而成的，从各种各样的辅助方法中逐步精炼化和稳定化——催眠、暗示、催促和询问——伴随着它的诞生。但是我们可以从这种演变中识别并指出一些标志性阶段。

在歇斯底里症研究中，有两个案例是从1892年开始记录的。这两项案例的

研究完全不同于前文提到的三年前艾米太太的那次治疗。当然，弗洛伊德那些年里对宣泄疗法已经相当有经验了，但是他的许多病人是无法催眠的，或者至少达不到他想到的催眠深度，所以他认为这些人不适合宣泄疗法。

这是促使他转而四处搜寻其他治疗方法的动机之一，他不想依赖于对患者的催眠。另一方面他也越来越深入了解到了催眠的本质。他明白，例如在艾米太太的案例中——病人治疗的改善程度取决于病人与医生之间的私人关系，所以当关系解除时改善也就消失了。一天，一个病人在治疗当中突然伸出手臂搂住他的脖子，这尴尬的一幕幸好被推门进来的仆人打断了。从那时起，弗洛伊德了解到这种如此有效的治疗的特殊关系有着色情的基础，不论是否表现出来；20年后他指出移情现象似乎一直是神经症性起源的有力证据。不同于布罗伊尔在面临类似状况时的反应，弗洛伊德认为这件事是一个普遍的科学现象，而且他也更希望能从催眠的面具中解放自己。几年后他解释说，催眠的表象隐藏了抵抗和移情的重要现象，而这正是精神分析理论和实践的基本特征。这确实是他放弃催眠方法的主要动机，是从布罗伊尔的宣泄疗法向精神分析疗法的一个决定性的转变。

1892年秋，他接收了一个病人——伊丽莎白小姐（Elisabeth von R.），她很难被催眠，但弗洛伊德决心继续。在看似无望的情况下，他想起了伯恩海姆的一句话，在催眠中经历的事情后来会被忘掉，然而只要医生坚持让病人知道，那么他们就可以随时回忆起来。弗洛伊德想到，在歇斯底里症的失忆现象中这一点应该也同样适用。因此他尝试了所谓的"注意力集中"方法，"后来我把它变成了一种治疗方法"。伊丽莎白是他首个放弃催眠疗法以新技术取而代之来处理的病例；有意思的是，这也是第一例他感到完全满意的治疗，他称之为"物理分析"。

这个方法是这样的：病人闭着眼睛躺下来，被要求把注意力集中在一个特定症状上，试着回忆起任何可能与其起源有关的记忆。当情况没有进展时，弗洛伊德把手按压在她的额头上，向她保证说，她一定会想起或记起什么东西。尽管有时似乎反复按压都无济于事。大约是第四次尝试时，患者说出了她脑海里出现的事物，并说道："我本来第一次就可以告诉你了，但我觉得这不是你想听的。"这样的经验强化了他对该种方法的信心，在他看来是万无一失的。他被迫严格禁止一切潜意识中的审查机制，鼓励病人们表达所有的想法，即使在他们看来是无关紧要的或不太愉快的经历。这是后来的自由联想法诞生的第一步。

弗洛伊德仍然对患者进行催促、按压和提问，他觉得这是艰苦但必要的过程。然而在一个历史性的时刻，他的病人伊丽莎白小姐责骂他，说他的提问打断了她的思绪。弗洛伊德接到了这个讯号，于是向自由联想法又迈进了一步。①

一旦开始，自由联想的程序就变得更加自由了，但这也只是程度上的放开。在某些治疗的阶段中，如果可以的话弗洛伊德仍然会使用催眠法，在1896年以前他并没有最终放弃这个方法，四年后他则证明了放弃的可能性。此外，他越是相信放松意识审查机制将会促使病人唤回重要的记忆，他就越不需要去催促、按压和指导病人的想法。很快，催促和在额上按压的方法就被停止使用了。闭眼睛在《梦的解析》（1900）中仍然出现，虽然可能只是在自我分析的案例中使用；到了1904年他表示这也是不必要的。古老催眠法的唯一遗迹是，病人仍然躺在沙发上，在大多数情况下这依然是一种可取的做法。然而长期以来他始终以症状为出发点，当涉及梦境分析的问题时这个习惯得到了强化，毕竟在梦的问题中人们往往需要从一个点到另一个点去逐一分析。

《歇斯底里症研究》（1895）中的"心理治疗"（Psychotherapy）这一章节通常被视为精神分析疗法的开端。但是弗洛伊德仍然将自己的方法叫作"布罗伊尔宣泄法"，尽管他经常提及"精神分析"（psychoanalysis）一词。正是在这一章中，他发表了谦逊而英勇的话语："假如我们可以成功地将歇斯底里症的痛苦，转化为一种人类普遍的不幸，那将是巨大的收获。"

"精神分析"一词最早出现在1896年3月30日用法语发表的一篇论文中；最早出现在德语中则是1896年5月15日；这两篇论文都是同一天发出的（同年2月5日）。1897年7月7日，他对弗里斯说据他观察，这项方法开始沿着某条道路自行发展下去，仿佛自然而然的一样。精神分析这种没有先行预设的自主过程成为其显著特征之一。一年以后（1898年）弗洛伊德谈到了方法的改进，这使他对它充满信心。我想那时会有人说自由联想法确实已经变得非常自由了，尽管后来又连续进行了一些改进。

乍一看这似乎是奇怪的一步；它意味着要用一种明显盲目而不受控制的迂回来代替一个已知的有系统性、目标明确的搜寻过程。这是弗洛伊德科学生涯中最为关键的一步，他后来所有的发现都是由此衍生的，人们自然会对它产生的动

---

① 患者推进医生的例子数不胜数；安娜·O的"扫烟囱"自我催眠法（即布罗伊尔的宣泄疗法）着实是一个重大发现。

第一部分 性格形成时期和重大发现（1856—1900）

机感兴趣。与之密切相关的有四个方面。我们认为这是一个循序渐进的过程而非一时冲动的决定。患者们被要求重新激活他们的记忆，去追忆症状开始之初的场景，特别是在精神放松的状态下，让患者的思绪漫无目的地游荡。弗洛伊德学会了不像大多数医生那样去打断他们，而是任由思绪流动，这种态度需要非比寻常的耐心，同时也是他天性中某种被动的性格共同促成的，他乐于放弃激烈的检查或干涉病人的想法。这是从早期敦促和施压方法走出来的一个决定性的转折。

在赫尔姆霍兹学院期间，弗洛伊德被因果关系和决定论的原则深深影响着，这种原则成为他早年科学研究的主导特征。与其他人将思想漫游视为偶然的、无关紧要的、毫无意义的做法不同，弗洛伊德直觉地认为，这些思想进程背后一定有某种明确的机制作为指导，即使表现得不是很明显。因为每隔一段时间，就会出现一个想法或记忆来解释前面一系列现象的意义，这一点证实了他的猜测。

在他的早期实践中，他发现患者明显不愿意透露他们痛苦不快的回忆。这种敌对态度弗洛伊德称之为"抵抗"，很快他将其与"压抑"（repression）联系起来，这种压抑导致这些不快的记忆被某些疾病的症状所取代。不难认为，迂回曲折的表达是某种抵抗的形式，试图推迟记忆的显现，但他们所遵循的路线最终仍与之相关。这也证实，弗洛伊德曾耐心地对这一系列的思想迹象进行了最为密切的关注和最为详细的考察。

比上述事件更为深奥，或许也更有意义的是下面这一点。当弗洛伊德完全相信自由联想的有效性时，他说他是"遵循一个模糊的直觉"。现在我们可以通过一个线索追溯这种有趣的直觉的源头。1823年，一位叫路德维希·伯尼（Ludwig Borne）的作家写了一篇题为"在三天内成为一名原创作家（The Art of Becoming an Original Writer in Three Days）"的文章，一句话来概括："我保证以下是很实用的方法。取几张纸，连续三天在上面写下一切出现在你脑海中的东西，不要弄虚作假装模作样。写下你对自己的看法，写你的女人，土耳其战役，歌德，冯克（Fonk）的刑事案件，最后的审判（the Last Judgement），比你权威的人物——三天后你就会惊奇地发现，新鲜的令人惊奇的思绪如泉涌。这就是三天内成为原创作家的技艺。"

弗洛伊德说伯尼是他最喜欢的作家之一，也是他第一次读到痴迷的作家。14岁时他收到了这本书作为礼物，这是他青少年时代保存下来的唯一一本书。半个世纪后，这篇文章中的许多段落又重回他的记忆之中，尽管并不是上文引用的原文。但我们仍然可以肯定的是，伯尼这篇惊人的建议已经深深印入弗洛伊德的脑海，并在 20 年后激发他为患者发明了自由联想法。

对于青少年时期的弗洛伊德来说，伯尼的意义不同凡响，这也不足为奇。伯尼是个了不起的人物，他对生活的态度必定让弗洛伊德深感共鸣，不仅仅是在他年轻时如此。路德维希·伯尼（1786—1837），1818 年他用这个名字取代了原名巴鲁奇·罗博（Baruch Lob），他是一名理想主义者，一个自由、诚实、公正、诚信、始终反抗压迫的斗士。他在德国反拿破仑的解放战争中扮演了重要角色，并攻击了随后出现的反动政权。他有段时间住在巴黎并结识了年轻的海涅，后者的玩世不恭令他较为反感。弗洛伊德前往巴黎的拉雪兹神父公墓时只参观了两座——分别是伯尼的墓和海涅的墓。

弗洛伊德在对患者记忆进行追踪的过程中观察到的第一件事是，他们并没有停留在症状之初，甚至没有在那些有可能是致病根源的不愉快的"创伤性事件"上加以停留，而是坚持继续深入回忆一系列连续的事件。弗洛伊德的科学素养使他将这种因果链视作一种合法的联系，即使表面因素的有效性起初并不明显。回忆不断地回溯，直至重返童年。弗洛伊德很快就看出，这是对一个古老争论的某种解释，一方是遗传倾向，另一方是后天获得（创伤性）因素的影响。关于这个问题弗洛伊德的观点左右摇摆了很久。现在他认识到，早期的经验不论是否与遗传相关，都构成了病症倾向的重要部分。

创伤性事件与症状的发作非常相关，但创伤性事件本身似乎又是相当平庸的，只有当它与一些并不具有创伤性也无致病性的早期精神经验（或态度）相联系时，才会发挥它的影响。这种与早期经验相关的对后续事件的反应方式，弗洛伊德称之为"回归（regression）"，他立即明白这是一个值得注意的发现。

他还逐渐注意到许多重要记忆都与性经验有关，虽然他不是第一个有机会从这个事实中得出普遍结论的人。这个事实对于他来说是始料未及的，令他非常吃惊。然而他的注意力一度被这个视角唤醒，他开始对病人的性生活进行仔细调查，很快就发现，这种习惯和做法产生了负面效果。

越来越多的证据表明性因素在神经症中发挥重要作用，这强化了弗洛伊德的直觉，从而引出了一个重要主题。起初他将其精心装扮成一个纯粹自发的、属于自己的观察，但后来的反思使他想起三次有趣的特殊经历，后者无疑在他没有意识到的情况下影响并指导了他的想法。1914 年，他生动地描述了这几次经历，从中我们可以提炼出几个要点。第一次经历需要追溯到他作为"年轻的医院医生"的职业生涯早期，因为他提起有关沙尔可的"几年后"的那次经历，称那是第二次，所以第一次必然是在1881年—1883年之间。这次是布罗伊尔告诉他，患者的一些神经质行为常常与床榻上的秘密有关。接着是他听到沙尔可非常着重地向他的助手布鲁阿戴勒（Brouardel）强调，某些神经疾病往往是"生殖器的问题（La chose genitale）"。第三次经历则是1886年，与妇科医生克罗巴克（Chrobak）有关，后者在弗洛伊德心中"可能是维也纳最杰出的医生"。维特尔斯提起他时，说他有一块很大的广告牌竖立在讲堂门口，上面写着"最重要的是不伤害原则（primum est non nocere）"。① 他请弗洛伊德接诊一名患重度焦虑症的病人，她的丈夫有比较严重的阳痿，克罗巴克还对弗洛伊德补充说道，唯一的治疗方案可不能写成持续服用正常剂量的阴茎。

弗洛伊德说，上述三个事件中有两位医生随后都否认自己曾发表过这些言论。据他推测，假如有机会问问第三位医生沙尔可的话，估计他也会给出同样的否定答案。弗洛伊德非常中肯地补充道，直觉的偶然闪现经常被遗忘，而一个认真的思考要想最终获得普遍接受则需要冲破重重复杂的谜团，这两者之间的差别是相当大的——好比肤浅的调情与历尽磨难承担起义务的婚姻之间的差别。

弗洛伊德起初对这些明显愤世嫉俗的言论多少感到有些震惊，他没有太当回事，并把这些看法忘掉了。在1896年的一篇重要文章里，他详述了多年来他对这些事情的记忆是如何被遮蔽了的："我只能说，至少就我而言，并没有什么先入为主的意见促使我在歇斯底里症的病因中找出性因素。我是在沙尔可和布罗伊尔这两位专家门下做学生时才开始了对这个问题的研究，他们二人强调他们没有这样的预设；事实上他们对于我最初分享的这个问题，都怀有个人的反对倾向。"

弗洛伊德现在发现自己在越来越偏离和反叛他"可敬"的同事和前辈了。从1886年的男性歇斯底里症和创伤病因论，到他对待歇斯底里症的严肃态度，接下来是对尚有争议的催眠问题的强烈关注，以及不久以后他对神经症中的性因素的兴趣。他在讨论焦虑神经症（1895）的论文中所引用的丰富案例表明，这种兴趣必然是在几年前就开始了。弗洛伊德对形势的反应相当激烈。他觉得自己在领导着一场革命来反抗公认的医学惯例及他在维也纳的前辈们，他全心全意地接过了

---

① 至高的诫命是：不伤害（Do not harm.）。

11. 布罗伊尔时期（1882—1894）

他们的使命。

然而与此同时，年轻人仍然需要足够多的支持和信赖，使他能够从容应对与那些比他位置更稳定的同事合作的可能性。这时所能想到的首选人物无疑是布罗伊尔。

在80年代后期包括90年代初，弗洛伊德仍然试图恢复布罗伊尔对歇斯底里症的兴趣，或劝说他至少把安娜·O小姐的发现公之于众。在这一努力中弗洛伊德遭到强烈的阻力，个中缘由他起初不能理解。尽管布罗伊尔是他的前辈，也比他年长14岁，但这次是这位年轻人——第一次——完全占据了主导地位。弗洛伊德逐渐明白，布罗伊尔不愿他与安娜小姐之间那段令人不安的经历被公开。于是弗洛伊德将自己曾被一位女病人搂住脖子的事情告诉了他，以说明治疗中的情感转移现象，向他解释了关于这个不幸事件的原因，这是某种歇斯底里症的移情现象的一部分。这种说法似乎使布罗伊尔的心情平静了一些，显然他曾更为感同身受地经历过类似事件，或许甚至还为自己对病人的轻率处理而深感自责。不论如何，弗洛伊德最终确保了与布罗伊尔的合作，性的主题则被保留在研究的背景当中。弗洛伊德的话显然给布罗伊尔留下了深刻印象，因为当他们共同准备歇斯底里症研究时，布罗伊尔说移情这种现象"我相信是最重要的事，我们必须让世人了解它"。

这份研究成果的第一次发表是在1893年1月的《神经学专刊》(*Neurologisches Centralblatt*)上的《歇斯底里现象的心理机制》(*The Psychical Mechanism of Hysterical Phenomena*)"，它具有历史性的意义。①两年后联合署名的书问世，就是众所周知的《歇斯底里症研究》(1895)，通常人们认为这本书是精神分析的起点。它的内容包括合著论文的再版，五个案例史料，布罗伊尔的论文，弗洛伊德关于心理治疗的总结章。

第一个案例材料是布罗伊尔撰写的，发明了宣泄疗法的安娜·O小姐的事迹。其余四个则是由弗洛伊德撰写的。这些案例中的第一个和最后一个分别是前文已经提到的艾米太太和伊丽莎白小姐的故事。第二个病史的患者是维也纳的一名英国家庭教师露西小姐（Miss Lucy），她的症状最终证明是源于她对家庭主人禁忌性的依恋遭到压抑的结果。在这个案例（1892）的讨论中，弗洛伊德首次

---

① 仅3个月后F.W.H梅耶尔斯（Myers）就在伦敦阐述了这本在1893年6月出版的书。

第一部分　性格形成时期和重大发现（1856—1900）

明确地描述了对一个矛盾念头的压抑最终如何导致替代物的躯体神经支配（转换conversion）。这完全不同于某人不幸地被动地承受创伤。另一个案例史料描述了一位18岁的女孩卡特琳娜（Katherine）的悲伤故事，她在阿尔卑斯高原（High Alps）上的一家旅馆遇到弗洛伊德，得知他是医生后，她恳求他帮助自己，因为她患有严重的焦虑症。在一次访谈中弗洛伊德发现她的症状根源并尽可能地帮助她缓解症状。

这本书在医学界并没有得到好评。[①] 著名的德国神经学家施特林姆佩尔对此发表了反对评论，弗洛伊德说他自己可以对此一笑置之，因后者的文章表明他根本没有看懂这本书。但施特林姆佩尔的负面评论似乎使布罗伊尔的心情一落千丈，对此弗洛伊德说道："布罗伊尔的自信和抵抗能力不像他其他部分的神经组织发育得那么完全。"

这本书在社会各界都引起了广泛关注，不仅在医学界如此。其中一篇在洞察力和远见方面十分引人注目的评论值得特别纪念一下。这是1892年12月2日在维也纳前卫报纸《新自由通讯》（*Neue Freie Presse*）上发表的一篇文章，题为"灵魂的手术"（Seelenchirurgie）。作者是阿尔弗雷德·冯·博格纳（Alfred von Bergner），一位大学的文学史教授，同时也是维也纳皇家

约瑟夫·布罗伊尔，1897年，55岁。与弗洛伊德合著了《歇斯底里症研究》一书。布罗伊尔的著名案例——安娜·O小姐是通往精神分析之路的一个起点。

[①] 一个例外是米切尔·克拉克（Mitchell Clarke）在《大脑》（*Brain*）杂志上发表的一篇详尽的好评。顺便说一句，几年后这成为笔者获悉的有关弗洛伊德精神病理学工作的首个迹象；他过去对于神经学工作十分熟悉。两年后，另一个英语作者——哈夫洛克·埃利斯（Havelock Ellis）写了一篇有关歇斯底里症的文章，其中对弗洛伊德和布罗伊尔这本书以及弗洛伊德在歇斯底里症方面的其他研究给予了高度评价。

剧院的导演。他是一位诗人、文学史家、戏剧批评家。他以钦佩和理解的态度追溯了书中的案例，然后补充了一些意味深长的预言："我们隐隐约约地可以设想，有朝一日它可以洞悉人类人格最深处的奥秘……这个理论本身，事实上，不是别的，而是诗人所运用的那种心理。"他接着从莎士比亚的著作中挖掘阐述这篇论文，并将麦克白夫人的痛苦描述为一种"防御型神经症"（defense neurosis）。

《歇斯底里症研究》印刷了 800 本，13 年后售出 626 本。作者获得 425 盾（每人 85 美元）。

这两位同事之间就歇斯底里症的理论问题产生了分歧，然而，他们的分离既不是出于他们自身也并非出于他们著作所遭到的冷遇，总之 1894 年夏天二人的合作结束了。这主要是因为布罗伊尔不愿意按照弗洛伊德的意思去调查病人的性生活，更确切地说，他无法认同弗洛伊德由此得出的长远结论。认为性生活中的障碍是神经症和精神性神经病病因中的核心要素，这种观点布罗伊尔很难接受。这种看法当然不只布罗伊尔一个人会有。

然而十分奇怪的是，布罗伊尔的观点总是摇摆不定。确实，他从未真正承认过性生活的障碍是导致神经症的恒定的具体原因，但他在这个方向上又走得很远。例如在"理论"（Theory）这一章中，他对歇斯底里症的研究做出了贡献，他写下过如下段落："性本能无疑是应激反应持续增加的最强来源（因此同样对神经症适用……）""这种相互抵牾的思想间的冲突具有致病性，这是日常经验的问题。它主要是属于性生活领域的观点和过程等方面的问题。""这一结论（有关歇斯底里症的处理）本身就意味着性是歇斯底里症的一个重要组成部分。然而我们将会看到，它所扮演的角色仍然是相当重要的，而且它会以最多样化的方式联合构成疾病……""更为大量的、更为严重的压抑所导致的（歇斯底里症）的转换，含有性方面的内容。"在《歇斯底里症研究》问世的那个月，弗洛伊德给他的朋友弗里斯的信中写道："你肯定认不出布罗伊尔了。我又要情不自禁地毫无保留地喜欢上他……他已经彻底皈依了我的性欲理论。他已经跟我们从前习惯的样子彻底不同了。"然而又一次，在几个月后的医师学会（doktorenkolleguim）会议上，布罗伊尔热情地支持弗洛伊德的工作，并表示自己同意他对性因素病因的看法。当弗洛伊德为此感谢他时，布罗伊尔却转身离开并说道："我一个字也不相信。"二人的关系自然就此冷却，不可能再有进一步的合作，20 年的私人友谊也从此开始淡化。

第一部分　性格形成时期和重大发现（1856—1900）

科学观点上的分歧并不能彻底反映全部，从弗洛伊德 90 年代写给弗里斯的那些未出版的信中，我们可以看到他提及布罗伊尔时的苦涩情感。当他回忆起布罗伊尔在 80 年代对于自己是什么意义时，谈起的都是他的慷慨，他对自己的理解与同情，他那快乐的富有感染力的气质，和他给予自己的智力上的启迪，这些与后来的变化对比来看着实令人震惊不已。从前，布罗伊尔是完美无缺的，关于他我们找不到任何批评的陈词，而如今在弗洛伊德笔下再也看不到布罗伊尔那些优良品质了，只能看到他出现时是如何激怒弗洛伊德的。当然这种变化不是突然发生的。虽然后来弗洛伊德也抱怨过，不得不在出版方面重新与布罗伊尔进行合作，但是直到 1894 年 4 月，二人仍保持着相当亲密的友谊，弗洛伊德仍关心他的健康状况。但在那年夏天过后他们再也没有合作过。弗洛伊德感情的主要逆转出现在 1896 年春，当时刚好也是他与弗里斯关系升温的时候。2 月份他写信给弗里斯说道，他再也无法与布罗伊尔相处了，尽管一周后他又承认，意识到布罗伊尔从此要彻底退出他的世界令他感到痛苦万分。一年后，他很高兴自己再也没有见到过布罗伊尔了；那些情景会让他产生移居国外的念头。这些都是偏激之词，还有更激烈的我们在此就不必重复了。

在这短短的几年里，弗洛伊德处于智力上和情感上变革最为强烈的阶段。他的理论所遭受的联合抵制，激起了他一种挑衅式的叛逆反应。他需要一个有知识和才能的伙伴来与之分享这一切，而那个最初带他踏上这条道路的人随后又给他泼了冷水，并淡出了这场战斗。

但是，整件事还是非常私人的。很明显，弗洛伊德现在还对自己亏欠布罗伊尔的那些重负耿耿于怀，其中一部分是金钱方面的。1898 年初他第一次尝试还掉这部分债务。布罗伊尔可能不愿意接受这份自己长期以来视为馈赠的东西，于是想要用弗洛伊德曾经给他一位亲戚看病的医疗费来抵消这部分欠款。弗洛伊德似乎将此举解读为，布罗伊尔仍然想要保留二人之间的依附关系，于是对布罗伊尔的反应十分恼怒。两年后他向弗里斯宣称自己希望彻底与布罗伊尔断绝关系，但他做不到，因为身上还背负着欠他的旧债。

在所有这些悲哀的故事里，我们需要记住弗洛伊德曾坦陈过的，自己那周期性的强烈爱恨的体验，甚至他的自我分析也未能缓解这种情绪。

引发了诸多麻烦的性方面的研究分为两种类型。起初他们观察，在歇斯底里症状（以及随后的强迫性的）的分析中有多少最终都回归了痛苦的性经验，其中许多都可以被称为创伤性的经历。这一因素在神经症的经典类型中的重要影响给弗洛伊德留下了深刻印象，他继而想知道，创伤性的性经验在其他形式的神经症中有可能扮演怎样的角色——后者后来被"神经衰弱"（neurasthenia）这一术语松散地归入一类。

神经衰弱这个概念是30年前由彼尔德（Beard）引入的，确实是一个非常泛的概念。弗洛伊德认为，他可以通过学习各种案例的症状及其具体病因来对此进行分类和澄清。他给"焦虑性神经症"的特征做了一个明确而完整的症状描述，将其区别于神经衰弱症和歇斯底里恐惧症。有关这个话题弗洛伊德在1893年甚至更早的时候就得出了结论；他在1892年底的一封私人信件中写道："没有什么神经衰弱或类似的症状不是伴随着性功能障碍存在的。"他在1893年2月详尽地描述了焦虑性神经症。1894年初他们计划于1895年1月份发表一篇论文，比《歇斯底里症研究》早几个月问世。这是弗洛伊德独立踏入精神病理学领域的初次尝试。

弗洛伊德作为观察结果而保留的结论是，每当对病人进行透彻的调查时，都会在以下两种不同情况下发现不同的性病因；这是他将其区分开来的根据。在神经衰弱症的情况中，患者对性问题的紧张焦虑总是得不到充分缓解，于是主要通过某种自我纾解的形式解决。早在1892年弗洛伊德就断言，性功能障碍是导致神经衰弱不可或缺的原因。另一方面，在焦虑性神经症的情况中①，面对难以忍受的性兴奋，患者缺少缓解途径，最常见的例子就是实践中的性交中断，这种情况往往出现在贞洁而充满激情的订婚恋人身上。

弗洛伊德为其临床发现提供的解释与他个人经历有着密切关联。他也总是被身体与心灵关系的古老问题弄得十分困惑，起初他怀有强烈的赫尔姆霍兹式的科学原则，希望能为心理机能建立某种生理基础。但我们后来看到，在1888—1898年间，弗洛伊德经历了一场激烈的斗争之后才决定放弃这种意图使躯体与心理活动相互关联的想法。在这个冲突的问题上，弗洛伊德的神经症理论似乎是一种曙光初现。这是一个十分恰当的领域，因为只有在焦虑症的问题上，身体和心灵的

---

① 需要注意的是，英语中"焦虑"（anxiety）这一单词，是由德语"恐惧"（Angst）翻译过来的，在精神分析领域里通常泛指一切不同程度上的担忧、畏惧、害怕甚至恐慌。

关系才处于如此根本性的地位。

基本上，弗洛伊德的解释是这样的：当性方面的紧张在身体内被唤起，并达到一定程度时，它会将精神也引向性欲和力比多（libido），与此同时伴随着各种不同的情绪和想法。然而不论出于何种原因，这种自然过程一旦遭到审查，这种紧张感就会"变形"（transform）为焦虑感。下面是他发表的第一篇论文中的一段斜体声明："我们发现，焦虑性神经症的发生机制，是从躯体性兴奋转移到精神性兴奋中的，这种转移引发了对于性兴奋的异常使用。"他坚持认为焦虑是该种事态下的某种生理效应，于是焦虑本身及其所伴随的身体现象（心悸、盗汗等等）都是很难接受精神分析的。

论及这种阻塞所引发的症状为何恰恰是焦虑时，弗洛伊德指出，焦虑发作时伴随的身体症状（呼吸加快、心慌、出汗、充血，等等），也出现在正常性交行为中。在一年后的一封信中，弗洛伊德也提到了呼吸阻塞所引发的焦虑——一种现象，没有心理学阐释——可以成为任何躯体性紧张累积的表达方式。

在所有这一切中，弗洛伊德所接受的早期训练所带来的偏见是显而易见的。他正处于放弃生理学并用纯粹的心理学语言来表达他所观察到的临床结果和结论的边缘。但是在他所谓的真性神经症（actual neuroses）的问题上①，他看到了至少有一个可以用生理学来解释其病理的机会。

直至1925年弗洛伊德仍然这样写道：

> 从临床角度来看，当下神经症必然伴随着某种中毒情况或格雷福斯疾病（Graves）。这些状况是由于某种不论是体内产生的还是外部摄入的高活性物质过量或相对缺乏引起的——简而言之，它们是机体化学的障碍是中毒现象。如果有人成功地分离并展示了神经症中的假想物质，那么他就不必担心在医学界遭到反对了。然而现在没有这样的途径。

几年后他对我说的一段话就是源于这种态度。他半严肃地预测，在未来歇斯底里症可以被化学药物治愈，而不必辅助任何的心理治疗。但另一方面，他曾经坚持人们应该首先探索心理学的极限，同时耐心等待着生物化学的适当进步，他

---

① 德语里"aktual"的意思是当下的（current），导致神经症的往往都是眼下的一些原因。

还警告自己的学生，不要再在所谓的"内分泌上浪费时间"。

弗洛伊德在焦虑性神经症和歇斯底里症之间进行了有趣的比较，解释了为什么二者经常同时出现。他称前者为后者的躯体对应物。"二者之中均存在应激朝向躯体的偏移现象，而非朝向心理同化；差别仅仅在于，焦虑性神经症的应激（神经症表达自身的替换过程中）是纯粹躯体的（躯体性兴奋），而歇斯底里症则纯粹是心理的（由冲突诱发）。"

由于"真性神经症"的话题后来没有再出现过，那么我们似乎可以在此补充一些它后续的命运。克里斯（Kris）说直到1926年，弗洛伊德的毒理学的焦虑理论（toxicological anxiety theory）都在心理学思考中占据主导地位。这个极端的声明有待修正。的确，弗洛伊德对两种神经症所做的疾病分类，包括他对特定病因的描述（从未被质疑），他对所有发现所做的理论解释统统进入精神分析文献论述。但这只是嘴皮子工作，并没有在临床上得到应用，原因在于似乎并没有人碰到弗洛伊德所描述的那种情况。我也曾对弗洛伊德说起过这个，他回答说他现在也没有遇到过任何这样的情况，但是他在实践之初遇到过。在《自传》（1925）中弗洛伊德写道："从那时起我就没有机会回到'实际'的神经症研究中去了；我的这部分工作也没有任何人继续做。如果今天我回头看看自己早期的发现，我会非常震惊地看到，它们呈现了一个可能更为复杂的课题的粗略轮廓。但总的来说，在我看来这些发现仍然是很好的。"

从弗洛伊德对焦虑性神经症的观察来看，他在挫败性行为和病态焦虑之间建立的内在关系（即恐惧超过了实际的危险）确实被保留了下来——而且是长久保留。这种关系的确切实质可能尚存疑问，但其实证观察却站稳了脚跟。[①]

回到精神性神经症这个弗洛伊德首次在性行为障碍问题上取得重要发现的领域，我们可以肯定的是，在他将其公之于众之前四五年的经验稳定地强化了他的研究发现。他第一次提出自己的观点，是在一篇题为"为神经精神病辩护"（The Defense Neuropsychoses）的文章中，这篇文章分别在1894年5月15日和6月1

[①] 然而，弗洛伊德第一篇关于焦虑性神经症的论文中（1895）的发现十分有趣，这似乎是他30年后的阐述的某种前兆。他的说法如下："当感觉自己无法应对（通过一个适当的反应）某个从外部接近的任务（危险）时，心理上焦虑的影响便发展出来；而当感到自己与某种内源性的应激（性层面上的）无法势均力敌时，就产生了焦虑性神经症，也就是说它的作用就好像是将这种应激投射到外部世界去。"于是，心理过程开始进入叙事，尽管他极力想要用生理学来取而代之。

第一部分 性格形成时期和重大发现（1856—1900）

日发表，比关于焦虑性神经症那篇要早。在这篇文章中弗洛伊德谦虚地指出，歇斯底里症主要是由于一些无法被接受的性观念（在女性身上）作祟。而根据他的经验，强迫性神经症的致病原因往往总是与性有关，当然也可能存在一些例外，只是他还没有遇到过而已。

1895年，他花了三个晚上（10月14、21、28日）在维也纳的医师学会的会议上就有关歇斯底里症的话题发表了演说。宣读了这篇题为"关于歇斯底里症"（Uber Hysteria）的论文。例如："对于那些过去是健康的男性来说，焦虑性神经症的根源主要在于禁欲；而对于女性来说往往是性交中断所致。"第二个论文主要内容是"压抑"（repression）的问题，他写道："每一个歇斯底里症中都会发现压抑现象，而且始终与性内容相关。"他还宣布说，他可以不通过催眠来进行治疗。

第二年（1896）他的观点又有了一些新发展。3月份，第四篇论文用法语写成，发表在《神经学杂志》（Revue Neurologique）上。这篇文章主要挑战了当时在法国很盛行的观点，即神经症的根本原因是遗传。弗洛伊德断然指出，在一切神经症中存在着一个特殊的原因，即患者的性生活方面有障碍：当下所遇到的障碍导致"真性神经症"，而过去生活经历中的问题则会引发精神性神经症。更为确切地说，歇斯底里症的原因是青春期前的被动性经验，也即创伤性的诱惑；这一结论是基于对13个案例的充分分析后得出的。有这种倾向的经验年龄大约在三四岁，弗洛伊德推测，在8岁或10岁以后出现的这种情况是不会导致神经症发生的。这种经历通常伴随着冷淡，或者某种程度的厌恶或恐惧。至于强迫性神经症，他提到了6个全面分析的案例，同样也是与青春期前性经验有关，但它和歇斯底里症有两个重要区别：这种经历是愉快的，并且是积极主动的。此外，在积极欲望的强迫性体验之前，似乎也存在着一个更早的被动诱惑体验；这解释了为什么这两种精神性神经症常常是共存的。

1896年5月2日，弗洛伊德在维也纳的精神与神经学会（Society of Psychiatry and Neurology）会议上发表了题为"歇斯底里症的病因"（The Etiology of Hyesteria）的演说；在同年晚些时候，这篇文章被扩充后出版。根据弗洛伊德的说法，这篇论文遭到了冷遇。时任大会主席克拉福特·艾宾（Krafft Ebing）只说了一句："这听起来像个科学童话。"这基本上是弗洛伊德在维也纳宣读过的最后一篇论文了；唯一的另一篇是在8年后。

这是一篇极富价值的综合性论文，虽然它没有就刚才提到的结论基础上做过多的补充，论据驾驭得如此之好，十分巧妙地先发制人阻止了反对意见，堪称绝妙之作（tour de force）。显然弗洛伊德对此充满信心。在每一个歇斯底里症案例的最深处都会发现一个或多个早期性经验，往往是在童年阶段的最初几年里发生的，尽管已经过了数十年，但通过分析工作患者可以将其经验再现，弗洛伊德补充说道："我相信这是一个重要启示，一个神经病理学的卡普特·尼利（Caput Nili）。"

当然，有人对于病人重现诱惑场景的真实性提出了质疑，这也是弗洛伊德必须处理的问题，他给出了几个理由说明为什么他相信其真实性。其中有一个理由，与我们所熟悉的一贯保持怀疑态度的弗洛伊德有些不同，它显示出某种较弱的心理洞察力。由于患者对于重现当时场景的要求总是极不情愿的，往往强调自己什么感觉都没有，这与他们在回忆其他被遗忘的事件时的态度是一样的，对此弗洛伊德说："现在，他们最终的态度似乎是最具决定性的。假如患者出于某种动机，故意去抹黑和编造某些特定的事，他们为什么还要如此坚决地强调他们不相信我的说法呢？"没过多久，弗洛伊德就发现这个问题很容易回答。

1898年初他发表的论文《神经症病因中的性欲》（Sexuality in the Etiology of the Neuroses），在维也纳医师学会会议上就宣读过。这篇文章主要为研究神经症患者的性生活的正当性进行了辩护，并强调了这样做的重要性。文章也包含了对神经分析方法有理有据的声辩，其中，弗洛伊德定义了它所适用的病症及其局限性。

但这篇文章包含两个特征：一个是积极的；另一个是消极的。前者在于，它首次提出了幼儿性欲理论，弗洛伊德写道："我们完全错误地忽略了儿童的性生活，据我的经验，孩子们有能力进行一切脑力和身体活动。正如人类的整个性器官不只是外生殖器和两个生殖腺而已，所以人类的性生活并不只是如同我们偶然观察到的那样，从青春期才开始。"人们可能会由这个被或多或少修正过的孤立段落匆忙得出结论说，弗洛伊德现在已经领会了婴儿性欲的全部概念，但事实远非如此。

这篇文章的第二个特征在于，尽管没有退缩，但这篇文章根本没有提及歇斯底里症的诱惑理论——这是弗洛伊德过去3年关注的主要问题，不久前他还将其说成是神经病理学中的卡普特·尼利。所以这当中一定发生了某些重要事件。

现在我们来到了故事中伟大的分界线之一的地方。弗洛伊德刚刚认识到了幻想的一些意义。

第一部分 性格形成时期和重大发现（1856—1900）

两年前他曾表示，成人歇斯底里症患者讲述的故事通常是虚构，这是他们所遭受的童年创伤记忆的痕迹。直至1897年春，他仍然坚信这种童年创伤理论的真实性，沙尔可的创伤经验理论对他的影响是如此强大，而在分析过程中病人与之相关的情景再现又令弗洛伊德如此相信。虽然在写给弗里斯有关自己研究进展的信件中，弗洛伊德并没有提及这个问题，但是怀疑已经开始蔓延了。而后突然有一天，他决定向他吐露一个"过去几个月来我渐渐明白的重大秘密"。这是一个非常可怕的事实，大多数——不是全部——患者所说的童年时期的诱惑经历，以及他由此建立的全部有关歇斯底里症的理论，都从未真正发生过。这是弗洛伊德科学生涯的一个转折点，这个事件考验了他的正直、勇气和心理学洞察力。现在，他必须证明他建立一切理论所依凭的心理学方法本身是否可靠。就是在这个时刻，弗洛伊德的声望达到了顶峰。

1897年9月21日，弗洛伊德写给弗里斯的信或许是最有价值的一封信，也十分幸运地被保存了下来，在信中他向弗里斯提出了结论。他给出了4个使自己越来越怀疑的理由。首先，是他无法以恰当的方式完成分析所带来的大量失望；不论是治疗结果还是科学结论都不是很理想。其次是他非常惊讶地发现，他不得不相信，所有的病人的父亲都是性变态；而事实上，这种现象确实要比歇斯底里症的情况要普遍的多，因为后者的主诉需要有更多其他因素的辅助才能最终达到。第三，他清楚地认识到，在无意识中并没有有关现实的界限，这使得事实无法与情感虚构区别开来。第四，是他考虑到类似的回忆在甚至最严重的精神病的谵妄中都不会出现。

尽管弗洛伊德在过去的几个月里持续深入研究童年性幻想的问题，但与此同时，他也同样坚信诱惑是真实发生的。放弃这种信念必然是个大麻烦，而且很可能的是，真正的决定性因素也许是他在那个决定命运的一年的6月份所做的自我分析（self-analysis）。

正如信中反映的过程那样，弗洛伊德保持着旺盛的精力，虽然他也遗憾地表示，既然他不得不放弃歇斯底里症的关键秘密，做一名功成名就的医生的愿望也就化为泡影了。"我要把哈姆雷特'准备就绪'（to be in readiness）之类的话改成'面对一切都保持好心态'（cheerful in everything）。确实，我可能感到非常不满。期待已成的声誉、财务自由和富足、旅行的愿望，让我的孩子们免于我的青年时代曾肩负的重担：这曾是多么合理的愿望。一旦歇斯底里症的问题得到解决，所有的这一切都会实现。而现在，我只能再一次谦虚地让自己屈从于那些日常事务和经济问题。"

1914年弗洛伊德这样描述他在这个发现上的处境：

> 这种病因理论因其不可能性和确定无疑的矛盾瓦解掉了，最初我感到一种无奈的困惑。分析疗法最终将病人们带到这些性创伤上面去，然而这些却又都不是真的。现实从脚下消失了。那时候我很乐意放弃这一切，就像我所敬重的前辈布罗伊尔那样，当自己的发现不被认可时就理解退出。或许我坚持下来只是因为我没有其他选择，无法在其他领域重新开始研究。最后我得到这样一种思考：毕竟，一个人没有权利因为自己的期待落空而绝望；人们必须修正自己的期待。如果这些患者把自己的症状追溯到某种虚构的创伤当中去，那么这个新的事实意味着他们在幻想中自行创造了这样的场景，心理现实需要与真正的现实一同纳入考虑当中。

有趣的是，这个戏剧性的说法并不完全符合在上面引用的信中弗洛伊德自己描绘的图景。的确，他承认："我不知道自己在哪里，因为我对压抑还没有取得理论上的理解。"但是仅仅这一点似乎就使他十分不安。谈及他对压抑的理论机制的困惑，他说："如果我很沮丧疲惫，那么这些怀疑就有可能被视为一种软弱。但由于我正处于相反的情绪中，我必须把它们看作诚实而充满活力的智力工作的结果，并应该为自己在面对一切关注时的批判能力感到自豪。毕竟，也许怀疑只是迈向知识更深处的一个插曲。"

至于承认自己的重大错误，他惊奇地表示自己一点也不感到羞愧，尽管——他补充说——他很可能会有这种感觉。接着是一段赏心悦目的话："不要在迦特报告，不要在亚实基伦街上传扬，在非利士的土地上①，而在你我之间，我感到一种胜利，而非失败。"

他可能会欢欣鼓舞，因为凭借着强大的洞察力，他已经处于探索婴儿性欲范围的边缘，也即将完成他对梦境的心理学解析——他的两个最高成就。

---

① "免得非利士的女子欢乐！"（译者注：《圣经·旧约撒下》1：20。）

第一部分　性格形成时期和重大发现（1856—1900）

12. 早期精神病理学（1890—1897）

直至1890年，弗洛伊德曾有几年完全放弃了神经组织学领域的一切实验工作，尽管当时他已是一位称职的神经学家，但他几乎从未对临床神经病学表现出什么兴趣。幸运的是，作为另一份营生渠道的私人门诊，上门拜访的大多都是神经症患者，他们身上存在的现象很快就引起了弗洛伊德的注意，他对这些问题的兴趣也迅速增长。某种程度上说，弗洛伊德从不认为临床神经病学是"科学的"，而他渴望重返"科学"工作中去。这种说法不太确切，但脑解剖始终得到推崇。弗洛伊德想要的并不仅仅是"独创性研究"，而是一些更基本的东西——可能是与人类本质相关的研究，关于身体与心灵的关系，以及人类如何成为一种自觉的动物等问题。

在弗洛伊德看来，自己在神经学工作上的唯一成就是失语症研究，因为言说是将大脑与思维联系起来的唯一一项功能（根据布罗卡在大脑额叶定位的发现），我们不难理解为什么弗洛伊德对它持有特殊兴趣。与临床神经病学相比，弗洛伊德对临床精神病理学（clinical psychopathology）的兴趣更为浓厚。他在这个领域里所做的观察和发现带来了许多引人入胜的智力问题，但这种兴趣又要服从于更为宏伟的计划，即建立神经症表现的综合理论。很明显，它反过来又以其自身的方式吸引了弗洛伊德，因为他希望可以从中获得启发，从而把握整个思维内部的结构和运作。

这才是真正的天才。当其他人依然认为神经症只是一种偏离了常态的异样疾病时，弗洛伊德想必很早就猜到，它们绝不仅仅是心理机能方面的简单问题，相反它们指向某种深入"心灵"，即一切意识深处的道路。他认为精神病理学将成为一种普遍的心理途径，也许是最佳的一条路径。在弗洛伊德1896年的论文当中，其中有一篇使用了"未来神经症心理学"（the future Neurosis-Psychology）的表述来定义心理学这个"哲学家没有为此做什么准备"的领域。

在此后的岁月里，弗洛伊德的挑战者们总是以他的知识来源作为理由攻击他的结论。从非正常的"病态"情况中推导出的结论,怎么可能对健康人也有价值呢?弗洛伊德在歇斯底里症研究中早已提出过反对意见:"从事该种工作的人在面对退化的不平衡(déséquilibrés)的异常大脑时当然没有任何理论偏见,这类患者的特点是无视各种意识之间的心理规律,或者在他们身上,任何一种观念可能获得过分的强度,且不带任何合理动因,或者是没有任何心理学上的原因而显得坚不可摧。经验表明歇斯底里症恰好相反;一旦发现了隐藏的动机——这些动因常常是无意识的——并加以思考,会发现在歇斯底里症患者的想法中,没有什么是不可思议的或毫无规律的。"

弗洛伊德对性的态度同样持续激发了他的兴趣,并促使他在研究中继续前行,这一点也更进一步地阐明了上述考虑因素。一方面,毫无疑问,是他发现了性因素在神经症成因中扮演的本质角色——我必须重复本质(essential)这个词,因为它常常只作为偶然因素被承认,而弗洛伊德则将其作为一个主要目标展开了他对神经症中的力比多事无巨细的描述。另一方面,弗洛伊德对性活动的描述又是如此不动声色,许多读者发现这些叙述几乎是干巴巴的,完全缺少温度。我应该说,据我对弗洛伊德的了解,面对一些对他人来说可能是很有吸引力的话题,他总是表现出低于常人的热度。他对性的话题没有任何热情和兴趣。他在俱乐部房间里通常会很不自在,因为他很少开荤腔,除非是其内容能反映某个普遍问题的时候。他总是给人一种异常纯洁的印象——"清教徒式的"这个词用在他身上不为过——他早年的成长经历也可以验证这个说法。

事实上这也解释了为什么当他宣布了他的发现后遭到冷遇时,他会表现出如此天真的惊讶。

> 我一开始也没有察觉到我的发现有什么特殊性质。我不假思索地牺牲了我作为一名医生的声誉,不断地对神经病患者们展开大规模的咨询,去询问和探究他们神经症起因当中的性因素;这给我带来了许多新的发现,确实验证了我对性因素重要性的信念。懵懵懂懂地,我在克拉福特·艾宾主持的维也纳神经学大会上公布了我的发现,希望能从我同行们的认可中得到一些补偿,来弥补我曾心甘情愿接受的物质上的损失。我把我的发现当作普通的科学贡献,希望我的同行们也能以同样的心态看待它。然而当我的发言得到的只是沉默,那些围绕在我身边的死寂,那些朝我投射过来的暗示,使我逐

渐意识到，我不能指望性欲在神经症病因中的作用能如同其他因素一样被平等地接受。我明白从现在起，我成了赫布尔（Hebbel）所说的那种"打扰了世界的酣睡"（troubled the sleep of the world）的人。我无法被客观地看待和宽容了。然而也正是那时起，我对自己的观察和结论的普遍正确性越来越确信了，我对自己的判断非常有信心，比我道德上的勇气更强烈，我对形势的结果毫无疑问。我下定决心，发现了神经症中这种特殊的重要关联，是我的幸运，我准备接受命运，命运有时就是会伴随着诸如此类的发现。

早在1893年，在有关歇斯底里瘫痪的论文中，精神病理学领域里就有两个普遍观点。当使用"皮层功能性疾病"（functional affection of the cortex）这一表述时，正如一些神经学家所使用的那样，病理学家会将其理解为一种暂时性的局部病变，即死后即不可见。有许多诸如水肿或贫血引发的歇斯底里症的手臂瘫痪，要归咎于罗朗多氏裂（fissure of Rolando）附近的臂中心疾病。弗洛伊德明确而强硬地反对这种观点。他证明了歇斯底里症的瘫痪绝对不同于器质性的瘫痪，很大程度上在于前者不是解剖学事实上的，而是一种心理概念上的"手臂"，他认为唯一可能的解释是，"手臂"的概念与患者意识的其他部分相互分离了。这是一个有关意识联系断裂的问题。

在同年早些时候问世的弗洛伊德与布罗伊尔联合署名的《简报》中，他们发表了著名的论断："歇斯底里症患者的痛苦主要来自回忆。"在这种观点中——是对沙尔可理论的一种扩展——精神创伤是造成歇斯底里症的主要原因，但是它又解释说，并非创伤本身，而是患者对于它的记忆，才是运作过程的主要推动者。创伤并不是一种激发或诱发因子，相反它——在记忆的痕迹里——像一个持续刺激心灵的异物。在《歇斯底里症研究》中弗洛伊德纠正了这种医学类比："致病组织并不完全像外来物那样，而更像是一种渗透（infiltration）。在这个比较中，抵抗应被视为一种渗透材料。事实上对于这种疾病的治疗关键不在于摘除某物——目前也做不到——而在于化解阻力，从而为循环开辟一条道路，进入前所未有的封闭领域中去。"

这一切都是在弗洛伊德和布罗伊尔的实践经验中得出的结论。比奈（Binet）曾经说过，当病人的注意力恢复到症状伊始时，暗示疗法更有效，但是在布罗伊尔之前无人将其与情绪宣泄联系起来。在《歇斯底里症研究》中，作者坚持认为，没有伴随情感宣泄的纯粹的回忆是没有治疗价值的，他们还继续讨论了宣泄的性质和意义。在没有阻碍的情况下，创伤性心理障碍可以通过一般性的心理联想吸收或是通过众所周知的方式来"纾解"情绪（愤怒、哭泣等等）。

情绪的排解在两种情形下有可能受到阻碍：（1）社会情境使得情感表达成为不可能，或者创伤关系到一些过于私人的痛苦体验，患者有意识地对其进行"压抑"。这是弗洛伊德著作中第一次出现这一术语；现在有了更为明确的含义。创伤本身被具体化到恐惧、羞耻或心理痛苦等范畴。（2）创伤可能发生在精神恍惚的状态下，布罗伊尔为此创造了术语"催眠"（hypnoid）。根据他的说法，此种情形下的患者的特点是出现强烈的白日梦倾向，往往与悲伤的情绪或性意识有关。虽然弗洛伊德半热心地在联合署名的论文中签了字，指出"催眠状态的存在构成了歇斯底里症的基础"，但他其实越来越怀疑这一点。在《歇斯底里症研究》的心理治疗一章中（写于两年后），弗洛伊德发表观点认为，防御（压抑）行为先于任何催眠状态。一年以后他正式用"防御"（压抑）的概念否定了布罗伊尔的说法。

《简报》这篇文章，正如其标题所表明的那样，试图简单地描述歇斯底里症状的机制，而不是情感本身的内在原因。然而不到三年后，我们发现弗洛伊德在给弗里斯的信中写道，他认为自己"不仅能治愈歇斯底里症的症状，还能根治它"。这带给他一种淡然的喜悦，他的前40年没有白活。事实上，弗洛伊德早先在一场关于歇斯底里症的讲座中已经给出了这种可能性的理由。他解释说，发生在青春期以后的压抑都与童年早期经历有关——无一例外——所以如果早期压抑得到释放，神经症就能最终被消除。在此他想到了那则虚构的寓言："一个人对魔鬼的印象总是其挣扎着躲避白日的光，因为他知道这将是他最后的时日。"

然而在此之前，弗洛伊德曾在他翻译的沙尔可的一本书（有关歇斯底里症新理论的最早记录）中发表了一份补充声明。下面段落值得特别注意：

> 我试图去领会歇斯底里症发作的问题，不仅仅限于描述性的方式。此外，通过催眠方法我对歇斯底里症的研究已经取得新的进展，其中一部分成果我可以在此略提一下：歇斯底里症发作的核心问题是记忆，不论它是以何种方式出现的，幻觉经历了一个对于疾病的爆发具有重要意义的场景。在病人处于我们称之情绪狂热（attitudes passionnelles）的阶段里，这个过程变得十

分明显,但是它也只存在于那些动态的疾病发作场景中。这些记忆的内容通常都是心理性创伤,这种创伤有时通过其强度刺激了歇斯底里的发作,另一些情况下这种创伤只会在特定时刻发作。

有必要清楚地认识到,弗洛伊德对精神病理学的兴趣并不仅仅在于它预示着心理学研究的新方法,而是从一开始,他在该领域的理论就与心理假设和一般性原则交织在一起了。

1893—1898 年间弗洛伊德发表的十几篇论文中,有三篇在精神病理学探索中具有突出的重要性,所以我们可以集中讨论一下这几篇。分别是两篇《防御型神经精神病》(Defense Neuro-Psychoses)和一篇《歇斯底里症的病因》(Etiology of Hysteria)。

第一篇文章发表在《歇斯底里症研究》出版前一年,这时候弗洛伊德仍然认为歇斯底里症有三种基本形式:防御型、催眠型和遗留型(retention)。而第一种后来很快就推翻了其他两种,这也是他最重视的一个类型。弗洛伊德解释说,防御这种旨在对抗痛苦的形态——后来他将这个过程命名为"压抑"——是通过剥离其影响来削弱它的,而且它会通过将能力转移到肌体上来完成这个目的;为了解释这个过程,他提出了术语"转换"(conversion)。即便如此,创伤的"记忆痕迹"仍然与心智的其余部分相分离,事实上它可能是次要系统的核心。然而这种替代影响有时候可能会从躯体神经支配的状态恢复到最初与之相关的意识上去,这种情况的结果很可能就是歇斯底里症的发作。

弗洛伊德给出了自己的理由来反驳雅奈(Janet)关于歇斯底里症的理论,即患者先天性的心理缺陷致使其意识容易发生分裂。他支持了施特林姆佩尔的观点——"歇斯底里症的障碍存在于精神物理学(psychophysical)领域,在一个身体和意识互相连接的范畴之中。"将歇斯底里症状解释为一种随着意识分裂而出现的变态性躯体神经支配,即情绪能量的"转换",弗洛伊德一定觉得十分游刃有余,将物理学和心理学联系起来,这也是他的理论所预示的关系。

看起来,弗洛伊德从他 7 年前对歇斯底里症瘫痪的调查研究中得到了"转换"的概念。他的主要结论是,它们表现了更多意识层面的东西,而非解剖学上的病变,也即体征掩盖了精神上的东西。

有些患者并不倾向于以这种躯体方式处理情感上的能量，对痛苦意识的防御机制最终导致这些情感被另外一些间接相关的更容易接受的意识所取代，而这反过来产生更为繁多的大量的情感。他在此还使用了"移位"（dislocated）和"变位"（transposed）等词语来表示"替代"（displaced）。这是强迫的运作机制。

当痛苦的意识与外部现实间存在千丝万缕联系时，对它的防御便会导致对现实的否定，即一种幻觉性精神病。

两年后（1896）同时问世的另外两篇论文，显示了弗洛伊德在理论阐释方面的巨大进步。现在他正在接近个人能力的顶峰，但距离他最为重要的发现诞生还有那么一两年的时间。

在《有关防御型神经精神病的进一步研究》（Further Remarks on the Defense Neuro-Psychoses）中，"防御"（defense）被称作精神性神经症中"心理机制的核心"，一开始它被称作"压抑"。这两个术语是交替使用的，因为直至几年以后，弗洛伊德甚至承认，在压抑之外还有几种其他形式的防御存在。

现在我们在关于强迫型神经症的问题上看到最新的结论。弗洛伊德由简单的公式开始："强迫观念总是一种自我责备，这种情绪以不同形式从压抑中复现，往往与一些童年时期愉悦的性体验有关。"接着他以经典方法追溯了事件的进展过程。在第一阶段，基本没有什么迹象表明发生了什么事。在第二阶段，性（精神上的）开始"成熟"，往往是早熟的（8到9岁），对自己（原本是愉悦的）体验的记忆中不包含自责态度，但是一种早期基础的防御症状开始发展：普遍的责任心，羞耻心，缺乏自信——我们现在会称之为"性格上的防御"。第三阶段，表面健康，可以称之为防御成功阶段。第四阶段，这时候疾病显现，那些压抑下去的记忆再度复现，即防御失败。

然而再次复活的记忆和与之相关的自责情绪，并不会一成不变地出现在意识中。强迫意识以及取而代之的情感是以妥协姿态出现的，由一系列被压抑的和正在被压抑的思想混合而成。

于此我们第一次提到了这两种心理机制，自此它们成为一切精神分析理论的重要组成部分，即"妥协形成"（comprise formation）和"压抑复现"（return of the repressed）。

同样我们注意到另外两个重要说法：（1）压抑来源于自我（ego）；（2）并不只是原有的记忆痕迹可以被压抑，自我责备的情绪自身，也即道德感的衍生品，也同样可以被压抑。多少年来很少有人在精神分析问题上对后者予以关注，起初大家都只专注于研究被压抑的意识中的性内容。毫不奇怪，长久以来公众眼中的无意识（unconscious），根据精神分析学家的说法仅由后者构成，实际上是一种罪恶的沉沦。只有在四分之一个世纪过后，当弗洛伊德开始研究超我（superego）时，这种平衡才被重新确立，这时人们才可以说潜意识中既包含了人性中"最低"的元素，也包含了"最高"的一面。

强迫性神经症有两种不同的基本形态：一种形态是自我责备，偏离原初的意识，用另一个与之相关的且不再含有性意味的观念取而代之；而在另一种形式中，自责的情感本身就已经转化为一些其他情感，最常见的就是病态焦虑。弗洛伊德列举了后者的几种不同模式。

这种神经症的第三种形式也出现了，以次要防御症状为特征。这些都是保护性措施，一旦成功患者可以获得某种冲动感，产生强迫症等典型结果。

这篇论文以一份偏执狂和强迫症的机制之间的比较和对比结束。这是弗洛伊德在精神病领域的初次探险。在对其他几例类似案例进行了研究和评论后，弗洛伊德详细分析了一个患有慢性偏执症（chronic paranoia）的32岁已婚者的案例。其中他最为坚持的观点在于其症状与其被压抑的思想之间的关系，对于澄清"防御型神经精神病"这一范畴十分有利。他用"投射"（projection）一词来形容偏执症患者心理机制中的最明显特征，他解释了为什么在偏执症中，原初情感没有像在强迫症中那样经历二次防御。其中的原因在于，偏执症患者的自我已经无法再保护自己，而是通过接受"压抑的复现"的症状进行自我调节。他认为在这种情况下，记忆的明显缺陷不再是破坏性的过程，而是由压抑引发的功能性的过程。

弗洛伊德也曾尝试过对忧郁症（melancholia）的产生进行解释，但不太成功。这类文章从未出版过，我们只是从1895年1月的一封信中才得知一二。弗洛伊德将忧郁症分为三类：周期性或循环式的忧郁症、神经衰弱型忧郁症（通常与手淫相关）和忧郁症合并严重焦虑。后两种现在已经被简称为抑郁症（depression）。忧郁症与悲痛之间的关系启发了弗洛伊德——后来他在这一点上的研究卓有成效——于是将忧郁症定义为由损失引发的悲伤，有可能是力比多的损失。他坚持认为在性感缺失（sexual anesthesia）和"忧郁症"之间存在着某种密切联系。他的解释部分是生理学的。力比多失去了力量，与之相呼应，能量也从"神经元"(neurones)中撤出，忧郁症的痛苦便是由于这些关联的消解而产生的。

此时，弗洛伊德对压抑的理论基础仍不满意。举个例子，他曾提出为什么只有与性相关的意识才能运作（后来证明这个假设本身有点可疑）？他尝试对此做出解释，认为童年初期的性体验并不像青春期以后的类似体验那样具有情感价值。事实上是青春期以后对这些早期经验的记忆强化了其中的情感，遭到压抑的也是被强化后的情感体验。但是他声明中的说法或许是对的："对成年以后所经历的痛苦性经验的记忆进行压抑，可能只是因为这个经验会将他们幼年时期创伤记忆的痕迹激活。"

如前所述，通过观察到病人对于已被埋葬的记忆之复苏的"抵抗"，一方是另一方的对立面；弗洛伊德无疑从中将"压抑"概念作为一种简单的推论创造出来。但是弗洛伊德对这个概念的理论基础的不满，可能源自他对生理学和心理学概念统一的愿望。毕竟生理学上的"抑制"（inhibition）概念，多年后他从心理学角度对此进行充分阐述，距离"压抑"（repression）并不遥远；主要区别在于，前者的重点关系到功能方面的问题，而后者则是一种解离（dissociation）——其活动被保留。弗洛伊德的老师梅涅特就进行过一个有些怪异的努力，试图用心理学甚至道德术语解读生理学上的抑制作用。

在上面提及的三个重要论文中的另一篇里，弗洛伊德开始指出歇斯底里症的症状必须满足以下两个条件，才可以被确诊：必须具备决定性的适当条件，必须有创伤性影响。他用歇斯底里症中的由于某些经验而引发恶心的呕吐症状为例进行说明。例如铁路事故的案例很难满足第一个条件，但满足第二个条件，而食用腐烂的水果则满足了第一个条件，却不满足第二个。大多数情况下，症状都只满足二者之一，极少有兼具二者的，很多时候一个都不满足。在这种情况下，治疗效果也很难令人满意。

但是还有一些情况，换作另一个人可能已经气馁甚至放弃工作了。但是一些直觉告诉他，大概是基于自己对心理联想决定论的信念，当前的困境可能是因为调查研究还不够完整，现在他所获知的这种记忆后来被他描述为"银幕记忆"（screen memory），其背后埋藏着更为重要的记忆。这一猜测被证明是正确无疑的，从更深层的研究中弗洛伊德了解到了三个要点：(1) 没有哪种歇斯底里症来源于一个单一的经验；它是一种回忆的合作（多元决定论）。这个定律弗洛伊德坚信不疑。（2）明显的经验总是带有性意味的，并且出现在童年早期；这是他首次谈到儿童性生活的论文。（3）联想链条的复杂程度超乎想象；他将其比作一个家谱，其中有许多异族通婚。

所谓的歇斯底里情绪中的夸张性于是也十分明显。追溯其根源时，会发现它也是可以理解的。

各种精神神经症情感的分化及其因果关系中的不同因素，是弗洛伊德多年来研究的主要问题，直到1912年他重返这个话题写了一篇重要文章。1896年1月1日，他给弗里斯寄去自己的手稿，其中主要也是讨论这个议题。这封信中描述了四种脱离常规类型的病理偏移：（1）冲突（歇斯底里）；（2）自责（强迫症）；（3）禁欲（偏执症）；（4）悲痛（急性幻觉性精神错乱——"梅涅特神经错乱"）。未能圆满解决这些问题的原因在于一个先决条件，这里不得不强调：童年时期的性经验。

强迫型神经症的特殊病因是童年早期的不愉快（被动）经历，随后又出现了愉悦的（通常是主动的）经历。弗洛伊德接着列举了这种失调的三个阶段的不同表现：初级防御、妥协产生的症状以及次级防御。

偏执症中含有自责情感，但是原初性体验的不愉快影响投射到另一个人身上，从而主要症状表现为缺乏信任。"压抑的复现"导致一系列本质为妥协（扭曲）的症状，而这些症状压倒了自我本身，导致弗洛伊德称之为"同化错觉"（assimilation delusions）的现象，此时自我已经将外物接纳为自身。

在歇斯底里症中，自我被原初的不愉快经验所压倒，但在偏执症那里，这只是最后一个步骤。因而这里的第一阶段可以被称作"恐怖歇斯底里"（terror hysteria），是童年早期高度焦虑的显著例证。压抑和防御症状的建构都与早期经验的记忆息息相关。

在1897年5月2日的信中，弗洛伊德已经了解到，在歇斯底里症中与其说受到压抑的是那些记忆，倒不如说是那些源于原初经验的冲动，这是他后来创立的"本我"（id）概念的一个伏笔。现在他已经发现了在不同精神性神经症之间，那些闯入意识并构成这些症状的东西分别是什么：在歇斯底里症中是记忆；在强迫型神经症中是反常的冲动；在偏执症中则是防御性的幻想。

同年11月，弗洛伊德对弗里斯表示，神经症类型选择取决于压抑发生的阶段。两年后（1899年12月9日）他坦言，这一选择对儿童年龄的依赖性过于简

12. 早期精神病理学（1890—1897）

单和公式化了，性的发育阶段才是更为重要的——在后来的一些年里这一观点得到更为明确的阐述。

在1897年11月18日的一封信中，弗洛伊德对于当下因素在神经症中的真正意义进行了一番颇为清晰的洞察，这也引发了不少人的误解，例如荣格。弗洛伊德指出，只有当变态的力比多（通过早期经验偏转）与具有当下意义的动机结合起来时，这种失调才会发生。这是他后来称之为"继发疾病分类学增益"（sekundarer krankheitsgewinn）的一个概念。

第一部分　性格形成时期和重大发现（1856—1900）

13. 弗里斯时期（1887—1902）

　　至此，我们要谈的是弗洛伊德人生中一段不同寻常的经历。作为其襁褓时代的再一次重演，这段经历尽管从心理学角度来说无疑十分重要，但其本身只是比较新奇，并无卓越之处。对于一个几乎步入中年的人来说，有一段幸福美满的婚姻，6个孩子，与一位心智状况不如自己的朋友保持着热情的友谊，而且若干年来让自己的判断和观点屈从于这个人——这很不寻常，尽管也不是完全不可能。但是弗洛伊德不是一般的人，他通过追随一条迄今为止人类从未探知过的道路来解放自身，通过探索自己无意识领域完成的英雄壮举——也是从这个角度来看，这段经历是十分特殊的。

　　弗里斯的故事非常富有戏剧性，也是世人对弗洛伊德的了解中一个微小的部分。弗洛伊德销毁了弗里斯给他写的信，但弗里斯将弗洛伊德写的信保存了下来。在弗里斯过世后一段时间，他的遗孀于1928年将284封极其私密的信件，连同弗洛伊德时不时随附的科学笔记和手稿，一并卖给了柏林的一位名叫莱因霍尔德·斯塔尔（Reinhold Stahl）的书商。但是她的出售有严格条件，就是不能将它们传到弗洛伊德本人手里，因为她知道他一旦拿到就会立即销毁。弗洛伊德及其妻子早期都非常喜欢弗里斯太太，但是随着时间的推移，弗里斯太太越来越嫉妒这两个男人间的密切关系，并尽可能——在某种程度上还受到了布罗伊尔的鞭策！——去阻碍他们。最终，弗洛伊德把她判定为一个"坏女人"，但毫无疑问她有着自己的考虑。无论如何，她最后的努力是经过深思熟虑的。

　　斯塔尔在纳粹统治期间逃亡法国一阵子，并且在此期间把这些文件给玛丽·波拿巴夫人（Mme.Marie Bonaparte）看过，后者立即明白其中的价值，并用100法郎买下了。当时她在维也纳跟随弗洛伊德做科研，于是她前往维也纳将此事告知了弗洛伊德。弗洛伊德对此十分愤慨，并且很符合他个性地给她讲了一个煮孔雀的犹太趣闻。"你先把它埋在地里一周，然后再挖出来。""然后呢？""然后把它扔掉。"他提出要拿出一半的价格来报答波拿巴夫人，却又担心她一旦拒绝的

13. 弗里斯时期（1887—1902）

话，可能会赋予自己一些特权。她给他读了几封信来证明其科学价值，但弗洛伊德坚持销毁。幸运的是，波拿巴夫人有足够的勇气来反抗她的分析师兼老师，从1937年到1938年冬，她将这些信件放在罗斯柴尔德（Rothschild）在维也纳的银行里保存，希望下一个夏天回到维也纳时可以继续研读。

3月，希特勒入侵奥地利，波拿巴夫人立刻动身前往维也纳，作为希腊和丹麦两国的公主，她被允许在盖世太保（Gestapo）面前取回保险箱里的物件；如果他们在当时或更早些时候发现了这些信件，一定会将其销毁。接着她离开巴黎（即将被攻陷）前往希腊，1941年2月，波拿巴夫人将这些珍贵的文献寄存在丹麦使馆。这也并非最安全的地方，但幸而由于冯·查尔比茨（Vonn Cholbitz）将军在巴黎战争结束时与丹麦使馆联合抵抗希特勒的命令，这些信件才得以幸免。在经历了所有的波折过后，这些信件勇敢地躲开了英吉利海峡的第五个地雷，安全抵达伦敦；它们用防水和浮力材料包裹着，才有幸在灾难中幸存下来。这些信件在伦敦转录下来，随后安娜·弗洛伊德和恩斯特·克里斯（Ernst Kris）为其选择了合适的出版机构。恩斯特·克里斯写了一篇详尽全面的序言，并做了若干十分有价值的注脚，弗洛伊德后来的学生都深深得益于此。

这些信件从侧面反映了弗洛伊德人格中的许多方面，他的好恶，他的科学抱负和失望，他的困难与挣扎以及在此期间他对朋友支持的渴望。总之，它展示了弗洛伊德在知识领域奋斗的模式及其思想发展的实践——往往是曲折迂回的。它使我们不仅可以观察到迄今为止各阶段的发展顺序，也呈现了一些弗洛伊德连续尝试和努力的细节，时常充满困惑，有时误入歧途，只为探索意识深处那些神秘运作的过程。尽管心情在变，但弗洛伊德的努力是始终不变的，有时喜悦，有时遇到挫折，但他从不绝望。弗洛伊德那种坚持直面一切困难的决心永远不会受挫。最后，他解决了这些问题，连同一些个人困境，在自我分析这项新技术的帮助下，他做出了显著的成就，而这些信件中记录了其中的重要细节。

在我们理解为什么二人会如此亲密之前，有必要先了解一下弗里斯（1858—1928）本人。弗里斯比弗洛伊德小两岁，在柏林工作，是鼻喉方面的专家。那些认识他的人对他印象都不太深，大家都说他性格很"有趣"，冷静的卡尔·亚伯拉罕（Karl Abraham）除外。他对各种不同学科都充满极大热情，最突出的特点可能就是对思辨的狂热爱好，并相应地对自己的想象力和观点怀有强烈自信，常常武断拒绝任何批评的声音——这个特征最终导致他与弗洛伊德的友谊破裂。

第一部分 性格形成时期和重大发现（1856—1900）

弗里斯的科学兴趣远远超出自己的专业领域，尤其是对医学和生物学尤为感兴趣。也正是这种拓展引起了弗洛伊德的兴趣，起初这个领域似乎也很适合他自己。弗里斯基于两个基本事实，建构了一套巨大的理论假设。这两个基本事实分别是：（1）月经一个月来一次；（2）鼻黏膜与生殖器活动之间有联系；生殖器兴奋或月经来潮时，鼻黏膜经常会肿胀。

1897年，弗里斯的首个出版物中宣布了一种新型综合症，他称之为"鼻反射神经症"。这种病症包括头痛和其他分布广泛的神经痛——从心脏到腰部，从手臂到胃部。此外还包括内部器官的紊乱、循环、修复和消化方面的问题等，总之涵盖范围很宽。弗里斯对于这种综合症的看法是，上述一切症状都可以通过对鼻部使用可卡因来缓解。其原因要么是器质性的（感染的后遗症），要么是功能性的（与性因素相关的血管舒缩障碍）。其中，最后一项特征与弗洛伊德的研究相关，而且弗里斯提出的综合症的特点与弗洛伊德"真性神经症"中的神经衰弱表现形式实在相像得太明显。

然而弗里斯从未阐明这种综合症的特异性，也没有将这种鼻部刺激的神经效应加以区分。弗里斯也未能就痛经的鼻起源问题说服他的同事。然而，月经现象本身激发了他一个更为深远的想法。月经是男女双方生活中一个更为宏观的过程的表达，呈现了所有重要活动的周期性倾向。弗里斯认为通过对两个关键数字——28和23的运用，他已经找到了解开周期性谜团的钥匙；28这个数字显然来自月经，23则有可能是从一次月经的结束到下一次月经来潮之间的间隔。弗里斯特别强调一切人类的雌雄同体（bisexuality）现象，并强调28的女性特征和23的男性属性；它们均与性过程有着紧密联系。

这些性学"周期"决定了我们成长的不同阶段：我们生病的日子，我们死亡的日子。母亲的经期决定了婴儿的性别和出生日期。这些规律不仅在人类身上运行，而且在整个动物王国和一切有机生物体中都适用。事实上这些数字对生物现象做出的非凡解释，指出了天文学运动和生物有机体之间更深层次的联系。从鼻子到天体，如同大鼻子情圣（Cyrano de Begerac）[①]的故事一样！

许多模糊的证据表明，生命中存在着某些周期性——最明显的是性欲的波

[①] 译者注：法国浪漫主义戏剧家埃德蒙·罗斯丹的名剧《西哈诺·德·贝热拉克》的男主人公，因鼻子太大而自卑，但擅长写诗，对女主人公怀着深沉浪漫的爱。

动，但困难在于发现任何规律。不用说，弗里斯认为自己已经解决了这个问题，但这明显是错的。他作品中的神秘特点和他对数字的任意想象摆弄——他是一位杰出的数字命理学家——导致后来的批评家们将其大部分作品交付精神病理学领域去研究了。

他的代表作《生命的韵律》（*Der Ablauf des Lebens*）于 1906 年问世，并在柏林和维也纳激起了一阵小小的波澜。不久后我拜读了这部著作，几年后与弗洛伊德对此做过一些讨论交流。我知道他与弗里斯熟识，但这当然不等于二者的研究一定有什么关联。我问他，假如遇到阑尾炎两次发作之间的数字不规律，弗里斯会怎么办。弗洛伊德半疑惑地看着我答道："这难不倒弗里斯的。他是个专业的数学家，通过把 23 和 28 进行一系列加减乘除或更复杂的算法，他总会得到他想要的数字的。"这与他 90 年代的态度大不相同。

这就是弗洛伊德所面对的怪人。弗里斯于 1887 年来到维也纳继续做科研。在那里他遇到了无处不在的布罗伊尔，后者建议他去参加弗洛伊德授课的关于神经系统解剖和运动模式的讲座。于是布罗伊尔第二次在弗洛伊德的生活中扮演了催化剂的角色。在随后的科学讨论中，弗洛伊德和弗里斯相互吸引，他们之间的第一封信（1887 年 11 月 24 日）是因一位病人而起，开头如下：

> 尊敬的朋友和同事：
>
> 写这封信的初衷是咨询一个专业上的问题。不过，我必须首先承认，我希望与您进一步交往，您给我留下的深刻印象，诱使我向您坦白，我将会把您视为何种类别的存在。

弗里斯热情地回了信，甚至寄了一份礼物以表谢意。几个月后弗洛伊德应弗里斯的要求寄给他一张自己的照片。二人的友谊一帆风顺地发展并逐渐成熟，最后成为亲密的朋友，从 1893 年起他们的通信往来成为习惯。起初信上的称谓是"尊敬的朋友"，后来几年里变成了"亲爱的朋友"；1892 年时，正式的"您"（Sie）已经由亲密的"你"（Du）取代，两年后他们彼此直呼名字威廉和西格蒙德。弗洛伊德甚至要把自己最小的两个孩子之一取名为威廉，所幸后面的两个孩子都是女孩。

今天我们可能会说弗洛伊德和弗里斯之间存在着某种无法否认的个人魅力，

第一部分　性格形成时期和重大发现（1856—1900）

但更为重要的是，二人间也有许多更为严肃的科学观点上的纽带。首先，他们的生活境况非常相似。都是年轻的医学专家，出身犹太中产阶级家庭，都十分想要通过医疗实践来组建和维持家庭。在这一点上弗里斯的处境要容易很多，他娶了一位富有的太太，且他在柏林的工作进展得更为成功一些。

弗洛伊德和弗里斯都接受过人文教育，因此在经典文学和现代文学方面均能发表自己的见解。弗洛伊德总是向他的朋友引用莎士比亚的诗句，我们也读到过他对吉卜林（Kipling）作品的评论[尤其是《消失的光芒》(The Light that Failed)和《幽灵人力车》(The Phantom Rickshaw)]；弗里斯则常常回复自己对著名瑞士作家康拉德·费尔迪南·梅耶（Conrad Ferdinan Meyer）的评论。弗洛伊德对此十分感兴趣，甚至对这两部作品进行了精神分析，同时对两位作家做了一番分析评论。

二人的科学教育背景也基本一致。赫尔姆霍兹学院的生理学和物理学教育遍及维也纳和柏林，弗里斯也是在这种教育环境中成长起来的。1898年弗里斯送给弗洛伊德的圣诞礼物是两卷赫尔姆霍兹讲义。共同的教育背景、科学目标和志向对于他们的关系来说是至关重要的。

弗洛伊德和弗里斯之间共同的科学兴趣，是与弗洛伊德个人目标和需求交织在一起的，如果对此仅仅做一个干巴巴的交代，可能会给读者留下颇有误导性的印象。其中更为重要的是其与弗洛伊德内在发展之间的关联。

要理解这个关系我们必须概括一下。我们已经看到了弗洛伊德对知识充满着神圣的激情，尽管他所获得的知识是另一码事。现在让我们将其归纳为"人性的起源和本质：人类为何如其所示；是什么在影响着他们"？1896年的两篇文章这样记载："我的理想和心底里潜伏着的问题远远超出这些（精神病理学），是超心理学（metapsychology）的东西。""我明白你正通过医学的迂回路径越走越远，你的第一份理想，是以一位生理学家的视角理解人类，正如我也同样珍惜这份期望，这一天终会到来，我终将抵达我最初的哲学目标。因为这是我最早的目标，那时候我对于生活的意义尚不明了。"

在弗洛伊德后来的人生中，他也试图在哲学推理和思辨领域有所表述，但他对此总是怀有不信任的态度——可能出于个人原因兼具某些理性上的理由。或许我们甚至可以说是出于对它的恐惧。不论如何，哲学思辨都需要被严加审查，为此他选择了最有效的审查机制——科学原则。然而，直到这一特点被完全内化之

13. 弗里斯时期（1887—1902）

前他需要有人帮助强化它。毫无疑问布吕克是他迄今为止最为成功的选择，这就是为什么在布吕克实验室的那些年，是他人生中最快乐的无忧无虑的时光，他是那么不愿离开。用他后来的话说，布吕克实验室绝对高效地守护着他的超我（superego）。也不难理解为什么当这份支撑消失时他会有种漂泊无依的感受。

我相信现在我们面临的关键问题是弗洛伊德这些年里时不时表现出的奇特的"依赖"。他对弗里斯表现出一种极度依赖，尽管在逐渐下降——直至45岁，这种依赖几乎有种延迟的青春期的特点。然而它又是与我们常见的依赖类型截然相反的，后者往往是软弱空虚的一方去依附于强大稳固的一方。在他与弗里斯的通信中，弗洛伊德时常流露出对自己的能力和研究成果的自我贬低，这种情绪并非来自其内心的软弱，而是来自某种可怕的力量，这种力量又是他独自一人无法应对的。于是他赋予弗里斯各种自己想象中的品质，例如敏锐的判断力和约束力，强劲的思想活力等，将其塑造为具有保护性的良师形象。

从这个角度来看我们有理由发问，弗里斯个性中的哪些特点或前景使得弗洛伊德会愿意为他指派这样一个艰巨的角色。1894年夏天弗洛伊德向弗里斯抱怨自己因"与布罗伊尔的科学交往已经结束"而感到深深的孤独。他希望能从弗里斯这里学到点什么，因为他已经"很多年没有老师了"。

现在，弗里斯和布罗伊尔一样在生理医学方面有基础。此外，二人同样是著名的赫尔姆霍兹的拥趸。弗里斯认为生物和医学科学应该努力的方向，是能在物理学领域获得解释，甚至最终获得数学解释。实际上他最重要的一本书的副标题就是"精确生物学的基础"（Foundation of an Exact Biology），听起来足够可靠。他感兴趣的是神经症，甚至描述了自己的一项慢性病——还是在"科学"的器质性基础上做出的解释。到目前为止弗里斯似乎够格成为布罗伊尔的接班人。他还具备两个不可低估的优势，是布罗伊尔所没有的，这两个优势如此突出，使得弗里斯甚至可以被称为弗洛伊德理想中的布罗伊尔，他拥有一些弗洛伊德想在布罗伊尔身上看到的品质。

弗里斯较之布罗伊尔更为明显的优势是，他不仅不抗拒性的话题，并且让其成为自己工作的核心。不仅仅是他提出的那项伴随着性功能失调出现的综合症，还有他的针对男性和女性的"性阶段"理论，将其视为解释一切生命和死亡现象的关键。弗洛伊德将他的力比多理论前所未有地扩大至解释所有正常的和病态的心理过程，于是——尽管这两个理论注定要正面碰撞——它期待有朝一日二者可以联手探索理论的禁区。弗里斯恰是弗洛伊德此时非常需要的合作者和导师的结合体。

但是和平时一样,弗洛伊德在这方面要比弗里斯脚踏实地得多。谈及性,他所指的就是性,包括一切奇怪的细节;而性对于弗里斯似乎意味着更多,甚至多过他的神秘数字。弗里斯的批评者们反对的是他的数字命理学说,并非针对——尽管也有可能——他的"泛性论"(pansexualism)。所以对于外面的世界来说,弗里斯看起来可能很疯狂,但是真正遭到恶意中伤的则是弗洛伊德。

弗里斯胜过布罗伊尔的优势之二是他的飘忽不定。布罗伊尔在工作中的气质是内敛的、谨慎的,反对任何概括性的说法,现实,并克服了一切有可能动摇他的矛盾。然而弗里斯十分自信、坦率,毫不犹豫地提出最为大胆的概括性结论,在九霄云外自由翱翔,轻松,悠然,带着一种具有强大感染力的快乐。

总而言之,由一位坚信着物理学并用数学符号来操作的人来加以指导,将好奇心的恐惧释放出来是十分可靠的。这是弗洛伊德富于创造力的一面:对掌控的原初的热爱,已经完全转化为一种去探寻人类生活秘密的热切愿望。有时候他如此焦灼,以至于出现了诉诸哲学思辨捷径的危险征兆。

弗洛伊德似乎给了弗里斯走这条捷径的特权,而胆怯地禁止自己这样做。于是:"对于你在性生理学中的发现启示,我只能屏息凝神地观察,带着批判地崇敬。我的知识太局限,还不足以讨论它们。但是我猜想的是一些最好的最重要的事情,希望你不要拒绝发表甚至猜想。在能够展示这些想法之前,没有一个有勇气思考新事物的人物的帮助,是难成大事的。"这个假设明显是某种安全程序,符合他为弗里斯描绘的形象:一个拥有极高智商、无懈可击的批判和判断能力,并且在科学的物理学和数学原理方面受过全面教育的人。但对于自己,耗尽自信之后他转向了强有力的伙伴,他最好保持一直以来稳步积累的经验观察,让自己专注于这样的理论,以此获得他导师的至关重要的批准。

这与后来想象力被释放以后的弗洛伊德迥然不同。就在这之后的几年里,在杜拉(Dora)的分析中,他自信地写道:"我并不为回避思辨而感到自豪,但是我这项假说的素材,都是经过最为广泛和辛苦的观察搜集起来的。"

这是弗洛伊德对弗里斯提出的第一次,也是最重要的一项要求:他应该听听弗洛伊德最新研究成果和理论阐释,并做出判断。弗里斯忠实地接受了。他对这些课题的评论不可能有什么太大价值,但他对弗洛伊德的著作提出了各式各样的建议，有关布局、文风和审慎等问题，其中绝大部分都被弗洛伊德满怀感激地采纳了。简言之，弗里斯充当了一名审查员。除了一些明显的旨在消除反感的行为之外，弗里斯作为一名审查员执行着一项甚至更为重要的任务，即默默地约束着他允许通过的东西。这种约束正是弗洛伊德所需要的，与我们后来所认识的那位独立思考的、顽固的、不稳定的弗洛伊德相比，他在90年代是完全不同的一个人。弗里斯自由地给予弗洛伊德激励。他钦佩弗洛伊德，并没有任何理由去质疑弗洛伊德工作的正确性（起初！），于是他欣然给予的赞扬必定是非常鼓舞人心的。举一个例子就足够说明了，他说："你给我赞美如同甘露和佳肴。"

这些鼓励性的约束加强了内在的不信任，又恰好与弗洛伊德为弗里斯设定的价值相吻合，这就是为什么孩子们需要父亲的帮助，必须首先把父亲描绘成最出色、最有力量的人。在父亲不可避免地辜负了那个形象以后，孩子们才会转向上帝。弗洛伊德的需求非常强烈，因此才会匪夷所思地高估了弗里斯。根据我们后续的评价，这一特点注定会带来一种悲剧性的效果。他们的通信中充斥着这方面的证据，所以再举一个例子也就足够了。1898年8月26日，距离故事的结局只有两年左右时，弗洛伊德这样写道："昨天我收到了一个快乐的消息，世界和生命的谜团逐渐开始产生答案了，成功的消息比任何一场美梦更美好。对于你的数学研究来说，无论通往最终目标的道路是长还是短，我都感觉这条路都是向你敞开的。"

对于弗洛伊德给他提出的三个要求，弗里斯并不能够给他一个满意的答复。在发现了性因素在引发神经症方面的作用以后，随之而来的社会影响，以及他的观点所受的冷遇，使弗洛伊德意识到，他不得不在这件事上去讨伐他那些可敬的前辈们了。这是一种革命的态度，弗洛伊德从不退缩，尽管这是一个他不得不去扮演的角色。但是在这场斗争中，他非常热爱他的这位合作者和支持者，弗里斯对性的意义的坦诚洞见重燃了弗洛伊德的希望，他想自己已经获得了一些合理的发现。然而，弗里斯是一个独裁者，而不是一名战士，而且他在性方面的兴趣显然要比弗洛伊德空灵得多。于是，弗洛伊德在布罗伊尔那里遇到的悲哀的失望，在弗里斯这里也只是得到了极其微小的弥补。

弗洛伊德对弗里斯提出的另一份重要任务，是他对普通医学和生物学的广泛了解，将会帮助弗洛伊德更加脚踏实地地利用必要信息，分析神经症表现中的器质性基础。很明显，神经系统的解剖学和生理学知识可以带给弗洛伊德一种安全感。在他的焦虑型心脏病研究的鼎盛时期，我们接下来将会提到，弗洛伊德这样写道："夏天我希望重返我的老本行，做一些解剖学研究；毕竟这是唯一令人满意的事。"它是具有"科学"保证的，并对"思辨"（speculation）保持必要的审查。他发现研究精神过程时，他比以往任何时候都更需要科学的支持，很多年来他一直希望合并这两个领域。过了很长一段时间，弗洛伊德才摆脱他年轻时代对生理学原理的执著。从某种意义上来说，他从来没有完全抛弃掉它，因为我们将会看到，弗洛伊德后来的一些心理学研究仍然是效仿它们。

对于弗洛伊德来说，弗里斯在这方面似乎并没有太大用，他从事的研究工作从本质上来讲好像也没有多少帮助。最接近的帮助可能就是他在性化学方面的看法。这种观点一度燃起了弗洛伊德的希望，因为他很确信，性刺激必然是遵循着一种化学本质——现代性激素理论的预言！两年后，弗洛伊德提出两种化学的性素材（雄性和雌性），但他说，它们与弗里斯正在"研究"的不太一样，尽管都是遵循23—28定律。总而言之，弗里斯在身体过程方面的一些说法对于弗洛伊德来说都是一种拖累，阻滞了弗洛伊德从生理学到心理学痛苦转化的过程。

然而，最彻底的一次失望是弗里斯没能完成弗洛伊德最后的要求。在坚信所有已知的反概念方法的不利影响下，他幻想能找到一种满意的方法，可以从一切并发症中释放出性快感。现在，如果概念像一切生命过程一样都是遵循着弗里斯的周期理论的话，那么毫无疑问，我们可以在月经周期当中找到一些适当的日期，在这些日期里性交便可以规避风险。1893年他把希望寄托在弗里斯的研究上，称其"就像放在弥赛亚上一般"。过了不久他答应一旦成功，就在柏林动物园（Tiergarten in Berlin）为他建一座雕像。两年后似乎成功在望，他写道："你的消息会令我欣喜若狂。如果你真的从观念上解决了这个问题，我就要问问你，你最喜欢哪种大理石了。"

弗洛伊德的需求和期待如此之多。为了这些目的他定期给弗里斯写信，常常一周不止写一封，把自己的发现寄给他，包括报告、患者病情的细节以及——在我们看来最有价值的——那些包含着他当下想法的，有时以示意图形式出现的期刊手稿。这些材料具有无与伦比的价值，揭示了弗洛伊德的逐渐进步及其精神病理学的发展进程。

弗洛伊德和弗里斯经常在维也纳碰面，偶尔在柏林，但只要有可能，他们就会抛下工作，一起呆上两三天，集中精力讨论自己的想法。这些特殊的碰

13. 弗里斯时期（1887—1902）

面，弗洛伊德半是打趣半是悲哀地说叫作"大会"（Congress）。他从奈斯特罗伊（Nestroy）的作品中引用了一个众所周知的说法，称弗里斯是他唯一的听众。而这也是事实。除了弗里斯外，再也没有其他任何人，可以倾听并和他讨论他最关注的那些话题。1890年8月到1900年9月间，他们不定期地碰面，而在1900年9月之后，他们再也没有见过面。

早在1890年8月1日，弗洛伊德在一封信中对不能去柏林表示遗憾，他写道："因为我很孤独，我对科学的感觉很迟钝，我懒惰而倦怠。当我与你交谈，并评论你对我的看法时，我甚至可以对自己产生良好的看法，你展现出来的自信的力量，总会给我留下十分深刻的印象。我或许是从你的医学知识中获益匪浅，也许是来自柏林的某种氛围，因为我已经很多年没有老师了。"几年后这种委婉的说法就被更热烈的言辞超越了。1896年6月30日，弗洛伊德"饥饿而干渴地"期待着一次"大会"。1897年纽伦堡会面以后，他"喘着气说"，他"出于一种年轻人才有的持续兴奋的状态"。而三个月后，对下一次会面的期待很快又出现了，就好像"一个恰如其分的愿望实现，一场即将成真的美梦"。对"大会"的期盼激发了他对工作的新鲜感。1898年4月，二人不能见面，弗洛伊德写道："在我们的每一次大会过后，我在接下来的几周内都会重新坚定起来，把新鲜的想法向前推行，从辛勤工作中重拾了乐趣，在丛林中探索出一条道路的希望闪烁着，燃烧着，稳定而明亮。节制的时间里我什么都没有收获到，因为我始终知道我们的会面对我来说意味着什么。""如果我没有听众，我就什么都不会写，但只为你一个人而写作也会令我感到十分满足。"直到1900年5月下旬，弗洛伊德仍然写道："没有人能取代我与你的交往，这或许是我的需求中比较女性化的一面。"

然而，最后的时刻最终还是到来了，弗洛伊德意识到他的消沉已经无法再被老方法治愈了，只有勇敢而痛苦的内心才能帮助他走出困境。他决定站出来独自战斗。1900年3月23日，在一封感人至深的信中，他描述了他的处境：

> 在过去的一个月时间里，我迫切地渴望与你和你的家人团聚，这种渴望的强烈程度甚至比以前6个月的时间还要更强烈。你知道我经历了一场内心深处的危机，你会看到，它使我变得多么衰老。所以你提出在复活节见面的建议令我激动不已。如果一个人并不知道应该如何解决矛盾，那么他可能会觉得困惑，为什么我没有马上同意你的提议。事实上，我想要尽可能地避

开你。这并不仅仅是出于我那孩子气的对春天和美景的渴望;假如你能陪伴我三天,我愿意牺牲享受春天和风景的权利。事实上另有一些内在原因,一些并不算太严重的,但是却沉重地压在我身上。(或许你会说这是挑三拣四。)我感到一种深深的匮乏,我不得不摧毁了我在西班牙的所有城堡,我刚刚才鼓起勇气重建一切。在那场毁灭性的灾难中,你对于我来说有着不可以估量的价值,但是在我目前的处境下,我几乎无法让你明白。当时我凭借一种知识上的特殊食谱帮助自己控制消沉;现在,借助于这种消遣,伤口开始慢慢愈合了。如果我和你在一起,我应该试图把握一切清晰的知识并为你描述它们;我们应该理性地、科学地讨论,你那美好而坚实的生物学发现会唤醒我内心最深处的——尽管不带个人色彩——嫉妒之情。最后,我连续抱怨了无缘,我应当回到我眼前的夏季工作中去,它们令我烦躁不安,我可能需要尽可能地泰然自若。那些使我气馁的东西,别人很难真正帮我解决。这是我自己的十字架,我必须忍受它,但上帝知道我的后背已经因努力而明显弯曲了。

我们在这里看到的一幕,和平时弗洛伊德的形象有很大不同。后者是一个聪明的男人坐下来,舒适而从容地做出了一次又一次的新发现。它们给他带来了很多痛苦。抛弃他长期坚守的事物,怀着微弱的希望去探寻自信心的内在源泉,没有什么可以取代这种强大的勇气!在后来的几年里,他终于实现了希望,这于他本人是幸运的,于我们来说也同样是。

弗里斯在会面中给予弗洛伊德的一切帮助本质上肯定是精神鼓励;他能为他提供的智力帮助只能是微乎其微的。在弗洛伊德的心理研究方面,弗里斯几乎帮不上什么忙,弗洛伊德在这方面的处境,与弗里斯在数学猜想方面的处境差不多,都是面临着一门自己特别缺乏训练的科目。所以在他们的谈话中,更多的是互动而不是对话。正如他不止一次地在信中写的那样,每个人都会记录下自己的最新发现,并把自己最新的想法告知对方。最主要的反应多是令人欣慰的互相钦佩赞叹,两个人都可以恰当地欣赏对方的价值,即使除他们以外没有其他人可以欣赏。不难料到,弗洛伊德对弗里斯能力的高估也是以他对自己的高估为代价的:"一方面我比你更好。当我从我的世界尽头对你诉说时,灵魂在你身上找到了一种批判性的理解,而当你站在你的世界尽头对我讲述时,星星在我身上激起的只是一片荒芜的惊奇。"

起初（1894年）他们合作撰写的著作中有一些想法，性过程的意义是它的主题，但这种想法很快就消失了。

尽管弗里斯对弗洛伊德的作品可能并没有一个深刻的理解，但他似乎已经欣赏地接受了它，并赞不绝口。弗洛伊德对弗里斯工作的接受也是相同的方式。我们无法怀疑的是，他确实接受了它很多年，这显然非常奇怪；证据显然易见。他试图用神秘的23和28理论来解释他划分的两种"真性神经症"之间的差别，他还认为，与男性数字23有关的事物（对于男女都适用）可以激发愉悦，而与女性数字28有关的事物则会引发"不快"。当弗里斯对性周期的计算扩展到了宇宙范围之后，弗洛伊德竟然称他是"生物学的开普勒（Kepler）"。

不论这对于弗洛伊德的崇拜者们来说有多么难以接受，需要指出的一个事实是，当弗洛伊德声名远扬以后，他并不能够总是保持内心的平静和踏实，尽管这曾是他性格中的突出特点。这件事必须更进一步地讨论一下。有充分证据表明，大约有十年左右的时间里——大致包括90年代在内——他饱受各种神经官能症的折磨。弗洛伊德的仰慕者可能会试图用最黑暗的色调描绘这件事，以此来强调弗洛伊德是如何凭借自己锻造的独特工作来自我缓解、实现其自我修养的成就的。但是我们没有必要夸大这一点，成就的伟大就在于其本身。毕竟，在最糟糕的时刻，弗洛伊德也从未停止过工作。他继续着他的日常工作和科学研究，他对妻子和孩子们照顾和关怀，而且尽最大努力不向周围的人们表露出自己神经症的迹象（弗里斯是唯一的例外）。尽管如此，他的痛苦有时是非常激烈的，在这10年里，似乎只有偶然的几次事件令他觉得生活还值得继续下去。他为最终赠予世界的那份礼物付出了沉重的代价，但世界给他的回报却不是那么慷慨。

但是，神经症发作的高峰时期——1897—1900年间，同时也是弗洛伊德原创性工作最高产的时期。这两个事实之间有明显的联系。神经症的症状一定是无意识材料间接显现的方式之一，而若没有这种压力，弗洛伊德能够会取得进展便值得怀疑了。这是为抵达那片隐秘区域所付出的昂贵代价，但它仍然是唯一的途径。

弗洛伊德当然承认自己有神经症，在他的通信中曾几次用这个词汇来描述自己的病情。看起来似乎弗洛伊德并没有出现什么"转换性的"身体症状，后来他将其归类为一种焦虑型歇斯底里症。它主要包括情绪的极端变化，而这种焦虑得以具体化的唯一方式，就是死亡恐惧症（Todesangst）和火车焦虑症

（Reisefieber）的发作。第二种焦虑在弗洛伊德后来的生活中留存了下来，他因不想错过火车，而经常提前一个小时到达车站。①

情绪在两个阶段中转换，一种是在兴奋、激动、自信的阶段；另一种则是严重的低沉抑郁，充满怀疑和其他压抑性的情绪阶段。在沮丧的情绪状态下，他既不能写作也无法集中思想（除了在他的专业工作期间）。他的闲暇时间会变得极度无聊，从一件事转向另一件事，打开书本，看看庞贝古城地图，玩单人纸牌或下象棋，却无一能坚持下去——这是一种不安的瘫痪状态。有时候还会出现一些意识减退的现象：一种难以描述的状态，带着神秘面纱，几乎产生了一种朦胧的精神状态。

弗洛伊德显然很喜欢向弗里斯抱怨自己的痛苦情绪。这是相当令人吃惊的，因为这种做法看似十分不符合弗洛伊德的性格。弗洛伊德在后来的生活中承受了许多不幸、悲痛和剧烈的身体痛苦，但他以最大的坚忍面对这一切。我有无数次目睹他身患癌症时的痛苦，疾病在吞噬着他的生命，然而仅有那么一次他吐出了一句抱怨的话。确切地说，只有两个字："没用。"（höchst überflussig）

向他人过分地抱怨意味着患者无意识地——不论这种说法是否合理——将自己的烦恼施加到他人身上，事实上是恳求他人来中止自己的痛苦。弗洛伊德与弗里斯之间的友谊是如此强烈，在某些方面甚至有些神经质，二人之间很少不是充满着潜在的敌意的暗涌。我们有理由大胆猜测，由此引发的无意识冲突在弗洛伊德间歇性爆发的神经症中发挥着至关重要的作用。这当然是值得注意的，在1897—1900年间，他的痛苦和依赖同时达到了顶点，此时也是他最为活跃地使用自我分析手段坚持探索个人内心深处的阶段。事实上，在1897年7月7日的一封信中（正是他开始自我分析的那个月），暗示了一种广泛的关联："我心里一直在想什么，我还是不知道。我的神经症的最深处有某种东西始终阻碍着我对神经症理解的进展，你不知何故卷入了这一切。我在写作上的瘫痪表现似乎是专门用来阻止我们俩的通信往来的。我不能保证这一想法，这是一个感觉的问题——一个非常模糊的性质。"希望不要一语成谶已经太迟了！

有人可能会问，在弗洛伊德的人生中，到底什么事件与他的神经症碰巧同

---

① 严格地说，弗洛伊德的状况不能称为恐惧症，因为他的焦虑是可以忍受的，所以不需要次级保护措施，例如，避免旅游。

13. 弗里斯时期（1887—1902）

时出现？这个问题的答案我们无法确定。这段时期对弗洛伊德来说只有两件最重要的事：对无意识领域的探索和对弗里斯的强烈依赖。这两件事必然是互相关联的。显然，有一些东西已经开始脱离安全然而乏味的神经学领域了，那些尚未被探索过的心理学，对于弗洛伊德来说有着某种最高的内在意义。这无疑意味着满足他天性中最深层次的愿望，即驱使他向前走得更远的那个愿望。但它也必然伴随着深深的禁忌感，这引发了他的焦虑、瘫痪和其他痛苦情绪。假如他对自己所走过的一路都开始揣测，那么迟早会发现可怕的秘密。这正是他所害怕的，但他却像俄狄浦斯一样被秘密挖掘了出来。

最终，正如我们所知，他意外地发现了自己对父亲埋藏已久的深深的敌意，这件事以此告终。然而找到一个父亲的替代品来保护自己并以此来对抗黑暗和恐怖，对他显示出最热烈的感情、钦佩，甚至奉承，还有什么比这更诱人的事吗？这无疑是对他和父亲早期关系的一种重复！不幸的是，这种错误的治疗永远不会成功。永远潜伏着的敌意也会被转移，在纷争和隔阂之中这段关系结束了。

在这些多事的岁月里，身体健康方面的问题也加重了弗洛伊德的困难。他本来是个身体非常健康的人，在后来生活中遇到的这些疾病都是后天造成的而非先天的。事实上，弗洛伊德终其一生都是偏头痛的受害者，虽然在后来的几年里偏头痛发作得不是那么频繁了。奇怪的是，弗里斯也患有偏头痛，而且他们二人为这种悲惨的毛病想象了各式各样的理论来解释，但没有一种说得通。然后，就像是故意为了配合他和一位鼻科医生的亲密来往似的，弗洛伊德那些年里还患上了严重的鼻腔感染。事实上他们对对方鼻子的健康状况怀有异乎寻常的兴趣——这毕竟是一个首次引起弗里斯对性过程兴趣的器官。后来弗里斯为弗洛伊德动了两次手术，可能是鼻甲烧灼；一次是1895年夏天。弗里斯也是可卡因的忠实信徒，所以也常开这个处方。但是很长一段时间里，弗洛伊德患有复发性鼻窦积脓，先是一边鼻腔，然后另一边。自然，弗里斯疯狂地试图用他的周期性理论来解释弗洛伊德病情的各种发作和加重。

1894年春，感染加剧了。1889年的流感袭击了弗洛伊德，他的心脏出现了不规则的障碍（心律失常），5年后这种状况变得非常严重。接下来是戒烟的问题，因为这种疾病多少也得归因于尼古丁中毒，这里可以谈一谈关于弗洛伊德吸烟这种习惯的事。弗洛伊德的烟瘾相当大——一天要抽20支雪茄——他忍受着最大的困难来戒除烟瘾。在信中他屡次提到试图降低每天吸烟的频率甚至戒掉它,主要都是针对弗里斯的建议。这是弗里斯对弗洛伊德的影响失效的一个例子。弗洛伊德很快就断然拒绝了弗里斯的提议:"你禁止我吸烟,但我不打算听你的,难道你觉得度过漫长而悲惨的人生很幸运吗?"[1]

然而不久后病情发作了,弗洛伊德自己更好地描述了这件事:

> 戒烟后不久,在那些煎熬的日子里我开始给你描述我的神经症问题。接着我突然得了严重的心脏病,比我吸烟时更糟糕。我的心脏不规则地狂跳,持续性紧张,压迫感,左臂灼烧疼痛,不同程度的呼吸困难——所有这些症状一天之内要出现两到三次。伴随着一种压抑的情绪,垂死和与人世告别的画面常常出现,已经取代了常见的对事业前景的幻想画面。在过去的几天里,身体上的毛病减少了;轻度狂躁的情绪仍然在继续,但是已经可以迅速平复了,我仍然相信自己可以在不削减吸烟乐趣的情况下继续活很久。
>
> 对于一个整天和神经症打交道的医生来说,我却不知道自己是否也患有一种真正的或是可疑的抑郁症,这是非常恼人的一件事。我需要帮助。于是我咨询了布罗伊尔,告诉他我觉得我的心脏不适与尼古丁中毒没什么关系,但是我得了心肌炎,这种病禁止吸烟……我不知道医生们能否能真正区分这两种情况,暂且假设从主要症状和病程上来看是有可能加以区分的。但是我相当怀疑你,因为这件事情是我能从你那里听到不同声音的唯一话题。之前你声称这种毛病的根源在鼻子,还说叩诊时看不出是尼古丁导致的心脏问题。我想你可能是想向我隐瞒我的真实情况,只有这样才说得通,但是我恳求你不要这样做。如果你能告诉我一些明确的答案,我请求你告诉我。我对于自身的责任或是我有多重要这两件事全都没有什么夸张的看法,我会很从容地顺从生活的不确定性和生命的突然结束,我收到了心肌炎的诊断书。[2] 也许,恰恰相反,我甚至可以从管理生活中获益,充分享受余下的时光。

一周过后,洋地黄(digitalis)控制住了心律不齐的病情,但是抑郁等综合症

---

[1] 早在1890年他就这样表示过了。
[2] 弗洛伊德总是勇敢地面对生命中的任何危险,这证明了他对死亡的神经质的恐惧,是比其字面意义更为丰富的。

状的情况更为糟糕。布罗伊尔对于弗里斯的尼古丁中毒诊断十分怀疑，但他发现心脏没有扩张。对弗洛伊德病情的最终诊断尚不能确定。10天后弗洛伊德感觉好些了，但现在确信自己患有风湿性心肌炎；多年来，他一直遭受肌肉和其他地方关节疼痛困扰（大概是类风湿）。发作出现两个月以后，弗洛伊德也持有了同样的看法，而且在他7周完完全全的戒烟之后又抽了十来支雪茄，证明这次发作并不是尼古丁中毒引发的，对此他觉得十分开心。他不信任布罗伊尔和弗里斯，怀疑他们对他有什么不满。他还怀疑自己能否活到51岁——这是根据周期性理论预测的年龄——而且认为他在40几岁时死于心脏破裂的可能性更大。"如果不是这么接近40岁，可能就不会这么糟糕了。"但"人既不愿意慢慢死去，也不想一下死掉"。然而，弗里斯坚持提倡戒烟，弗洛伊德"妥协"了，每周只抽一支雪茄——每周四抽一支，来庆祝弗里斯每周的禁止令！几周后他注意到，这支每周一支的雪茄已经失去了滋味，所以他希望可以彻底戒断它。

他成功了，但14个月后他再度抽起雪茄来。接着他恢复那种超越人类力量的痛苦折磨，他必须"顺从那可怜的心理需求"——否则他无法工作。

回首过去人们应该会得出这样的结论：所有这些烦恼都属于精神性神经官能症的主要方面，尼古丁在其中可能也有轻微的作用。但弗洛伊德肯定没有心肌炎。即使在那些年里，他也能证明这一点，对于一位能在3个半小时之内攀登上拉克斯山（在塞默灵附近）的43岁男人来说，他的心脏是不可能有太大问题的——即使他抱怨拉克斯山最近几年至少增高了有500米！随后的事件表明，弗洛伊德有着一颗特别健全的心脏，他也能承受相当数量的尼古丁摄入。

于是，随着时间的流逝，弗洛伊德持续与抑郁症、死亡恐惧症反复发作的焦虑及其他各种来自内部或外部的困难做斗争。

在一次对他的梦境的分析中[①]，弗洛伊德表示，在因为死亡或其他原因失去了许多好朋友以后，他相信生命中最后一次结交新朋友不是那么容易，他发现了一个"我要永远和他做朋友"的人。而这种希望注定会带来苦涩的失望，最后的时刻到来，证明弗里斯既非他的第一个也非最后一个朋友，他与弗洛伊德的性格存在着长期矛盾。

[①] Non vixit 的梦，见《梦的解析》第六章 F 部分。

第一部分　性格形成时期和重大发现（1856—1900）

二人之间的最后一次破裂仍然是围绕着科学观点上的分歧，但这件事更与感情问题相关。科学观点上的根本差异可以简短地描述一下。如果神经症表现上的一切改变——开始和停止、改善和加重——是被什么规律严格决定的，如弗里斯所言的那样，遵循他周期性理论所揭示的重大日期，那么弗洛伊德所有的动力及他的病因发现事实上就是毫无意义的，即便它们是正确的。这个结果是如此显而易见，而这两个人在整整10年里，在明显非常和谐的状态中交换各自的观点，真是令人震惊。他们对于对方的工作不可能有多少真正的了解；他们所需要的仅仅是互相钦佩。

弗里斯的观点具有对于弗洛伊德来说十分陌生的病理学基础，这使得他对待这个问题非常敏感且几乎没有什么质疑。在这期间有两个小插曲，如果不是弗洛伊德的机智完满地应对了的话，这两次事件的后果可能会很严重。第一次是洛温菲尔德（Loewenfeld）对弗洛伊德关于焦虑型神经症论文的批评，他说弗洛伊德的理论没能解释疾病发作的不规则性。弗洛伊德在回应中指出有关因素的多样性及其变化强度。然而，弗里斯认为他应该把重点放在周期性理论上来解释，并针对这种理论给洛温菲尔德写一份单独的回复。弗洛伊德顺从地接受了这个与自己大相径庭的论点。另一次是在一到两年之后，当时弗里斯正试图就左撇子现象做出一些个人研究，弗洛伊德尝试着对此保持一种开放心态。弗里斯错把弗洛伊德的犹豫不决视作对雌雄同体理论的质疑。弗里斯对这个话题非常关注，正如我们后来将会看到的，这是一个非常神圣的话题。他甚至错误地指责弗洛伊德是个左撇子，但弗洛伊德风趣地回答说，至今他仍能记得童年时他有两只左手，不过他更偏爱用右边的那只。然而，在雌雄同体问题上最重要的一点是，他确确实实始终保持了对这个问题的坚持。

自然，当弗洛伊德通过更多的经验和个人分析，对自己的发现越来越确信以后，他对算法的注意力就相应地越来越少了，虽然直到二人关系破裂的当年他仍然表示出对弗里斯观点的坚信不疑。

1900年夏天在阿亨湖（Achensee）的那次"大会"中，冲突不可避免地发生了。这场冲突是如何出现的我们无法确切得知。但在弗里斯后来（发表）的版本中说，弗洛伊德对他进行了一场出乎意料的暴力攻击，这听起来不太可能是真的。可以肯定的是，弗洛伊德表达了自己对弗里斯周期性理论的一些看法，

13. 弗里斯时期（1887—1902）

或许带着一点批评，而弗里斯则回击说弗洛伊德只是一个"读心家"（thought-reader）——他读出的是自己的个人想法，但把它强加到自己的患者身上。

我们大概料想得到，二人的关系到此也就走到尽头了。事实上弗里斯可能是十分真诚地说，他会逐渐退出这段关系，他也确实这样做了。另一方面，弗洛伊德不相信这样珍贵的友谊会真正结束。在后来的两年时间里，弗洛伊德继续努力修补他们的关系，尽管他不得不承认，昔日的"科学"交往不可能恢复了。一年后他甚至提议两个人共同撰写一本关于雌雄同体理论的书，这是弗里斯最喜欢的主题；由他来撰写临床部分，弗里斯负责生物学理论和解剖部分。但是弗里斯并没有动心；相反，他怀疑这是弗洛伊德企图篡夺原本属于他自己的宝贵优先权的小伎俩。他也没有回应弗洛伊德在 1902 年 1 月份提出的聚会邀请。其余的信件看上去仍然比较友好，甚至温馨，但主要都是关于个人和家庭趣闻。1902 年 9 月，弗洛伊德从意大利寄给弗里斯一张贺卡，这是二人之间的最后一次通信。

看起来一切都结束了，而之后又出现了一次余波。1897 年圣诞节，二人在弗罗茨瓦夫（Breslau）见面，弗里斯向弗洛伊德表示，自己坚信所有人都是雌雄同体构成的；确实，他的 28 和 23 周期理论就是建立在这一原则之上的。1900 年夏天在阿亨湖的最后一次会面中，弗洛伊德向他的朋友宣告了一个新的想法，而弗里斯惊讶地答道："但是在弗罗茨瓦夫的那天晚上散步时我对你说过这个观点，当时你拒绝接受。"弗洛伊德完全忘记了那场谈话，并否定了它的一切内容；直到一周之后他才记起来当时的事情。[①]

这件事情的后续，我们是从弗里斯 1906 年发表的一个简短的回应里看到的，这本书题为《自己的事情》（In eigener Sache），主要是一场关于优先权的争论。1904 年 7 月 20 日，弗里斯写信给弗洛伊德说，奥托·魏宁格（Otto Weininger），一位天资聪颖的维也纳青年，出版了一本书，其中重点讨论了雌雄同体的问题。[②] 他曾听闻魏宁格与弗洛伊德的一位学生——年轻的心理学家斯沃博达（Swoboda）

---

① 这是一个非常严重的健忘症！仅在一年前，1899 年，他写道："你对于雌雄同体的说法是正确的。我现在也习惯于将每一个性行为都视作四人之间的。"而在此之前一年，弗洛伊德用热情洋溢的语言表达了他的兴奋："我已经强调了雌雄同体的概念，我将你的想法视作自我的'防御'理论以来最有价值的一个理论。"

② 即《性与性格》（Geschlecht und Charakter，1903）

第一部分 性格形成时期和重大发现（1856—1900）

来往密切，于是他确定这个重大的秘密就是通过这条路径走漏了风声。弗洛伊德该怎么说？

弗洛伊德回答道，斯沃博达并不是他的学生，而是一位患者，他在分析中向他提到过雌雄同体的普遍法则，之后斯沃博达也就随口对魏宁格说了一下。总之，由于雌雄同体这个理论在医学文献中曾经被多次提及，所以魏宁格也很容易在别处获得同样的思路。"这就是我对此事所知道的全部。"这或许是弗洛伊德人生中唯一一次并不完全直截了当的时候。为了安抚弗里斯，他必定感到十分焦急。

弗里斯接下来又反驳说，弗洛伊德先前曾称斯沃博达为他的学生；魏宁格显然不可能从阅读中发现这个观点，因为弗里斯声称，这个观点是全新的；任何文献引述都是偶然而随意的，并未触及每一个活细胞的双性化本质。这是弗里斯学说的核心部分，而魏宁格则宣称这是他自己的发现；弗里斯曾听说魏宁格确实曾采访过弗洛伊德并把自己的手稿念给他听，这会是真的吗？

弗洛伊德的处境相当简单，但他面临这个情况做出了果断的回应。他坦率地承认自己必然是受到了一些充满嫉妒和敌意心态的影响，想要去抢走弗里斯的原创观点。对于这种心理学解释是否能够安抚弗里斯，甚至令他感兴趣，弗洛伊德的态度很乐观。他以悔恨的话语结束了他的信，表示很遗憾弗里斯平时没时间给他写信，偶尔写来还是围绕着这么一桩小事。毫无疑问，弗里斯应当却没有原谅他。他再也没有给弗洛伊德写过信，两年后他出版了一部真的非常私人的信件。

这一切的结局确实很不愉快。1905年弗里斯拜托一位朋友帮他出版了一个小册子，攻击了魏宁格、斯沃博达和弗洛伊德。弗洛伊德立即做出回应。1906年1月，他给《火炬》（*Die Fackel*）杂志的编辑卡尔·克劳斯（karl Krauss）写了一封信，以下是内容摘要："柏林的弗里斯医生发表了一本小册子，攻击了O.魏宁格和H.斯沃博达，用非常不恰当的残酷方式指控这两位年轻的作者有严重的剽窃行为。这可怜的出版物的可信度该如何判断？我作为弗里斯多年的老朋友，也遭到了指控，说我透露给魏宁格和斯沃博达关键信息，我是他们涉嫌违法的同谋……亲爱的先生，我假设您对文化问题感兴趣，并希望您能够把这封信看作我的一份致敬。我们在此所要关注的重点问题，是如何对一个性格残忍者的专横揣测做出抗辩，以及如何阻止某些人在科学殿堂中满足个人野心。"

他也写信给柏林的马格努斯·赫希菲尔德（Magnus Hirschfeld）、《性学案例》

年鉴（*Jahrbuch Für Sexuelle Zwischenstufen*）杂志的编辑："我能否把您的注意力带到一本小册子上？题目是'威廉·弗里斯及其研究者们（*Wilhelm Fliess und Seine Nachentdecker*）……这是一本令人恶心的涂鸦，它对我投来了许多荒谬的言论……其实我们都明白这是一位充满着雄心勃勃的幻想的人，他非常孤独，已经失去了判断什么是正确的、什么是可以做的事情的能力……我与弗里斯相识12年，曾经是彼此最亲密的朋友，如今公开对他放狠话，进一步去羞辱他，这对我来说并不愉快。"

另一次余波出现在大约8年后。1912年11月24日，弗洛伊德让我们5个人去慕尼黑见他。他希望就他与斯特凯尔之间编辑方面的问题征求我们的意见，并希望我们支持他的一个观点。这件事很快就温和地解决了，但是当我们吃完午饭（在帕克酒店）之后，他开始责备两个瑞士同事——荣格和里克林，抱怨他们为瑞士的期刊撰写精神分析文章却没有提及他的名字。荣格回答说，他们认为没有必要这样做，因为这是众所周知的，但是弗洛伊德已经察觉到了分歧的迹象，一年后果然应验。我记得他坚持认为，他是在亲自处理这件事。突然间，使我们惊愕不已的是，弗洛伊德昏倒在地板上。健壮的荣格迅速把他带到休息室沙发上，很快他就苏醒过来了。他醒来时的第一句话也十分奇怪："死亡一定很甜蜜。"

不久后他向我吐露了他这次发作的原因。这不是第一次了。在12月8日的一封信中他写道："我无法忘记，6年前和4年前，我在同一个房间里出现了相似的但不那么强烈的症状。我第一次来到慕尼黑就是弗里斯生病期间来探望他，这个城市似乎与我和那个人的关系有着很强的联系。这件事的根源之处存在着一些难以控制的同性恋情感。荣格在他上一封信中再次暗示我的'神经症'，我不得不想出权宜之计，提出精神分析师应当首先更关注自己的神经症。毕竟我认为我们对待荣格应该耐心一点、友善一点，正如老奥利弗（Oliver）所说的，有备无患。"

一个月后我在维也纳拜访了弗洛伊德，我的印象是，他告诉我他跟弗里斯在相同的房间里争吵过，但我不能完全肯定这一点，因为他可能只是跟我说这个房间与弗里斯有关，这也是事实。弗洛伊德在他后期的著作中大量提及弗里斯，他表示他的"潜伏期"（latency）和"升华"（sublimation）理论都来自弗里斯。

更为慷慨的是弗洛伊德承认周期性的概念对自己的影响，事实上这个理论他很少使用，甚至比雌雄同体的出现频率还要低，在他所接受的教育中这一点被证明是十分重要的。他可能继续相信，有一些生命周期存在，但可能要比弗里斯的公式假装去辨别的那些更为复杂。在《超越快乐原则》中，弗洛伊德指出，弗里斯的对一切生命现象的"宏伟构想"——包括对死亡的——与时间确切术语的完成是相关的；但他补充说，有很多证据指责弗里斯公式的恒定性，并证明，一些对弗里斯所宣称的其理论的统治地位的怀疑是有据可依的。

有关雌雄同体的话题，弗洛伊德在《性学三论》中用一个脚注列举了8位作者，借助他们的观点证明雌雄同体的普遍性。弗里斯就是其中之一，但由于他是根据其著作的出版日期（1906）介绍弗里斯的，事实上弗里斯的"发现"早得多，因此弗洛伊德书中给弗里斯安排的五位先驱实际上应当减少为两位。然后他补充说，这些引用证明了魏宁格（！）基本无权在这个概念上争取什么优先权。这或许是弗洛伊德对弗里斯在这个问题上的言论的回应。

至于他自己所受的恩惠，他只是表示，是他在精神性神经症中观察了雌雄同体的案例，而与弗里斯的私人沟通使他注意到了这是一种普遍的现象。雌雄同体的主题显然仍是这两个人的痛处。

决裂留下了一片伤疤，但它慢慢褪色了。弗洛伊德仍然对弗里斯保持着钦佩之情，尽管无疑是以另一种形式，而怨恨也渐渐平息了。

14. 自我分析（1897—）

　　1897年夏天，咒语开始打破，弗洛伊德开始了他最为英勇的壮举——对自己的潜意识进行精神分析。今天我们很难想象这项成就是多么的重要，克服困难就是大多数开创性先锋们的使命。然而这次壮举的独特之处仍然存在。它一旦完成便永远地完成了。因为他是第一个去探索这些深度的人，此后无人能及。

　　在人类漫长的历史中，这项任务屡次被尝试。哲学家、作家，从梭伦（Solon）到蒙田（Montaigne），从尤文纳尔（Juvenal）到叔本华（Schopenhauer），全都撰文追随过德尔菲（Delphic）的神谕，"认识你自己"，但最终都屈服了。内在的阻力阻碍了他们继续前进。时不时涌现的直觉光点为他们指明了道路，但这些光点总是闪烁不定。无意识的领域常常假设是存在的，却始终是一片漆黑，赫拉克利特（Heraclitus）的话犹在耳边："人类的灵魂是一个遥远的国度，无法接近和探索。"

　　弗洛伊德孤军奋战，在这项事业上没有任何人给予他任何一点帮助。比这更为糟糕的是：那促使他前进的特定事物，他必须模糊地对其进行猜测（尽管他多么努力地试图掩盖）而只会深刻地影响他的人际关系——甚至可能切断它们——他将失去一个曾如此亲密的、一个曾使他的心灵安宁下来的人。这是一件大胆的、极具风险的事。在智力和道德两个方面都需要何等的勇气！但这一刻即将到来。

　　然而，只有在远距离观察时我们才会注意到这件事中戏剧性的一面。在当时，这是一项漫长而痛苦的摸索，一份斗争艰巨的劳动，而弗洛伊德必定时常会产生"所有迷路的冒险家都是我的同伴"的念头。承担这项任务几乎不是清醒的决定，或是出于明确的意志或动机。这里没有突然闪现的天才灵光，却有着对其重要性日益增长的直觉。不惜一切代价来探寻真相的强烈需求，可能是弗洛伊德人格中最深层的最强烈的动力，其他任何事情——安逸，成功，幸福——都可以为之牺牲。毕竟，弗洛伊德所深爱的作家歌德曾说过一句深刻的话："热爱真理是天才的第一件事，也是最后一件事。"

第一部分　性格形成时期和重大发现（1856—1900）

此种情况下，弗洛伊德在满足自己的迫切需求之外寻求不到任何回报。早在此之前，一种偶然显现的启示，一种"难以形容的知性美"即将保存下来。3 到 4 年时间里他忍受着神经症的折磨和强烈的依赖，这确实加剧了他的痛苦。但直到一天他得知：

> 承受所有赤裸裸的真理
> 平静地想象世界，
> 这是至高无上的顶峰。①

辛劳和苦难的结束是弗洛伊德性格演变中的最后一个阶段。接下来出现的，是一位安详而温和的弗洛伊德，从此以后他便自由地投身于沉着冷静的科研工作中去。

对这个过程的细节，以及其间和在此之前始终存在的弗洛伊德关于儿童性欲问题的观点变化等，我们必须再详加说明一番。在这样做之前，我们有必要引用一句弗洛伊德先前写下过的话："当我无法感同身受地理解别人时，我总觉得十分奇怪。"写这句话的时候距离当时不少于 15 年。他显然深受泰伦斯那句名言的影响："人并不陌生。"（Humani nihil a me alienum puto）这是他想要彻底了解自己的又一个理由。

弗洛伊德研究的两个重要部分与他的自我分析密切相关：梦的解析和他对婴儿性欲问题越来越强烈的兴趣。

梦的解析起到了三重功用。在自己的梦境中进行观察和研究，这是最容易获得的研究材料，也是弗洛伊德的著作中最常应用的一种方式，这种方式使他清楚地决定继续进行他的自我分析研究直至其逻辑的终点。这是他主要采用的方法。弗洛伊德后来认为，一个诚实、正常的、优秀的梦者（good dreamer）应当在自我分析中走很长的路，但并非每个人都是弗洛伊德。他的自我分析与其鸿篇巨著《梦的解析》的写作工作是同时进行的，在后者中他记录了许多梦的细节。最后，在对梦境的解析中他获得了更为强烈的安全感；这是他信心最足的一部分工作。

如果我们回顾一下弗洛伊德关于性和童年的观点，从起初到自我分析时期的

---

① 译者注：济慈《许佩里翁·片段》。

发展过程的话，我们必须得出这样的结论。他的洞见的获得比通常认为的要迂回得多。如今看似十分清晰的事实在当时却是相当模糊的。弗洛伊德必定也是从传统的纯真童年观开始的，对于成年人诱惑的无耻之事，他也采取了类似的传统观点，认为这构成了患者的早熟（precocious）刺激。起初，弗洛伊德并不认为这些举动在当时就能唤起孩子的性感觉；只是到了青春期以后，他们对这些事件的记忆才变得令人兴奋。到了1896年他推测，也许"即使在童年时期，也未必没有微妙的性冲动"，但很明显的是这些被视为纯粹的自体性欲，它们和其他人之间没有什么关联。一年后他对这种兴奋机制的身体基础产生兴趣，并将其定位于口唇和肛门区域，但也认为它们可能与整个身体表面皮肤都相关；他在1896年12月6日的一封信中使用了性感带（erotogentic zone）这一术语，在1897年1月3日的信中，他称口腔为"口头生殖器"。

弗洛伊德通过一种反向的奇特方式发现了儿童性生活中异体性欲（allo-erotic）的一面，不是通过孩子自身而是通过其父母入手。从1893年5月起，他首先向弗里斯宣布了自己的发现，到1897年9月，他承认自己的错误。其间，弗洛伊德坚持认为歇斯底里症的根本原因是一个无辜的孩子受到了一些来自成年人的性诱惑，最常见的引诱者就是孩子的父亲；分析材料的证据显现出无可辩驳的确定性。4年多以来，弗洛伊德始终保持着这种信念，尽管他对于这种假定情况的出现频率感到十分惊讶。看起来有很大比例的父亲们都对孩子们实施了这种乱伦侵犯。更为糟糕的是，它们通常是以一种反常形式进行的，孩子的口腔或肛门成为施暴者选择的区域。弗洛伊德从他的弟弟和几个妹妹（注意：不是他自己）的歇斯底里症状中推断认为，甚至他的父亲也不得不因此受到牵连；虽然他立即补充道，类似事件的发生频率加强了他的怀疑。这个阶段面临结束时，大量怀疑开始涌入他的脑海，但这些怀疑一再被新的证据反驳。最后，当他梦到了自己的美国侄女海拉（Hella）时，他从这个梦中分析出其中潜藏着他对自己的大女儿的性欲望，于是他的亲身体验可以证明自己的理论的正确性。

然而4个月之后，弗洛伊德发现了事情的真相：不论父母对子女们存在着怎样的乱伦欲望，甚至偶然做出相关举动，真正使得弗洛伊德不得不关心的，是孩子们对父母普遍存在着的乱伦欲望，且典型地朝向与自己性别相反的父母一方。这幅图景的背面被他完全遮盖住了。他在两个月前的自我分析将这一事实揭露出来。他正在学会理解尼采的名言："一个人的自我总是被他很好地掩藏起来：关

第一部分 性格形成时期和重大发现（1856—1900）

于自我的一切宝藏是最后被挖掘出来的东西。"

即便如此，弗洛伊德还未抵达他后来所理解的婴儿性欲的真正概念。乱伦的愿望和幻想是一种衍生物，可能是在8岁到12岁之间被抛回童年的银幕上。这种愿望并非源于那里。他至多会承认，年幼的孩子，即使只有六七个月大的婴儿（！）看到或偶然听到父母之间的性行为时，也有能力以一些不甚完善的方式来理解其中的含义。只有在以后的岁月里，他们的性幻想、性欲望或性行为发生以后才会被重新激活。

因此毫无疑问，在大约有5年的时间里弗洛伊德都把儿童们视作乱伦欲望的无辜客体，而且是非常缓慢地——无疑对抗着自己内心的抵触情绪——才逐渐认识到所谓的婴儿性欲问题。他尽可能地把它限定在稍微年长一点的儿童身上，这些幻想被认为是对较早年经历的一个投射。在生命的晚年时期，弗洛伊德选择把婴儿出生的第一年视为某种黑暗神秘、氤氲朦胧的可理解性刺激，而不是主动的冲动和幻想。

基于这些考虑，我们重新回到自我分析这个话题上来。最初这项活动可能需要追溯到1895年7月这个历史性的时刻，这是他第一次充分理解了自己的一场梦的含义。此后的几年里他多次与弗里斯分析自己的梦境。从二人的通信中我们也可以找到确切的时间点，即从何时起这种偶尔的分析活动逐渐成为有明确目的的常规过程。这个时间点是1897年7月。

人们自然会问，为什么刚好在那时做出这项决定？我们需要再一次注意，弗洛伊德的压力是随着无意识的力量而逐渐增加的，而非那种天才灵感的突然爆发。

在前一年的10月份，弗洛伊德的父亲去世了。弗洛伊德写信给弗里斯感谢他的哀悼："在公开的意识背后，我父亲的去世以一种黑暗的方式深深地影响了我。我非常珍惜他，也完全能够理解他。他那深邃的智慧和奇妙的轻盈混合在一起，他就意味着我的生命。他度过了他的时光然后离开，然而于我而言，他的死唤起了我所有的早年情感。现在我感觉自己被连根拔起了。"

弗洛伊德告诉我们，正是这种经历促使他写出了《梦的解析》，而这部作品的完成，与他自我分析的前两年是携手并进的；他可以完全合理地将二者结合在一起。在1908年第二版序言中，弗洛伊德说直至完成这本书，他才认识到它与父亲的死之间的关系。"作为我对父亲死亡的反应，它向我揭示了自身，如同我的一次自我分析一样；这是最重要的事件，是一个人生命里最深切的一次失去。"

14. 自我分析（1897— ）

在父亲去世后的次年 2 月，弗洛伊德提及他与诱惑行为之间的关联，3 个月后又提到了自己的乱伦之梦。他声称这场梦结束了他对诱惑故事的怀疑。然而伴随着这封信的，是他的一篇手稿，里面宣称神经症患者童年时期对与自己性别相同的家长存在着敌意——俄底浦斯情结的第一次流露。显然这两种观点是同时出现的。

4 月中旬弗洛伊德和弗里斯在纽伦堡见面，10 天后给后者寄去一些梦的记录及其分析，这些分析揭示了针对他的无意识的怨恨和敌意。他显然意识到了一些情感上的混乱，因为在 4 天后的一封信的一段里这样写道："我的恢复只能通过无意识工作来实现；我无法想象只凭借有意识的工作来完成。"这可能是弗洛伊德感觉到他必须追求个人心理分析的第一个迹象，尽管他用了数月时间才最终做出那个决定。

随后出现了一段冷漠的"我无法想象的智力上的瘫痪"阶段。他描述了自己是如何度过神经症的那段时期的："一种人类意识无法理解的奇特的精神状态：思想朦胧，心灵上罩着一层面纱，几乎没有一丝光亮。"他写下的每一行文字都是煎熬，一周后他说他的写作无能症确实是病理性的；然而他很快发现，这种现象的动机可能是旨在阻止他与弗里斯的交往。然后就是从 7 月 7 日那封信中引用过的感人至深的段落，在那里他指出，自己的神经症现象深处可能存在着某种与弗里斯相关的抵抗情绪。但振奋人心的是，一些事情正蓄势待发。"我相信我在一颗茧之中，上帝知道它会裂出什么样的野兽。"

在这之后不久，弗洛伊德与奥斯（Aussee）的家人团聚了，8 月 14 日他坚定地写下了对自己的分析，他说这"比任何事都困难"。"但我必须这样做，这是我的（治疗）工作的必要对应物。"他的歇斯底里症已经部分地治愈了。他清楚地意识到自己的抵抗一直阻碍着自己的工作。

在 10 月 3 日、4 日和 15 日的信中，弗洛伊德从他的分析的进展中报告了诸多细节。现在他认识到他的父亲是无辜的，是他把自己的想法投射到了他身上。他回忆起小时候看到母亲裸体时产生的性欲。我们看到了许多关于他童年时代嫉妒和争吵的材料，以及他对老奶妈的重新发现，他把自己大部分的毛病都归咎于她；他回想起她在自己洗过澡的红色洗澡水里接着给他洗澡，这也是一个尤其令人信服的细节。

在最后一封信中，弗洛伊德讲述了他如何向母亲询问自己童年早期的状况。

第一部分　性格形成时期和重大发现（1856—1900）

他以这种方式客观地证实了他的分析结果的真实性，并给出了许多有效信息，例如关于那位奶妈的事情，这扫除了他的一些困惑。弗洛伊德说，他的自我分析对于他来说是最具价值的。他发现了自己对母亲的热情和对父亲的嫉妒，他确信这是一种普遍的人类特点，从中我们可以理解俄底浦斯传奇的强大影响。他甚至连带着对哈姆雷特的悲剧也进行了相应解读。显然，他的头脑正在全速运作着，以一种我们甚至可以说是直觉的方式。

克服了自身的阻力后，弗洛伊德对他的病人们的观察也更为清晰了。现在他能够更好地理解他们的情绪变化。"我在这里所遇到的病人身上发生的一切——那些因我无法理解自己的梦境、幻想、每天的情绪而倍感压抑的那些日子，突然变成另一番景象，一道光芒照亮了某种关联，使我能够理解过去的一切，它们好像都是为了今天的清晰视野所做的准备。"

当然，弗洛伊德的分析像其他所有人一样，并没有立即产生什么神奇的效果。在后来的信件里我们可以看到典型的变化过程：乐观和悲观的相互转化，症状加重，等等。在后来的一两年里，神经症本身的症状加重，他对弗里斯相应的依赖也似乎更为强烈，或者说更为明显了，但是弗洛伊德必胜的决心从未动摇过，最终取得成功。在1899年3月2日的一封信中我们读到，分析已经给他带来了很多好处，他显然比四五年前正常多了。

精神分析很少有十分彻底的，我们没有理由期待弗洛伊德的自我分析多么完美，它的完成借助于客观分析，以及对表面症状的转移现象所进行的可贵而深入的研究。或许我们有机会思考一下，这些不完整性可能会对他的一些结论有何种影响。

本章的开头部分只给出了这个阶段的起始日期。原因是弗洛伊德告诉我，他从未停止对自己的分析，他把生命中的最后半小时也奉献给了这项事业。这是他那完美无瑕的人格的又一个例证。

15. 私人生活（1890—1900）

与弗里斯的通信补充了一些已知途径之外可以获知的信息，包括弗洛伊德的生活方式、习惯和这一时期的大体状况。即使是一些微不足道的细节也会被偶然提及，例如弗洛伊德每天都要去拜访他的理发师——说明他对这位留着大胡子的人有着不同寻常的关切；他厌恶看起来明显无害的家禽和菜花，假如家里做了这两道菜，他就不跟家人一起吃饭；早在1895年弗洛伊德的家里就安装了电话。

1891年夏季末弗洛伊德一家搬进了位于伯格斯大街（Berggasse）的宽敞公寓，但这间房子并不能满足不断增多的孩子们。于是在1892年，弗洛伊德租了另一套公寓。这是一栋高层建筑的一楼，屋后有一座小却可爱的花园。新房子有3个房间，分别用作病人候诊室、诊室和研究间，以供弗洛伊德集中注意力思考。这种布局一直持续到1907年。

弗洛伊德在一封信中写道，他的一生都在诊室或楼上的婴儿房里度过。他显然是个宠爱孩子的父亲，在他给弗里斯的信中充斥着孩子们的言行细节。他们都成长为强壮、健康的人，但在童年时这些孩子几乎患上了每一种可以想象的传染病。这也是弗洛伊德持续焦虑的来源之一，因为我们必须意识到，许多疾病，例如猩红热、白喉、扁桃体炎等在当时的状况要比现在危险得多，那时候唯一可用的治疗形式只有护理。

除了其他事务以外，弗洛伊德是一个十分恋家的人，他对许多亲戚都保持关心。此外，除了维持自己家庭的日常事务，他还得支持父母和姐妹们的生活。他的弟弟亚历山大在这方面也尽可能地帮助他，有时候他也会借一些钱（从弗里斯那里）。

弗洛伊德有一项非常重要的爱好，但除了假期，他平时很少以此消遣。他有时候会下棋，但这个爱好在50岁之前就完全放弃了，因为下棋要求注意力的高度集中，他宁肯将其投入别处。当他一人独处时，有时会玩单人纸牌，还有一种纸牌游戏他非常喜欢。这是一种传统的维也纳四人纸牌，叫作塔洛克（tarock）。

第一部分 性格形成时期和重大发现（1856—1900）

他可能是从 90 年代甚至更早就开始玩了；后来这个游戏发展成为一种习惯，每个周六的夜晚都是为它预留的。发起人是柯尼施泰因教授，一位在实践中首次使用可卡因的医生。大家在他家中玩牌，直到 1924 年柯尼施泰因去世。

弗洛伊德只是偶尔才会去剧院看戏。除了卡门之外，他只听莫扎特的歌剧。他还会不时地参加公开演讲。他非常喜欢听马克·吐温的讲座，这是他的一个老爱好了。

弗洛伊德还有一种类型更为普遍的放松形式。1895 年，当他发现自己的职业生涯遭到排斥和压抑，便需要寻找一些令他感到亲近的、志趣相投的人。他发现了犹太俱乐部或礼堂——犹太服务组织（B'nai B'rith）。在余下的时光里，弗洛伊德一直是这个组织的成员。[①]弗洛伊德每隔一周的星期二都会去参加该协会的社交活动或文化聚会，偶尔也会在那里发表演讲。

当然，他对古董的热爱也是重要爱好之一。这项爱好既满足了他的审美需求，又满足他对文明源头的长期兴趣，正如他关注一切人类活动一样。如果可以称之为奢侈的话，那么这当然是他唯一的奢侈。在 1898 年 8 月 20 日的信中，他告诉弗里斯自己在因斯布鲁克（Innsbruck）买了一只罗马时代的雕像。此外他非常喜欢阅读布克哈特（Burckhardt）的《希腊文化史》（*Griechische Kulturgeschichte*），并注意到其与手头的精神分析工作的相似之处："我对史前时代的所有人类表现也同样热爱。"他为自己准备了一份谢里曼（Schliemann）的《伊利亚》（*Ilias*）作为礼物[②]，他对作者在序言中记述的童年经历十分感兴趣，正是谢里曼早年的想法指引他最终发现了埋藏地下的特洛伊。"当他发现普里阿摩斯（Priams）的宝藏时非常高兴，因为儿时愿望的满足才是唯一幸福的事。"在早期的信件中，弗洛伊德更为正式地写道："我补充了幸福的定义。幸福是一种史前愿望的后续实现。这就是为什么财富很难带来太多的幸福感：因为金钱不是童年的愿望。"

由于气候原因，漫长的暑假也是维也纳地区的一项惯例。考虑到高温炎热，

[①] 该协会被纳粹称为"地下政治集团"，并以此为借口于 1938 年 3 月占领了国际精神分析出版社（Internationaler Psychoanalytischer Verlag）。

[②] 译者注：海因里希·谢里曼，德国传奇式的考古学家。出于一个童年的梦想，他执著地放弃了商业生涯，投身于考古事业，使得荷马史诗中长期被认为是文艺虚构的国度——特洛伊、迈锡尼和梯林斯重见天日。

15. 私人生活（1890—1900）

学校甚至在 6 月底就彻底关闭了，大部分家庭会去乡村待上两到 3 个月，男人们只能偶尔过去探望妻儿。弗洛伊德即便是在他最吝啬的时期，也尽一切努力坚持这个习俗。这样的习惯更应该被视作必需品而非奢侈品，也确实有着充分的理由。正如其他分析家所发现的那样，弗洛伊德很早就发现，工作的特点是，如果缺乏充足的放松疗养期，工作的质量必然会下降。毕竟一个人的生活中应当有一些纯粹的快乐，而弗洛伊德知道，没有什么能比享受一片新天地的美景更令人心旷神怡的了。他对北方和南方持有一种并不罕见的二分法。北方代表着崇高的理想。例如柏林就有着永不止息的活力和追求成就的冲动。而说到享乐、幸福和单纯的快乐，南方则是出类拔萃的。南方的柔软和美丽，它的温暖的太阳和蔚蓝天空，最重要的是南方有着人类早期发展阶段的丰富遗骸；正如对于大多数人那样，这一切对于弗洛伊德来说也有着不可抗拒的吸引力。

这段时间里弗洛伊德习惯在五六月份就把家人送去度假，自己继续在维也纳工作至 7 月，然后放下手头的工作去跟家人团聚；大约在 9 月中旬结束假期返回维也纳。起初他们选择的地点都不太远，基本都在维也纳近郊。但是有些时候弗洛伊德会从维也纳或近郊这些有利位置出发去更远的地方旅行，有时是跟妻子或兄弟一起，还有一次是跟妻妹明娜一起。如果是妻子玛尔塔陪他一起出游的话，弗洛伊德尚未出嫁的妹妹罗莎（Rosa）就会留下来监督保姆和照看小孩。对于一个在维也纳孤单一人的男人来说，分开的这几个月总是很难熬，弗洛伊德还时常抱怨六七月份折磨着整座城市的高温酷暑。他还有写作的任务，还有他的病人需要应对，几乎每天晚上都有朋友来邀请他共度。这个时期弗洛伊德拥有着数量奇多的朋友圈子，如果成员没什么变化的话，大部分都是犹太医生。后来弗洛伊德谈起他的 10 年孤独期时我们必须明白，这种情况仅限于他的科学事业，而不是指他的社会生活。

到了 1896 年的假期，他们的计划变得更加雄心勃勃了。这是弗洛伊德一家首次前往施蒂利亚州（Styria）的奥斯（Aussee）这么远的地方度过夏天。由于距离太远，很难利用周末时间过去，作为补偿弗洛伊德计划了一场规模较大的旅行。虽然在 4 月他和弗里斯在德累斯顿（Dresden）进行过一次"会晤"，到了 8 月的最后一周，当他与家人共度了整整一个月后，弗洛伊德又在萨尔茨堡（Salzburg）跟弗里斯见了一面。在这之后他前往施泰纳赫（Steinach），与弟弟亚历山大碰面，跟他一起去威尼斯旅行，途经博洛尼亚。他们只在那儿呆了两天，

第一部分 性格形成时期和重大发现（1856—1900）

接着在帕多瓦（Padua）进行了 4 个小时的"辛苦工作"和休息后抵达博洛尼亚。这是弗洛伊德梦想中的一座小城。他在那儿度过了 3 个晚上。最后一天他前往拉文纳（Ravenna）和法恩莎（Faenza）探险；他对前者的印象不如人们预料的那样深刻。然后是为期一周的佛罗伦萨华丽之旅，在那里他被"疯狂的魔力"所征服。弗洛伊德具有一种非凡的快速同化的能力，这一周里他的收获必然比平时一个月里收获得还多。另一个发现是在加洛小镇（Torre del Gallo）外发现的伽利略博物馆（Galileo museum）。他说服了住在楼上的主人加莱蒂伯爵（Count Galetti），把剩下房屋中的三间租给他们暂时居住，他们在那里度过了被无价之宝环绕着的 4 天，在那里可以欣赏到佛罗伦萨无与伦比的美丽风光。这一定是弗洛伊德迄今为止度过的最漫长的假日了；他离开了维也纳两个月。1897 年和 1898 年，弗洛伊德又一次更大范围地游览了欧洲。

1899 年的暑期，弗洛伊德一家第一次在一座大农舍里度过夏天，农舍的名字叫莱默勒赫（Riemerlehen），靠近巴伐利亚州的贝希特斯加登（Berchtesgaden）。《梦的解析》一书的大部分在这个夏天完成，其中最后面、最困难的部分就是在农舍花园里的凉亭里写作完成的。弗洛伊德与弗里斯之间最后一次愉快的"会晤"是 4 月份在因斯布鲁克，毫无疑问此次会面大大刺激了这部著作中多年以来悬而未决的问题的解决。完成这部书后，弗洛伊德在 9 月的第三周返回维也纳，由于当时整个国家遭受洪灾，他历经长达 32 小时的迂回旅程才回到家中。

每次弗洛伊德离开妻子时，每天都会用明信片和电报与她保持联系，每隔几天就写一封长信。他简要地描述所看到的一切，不时地加上自己的评论。平时经常出现的喜怒无常情绪在假日里面似乎也完全消失不见了。弗洛伊德无疑展示了强大的享乐能力，和一种在年轻人身上更常见的非凡的热情。作为意外发现，弗洛伊德在意大利期间访问的所有城市都是他非常喜欢的，当然首先是佛罗伦萨和威尼斯，其次是贝加莫（Bergamo）、博洛尼亚（Bologna）和布雷西亚（Brescia）。

尽管这些旅行无疑是以一种温和方式进行的，但还是花了不少钱，旅馆和公车马车就占了相当大的一部分。我们知道那些年里，弗洛伊德需要养活十几口人，还要支付佣人的薪水，不难理解为什么金钱问题始终是他焦虑的来源之一。弗洛伊德对待金钱的态度总是很现实的：钱总是要花掉，但还是得认真对待。

在他和弗里斯的通信中，1896 年以前很少提到他的诊所收入问题。之后当他发表了对性问题的惊人看法后,他开始感觉到来自同事们的疏离。而他的私人经营状况,跟其他医生的态度一样,也发生了巨大变化,下面一个例子可以反映这种情况。1896年5月,弗洛伊德的诊室第一次空了,几个星期没见到新病人。11月的情况非常糟糕,但12月开始他每天工作10小时,一天赚100盾(约合40美元),这是能够满足他生活的收入水平;所以他说:"累死了,但精神上获得新生。"这种情况持续了一阵子。他逐渐声名鹊起。韦尼克(Wernick)给他送去了一位病人,他自己还有两个病人:一位来自布达佩斯,另一位来自弗罗茨瓦夫(从1899年2月起接受治疗)。但一到晚上,经历了12个半小时的工作后,他"像锯木头一般倒下去"。上一周他赚了700盾,但是"你什么都得不到。变得富裕起来一定十分辛苦"。

在那封著名的信中(1897年9月21日),他宣布,他的诱惑理论欺骗了他,这当中最令人烦恼的一点是,这宣告了他的病因理论是错误的,他不再相信自己能够治愈神经症了,而这又恰是他的生计来源。然而,他的梦理论是完全不受影响的:"真可惜,一个人无法用解梦来谋生。"下一个月他的预言成真了。除自己以外他只有两位病人:"有三个,但他们什么也带不来。"有那么一年时间里,弗洛伊德的生活非常不顺利;他无法离开维也纳,因为错过一天工作所造成的损失都是他难以负担的。然而在接下来的10月(1898年),他又重新投入每天11个小时的精神分析工作。在两次专业问诊后,他开始了朝九晚九的工作,中途休息一个半小时。接着便是《梦的解析》的写作、写信和自我分析。两个月后,他的收入又下降到每天70盾,但一个月后他又恢复了每天工作12个小时赚100盾的收入。到了5月,他的工作时长已经降到了每天两个半小时,在接下来的10月,他写道,过去6个月的收入还不足以承担他的开支。

弗洛伊德的野心仅限于科学事业。除此之外最世俗的愿望,就是有足够条件去旅行。社会成就和职业发展对他来说,不过是意味着更多独立的机会;他时常抱怨自己的生活需要依赖于那些他所鄙视的人(同事)。在当时的维也纳,整个社会弥漫着一种与其他地方不同的、十分势力的氛围。声誉和能力的问题往往只是简单地遵循了头衔原则,而头衔的分类和继承都极为复杂。这种状况在医疗领域里尤甚。如果承担不起请一位无薪大学教师的费用而去聘请一位执业医师,无论后者的水平多高,都可能会遭到嘲笑。医疗实践的大部分利润都跑到了那些顶着令人羡慕的教授头衔的医生们的腰包里。弗洛伊德必然由衷地鄙视这一切,但他不能不承认其经济方面的重要价值。于是他对头衔持欢迎态度，但仅限于这个原因。有关弗洛伊德晋升的事件可以生动地呈现出维也纳当时的社会状况。

1897年1月，在担任长达12年之久的无薪大学教师之后，弗洛伊德写道，关于他与备受青睐的年轻同事竞争再一次宣告失败的谣言，他并不是很在意，但这可能会加速他与大学的最终决裂。然而在接下来的一个月，弗洛伊德去拜访了诺特纳格尔，后者告诉他，他〔连同卡拉夫特·艾宾（Krafft Ebing）和弗兰克·霍克瓦特（Frankl Hochwart）〕推荐他晋升副教授（Associate Professor）的职位，而且，如果学院委员会不同意的话，他们决定亲自把这份推荐书提交至部委。① 然而他补充道："你知道接下来面临的困难；或许我们能做到的只是'把你放在地毯上'。"令弗洛伊德感到欣慰的是，他仍然能够保留他对他们是"正派人"的这种印象。

什么结果也没有。官方的反犹主义态度本身就是问题所在，弗洛伊德在性问题上的声誉并没有给他带来进一步的机会。尽管他在神经学方面做了许多出色的工作，他作为神经学家在整个欧洲享有一定的地位和声望，但这些都无济于事。在1897、1898和1899年9月份的年度审批中，弗洛伊德和他的小组均被忽视了。1900年，除弗洛伊德以外的其他人都获准，唯有他再次被驳回。但他很高兴自己的朋友柯尼施泰因最终通过了。

4年过去了，弗洛伊德没有采取任何措施。接下来他游历了罗马。他说自己生活的乐趣增加了，但在殉难中的乐趣却减少了。毫无疑问，高贵的冷漠使他获得一种优越感的满足，但他为此付出了巨大代价。他决定"像其他人一样"，从他的宝座上退下来，降到较低的水平上去。于是他亲自去拜访他昔日的老师埃克斯纳（Exner）。埃克斯纳对他的态度十分粗鲁，但最后透露说，部长受到某些人的影响，对弗洛伊德持有敌对态度，并劝他去求助一些人帮忙摆平。弗洛伊德想起了之前一位病人的名字——艾丽斯·贡培兹（Elise Gomperz），20年前弗洛伊德曾为她丈夫翻译了约翰·斯图亚特·穆勒的散文；贡培兹曾与现任公共教育部部长冯·哈特尔（von Hartel）共同教授文字学。那位女士非常乐于助人，但部长对来自老友的推荐假装一无所知，因此弗洛伊德必须寻求新的帮手。弗洛伊德写信给诺特纳格尔和克拉夫特·艾宾，他们及时重申了此事。但同样一无所获。

---

① 大学同样也是政府机构，所有职位都需经过正式批准。

在这之后,弗洛伊德的一位病人玛丽·费尔斯特夫人(Frau Marie Ferstel),外交官的妻子,听闻这个情况立即投入与贡培兹夫人的竞争中。她一直努力直到亲自认识了部长并与他达成交易。部长十分希望得到勃克林(Bocklin)的一幅画〔城堡遗址(Die Burgruine)〕,送给新成立的现代画廊(Modern Gallery),而这幅画的所有者则是费尔斯特夫人的姑妈欧内斯廷夫人(Frau Ernestine Thorsch)。费尔斯特夫人花了3个月时间才把它从老夫人手里拿过来,最后部长在一次晚宴上对费尔斯特夫人表示,他已经把所需的材料移交皇帝签署了,她是第一个知道这个消息的人。第二天费尔斯特夫人来到弗洛伊德的房间喊道:"我做到了。"

弗洛伊德对整件事的感觉不难猜到,但是他写信给弗里斯表示自己是天大的笨蛋,他早就应该用这些旁门左道搞定这件事了——既然维也纳的办事方式就是这样。无论如何,他从中获得了快乐,并写信给弗里斯——在他们的最后一封信中说:"人们广泛地参与进来。祝贺和花束如同雨点般落在我身上,仿佛国王陛下已经正式承认了性的作用,部门委员会认可了梦的重要性,而精神分析治疗歇斯底里症的必要性已经在议会中以三分之二多数通过。"

这场荒谬的故事取得了预期的结果。从他身边走过的人们即使隔着很远的距离也会鞠上一躬,他的孩子们在学校里也受到朋友们的羡慕——唯一重要的事情——他的诊所业绩也彻底好转了。即使不太体面,至少弗洛伊德已经获得了尊重。而另一件事也在这个转折点上偶然发生了,他逐渐从多年来的智力孤寂中解脱出来。他的身旁开始聚集着大批追随者,他们只是简单地称他作"教授先生",不久后外界世界就会严肃地注意到他的心理学工作。

头衔的变化并没有给弗洛伊德的学术地位带来本质不同。之前当他还是无薪大学教师时,他被允许在大学里授课,但没有绝对义务。现在他自由运用自己的权利,虽然不是每年都开课,但总体上仍然在学校开设课程,直到"一战"爆发;一周两次课,分别在星期四和星期六。除了我以外一定也有其他人记得,能够参加这些课程是何等荣耀。弗洛伊德是一位迷人的演说家。在这些讲座上,他总是用他独特的幽默启发大家,这种幽默在我们引述的许多段落里都有体现。他的声音低沉,也许紧张的时候会变得有些刺耳,但他说话时非常与众不同。他从

第一部分　性格形成时期和重大发现（1856—1900）

不使用任何笔记[①]，很少为演讲做充分准备，主要留给灵感。我记得有一次我陪他去上课，询问他那天晚上演讲主题是什么，他的回答是："我要是知道就好了！我必须把它留给我的潜意识。"

他从来没有使用过演讲技巧，但他亲切、会话式交谈，从而将他的听众聚集在周围。人们会觉得他在亲自向我们表达他的观点，这种个人风格的东西也反映在他后来发表的演讲中。没有闪烁的谦恭言辞，甚至没有一丝说教意味。听众们都被视为高智商的人，而他希望向他们传递一些自己近期的经历，虽然讲座结束后当然是没有讨论的，除了一些私下里的交谈。

随着弗洛伊德的工作越来越为人所知，这种令人愉快的亲密受到了一些干扰。一次，在会议开始之时，大批学生蜂拥而至。弗洛伊德显然很生气，推测着他们的动机并宣布："女士们先生们，如果你们来到这里，期待听到一些耸人听闻的甚至是淫秽的话，放心，我会向你证明你们根本不值得花这么大工夫。"接下来的一场观众便减少至三分之一。在后来的几年里，弗洛伊德控制住了局势，只有在私人会面过后才会给他们发通行卡，而讲座里不允许任何没有通行卡的人入场。

弗洛伊德的工作方式在多少程度上偏离了纯粹的诸如数学物理里的智力活动，我们可以从他自己的描述中得到生动的印象。它们都说得很清楚，尤其是在形成期的那些年里，他几乎完全被无意识的力量驱动着，受到它们的强烈摆布。当他正在建立的概念将要出现某种明确的视野时，许多想法闯入脑海，而另一方面当他明显受到抑制、思维迟滞时，他没有任何思路：弗洛伊德就在这两种状态的情绪里剧烈地切换。例如他在1897年写道："在我快乐状态中涌现的那些新想法已经消失了；它们已经无法再取悦我，我在等待它们重新诞生。思绪在我的脑海中弥漫，一定会通往某种明确之物，它似乎将正常状态和病理状态，将性问题和心理问题全部统一在了一起，然后它们就消失了。我并不企图抓住它，因为我知道它们在意识中的出现和消散都不是其命运的真实表达。在像昨天和今天这样

[①] 弗洛伊德一生中唯一一次例外，是在1918年9月，一战结束前，在布达佩斯大会上宣读的一篇文章，当时他心情低落。他的女儿严厉指责他"打破家族传统"，而她本人一直对此严格坚守。
　　弗洛伊德在战争期间所做的《入门讲座》（*Introductory Lectures*）也是事先写好的，但后来凭记忆完成。

的日子里，我内心的一切都很平静，我感到非常孤独……我必须等待，直到有什么东西在我体内激荡，我能感觉得到。所以我常常一整天都在做梦。"后来，当弗洛伊德对临床工作感到沮丧时说："我很快发现，当我心情不好的时候，继续这项困难的工作是不可能的，我被疑虑深深困扰。当我魂不守舍心情沮丧时，每一位病人都是折磨人的。我相信我真的应该屈服了。我帮助自己抛下一切清醒的意识工作，探索一条进入谜语的道路。从那时起，我或许比以往任何时候都更熟练地进行我的工作，但我几乎不知道自己在干什么。"

在1899年2月2日的一封信里，他与弗里斯分享了那种沉浸在过度工作中的感觉："每一种想法都必须付出努力，这种专注逐渐吸收了所有其他本领和接受印象的能力———种肿瘤物质，渗入人体，然后取代它。我的情况更是如此。对我来说工作意味着收入，所以我已经彻底患上了这种癌症。今天我得去看戏；这太荒唐了，就好像人们可以将任何事情都移植到癌组织上。没什么其他事能坚持下去，从现在开始我的存在就是肿瘤。"此时他正专注于写作《梦的解析》。他的无意识的暴君，将他捕获到自己的罗网之中，他是它那可怜的奴隶，几乎无法反抗。三年前，他做了一番颇为相似的评论："我希望在我生命的尽头仍保有科学的兴趣。因为我已不再是一个与科学相分离的个体了。"

1899年他写道："我能很清楚地分辨出两种不同的智力状态：在一种情况下我非常注意病人说的一切，甚至在（治疗）工作中可以得到发现，但除此之外我不能反映或从事任何其他工作；另一个状态下，我得出结论，记下笔记，我甚至可以自由地对其他事物发生兴趣，但实际上在这种状态下，我已经远离了手头的工作，没那么关注病人到底怎么样。"

在后来的几年里，弗洛伊德的工作方式发生了变化。于是在1914年给亚伯拉罕的信中写道："我的工作方式与前几年有所不同。过去我经常等待着想法自己来到我面前。现在我向前走一半的路程去与它相遇，虽然我并不知道我是否真的更快地遇到它。"

在意识控制下他的情绪几乎一点变化也没有。正如他所说："我从未能够指导自己的智力工作，所以我的闲暇时间都被浪费掉了。"

他的情绪无疑是由无意识过程中的未知转变所带来的。同时也受到一些特定的意识因素的影响：私人诊所中庞大的工作量，以及对经济状况的各种焦虑等。确实，这两者之间存在着明显联系，但它们绝非一回事。弗洛伊德需要工作的激励，正如时不时出现的那种情况一样，如果闲暇时间太多，他就什么都做不成了。因此当他每天有10个病人时，他说这个数量可能有点太多，但是"当有一堆工作摆在眼前时我状态最好"。然而重要的一点是，幸福和快乐并不利于最佳的工作。这主要取决于一种内部的、相当令人不快的、恼人的、表面之下的共鸣。正如他自己所言："我一直很闲，因为密集工作所需的适度的痛苦尚未到来。"

情绪对于弗洛伊德的实际写作能力也有类似的影响。除了流畅和鲜明的个人风格以外，他关于自己究竟能否写好的信心总会动摇，显然在这方面弗里斯是一位相当严厉的批评者。正如工作能力需要一定程度的烦恼来担保的话——不太多，也不太少——他的写作能力也是如此。谈到《梦的解析》的一部分时，他风趣地写道："我的写作风格很糟糕，因为我身体感觉太好了；为了写得好一些我需要变得悲惨一点。"

在那几年里弗洛伊德阅读了大量的书，他的图书馆可以为证。很早以前弗洛伊德就对德国古典文学耳熟能详，并常常引用。在书信中他也会偶尔提到正在阅读的书，但那仅能代表他的收获的一小部分。其中提到的人包括戈特弗里德·凯勒（Gottfried Keller），雅各布森（Jacobsen），穆塔特（Multatuh），居伊·德·莫泊桑（Guy de Maupassant），克林保尔（Kleinpaul），但丁（Dante），瓦萨里（Vasari）（《画家们的生活》 Lives of the Painters），G.F. 梅耶·弗里德永（G.F.Meyer.Friedjung）（《在德国争夺霸权的斗争》 Der Kampf um die Vorherrschaft in Deutschland，1859—1866），莱斯特纳（Laistner）（《斯芬克斯之谜》 Das Rätsel der Sphinx），谢里曼（Schliemann）的《伊利亚特》（Ilias），当读到施尼茨勒（Schnitzler）的《帕拉切索斯》（Paracelsus）时他说："我很惊讶，一个作家居然知道这些东西。"

弗洛伊德观察到，沙尔可所列举的所有歇斯底里症的典型症状，早在几百年前就被作家们用魔鬼附身的方式充分描述过，这项发现促使弗洛伊德对16至17世纪期间有关该问题的文献进行了广泛阅读；这最终证明这些症状是无法从任何现有的医疗理论中获得解释的。在为诺特纳格尔撰写的那部专著中有一份恼人的任务，在他迫切渴望学习《女巫之槌》（Malleus Maleficarum）时耽误了他。魔鬼对其信徒所进行的性变态举动击中了弗洛伊德，这与他的病人所讲述的童年经历的故事完全相同，于是他抛出了那个想法，这些变态行为是从古老的犹太宗教性的性崇拜中继承下来的残骸。在这里我们看到早期对拉马克式（lamarckian）的信仰倍加珍惜，而后他对此坚守了一生。

在这 10 年里，关于弗洛伊德的人生目标，不论是直接的还是一些遥远的，我们还可以再说一说。除了那些希望自己能够足够独立并外出旅行的平凡愿望以外，弗洛伊德的心中不断升腾起一种雄心抱负，想要将自己对压抑等问题的发现纳入精神病理学的整体当中，进而通过在常规心理学领域里探索将其转变为一门全新的科学学科，即超心理学。

这种抱负的本质对于弗洛伊德来说是足够明确的。早在《歇斯底里症研究》问世前一个月他就写道："像我这样的人是不能没有爱好、没有一种主导的激情的；事实上，用席勒（Schiller）的说法就是不能没有暴君，这恰恰就是事实。我知道我无节制地服从着它。这就是心理学，一直从遥远的某处向我招手，如今我来到了神经科学领域，那个目标也越来越近了。有两个目标困扰着我：一个是我想要弄清楚，如果引入定量的考虑，心理功能理论将会变成什么样，这是一种神经能量的经济学；其次是归纳出精神病理学能够为普通心理学带来什么。"

1896 年，弗洛伊德给弗里斯写信道："如果我们都能风平浪静地工作几年，我们一定可以留下一些东西证明我们的存在。在这种想法的驱使下，我感到自己能够承受一切日常烦恼和辛劳。作为一个年轻人我渴望的只有哲学知识，而现在我通过从医学到心理学的研究道路来满足这种渴望。这与我的愿望相悖，我不得不关心自己的治疗。"

在这些年里，弗洛伊德似乎表现出对长寿没什么特别的希望。弗里斯预测他将会在 51 岁死去，而他对自己的心脏状况也十分怀疑，这些因素似乎都对他有所影响。或许他仍然可以完成他的使命："给我十年，我将解决神经症的问题，并建立好新的心理学。"然而一两年后，对任务规模的反思使他感觉自己"像个老年人，如果要解决神经症的问题，那么几个小小的重点就需要耗费如此之多的工作、精力和一次次错误，我多希望能瞥见心理功能的全部奥秘，正如我曾经天真地以为的那样。"

我们接下来将引用一段半严肃的、风趣的自我描述，写于 1900 年："你经常对我太高估。我并不是一个真正的科学家、观察家、实验家，也不是思想家。我只不过是有着征服者（conquistador）的气质——一个冒险家，如果你想翻译这个词的话——我有着属于这个类型人物的好奇心，大胆和坚韧。这类人一旦成功地做出什么发现，就会被珍视；否则就被扔到一旁。这完全不公平。"

他经常发表意见说,活着的时候他的劳动不可能得到任何承认,或者也许永远得不到承认。"没有批评家……可以比我更敏锐地看到问题与其解决答案之间的不平衡,我将会遭受公正的惩罚。我是第一个踏入精神生活中那些未知土地的凡人,但无一处会铭记我的名字,也不会遵照我所制定的律法。"

将来会发生什么呢?也许在50年后一些研究者将做出相同的发现,那时他的名字可能被记作早期先驱。这种想法似乎并没有使他沮丧。真正重要的是他有机会去实现自己的目标,只为寻求自我满足。

16.《梦的解析》（1895—1899）

大部分人都会认为《梦的解析》是弗洛伊德最主要的一部著作，凭借它弗洛伊德的名字将会被长久铭记。弗洛伊德自己似乎也同意这个判断。正如他在英文第三版序言中所写："像这样的顿悟，一生只会有一次。"这是一个关于意外的完美例子，因为发觉梦的含义是相当偶然的——甚至可以说是一场意外——弗洛伊德在探索精神性神经症的意义时的意外发现。

一次我问他最喜欢的作品是什么，他从书架上取下《梦的解析》和《性学三论》，说道："我希望这一本被普遍接受以后很快过时，但这一本应当被记得更久。"然后，带着一抹安静的微笑补充说道："似乎我命中注定只能发现一些显而易见的东西：孩子们对性的感觉，每一位保姆都知道；而那些夜晚的梦境就跟白日梦一样，都是愿望的满足。"

对这本书所做的一般判断的原因并不难找到。这是弗洛伊德原创的作品。其主要结论是全新而出人意料的。既适用于梦境结构的恰当主题，也适用于那些偶然显现的主题。后者最重要的是对如今大家耳熟能详的"俄底浦斯情结"的描述——坦白地暴露了孩子对父母亲的色情与敌对关系。与此同时出现的是对婴儿生活的重大兴趣，以及儿童时期的生活对于成年人后来发展的重要影响。最为关键的是，它不仅为人类的无意识理论提供了一个安全可靠的基础，而且提供了一种接近这个黑暗区域的最佳方法，人的实际行动要比他的意识重要得多。弗洛伊德非常恰当地将梦的解析通往无意识的这个过程称为皇家大道（via regia）。此外，这本书包含了文学、神话学、教育学领域的诸多观点——本书对于哈姆雷特的著名脚注也是一个引人注目的例子——这项发现后来激发了大量的相关专题研究。

《梦的解析》是一本特别全面的书。核心主题是研究梦境，弗洛伊德对这个主题进行了十分详细而透彻的研究。在本书出版以来的半个世纪里，本书的结论只有极为微小的修改或补充。很少有重要的科学著作可以做到这一点。

弗洛伊德对梦的兴趣追溯到了很远的地方，可能回到了他的童年时代：他始

第一部分 性格形成时期和重大发现（1856—1900）

终是一位擅长做梦的人，很年轻的时候他就开始观察梦并记录下来。订婚后两周他便写信给玛尔塔："我有着如此不羁的梦。我从来不会梦见白天投入精力的事，只会梦到那些在白天一闪而过的主题。"后来这也成为他梦境理论的一个熟悉的组成部分。一年后他提到了一场幸福的美景梦："根据我对梦境的私人记录，这场梦是由一些与旅行有关的经历构成的。"在弗洛伊德与玛尔塔的书信中，以及他早期出版的著作参考文献中，常常从这个笔记本中引用和描述他的梦。这表明弗洛伊德很久以前就给予梦的行为以特殊关注，尽管他对它们的思考方式在很大程度上仍然是比较传统的。

弗洛伊德对解释梦境的兴趣似乎有两个契机，都是他自己曾提到过的。一个就是追随着患者的自由联想，他逐渐将联想的限度放得越来越自由，由此观察到病人们经常会在联想中插入一些梦的内容，这些梦境自然也会反过来继续催生联想。另一个则是他对精神病患者幻觉症状的精神体验，在这种状态中愿望实现的特点往往是非常明显的。

第一次梦境分析，有一些记录已经发表了（1895 年 3 月 4 日，也即在《歇斯底里症研究》发表之前），这次分析中，患者是布罗伊尔的外甥埃米尔·考夫曼（Emil Kaufmann）。弗洛伊德联想到另一位先前接受弗里斯治疗、现在转移到他手下接受治疗的那位患者的梦境错乱现象，将其与考夫曼明显的愿望满足现象对比并找到了二者的相似性。在《梦的解析》中，这场梦讲的是一位懒惰的医学系学生为了摆脱起床困难症，梦见自己已经在医院里工作了。这是梦境的愿望满足理论的第一个迹象。然而弗洛伊德说，在他与布罗伊尔的合作终止之前，即 1894 年春天之前，他曾向他报告说自己已经学会了如何解梦。

梦境的本质是被隐藏了的愿望的满足，这个观点弗洛伊德已经做出过假设，而在 1895 年 7 月 24 日星期三这个历史性的时刻，弗洛伊德通过对自己的梦境的分析证实了他的猜测，首次做出了完整的分析："这就是著名的伊尔玛的注射（Irma's injection）之梦。"弗洛伊德曾有一次带我去贝勒维尤（Bellevue）餐厅吃饭，我们坐了餐厅东北角的一张桌子，事件就在此发生了。我对自己多年前不知道的一个碑文做了一番评论，而弗洛伊德半开玩笑地在后来的一封信中问弗里斯，他是否认为在此处会有一座大理石石碑，上面写着："1895 年 7 月 24 日，西格蒙德·弗洛伊德医生在此处发现了梦的秘密。"

4 个月后弗洛伊德信心十足地谈起了他的结论及其认定，即愿望满足是梦境的驱力。从柏林回来后弗洛伊德前去拜访弗里斯，他兴奋地写了一份"科学心理学计划"。他在两个根本不同的心理过程之间做出了重要的区分，将其分别称为初级和次级阶段。他指出初级阶段是梦境的主导，他还通过自我（ego）行为的静止现象（在其他时候对初级阶段发生抑制），以及肌肉动力完全丧失的现象加以解释；如果对自我的全神贯注减少为零，那么这将是一场无梦的睡眠。弗洛伊德还谈及梦的幻觉特征，幻觉被梦的意识所接受，从而令做梦者相信正在发生的事。这是一种朝向知觉过程的"复归"，对此他还提到了释放方向中的运动阻滞。在分析中所发现的梦的机制，与弗洛伊德在对神经性精神病症状的分析中日渐熟悉的机制显示出惊人的相似之处。他清楚地表示，每一个梦都代表愿望的满足，但他还想试图解释，为什么梦总是以变形的方式出现同时却没有偏离太多。在追踪这些联系的线索时，弗洛伊德注意到一些在意识中不会出现的联系（在梦境里），于是梦境看起来常常显得很没有意义。他的解释是关于生理经济学的，谈到了对不同想法全神贯注的不同强度，但他对自己的这种说法明显非常不满。值得注意的是，弗洛伊德在这里并没有使用他在精神病理学领域里已经非常熟悉了的"压抑"过程。

1896年5月2日，弗洛伊德在犹太学术研习大厅（Judisch-Akademische Lesehalle）为年轻的听众做演讲。一年后，他用了两个晚上为犹太社团圣约信徒会协会（Verein B'nai B'rith）做了一场更为详细的报告。1900年5月14日，当他完全掌握了这个主题的时候，他开始在大学里开设有关梦境理论的课程。这场有趣的课堂听众包括三个人：分别是汉斯·柯尼施泰因（Hans Konigstein），弗洛伊德好朋友的儿子，以及朵拉·泰勒基（Dora Teleky）和弗罗茨瓦夫的马尔库塞（Marcuse）博士。

在1897年7月7日的一封信中，也即弗洛伊德开始自我分析的同一个月份，他谈及自己对梦境问题的洞察发现，包括它们的起源规律，这是既成理论中最完善的一项，尽管周围还有无数的谜语凝视着他。他已经在"计划"中感知到梦境和神经症之间结构上的相似性。"梦里包含着果壳里的神经病。"这句话使他想起了早些年伟大的休林斯·杰克逊（Hughlings Jackson）说过的另一句话："弄清梦就会弄清楚疯狂。"1897年10月15日，弗洛伊德在一封信中讲述了自我分析的重要细节，同时还宣布了俄底浦斯情结的两个要素：对父母亲一方的爱和对另一方的嫉妒。这不仅仅是对梦境理论探索时的一个偶然发现，因为它生动地阐明了

第一部分　性格形成时期和重大发现（1856—1900）

那些激活一切梦境的无意识愿望当中的幼年根源。他用该种说法继续解释俄底浦斯传奇故事的轰动效果，同时也对哈姆雷特的两难处境发表了看法。弗里斯在回信中没有提到这些事，弗洛伊德感到十分焦急，唯恐他又犯了一个错误，请求安慰。

第一次想到写一本关于梦的书是在1897年5月16日的一封信中，也就是在自我分析开始之前的几个月，但当时弗洛伊德肯定已受这种想法的影响，促使他要去着手进行这份工作。这两个项目的进行是如此紧密，几乎可以将它们视作同一件事；除了其他内容之外，《梦的解析》也可以被看作自我分析的一个例子。在后来的几个月里，父亲死亡的后果在它与弗洛伊德对此事的决定性反映之间慢慢发挥影响。11月5日，自我分析开始了，他说他打算强迫自己写这本书作为摆脱坏心情的一种手段。

1897年9月，弗洛伊德重要的诱惑理论宣告失败，对此他转向那些仍然可以保留的东西上。"在一切价值崩塌之时只有心理学理论仍然完好无损。梦境的理论和从前一样坚定。"

到1898年2月9日，第二次谈到此事时，弗洛伊德已经在努力写作，可能几个月以来一直都在写。在1897年5月的第一封信之前他已经查阅了一些文献，并欣慰地发现没有人提出过梦是愿望满足这种说法，人们几乎都认为梦是无意义的胡言乱语。这本书于1899年9月完成，因此我们可以说，弗洛伊德用了两年时间完成它。

本书写作的进程可以从一些细节中窥见。到1898年2月23日时，书中的一些章节已经写好了，"看起来很有希望。它比我预期的更为深入地探索了心理学。我的所有补充都是属于哲学方面的工作；而器质性的性方面的问题没有涉及"。到3月5日，整个章节已经结束，"无疑是最好的一部分"。3月10日，他对这部即将问世的著作中最重要的一部分做了一次有趣的预览。"在我看来，愿望满足理论带给我们唯一的心理解决方案，不是生物学的——或者，更不如说，是一种超心理学的。（我想认认真真地问问你，我是否可以使用超心理学这个术语来指代我的超越意识以外的心理学。）在我看来，从生物学角度来说，梦生活完全是从早年时期（1岁至3岁）的记忆残骸中继承下来的，这一时期同时也是无意识的来源期，同样也是包含精神性神经症的病因的唯一时期；通常也是类似歇斯底里症的健忘症出现的时期。我不禁要这样推测：在早年时期看到的东西会产生梦；听到的东西，引发幻想；性经历则引发精神病。对早年经历的不断重复本身就是一种愿望满足。近期的一个愿望，唯有当它与早年时代的某些东西相关联的时候，才可能出现在梦里，这个愿望本身是早年愿望的一个衍生物并与之同化了。"这段话充分显示了弗洛伊德思想的不断渗透。正如一位真正的科学家一样，他发现一个问题的解决方案不论多么聪明，都难免会暴露出一些问题，从而引发进一步的思考。如此以往没有尽头。

5月24日，他报告说本书的第三部分关于梦的建构部分已经完成，但在那之后弗洛伊德又产生了冲动想要写一篇关于普通心理学的文章，在那里他发现——相当奇怪——从精神病理学那里得到的想法要比从梦的研究中得到的更有帮助。显然最后一章出现了很大的麻烦。他被这种念头阻滞了一段时间，部分原因是因为他对其还存在不满；另一部分是因为书中出现的一些私密的故事，他丝毫不愿意公之于众。

在1899年2月19日的一封信中，弗洛伊德试图区分梦境的本质和歇斯底里症状的本质，二者都是实现满足的变相表达。他得出结论认为在梦中只有被压抑的愿望，而在歇斯底里症当中，在被压抑的愿望与压抑机制之间还存在着某种妥协，他第一次使用了"自我惩罚"（self-punishment）这一术语作为后者的一个例子。很久以后他才在那些所谓的"惩罚之梦"中发现了相同的状态。

到5月28日，围绕着这本解梦之书，突出爆发了一些"没有特别原因"的情况，最终决定交付出版；本书应当在7月底假期之前出版，"我已经反思过，一切伪装和遗漏都不会这样，由于我不够富有，无法停留在我的最佳发现上，这可能是唯一能救活我的事"。6月9日，他的想法少了些。"整件事情变成一种陈词滥调。所有的梦都寻求某一个愿望的满足，这个愿望已经变成许多其他愿望。这是睡觉的愿望。一场永远都不会醒来的梦，因为人们想睡觉。巨大的噪音（Tant de Bruit）。"[①] 在接下来的一封信（6月27日）中，弗洛伊德发现书的最后一章在继续扩充，既不优秀也不丰硕。他只是遵守自己的义务去继续书写，但这并未使他喜欢上这一主题。然而次日第一章就交付出版社了。

梦的解析完成得相当不错，但是必要的两章附加内容却给弗洛伊德带来了很大麻烦。第一部分是他不得不对该主题的前人研究成果进行一番回顾。1898年12月起，弗洛伊德开始着手进行这项费力不讨好的工作，发现它"极其无聊"。到7月27日他终于完成了这一部分，但他很不喜欢它的呈现方式。他发现大部

---

① 弗洛伊德从李厄保的（Liebault）《睡眠引发》（*Du Sommeil provoqué*）当中获得的启发。

第一部分 性格形成时期和重大发现（1856—1900）

分文献都令人讨厌地肤浅。施尔纳（Scherner）对象征的评论可能是唯一有价值的东西。至于他自己的主要思想，尚未在文献里找到任何前驱。[①]

完成这一章后，弗洛伊德第一次对这本书感到十分满意。有价值的观点被坚持下来。将它付印后弗洛伊德感到他与那曾经非常私人的部分大大地分离开来，这似乎也减轻了他对这本书的评判。6个月后他写道，在许多不幸的时刻，一想到会把这本书留在身后便能感到莫大的安慰。

另一个巨大的困难是很难对付的最后一章，关于梦程序的心理。这是弗洛伊德所有著作中最为困难和抽象的部分。他自己首先就对此很害怕，但到了关键时刻他"就像在梦里一般"[②]迅速地在9月上半旬的几周内完成了它。心理学家会对此做何评价，弗洛伊德生动地表达了自己的恐惧，当然他也做出了他一贯的贬损批评。例如谈到对梦的描述说："我不喜欢的是它们的风格。我实在找不到什么简明或鲜明的表述，在图形意象之后只能求助诙谐的车轱辘话来应对了。我知道，我的一部分知道该如何评价这些东西，不幸的是它并没有生产出什么东西出来。"

最后的手稿按期发出了，这本书的复印稿在10月27日之前寄送给了弗里斯。实际上，它是在1899年11月4日出版的，但是出版商选择把1900年这个日期放在标题页上。扉页上的题词引自维吉尔（Vergil）的《埃涅阿斯记》（*Aeneid*）："如果我不能使上帝屈服，那么我将搬动地狱。"（Flectere si nequeo Superos, Acheronta movebo）[③]明显指涉的是被压抑之物的命运，三年前在关于歇斯底里症的心理这一主题的研究计划中，弗洛伊德打算用这句话作为"症状的形成"这一章的标题。

这本书印刷了600册，花了8年的时间才卖掉。前六周售出123册，然后在接下来的两年售出228册。弗洛伊德为其支付了522.40盾（209美元）。

写作18个月后，弗洛伊德说，没有哪家科学期刊提到过这本书，只在一些其他刊物上寥寥数语。它就这样被简单地忽视了。城堡剧院（Burgtheater）前任导演布克哈特（Burckhardt）在《维也纳时代》（*Zeit*）上发表了一篇相当愚

---

① 然而许多年以后，他发现了一本由物理学家约瑟夫·蒲柏·林克斯（Joseph Popper-Lynkeus）撰写的书：出版于1899年的《一个现实的幻想》（*Die Phantasien eines Realisten*）。在题为"像醒着一般地做梦"的一章中提出，梦中的歪曲变形源于对某种不受欢迎的念头的审查，这可以说是弗洛伊德理论核心部分的一种漫不经心的先驱。

② 1898年6月20日信。恩斯特记得父亲是怎样从他一直写作的那个凉亭里走过来吃饭，"像在梦游一般"，整个给人的印象就仿佛是"在梦里"。

③ 第七卷第312行。

蠢的轻蔑评论。这篇评论出现 6 周以后,在那里的一切销售活动就停止了。在《刊物识别》(*Umschau*)(1900 年 3 月 3 日)和《维也纳外国研究》(*Wiener Fremdenblatt*)(3 月 10 日)上出现了几篇短评。6 个月后,《柏林日报》(*Berliner Tageblatt*)上出现了一篇正面评价文章,9 个月后《一天》(*Der Tag*)上又出现了一篇不甚友好的评论。这就是所有提到这本书的评论了。即使弗里斯在柏林的影响力也未能帮助《梦的解析》出现在任何周刊上。

关于这本书所受到的待遇,弗洛伊德提到过一个例子。精神科门诊的一位助理写了一本书来反驳弗洛伊德的理论,而他根本没有阅读《梦的解析》;他所在部门的同事们向他保证,他没必要浪费时间去阅读。这就是已故的莱曼(Raimann)教授。反对意见发表不久后,莱曼在四百多名学生面前演讲时用这样一席话作为结语:"你们知道,这些病人有一种倾诉思想的倾向。这个城市里有一位同行利用这个简单事实,构建了一番理论,这样他就可以赚得盆满钵满了。"

然而这本书并未被心理学刊物完全忽视,尽管相关的评论少之又少如一潭死水。心理学家威廉·斯特恩(Wilhelm Stern)宣告了这本书的危险性:"不加批判的头脑会很高兴加入这场思想的游戏,最终会以彻底的神秘主义和混乱的武断而告终。"而同样来自柏林的李普曼(Liepmann)教授能观察到的只有"一位艺术家的充满想象力的思维战胜了一位科学研究者"。

1927 年底,弗莱堡的赫希(Hoche)教授在《梦中的自我》(*Das träumende Ich*)一书"梦的神秘主义"末章中,将弗洛伊德关于梦的理论与预言性的梦以及"厨师抽屉里用劣质纸张印刷的梦书"等归为一类。

有那么几年,《梦的解析》一点销售量也没有。一本重要的著作却得不到任何回音,这种情况少之又少。10 年后当弗洛伊德的著作逐渐被认可以后,《梦的解析》才收到再版的邀请;在弗洛伊德的一生中这本书再版了 8 次,最后一次是在 1929 年。每次修订没有什么根本变化,也没有必要改变。不同的版本仅仅是加入了更多插图、一些更全面的讨论、对象征的重要主题进行一些更为充分的补充。对于后者,弗洛伊德承认他没能早点好好欣赏。

该书的首次翻译是英语和俄语译本,均译于 1913 年。随后被译成西班牙语(1922)、法语(1926)、瑞典语(1927)、日语(1930)、匈牙利语(1934)和捷克语(1938)。

第二部分

成熟时期
（1901—1919）

第二部分 成熟时期（1901—1919）

17. 摆脱孤独（1901—1906）

在一些年里——他自称大约 10 年左右——弗洛伊德被强烈的精神疏离感深深困扰，这段时期他与家庭和社交生活之间的温暖接触也在一定程度上减少了。除了或多或少地与妻妹明娜·伯奈斯交谈，以及和弗里斯的通信及偶尔碰面之外，他几乎找不到其他人来分享自己的新发现。过后他将这段时期称为"美妙的孤独期"。

弗洛伊德后来这样描述该时期的优势：完全没有竞争，也没有那些"不了解情况的对手"，因而他也无需像在其神经学研究时期那样去广泛地阅读和整理文献，因为在他着手建立的这个全新领域里根本没什么既存的东西需要消化。但弗洛伊德个人的描述显然是将这个时期理想化了。"当我从这惶惑而艰难的当下回首往昔时，那些孤独的岁月于我仿佛成了美好的英雄时代。"然而我们已经从他与弗里斯的通信中获悉，对于随后而来的艰难困苦并未能幸免。只是这些不幸显然被他忘却了，或者说，他将之从这玫瑰色的浪漫回忆中有意抹除了。在那 10 年左右的时间里，他建立或曰巩固了一种思考的态度，保留了自身最与众不同的性格特点：在他人的看法中保持独立。这也许是弗洛伊德从这些年的痛苦经历中收获的最重要的东西。

这 10 年到何时为止算是结束？和弗洛伊德人生中的大部分事件一样，这场脱离孤独的转变也是循序渐进的。随着他在精神病学刊物上发表的观点摘要越来越多，到 20 世纪前 10 年的尾声，弗洛伊德笔下已涌现出大量冗长的学术评论文章，有些甚至长达几百页。从一开始弗洛伊德的研究方法似乎就激发了部分人的兴趣，主要集中在益格鲁-撒克逊国家，只是当时这并未引起弗洛伊德的注意。

至于随后孕育了诸多心理学分支流派的著名的"维也纳精神分析学派"，其创设开端也是一言难尽的。在 19 世纪和 20 世纪之交，不少人专程前往大学聆听弗洛伊德关于神经官能症心理学的讲座，其中有两人最终将此兴趣坚持下来：马克斯·卡亨（Max Kahane）和鲁道夫·雷特勒（Rudolf Reitler），二人均为医生。

17. 摆脱孤独（1901—1906）

鲁道夫·雷特勒后成为弗洛伊德之后第二个将精神分析方法付诸实践的人。马克思·卡亨在一家精神病疗养院工作，但他始终将自己囿于诸如电击等传统治疗方法中；他于1907年退出了精神分析派团体。1901年，马克斯·卡亨向威廉·斯特凯尔（Wilhem Stekel）推荐了弗洛伊德。斯特凯尔也是神经病学专家，他发明了一种较为激进的疗法来应对神经质病态情感。斯特凯尔在1895年撰写了关于儿童性生活的论文，但他此前并未听闻过弗洛伊德的理论。当时斯特凯尔也正为一场恼人的精神病患者投诉所困扰，其性质我在此不必多说，于是他向弗洛伊德寻求帮助。这场随即而来的帮助卓有成效。斯特凯尔称这段治疗仅持续了八个疗程，虽然这种说法看起来似乎不太可能，而且根据印象，我从弗洛伊德口中听到的这段时间似乎要更久些。1903年起，斯特凯尔开始着手实践精神分析疗法，他也是整个学派中唯一一位被弗洛伊德以姓氏而非"教授先生"称谓提及的人物。早期成员中的第四位是阿尔弗雷德·阿德勒（Alfred Adler），也是一名维也纳籍医生。

1902年秋，弗洛伊德给卡亨、雷特勒、斯特凯尔和阿德勒四位成员寄了封明信片，提议他们前往自己的住所来交流工作。斯特凯尔称，是他最先给弗洛伊德提出这个建议的，并且后来这种说法也得到了证实，弗洛伊德曾记录道："这个灵感最初来自一个同事，他本人就是精神分析疗法的受益者。"因此，斯特凯尔或许可以拥有与弗洛伊德共同创立精神分析学派的荣誉头衔。无论怎样，自那时起他们养成了每周三晚上碰面的习惯，地点就是弗洛伊德的会客厅，房间里还有意贴心地配备了一张椭圆形长桌。讨论会有一个谦逊的名字——"星期三心理学社"。斯特凯尔过去每周都会撰写讨论会的报告，发表在《新维也纳日报》（*Neues Wiener Tageblatt*）的周日版上。

接下来的几年又有一些新人短暂地加入圈子。现在仍能够被记起的名字包括马克思·格拉夫（Max Graf），弗洛伊德后来的出版商雨果·赫勒（Hugo Heller），阿尔弗雷德·梅斯尔（Alfred Meisl）。随后又有一些名气更大的人物加入了这个团体：1903年保罗·费德恩（Paul Federn）加入；1905年爱德华多·希奇曼（Eduard Hitschmann）由他的老同学费德恩介绍过来；1906年奥托·兰克（Otto Rank）被阿德勒的介绍信引荐，他还附带了自己的小书艺术和艺术家的手稿复印件，此外还有伊西多·赛吉尔（Isidor Sadger）；1907年吉多·布雷彻（Guido Brecher）、马克西米兰·斯坦纳（Maximilian Steiner）加入，赛吉尔介绍自己的侄子弗里茨·

第二部分 成熟时期（1901—1919）

维特尔斯（Fritz Wittels）[①]加入；1908 年，桑德尔·费伦齐（Sandor Ferenczi）、奥斯卡·里（Oskar Rie）和鲁道夫·厄本切奇（Rudolf Urbantschitsch）加入；1909 年 J. K. 弗里德永（J.K.Friedjung）和维克多·陶斯克（Viktor Tausk）加入；1910 年，路德维希·杰克尔斯（Ludwig Jekels）、汉斯·萨克斯（Hanns Sachs）、赫伯特·西尔贝雷（Herbert Silberer），以及阿尔弗雷德·冯·温特斯泰因（Alfred Von Winterstein）加入。

这个团体早期接待的来客有：马克斯·艾丁格（Max Eitingon），1907 年 1 月 30 日；C. G. 荣格（C.G.Jung）和 L. 宾斯万格（L.Binswanger），1907 年 3 月 6 日；卡尔·亚伯拉罕（Karl Abraham），1907 年 12 月 18 日；A. A. 布里尔（A.A.Brill）和我，1908 年 5 月 6 日；A. 穆特曼（A. Muthmann），1909 年 4 月 4 日；L. 杰克尔斯（L.Jekels），1909 年 12 月 3 日；L. 卡宾斯卡（L.Karpinska），1909 年 12 月 15 日。

1908 年春，这个人数尚不算多的小团体开始着手募集创办自己的图书馆。1938 年纳粹抵达该地并将之摧毁时，它已成长到相当可观的规模。同时期（1908 年 4 月 15 日）它获得了一个更为正式的命名：从先前的"星期三心理学社"变更为"维也纳精神分析学派"，这个新名字一直沿用并流传至今。

早些时候，团体的社交晚宴往往安排在圣诞前。后来情况有所变化，开始在夏天举办更为华丽的筵席，起初是在维也纳城外霍赫瓦特（Hohe Warte）地区的舒茨恩格尔（Schutzengel），后来转移到普拉特公园的克斯坦亭格（Konstantinhugel）。

这个学派有一个颇为独特的传统。下面我将引用一封信的全文来介绍。这是弗洛伊德 1907 年 9 月 22 日从罗马寄出的信件，在信中他提出了关于团队重组的请求。从这封信中我们也可以充分发觉弗洛伊德感情之敏锐和他考虑事情是何等细致周全：

> 我想通知诸位，在新年伊始我将提起这样一则请求：先解散这个已经习惯了每周三在我家会面的小团体，但会立刻重新把它召唤回来。12 月 1 日前，只要各位将表示意愿的小纸条寄到我们的秘书奥托·兰克这里，我们

[①] 维特尔斯于 1910 年退出团体。

就能重建这个团体了。但如果直到12月1日我们都没有收到您的任何消息，就将假定您不愿意参与此次重建。诸位的重返将会令我多么欣喜，我想应该无需过分强调了。

请允许我在此解释一下，为什么要做这件在您看来可能是多此一举的事。事实上我们所考虑和应对的，也无非就是人际间难免会发生的那些变化。比方说，或许对于我们中的某一位成员来说，这些年我们所从事的工作已经不再那么重要了——可能出于各种原因，也许是他对这个题目的兴趣已经消失殆尽，也可能是他个人的生活方式和闲暇时间有调整，致使他不是很方便继续出席我们的活动，又或者是由于一些个人交往方面的威胁等原因，总之他可能需要离开我们。然而，他有可能还坚持留在这个团体之中，因为他害怕自己的退出可能被视作一种不甚友好的举动。综上种种原因，我们决定先解散、再重组这个团体，目的也是为了恢复每位成员重新选择的意愿和自由，同时也给那些决定离开的朋友们提供一次机会，即使他离开了这里，也不会影响到他与我们的关系。接下来可能还需要牢记一件事，这些年来我们也承担了许多（财务方面的）义务，例如委任社团秘书等等，这些开支在一开始也是没有任何问题的。

假如您同意，并且方便以信中建议的这种方式参与重建社团的话，您可能还需要接受并支持将这种定期中断变成我们的一项惯例，因为在未来我们可能每三年都会组织一次这样的解散和重建。

这种变相接纳成员退出的精巧模式在1910年又上演了一次，后来就没再使用过了。然而这个方法后来被许多其他学派和团体借鉴和模仿，例如在瑞士和英国的许多社团对该方法加以运用，目的是将其成员严格限定在正规的精神分析专业学生范围内。

我们上面提到的这段时期对于弗洛伊德来说也是相当高产的年份，不论是他个人认识的深化还是外部成果的数量都有显著进步。弗洛伊德持续提高和锤炼自己的技艺，因而在精神分析方法上的精湛和专业程度都处于前所未有的上升状态。随后，除了五篇说明文性质的高质量论文之外，在1905—1906年间他还出版了至少4本书，其中有一本其重要性仅次于《梦的解析》。1904年出版的《日

第二部分　成熟时期（1901—1919）

常生活的精神分析》（*Psychopathology of EverydayLife*）一书恐怕是普通读者中知名度最高的一本著作了。在出版前三年该书的内容就散见于相关学术刊物。

1905 年是弗洛伊德学术成果最多的年份之一，正像他曾经半开玩笑地总结过的那样，这种高峰年份差不多每 7 年才出现一次。这一年里四篇论文和两部著作问世，其中一本的重要性还十分突出。

两部著作中的第一部是《笑话与无意识之间的关系》（*Jokes and Their Connection withthe Unconscious*），这本书通常被视作一本讨论机智趣味的书，这种看法可能不是特别正确。这本有着新奇标题的作品讨论的问题主要是幽默玩笑的意义及其所遵循的心理学机制。这本书是弗洛伊德作品中阅读量最低的一部，原因可能是它很难被恰当理解。弗洛伊德在撰写该书时，还同时写作了我们马上要谈到的《性学三论》。他把这两部作品的手稿放在两张相邻的桌子上，时而写这本，时而写那本，视心情而定。这也是据我所知的唯一一次，弗洛伊德把两部作品如此紧密地结合起来，从中我们不难看出这两个主题在他心中是多么密切相关。

另一本引起轰动甚至使弗洛伊德遭到全盘否定的是《性学三论》，这是弗洛伊德写的最重要的两本书之一。弗洛伊德第一次将他对病人的分析和其他来源，与他所知的从童年早期就开始了的性本能发展结合在一起。这本书无疑比其他著作为他招致更多的公愤。《梦的解析》被认为是荒唐可笑的，而这三篇文章则是惊人的邪恶。弗洛伊德被看作一个邪恶而淫秽之人。当然主要的骂名还是落在他对儿童性冲动的说法上，即儿童与生俱来地拥有性冲动，儿童的性冲动经过一个复杂的发展过程才会达到成人的常见形式，儿童的第一性对象是他们父母中的一方。对原本纯真的童年的这种攻击是不可原谅的。尽管这种说法在当代轰动并泛滥了约 20 年之久，时间为它带来了答案：弗洛伊德曾预言，他的结论不久后就会被理所当然地接受，这个预言正在逐渐实现。今天如果有人再去否定儿童性生活的存在，可能会被认为是无知之人。

大约在同一时间，经过 4 年的犹豫迟疑，弗洛伊德决定出版一个案例史料，即后来普遍被称作"杜拉分析"的病例。此举在医学界同行看来，是将道德沦丧的酒装满了自己的杯盏。在此，弗洛伊德对一桩不明原因的歇斯底里症进行了一番引人入胜的梦境分析，这又是《梦的解析》的副产品。但是他的同事们无法原谅他未经允许就公布病人的详细资料，尤其是其中还暴露了一位年轻女孩令人作

17. 摆脱孤独（1901—1906）

呕的性变态倾向。

1906年在弗洛伊德50岁生日之际，维也纳的一小群信徒送给他一枚奖章作为礼物。这是由著名雕塑家卡尔·玛利亚·施韦尔特纳（Karl Maria Schwerdtner）设计的，正面是一个弗洛伊德的人像浮雕，背面是俄底浦斯回答斯芬克斯的希腊式图案。围绕着这幅画有一行台词，引自索福克勒斯的《俄底浦斯王》（"能解开这经典的谜语之人是最强大的人"）。几年后他给我看这枚礼物时，我请他帮我翻译一下这段话；我的希腊语已经相当退化了，但他谦虚地说我应该找别人来做这件事。

在颁奖典礼上发生了一件怪事。在弗洛伊德朗读碑文内容时，他变得苍白而激动，用一种近乎窒息的声音询问这段话是谁想到的。他表现得好像他遇到了一个亡魂一般。当费德恩（Federn）告诉他这段碑文是他自己挑选的以后，弗洛伊德透露道，在他还是维也纳大学的一名年轻学生时，他常常在拱顶长廊里闲逛，审视着学院里那些前任著名教授的半身像。于是他产生了一种幻想，不仅仅是将来也看到自己的半身像，这对于一位雄心勃勃的学生来说不足为奇，而且他还幻想着被铭刻一段文字，而那恰恰就是他在颁奖典礼上所看到的那段文字。

不久之前，我有幸把柯尼希贝格（Konigsberger）1921年为弗洛伊德设计的雕像竖立在维也纳大学的长廊里，并附上索福克勒斯剧中的那句台词，帮他实现了青年时代的愿望。在1955年2月4日的典礼上这座半身像被揭开。这是很罕见的一件事，青春时代白日梦的每一个细节最终都成真，尽管他为此等待了80年。

此时，弗洛伊德的私人诊所业务也十分繁忙，他不得不全职接诊。不论在当时还是后来，都很少有维也纳的患者前来就诊。大部分患者来自东欧——俄罗斯、匈牙利、波兰、罗马尼亚等国家。

20世纪初的岁月是相对平静而惬意的。这是暴风雨之间的平静间歇。弗洛伊德再也找不到哪一段时间比此时更为和平愉快了。他的人生顶峰就在包括文字著述在内的专业工作和私人消遣之间度过了。每个周六有他最喜欢的纸牌游戏——塔罗克；在每周7点至9点的大学讲座后，他会从医院叫一辆出租车前往好友柯尼施泰因家里玩游戏。除了吃饭的时候和星期日，他都看不见孩子们，所以他们都非常盼望一起度过悠长的假期。

第二部分 成熟时期（1901—1919）

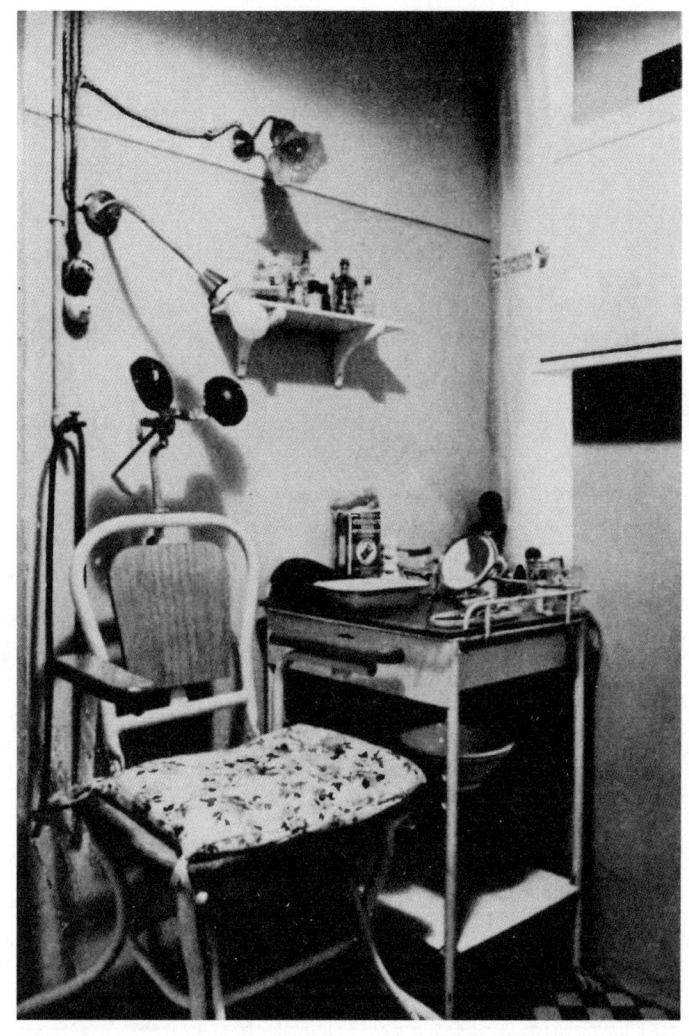

弗洛伊德在维也纳的私人诊室。图片来源：埃德蒙·恩格尔曼。

弗洛伊德非常喜欢山野风光，也热爱爬山，尽管在严格意义上他很难被称为登山家。然而作为一个能够爬到达赫斯特（Dachstein）冰爪的人，必然对高海拔具有良好的适应力，同时也具备其他登山者必需的品质。

弗洛伊德的儿子马丁（Martin）给我讲述了一个与弗洛伊德假期登山有关的值得记录的故事。在散步回家的路上，他们需要穿过特姆斯（Thumsee）抵达旅馆，路上他们被一群高喊着反犹口号的人群堵住。弗洛伊德摇着他的登山杖，毫不犹豫地冲向他们，脸上的神情不禁令这群人纷纷让出一条路。类似的经历绝非仅有这一次。弗洛伊德有时候会露出严肃而有些阴沉的目光，产生令人生畏的印象。最后一次他流露出这样的神色并发挥了作用，是1938年在自己家中面对纳粹的时候。

对于弗洛伊德来说，带着全家到他所热爱的远方去旅行这件事并非始终可行；但他不喜欢独自旅行，几乎每次都安排了同伴。他的妻子忙于其他工作，很少有足够的动力出游，而且她也不像弗洛伊德那样有着永不停歇的步伐和对观光

17. 摆脱孤独（1901—1906）

的无限热情。有时候他觉得自己获得了许多愉快的经历，而妻子却没有，这对妻子来说不太公平，他希望她能追随着他的脚步。

在 1901 年夏末发生了一个事件，对弗洛伊德来说有着至高的情感意义，他称之为"我生命的最高点"。这是前往罗马的旅行，对此他已经向往了很多年。这场旅程对他来说是非常重要的，因此对这件事的关注必然会涉及弗洛伊德内心生活的一些秘密。

弗洛伊德对罗马的长久渴望毋庸置疑。这是一个反复出现在他与弗里斯通信中的主题，尤其是在 90 年代后期，弗洛伊德在《梦的解析》中公开而详细地谈论过它，因为即使是在他的梦中，罗马也发挥着广泛的作用。这是一个明显始于他童年时代的梦，正如他自己所说："它成为许多温情和祝福的象征。"这种渴望的强度，从他每次去罗马时所体验到的巨大的幸福和兴奋中就可以体现出来。罗马的魅力从未有一刻消失过，弗洛伊德在一封又一封的信中用最美好的语言谈论着它。

但另一方面，有大量证据表明，这个伟大愿望的实现受到一些神秘禁忌的反对，令他怀疑这个愿望是否果真能够实现。它太过美好而显得不真实。有时弗洛伊德试图将他内心的抑制机制合理化，说罗马夏天的气候不适合去，但他始终明白有一些更深层次的东西阻碍着他的步伐。所以多年来他都在意大利北部和中部地区游历，使他与罗马的距离比特拉西梅诺（Trasimeno）[①] 更近。就到这里吧不要再远了，他内心的声音说道，正如两千年前汉尼拔在此处所说的话一样。但他超越了汉尼拔，因为他至少看到了台伯河（Tiber）。

对于弗洛伊德来说，如同对于世界上其他人一样，罗马意味着两件事；事实上有两个罗马（除了当前政治概念上的罗马以外）。一个是孕育了欧洲文明的古罗马，弗洛伊德深深地沉浸在其文化和历史之中。仅此一点就足以有力地吸引弗洛伊德的兴趣，而这正是有关源头和初始的问题。另一个是摧毁并取代了旧日罗马帝国的基督教罗马。这对于他来说可能是敌人，由此开始，对所有与弗洛伊德相同的犹太人的迫害持续了千百年。但敌人总使得人们与所钟爱之物离间，如果可能的话这是首先需要克服的问题。即使在愿望达成之际，弗洛伊德也谈论了他

[①] 译者注：公元前 217 年，迦太基军队与罗马军队在此地的一场战役，在该战役中汉尼拔打败了罗马弗拉米尼乌斯（Flaminius）统治下的罗马。

第二部分 成熟时期（1901—1919）

对第二个罗马的看法，他将围绕在其周遭的证据以一种直率的方式称为"救赎的谎言"，这个罗马损害了他对第一个罗马的喜爱。

我并不想去对弗洛伊德的梦重新做任何解释，这是一个我认为至少是非常危险的举动，但是弗洛伊德的一个梦或许可以被引用来说明这方面的关联。这是一场名为"我的儿子，我的行动（myops）"的梦。在讨论它时弗洛伊德写道："顺便提一句，在梦中我将我的孩子从罗马城转移到安全地带，在重述我童年发生的一场类似事件时，这个场景被扭曲了：我非常羡慕我的一些亲戚，他们很多年前就有机会把孩子带到其他国家去生活。"弗洛伊德在此显然指的是他两个同父异母的哥哥，他们搬去英国时他年仅3岁。弗洛伊德从未停止过对他们的羡慕，因其可以在一个比自己更远离反犹主义的国度里将孩子们抚养长大。因此很明显，罗马包含了两个实体：一个是他所爱的；另一个是他所害怕和憎恨的。

我们有两个无可争议的事实可以纳入考虑。一个是弗洛伊德引用了兰克（Rank）对城市和地球母亲象征意义的研究，其中有这样的句子："送给塔垦士（Tarquins）的神谕是众所周知的，它预言了他们当中最先'亲吻'母亲的人将会征服罗马。"这显然是弗洛伊德所说的俄底浦斯传说的变种之一，这显然是一种基本观念的颠倒：为了与母亲睡觉，首先需要去征服敌人。

第二个事实则是弗洛伊德对闪族将领汉尼拔的古老而热情的认同感。汉尼拔试图占领罗马这座"城市之母"，但在他即将成功之时，被一些不知名的因素所挫败。多年以来弗洛伊德总是在罗马周边游览，他与罗马的距离要比特拉西梅诺距离罗马更近，那是汉尼拔最终止步的地方。

弗洛伊德承认他对第一个罗马的热爱和对第二个罗马的厌恶，但同时也有一种强大的力量抵制他将这些情绪与其象征所对应的原始人物联系起来。经过4年的自我分析后，弗洛伊德终于克服了这些阻力，胜利地进入罗马。他以一贯的低调特点在《梦的解析》第二版中增加了一个脚注："我发现很久以来只需要一点点勇气（！）愿望就可以达成，在此之前它都被看作是高不可攀的。"

弗洛伊德前往罗马的信心被强化有一个标志，就是他愿意采取措施去对付那些多年来一直拒绝让他进入大学教授行列的反犹当局。他向朋友弗里斯宣告这次成功时，他承认自己就像个傻瓜，没能在3年前就着手争取想要的东西，并补充道："其他人都很聪明，无需先去一趟罗马就能做到了。"

补充了这么多背景以后，让我们重新回到故事本身。1901年9月2日，星期

17. 摆脱孤独（1901—1906）

一，弗洛伊德在弟弟亚历山大的陪同下抵达罗马。这是他一生七次访问圣城的第一次。他立即写信回家说，在抵达后的一小时之内他洗了个澡，觉得自己已经是罗马人了；真费解为什么没有早些年来这里。米兰酒店（Hotel Milano）有电灯，每天只收取4个里拉。

第二天早上7点半，他出发前去参观圣彼得大教堂和梵蒂冈博物馆，在那里他发现拉斐尔的作品是"一种难得的享受"，"想想看，这么多年我都不敢到罗马来"。他在特雷维喷泉扔了一枚硬币，发誓说他将很快返回罗马，次年他确实兑现了诺言。他还把手伸进圣母堂的门廊真理之口（Bocca della Verita），对于一个正直之人这是个多余之举。

第二天他用两个半小时时间参观国家博物馆，然后乘坐一辆每小时收费两个里拉的马车，从3点到7点环游了整座罗马城。一切都是难以言表的灿烂辉煌。他一生中从未感觉如此美好。次日他第一次瞥见米开朗基罗的摩西雕像。盯着它看了一会儿后，他突然产生了一个短暂的念头，对米开朗基罗性格的反思，使他理解了它，尽管可能与他13年后的阐释并不完全相同。这是忙碌的一天；他还参观了万神殿并再次访问了梵蒂冈博物馆，在那里他还特别留意了拉奥孔和观景殿的阿波罗。他仍然情绪高涨。次日他去了帕拉蒂尼，他告诉我这是他最喜欢的罗马一角。

9月10日，他再次来到梵蒂冈博物馆，在一切美景所带来的震撼和喜悦中离开。接下来的一天都在阿尔班山上度过，他不得不告诉孩子们自己骑了两个小时的驴子。弗洛伊德此次在罗马度过了12个难忘的日子，于9月14日启程回家，在火车上度过两晚后抵达维也纳。

1902年底他计划访问那不勒斯及其周边地区。他说在路上，他的另一重自我和迷信情绪问道："这是否意味着'看过那不勒斯然后死去'（Vedere Napoli e poi morire）？"死亡总是在他的脑海中挥之不去。次日清早，再次在亚历山大的陪同下，弗洛伊德冲向威尼斯，途经特里昂，他再次发现这里"别提有多美了"。那不勒斯，他们抵达后称这里"热得待不下去"，于是他们前去参观著名的水族馆，两天后动身前往索伦托。这次巡游弗洛伊德还参观了庞贝古城、卡普里、阿马尔菲、帕埃斯图姆，并攀爬了维苏威火山。

1904年8月，弗洛伊德再次在亚历山大的陪同下动身前往希腊。8月30日上午乘船去了布林迪西，这是一场24小时的旅途。乘客中有一位是多普菲尔德

（Dörpfeld）教授，著名的考古学家谢里曼的助手。弗洛伊德敬畏地望着那个帮助发现了古代特洛伊城的人物，但他太害羞，不敢接近他。之后的一天，他们在科孚岛（Corfu）游览了3个小时，弗洛伊德将其比作拉古萨；又去参观了那里的两座古老的威尼斯堡垒。次日早上船在帕特雷停了下来，前往比雷埃夫斯，9月3日中午抵达雅典。弗洛伊德对希腊的第一个印象，是令人难忘且难以形容的忒修斯神庙。

第二天早上他们在阿克罗波利斯停留了两小时。为了这次访问，弗洛伊德穿上了事先准备好的他最好的一件衬衫。在写给家里的信中他讲述了那次经历，称其超越了一切所见过或所能想象的东西。当我们回忆起那些充斥着弗洛伊德头脑里的经典传说，及其自孩提时代起就对美拥有的那种敏锐感觉，我们便能很好地理解他的这种印象了。20多年后，他说阿克罗波利斯琥珀色的柱子是他一生中所见过的最美的东西。当他站在那里时，有了一种奇怪的心理体验，多年后他在给罗曼罗兰的信中分析了这一点。这是一种奇特的对眼前现实的怀疑，他询问弟弟自己是否真的是在阿克罗波利斯，令后者迷惑不解。在他后来发表的细致分析中，弗洛伊德追溯了这种怀疑感的来源。在贫穷的学生时代他产生过这样的想法，有朝一日他会有机会前往这样一个美丽的地方，而这反过来又与超越父亲成就的这一禁忌的愿望有关。他把其运作机制与他所描述的那些不能容忍成功的人进行了比较。

在这次旅行中，弗洛伊德不得不意识到古希腊语与现代希腊语有多么不同。他对前者非常熟悉，青年时代他常常用希腊语写日记，但现在，想让马车司机带他去雅典娜酒店的尝试都宣告失败。尽管他尝试了各式各样的发音希望对方听得懂，最终还是不得不羞耻地用笔写了下来。

接下来的一天弗洛伊德是在阿克罗波利斯度过的。9月6日早上他们离开雅典，坐火车去科林斯，然后沿着科林斯运河去了帕特雷，乘坐当天晚上10点钟的航船，途经特里亚斯特返回家中。

18. 国际认可的开始（1906—1909）

许多年里，弗洛伊德的著作都遭到德语学术期刊的忽视，或是招致一些轻蔑的负面评论。然而，一些英语国家的杂志评论却对其保持友好和尊重的态度，尽管在一段时间里并未对他的观点予以明确接受。

第一位用英语描述弗洛伊德和布罗伊尔作品的人物无疑是 F. W. H. 梅尔斯（Myers）。神经学研究（Neurologisches Centralblat）大会（1893 年 1 月）之后 3 个月，梅尔斯就在心理研究协会的一次综合大会上介绍了他们二人的"简报"（Preliminary Communication），并在同年 6 月份将其概述发表在《过程》（Proceedings）杂志上。因此，后来作为精神分析心理学的发现，在宣布的 6 个月之内就已经被英语读者接触到了。4 年后，梅尔斯在同一个会议上发表了关于"歇斯底里症和天才"（Hysteria and Genius）的演说，详述了《歇斯底里症研究》这本著作。当时这本书的概要在该协会的日报（Journal）上发表了，1903 年，在梅尔斯去世两年后，又在《人类性格》（Human Personality）杂志上以更大的篇幅发表。

在梅尔斯对《歇斯底里症研究》做出评论前一年，布里斯托（Bristol）的神经科医生米切尔·克拉克博士（Mitchell Clarke）就在《大脑》（Brain）上发表了一篇完整的文章，弗洛伊德多年前也曾在这本期刊上发表过神经学研究文章。大多数神经科医生忽视了，但有两位读者严肃地注意到了它。一位是哈夫洛克·埃利斯（Havelock Ellis）。两年后他在一本美国期刊上发表了一篇论文，阐述了《歇斯底里症研究》这本书，并接受了弗洛伊德有关歇斯底里症的性病因的观点。8 年后这篇文章在他的《性心理学研究》（Studies in the Psychology of Sex）第二卷中重印。1904 年，在《性心理学研究》第一卷中，他用了好几页来探讨他所谓的"弗洛伊德那引人入胜且十分重要的研究"。他还在本卷和下一卷（1906 年）中均提到弗洛伊德关于神经衰弱和焦虑症的论文，尽管没有提供任何参考书目。在以后的生活中他也经常处理弗洛伊德的研究著作，不过渐渐地，他对弗洛伊德的学

第二部分 成熟时期（1901—1919）

说产生了一种消极态度。

另一位则是著名的外科医生威尔弗雷德·特洛特（Wilfred Trotter），心理学家想必对他的名字很熟悉，他曾著有《战争与和平中的羊群本能》（*Instincts of the Herd in Peace and War*）（实际上写于 1904 年，但直到 1916 年才得以出版）。他引起我对克拉克 1903 年那篇评论文章的关注，当时我正开始着手专攻精神病理学，在同一年我读到了关于《歇斯底里症研究》更为全面的叙述，即在梅尔斯刚刚出版的《人类性格》杂志里面。哈夫洛克·埃利斯在之后的一年里对新发现进行了讨论，而进一步的研究需要凭借德语原文。哈佛大学神经病学教授詹姆斯·J.普特南（James J.Putnam）博士在《变态心理学杂志》（*The Journal of Abnormal Psychology*）（1906 年 2 月）上发表了第一篇专门讨论精神分析的英语文章，这也是用英文撰写的第一篇关于精神分析的全面评论；然而他的总结，在当时来说是不利的。前一年，波士顿的莫顿·普林斯（Morton Prince）博士在给弗洛伊德的一封信中谈到了他那"众所周知的工作"，并邀请他为他的新期刊创刊号撰写一篇论文。纽约的两位瑞士移民心理学家——阿道夫·迈耶（Adolf Meyer）和奥格斯特·霍克（August Hoch）也在一直追随弗洛伊德的研究，后者甚至报以同情；他们总对学生们提起他的作品。

然而这些，当时弗洛伊德都一无所知。在 1906 年以前，他对维也纳以外的世界所知道的，只有德国神经学和心理学期刊上的简短介绍，以及一些验证他早期观点的基本尝试。

1904 年，有两个人物将其研究推进了一步。格拉茨（Graz）的奥托·格罗斯（Otto Gross），一个后来不幸患上精神分裂症的天才①，发表了一篇论文，巧妙地将弗洛伊德所描述的意识游离与早发性痴呆（dementia praecox）表现出的意识游离进行了对比，用弗洛伊德早期一本包括压抑、象征等概念的性欲著述中的观点进行了充分阐释。格罗斯是我从事精神分析实践的第一位导师，他处理病例的时候我也经常在场。

另一位我们要谈到的人物是 A. 斯塔格曼（Stegmann），来自德累斯顿。1904

---

① 1908 年他在苏黎世的博格霍茨利（Burghotzli）精神病院接受治疗，荣格帮助他戒断吗啡以后，想要治愈第一例精神分裂症。他努力工作并告诉我，有一次会议持续了 24 小时。有一天，格罗斯翻过避难墙逃跑了，第二天他寄了一张纸条给荣格，要求他帮忙支付旅馆账单。在第一次世界大战中，他加入一个匈牙利军团，在战争结束前，他的人生就在谋杀和自杀中结束了。

年他描述了几例成功治愈的歇斯底里症和强迫型神经症案例，用的治疗方法是精神分析。他是第一位提出了哮喘中的无意识因素的研究者。斯塔格曼于 1912 年逝世。

这一切都是极其微弱的曙光。但到了 1906 年，西方的天空开始明亮起来。1904 年秋季，弗洛伊德从苏黎世的精神病学教授尤金·布鲁勒（Eugen Bleuler）那里听说，他和他的整个团队几年来都在致力于精神分析工作，并尝试寻找各种各样的实际应用。更为主要的鼓励来自布鲁勒的首席助理荣格。荣格在《梦的解析》出版后不久就仔细研读了一番，甚至在他 1902 年撰写的一本关于神秘学的书中还对该书进行了三次引用（但愿不是个凶兆）。从 1904 年起，荣格将弗洛伊德的思想应用在不同方向。他发明了一些独创性的相关实验，证实了弗洛伊德关于情感因素可能干扰回忆的结论，通过这些方法可以实验性地证明在他所谓"情感复合体"（affective complex）形式中存在着被压抑物——呼应西奥多·齐汉（Theodor Ziehen）的"情结"（complex）一词。1906 年，荣格发表了他的协会诊断研究（Diagnostische Assoziations Studien），收录了由他和他的学生整理的有价值的研究。在接下来的一年里，一本精神病学中创造历史的著作问世了[《早发性痴呆症的心理》（*The Psychology of Dementia Praecox*）]，该书把弗洛伊德的许多思想应用到了精神病症的适当领域。荣格自然也给弗洛伊德寄去了两套复印本，但由于弗洛伊德迫切地想要读到它，在荣格的复印本寄到之前就抢先买了一本。

1906 年 4 月，弗洛伊德与荣格之间开始了一段持续了近 7 年的书信往来。在许多年里，二人之间的通信都十分亲密友好地交换了彼此的个人思想和科学思考。

在过去的 13 年间弗洛伊德的研究到处碰壁，遭受冷遇，听闻自己的研究在国外的一位著名精神病学家受到如此高的推崇，这令弗洛伊德的心里涌起暖意。他对此颇为得意，随即又对荣格的个性产生了良好印象，这一切使得他难以保持冷静的判断。他怎能预见到，在对他的病人们进行精神分析时不可避免地看到的抵抗机制，也有可能阻碍并转向分析师自身呢？

1907 年弗洛伊德接待了三位来自苏黎世的拜访者。其中之一是马克斯·艾丁格（Max Eitingon），一位是在苏黎世完成研究的医科学生，在那里他接触到了新的心理学。艾丁格出生在俄罗斯，从小在加利西亚自治区和莱比锡长大，离开苏黎世以后被安顿在柏林，然而一直保留了其父获得的奥地利国籍。在弗洛伊德晚年,他成为最亲密的朋友之一。艾丁格的此次来访,是想就一个严重的病例征求弗洛伊德的意见。艾丁格在维也纳逗留了近两个星期,参加了1月23日和1月30日的两次星期三小组例会。他与弗洛伊德共度了三四个晚上,他们在城市里长久地漫步,同时进行着个人的分析工作。这是第一次精神分析训练。我记得这类散步时那种迅速的步伐和快速谈话。快步走可以刺激弗洛伊德思想的涌现,但对于一个愿意暂停消化它的同伴来说,有些令人窒息。同年11月,艾丁格从苏黎世搬到了柏林,打算在那里呆上一年,却一直留在柏林直到1932年,才前往巴勒斯坦。他对弗洛伊德非常忠诚,弗洛伊德认识到了这一点,在1913年1月1日写给他的信中说:"你是第一位来到了孤独者身边的、也将会是最后一位离开的人。"

然而更激动人心的会晤,是1907年2月27日,星期日上午10点钟,荣格首次拜访弗洛伊德。在7月份的阿姆斯特丹国际神经病学大会(International Congress of Neurology)上,我们都做了报告,荣格向我生动地讲述了他与弗洛伊德的第一次会面。他有太多的话想告诉弗洛伊德,也有很多问题要问他,伴随着激动的手势,他滔滔不绝地讲了整整3个小时。然后病人,这位听得入迷的观众打断了他,建议他们可以对此进行更为系统化的讨论。使荣格十分吃惊的是,弗洛伊德可以将长篇大论的内容分成几个模块,置于若干个相当精确的标题之下,使之能够把接下来的几个小时利用得更为高效。

在两到三年的时间里,从他们的书信往来以及根据我的记忆都可以确定,荣格对弗洛伊德的钦佩及其工作的热情都是无限的。与弗洛伊德的相遇,被他认为是自己生命中的最高点,在初次碰面后的几个月,他告诉弗洛伊德,懂得精神分析的人一定是吃掉了天堂里的书,才获得如此这般的视野。

弗洛伊德不仅对荣格远道而来给予自己支持十分感激,同时还非常欣赏荣格的个性。他很快将荣格确定为自己的继任者,有时还称他为"儿子和继承人"。弗洛伊德认为荣格和奥托·格罗斯是他的追随者中仅有的两位真正具有独创力的人。荣格注定是要去探索心灵乐土的约书亚(Joshua),而弗洛伊德则跟摩西一样,只能远远地望着。顺便说一句,这句话的意思表明了弗洛伊德对摩西存在某种自我认同,这个特点在晚年变得尤为明显。

我认为荣格最吸引弗洛伊德的地方是他充沛的精力、活力,最重要的是他天马行空的想象力。这是一种很容易吸引弗洛伊德的品质,正如他对弗里斯和费伦齐的喜爱一样。这种品质呼应了弗洛伊德个性中的一些显著特征，只是他那高度发展的自我批判能力必须对其实行严格控制。但不论荣格还是费伦齐，都没有与他发展出当年和弗里斯之间的那种私人情感；他们的出现只是令他感觉温暖。

1910年国际协会成立时，弗洛伊德自然而然地任命荣格为主席，而且正如他所希望的，任期为无限。一开始荣格带着他的威严和英武气质，看起来很像是一位领导。他在精神科学领域所接受的训练和立场，他卓越的才智和对工作的明显投入，使他看似比任何人都更能胜任这个职位。但是荣格有两点严重失格。这个职位不能呼应他那属于反叛者、异教徒的个人情绪。简言之，这个职位需要的是领导者而不是一个"儿子"，这一点很快就体现出来了，他没有兴趣履行职责。此外就是他缺乏清醒的头脑，这是一个严重缺陷。我记得我曾遇到过荣格学生时代的同学，我问他荣格小时候是个什么样的男孩，而他的回答击中了我，他说："他头脑很混乱。"我不是唯一一个这样认为的人。

荣格凭借他敏锐的洞察力，对弗洛伊德个性很是钦佩，但他对弗洛伊德的追随者则毫无喜爱可言。他曾对我表示，他将这些人视为艺术家的杂糅体，一群颓废主义的庸人，由于弗洛伊德被这些人包围，他感到非常不满。毫无疑问，他们的举止与荣格在瑞士所属的职业阶层习惯有些不同，但不论对与错，我都忍不住怀疑某些"种族"偏见影响了他的判断。无论如何，瑞士和维也纳之间的反感是相互的，并且随着时间而增加，这也是令弗洛伊德深感苦恼的一个问题。

在这个难忘的一年结束之前，另一位朋友即将去拜访弗洛伊德，并结下更长久的友谊，他就是卡尔·亚伯拉罕（Carl Abraham）。他曾在苏黎世跟随布鲁勒和荣格工作过三年，但他不是瑞士人，也没有进一步晋升的希望，于是决定于1907年11月定居柏林，以一名神经分析师的身份展开医疗实践。和荣格一样，自1904年以来亚伯拉罕一直在研究弗洛伊德的工作。6月份，他把自己围绕精神分析所撰写的第一批有价值的系列论文的复印件寄送给了弗洛伊德，令弗洛伊德心生好感。于是他与弗洛伊德开始了定期通信，弗洛伊德邀请他前来见面。1907年12月15日，亚伯拉罕拜访了弗洛伊德，在接下来的几天里二人进行了几次生动的对谈，很快就建立了坚不可摧的友谊。曾有三位人士与弗洛伊德的长期通信引出了许多最具价值的科学评论，亚伯拉罕就是其中之一（另外两位分别是费伦齐和我）。

接下来的一位外国拜访者同样非常可贵。这就是从布达佩斯来的桑德尔·费伦齐（Sandor Ferenczi），后来他成为弗洛伊德最亲密的朋友和合作者。他是一位全科医师，曾尝试过催眠实验。他曾经看到过《梦的解析》的封面，不过耸耸肩又放下了。然而1907年，一位朋友给了费伦齐又一次机会，这次的结果是振奋人心的。他写信给弗洛伊德并于1908年2月2日（星期日）拜访了他。这期间他留给人们的印象主要是当年8月份，他被弗洛伊德一家邀请过去，在贝希特斯加登共度了两周假期，很快他便成为弗洛伊德一家特别欢迎的人物。

弗洛伊德不久就被费伦齐的热情思辨和活泼的头脑所吸引，这也是他的好朋友弗里斯身上曾令他着迷的品质之一。然而这一次，弗洛伊德没有在这段友谊中投入那么多的个人情感，虽然他对费伦齐的私人生活和困难倾注了浓厚的兴趣。他们一起度过了许多假日，在1908年到1933年间二人通信超过一千封，所有这些信件都被保存了下来。很早开始，费伦齐就在信件中与弗洛伊德讨论一些科学问题，两人在谈话和通信中发展出了有关精神分析的若干个重要结论。

维也纳的汉斯·萨克斯（Hanns Sachs）参加弗洛伊德的讲座很多年了，1910年初他大胆地拜访了弗洛伊德，并送了他一本自己刚刚出版的小书。这是吉卜林（Kipling）《军中谣曲》（*Barrack-Room Ballads*）的译著——碰巧也是非常杰出的译本。

从那时候开始，后来那个成为弗洛伊德多年密友的小圈子的成员都开始逐渐认识他了：1906年兰克出现，1907年是艾丁格和亚伯拉罕，1908年是费伦齐和我，1910年萨克斯来到他身边。

1907年弗洛伊德受到一本社会医学和卫生杂志的编辑福斯特（Dr.Furst）博士邀请，就一项当时还是相当新鲜的问题发表自己的看法，即儿童的性启蒙问题。弗洛伊德对这个话题自然很感兴趣，他看到了许多由于对孩子隐瞒性知识而造成的悲惨后果，他还讲述了一些心酸的案例。然而更重要的一部出版物，是弗洛伊德关于宗教问题的研究，其中他将特定的宗教实践与妄想症患者的强迫行为进行了对比。本年度主要的一部作品是他那本关于詹森（Jensen）的小说《格拉迪瓦》（*Gradiva*）的研究。

1907年11月底，我在苏黎世和荣格一起待了一周，在那里工作的其他人中我还见到了来自纽约的布里尔（Brill）和彼得森（Peterson）。在相识的初期，荣格可能是非常迷人的。他很幽默机智。我记得我曾问他，是否认为发源于苏黎世正在盛行的达达主义（Dadaism）具有某种精神病学的基础，他回答说："它太蠢了，算不上体面的精神病。"

这个小小的团体当时被称为"弗洛伊德集团"，就是那时从苏黎世发展起来的。除了少数例外，如来自日内瓦（Geneva）的爱德华·克拉帕雷特（Edouard Claparede），来自克罗伊茨林根（Kreuzlingen）的宾斯万格（Binswanger），其他人都来自苏黎世。荣格当然是这个团体的领导，苏黎世的成员还包括荣格的上司布鲁勒教授，还有荣格的一个亲戚叫弗兰茨·里克林（Franz Riklin），以及阿尔方索·马埃德（Alphonse Maeder）。这个小集团通常在博格霍兹利精神病院（Burgholzli Mental Hospital）见面讨论工作，通常会有一个或一个以上的来宾。

我建议荣格可以把这些对弗洛伊德工作感兴趣的人安排在一起组织一次聚会，于是他在接下来的4月于萨尔茨堡举办了一场。我想为其命名为"国际精神分析大会"（International Psycho-Analytical Congress），也即后来一直沿用的名称，但荣格坚持将自己发送出去的邀请名称定为弗洛伊德心理学会议（Zusammenkunft für Freud'sche Psychologie），一个对于科学会议来说较不寻常的个人化的名称。这种命名方式表现了荣格对他现任领导布鲁勒的某种批评态度。顺便说一句，后来当亚伯拉罕想要发表论文，引述他在此次会议上宣读的文章时，询问弗洛伊德应该用什么名称来指代这次会议，弗洛伊德回答说这只是一次私人会议，不必特意提起。

无论如何这都是一个历史性的时刻，弗洛伊德的工作首次得到了公开承认。由于此次会议已经没有现存的记录了，我在这里说一下似乎也是合适的。这次大会与后续的那些会议都不同，它没有会议主席，没有秘书，没有会计，没有发言人，没有小组委员会，最好的是——没有业务会议！会议仅仅持续了一天。

1908年4月26日星期日，我们聚集在萨尔茨堡的布里斯托酒店。此次会议是一次真正的国际会议，因为接下来我们即将看到。共宣读了9篇论文：4篇来自奥地利，两篇来自瑞士，其余的分别来自英国、德国和匈牙利。与会人员42人，其中一半是执业分析师。按照他们所宣读的顺序，这次会议的论文如下：

弗洛伊德：《病例历史》（Case History）

琼斯：《日常生活中的理性化》（Rationalization in Everyday Life）

里克林：《神话解释的相关问题》（Some Problems of Myth Interpretation）

亚伯拉罕：《歇斯底里症与早发型痴呆的性心理差异》（The Psychosexual Differences between Hysteria and Dementia Praecox）

萨德格：《同性恋的病因》（the Aetiology of homosexuality）
斯特凯尔：《焦虑性歇斯底里》（On Anxiety Hysteria）
荣格：《早发型老年痴呆》（On Dementia Praecox）
艾德勒：《生活中和神经症中的施虐》（Sadism in Life and in Neurosis）
费伦齐：《精神分析与教育学》（Psychoanalysis and Pedagogy）

  大部分论文后来都发表了，但我们这里唯一关心的是弗洛伊德的文章。荣格请求他讲述一个案例史，于是他描述了一例强迫型神经症的分析案例，即我们后来所熟知的"鼠人"（The Man with the Rats）。他坐在一张长桌子的末端，两边都是长长的桌子，他用一贯的低沉而独特的语调说话。从欧洲大陆时间早上8点开始讲，我们全神贯注地听。直到11点他中断了一会儿，表示已经差不多了。但我们都太专注了，坚持要他继续，一直讲到将近1点钟。

  在这个案例中，弗洛伊德提出了对同一个人的爱与恨的交替现象，这两种态度的早期分离往往会导致对恨的压抑。然后通常会以异常温柔、晕血等表现形式作为对憎恨情绪的反应。当两种态度势均力敌时，则会导致思维瘫痪，在临床上我们称之为多疑症（folie de doute）。强迫情绪，神经症的显著特征，意味着竭尽全力克服这种瘫痪的暴力努力。

  52岁的时候，弗洛伊德的头上长出了些许白发。弗洛伊德的头颅非常漂亮，上面覆盖着一层厚厚的、整洁的深色头发，他蓄着漂亮的络腮胡子。他的身高大约5英尺8英寸，此时有些胖乎乎的——尽管腰围还是未超过胸围——但他已经出现了久坐职业的标志性体型特征。既然谈到体型，我可以继续补充一些数据，他的头围是55.5厘米，长宽直径分别为18和15.5厘米。所以根据八六开的头颅形状指数，弗洛伊德无疑是个长形头的人。他有一种活泼甚至有些焦躁不安的气质，目光迅捷，有种强烈的穿透力。我模糊地感觉到他的举止和动作中有一些女性化的方面，这或许就是为什么我对他产生了某种帮助甚至是保护的欲望，而不是大多数分析师的那种典型的恭顺。他说话时口齿非常清晰——外国人对此感激不尽——语气友好，低沉的时候听起来更舒服，偶尔会提高音调令人稍有不适。他很聪明，总是能听懂我的英式口音德语，但对我在名词性别方面的错误似乎却很敏感；例如我记得我说起"雪"（die Schnee）①时他总是很不耐烦。

弗洛伊德对他这位来自瑞士的新信徒的重用也是很自然的，这是他的第一位外国追随者，顺便说一句，也是第一位非犹太人。经历了这么多年的冷嘲热讽和恶语相向，弗洛伊德应该早已获得一种超然物外的哲学倾向，当得知一所著名海外学府里的精神科临床医生们，对他自己的研究工作全心全意地灌注热忱，他也不会过分欣喜。然而，在弗洛伊德平静的外表下总是燃烧着隐秘的火焰，他的过度兴奋可能会令维也纳的追随者们感到不悦，毕竟当他独自一人站在这个世界上时，他们才是第一群围在他身旁的人。弗洛伊德对荣格最感兴趣，他们的嫉妒便不可避免地集中在荣格身上。并且他们对非犹太人普遍持有怀疑，因为确实大多数时候他们身上都存在反犹主义倾向，这些都加重了他们对荣格的敌意。弗洛伊德在一定程度上也有类似的情绪，但暂时蛰伏在终于被外界认可的喜悦之中。来自维也纳的分析师们很早就预测，荣格不会长期留在精神分析训练营。当时是否有什么理由这样判断是另一回事，但德国人有一句谚语："仇恨是锋利的（der Hass ieht scharf）。"

在论文讨论结束后的小聚会上，大家决定发行一份期刊，这是第一本致力于精神分析研究的刊物；这份期刊一直持续出版着到第二次世界大战的灾难降临，但除去一些"副刊"（fellow-travelers）以外还是出版了九期。《精神分析学年鉴和心理病理学研究》（*jahrbuch fur psychoanalytische und psychopathologische Forschungen*）在第一次世界大战爆发时停止了。由弗洛伊德和布鲁勒主办，荣格担任编辑。维也纳医生们非常生气，新刊物编纂时他们被忽视了，甚至都没有咨询他们的意见；参与讨论的人只有亚伯拉罕、费伦齐、布里尔和我。维也纳一派的怨恨逐渐集聚，直到两年后在纽伦堡公开地发泄出来。

创办一个期刊从而可以自由出版他的作品，对于弗洛伊德来说意义重大，这使他感觉更加独立。现在他也可以嘲笑他的对手了。几个月后他写信给荣格："我完全同意你的意见。敌人越多，荣誉越大。现在我们可以工作，发表我们喜欢的文章，从我们的友谊中有所收获，这是非常好的，我希望这个状态能够持续下去。如果'承认'的一天终将到来，那么它与当下的对比，就好像无聊的天堂较之于迷人的地狱。（当然我指的是另一方面。）"

---

① 译者注：德语中"雪"是阳性名词，正确表述应当为"der Schnee"。

大会结束后我和布里尔前往维也纳,在那里受到弗洛伊德一家的盛情款待,接着我们前往布达佩斯看望费伦齐。

就是这个时候,布里尔向弗洛伊德提出请求翻译他的著作,弗洛伊德欣然甚至是不假思索地答应了。而这成为日后无休止的私人纠纷甚至法律麻烦的根源。对此我个人的反应是如释重负,因为我当时正全神贯注于自己手头的工作计划,并且我从经验中已经知道翻译是一件多么耗费时间的工作。弗洛伊德是一位非常有天分的高效翻译家,但他翻译得很随意,而且我想他并不知道,准确地翻译和编辑(!)他自己的著作是件多么庞大而艰巨的任务。布里尔的英语和德语都不是很好,这件事很快引起了我的疑虑,于是我建议帮他阅读手稿,并为他遇到的任何困难提供帮助;我的名字无需被提到。毕竟英语是我的母语,而布里尔早年是在纽约那不太有利的环境里学习的英语,但他拒绝了这个建议,可能因为他把这次翻译看作是对他语言能力的一种反映;他掌握6门语言,早些年通过用这些外语授课来谋生。在这里我无需谴责布里尔的翻译水准;因为其他人说得已经够多了。几年后我对弗洛伊德说,很遗憾他的研究没有以一种与其内容更相称的形式引入英语世界,他却答道:"比起一个好的翻译我更愿收获一位好朋友",并说我是嫉妒布里尔。我确实没有必要嫉妒他,但要改变弗洛伊德对任何事情的看法向来都是一件困难的事,我便没有再说起这件事。经过国外数年来的抗议,弗洛伊德才逐渐承认我这句话的正确性。

布里尔早年能力的相对缺乏并不能掩盖一个重要的事实,他有一颗金子般的心。从一开始我们在美国面临着许多工作任务时我就意识到,我应该跟他好好相处,多年以来事实证明我从来没有任何一个比他更忠实的朋友。

1909年初,弗洛伊德又发展了另一段与众不同的友谊;这段友谊直到他生命结束都未曾蒙上过一丝阴云。对方是苏黎世的奥斯卡·菲斯特(Oskar Pfister)牧师,后来二人进行了大量通信往来。弗洛伊德非常喜欢菲斯特。他钦佩他高尚的道德水准,他无私的利他主义和他对人类的乐观主义态度。或许,可以无拘无束地与一位新教牧师成为好朋友的事实令弗洛伊德感到很有趣,给菲斯特写信时他会称他作"亲爱的上帝之子"(Dear Man of God),菲斯特对"执迷不悟的异教徒"——弗洛伊德这样描述自己——总是十分宽容。而菲斯特则对弗洛伊德感到无限敬仰和感激,他坚持认为弗洛伊德是一位真正的基督徒。弗洛伊德对这种温和控诉做出的唯一让步是回应说,他在布拉格的一位朋友克里斯汀·冯·爱赫恩菲尔（Christian von Ehrenfels），刚刚写了一部关于性道德的书，将自己和弗洛伊德都称作"性的新教徒"。

萨尔茨堡大会后的反响大多是非常积极的，唯有一个例外。就是亚伯拉罕和荣格之间的冲突，这也揭示了二人性格上的不相容，尤其是来自亚伯拉罕这一边的强烈敌意。他曾在苏黎世度过了一段快乐的岁月，但后来却对那里的氛围感到不满，他认为那是不科学的神秘化倾向。问题的真正冲突是弗洛伊德有一次与荣格和亚伯拉罕聊天时表示，他认为早发性痴呆与其他神经症的不同仅仅在于它存在着早期固着点（fixation），当时被称为"自体性欲"（autoerotism），并在疾病过程中出现复归现象。这是一个他9年前就得出了的结论。荣格和亚伯拉罕在大会上宣读了关于早发性痴呆的论文，但亚伯拉罕充分利用了弗洛伊德的观点，甚至得出结论称，这种疾病中被称作"痴呆"部分，并不是由于智力能力的破坏，而是由于某种感觉进程遭到巨大阻塞；而荣格则仅仅是重复了他的观点，即这种疾病是一种由假想的"精神毒素"产生的脑部器质性变化。

这是科学界常见的一场关于优先权的愚蠢争端，从牛顿到莱布尼茨以来，类似的争端常常阻碍了科学进步。这件事起源于亚伯拉罕在大会论文中，忘记提及荣格和布鲁勒对早发性痴呆症的心理学研究做出的贡献，荣格当时很不对劲。这个事件的唯一价值在于，它反映了弗洛伊德在处理类似事件时的态度以及他的个人想法。这里我们最好引用一下弗洛伊德和亚伯拉罕之间的一封书信：

> 尊敬而亲爱的先生：
> 听闻你对萨尔茨堡会议感到满意，我也很高兴。我自己对此无法判断，因为我身在其中，但我也倾向于认为这是一次前景光明的试验。
> 与之相关地我将对你提出一点请求，各种各样的事情可能都取决于此。我记得你的论文好像引起了你和荣格之间的一点冲突，或者至少是从你后来对我说的几句话中感觉出来的。现在我认为你们出现了不可避免的纷争，在一定范围内应该是无害的。就这件事本身而言，毫无疑问我认为你没有错，我把荣格的神经过敏归结为他的举棋不定所致。但我不希望你们二人之间有什么不愉快。我们之间很少有不和谐的声音，特别是这种出于个人情结的问题，不应该在我们之间出现。对于我们来说同样重要的是荣格应该回到他刚刚抛弃掉的观点和方法上来，而你一直是这种方法的一贯倡导者。我对此抱

有一些希望，荣格给我写信说，布鲁勒现在也有些倾向于我们的说法，可能会再次放弃早发性痴呆源于器质性本质的观点。所以，如果你能在发表论文之前和荣格沟通一下，请他和你交流一下他的相反意见，并将其纳入论文的考虑之中，就算帮了我一个大忙。这也是一种友好的表示，可以确保你们二人之间正在萌生的分歧到此结束。这将会令我非常高兴，并且表明我们所有人都能为了自己的生活，从精神分析中收获实际的益处，不要让战胜自我的小小胜利变得太难。

宽容一些，而且不要忘了，追随我的想法对于你来说要比荣格容易得多，因为从一开始你就是完全独立的；其次种族原因使你与我的智力结构更为相似，而荣格，一名基督徒①，一位牧师的儿子，只有克服了内心的巨大阻力才能找到恰当的方式追随我。因此他的坚持是更有价值的。我几乎要说，正是由于他的存在，我们的心理分析团队才避免成为犹太民族事务团体的危险。

我希望你能多多考虑我的请求，热烈地祝福你。

你的，
弗洛伊德

迟迟未收到回信，弗洛伊德开始焦虑起来并又动笔写了另一封。

亲爱的先生，

由于没有收到你的回复，我打算再写一封信来请求你。你知道，我十分愿意把我的事情交给你来处理，正如我的其他事务一样，但是看到我的朋友和追随者之间围绕着优先权的问题发生不愉快，没有什么比这更痛苦的了。我期待着你能够克服一下，为了我们的事业②，同时也是为了我。

致以诚挚的问候，
你的，
弗洛伊德
1908年5月9日

---

① 犹太人用来指称非犹太人时的习惯用语。
② 弗洛伊德总是用"那件事"（ide Sache）来指代精神分析。

18. 国际认可的开始（1906—1909）

尊敬的教授先生，

我正要给你写信，你的第二封信就到了。我之前没有及时答复你，是出于对我们共同利益的考虑。当我读到你的第一封信时，我并不完全同意，把它搁置了几天。然后我又公平公正（sine ira et studio）地阅读了一遍，说服自己认可你观点的正确性。我立即动笔写信给苏黎世，只是没有立即寄出。我想间隔几天确认一下，里面没有什么隐藏的危险，会把这友好的表示变成一场攻击。我知道彻底避免争论是多么不容易，读完这封信后我发现我的怀疑是对的。昨天我以最后的形式重新写了这封信，希望它能为我们的事业服务。我想写信给荣格以后再给你回信，我相信你会原谅我的沉默。现在我可以平静地看待这件事，我要谢谢你的介入，以及你寄托在我身上的期望。你不必担心这件事会给我留下任何不好的感觉。

其实我很无辜地陷入了冲突。去年12月我问过你，我和荣格的冲突有没有危险，因为你同时向我们两个传达了你的想法。你消除了我的疑虑。我的萨尔茨堡手稿中包含了一句能让布鲁勒和荣格感到欣慰的话，但由于一时冲动，我在发表论文时遗漏了它。我一时的动机欺骗了自己——节省时间——而真正的原因在于我对布鲁勒和荣格的憎恨。这主要是因为他们最近的出版物中过分讨好的性质，以及布鲁勒在柏林的会议上宣读时甚至没有提及你的名字，以及各种其他琐事。我不提起布鲁勒和荣格明显是出于"既然你已经远离了性理论，那我就不引用你了"的意图。

谨上，
卡尔·亚伯拉罕
1908 年 5 月 11 日

亚伯拉罕的友好之举并未收到应有的应答：荣格没有任何回应。接着他对荣格提出一些批评，但弗洛伊德告诉他自己对荣格有着更积极的看法。他补充说："我们犹太人过得更自在，没有什么神秘的东西。"在下一封信中他写道："9月份我去苏黎世的时候会尽我所能把事情办好。不要误解我：我没有责备你的意思。我猜想这位瑞士人压抑着的反犹主义倾向可能导致他对你的敌意持续增加，尽管我本人可能受到豁免。但我的看法是，我们作为犹太人，如果想与其他人合作，就需要发展出一种受虐倾向，准备好承受一定程度的不公正。否则我们没办法跟别人一起工作。你可以相信，假如我的名字是奥博胡伯（Oberhuber），排除掉所有其他因素，我将会受到更少的阻力……为什么我不能修复你们二人之间的关系，重新唤回你的专注和他的热情呢？"接着，亚伯拉罕把他从苏黎世得到的坏消息告诉弗洛伊德，即看起来精神分析好像正被卷入其中，好像他们已经放弃了它。9月份弗洛伊德在苏黎世停留了几天，每天和荣格交谈8小时，他——正如人们会认为的，不太明智地——告诉了荣格亚伯拉罕的怀疑和相关传闻，荣格表示他对此深感抱歉。弗洛伊德坚持认为荣格已经克服了他的摇摆不定，并完全投身到他（弗洛伊德）的工作中来。他已经离开了完全持反对态度的布鲁勒，并放弃了他的助理职位。于是弗洛伊德高高兴兴地走了。

然而到了12月份，新的麻烦出现了。荣格通知亚伯拉罕，他写的关于《年鉴》（*Jahrbuch*）的一些重要观点，由于版面空间不够用，将由第一期挪到第二期去发表，这激怒了亚伯拉罕。他非常私人化地看待此事，并怀疑荣格的用心。这一次弗洛伊德选择站在荣格这边，并对亚伯拉罕发出严厉的警告。作为一位有理智的人，亚伯拉罕以正确的态度接受了批评。随后的春天，荣格携妻子回访了弗洛伊德，从1909年3月25日到3月30日都住在维也纳。

就在大会举办期间，弗洛伊德的家庭生活也发生了一些变化。1907年底，他的妹妹罗莎·格拉芙（Rosa Graf）太太搬离了原来的公寓——在弗洛伊德家同一楼层的对门。弗洛伊德为了简化生活并得到更大的居住空间，将妹妹空出来的公寓接过来。这就意味着要放弃他那间有三个房间的低层住宅，他在那里工作和接待病人达15年之久。在大扫除时，他抓住机会销毁了大量文件和书信，这是他生命中第二次销毁材料，对后人造成了极大损失。

在维也纳生活了近50年后，弗洛伊德决定于1908年3月4日正式成为那个城市的"公民"。从此他拥有了选举权，我猜想这也是他申请的原因；他投票次数很少，仅有在自由党候选人被提名时他才会投票，我不该感到惊讶的是，这是他第一次投票。

18. 国际认可的开始（1906—1909）

弗洛伊德在维也纳的书房，展示了他所收藏的原始艺术品的一小部分。右边是接受分析的患者使用的沙发一角。埃德蒙·恩格尔曼（Edmund Engelman）摄。

1908年夏天，弗洛伊德前往曼彻斯特（Manchester）看望他同父异母的哥哥伊曼努尔。他在9月1日启程前往英国，途经胡克（Hook）和哈里奇（Harwich）。然而，他在海牙（The Hague）停下去看伦勃朗的作品，打断了他的行程，这些作品给他留下了"难以比拟的印象"；伦勃朗和米开朗基罗似乎是最能够打动他的画家。这是继他19岁那次激动人心的访问以后，又一次前往英国，也是他1938年定居那里之前，最后一次访问英国。这次他在英国度过了两个星期，期间写了六打长信。从曼彻斯特出发，弗洛伊德又去了伦敦，在那里停留了一个星期。伦敦简直美不胜收，他对伦敦人和所看到的一切都赞不绝口，连街上的建筑也得到了他的好评（！）。他买了一支英国烟斗，英国的雪茄也棒极了。自然他也参观了整座城市，但对他来说，最重要的是大英博物馆里收藏的古物，尤其是埃及文物。他没去剧院看什么戏，因为晚上的时间用来阅读，为第二天的博物馆参观做准备。最后一天在国家美术馆度过，两所英式学校雷诺兹（Reynolds）和庚斯博罗（Gainsborough）给他留下了深刻的印象。

245

在回来的途中，弗洛伊德作为荣格在博格霍兹利的客人，又在苏黎世逗留了四天，他们一起度过了一段快乐而美好的时光。荣格驱车带他参观了皮拉图斯山（Mount Pilatus）和里吉山（the Rigi），常常一起散步。荣格正在库那希特（Küsnacht）建一座新房子，弗洛伊德盼望着成为新家的客人。这次访问中，弗洛伊德和荣格走得比其他任何时候都近，也许他们第一次见面那次除外。

1908年，弗洛伊德发表了5篇论文。第一篇，最富原创性的一篇，成为一枚重磅炸弹，招致史上最凶的嘲笑。这是一篇只有几页的短文，弗洛伊德在文中指出，婴儿时期的肛门感觉，他一贯认为其有某种色情性质，能够以相当具体的方式影响人物性格的形成。人们性格中的任何特征都可以追溯到如此低级的起源，这种观点对外界来说将会被认为是纯粹的无稽之谈，尽管其结论的真实性如今已经被广泛认可。

一篇讨论了性道德与文明之间关系的文章预示了对文明的本质更为深刻的研究，在20年后这项研究得以实现。

在这一年发表的论文中有一篇做了一个奇特的假设，儿童对性行为是有所关注的，包括授精。另一篇讨论了歇斯底里幻想与双性恋的关系。然后他大胆地将一个有关诗人的幻想的美学问题纳入讨论，并得出一些惊人的结论。

1908年12月发生的一件事，将弗洛伊德的工作引向一个更宽泛更遥远的圈子中去。斯坦利·霍尔（Stanley Hall），马萨诸塞州伍斯特郡克拉克大学（Clark University）的校长，邀请弗洛伊德在建校20周年校庆上举办一次讲座，旅途费用将由学校支付，弗洛伊德可以拿到3000马克（714.60美元）。弗洛伊德邀请费伦齐陪同，他的弟弟亚历山大也表示希望陪他一同前往——但后来发现行不通。弗洛伊德说他对前景抱有很大希望。费伦齐更是激动，他开始学习英语，并订购了一些关于美国的书籍，以便他们能对这个神秘的国家做出合适的判断。虽然弗洛伊德自己不能阅读，但他从一本关于塞浦路斯的书上看到，塞浦路斯地区最好的文物收藏都已经到了纽约，于是他希望能在那里看到它们。弗洛伊德说，他在美国最想看到的就是尼亚加拉大瀑布。他没有为自己的讲座做任何准备工作，并表示到了船上再准备。

8月21日，他们从不莱梅起航，乘坐北德意志劳埃德航运公司的乔治·华盛顿号（George Washington）轮船出发。费伦齐担心自己是不是应该随身戴一顶丝绸帽子，但弗洛伊德说，他计划到了美国再买，然后在回来的船上把它丢到海里

18. 国际认可的开始（1906—1909）

去。6月中旬，弗洛伊德听闻荣格也收到了邀请，说："这放大了整个事件的重要性。"他们立刻计划一起出行。

那年春天还发生了一件让弗洛伊德非常高兴的家庭事件。他的大女儿、与弗洛伊德关系非常亲密的马蒂尔德（Mathilde）在梅兰（Meran）与一位维也纳青年罗伯特·霍利斯彻（Robert Hollitscher）订婚。婚礼于2月7日举行。在感谢了费伦齐为马蒂尔德婚礼送去的祝福后，弗洛伊德承认，去年夏天费伦齐在贝希特斯加登（第一次）参加他们的家庭聚会时，他希望他能成为那位幸运的新郎；他对费伦齐的态度总是如同父亲一般。

早在8月20日晚上，弗洛伊德就抵达不莱梅，在那里与荣格和费伦齐碰头。他从慕尼黑到不莱梅的火车上度过了一个糟糕的夜晚，这主要归咎于一桩怪事，其意义我们接下来会详细谈到。他在不莱梅的午宴上担任主持人，经过一番争论，他和费伦齐说服荣格放弃戒酒，和他们一起喝酒。而就在那之后弗洛伊德突然晕倒了，荣格在场时弗洛伊德一共有过两次晕倒的状况，这是第一次。晚上由荣格担任主持人，第二天早上他们上了船。

在航行中，三位同伴互相分析了彼此的梦境——这是群组分析的首例——荣格后来告诉我，弗洛伊德的梦似乎主要是在关心他的家庭和工作的未来。弗洛伊德告诉我说，他发现船上的乘务员在阅读《日常生活的精神病理学》，这件事使他第一次产生了自己可能会出名的念头。

8月27日星期日，晚上他们一行人抵达纽约时布里尔前来迎接，当然是在码头上，因为他不被允许上船。于是他派了一位有官职的朋友——欧纳夫（Onuf）博士迎接旅客。应对记者们的采访并未遇到太多麻烦，唯一的不良事件就是次日早晨的报纸上刊登出了"来自维也纳的弗洛因德（Freund）教授"抵达的消息。登陆的第一天，弗洛伊德拜访了他的妻兄艾利·伯奈斯和他的老朋友勒斯特加滕，但他们都在休假。于是布里尔带着他们四处参观。首先去了中央公园，然后穿过下东区的中国城和犹太人区；又在康尼岛度过了一个下午，这是"一座放大了的普拉特公园"。第二天早上，他们来到了弗洛伊德在纽约最想去的地方——大都会博物馆，他对里面的古希腊文物非常感兴趣。布里尔还带他们参观了哥伦比亚大学。在接下来的一天我也加入了他们，在汉默施泰因的屋顶花园共进晚餐，之后去电影院看了一部那个年代的早期电影——大量无聊的追逐画面。费伦齐表现出一种孩子气的兴奋，但弗洛伊德只是静静地笑；这是他们看过的第一部电影。

9月4日的晚上我们一同前往纽黑文，然后乘坐火车前往波士顿和伍斯特。

新英格兰地区的人们对弗洛伊德新观点的接受绝不是毫无准备的。1908年秋天，和波士顿的莫顿·普林斯（Morton Prince）一起，我主持了两到三场学术研讨会，16人出席；其中包括J. J. 普特南，哈佛大学神经学教授；E. W. 泰勒（E.W.Taylor），普特南后来的接班人；沃纳·芒斯特伯格（Werner Munsterberg），心理学教授；鲍里斯·席德斯（Boris Sidis）；G. W. 沃特曼（G.W.Waterman）。唯一一位我真正成功接触了的人物是普特南。接着，在第二年的5月，在弗洛伊德访问前不久，在纽黑文又举办了一场重要会议，我和普特南出席并宣读论文，引发了许多讨论。所以弗洛伊德是在万众瞩目中抵达的。

弗洛伊德不知道该讲些什么，至少他自己这么说。起初他倾向于接受荣格的建议，将讲座的主题限定在梦的领域。他询问我的意见时，我提议他选择一个更大的范围，他表示同意，认为美国人即使不认为梦的主题很轻浮，至少也会觉得这个题目不够"实用"。于是他决定全面地讲一讲精神分析。每次讲座前，他都会在费伦齐的陪同下散步半小时——说明他的思想必定是非常和谐流畅的。弗洛伊德用德语发表了五次演讲，没有任何注释，严肃的语调给听众们留下了深刻的印象。听众中的一位女士表示，非常想听他谈论有关性的话题，并恳求我向他申请一下。当我转达她的请求时，弗洛伊德回答道："In Bezug auf die Sexualität lasse ich mich weder ab- noch zubringen." 用德语表述更好，大致意思是他不打算对这个话题有过多涉及。

这些讲座的内容后来以多种不同的形式出版了。它们最初的接受非常混杂。我告诉弗洛伊德来自多伦多大学系主任的评价绝非典型："一个普通读者会觉得弗洛伊德提倡自由恋爱，消除一切限制，堕落回野蛮人的状态中去。"

一个特别令人感动的时刻，是弗洛伊德在典礼结束时站起身来感谢大学授予他博士学位。经过了这么多年的轻视和排斥，这看起来似乎是一场梦，当他说出这短暂致辞的第一句话时，他显然非常感动："这是我们的努力第一次得到了正式承认。"

他与威廉·詹姆斯（William James）的那场动人的相遇，弗洛伊德的形容是

"致命的"①。詹姆斯很懂德语，他饶有兴趣地听完了所有讲座。他对我们很友好，我永远不会忘记临别时他说的话，他搂着我的肩膀说道："心理学的未来属于你们。"

斯坦利·霍尔是美国实验心理学的奠基人，也是一位从事大量青春期研究的专家，他热情地赞美弗洛伊德和荣格。弗洛伊德从美国回来后，在给菲斯特的信中这样评价斯坦利："这是一种美好的幻想，想象遥远的某个地方，某个我从来没见过的地方，那里有一些正派的人物发现了我们的想法和努力，并最终让这些观点横空出世。这就是斯坦利·霍尔为我做的事。有谁能知道，在美国，在一个离波士顿仅一小时车程的地方，有一位备受尊敬的老先生不耐烦地等待着年鉴下一刊的出版，他会阅读和理解一切，正如他自己所说的那样，'为我们敲响钟声'？"不久后，我让霍尔接受了新成立的美国精神病理学协会（American Psychopathological）主席的职位，但他对精神分析的兴趣并没有持续多久。几年后他成为阿德勒（Adler）的追随者，这一消息使弗洛伊德非常伤心。

然而弗洛伊德在这时得到了一位更长久的好友，这就是哈佛大学神经学教授J. J. 普特南。我去波士顿拜访莫顿·普林斯期间曾和他进行过长时间会谈，并令他重新考虑对精神分析最初所持的反对态度。作为一位60多岁的杰出人物，他头脑非常开阔，也是我认识的人中唯一一个能够在公开讨论中承认自己某些看法有误的人。我们的国际心理分析丛书（International Psycho-Analytical Library）第一卷中收录了他的著作。

9月13日，我和布里尔离开了，其他三位朋友一起参观了尼亚加拉大瀑布，弗洛伊德发现它甚至比他想象的更大。但是在风洞时，导游把其他游客推回去并喊道："让老人先走。"这使弗洛伊德的感情受到了伤害；他对于那些涉及自己年龄的话题总是十分敏感。毕竟那时候他只有53岁。

接着，这三位来到了普莱西德湖村（Lake Placid）附近的阿迪朗达克山脉，普特南在那里有个野外营地，他们在那里度过了4天。弗洛伊德在给妻子的信中大篇幅地描述了周围的新环境：在一座荒野小屋里的所见。他对此次旅途的享

---

① "这段时间另一个给我留下深刻印象的是与哲学家威廉·詹姆斯的会面。我永远不会忘记我们一起散步的任何一个细小场景。他突然停下脚步，递给我一个他提着的包，说他的心绞痛突然发作了，让我先走，等好了就来赶上我。一年后他死于这种疾病；我一直希望，自己在面对死亡时能够像他一样无所畏惧。"——《自传研究》（*An Autobiographical Study*）

受，或多或少地被一场轻度阑尾炎发作影响了。他没有向任何人提及此事，不想让他的主人难堪，或是令费伦齐焦虑不安。除此之外，这是一段快乐的时光，荣格还演唱了德国歌曲来活跃气氛。

他们在 9 月 19 日晚抵达纽约，乘坐威廉大帝（Kaiser Wilhelm der Grosse）号轮船于 21 日启航。这一次他们赶上了秋分时节的暴风，尽管不晕船，弗洛伊德几个晚上都是 7 点钟就上床睡觉了。弗洛伊德一生中从来没有晕过船。29 日中午船只抵达不莱梅。

尽管对他所受到的友好接待十分感激，他的工作得到承认，且被授予荣誉，但美国并没有给弗洛伊德留下很好的印象。他很容易保持这种偏见，而对美国的偏见则始终没有消失过；多年前与来维也纳培训的美国人的接触，使他对美国的坏印象减轻了一些。弗洛伊德在这个问题上的看法显然不太公正，人们必定会想要对他的态度找到一些解释。有几个表面原因，但是正如我们将会看到的，都是一些个人的原因，实际上与美国本身没什么关系。弗洛伊德将他对美国的讨厌归因于在美期间持续出现的肠道问题，他还做出了很难令人信服的断言，认为这是美国食物所致，因为跟他平时习惯的饮食大相径庭。但他在这里忽略了一个很重要的事实，他一生中大部分时间都受到肠道问题的困扰，不论是在去美国之前还是之后，很多年都有这个问题。然而他还常常抱怨道，他在美国期间，四肢疼痛的旧疾一直在复发，这无疑损害了此次美国之行的体验。同时还有一个身体问题是前列腺不适。这自然是个痛苦又尴尬的话题，当然，也是美国的错。我记得他向我抱怨，美国解手的地方少之又少，而且还特别难找："他们护送你穿过几英里的走廊，最终你会被带到一个大理石宫殿的地下室去，勉强来得及。"一些年来弗洛伊德把自己身体上的许多不适都归因于这次美国之行。他甚至还告诉我说，从美国回来以后连他的字都变难看了。

还有一个个人原因是他的语言困难，这使他多年以前在巴黎的不愉快经历重新上演。我记得有一次，一个美国人要求另一个人重复一句没完全听明白的话，弗洛伊德转向荣格，尖酸地评论道："这些人甚至连对方的话都听不懂。"同时他也发现自己很难适应新环境里自在和轻松的举止。他是一个非常欧洲的人，带着尊严感和对学习的尊重，这些特点当时在美国不太突出。之后他用简洁的话对我总结道："美国是个错误；一个巨大的错误，这是真的，但依然是个错误。"

弗洛伊德从一开始就对美国心理分析的发展保持浓厚兴趣，从 1908 年起与布里尔和我保持着长期通信，后来普特南也加入了。他常常对我们告诉他的故事感到好笑。例如 1909 年年底前，我在美国心理学协会大会上宣读了一篇关于他的梦理论的文章时，我提到了自我中心（egocentricity）的特征。一位年轻姑娘愤慨地抗议道，这只会出现在维也纳人的梦里，她相信美国人的梦都是无私的。对本次论文的观点，另一位心理学家提出了不同意见，他坚持认为病人的联想很大程度取决于房间的温度，而由于弗洛伊德忽略了这个重要的细节，他的结论就不是科学的，不值得相信。弗洛伊德把这些故事当作趣闻讲给他的维也纳朋友们听。

10 月 2 日，弗洛伊德返回维也纳，这是世界上唯一一个未曾认可他的文明地区。

除了 1909 年的喜悦之外，弗洛伊德还成功地出版了大量作品。他出版了作为五卷本《著作集》（Sammlung kleiner Schriften）系列的第二卷，还撰写了两篇短文和两篇长论文。其中一篇短文题为"神经症的家庭罗曼史"（The Family Romance of Neurotics），作为一个部分出现在奥托·兰克（Otto Rank）那本引人入胜的《英雄诞生的神话》（*The Myth of the Birth of the Hero*）一书中。另一篇文章包含了有关歇斯底里症发作核心特质的一般性陈述。

较长的两篇论文是弗洛伊德的案例史系列里的经典之作。一个被称作"小汉斯的案例"（Little Hans Case），包含了第一次对儿童进行的分析。另一篇则是关于强迫性神经症机制的研究。

到了这个时候，弗洛伊德已经可以期待得到更多的声誉和认可，这是他人生中从未指望过的。从现在起，他可能会遭到误解、批评、反对，甚至侮辱，但他不能再被忽视。现在他处于权力的高峰，渴望能够充分利用它们。所有这一切，连同家庭的和谐和无限快乐地成长的孩子们，使 20 世纪最初的 10 年成为弗洛伊德一生中最快乐的 10 年。然而这将是他最后的幸福岁月。紧随其后的，是与最亲近的同事们长达 4 年的痛苦纷争；接着是不幸、焦虑和战争年代的困苦；然后是奥地利货币的全面崩溃，他失去了全部积蓄和保险；最后是不久后到来的病痛，在折磨了他 16 年后最终杀死了他。

第二部分　成熟时期（1901—1919）

19. 国际精神分析协会（1910—1914）

在这几年里，人们发起了所谓的"精神分析运动"（Psychoanalytical Movement）——这不算是一个非常好的短语，这是一场被朋友和敌人们所利用的运动。对于弗洛伊德来说这段日子是痛苦的，他回首时多少带着美好的玫瑰色眼镜，将其视作"辉煌孤寂"的宁静岁月。不断的成功和认可带来的喜悦，被追随者之间越来越险恶的纠纷迹象严重破坏了，这是一个需要单独成章来谈谈的故事。在这里我们应当把自己放在故事光明的一面，新思想的逐渐传播对于弗洛伊德来说自然意义重大。

我们理所当然认为，1908年的萨尔茨堡大会是系列会议中的第一场。到今天为止（1954年）已经举办了18场。1909年，第一届大会的组织者弗洛伊德和荣格都非常关注在美国伍斯特的讲座，所以当年的大会中没有出现严重问题。但是急于尽可能迅速地举办下一届大会，第二场会议被安排在第二年春天。

像从前一样，会议安排委托给了荣格，第二次国际心理分析大会于1910年3月30日和31日在纽伦堡举行。为了与亚伯拉罕共度几个小时，弗洛伊德在会议当天清晨抵达。我们即将谈到，由于某些行政管理上的问题，这次会议的氛围远没有第一次那么友好和平。科研成就这部分本身是非常成功的，大家在会议中展示了新思想的丰硕成果。弗洛伊德发表了一篇题为"精神分析治疗的未来展望"（The Future Prospects of Psycho-Analytic Therapy）的有趣演讲，对精神分析内部发展及其外部影响提出了宝贵建议。他的老朋友、来自慕尼黑的评论家罗恩菲德（Lownfeld）也宣读了一篇论文。来自瑞士的分析师荣格和霍尼格（Honegger）的贡献也是一流的。

有一段时间，弗洛伊德为了将分析师们紧密联系在一起而努力，他授权费伦齐在即将召开的大会中提出必要建议。谈罢科研计划之后，费伦齐在会议上讨论了未来协会内部的组织及其工作，这立即引发了一场抗议风暴。在讲话中，费伦齐对维也纳分析师们讲了一番贬损性的言论，并建议道，协会未来的行政核心只

19. 国际精神分析协会（1910—1914）

能是来自苏黎世的分析师，并由荣格担任会议主席。费伦齐是一位富于个人魅力的人，但也有他绝对专制的一面，他的一些建议远远超出了科学界的惯例。在大会之前他已经通知弗洛伊德："精神分析的前景不会是一种民主均衡式的，应该有一个精英团体（élite），而非柏拉图的哲学王统治模式。"弗洛伊德在回复中表示他也持有相同看法。

费伦齐首先提出了一项明智的建议，即成立一个国际协会，在各国设立分支。接着他又表示，精神分析学家们的所有书面论文或会议报告在发表前，都有必要提交协会主席批准，这是一项史无前例的强大权力。费伦齐的态度造成日后欧洲分析师和美国分析师之间的矛盾分歧，这令我花费了数年时间从中调解。费伦齐文章的后续讨论是如此激烈，以至于不得不推迟到下一天。当然，接受他更为极端的建议也是没有问题的，但是维也纳的医师们，尤其是阿德勒（Adler）和斯特凯尔（Stekel）愤怒地反对提名瑞士分析师担任主席和秘书长职位的建议，这意味着他们长期忠诚的付出遭到了忽视。弗洛伊德认为，为这项工作建立一个更广泛的基础，要比只是接受来自维也纳同事们的支持更为有利，后者全部都是犹太人，而且说服维也纳的医师们接受这个观点也是很必要的。听闻他们中的几个人在斯特凯尔的房间里召开抗议会议，弗洛伊德加入了他们，并对他们的坚持做出了慷慨激昂的支持。他指出在他们周围包围着恶毒的敌意，并强调他们需要外部支持来应对这个状况。接着，他戏剧性地脱下外套扔去并说道："我的敌人希望看到我饿死；他们会把我的外套从我背上扯下来。"

为了平息两位领导者的冲突，弗洛伊德接下来寻求一些更为实际的解决措施。他宣布从维也纳协会主席的职位上退休，由阿德勒接任。他认为还应该创办一个新的期刊——《精神分析文摘》（*Zentralblatt für Psychoanalyse*）月刊，由阿德勒和斯特凯尔联合担任主编，以部分地抗衡荣格担任年鉴主编的权力。之后他们都平静了下来，同意担任新刊物主编，同时由荣格担任协会主席。荣格认命里克林（Riklin）担任他的秘书长，兼任另一份已经决定发行的出版物——《国际精神分析学会简报》（*Correspondenzblatt der Internationalen psychoanalytischen Vereinigung*）的主编，该刊物负责向协会所有成员报道新的议题、协会会议、出版物等新闻。

这些官方选择，尽管在当时都是不可避免的，却无一项取得了令人愉快的效果。5个月后，阿德勒退出，几年后斯特凯尔紧随其后。里克林玩忽职守，使行政事务陷入完全混乱，荣格，众所周知，注定不能长久领导他的精神分析同事。

一回到家，弗洛伊德就给费伦齐写了如下一封"收场白"，正如他在大会上所称的那样：

> 毫无疑问，这是一次巨大的成功。可我们俩运气都不太好。显然我的报告反响很差，我不知道这是为什么。我的论文包含了许多理应引起人们兴趣的话题。也许是我表现出了我的疲惫。你的提议很不幸地激起如此之多的反对，他们已经忘了感谢你为大家提出的那些宝贵的建议。每个团体都是忘恩负义的，但这不要紧。但是我们都有责任，没有考虑到这些提议会在维也纳团体中引起什么样的反应。对于你来说忘却那些批评的声音应该很容易，并继续确保他们的科研自由；我们应该削弱一下他们抗议的势头。我相信我的长久以来压抑着的对维也纳团体的厌恶和你的兄弟情结合在一起，使我们变得目光短浅了。
>
> 然而这不是本质的东西。更重要的是，我们已经完成了一个重要的工作，这项工作将产生深远的影响并塑造未来。我很高兴看到你和我的意见能够完全达成一致，我要感谢你的热情支持，这一切都是成功的。
>
> 现在一切将会继续下去。我已经看到，现在是时候执行我长期以来的决定了。我将放弃维也纳团体的领导权，并停止行使任何官方影响力。我会把权力转交给阿德勒，并不是因为我喜欢这样做或者这样会令我满意，而是因为他毕竟是那里唯一一个人物，而且在那个职位上他或许会有义务捍卫我们的共同立场。我已经把这件事告诉他了，下周三准备通知其他人。我觉得他们也不会感觉很遗憾。我几乎陷入一位不知足的被嫌弃的老人的痛苦角色。我当然不想这样了，所以我想在我不得不离开之前，主动离开。之后的领导者都是同龄人，相同的级别；他们可以自由发展并彼此达成谅解。
>
> 在科学领域我一定会保持合作直到生命尽头，我将省去一切指导和审查的麻烦，可以享受我退休后的悠然自适（otium cum dignitate）……

纽伦堡大会过后，现已存在的精神分析团体纷纷加入了国际协会的分支社团，不久后新的团体也形成了。然而在瑞士，布鲁勒（Bleuler）和其他一些人退

19. 国际精神分析协会（1910—1914）

出了协会，因为这违反了他们想要隶属于一个国际机构的原则——这也是瑞士对待国际联盟和联合国的态度，堪称一次先兆。显然这只是布鲁勒单方面的合理化说辞。

布鲁勒摇摆不定的态度令弗洛伊德苦恼不已。他正写文章支持并批判精神分析。正如弗洛伊德所说，并不奇怪他为什么如此重视矛盾情绪的概念，因为是他将这个概念引入了精神病学。由于布鲁勒在精神病医生中的地位日益突出，弗洛伊德渴望能够保持得到布鲁勒的支持。但是布鲁勒和荣格的关系一直不太好，而一年后他们的私人联系几乎完全中断。荣格认为，布鲁勒对他的态度不够友好，并拒绝加入他所创办的社团，是因为他听从了弗洛伊德让他戒酒的建议。戒酒对于布鲁勒来说是一种信仰，对于他的前一任福莱尔来说也是一样。弗洛伊德认为，荣格的这种解释"聪明而合理"。"布鲁勒的反对意见是可以理解的，但针对我们的国际协会他们说的都是无稽之谈。除了促进精神分析发展以外，我们无法在我们的旗帜上铭刻其他，例如为挨冻的小学生们提供衣服。这会令人想起一些旅馆的标志：英格兰宾馆（Hotel England）和红公鸡（the Red Cock）。"

1910年圣诞节假期期间，弗洛伊德邀请布鲁勒在慕尼黑见面。他们进行了一次长时间的私人谈话，结果是再次建立了良好的关系，布鲁勒答应加入国际协会。布鲁勒想必向弗洛伊德敞开心扉，因为在给费伦齐的信中我们看到："他也是一个可怜的恶魔，和我们自己一样，渴望着一点爱，这一事实在某些方面似乎被忽视掉了。"不幸的是这种情况并没有维持多久，一年后布鲁勒再次辞职，这一次是永久的。他的兴趣转移到了其他地方，从心理学转向临床精神病学。

关于这个时期形成的各种团体的早期进展我们应该进一步展开来谈，对此弗洛伊德十分感兴趣。毕竟除了他自己的著作以外，他们代表了他的思想在未来传播的希望。

维也纳当地的社团已经8岁了，1910年10月12日的商务会议选举阿德勒为主席，斯特凯尔为副主席，斯坦纳（Steiner）负责财务，希奇曼（Hitschmann）为图书馆管理员，兰克担任秘书。弗洛伊德被任命为科学主席（Scientific President），三位主席轮流担任科学会议主席。

柏林地区社团的发展自然要慢得多。1908年8月27日由亚伯拉罕和其他四名成员创办：伊万·布洛赫（Ivan Bloch），希尔施费尔德，尤利乌斯伯格（Juliusburger）和柯伯（Koerber）。在最初的几年里，艾丁格倾向于独自留在柏林，过了一段时间他才开始医疗实践。甚至 4 年以后，亚伯拉罕仍然是社团里面唯一活跃的分析师。

苏黎世的"弗洛伊德协会"自 1907 以来一直存在。创办之初有 20 名医生，很快牧师凯勒（Keller）和菲斯特也加入了。到 1910 年时，社团成员中有若干位非瑞士人：来自佛罗伦萨的阿萨鸠里（Assagioli），几年前我们共同在克雷佩林（Kraepelin）门下求学时他是我的同窗，当时我对他的精神分析很感兴趣；来自巴尔的摩的特雷根·伯罗（Trigant Burrow）；来自慕尼黑的莱昂哈德·赛义夫（Leonhard Seif），也是我在克雷佩林那里求学时期的一个朋友；还有从图宾根（Tübingen）来的斯托克梅耶（Stockmayer）。现在他们决定时不时地举行公开会议，从而吸引到更广泛的观众。1910 年 11 月，布鲁勒、宾斯万格和里克林在精神病学家瑞士社团（the Swiss Society of Alienists）会议上宣读了论文。

1911 年 2 月 12 日，费伦齐在布达佩斯心理学家协会（the Budapest Society of Physicians）上宣读了一篇"建议"（Suggestion），但收到的完全是负面评价。许多年来匈牙利似乎不是一片适宜精神分析发展的有利土壤，但是后来，这里涌现出一些优秀的分析师，帮助费伦齐摆脱了孤独。

如今在欧洲的各种医学会议和代表大会上，精神分析被广泛讨论，但是那一年我所能找到的唯一一篇支持精神分析的论文，就是我的一篇关于精神分析理论的建议，在 8 月份的布鲁塞尔国际医学心理学与心理治疗大会上宣读的。

而在美国，新思想已经被广泛接受。前一年弗洛伊德和荣格在伍斯特举办的讲座激发的强烈兴趣仍然在持续。普特南对他们的报告发表了一篇个人化的支持性论述。但不幸的是，他在描述中写道，弗洛伊德已经"不再是个年轻人了"。这对弗洛伊德造成了很大伤害。他给我写信说："你很年轻，我已经开始嫉妒你那永不停息的活力了。而我自己，如同在普特南的文章中写的那样'他已不再是年轻人了'，这篇文章余下内容给我带来的全部喜悦，都抵不过这句话对我造成的伤害。"对此他还进行了一点小小的报复，在为《文摘》翻译的普特南的一篇文章中，他在脚注里简短地称普特南"早已不复年轻"。

布里尔、普特南和我同样也开始了我们在精神分析领域的演讲和写作事业，布里尔翻译的第一卷本已经于 1909 年问世。除了他的翻译工作以外，布里尔还在各种说明性的演讲和辩论中英勇搏斗。我们的活动范围很少重叠；他主要集中在纽约地区，并取得了巨大成功，而我活动的范围更广一些，从巴尔的摩到波士

19. 国际精神分析协会（1910—1914）

顿、芝加哥、底特律和华盛顿。没有期刊会拒绝刊登我们的论文，特别是《变态心理学杂志》（*Journal of Abnormal Psychology*）和《美国心理学杂志》（*The American Journal of Psychology*）的编辑莫顿·普林斯和斯坦利·霍尔，分别向我们开放了页面，欢迎我们贡献文章。《美国心理学杂志》的第一期上发表了我那篇关于哈姆雷特的论文；第二期发表了弗洛伊德和荣格在伍斯特的讲座，一篇费伦齐关于梦理论的文章，还有我用案例全面阐释弗洛伊德梦理论的一篇文章。

建立一个纯粹的精神分析学会的时机尚未成熟，我建议普特南创立一个范围更广的协会，以便在其中讨论精神分析的观点。1910年5月2日，在华盛顿威拉德酒店（Willard Hotel），美国精神病学协会（The American Psychopathological Association）应运而生。出席会议的有40个人。莫顿·普林斯当选主席；G. A. 沃特曼担任秘书长（普林斯在波士顿地区的私人助理）；来自费城的A. G. 艾伦（A.G. Allen），纽约的霍克（Hoch），巴尔的摩的阿道夫·梅耶（Adolf Meyer），波士顿的J. J. 普特南，还有我担任委员。会议还选举出5位荣誉成员：来自日内瓦的克拉帕雷特（Claparede），苏黎世的福莱尔，维也纳的弗洛伊德，巴黎的雅奈（Janet）和苏黎世的荣格。瑞士表现得很好。直到后来我才被选为荣誉会员。《变态心理学杂志》是该协会的官方机构。

对精神分析理论的兴趣也出现在俄罗斯。M. E. 奥西普（M.E.Ossipow）和其他几位同事也忙着研究和翻译弗洛伊德的著作，而且我们了解到，莫斯科学院曾为精神分析的几篇最佳论文授予奖项。M. 伍尔夫（M.Wulff）在柏林期间曾与尤利乌斯伯格共同进行研究，因其"弗洛伊德式论点"遭到解雇。之后他搬去敖德萨（Odessa），在那里他和弗洛伊德、费伦齐建立了联系。虽然奥西普和伍尔夫两位医生的名字是与早期有关的最值得铭记的两个——而且正如它证明的，也是最后值得铭记的两个名字——在俄罗斯的精神分析学里也有几个其他研究者。一个特殊的刊物——《心理治疗》（*Psychotherapia*）于1909年在莫斯科创刊，发表了许多精神分析论文和评论。

法国方面的唯一消息是当年年底，弗洛伊德收到一封来自R. 莫里肖-波尚（R.Morichau-Beauchant）的信；其后几年里再也没有任何消息，但在意大利，第一篇有关精神分析的论文由巴龙奇尼（Baroncini）于1908年发表。大约在同一时期，安科纳（Ancona）的摩德纳（Modena）给弗洛伊德寄去一份论文复印件，得到了弗洛伊德的高度赞扬，接着便开始翻译《性学三论》。佛罗伦萨的阿萨鸠

第二部分 成熟时期（1901—1919）

里在 1910 年 11 月的意大利性学大会（Italian Congress on Sexology）上宣读过一篇关于升华（sublimation）的文章。

在澳洲，情况也同样激动人心。1909 年弗洛伊德收到一封来自悉尼的信，信中告诉他正有一小群人在热切地研究他的作品。唐纳德·弗雷泽（Donald Fraser）博士成立了一个小团体，曾多次为不同的精神分析社团做演讲。在 1909 年获得行医资格之前他曾担任长老会（the Presbyterian Church）的牧师，但由于他的"弗洛伊德式观点"不得不辞职——这是因为该种原因受害的第一例，但绝非最后一例。火花熄灭了，正如不久后我在加拿大的状况一样。然而两年后，安德鲁·戴维森（Andrew Davidson）博士、心理医学与精神病学部门（the section of Psychological Medicine and Neurology）的秘书，邀请弗洛伊德、荣格和哈夫洛克·埃利斯在 1911 年的澳大利亚医学大会上宣读文章。他们都寄去了会上宣读的论文。

1910 年，弗洛伊德将其在伍斯特发表的演讲整理为《精神分析五讲》（Five Lectures on Psycho-Analysis）发表，同时发表了他在纽伦堡大会上的论文和许多其他小论文。除此之外还有三份原创出版物。一个是"原始词汇的对立意义"（The Antithetical Sense of Primal Words），这一发现给了他极大乐趣，证实了他对于潜意识的神秘特征多年以来的观察。另一份是他的三篇关于"爱的心理学"（Psychology of Love）的论文。但 1910 年的突出事件则是他关于列奥那多·达·芬奇的那本书。在这本书中弗洛伊德不仅阐明了这位伟大人物的内在本质、其生活中两种主要驱动力之间的冲突，更重要的是揭示了达·芬奇是如何受到早期童年经历影响的。

1910 年的夏天，著名作曲家古斯塔夫·马勒（Gustav Mahler）深受与妻子间关系的困扰，维也纳的精神分析师纳普勒克（Nepallek）医生，同时也是马勒太太的一位亲戚，建议他去咨询弗洛伊德。他从蒂罗尔州（Tyrol）给弗洛伊德发去电报要求预约会面，当时弗洛伊德正在波罗的海沿岸度假。他往往很不愿意中断假期去从事任何专业工作，但他无法拒绝一个像马勒这样的人物。紧随其后，他又收到另一封来自马勒请求见面的电报。很快又来了第三封，同样的内容。马勒患有强迫型神经症的多疑症（folie de doute），什么事情都要重复三遍。最后弗洛伊德不得不告诉他，最后能够见到自己的机会是在 8 月底之前，因为那时他打算

19. 国际精神分析协会（1910—1914）

前往西西里岛。于是他们在莱顿（Leyden）的一个酒店见了面，接着花了四小时漫步小镇，同时进行精神分析。虽然马勒以前没有接触过精神分析，但弗洛伊德说，他从未见过任何人比马勒更快速地理解了精神分析。弗洛伊德的一句话给马勒留下了深刻印象："我想你的妈妈名叫玛丽。我从与你谈话的各种暗示中可以猜出这一点。显然你的母亲在你生活中扮演了一种主导角色，那你怎么能娶了一位叫另一个名字的女人阿尔玛（Alma）呢？"然后马勒告诉他，他的妻子名叫阿尔玛·玛利亚（Alma Maria），但他叫她玛丽！她是著名画家[①]辛德勒（Schindler）的女儿，后者的雕像还矗立在维也纳城市公园里；所以这也是一个在他生活中发挥作用的名字。这场分析性的谈话显然收效良好，自此马勒恢复了他的潜能，直到死之前，他的婚姻十分幸福，但不幸的是这种状况只持续了一年他便溘然长逝了。

在谈话过程中马勒突然说，现在他明白了为什么他的音乐总是受到阻滞，无法通过最崇高的篇章抵达至高的顶峰，那些由最深刻的情感激发的东西会被一些平凡旋律的入侵所破坏。马勒的父亲显然是个残暴之人，对妻子很恶劣，当马勒还是个小男孩的时候，他们之间出现过一次异常痛苦的场面。这位小男孩感到非常难以忍受，于是冲出了房子。然而在那一刻，街上一位手摇风琴师正慢悠悠地演奏着当时维也纳流行的一首旋律"啊，我亲爱的奥古斯丁"（*Du lieber Augustin*）。在马勒看来，自那时起，崇高悲剧和轻松喜剧之间的结合就在他脑海中占据了不可更改的固定位置，其中一种情绪的出现必然会随之带来另一种。

这一年的夏末，弗洛伊德和费伦齐一道去意大利南部旅行。他们先是去了巴黎，9月1日晚和9月2日在此度过。接下来动身前往佛罗伦萨、罗马、那不勒斯，然后一路前往西西里岛，在那里一直呆到9月20号。

二人在西西里岛度过的这些日子对于他们日后的关系来说是至关重要的。在弗洛伊德晚年期间，他非常想在他与费伦齐之间建立关联，所以有必要简单地提一下他们之间一开始出现的问题。在西西里岛期间发生的事情很简单，无非是费伦齐对于日常安排感到拘谨，闷闷不乐和不信任；弗洛伊德形容他的态度是"害羞的钦佩和沉默的反对"。但这些表现的背后，是他人格深处存在着的严重问题。正如我从与他进行的多次亲密谈话中所得知的那样，费伦齐是一个过分渴望父爱

[①] 在德语里正是"Mahler"。

第二部分 成熟时期（1901—1919）

且永不满足的人。这是他一生中最主要的激情，20 年后他为精神分析技巧带来了一些可悲的改变，多少也是源于此，其效果是使他对弗洛伊德有所疏远（虽然弗洛伊德并未疏远他）。费伦齐对亲密的要求是没有界限的。他与弗洛伊德之间没有隐私也没有秘密。他自然不能公开表达这一切，所以他或多或少地希望弗洛伊德能够迈出第一步。

然而，弗洛伊德并没有这方面的兴趣。他只是太享受度假的快乐，以至于没有注意到神经症的棘手问题和深层次的心理冲突，他全身心地投入欢乐的时光。尤其是这样一场旅行，途中遇见如此多有趣和美丽的景色值得探索。他想要的只是一位与他有着相似品味和爱好的和蔼可亲的同伴。

回家后，费伦齐在一封长信中进行了自我分析作为解释，并表达了自己的恐惧：在他最近的行为之后，弗洛伊德可能不再想和他有任何关系了。但弗洛伊德是一如既往地友好，并表现得如下文所说的那样：

> 值得注意的是，你用书面表达的时候，要比口头表达得清晰许多。当然我非常清楚你写的是什么意思，现在我只需要给你一点解释。为什么我没有责骂你，而是打开了一条通往相互理解的道路？没错，我是软弱的。我并不是你想象中的那位精神分析超人，我没有克服反移情（countertransference）。我对你的爱不能比我对我三位儿子的爱更多，因为我太喜欢他们了，会为他们感到难过。
>
> 你不仅注意到了，而且理解了，我不再（no longer）需要完全揭露自己的人格，而你正确地追溯了其创伤性的根源。在弗里斯的那次事件中，你最近也看到了我是如何努力克服它的，这种需要已经熄灭了。同性恋投注的那部分已经被撤回，用以扩大我的自我（ego）。我已经成功地战胜了偏执。
>
> 但，你应该知道我并不是太好，我还深受肠道问题的困扰，尽管我不太愿意承认。我常常对自己说，无法掌控自己的肚子（Konrad）①的人不应该踏上旅途。这就是我应该坦率的地方，但在我看来你的性情还不够稳定，我担心你会为我感到过分焦虑。
>
> 至于你给我造成的不愉快，包括某种消极抵抗，它将随着旅行记忆一

---

① 弗洛伊德用来表示"肠子"（bowel）的词。

同发生变化：人们会提炼它，那些小小的不愉快消失，而美好的部分会留存下来，成为一个人心灵中快乐的回忆。

你认为我有着巨大的秘密，并且对此很是好奇，这显而易见并且很容易识别为一种孩子气。正如我将一切科学上的问题告知你，我对于个人本质也没有什么掩饰隐瞒；国家文物（Nationalgechenk）① 那件事，我想，非常不明智。正如我暗示你的那样，那时候我的所有梦都与弗里斯的事情有关，这件事从本质上很难引起你的同情。

所以当你仔细看待这件事时，你会发现在我们之间并没有你最初认为的那么多的问题需要去解决。

我宁愿把你的注意力转移到现在……

弗洛伊德对费伦齐持续地表现出一种慷慨而机敏的态度，他非常喜欢他，他们之间的宝贵友谊维持了许多年，直到后来费伦齐的稳定开始崩溃。

1911年与阿德勒的决裂是最为痛苦的一段插曲。这是弗洛伊德当年的当务之急。他与荣格的友谊继续，同时与普特南的接触更为密切，这也是本年度的突出特点。9月份在魏玛召开的国际代表大会是非常成功的。精神分析继续在各个国家收获着朋友，同时也有对手。弗洛伊德创办了一个新的期刊《意象》（*Imago*）。1911年他没怎么写作。

弗洛伊德在当时有一次特殊经历，险些致命。有那么一个月以来他持续感到头昏脑胀，愈发严重，每天晚上都遭受严重头痛的困扰。最后发现是他的那盏台灯的燃气管和橡胶连接之间漏气了，所以他每天晚上要吸入数个小时的有害气体，而由于他抽着雪茄所以很难发现这个问题。漏气修补好之后三天他便恢复得很好了。

1911年初，弗洛伊德宣布他的独创性无疑完全消失殆尽了。这种说法很有趣，因为此后仅几个月，他最富原创性的贡献之一，关于宗教的心理学阐释就诞生了。到8月份，即使在假期，他也不得不承认自己"完全投入《图腾与禁忌》（*totem and taboo*）当中"。

---

① 对于他喜欢收藏古董的一则诙谐的典故。

第二部分 成熟时期（1901—1919）

这一年的突出事件是魏玛的那场大会。于9月21日和22日两天召开。他将首届大会的那种友好气氛重新带了回来。维也纳反对派没有强迫别人接受他们的观点。此前，弗洛伊德与荣格在他库那希特（Küsnacht）的新房子里度过，普特南已经来到苏黎世与他们碰面。这次出席会议的美国人有T. H. 埃姆斯（Ames）、A.A. 布里尔和贝雅特丽齐·辛克利（Beatrice Hinkle）。与会总人数为55人，包括一些访客。

这些论文的水准很高。其中有几篇经典的精神分析文献，例如亚伯拉罕对躁郁型精神病的研究，费伦齐的文章加深了我们对同性恋的理解，萨克斯（Sachs）的文章探讨了精神分析与精神科学之间的关系。兰克那篇《诗歌与传说中裸体主题》（The Motif of Nudity in Poetry and Legends）的优秀论文为大会带来了一段可爱的插曲。在当地报纸的一份简短报告中，我们读到了"关于裸体和其他时事的有趣论文"这样的评论。这件事使得我们在随后的大会上，不得不阻拦大批记者涌入。

此次大会的亮点是普特南的亮相。欧洲人知道他在美国的抗争以及弗洛伊德对他的高度尊敬。普特南的支持，在某种程度上补偿了弗洛伊德在维也纳所遭受的忽视。普特南那高贵而谦逊的性格给欧洲人留下了深刻的印象。他本人也投桃报李。在与弗洛伊德的多次会谈中，普特南赞扬了弗洛伊德追随者们的品格。弗洛伊德冷淡地回答说："他们学会了如何忍受现实。"普特南用一篇论文为大会开场，题为"哲学对精神分析的进一步发展的重要性"（The Importance of Philosophy for the Further Development of Psychoanalysis），这篇文章后来在《文摘》上引发过一些争议。普特南对于把哲学引入精神分析的强烈要求——但仅限于他自己的黑格尔主义哲学——并没有成功。我们大多数人都没有看到引入任何特定哲学体系的必要性。弗洛伊德在这件事上的处理很有礼貌，但他后来对我说："普特南的想法让我想起一种大厅中央的装饰品；每个人都很欣赏它，但是没什么人会去碰它。"

次日的会议由弗洛伊德开场，他谦虚地称他的论文是苏瑞伯（Schreber）案例的一份附言（"关于妄想症的自传体叙述的心理分析笔记"）（"Psycho-Analytic Notes on an Autobiographical Account of a Case of Paranoia"）。这是他古老兴趣的初次显现，当他处理人类的神话问题时首次参考了图腾崇拜，并宣称无意识不仅包括婴儿时期的材料，也包括原始人类的遗迹。

19. 国际精神分析协会（1910—1914）

弗洛伊德和荣格的关系仍处于最佳状态。我记得一次，有人大胆地说荣格的笑话相当粗俗时，弗洛伊德锐利地回答道："这是一种健康的粗俗。"在魏玛，我和萨克斯有机会拜访了尼采的传记作者，同时也是他的妹妹伊丽莎白·福斯特－尼采（Elisabeth Forster-Nietzsche）太太。萨克斯对她讲述了会议的情况，并指出弗洛伊德的一些观点与她那位著名的兄长之间的相似之处。①

在此次大会的会议报告中，荣格告诉我们，现在国际协会的成员已经达到106名。这一年又有四个新的欧洲国家里出现了精神分析活动的迹象，分别是法国、瑞典、波兰和荷兰。

美国这边发生了很多事。弗洛伊德催促我赶快在美国成立国际协会的分支社团，于是我与布里尔和普特南商量此事。普特南表示如果由我担任协会秘书的话，他同意担任主席。我的计划是，这个社团里应该囊括美国国内的所有精神分析师，此后如果为了满足更频繁的会议需要，后续建立的团体，都应该隶属于这个大的协会。然而，这项计划得到最终接受花费了20多年的时间，因为除了来自弗洛伊德的反对压力以外，布里尔也非常希望将他即将在纽约成立的社团作为国际协会的直接分支；或许他不愿意接受"他的"社团成为"我的"社团的从属机构。于是我们非常友好地达成了反对意见。1911年2月12日，布里尔在纽约成立了分支社团，共计22名成员，并立即纳入纽约州法律保护之下。他成为这个社团的主席，B. 欧纳夫（Onuf）担任副主席，H. W. 弗林克（Frinke）担任社团秘书，C. P. 奥本多夫（Oberndorf）是这些发起人中最终坚持精神分析道路的最后一位幸存者。

接着我给纽约以外的分析师们发去了通函，美国精神分析协会第一次会议于1911年5月9日在巴尔的摩召开。到场的分析师有8人：巴尔的摩的特雷根·伯罗（Trigant Burrow）；芝加哥的拉夫·哈米尔（Ralph Hamill）；巴尔的摩的 J.T. 麦克科迪（J.T.MacCurdy）；巴尔的摩的阿道夫·迈耶（Adolf Meyer）；奥马哈的 G. A. 杨格（G.A.Young）和来自多伦多的我。其中一半成员都来自巴尔的摩。这就是今天这个强大组织的平静开端！然而，在第二年的第二次会议上，组织成员已经扩充到24名，还有很多入会申请者等待审批。1911年9月，魏玛国会正式接纳了

---

① 在此次大会中，出席的成员还有尼采的挚友露·安德烈亚斯－莎乐美（Lou Andreas-Salomé），后来她也成为弗洛伊德的亲密朋友。

第二部分 成熟时期（1901—1919）

这两个社团。

在英国，情况和以前类似，鲜有报道。年初弗洛伊德成为心理研究学会（Society for Psychical Research）的荣誉会员[①]，一年后他为医学心理学的特别刊号贡献了一篇非常简明的论文。当我告诉他我打算从加拿大返回英国时，他写道："你在两年之内就征服了美国，我也不确定当你离开以后事情会怎样发展。但我很高兴你回到英国，正如我所料，你会为你的祖国做同样的事，顺便说一下，自从你离开以后，它变成了一片更有利的土壤。我拒绝了不少于三份英国人请求翻译《梦的解析》的申请了，正如你知道的，我也期盼布里尔能早日完成翻译。我得为一些来自布拉福德（Braford）之类城镇的来信写回信，还有一位医生——奥斯勒（Osler）[②]，他真给我送来了一位病人，现在仍然在费德恩（Federn）那里看护。所以你的任务可能比你判断的还要更艰巨。"除此之外，著名的神经病学杂志《大脑》开辟了特别刊号，专门讨论歇斯底里症的主题。其中一篇由伯纳德·哈特（Bernard Hart）撰写的题为"弗洛伊德的歇斯底里症概念"（Freud's Conception of Hysteria）的精彩论文，从精神分析学文献中引用了281处材料。接着是M. D. 埃德（Eder）于1911年7月28日的英国医学协会神经学部会议上宣读了一篇论文。这是英国正式出版的第一篇精神分析论文，虽然绝不是第一次出现。埃德有8位听众，但当他谈及性病因时他们起身离开了房间。

1911年春，弗洛伊德决定与兰克和萨克斯联合创办一份新的刊物，致力于讨论精神分析的非医用价值——这也是精神分析工作中特别吸引他的一个方面。为什么这个主意在此时此刻出现在他的脑海里，原因在于，此时他已经完全专注于宗教研究，在随后的一年里他撰写了许多关于图腾的文章。他告诉我这个新刊物的名字打算取作"爱欲精神"（Eros-Psyche），后来我听说这是斯特凯尔提议的名字。再后来，这个名字被萨克斯提出的另一个名字"意象"（Imago）所取代，取自施皮特勒（Spitteler）一部同名的深奥小说。弗洛伊德很难为这份事业寻找到出版商。最后他劝说他的朋友海勒（Heller）接过这个重担，事实证明这个决定很成功。1912年1月创刊号发行。

1911年阿德勒已经彻底离开。但斯特凯尔仍然留了下来，直到1912年底弗

[①] 他称之为"亲爱的古老英国发生兴趣的第一个迹象。"
[②] 威廉·奥斯勒（William Osler）先生，牛津大学医学系教授。

洛伊德被迫接受他的离开。这也是弗洛伊德与荣格之间私人关系开始不那么亲密的一年，在最终的破裂到来之前他们度过了两年痛苦的岁月。

在大会安排相对比较简单的日子里，他们打算每年举行一次会议。1912年未能举办的原因是，荣格答应在夏季末前往纽约开设一门讲座课程，而没有主席的大会是很难想象的。这也是衡量荣格当时个人重要性的一个尺度。

史密斯·埃林·杰利夫（Smith Ely Jelliffe）建议福特汉姆大学（Fordham University）邀请荣格9月份前去举办9场讲座。这是一所耶稣会学院，因为考虑到这并不是一个适合讨论精神分析的场合，我之前拒绝了这份邀请。对于荣格在此时前往纽约是否合适，弗洛伊德深表怀疑。事实上这也是二人关系变化的转折点。

弗洛伊德认为1912年是他最多产的年份；这是因为他的伟大著作《图腾与禁忌》在这一年诞生。《意象》杂志于1月份也开始了它的征程，而在这一年年底之前他又创办了另一份新的刊物《文摘》。这一年里他全年遭受着身体疾病带来的焦虑和不快。或许这一切之间都有着某种模糊的关联。

在给亚伯拉罕寄去的新年祝福里，弗洛伊德补充道："对于我个人而言，我已经没有什么伟大的期待了。我们面前是一段灰暗的岁月，只有下一代才会获得认可的回报，但我们拥有第一眼的狂喜。"

这年年初弗洛伊德从荣格那里得知，苏黎世的报刊上掀起一场骚动，精神分析受到了激烈的攻击。菲斯特牧师遭到他上级的责问，险些被逐出牧师队伍；幸好最终幸免。里克林告诉弗洛伊德，这场反对运动给他们的私人营业带来了灾难性的打击，尤其是荣格那边，并乞求他给他们送一些患者来。弗洛伊德始终认为，此次遭受的谩骂是后来他的瑞士追随者们心态发生变化的一个原因。对于瑞士人来说，站出来反对他们的同胞是十分困难的。

1912年的暑假弗洛伊德再次访问了罗马，当他从假期中归来时，眼前有许许多多的工作等待着他。他的候诊名单列表里挤满了病人。聆听他讲座的观众已经增加至50到60人。与斯特凯尔之间的矛盾也于11月达到了白热化阶段。

此时与斯特凯尔和荣格之间的问题令他沮丧，但并没有使他的情绪一成不变。10月份他写道："我的精神很好，羡慕你有机会去观光，尤其是罗马那些等待着你的美景。"然而几周后，面对第一份英文精神分析专著《论精神分析》（Papers on Psycho-Analysis）时，情绪的另一面又显现在一封兴高采烈的回复中。

我把这本书献给他是天经地义的事。他觉得不仅应该给我发电报表示感谢，而且还得用英文来写："上一封信中，你宣布将你的书献给我，我深受感动，我决定不等看到它的样子，就用一封充满着友谊和自豪的信来回应你。"在他的一生中没有多少光明的时刻，毫无疑问，失去许多老同事这件事也促使他更加重视与其他人的接触。

1912年，弗洛伊德发表了一些短论文，但有两个主题在那一年里占据主导地位：阐释他的精神分析技巧和宗教心理学。我能理解这两个显然不相关的主题之间有什么内在关联。它们都与瑞士校园里日益扩大的纷争有关。弗洛伊德认为，这是由于对精神分析技术知识不完善所致，同时也与阿德勒和斯特凯尔有关，因此他有责任比以往更充分地对于这一点加以阐述。他对宗教兴趣的复活在很大程度上与荣格对神话和神秘主义的广泛接触联系在一起。他们从研究中得出相反的结论：弗洛伊德比以往更坚定地相信他的观点，即乱伦冲动和俄底浦斯情结的重要性。然而荣格却越来越倾向于不再从字面意义上对其进行解读，而是认为它们象征着心灵中某种更为深奥的倾向。

1913年，弗洛伊德人生中的重大事件是他与荣格的最终决裂，这发生在9月份召开的慕尼黑大会上。自此两个人再也没有见过面，尽管一些官方的往来仍然继续，持续到第二年。这是非常痛苦而焦虑的一年，而在10月份给我的信中，弗洛伊德十分温和地处理这件事："我不记得还有哪个时刻，像现在这样充满琐碎的伤害和烦恼。就像是坏天气里的阵雨，你必须等待着看谁能笑到最后，是你还是主宰这些日子的邪恶天才。"在同一个月，他向菲斯特形容自己为"一个开朗的悲观主义者"。

1月中旬，我们听闻波士顿那边爆发了一场抗议。波士顿的警察毫无疑问受到一些教唆，威胁要起诉莫顿·普林斯，因为他在《变态心理学》杂志上发表了"下流"言论。于是他对精神分析师的慷慨之举也没有得到回报，他的顾虑也是有道理的，弗洛伊德曾错误地将其归因于他"清教徒式的拘谨"。但普林斯，作为该市不久前的市长①，知道如何不用出庭而平静地渡过这次风波。

1月14日，弗洛伊德家里发生了一个激动人心的事件，是他的二女儿苏菲与来自汉堡的小伙子马克斯·哈勃施塔特（Max Halberstadt）的婚礼，这位女婿与

---

① 琼斯医生搞错了。市长不是莫顿·普林斯，而是他的父亲斯坦利·海曼（Stanley Hyman）。

第一位女婿一样受到岳父母的欢迎。

这一年的上半年，弗洛伊德的精力都用在撰写《图腾与禁忌》上面。弗洛伊德认为自己有7年为期的黄金创造时段，这部书就是在这期间完成的。弗洛伊德此时也将这本书视为他写过的最优秀的一本。

过去的几年里，荣格已经深入钻研了神话文学和比较宗教学，二人就这个问题也曾进行过讨论。弗洛伊德对荣格的研究方向已经开始感到不满。荣格正从那遥远的领域里得出一些相当不确定的答案，将其转化为临床数据的解释，而弗洛伊德的方法则是弄清楚那些从直接的分析经验中衍生出来的假设性结论，可以在多大程度上解答人类早期历史的遥远问题。早在小汉斯对马的恐惧症的案例中，弗洛伊德就已经意识到动物的无意识象征性及其与图腾之间的等式，从而产生了更深远的想法。亚伯拉罕和费伦齐也在汇报类似的案例，甚至有时候，神经质患者的图腾是某种非动物的客体例如一棵树。1910年，弗雷泽（Frazer）四卷本的鸿篇巨著《图腾崇拜与异族通婚》(*Totemism and Exogamy*)问世，这给弗洛伊德提供了大量的精神养料。

从1911年9月份的魏玛大会返回维也纳以后，弗洛伊德立即投入浩如烟海的资料中，在他能够扩展自己的思想，思考原始信仰和习俗与其神经症患者的无意识幻想之间的相似性之前，必须对这些材料有良好的把握。显然，他创作的黄金时期之一开始了。

一周后他这样安慰自己："图腾研究是一项可怕的任务。我正在阅读大量的书籍，但并不真的对它们感兴趣，因为我已经知道结果了；我的直觉已经告诉了我。但它们必须在有关这个主题的所有材料中缓慢滑行。在这个过程中，乌云会遮蔽双眼，有许多事情不适合，但不能强迫。我每天晚上都没有时间，诸如此类。带着我所有的这种感觉，好像我只是想打开一点联系，然后发现对我这个年纪来说，我必须娶一个新的妻子了。"

接下来的几个月里，弗洛伊德性情中非凡的历史学兴趣促使他创作出许多篇章。在写作过程中一切都很顺利。"我现在正在写作图腾这本书，感觉这是我最伟大的、最好的，或许也是最后一部作品。内心的自信告诉我我是对的。不幸的是，我几乎没什么时间做这项工作，所以我不断地强迫自己重新进入情绪，而这对文风有所损害。"几天后说："我现在正在完成图腾最后一部分的内容，适时地加深了理解的鸿沟①……自《梦的解析》以后，我就没再写作过如此具有说服力的东西了，所以我可以预言这本书的命运如何。"事实证明，这本书的待遇与其他作品不同。他告诉亚伯拉罕，这部论著会出现在（慕尼黑）的大会上，并且"会使我们和一切雅利安信仰之间的分歧更加尖锐。这将是它的结果"。同一天，1913年5月13日，当他写完这本书以后，他给费伦齐写信道："在《梦的解析》之后我再没写过如此确定且令我振奋的东西了。它受到的待遇将是一样的：在我的追随者之外引发一场愤怒的风暴。在与苏黎世方面的争论中，它来得正是时候，它会把我们彻底分开，就像盐遇到酸一样。"

然而两周后又是另一种语气。正如重大成就之后经常会出现的情况那样，兴高采烈的情绪又被疑虑和担忧所取代。随着这一变化，弗洛伊德好斗的态度也平和了些。"荣格疯了，但我真的不想跟他决裂；我宁愿他自己离开。也许我的图腾工作会违反我的意愿，加速这种破裂。"

费伦齐和我在布达佩斯一起阅读校样，并写信给弗洛伊德，高度赞扬他的著作。我们认为，他已经在想象中经历了他在书中描述的场景，他的志得意满代表着杀害和吃掉父亲的兴奋，而他对此的反应只是表示怀疑。几天后我到维也纳时间他，为什么那个写了《梦的解析》的人物如今会产生这样的疑问，弗洛伊德机智地答道："那时候我描述的是杀父的愿望，而现在我在描述的是真实的杀戮；毕竟从愿望到行动之间还是很大的一步。"

《图腾与禁忌》的第一节是"乱伦恐惧"（Horror of Incest），讲的是原始部落一些错综复杂的用来预防和规避乱伦可能性的措施，即使是最渺茫的可能性，甚至是一些与之具有非常微小的相似性的关系。显然，他们对这件事比任何文明人都要敏感得多，而对违反禁忌的惩罚往往是即刻处死。弗洛伊德推断，与之相应的诱惑必然也更大，因此他们无法仅凭我们这种深层次的有序压抑来限制。在这方面，他们可能可以与神经症患者类比，后者常常建立复杂的恐惧症等症状用以服务于与原始禁忌相同的目的。

本书的第二部分，长度是前一节的4倍，标题为"禁忌和感情的矛盾"（Taboo and the Ambivalence of Feelings）。弗洛伊德在禁忌这片广阔的领域里探索着它们几乎无限多的变种。对于信徒来说禁忌之外没有任何原因和解释。它是完

---

① 他和荣格之间的分歧。

全自治的，而违背禁忌的致命后果同样也是自发的。在现代与之最为相近的是良心，弗洛伊德将其定义为人们自己知道却最不确定的一部分。

禁忌之人或物被认为具有惊人的善或恶的力量。任何人触碰它，甚至无意中碰到，都会被认为沾染相同的魔力；例如吃掉统治者扔掉的一小片食物，即便误食者获得它的渠道是清白无辜的。然而，几个月以来的复杂探索，或许净化了弗洛伊德。禁忌中的基本禁止是接触，弗洛伊德将其与强迫型神经症的触物癖（delire de toucher）相类比，后者同样也害怕被某些可怕的厄运跟随。

弗洛伊德在所谓的原始禁忌症候和强迫型神经症之间进行了一段相似性类比。两者都具备如下特点：(1) 完全缺乏有意识的动机；(2) 由内在需求中产生的专横；(3) 可以被取代且有能力影响他人；(4) 旨在消除伤害的仪式性的表演。因为强迫型神经症是由剥夺构成的，弗洛伊德推断，禁忌本身原本意味着放弃某种诱惑，出于一些重要原因这种诱惑必须被禁止。当一个人触犯了禁忌，他便成为禁忌本身，以免他在周围人身上唤起这种被禁止的欲望。然而弗洛伊德指出，这两个领域中被压抑的无意识冲动是十分不同的：对神经症患者而言，主要是性本质；而在原始禁忌那里多是各种反社会的冲动，主要是侵略和谋杀。"一方面，神经症与艺术、宗教和哲学的社会产物之间表现出显著而深远的相似性，但另一方面它们又披上了一层滑稽模仿的外衣。有人可能会说，歇斯底里症是一种艺术创造活动的戏仿，强迫型神经症则是宗教的戏仿，而偏执妄想症是哲学体系的戏仿。"

第三篇论述是"万物有灵、巫术和意念全能"（Animism, Magic and the Omnipotence of Thoughts）。弗雷泽将巫术的过程描述为："人们错把他们的秩序当作自然本身的秩序，并由此想象他们对思想的控制，或可能具有的控制，会使得他们对事物也产生相应的控制能力。"然而弗洛伊德希望能够穿透这种属于19世纪联想心理学的静态叙述，去了解其中的动态因素。在人们对自己的思想，或者更确切地说是愿望的夸张信仰中，弗洛伊德看到了某种巫术的基础，他把这种原始态度与在神经症幻想和儿童精神生活中都会发现的"意念万能"观念联系了起来。

第四节是到目前为止最重要的部分，标题是"图腾崇拜在童年的再现"（The Infantile Return of Totemism）。这是本书其余部分的核心论题。

图腾起初十有八九都是动物，尽管后来也可能由植物来扮演类似的功能。从

第二部分　成熟时期（1901—1919）

一个特定的物种中去追溯其家族血统（母系继承的角度），并严格禁止杀害这种动物。并且恰好相反，该部族的人必须好好照顾它，这样它才会反过来保护整个族系。麦克莱伦（Mcclellan）于1865年率先描述了这种原始宗教，禁止同一氏族成员，即那些共享相同的图腾和图腾名字的成员发生性关系，并认为这与异族通婚现象有关。

弗洛伊德讨论了关于图腾崇拜的众多解释，其中大部分明显都是非常复杂的。弗洛伊德有一个优势在于，他很熟悉儿童对于动物的态度，他们与动物密切认同的能力，以及他们不寻常地去选择害怕某种动物的频率。精神分析也常会发现，被害怕的动物是主体无意识中既爱又恨的父亲的象征。原始人氏族的图腾"祖先"也有着同样的意义，从这个角度来看，禁忌的各种特征、情感的矛盾等都是容易理解的。

至于异族通婚，无非只是抵御对乱伦可能性的一种复杂保护。弗雷泽曾提出过一些强有力的观点，认为乱伦对于原始人来说具有特别强烈的诱惑力，远远超过对文明人的吸引力。当然他对儿童问题的重要性一无所知。而这对于弗洛伊德来说则轻而易举，他可以很容易地把握图腾崇拜与异族通婚之间的关系。它们仅是代表着常见的俄底浦斯情结的两个方面，对母亲的爱恋，和盼望作为对手的父亲死亡的愿望。

接下来需要面对的则是这些伟大的原始机制的历史起源问题，后来的一切宗教似乎都是由此制订和修正而来的。在这里弗洛伊德得到达尔文理论的支持，认为早期人类必然生活在一个类似人猿的小群体里，其中有一个强大的雄性和若干个雌性。阿特金森（Atkinson）认识到，正如在许多大型动物当中的情况一样，这种状况必然会导致拥有所有权的雄性去阻止年轻对手之间发生乱伦。弗洛伊德在这个问题上的特殊贡献在于，他假设了成长期的儿子们会周期性地抱团，杀死并吞吃父亲。这就引出"兄弟族"（brother clan）遗留的命运问题。弗洛伊德推测兄弟之间争吵和敌对所带来的问题，也会刺激对于死去的父亲产生矛盾感情。在接近他的女人的时候，即跨越乱伦边界的时候，会产生悔恨并拖延服从自己的意志。

在这一点上，弗洛伊德谈到了罗伯森·史密斯（Robertson Smith）关于祭祀和祭品主题的重要著作。在这些祭祀仪式中，图腾被杀掉并分食，以此来重复原初的行动（deed）。接着他们先是悲咽，然后随之而来的是胜利的喜悦和疯狂的放肆。通过这种方式，部族成员之间及其与刚刚消化掉的祖先之间的永久同盟将会得以维系。

几千年后，图腾变成了上帝，各种宗教的复杂故事开始了。弗洛伊德没有在这一主题上继续探究下去，但他提供了关于早期希腊悲剧形式的有趣思考，在古希腊悲剧中，尽管有来自歌队的警告，英雄还是会固执追求着一条禁忌之路并遭受他命中注定的厄运。弗洛伊德认为这是一种倒置——他称之为关键的一点——兄弟，这里被歌队所代表，其原初含义是有罪之人（transgressor），而英雄只是受害者。

在结尾处有一句值得注意的评论，弗洛伊德认为："宗教、道德、社会生活和艺术，其开端都在俄底浦斯情结中相遇。"最后他讨论的问题是，他所假设的社会发展是否也并不足以说明为什么儿子对敌对的愿望会产生内疚反应，这是个人发展中一种经常发生的现象。这是他多年前亲身经历的惨痛教训。另一方面，他也有充分的理由相信，在婴儿发展出自我克制的能力和建立对现实的认知之前，愿望等同于行动；其间没有用于反思的中间停顿。弗洛伊德认为原始人可能也同样如此，几乎没有什么可以约束他。于是他总结道："一开始就是行动（deed）。"

弗洛伊德关于本书将遭受恶评的预言是正确的。在精神分析界以外，这本书遭到彻底的质疑，并被认为就是弗洛伊德的个人幻想。

在8月的第一周，雅奈（Janet）和我在国际医学大会（the International Congress of Medicine）上进行了一次对决，结果是他傲慢地宣称他所创建的精神分析学最后被弗洛伊德搅得一团糟。以下是弗洛伊德对这个消息的反应：

亲爱的琼斯：
听闻你在大会上的报告，还有在你的同胞面前击败雅奈的消息我高兴得不知如何表达。英国人对于精神分析的兴趣和对你本人的兴趣是等同的，现在我相信你会"趁热打铁"（schimieden das Eisen solange es warm ist）。
我们想要的是"公平竞争"，而在英国的情况可能会比其他地方更好。
布里尔不会来了。他写信说他的家人、妻子和女儿希望他今年在家。他被任命为哥伦比亚大学精神病学临床部门的主任，最后终于确定独立出来了。
我正打算离开马里昂巴德前往圣马蒂诺–迪卡斯特罗扎的阿尔卑斯酒

店（Hotel des Alpes）。我们在这儿过得不好，天气湿冷。我右臂的风湿让我几乎不能写字。可能在山上会更冷。

持续向我通报这一个月里的好消息吧。你让我感到坚强充满希望。

你真诚的，
弗洛伊德

马里昂巴德　1913年8月10日

弗洛伊德于8月11日抵达圣马蒂诺-迪卡斯特罗扎，海拔大约有5000英尺；地处多洛米蒂山（Dolomites）腹地普里米耶罗山谷（Primiero Valley）的尽头。8月15日费伦齐来到他们家——亚伯拉罕也在那里待了几天——然后和弗洛伊德一同前往慕尼黑的大会，于9月5日晚抵达巴伐利亚霍夫酒店（Bayerischer Hof）。

这个夏天，我和费伦齐与弗洛伊德谈了许多，主要围绕如何最佳应对荣格放弃精神分析基本原则所造成的局面问题。荣格和弗洛伊德之间不再有任何友好的感情了，但这件事的重要性远远不只是私人层面的。弗洛伊德对于保持至少一次正式合作的可能性持乐观态度，他和荣格都希望避免任何所谓的争吵。于是我们带着不要出现公开冲突的期盼和心情前往9月7日的大会。

弗洛伊德非常不情愿地在大会上宣读了一篇论文，是亚伯拉罕劝说他这样做的。题为"易患强迫性神经症的体质"（Predisposition to Obsessional Neurosis），这是一篇重要的贡献，其中他提出肛门施虐期（analsadistic phase）是力比多发展的一种常见性征前期。

我的论文是唯一一篇直截了当地对荣格近期的观点进行批判的文章，因此我事先递交给弗洛伊德阅读。我这样写道："我对直接批判荣格的那部分有些不满意。如果我说我无法理解，为什么他坚持分析在本质上完全是次生的而非偶然性的幻想，那么他能很容易地答道：因为任务（Aufgabe）所需的力比多和能量就停泊在那里，需要通过分析才能释放。如果不超出治疗范围，并处理他理论的其他部分的话，这个问题很难解决。"以下是弗洛伊德的回复：

亲爱的琼斯，

你的论文写得很好，犀利清晰，机敏且观点正确。读了你的德文之后，

19. 国际精神分析协会（1910—1914）

我发现有点不喜欢用英文给你写信。你也应该学习一下哥特字母。

你说得对，你反对荣格的一个重要论点有些不足。你可能会补充说，在那则强迫型神经症（Zwangs-cases）病例中，放弃做决定是一个重点。病人躺在那里等待着用来自外部的戒律更新他的表现，在此之前这些戒律都是来自自身的。至于无意识幻想的重要性，我看不出来为什么我们应该服从荣格的武断判断，而不是病人自己的必要判断。如果后者将其产物视为最宝贵的秘密（他的白日梦的产物）的话，我们就必须接受这个事实，并且把它们作为治疗中最重要的部分加以对待。撇开这是否是病因之一的问题：除此之外，它是混乱且相当独断的。

你对自尊心所做的精神分析非常有趣[1]，从遥远的英国令我开怀大笑；你说得很对。

再过几天，我会很高兴能与你讨论更多的话题。别忘了：这里是巴伐利亚霍夫酒店。

我收到来自密尔沃基（Milwaukee）的贝克（Becker）的一篇好文章。新成员一开始的文章总是相当不错；这个人两年后会写出什么样的东西来呢？让我们拭目以待。

你的，
弗洛伊德
1913年8月29日

大会共有87名成员和来宾。论文的学术水平很一般，尽管亚伯拉罕和费伦齐的两篇文章颇有趣。其中有一篇瑞士的论文十分乏味，里面包含了许多统计数据，以至于弗洛伊德对我说道："外界对精神分析提出过种种批评，但这是第一次任何人都可以称之为无聊的情形。"荣格以这样的方式主持会议，人们觉得应该做出一些抗议的姿态来。当他的名字再次出现在换届选举的主席名单中时，亚伯拉罕建议那些投反对票的人应该直接弃权，于是荣格以52票对22票的支持再次当选。接着他走到我面前，看出我是一个持不同政见者，于是脸色酸酸地说道：

---

[1] 我写的是："杂志上对精神分析的援引都是过誉的，这是出于一种对遥远国度的尊重，而当它被带到一个较近的位置上时情况很可能就会发生变化。"

"我还以为你是个基督徒呢。"（即非犹太人）这话听起来好像不太相干，但或许也别有深意。

弗洛伊德一直有点担心普特南面对荣格事件的态度将会如何发展。我把刚刚收到的一封普特南寄来的长信转寄给了弗洛伊德，他这样评论道："普特南的信很风趣。但是我害怕，假设他因为荣格神秘主义倾向和对乱伦问题的否认而远离荣格的话，他也会（另一方面）从我们对性自由的捍卫中退缩。他用铅笔写下的经过再度思考的问题很容易让我有这样的联想。我想知道你怎么看待这件事。我希望我们对个人自由的同情不会遭到否定，也希望不会因此使美国式的贞操观更加严格。但你可以提醒他，建议在我们的治疗中并不占据主要部分，我们也很高兴让每个人凭借自己的良知和个人责任来决定一些微妙的问题。"众所周知，普特南至死都是一位忠诚的追随者，因此弗洛伊德的忧虑其实是没什么必要的。

与此同时，另外两个社团成立并被接纳为国际协会的分会。第一个是布达佩斯分会，成立于1913年5月19日，费伦齐担任主席；霍罗斯（Hollós）担任副主席；拉多（Rado）任秘书；莱维（Levy）主管财务。我出席了第二次会议，费伦齐用他一贯的诙谐方式通知我，余下的一位成员伊格诺托斯（Ignotus）担任观众。

另一个协会于1913年10月30日在伦敦成立，我出任协会主席，道格拉斯·布莱恩（Douglas Bryan）为副主席，M. D. 埃德（Eder）担任秘书。伦敦协会有9名成员，然而其中只有4位曾进行过精神分析实践［布莱恩、埃德、福塞斯（Forsyth）和我］。伯纳德·哈特于一周后加入，但威廉·麦克杜格尔（William McDougall）和哈夫洛克·埃利斯拒绝了邀请。

大会结束后，弗洛伊德立即动身前往罗马，他的妻妹明娜·伯奈斯于博洛尼亚上火车加入了这次旅行。他在罗马度过了"17个美好的日子"，从10到27日，他探访了他的老地方，也发现了一些新的，特别是"拉丁人迄今为止都错过了的美妙的墓地（Tombe）"。弗洛伊德立刻恢复了精神和健康。因为明娜只能进行少量的观光，弗洛伊德得以同时处理大量的工作。除了修改他为《科学》（Scientia）撰写的论文校样外，他还为图腾一书写了一篇序言，把他在慕尼黑大会上的论文写完并扩展。最重要的是，他为"自恋"（Narcissism）这个长篇论文准备了一份完整的草稿。在罗马期间，弗洛伊德收到马埃德（Maeder）的一封信，保证自己仍继续崇拜着他，但针对他观点的变化，马埃德补充说："像路德（Luther）一样，

19. 国际精神分析协会（1910—1914）

我站在这里；我能做的别无其他。"弗洛伊德冷冷地评论道："这种说法适合冒险的人，不太适合在风险面前退缩的人。"

圣诞节期间，弗洛伊德前往汉堡看望了女儿苏菲。他于12月24日晚离开维也纳，29日清晨返回。途中，圣诞节当天他在柏林停留了六七个小时，以便腾出时间前去拜访亚伯拉罕、艾丁格和他的妹妹玛丽。在这期间，弗洛伊德与协会成员还就瑞士局势问题进行了大量会谈，有的亲自会面，有些是通信完成。弗洛伊德满脑子都是他刚刚创作完成的关于"精神分析运动史"的论辩。

1914年，弗洛伊德与荣格的纷争结束了，荣格辞去了《年鉴》主编、国际协会主席等职务，最后退出了协会。我们一直认为亚伯拉罕应该担任临时主席，由他来安排下一届大会。这次会议最初拟定于9月4日在德累斯顿举行，后来日期变更为9月20日，那时候欧洲大部分地区都处于战争状态。几乎所有的瑞士人都加入了荣格的阵营，亚伯拉罕甚至对善良的菲斯特产生了怀疑。弗洛伊德只能说道："我警告自己，不要在对人的判断问题上与你相抵触。"[①] 但在这件事上事实证明亚伯拉罕是错误的，菲斯特仍然是弗洛伊德的坚定支持者。

年初，弗洛伊德在汉堡的女儿苏菲产下一子，这是弗洛伊德6个外孙/孙子中的第一个。这个外孙现在是一位精神分析学家。

2月，弗洛伊德惊讶地收到一份来自荷兰的复印件，是莱顿大学（University of Leyden）校长在339周年校庆上的官方致辞。其中提到了弗洛伊德的梦理论，文章作者是精神病学教授G. 杰格斯玛（Jelgersma）。"14年后，我的梦境研究首次在大学里得到了认可。"随之而来的是一封礼貌的来信，邀请弗洛伊德秋季前往大学做讲座。弗洛伊德兴奋地写道："想想看，一个正规的精神病专家，大学校长，从头到尾地接受了精神分析。我们还能期望什么更多的惊喜呢！"

5月的情况不是特别好。弗洛伊德的排便困难令他十分困扰，他不得不接受一项特殊检查来排除直肠癌的可能性。这项检查由一位肠道疾病方面的讲师沃尔特·斯韦格（Walter Sweig）医生操作，弗洛伊德说："他热情地祝贺我，我推断他特别希望能够发现癌症。这次我逃过一劫。"

同一个月美国也传来不幸的消息。斯坦利·霍尔宣布决定追随阿德勒。弗洛伊德写道："出于个人原因，我觉得此次事件比其他事件更伤人。"斯坦利·霍尔

---

① 指的是亚伯拉罕早期对荣格的预言。

在 5 年前还对弗洛伊德的工作充满热情，为了把它带到世人面前曾付出许多。弗洛伊德显然非常失望，在同一封信中还写道："我真的想跟你聊上几个小时。"然而，大约在 6 年后，斯坦利·霍尔又向弗洛伊德的作品献上崇高的敬意，并称他为"我们这一代在心理学领域里最新颖而富有创造力的人……他的观点已经吸引并启发了一群人的思想，不仅在精神病学方面，同时也包括许多其他方面。比起那些从其他宽泛的人文主义领域里汲取的理论，弗洛伊德为整个世界的文化贡献了更多新鲜而耐人寻味的洞见。"

20. 反对

现在我需要谈谈弗洛伊德不得不忍受的反对风暴，尤其是在第一次世界大战之前的几年里，但在一定程度上他余下的一生都处于反对的声音之中。

今天去描述这种反对的程度和性质面临着两大困难。首先一个非常重大的困难是，很多事情没有办法写出来；它们太难以启齿。

弗洛伊德不幸地听到了这些说法。处于负移情状态下的患者们，更不用说那些"善良的朋友"，会确保他保持消息灵通。毕竟，在大街上被疏远、排斥和无视已是不争的事实。对于德国的精神病学家和神经学家来说，弗洛伊德的名字已经成为轰动的代名词——或者说恶名，他的理论对于他们原本平静的内心造成了不安的影响。作为情绪爆发的宣泄口，这场侮辱和误解的浪潮是难以想象的。只有一小部分渗透进科学期刊中，继而才以相对文明的形式出现。大多数的谩骂是在学术会议上爆发的，尽管没有被记载下来，还有许多是在会议之外的私人谈话中出现的。费伦齐说，如果反对者否定弗洛伊德的理论，他们肯定会梦到它。

第二个困难则是在过去的半个世纪里，这种侮辱的基本环境已经大大改变了，事实上很大程度上得益于弗洛伊德本人的工作。如果今天有人谈起某个人时，说他突出特征是"沉迷于性"，他习惯于阅读与性有关的每个动作和剧情，甚至每一个肮脏而恶心的细节，那么大多数人会觉得他是个奇怪的人，然而却还是会用另一套标准来评价他——关于他这人是否讨人喜欢，以及他的工作是否有价值等问题。即便种种迹象表明这个人沉迷于各种性变态行为，单凭谣言，他也不可能被视作一个怪物而遭到排挤，也不会有人认为跟他说话或跟他待在一起是什么不体面的事情。我想他不会被看作一个有着恶魔的灵魂的邪恶之人、一个社会公敌。

然而，这种羞辱发生在 40 年或 50 年前，在半个世纪以前。弗洛伊德生活的时代里，神学仇恨（odium theologicum）被性仇恨（odium sexicum）所取代，尚未被政治仇恨（odium sexicum）取代。对于后世来说这三个阶段应该被列为人类

第二部分 成熟时期（1901—1919）

历史上最声名狼藉的年代。

在那些日子里，弗洛伊德和他的追随者们不仅被看作性变态者，同时还是强迫症或偏执型精神病患者，这种结合被视作整个社会真正的危险。弗洛伊德的理论直接被解释为煽动人们放弃一切约束，以恢复到原始人水平和野蛮状态。文明本身也岌岌可危。正如这种情况下会出现的状况那样，那些对手们认为自己正在捍卫的社会约束力也由于恐慌而遭到损害。一切良好举止、宽容的观念，甚至是尊严感——更遑论任何客观研究或讨论了——此时都派不上用场了。

1910年在汉堡召开的德国神经学家和精神病学家大会（Congress of German Neurologists and Psychiatrists）上，当有人提及弗洛伊德的理论时，威廉·韦冈特（Wilhelm Weygandt）教授露出惊恐的表情，并用拳头捶着桌子高喊："这种话题不应该在科学会议上讨论；这是警察的事。"同样，当费伦齐在布达佩斯医学大会上宣读一篇论文时，他被告知弗洛伊德的工作不过是色情小说，适合它的地方只有监狱。

谩骂也并不仅局限于言辞。1910年在柏林召开的神经学大会上，奥本海姆（Oppenheim）教授，这一领域著名的神经学家同时也是官方教科书的作者，建议抵制一切可以容忍弗洛伊德理论出现的机构成立。这一提议立即得到观众的响应，在场的所有疗养院负责人都站起来宣告自己是清白的。接着，莱曼（Raimann）教授又继续宣称"敌人应当被连窝端掉"。精神分析方法治疗的全部不成功案例都应当被搜集起来并出版。

奇怪的是，第一个实际受害者是远在澳洲的长老会牧师唐纳德·弗雷泽（Donald Fraser），因同情弗洛伊德的工作而不得不离开牧师协会。在同一年，1908年，我被迫辞去在伦敦担任的神经学职务，因为我向一位患者询问了他的性生活。两年后，安大略省政府严令《庇护公报》（*Asylum Bulletin*）停止出版。包括所有成员撰写的论文，我的论文也被告知"即使在医学期刊上出版也很不得体"。1909年，伍尔夫（Wulff）被柏林的一家单位免职。菲斯特已经不止一次地遭到上级领导的诘难，但所幸躲过一劫。他的同事施耐德（Schneider）于1916年不幸被罢免学院董事的职务。在同一年，瑞典杰出哲学家斯佩贝尔（Sperber）被剥夺了讲师资格，因为他写了一篇言语的性起源的文章，毁掉了他的职业生涯。

弗洛伊德当然是众矢之的，但许多对手也集中攻击其他人。亚伯拉罕不得不与奥本海姆和齐汉（Ziehen）正面交锋；荣格对付阿申芬伯格（Aschaffenburg）和伊瑟林（Isserlin）；菲斯特主要应对福斯特（Föster）和雅思贝尔斯（Jaspers）；而福特（Vogt）和我也有自己的一隅战场。在美国，布里尔需要应对纽约的神经学家德卡姆（Dercum）、艾伦·斯塔尔（Allen Starr）和伯纳德·萨克斯（Bernard Sahcs）；普特南则不断受到约瑟夫·柯林斯（Joseph Collins）和鲍里斯·席德斯（Boris Sidis）的烦扰。

在本世纪的头几年里，弗洛伊德和他的作品要么被默然无视，要么就是被用一两句话轻蔑带过，好像它不值得给予什么严肃的关注。但 1905 年以后，当《性学三论》和杜拉的案例分析公开以后，这种沉默的态度很快改变了，批评者们采取了更积极的行动。如果他的观点不死的话，他们就得被杀死。弗洛伊德面对这种战术的变化显然松了一口气。他说，公开的反对甚至侮辱远胜于默默地被忽略。"这是他们必须面对的一次摊牌，不管愿不愿意，他们都得与对手一同把问题放到台面上来。"

甚至在杜拉分析的第一篇评论中，斯皮尔梅伊尔（Spielmeyer）就抨击了这种治疗方法，称之为"意淫"（mental masturbation）。布鲁勒说，未经检验无人有资格对这种方法做出评判，但斯皮尔梅伊尔愤怒地利用道德义愤反驳了他。

第一个采取独立行动的是古斯塔夫·阿申芬伯格（Gustav Aschaffenburg）。在 1906 年 5 月于巴登 – 巴登（Baden-Baden）召开的大会上，他火力全开，最后得出结论说："弗洛伊德的方法在大多数情况下是错误的，很多情况下令人反感，所有情况下都是废话。"这种方式很不道德并且纯粹是基于自我暗示。赫希（Hoche）也加入了。根据他的说法，精神分析是一种诞生于神秘倾向的邪恶方法，对于医疗工作来说充满危险。

同一年，奥斯特瓦尔德·布姆克（Ostwald Bumke）演了一出大戏，他从列赫尔（Rieger）10 年前对弗洛伊德的偏执症理论所做的第一次灾难性谴责中引用了许多材料，根据列赫尔的说法，弗洛伊德的理论"令每一个精神病学家读罢，无一不感到深深的恐惧"。

这恐怖的根源在于，弗洛伊德将偏执症患者胡言乱语中所吐露的意外事件的性指向视作关键因素，这些事件即使不是编造出来的，也是看似无关紧要的。所有这些事情只可能成为一种"阴森老太太的精神病学"。若干年后，布姆克在书中继续扩充他的谴责言论,这本书的第二版在纳粹期间成为该领域的标准参考书。

1907年,在阿姆斯特丹举办的首届精神病学和神经病学国际会议上,阿申伯格和荣格之间进行了一场激烈的对决。弗洛伊德收到了与会邀请,但他犹豫地拒绝了。他写信给荣格说:"显然我很期待能跟雅奈正面交锋,但是我讨厌角斗士在高贵的暴民面前角斗,而且让一群乌合之众为我的工作投票,我也感到很难接受。"不过后来想到自己享受着一个愉快的假期,而其他人在为他战斗时他又有一些顾虑。于是在大会开始之前他又给荣格写了一封鼓励信:

> 我不知道你是幸运还是不幸,我现在本应和你在一起,享受着我不再孤军奋战的感觉。如果你需要什么鼓励,我可以给你讲述我多年来光荣的时光,但当我第一次看到新世界时,痛苦和孤独也即刻到来。我最亲近的朋友对我的研究缺乏兴趣和理解;那些怀疑自己是否真的错了的焦虑时刻,不知道继续沿着这条反叛的道路走下去我将会怎样,我是否还能养活我的家庭。我的信念逐渐坚定,我紧紧抓住《梦的解析》,就像碎浪中的礁石,以及我最终获得了平静,它吩咐我要等待,直到有一天,一个我视线之外的声音响起。那是你的声音!

在这种严酷考验面前,荣格无疑得到了鼓舞。阿申伯格重复了他之前的说法,认为弗洛伊德的方法不可信,因为每一个单词都被解读为与性有关。这不仅令人痛苦而且往往会对患者造成直接伤害。然而他又捶打自己的胸部做出高傲的姿态,断言他禁止自己的病人提及任何性话题。在他的发言中,阿申伯格冒出了一句颇有深意的口误:"众所周知,布罗伊尔和我几年前出版的一本书。"他自己似乎没有注意到它,或许只有我和荣格注意到了,或至少领会了它的含义;我们只是相视一笑。荣格在发言中说,弗洛伊德的结论在他所研究的每一例歇斯底里症的情况中都适用。他指出,象征主义的主题对于诗人和神话作者来说虽然很熟悉,但对于精神病学家来说却是新鲜的。次日,攻击来自康拉德·奥特(Konrad Alt),他说抛弃弗洛伊德的方法,一直以来人们都知道性创伤会引发歇斯底里症。"因为普遍认为歇斯底里症只能是在性的基础上产生,许多歇斯底里症患者因此遭受偏见。为消除这种广泛传播的偏见,我们德国神经学家已经进行过无数的努力。现在，假如弗洛伊德对歇斯底里症成因的看法能站得住脚的话，可怜的患者便又会遭受和先前一样的谴责。这种倒退会带来极大的危害。"他在热烈的掌声中承诺，他不会允许自己的任何患者接近弗洛伊德的同僚，他们丧尽天良地在彻底的污秽中沦陷了。

这段时间，为了将精神分析的思想引入柏林，人们做了许多大胆的尝试。1907年12月14日，尤利乌斯·伯格（Julius Burger）在精神病学协会会议（Psychiatrischer Verein）上宣读了一篇捍卫自己的文章，并设法应对他所遭遇的一致反对，一年后，1908年11月9日，亚伯拉罕在同一协会的会议上宣读了一篇关于血亲的性欲问题的论文。这引起了著名神经学家奥本海姆的狂怒，他宣称自己无法尖刻或直截了当地反驳，因为这些想法太可怕了。齐汉也为"这样无聊的语句"大感震惊，并表示弗洛伊德写的一切都是无稽之谈。布拉茨（Braatz）高呼德国理想已危在旦夕，我们应当保护它们。不久后，奥本海姆发表了一篇论文，以支持伯尔尼（Berne）的杜布瓦（Dubois）对精神分析所做的攻击。弗洛伊德的错误结论是他的方法非常危险，他和他的追随者们发表的报告令人觉得像是某种巫术狂热的现代形式。他们责任紧迫，必须对抗这一理论及其后果，因为它正在迅速蔓延，将会引发公众的困惑和绝望。

1909年11月8日，不屈不挠的亚伯拉罕又在这个协会会议上宣读了另一篇论文，这次题目是"梦的状态"（Dream States）。这篇文章得到了一些傲慢的微笑，大会主席齐汉教授禁止任何讨论，但激愤不已地表达了自己的不满。齐汉是否有资格对弗洛伊德的工作做判断，从下面这件事中可见一斑。一位患者来到柏林的精神病诊所，称他患有一种在大街上掀妇女裙子的强迫冲动，而齐汉是那里的主任。齐汉对他的学生说："这是一个检验强迫症中有无性内涵的好机会，我会问他，是否也想掀老太太的裙子，因为这个情况显然跟色情无关。"病人的回答是："噢当然了，对所有的女人都适用，甚至我的母亲和姐妹。"齐汉于是志得意满地把这个事件写在实验报告的开头处，以此作为一个"毫无性指向"的案例。

弗洛伊德自然对随后发生的一切都密切关注，他似乎对美国发生的情况尤其感兴趣——或许这是因为美国是他一生中唯一在公众面前讲话的地方。在此我要讲两件发生在遥远的大洋彼岸的事，事情发生在1910年，现在我们来到这里。

1909年12月，在巴尔的摩召开的美国心理协会会议上，鲍里斯·席德斯

第二部分 成熟时期（1901—1919）

对弗洛伊德的工作进行了激烈谩骂和猛烈攻击，称"疯狂的弗洛伊德主义潮流正在侵袭美国"。弗洛伊德心理学带人们重返黑暗的中世纪，弗洛伊德本人只是"另一个虔诚的性主义者（sexualists）"，美国已经有很多这样的人了〔奥奈达人（Oneida Creek），摩门教徒，等等〕。普特南很生气以至于说不出话来了，但我努力给出了一个相当平静的答复。然而，不一会儿普特南和斯坦利·霍尔便给出了最终答案一举击溃了他。

在1910年5月华盛顿召开的美国神经病学协会年会上，纽约神经病学家约瑟夫·柯林斯在晚宴上对普特南进行了一番粗俗透顶的人身攻击。他抗议协会允许普特南宣读他那篇"关于纯洁处女的色情故事"；顺便说一句，柯林斯本人却是因其对黄色笑话的过分爱好而臭名昭著。"是时候了，协会应该站在超验主义和超自然主义的对立面，坚决粉碎基督教科学、弗洛伊德主义和一切空话、废话、陈词滥调。"无疑这个言论冒犯了美国人公平竞争的意识，第二天早上便有人在会议上站出来表示，协会应该对普特南博士这样探索和检验新事物的高风亮节的人士心存感激，观众中响起了最真诚的掌声。

1910年3月29日，在汉堡医学会会议上爆发了一场剧烈的辱骂。那位说要叫警察的韦安特表现得最激烈。称弗洛伊德对梦的解析是廉价的解梦书水准。他的方法也很危险，因为只是在病人身上培养了性观念。他的治疗方法差不多等同于生殖器按摩。恩斯特·特勒姆内（Ernst Trömner）对歇斯底里症的性因素进行了批评，理由是大多数歇斯底里症患者都是性冷淡。马克斯·农（Max Nonne）担心的是那些使用该种方法治疗的医生的个人道德隐患。阿尔弗雷德·森格尔（Alfred Saenger）认为弗洛伊德的肛门性欲理论假设非常怪诞可笑。然而不幸的是，德国北部群众远不如维也纳人那么好色。

弗洛伊德对此的评价是："现在大家听到了这种说法，我之前一直在极力避免，尽量把苏黎世推到舞台中央去。维也纳人的好色是你在其他地方找都找不到的！从字里行间你可以看出，我们维也纳人不仅是流氓还是犹太人，但是这些并没有显示在作品中。"

另一个令我们不快的对手是来自法兰克福的弗里德兰德（Friedländer）。他对精神分析进行过数次攻击。他在美国发表了一篇文章，列举了许多反对意见，给我们造成很大伤害，因为他给人留下一种印象，好像整个欧洲大陆的权威机构都对精神分析进行了全面研究，并普遍予以谴责。虽然他所有的出版物都在反对精神分析，但它对他好像又有些特殊吸引力。他拜访荣格，非常甜蜜谄媚，并表示希望双方能够达成相互理解。但令他痛苦的是，我们并没有理会他的文章。知道他渴望得到承认，我们决定完全无视他，这令他非常沮丧。他在布达佩斯一场大会上的论文中对自己被忽视的事抱怨不已。"我有关弗洛伊德主义的观点几个月前就发表了，那么为什么弗洛伊德宁愿远渡美国，也不愿意来布达佩斯反驳我呢？为什么他仅仅用一个脚注来应付自己的对手呢？"

弗里德兰德是一个很奇怪的人，弗洛伊德获悉他有些黑暗的过去且性情多疑。1910年夏天，我和弗洛伊德一起在荷兰的时候，他给我讲了下面这个故事。上周六，5月28日，电话铃响了，心理医生肖特兰德（Schottländer）教授要求来访。弗洛伊德说晚上可以打过来，但令他困惑的是，他知道德国所有精神科医生的名字，却怎么也想不起来这个名字。9点钟时弗里德兰德教授出现了，并向弗洛伊德保证一定是他在电话里听错了名字。谈话进行下去，很快谈到了杜拉分析的话题，而弗里德兰德提到它时把名字说成安娜分析。弗洛伊德竖起耳朵，俯身向前说："如果你愿意的话，教授先生，我们现在不是在打电话。我建议我们好好分析一下这个口误。"从这时起他便不放过这位客人，一直刁难他直到第二天早上。他向我们承认他确实为难了他很久——他有很多工作要做，这是难得的机会——而他最后的结论是，弗里德兰德是个"骗子、无赖、无知之徒"。

奥斯卡·沃格特（Oscar Vogt）是另一个令人头疼的对手。在1899到1903年间，他发表了一系列论文，陈述他的"因果分析"法（casual analysis）如何优于弗洛伊德的精神分析法。无需唤醒任何情感机制，智性的自我观察就已相当充分；弗洛伊德引入后者时是非常保守的。1911年9月在慕尼黑召开的国际医学心理学大会上沃格特担任主席。在讨论催眠问题时我阐述了费伦齐的关于向儿童家长状态复归（regression）的理论，沃格特愤怒地打断我说："这纯粹是无稽之谈，说我对我的病人的催眠能力取决于我对父亲的情结——当然，我意思是取决于他们对父亲的情结。"为了听众，我仔细分析了这句口误的意义。但是在那天晚上，我们在啤酒花园的友好气氛里缓和了许多。为了从繁重的会议中放松下来，人们见怪不怪地讲起一些下流的笑话，沃格特自己就讲了好几个。我打破了其乐融融的气氛，说这些笑话一点意义也没有，其中存在的只有他当天下午还在极力反驳的本质。他吓了一跳，但很快就给了我一个在他看来似乎很有说服力的回答："但这是科学之外的事。"

第二部分 成熟时期（1901—1919）

1910 年 1 月 12 日，弗里茨·维特尔斯（Fritz Wittels）在维也纳会议上宣读了一篇论文，对著名诗人卡尔·克劳斯（Karl Kraus）的性格进行分析。弗洛伊德认为这篇文章机智且合理，但是强调在研究活生生的人物时一定要特别谨慎，以免退化成一种非人化的解读。不知何故，克劳斯得知了维特尔斯的这份解读，他在自己主编的杂志《火炬》（Die Fackel）上猛烈地攻击了精神分析。

1910 年底，弗洛伊德称之为"来自德国的雨点般的攻击"，几年后他补充道："需要一个好胃才能消化。"这类事情我已经给出了一些例子，继续举例子很乏味，这种情况持续了好多年，直至 1914 年世界大战爆发。并不是说战争完全阻止了它。1916 年，弗兰茨·冯卢尚（Franz von Luschan）教授在柏林发表了一份宣言，题目是我们熟悉的"老太太的精神病学"。"这种彻头彻尾的无稽之谈应该用铁扫帚无情反击。在我们所生活的伟大时代，这些老太太的精神病学加倍可憎。"弗洛伊德淡然地说道："现在我们知道应当对这伟大的时代做何种期待了。没关系！老犹太人比高贵的普鲁士条顿更难对付。"

到目前为止，我们注意到几乎所有的"批评"都可以化约为两个基本原则，始终以最权威的方式不断重申着：弗洛伊德的解释是主观和任意的，他的结论令人反感，肯定是错误的。但也有一小部分学者认为应当更加全面地理解他的作品，即便仅仅抱着客观地推翻它的目的。顺便说一句，弗洛伊德曾经对我表示，他很好奇为什么他的对手们可以如此平静地把这种品质据为己有；他自己从来都没能做到过客观。

J. H. 舒尔茨于 1909 年进行了一个严肃尝试。这是一篇对精神分析的早期阶段及其所遇到的反对意见具有一定价值的评论。涵盖了 172 处参考文献。总的来说它并没有对提出的问题做任何最终判断，但整体的态度是否定的。第二年，伊瑟林发表了一份全面的批评，确信无疑地做出了最终结论：弗洛伊德的整个程序，无论是其基础还是目标，都是站不住脚的。

1911 年，亚瑟·克伦弗尔德（Arthur Kronfeld）将精神分析作为一个有机整体，出版了一份全面的总结。他对这个主题的历史方面论述很少，但对在当时已经到达的阶段做了一个剖面式呈现。他用哲学抽象的方式进行了批评，结论总的来说是怀疑性的。弗洛伊德读罢写道："克伦弗尔德用哲学和数学的方式阐明，我们困扰自己的事情并不存在，因为它们不可能存在。现在我们明白了。"他对斯塔克（Stärcke）这样说："我也读了克伦弗尔德的书。它展现了哲学写作的惯用技巧。你知道哲学家们一旦逃离经验足够远，就会自信地相互驳斥。"这正是克伦弗尔德所做的。他断言我们的经验毫无意义，对于他来说反驳我们如同孩子的游戏。

一年后，库诺·米登茨维（Kuno Mittenzwey）对整个领域撰写了一份规模巨大的评论。这份材料在施佩希特（Specht）短命的《文摘》上每期连载，但在米登茨维完成前该杂志就不堪重负倒闭了。因此我们只有445页该作品的躯干部分，或许是对弗洛伊德思想早期发展最好的一份历史回顾。

弗洛伊德自己也很好地抵抗了这些喧哗和骚动，没有在上面浪费太多精力。他对批评的浪潮所做的唯一回应与达尔文一样：仅是发表更多的证据来支持自己的理论。他蔑视对手的愚蠢，谴责他们的无礼，但我想他没怎么把反对者放在心上。然而这并不能改善他对周围世界的看法，尤其其中一部分还是由德国科学家组成的。许多年后，在他的《自传》（*Autobiography*）中，他写下了这些话：

> 我想，当我们所经历的这个阶段的历史被写下来时，德国科学不会为那些代表它的人感到骄傲。我没有去思考他们是如何拒绝了精神分析，或者他们这样做的决定性理由；这两件事都很容易理解，无论如何，我们只能期待他们没有诋毁分析对手的性格。但他们所展现的傲慢，他们没良知的蔑视逻辑，他们粗野的攻击和坏品味，是没有借口开脱的。可以说，在15年过去以后，我现在可以自由支配这些感情了；我也不会这样做，除非我有更多的东西要补充。几年后，在大战期间，当一队敌人向德国发起野蛮的冲锋时，这便是对我上述言论的一个总结，这一点也没有伤害到我内心深处的感情，我自己的经历不允许我与这种感情有什么矛盾。

很明显对于弗洛伊德来说，回答这些谩骂是完全没有用的，他也从来没有产生过这样做的念头。对于那些多年来与病人紧张对抗（"压抑"）的人来说，弗洛伊德的惊人发现所引发的普遍怀疑是完全可以理解的，他早就意识到在这方面他们与其他人没什么不同。因此当他的对手们提出所谓的论据，与他的病人的防御表现出同样缺乏洞察力，甚至缺乏逻辑的特点时，弗洛伊德并没有太过惊讶。所有这一切都是事物的本质规律，既不能动摇弗洛伊德的信念，也无法从私人角度影响他。

关于弗洛伊德对待批评的态度，我所说的都是真的，但绝不是全部事实。把弗洛伊德描绘成一个奥林匹克式的平静典范是误导性的。面对批评，他在很大程度上保持冷静，会用一些机智的玩笑或讽刺把它化解掉。由于他具有钢铁般的自制力，他也会承受比大多数人更为激烈的感情，有一些批评深深地伤害了他。他很在意那些来自他所喜爱的人，或者他认为不错的人的批评和误解。他对斯坦利·霍尔的背叛深感痛心。而且显然被发生在美国的一次无礼事件震惊了，他原本期待美国人的举止会更文明些。1912年4月4日，纽约著名神经病学家艾伦·斯塔尔在纽约医学院神经学部大会上指责弗洛伊德是一个典型的"维也纳浪子"（Viennese Libertine）。根据《纽约时报》（New York Times）第二天的报道，斯塔尔称他曾与弗洛伊德在同一个实验室里工作过一整个冬天，因此很了解弗洛伊德。而这并非事实。斯塔尔把弗洛伊德的理论归结为他不道德的生活方式。

对于一个指控，弗洛伊德显得相当敏感，即他是从自己的内心意识中发展出了所有的结论。他在一封给菲斯特的信中写道："希望我们能让对手明白，我们所有的结论都是由经验而来的——经验，就是我说的这样，其他学者可能会尝试做出不同解释——并非我们啃手指想出来①的或在写字台上拼凑的。这确实是他们自己想出来的，这种想法的光芒投射在他们自己的工作方式上。"人们可能会怀疑这种特定的批评之所以影响到了弗洛伊德，是因为他对想象力，甚至思辨所怀有的恐惧或愧疚，这是他天性中难以抑制或至少试图控制的特点。

另一个敏感话题是弗洛伊德需要在维也纳，这座他自己的城市里忍受放逐。他从未真正习惯那里的生活。但有些时候，真正激怒他的是一些对手站在道德高处的虚伪行径。一次菲斯特针对福斯特的攻击写了回应，并把它附在寄给弗洛伊德的信中，弗洛伊德回信道："我很佩服你可以写作，那么和善，那么充满人道精神，体贴入微，那么客观，与其说写给敌人，不如是写给读者。这显然会产生一种恰当的说教效果……但是我无法这样写，我宁愿不写，也就是说，我根本不写。我只能用写信来释放我的灵魂，去处理我的感情，因为我写的东西不会有太多启发性——它会令对手开心，他们看到我生气会很开心——我就不回复他们了。想想看吧！一个成天扮演着道德高尚角色反对低级事物的家伙，就能胡说八道大放厥词，炫耀自己的浅薄无知，大倒苦水，歪曲一切，质疑一切。都是在至

---

① 德国谚语。

高的道德名义下进行的。面对这一切我无法保持冷静，但我不能人为地缓和自己的愤怒，或以愉快而富感染力的方式表达。我选择保持沉默。"

弗洛伊德可以做到沉默，但对于我们这些人来说，职业使我们不可避免地要与对手打交道，这件事就不一样了。弗洛伊德对于如何应对这种情况的建议，从一封写给斯塔克的信中可以说明，这封信同时也证明了他性格的绝对正直：

> 你在荷兰大会上的任务不会很轻松。请允许我说，这件事还有一个比你的提议更好的解决办法。你打算通过建议的方式劝服或说服协会，有两件事行不通。首先仔细想想不可能，其次这背离了精神分析治疗的原型。对待医生也得像我们面对患者时一样，不是通过建议而是通过唤起他们的抵抗和冲突才能实现。除此之外人们做不到其他。但凡能够克服压抑的第一次说"不"以后，克服第二次第三次最终才会抵达与精神分析真正相关的地方，其余部分就留在泥沼中，直到它们转向舆论的直接压力。因此我认为，只要能够把自己的观点陈述出来，把自己的经验描述清楚，尽可能做出决定就可以了，不要太在意听众的反应。
>
> 如你所言，统计数字是不可能的，你自己也知道。首先我们的工作量比其他医生要少，他们对每个个案投入的时间比我们少多了。其次我们缺乏必要的统一性，而这个本身是构成一切统计的基础。我们真的该把苹果、梨子和坚果算在一起吗？我们怎么称呼严重的病例？此外我认为我过去20年的成果没有什么可比性，因为我的技术在那时候已经彻底改变了。还有那些只进行了部分分析、出于外部原因而不得已中断治疗的案例，这些应该怎么办呢？然而治疗并非精神分析的主要诉求，也不是最重要的。因此即便不把治疗放在前面，还有很多其他问题要谈。

21. 纷争

这是一个难以描述的痛苦话题。痛苦，是因为那段时间的纷争引发的困扰以及多年之后令人不快的后果；困难则是因为很难向外界传达它们的内在含义，因为异见者的个人动机还不能完全暴露出来。外界花了很大力气，试图弄清楚那些离开的同事们与弗洛伊德观点间的差别，以及它们各自的客观优势，尽管这种值得称赞的努力往往没什么收获。然而，在事件的本质上，这种情境之中有一个核心因素往往总是遭到忽视，或者被低估。

对无意识的研究是精神分析的基本定义，只有克服了这种过程中常常出现的"抵抗"才有可能进行下去。事实上正如弗洛伊德所说，精神分析就是对这些相伴相随的抵抗和"移情"的研究，其他基本就没什么了。一旦克服了抵抗，主体就洞察到了他性格中先前的盲区。

现在人们可能会认为，这是件一劳永逸的事，这起初也是弗洛伊德的期望。但后来发现事实并非如此，这令他很失望。思想中的力量并非静态的，而是动态的。它们会变化，并以意想不到的方式转移。于是可能会出现这种情况，最初获得的洞察并非是持久的，有可能再次失去；事实证明这只是洞察的一部分。只有当各种抵抗都被彻底打通时，才能获得持久的洞察力。

对于分析师和病人来说皆是如此，因为对分析师来说，一个清晰而持久的观察力尤为重要。公众有时候忽略了这一点，公众往往认为，分析师对患者进行分析，并且阅读过大量的相关书籍，因此他们不会在个人情绪和洞察力方面产生任何的波动。分析师事实上很难理解这一点，也要很久才会意识到他们也需要进行初步的"分析训练"，以消除每个人头脑中存在的障碍。我碰巧是第一个接受分析训练的分析师，尽管那时候的要求比现在少得多。弗洛伊德能够完成一项全面自我分析的艰难壮举，但其他的先驱者却没有对自己的潜意识有太多的亲身体验，哪怕仅仅是一瞥。从理论上讲，我们应当预见到分析师身上抵抗复发的可能性，就如同我们在患者身上经常看到的那样，不过这种现象第一次出现将会是相当出乎意料、令人震惊的。现在我们已经不会那么惊讶了。

当一位分析师失去了原有的洞察力，造成这种损失反复出现的阻抗，容易在他面前以一种伪科学解释的形式呈现出来，接着便会冠以"新理论"的名字。由于这个源头发生在无意识层面上，于是在纯粹意识科学层面上的争论注定是要失败的。

过去40年中精神分析发生的"分歧"可以被归纳为两个特征：否认精神分析法所得出的基本结论，并阐释一套不同的心灵理论。当然后者必须以一种心理学家或哲学家的视角加以判断；前者则关系到精神分析的方面。

本书是一本人物传记而非关于科学分歧的讨论，所以有必要对一些个人问题进行讨论。科学分歧并非总是局限于客观存在的问题。有时候，人们倾向于将观点和解释的异见与弗洛伊德本人的反应联系起来。于是我们被告知，那些人离开了弗洛伊德和他的圈子，不仅仅是因为意见不同，而是由于弗洛伊德的暴虐性格，以及他对每个追随者都给出了教条式的要求，要求所接受的观点必须与他本人的完全一致。从弗洛伊德的信件、他的著作，尤其是那些和他一起工作的人的回忆中，我们可以看到这种指责是荒唐的假话。我可以引用宾斯万格（Binswanger）许多年后的一封信中的一段话来加以说明："和其他许多人不太一样，尽管你的心智发展已经越来越远离了我的影响，但你不允许这个事实影响到我们俩的私人关系，你不知道我有多喜欢如此得体的行为。"

在所有的意见分歧中，阿德勒和荣格分别创立的理论格外引起公众关注。这种关注究竟是因为他们是最早的一批异见者，还是出于其理论的内在品质是很难说的。无论如何，这些分歧立即被视作"精神分析的不同分支"，他们的存在被所有反对者、骗子和专业人士广泛利用，作为精神分析不值得认真对待的理由。对于怀疑者和活跃的反对派们来说，对弗洛伊德的发现和理论的否定构成"新理论"的基本特征，事实上，在这一判断中，他们或许并没有错得很离谱。

我希望这些初步的评论能够为读者们做一个好的铺垫，精神分析领域里的纠纷比其他科学领域里的更为困难，毕竟在一些个人偏见的基础上去重新解释材料并非易事。

阿尔弗雷德·阿德勒（Alfred Adler）（1870—1937）
弗洛伊德很不喜欢占据任何显赫的位置，尤其当这个位置可能会暗示着他肩负统治他人的职责时。我很难想象弗洛伊德的气质居然被描述为一种独裁者式的，这与事实不相符。但是作为他的新方法和理论的创始人，以及他丰富的经验，在维也纳追随者的小圈子中不可能不处于一个非常优势性的位置。因此很多年前就有人认为，追随者对他的反抗等同于反抗一个明显的父亲形象。任何未解决的婴儿情结，都能在对他宠爱的竞争和妒忌中找到表达。其中还包括很重要的物质动机。由于年轻分析师的经济收入，很大程度上依赖于弗洛伊德把自己多余的患者介绍给他们。因此随着时间的推移，气氛变得越来越不愉快。诽谤，酸溜溜的言辞，鸡毛蒜皮的小事也要争个高低等等。在这方面最令人头疼的成员是阿德勒、斯特凯尔、萨德格（Sadger）和陶斯克（Tausk）。

前两届大会过后局势大为恶化，弗洛伊德毫不掩饰地或者说不太明智地表现出他对外国人荣格的偏爱。有一段时间，这使得原本不和谐的维也纳小团体因为反对弗洛伊德的共同诉求而联合起来。这可能也是他们此前的相互猜忌，发展为对他的反抗的一个转折点。其中最突出的反叛者无疑是阿德勒，他在精神分析运动中挑起了第一次分裂。

弗洛伊德努力安抚不满的人，他把阿德勒和斯特凯尔，他最早的追随者，任命为1910年秋天新成立的《文摘》（*Zentrablatt*）杂志主编，同时把维也纳集团主席的职务转交给阿德勒，但这些举动只取得了短暂的效果。

1910年的纽伦堡大会后，弗洛伊德开始察觉到这些争吵和指责加剧了，这是他很不希望看到的。他特别向费伦齐吐露心声，提到维也纳和苏黎世之间的紧张关系，写道："阿德勒和斯特凯尔那些不明智的令人不快的举动，让我感觉很难相处。我对他们两个都逐渐有点恼火了。荣格尽管现在已经是主席，早期那些事件引发的敏感可能也在积蓄。"他抱怨说这件事妨碍了他的写作，并接着说道："我被阿德勒和斯特凯尔弄得很心烦，我一直希望能够干净利落地有个了断，但一拖再拖，尽管我认为我的努力对他们来说是无济于事的。独自一个的感觉是否更好。"费伦齐表示，弗洛伊德正在重新上演十年前与弗里斯的那段不愉快的经历，弗洛伊德证实了这一点："我已经从弗里斯事件中痊愈了。但阿德勒就是闯入生活里的一个小弗里斯。他的同党斯特凯尔名字还叫威廉（Wilhelm）。"第二年春天，在与阿德勒进行了漫长的辩论后，弗洛伊德抱怨道："我要被这两个人烦死了——马克斯和莫里茨①——他们正迅速倒退，很快就会以否认无意识的存在而告终。"

在我的印象中，阿德勒是一个性格孤僻脾气不好的人，他不是闷闷不乐就是在争论。他显然野心勃勃，经常与别人争论理论问题。然而多年后我遇到他时，我观察到成功给他的性格带来了一定的改善，他的性格中发展出了一些早年没什么迹象的积极方面。弗洛伊德早期对他评价很高，他无疑是这个小团体中最强有力的成员。弗洛伊德认为他那本关于器官缺陷的书写得很好，同时也认为他在性格发展方面做出了一些有益的观察。但阿德勒对于神经症的观点，仅仅是从自我的角度出发，可以说他的观点是对压抑和无意识冲动的次级防御的一种误解。他的整个理论有着非常狭隘而片面的基础，"男性反抗"（masculine protest）。性因素，尤其是儿童时期的性因素已经减至最低程度：男孩与母亲亲密的乱伦欲望被解释成伪装成性欲的男性征服女性的欲望。压抑、婴儿性欲的概念，甚至无意识本身都被抛弃了，于是精神分析在他那里已经所剩无几了。

阿德勒的学术见解与弗洛伊德之间存在着如此根本性的分歧，正如我在弗里斯事件中的态度一样，我不得不去怀疑弗洛伊德为什么会努力与他合作了那么长时间。但是，阿德勒在两个问题上有不错的发现，把事情解释得很清楚：补偿自卑情绪的倾向（雅奈的"空虚情感"）（sentiment d'incomplétitude），而与生俱来的攻击性加强了这种倾向，起初将其与人类的女性方面联系起来，将次生补偿现象贴上了他著名的"男性反抗"理论的标签。然而很快他又冲到了相反的极端，用尼采的权力意志来解释一切。甚至性行为本身所受的性欲驱力也没有受纯粹侵略性冲动的影响大。

弗洛伊德非常认真地对待阿德勒的观点，并详细讨论了它们的可能性。甚至十年后，当他手头获得了一些特别的临床资料可以对阿德勒的理论进行检验时，他还针对阿德勒的说法发表了一份认真而透彻的批评文章。然而，社团的其他成员则对这些说法报以更为猛烈的抨击，甚至谴责，希奇曼（Hitschmann）建议对这一话题进行一次完整的大讨论。前两次讨论会，1911年1月4日和2月1日的两个晚上，专门用来讨论阿德勒的冗长论述。另外两个晚上分别在2月8日和22日，则是展开全面讨论，言辞十分直率。弗洛伊德则给出了不留情面的批评。斯

---

① 威廉·布切（Wilhelm Busch）的《坏男孩》（Die bösen Buben）中的两个淘气小男孩。

特凯尔的观点是，阿德勒的理论和弗洛伊德的之间并没有什么冲突，弗洛伊德对此的回答是，很不幸阿德勒和自己都不这么认为。阿德勒坚持认为俄底浦斯情结是捏造出来的，这足够说明二人之间理论的分歧。在拒绝承认阿德勒的观点时，弗洛伊德说："我觉得阿德勒的说法是错误的，因而对精神分析未来的发展而言有些危险。这些观点是由于错误的方法所导致的错误结论，但这些都是值得尊敬的错误。虽然我不同意阿德勒的观点，但是我可以认识到其中的一致性和价值所在。"

最后一次会议过后，2月22日，在一场委员会会议上，阿德勒和斯特凯尔辞去了各自的主席和副主席职务。随后的会议一致通过了一项决议，感谢阿德勒和斯特凯尔过去的服务，并希望他们将来继续留在协会。

阿德勒在协会又待了一段时间；最后一次出席会议是在5月24日。但是接着，弗洛伊德提议他辞去文摘联合主编的职务，并写信给出版商贝格曼（Bergmann）表达了相同的意思。阿德勒起初表示拒绝，并让他的律师提出一些条件，弗洛伊德称之为"荒唐的主张，完全不能接受"。他和他的朋友们还要求在特别会议上进行一次讨论。

阿德勒的回应性做法是，利用形势组建了一个新团队，取了一个无聊的名字叫"自由精神分析协会"，宣称他是为科学自由而战。现在这无疑是一个有价值的事业了。这或许意味着他们有自由以任何方式进行任何调查，得出结论，并将结果公布于世。任何地方的任何科学结构都无权干涉这种自由，尤其是维也纳那个小小的"星期三协会"。唯一的问题是，当他们对一个话题的基本原则没能达成一致意见的时候，进行共同讨论是否合适；目光短浅者无法主张成为皇家地理学会（Royal Geographical Society）成员的权利，花费大量时间发表他的个人见解。阿德勒通过辞职得出了正确的推论。他指责弗洛伊德专制，对所发生的事情不够宽容。这些说法不值得重视，因其背后的动机实在过于明显。

上面提到的特别会议，于10月11日新一届会议召开，弗洛伊德宣布了阿德勒、巴赫（Bach）、马代（Maday）和巴隆·海耶（Baron Hye）的辞职。委员会建议成员们做出决定，选择追随两个社团中的哪一个，即不可以同时参加两个社团。决议以11票对5票获得通过，坚持追随阿德勒的成员——福特穆勒（Furtmüller），弗兰茨·古纳（Franz Grüner），古斯塔夫·古纳（Gustav Grüner），希法亭博士太太（Frau Dr.Hilferding），保罗·克伦佩勒（Paul Klemperer）以及奥本海姆（Oppenheim）——从协会中退出。

一个不太相关的事实是，阿德勒的大多数追随者和他本人一样，都是狂热的社会主义者。阿德勒的妻子是个俄国人，与许多俄国主要革命者保持着亲密的友谊，例如托洛茨基和乔菲（Joffe）就经常光顾她家。福特穆勒也活跃在政坛上。这一考虑使人们更为清楚地认识到，阿德勒应该更集中于意识的社会学方面的研究，而不是集中在被压抑的潜意识上。几年后弗洛伊德听闻，斯坦利·霍尔邀请阿德勒去美国讲学，便评论道："大概是为了用性欲拯救世界，并以侵略作为基础。"

威廉·斯特凯尔（Wilhelm Stekel）（1868—1940）

斯特凯尔带给弗洛伊德的麻烦，和阿德勒完全不是同一种。斯特凯尔没有阿德勒份量那么重，他也不是全神贯注于理论研究，他对这件事毫无兴趣。斯特凯尔最主要的关注点是实践和经验，但他和阿德勒之间最重要的区别在于，他很容易进入无意识状态的研究中，而阿德勒则很难做到，并很快怀疑它的存在。斯特凯尔在探测被压抑的材料方面具有非比寻常的天赋，他在象征研究方面的贡献突出，甚至比弗洛伊德具有更直观的天赋，在精神分析的早期阶段具有非常重要的价值。弗洛伊德大方地承认了这一点。他说他经常反驳斯特凯尔赋予符号的解释意义，然而通过进一步研究最终发现，斯特凯尔一开始就得出的结论是正确的。不幸的是，尽管拥有这样的天分，斯特凯尔却没有与之相匹配的判断力。他完全没有批判能力，一旦脱离了同事的约束和学科研究的条条框框，他的直觉就退化为胡乱的猜测。其中一部分可能是颇具洞见的，但大部分显然不是，而且都不可靠。1911年春，他出版了一本关于梦境的厚书。其中包含不少机智的有用的观点，也有许多混乱的观点。弗洛伊德认为："尽管做出了一些贡献，但仍使精神分析蒙羞。"事实上，斯特凯尔虽然笔触流畅但有些粗心，且他是一个贬义意义上的天生的记者，对于他来说事情的结果比对真相的讨论更重要，他也确实兼职为当地报纸定期写小品文赚取一部分收入。

正如弗洛伊德所承认的，斯特凯尔根本上是一个很好的伙伴，我能记得的是，他的性格非常和蔼可亲。跟阿德勒不同，斯特凯尔总是兴高采烈、轻松愉快，而且十分风趣。弗洛伊德曾对希奇曼表示："斯特凯尔只是一个号手而已，但我仍然喜欢他。"

然而，斯特凯尔的性格中存在着一个严重瑕疵，使他并不适合从事学术研究工作：他完全没有科学意识。所以没有人相信他所报道的经历。举例来说他有这么一个习惯，不论当天讨论的话题是什么他都会用这样一句开场白："就在今天早上我看到了这样一个案例。"于是斯特凯尔的"星期三患者"变得众所周知了。有人问他如何证明一些令人吃惊的结论的真实性时，他宣称："我在这里是为了发现事物，其他人如果愿意的话可以去证明。"

在一篇论文中，他写下了姓氏对心理的意义，甚至包括职业选择和其他兴趣爱好，他引用了一些病人的案例表示他们的名字深刻地影响了其生活。当弗洛伊德问他，怎么能够把这么多病人的名字出版出来时，他以一种安慰式的微笑回答道："都是编的。"这一事实对于材料的证据价值有所减损。弗洛伊德拒绝让它刊登在《文摘》上面，斯特凯尔便另找了别处发表。

也许惹恼弗洛伊德的，是斯特凯尔在社团会议上有引用的习惯，以及弗洛伊德从他先前的分析中认识到他的经历是完全不可信的。斯特凯尔倾向于目空一切地凝视弗洛伊德，仿佛看他是否敢反驳他违反专业审查。我曾问过弗洛伊德，他是否认为"自我理想"（ego-ideal）是一种普遍属性，他带着一种困惑的表情答道："你觉得斯特凯尔有自我理想吗？"

然而这个局面的打破却是相当直接。出于一些原因，斯特凯尔和陶斯科之间互相憎恨，在协会 1911—1912 年度最后一次会议（1912 年 5 月 30 日）上出现了难堪的场面。尽管弗洛伊德曾经称陶斯科为"野兽"，但这次弗洛伊德对陶斯科的能力做了相当高的评价，并希望他去监管《文摘》的评论部，后者此前不幸被忽视。斯特凯尔立即举手宣布，他绝不允许自己的《文摘》上面出现陶斯科的一个字。弗洛伊德提醒他，《文摘》杂志是国际协会的官方机构，不适合提出这种个人主张。但斯特凯尔却趾高气扬地不肯让步。他在象征研究领域里所取得的成就，让他觉得自己已经超越了弗洛伊德。他用这样的语句来表达自己的判断，他会半谦虚地说："巨人肩膀上的侏儒可以比巨人看得更远。"弗洛伊德闻之冷冷地回答："这也许没错，但天文学家的头上却没有虱子。"

弗洛伊德写信给贝格曼，要求出版商调整编辑名单。然而斯特凯尔也写了一封信，困惑不已的出版商表示，在本卷全部刊完之前维持原貌。而此后他打算停止出版这本刊物。与此同时，11 月 6 日斯特凯尔在维也纳协会会议上宣布退出。

弗洛伊德在给亚伯拉罕的信中写道："我很高兴斯特凯尔现在走上了属于自

己的道路。你无法想象我为了保护他，是如何反抗整个世界的。他是个令人难以忍受的家伙。"多年后弗洛伊德在一封信中提到他时称他是"道德上的疯子"。

G. G. 荣格（C.G.JUNG）（1875—1961）

对于阿德勒和斯特凯尔的离开，弗洛伊德的反应完全是从困难和不快中解脱出来，感到快慰，但荣格的事件则完全不同。弗洛伊德和荣格的破裂，不论是私人层面还是科学层面都要严重得多。荣格的精神分析学知识要远超阿德勒，他献给世界的是对一些发现的另一种解释。他的智力及文化背景的广度远远超越了阿德勒，因此在任何一个层面，荣格事件都需更加认真地对待。

从1906年到1910年，荣格对弗洛伊德的工作和理论研究表现出真诚和最为热心的拥护态度。在那些年里，只有那些极其敏锐的眼睛才能察觉到未来裂痕的迹象，而弗洛伊德本人最强烈的特点就是对其视而不见。亚伯拉罕曾在荣格手下工作过几年，他已经发现了苏黎世方面逐渐萌生的他所谓的神秘学、神秘主义和占星术等倾向。但他的批评并没有影响到弗洛伊德，毕竟他对荣格寄予了深切厚望。

维也纳和苏黎世对双方都存在某种反感，这是非常明显的，但我们都希望这一点能够被大家的共同兴趣所抚平。在那些年里，荣格对我非常友好，我们有大量的书信往来，我一直保存着。

1909年前往伍斯特期间，荣格的一番言论令我大感震惊。他说他发现，没有必要与他的病人讨论那些恶心的话题的细节；在晚饭后的社交场合里谈论这种话题令人非常不悦。这些事情只要暗示即可，不一定非要使用直白的语言病人才能理解。在我看来，这与我们一直以来处理严重问题的毫不妥协的方式十分不同；这是我第一次提到荣格的这番评价，给我留下了深刻的印象。然而三年后我们从奥博霍尔泽（Oberholzer）那里听闻，不讨论细节的想法已经成为荣格理论的常规部分。我想用下面这封信来反驳这个观点，这是弗洛伊德在谈到对格拉芙·冯·吉赞多夫（Graf von Zizendorf）的分析时，给菲斯特写的一封毫不妥协的信："你的分析受到传统的道德弱点的影响。过于正派的人总觉得自己应该小心翼翼的。现在这些精神分析的问题需要一份完整的阐释，使其能够让人完全理解。正如实际的分析实践只有在人们穿过表面的抽象，潜入到具体细节时才能进行一样。过分小心谨慎会影响到精神分析的完整表现。分析师必须做一个坏人，超越规则，牺牲自己，背叛，表现得像一个用妻子的钱买油彩的画家，或是燃烧家具给他的模特取暖的艺术家一样。没有这种犯罪行为，就没有真正的成就。"

仅仅几个月前，荣格就有了不同的看法："我们最好不要突然蹦出性理论来。我对此有不少想法，特别是这个问题的伦理层面。我相信，在公开宣称某些事情时，人们会剔除这一言论的文明价值——破坏了升华的动力。包括对我的学生和病人，我都不会再把性主题放在突出的位置上了。"

1909年三位朋友相处得很好，他们完成了前往美国的联合访问。1910年3月，荣格匆匆前往芝加哥进行一次咨询，但他在美国只停留了7天便及时返回纽伦堡主持了第30届大会。到年底时，弗洛伊德前往慕尼黑与布鲁勒进行了一次对谈。第二天荣格来了，会面结束后，弗洛伊德说："他十分出色，给了我很大帮助。我向他敞开了心扉，谈到了阿德勒的事，我自己的困难，还有我如何处理心灵感应问题的担忧等等……我比以往任何时候都更加确信，他就是未来的继承人。他自己从事的研究将他带往神话学领域，他想用力比多的理论钥匙开启这片天地的大门。"但他补充道："但令人愉快的是，尽管如此我还是可能把他及时召唤回神经症研究方面来。这里才是属于我们的土壤，我们曾在这里反抗全世界才得以生根发芽。"最后一句话是典型的弗洛伊德式的态度。他对人类的历史感兴趣，有时候也会一厢情愿地致力于这些研究，但他认识到其他领域都是他所谓的精神分析的"殖民地"，而非祖国。

1911年，起初事情也很顺利。荣格又一次访问美国，弗洛伊德对"皇太子"（Crown Prince）离开祖国这么久表示遗憾。秋天，弗洛伊德为荣格太太寄给费伦齐的一封信深感困惑，信中表示，希望弗洛伊德不要对她丈夫感到不满。这在当时还没有明显的理由，但她可能开始意识到丈夫的观点有了不同倾向，而这可能会使弗洛伊德感到不悦。

5年的幸福岁月已经结束，1912年初，乌云开始密布。那一年，弗洛伊德被迫看到他与荣格延续友谊的希望注定会迎来一场失望，荣格正朝着一个可能在个人和科学双重层面与他分离的方向前进。接下来的两年则是绞尽脑汁地探索如何适应这个新形势。

这种变化出现的背景并不是完全不相关的。在过去的两年里，弗洛伊德的性理论也同样延伸到了瑞士，这给瑞士的分析家们带来了实践业务和道德上的双重打击。每天的新闻报道都在谴责来自维也纳的邪恶势力，并表示希望纯洁的瑞士不要遭到破坏。瑞士人有一个突出的特点就是民族亲密的团结感；很少有外来人士能够成功地融入其中，成为真正的瑞士人。这在文明世界中是很罕见的现象，在这里个人脱离社会普遍的道德标准要格外困难。因此瑞士的分析师们度过了一段非常不愉快的时光，菲斯特的信件足以向弗洛伊德证实这一点。无论如何我们需要记录一下这个事实，两年内除了两三个例外，其他所有瑞士分析师都放弃了他们的"错误"，抛弃了弗洛伊德的性理论。

1910年到1911年越演越烈，弗洛伊德意识到荣格的神话研究强烈干扰了指派给他的大会主席职责。他曾认为荣格就是自己的直接继承人，除了他已经为精神分析所做的贡献以外，弗洛伊德还将他勾勒为精神分析界一切活动的焦点人物，从而弗洛伊德就摆脱了他已经不感兴趣的中心地位。不幸的是，荣格也没有兴趣。荣格常说他是个天生的异教徒，就是为什么他起初被弗洛伊德颇具异端色彩的工作所吸引。但是他独自工作时效率更佳。他也不具备与同事合作或监督他人工作所需的特殊才能。他对事务的细节也不太感兴趣。简言之，他不适合弗洛伊德为其计划安排的协会主席和精神分析运动领袖这两个职位。

现在，弗洛伊德的个人愿望也不再能得到满足了。荣格总是有些古怪；他对手头研究的痴迷使他在某些方面越来越疏忽了。对这个问题弗洛伊德总是非常敏感。他喜欢收信，自己也写了很多信，但一旦答复有些延迟，他都会产生各种各样的担忧——担心对方生病或者是否发生了神秘意外。当下的状况必定使他想起弗里斯事件中类似的状况，弗里斯对他冷却下来的第一个标志就是开始延迟回信。他很明智地决定，不让自己陷入不可避免的局面中去，几次温和的抗议毫无效果：降低他的期待，并收回他此前倾注在荣格身上的某些感情。

直到1911年底弗洛伊德才开始谈起这些事，他开始向费伦齐暗示他对荣格行为的不满。然而仅仅过了一年，就自信地告诉费伦齐，他比以往任何时候都相信荣格就是未来的继承人。荣格《力比多的象征》(*Symbols of the Libido*)的著名文章以书籍形式出版。这份论述分为两部分，在第二部分中，他与弗洛伊德理论的分歧变得尤为明显。1911年5月，荣格对弗洛伊德说，他把力比多这个词仅仅看作一种普遍紧张的象征。他们在一些信中提到过这个问题，但到了11月，荣格宣布他正在扩大力比多的概念。同一个月，荣格的妻子写信给弗洛伊德，表示她担心弗洛伊德会不喜欢她丈夫在第二篇文章中所写的东西。在这里，乱伦的概念不再是字面意义上的，而是更高层次的观念的"象征"。

第二部分 成熟时期（1901—1919）

1912年这一年，是荣格和弗洛伊德私人关系破裂的决定性一年。这一年中发生的三件事对他们个人友谊的瓦解起到了一定的催化作用。第一件事是弗洛伊德在圣灵降临节（Whitsun）前往康斯坦斯（Constance）附近的克罗伊茨林根（Kreuzlingen）看望宾斯万格。在上次宾斯万格去维也纳探望弗洛伊德以后，弗洛伊德早就答应会回访他，但这次访问的时机对于后者来说是有些危险的，成为过早死亡的威胁，幸运的是后来避免了。上星期四，5月23日，弗洛伊德写信给宾斯万格和荣格，说他第二天就要走了。这次访问时间只有48小时，他不打算再前去苏黎世，但他认为荣格会借此机会前往克罗伊茨林根与他们汇合。弗洛伊德从星期六中午等到星期一中午。令他吃惊和失望的是，荣格杳无音信。

在接下来的一个月及之后，荣格多次在给弗洛伊德的信中讽刺性地谈到"理解他的克罗伊茨林根之举"，这个短语使弗洛伊德困惑不已，直到6个月后才解释清楚。

接下来的一个活动是荣格9月份在纽约举办的讲座，弗洛伊德3月份就接受了邀请，同时不得不把大会推迟到次年举行。纽约方面不断传来对弗洛伊德理论甚至对其本人的敌对报道，弗洛伊德被描绘成一个过时之人，他的错误如今已经被荣格解决了。那年的5月荣格告诉弗洛伊德，在他看来，乱伦的欲望不应该从字面理解，而是应作为其他倾向的象征符号；它们只是些为了提升士气的幻想。弗洛伊德告诉亚伯拉罕，他之前对荣格所做的预言正在成真，尽管自己当时不肯听信，然而还是不想主动挑起争端。荣格从美国回来后，向弗洛伊德详细讲述了他的经历，并指出他之所以在那里获得成功，是因为抛弃了性主题，从而使精神分析变得更容易接受一些。弗洛伊德对此简介地回答说，他不觉得其中有什么值得夸奖的；要做的就是抛弃掉更多原来的理论，这样会更容易被接受。在前一年的6月份他告诉过荣格，不要让他们在理论问题上的分歧破坏了二人的私人关系，但他们的关系显然在逐月恶化。到9月下旬，弗洛伊德表示决裂的危险不严重，以前的个人感情是可以修复的。

第三个决定性的事件，是11月份他们在慕尼黑的会面，除了次年在慕尼黑的大会以外，此次是二人最后一次共同出席会议。荣格将杰出的同事召集起来举行会议，正式讨论将《文摘》杂志留给斯特凯尔，同时创办一个新的《文摘》杂志的计划。荣格建议这项更换刊物的计划直接通过，无需加以讨论，但弗洛伊德更希望对他和斯特凯尔之间的问题以及为什么要做出此举进行更为充分的介绍。

每个人都友好地赞成他的提议。

弗洛伊德和荣格在午饭前一起散步两个小时。荣格解释了神秘的"克罗伊茨林根之举"的含义。荣格解释说，弗洛伊德通知他5月份即将前往那里，但这份通知迟来了两天，他无法克服对这件事的不满；他是在周一收到弗洛伊德的信的，而那天弗洛伊德已经返回维也纳了。弗洛伊德同意这是个事故，他确信自己同时给宾斯万格和荣格寄了信，同样都是在周四以前。接着荣格突然想起，他在那个周末外出了两天。弗洛伊德自然问起，他为什么不看看邮戳上的日期或是询问一下他的妻子来纠正自己的看法？他的怨恨另有其他原因，他只是抓住这一个借口解释。荣格十分懊悔，并承认了他性格中的困难所在。而弗洛伊德自己也有宣泄感情的欲望，进行了一番慈父般的谆谆教诲。荣格接受了他的批评并承诺会改。

弗洛伊德在午宴上兴致很高，无疑是为再度赢得荣格的忠心而高兴。谈及亚伯拉罕近期的一篇关于埃及阿孟和蒂（Amenhotep）的文章时意见有一些分歧，接着弗洛伊德开始批评瑞士的同事，最近在苏黎世发表的作品甚至都没有提到过他的名字。此次事件，包括晕厥发作，我先前已经叙述过了，毋庸赘言，但有些细节可以补充我当时的解释。费伦齐一听到这件事，立刻就想起弗洛伊德曾在不莱梅出现过类似事件，那是1909年，当时他们三个人正准备前往美国。那次事件和这次一样，都是弗洛伊德从荣格那里取得了一点点胜利。荣格在博格霍兹利狂热的反酒精传统中成长起来（福莱尔、布鲁勒等），对此弗洛伊德曾强烈取笑他。他成功地改变了荣格此前对待酒精的态度，却因此昏倒在地。费伦齐很有远见，事先就料想过弗洛伊德是否会在慕尼黑重复上演这一幕，而这一预言后来也应验了。弗洛伊德在回复中分析了他昏厥的反应，并表示所有的发作都可以追溯到他1岁零7个月大时弟弟夭折这件事上去。于是弗洛伊德本人似乎是"被成功摧毁之人"的温和例子之一，在击败对手的成功中——最早的事例就是他希望弟弟死掉的愿望成了真。1904年，弗洛伊德48岁那年，在阿克罗波利斯（Acropolis）奇怪地昏迷过去，有人认为这件事也有相关性，弗洛伊德分析并追溯到自己心中那份想要超越父亲的禁忌愿望得到了满足。事实上，弗洛伊德提到了这种经验和反应类型之间的相似之处。

临别时，荣格再次向弗洛伊德保证他的忠心，返回苏黎世以后他写了一封谦卑的信来表达他的强烈悔恨和改过自新的决心。但接下来的一周，苏黎世发生了一些事，其性质我们只能猜测，因为从苏黎世又寄来了一封信，用"得体"来形容它应该是个恰当的说法。在就协会事务进一步交换了意见后，人际关系中又出现了一场危机。之前，弗洛伊德曾向荣格指出他认为乱伦情结是人工添加的这种观点，与阿德勒有相似之处，后者也认为乱伦情节内在地被"安排"出来，旨在覆盖其他不同属性的冲动。其他人也提出过这种相似性，但荣格十分痛恨自己跟阿德勒发生任何关联。他生气地写信给弗洛伊德说："连阿德勒的同伴都不认为我属于你的团队。"此处是笔误，本意要说的是"他们的团队"①。由于他始终坚持称自己对新观点的态度是绝对客观的，弗洛伊德便忍不住问他，是否也对自己的笔误发表了足够客观的意见。这对于荣格这样一个敏感的人来说无疑是自找麻烦，在回信中，荣格十分直白而无礼地大谈特谈起弗洛伊德的"神经症"话题。弗洛伊德告诉我们，他被别人这样说感到很丢脸，不知道该用何种语调来回复。他写了一封温和的信，但从未寄出。然而两周后，在撰写一份商务意见时，弗洛伊德建议终止二人之间的私人通信往来，荣格立刻同意了。他们继续在商务问题上保持通信，甚至科学观点上的沟通也维持了几个月，但在1913年大会上经历了一系列不愉快事件后也随即终止了。

这一切造成一种非常尴尬的局面。荣格仍然是国际精神分析协会的主席，兼任《年鉴》杂志主编。他仍然负责把各个社团联系在一起，并组建新的协会。此外，荣格的新观点与弗洛伊德之间的分歧越来越大，已经触及根本问题，我们不禁开始怀疑，这两派之间的科研工作到底有什么共通之处，各种形式的合作还需要维持多久？

弗洛伊德已经享受了很多年和荣格之间的个人情谊，但他很快就失去了它，于是他转向其他朋友，特别是费伦齐。他责怪自己对荣格的个性做出了错误的判断，他告诉我们，在发现自己有可能犯下这样的错误以后，最好还是把下一任主席的选择权留给我们，即"委员会"。② 弗洛伊德向费伦齐宣告他和荣格友谊的破裂："我认为，纠正苏黎世人的错误是无望的，我们相信，在两到三年内，我们将走向两个完全不同的方向，互不理解……规避痛苦的最好方法就是不抱期望，

---

① 这是德语中比较常见的混淆，仅是"ihrer"字母大小写的问题。
② 详见下一章。

也即做好最坏的打算。"

1913年春，即将到来的大会将会发生什么，国际协会将会坚持走下去还是四分五裂，这些都还无法确定。弗洛伊德在表达他的焦虑时写道："当然，一切试图远离我们的真理的做法，都会在公众那里得到认可。这次我们很可能真的要被掩埋了，一曲埋葬的圣歌常常在我们身上徒然吟唱。这将改变我们的个人命运，却无益于改变科学。我们拥有真理，15年前我就确信……我从来没有参与过论战。我的习惯是用沉默来拒绝，走自己的路。"

马埃德写信给费伦齐，称维也纳和瑞士之间的科学分歧，是因为前者是犹太人，后者是"雅利安人"。弗洛伊德建议费伦齐用以下的陈述回复马埃德："当然，犹太人和雅利安人的精神世界存在着很大不同。我们每天都可以观察到这个事实。因此，对生活和艺术的看法肯定也不尽相同。然而，世上不该有犹太科学或雅利安科学之分。我们在科学结论上的追求必须是一致的，尽管其表现形式可能有所不同。如果这些差异也反映在他们对科学客观关系的理解上，那么这当中一定是出了什么问题。"

在就即将到来的大会进行的初步讨论中，我们一致认为，我们的目标应该是与瑞士保持合作，尽一切努力避免破裂。我们打算和瑞士的同事住在同一家旅馆，以免出现紧张局面。我描述过1913年9月在慕尼黑那次大会上的不愉快情形，在当时的换届选举中，五分之二的听众弃权，而荣格成功连任。在那之后一切只剩下形式了。

10月，荣格写信给弗洛伊德，他说他从马埃德那里听闻弗洛伊德怀疑他的"诚意"（bona fides）。于是他辞去《年鉴》主编的职务，并宣布从此不再与弗洛伊德有任何进一步的合作。大约在同一时间，荣格写信给我说，现在的情况已经"覆水难收了"。不幸的是，这恰恰就是事实。

应该采取何种官方形式来结束这个关系仅仅是一个技术问题了。1914年4月，荣格出人意料地辞去了主席职位，这可能是在回应费伦齐所称的《文摘》上负面评论的"欢呼"。我们一直决定，第二年9月在德累斯顿召开的下一届大会之前，暂时由亚伯拉罕担任临时主席。就在战争爆发前，荣格宣布退出国际协会，瑞士方面也没有任何一个人表示会参加会议。这似乎是对弗洛伊德于6月份发表的一篇文章的回应，费伦齐称之为一枚"重磅炸弹"。

关于荣格的背叛会对精神分析造成多大伤害，弗洛伊德一点也不抱幻想。在给我的一封信中写道："我们可能高估了在接下来的时间里荣格的所作所为。当他转而反对我时，对他在公众面前的形象并无益处，这意味着他反对自己的过去。但我对此事的大体看法跟你差不多。我不期望立即取得成功，我只想不停地奋斗。任何试图帮助人类从性的痛苦中解放出来的人，都将被誉为英雄，所以不论荣格选择了什么样的废话，都让他说去吧。"在这一次预测中，弗洛伊德被证实是正确的。早在 1914 年 1 月，荣格的转变就被英国《医学杂志》(*British Medical Journal*) 称作"回归了一种理智的人生观"。直到今天在某些地方，我们还可能听到有人认为荣格清除了弗洛伊德学说中淫秽的性主题。接着，大部分心理学家和其他人抓住机会宣称，现在有三个"精神分析学派"——弗洛伊德，阿德勒和荣格——他们无法就自己的材料达成一致意见，所以精神分析根本无需认真对待；这只是一堆不确定的因素。

这是最后一点，声称有许多不同类型的精神分析流派这件事，迫使弗洛伊德于 1913 年 1 月和 2 月撰写了论战性的文章《精神分析运动史》(*History of the Psycho-Analytic Movement*)，来捍卫自己著作的名号。他在文中表示，他比任何人都更有权知道精神分析是什么，它区别于其他心理学分支的独特方法和理论又是什么。

22. 委员会

上一章里讲述的三个故事令我感到沮丧，同时也预见到了将来可能出现的情况。1912 年 7 月，弗洛伊德在卡尔斯巴德（Karlsbad），我在维也纳和费伦齐就这件事进行过一次谈话。费伦齐十分真诚地表示，现在最为理想的计划是，把那些经受过弗洛伊德透彻分析的人分派到不同的国家或地区。然而这看起来没什么前景，于是我建议同时组建一个小团体，由靠得住的分析师们组成，作为弗洛伊德身边的"老护卫"。这对弗洛伊德来说将是一种保证，这些人都是态度坚定的老朋友，同时有助于帮他分担进一步的纠纷，而且我们可以切实地帮助他回应批评，为他提供必要的文献支持，以我们自己的经验为他的著作补充阐释等等。我们之间仅有一项明确义务，即，如果任何成员想要背离精神分析理论的基本原理，例如压抑、无意识、婴儿性欲概念等，在公开自己的新观点前必须先与其他人进行讨论。组建这样一个团队的想法，在我脑海中有一个原始雏形：少年时代看过的查理曼的圣骑士（Charlemagne's paladins）的故事，以及其他文学作品中提到过的秘密社团。

费伦齐十分赞成我的建议，于是我们把这个想法告诉了奥托·兰克；我也给弗洛伊德写了一封信说明了我们的计划。兰克也接受了。接着我通知了萨克斯，他是我早年在维也纳时最亲密的朋友，不久后，费伦齐和兰克在访问柏林时与亚伯拉罕取得了联系。

弗洛伊德对此非常入心，在下一封信中回应了这件事："你的想法立即吸引了我的注意，你建议由一群最佳的最可靠的成员组建一个秘密委员会来负责精神分析的进一步发展，来捍卫和应对那些个人的意外事件，当我已不再能够……我知道这个想法中有某种孩子气的，也许是浪漫的元素，但它或许也可以适应现实的需要。我会把我的幻想自由发挥，而把审查的权力留给你。……我敢说，如果我知道有这样一个团体存在，来守护我的创作，那么对我而言生存和死亡都会变得没那么沉重。"一年后他写信给亚伯拉罕："你无法知道，这 5 个人的合作给我

第二部分　成熟时期（1901—1919）

的工作带来了多大的幸福。"

1910年10月，弗洛伊德建议让马克斯·艾丁格加入，成为委员会的第六个成员，使其更为完善。艾丁格取代了后来患病逝世的安东·冯·弗罗因德（Anton von Freund）。在战争爆发之前，委员会就开始运作了，但战后它才对弗洛伊德发挥了最大价值，包括行政上的、科研上的，最重要的还是个人方面的意义。在写信给艾丁格宣布他加入成为会员时，弗洛伊德写道："这个秘密委员会从我身上接走了我对于未来最沉重的担忧，这样我才能平静地走到生命尽头。"

1913年夏，委员会召开了首次全体集会。弗洛伊德为庆祝我们的活动，从他的收藏品中取出一些古希腊凹雕宝石，送给我们一人一个，后来我们把它都镶在金戒指里。弗洛伊德常年带着这样一枚朱庇特头像的希腊罗马凹雕戒指。

根据安排，作为创始人的我将担任委员会主席，在它后来存续的大部分年头里，我都担任了这个职务。

委员会成员。后排从左至右：奥托·兰克，卡尔·亚伯拉罕，马克斯·艾丁格，厄内斯特·琼斯。前排从左至右：弗洛伊德，桑道尔·费伦齐，汉斯·萨克斯。

弗洛伊德一生中有许多非分析学派的朋友，据我所知，他们都对他忠心耿耿。他有三位能与之分享科学观点的亲密朋友，布罗伊尔、弗里斯和荣格，这三个人都离开了他。我们是他结交的最后一批科学上的伙伴。战前委员会的五位成员，弗洛伊德的感情分配很容易说出。降序排列首先是费伦齐，然后是亚伯拉罕，我、兰克和萨克斯。我们的年龄如下：费伦齐年龄最大，1873 年生；然后是亚伯拉罕，1877 年；我生于 1879 年；萨克斯，1885 年；兰克，1885 年。兰克最早认识弗洛伊德是在 1906 年，亚伯拉罕 1907 年，费伦齐和我是 1908 年来到他身边，萨克斯是 1910 年（尽管多年前他就开始旁听他的讲座）。

弗洛伊德与我们这些不生活在维也纳的人保持了多年来的书信往来，双方的信件都被保存下来。读罢这些信（数次！）我们可以明显看到几个特征。首先是，弗洛伊德在信中很少提及其他朋友；就好像他与每个人的关系都是私人化的、独一无二的。他也不会以相同方式重复任何消息；他会从不同角度来描述。即便是他所讨论的科学观点，也会用不同的视角切入。

弗洛伊德的性格不能允许他在真空中做研究，他必须与他人交流，这个特征比其他任何人都突出。小组讨论，即使在成立之初，对于弗洛伊德来说也是意义重大的，因此我们有必要谈论一下这几位成员，不只是他们的科学活动，这一点在精神分析文献中我们都可以查找到，更主要的是他们的个性。谈论朋友总是一件很微妙的事，到哪儿我都会尽力忠实地履行我撰写这部传记时所遵从的理想。

费伦齐——他和家人用这个姓氏代替了原来的姓氏弗兰克尔（Fraenkel）——是该组织最有威信、最杰出的成员，他与弗洛伊德的关系最为亲密。因此在一切事务上我们必须首先考虑他的意见。关于他过去的历史，以及他是如何来到弗洛伊德身边的，这些我已经说过了。他生活中不为人知的一面，先前暗示过的，我们本来知之甚少，直到许多年后这件事不得不暴露出来——为了与弗洛伊德交往而保存的品质，让我们看到的是一个阳光、仁慈、鼓舞人心的领导家和朋友的形象。他对男人很有魅力，但对女人却没有那么大的吸引力。他个性温暖、可爱，天性慷慨。他有一种热情的奉献精神，也期望从别人身上看到或激发出类似的品质。他是一个非常有天赋的分析师，具有十分突出的本领，可以推测出无意识的表象。最后，他还是一个振奋人心的教师和演说家。

然而和其他所有人一样，费伦齐也有自己的弱点。对我们来说，唯一明显的缺陷就是他缺乏判断力。他会经常提出天马行空的、理想主义的，却基本没有可行性的看法，但当同事们把他带回现实时，他也会善意地接受。另外两个特质当时我们还不清楚，可能也是相互关联的。一个是他有一种永不满足的爱的需求，几年后他不可避免地遭遇了挫折，在压力下屈服了。另一点，由于他对他人付出了过于沉重的爱，同时也希望被他人同样地爱着，或许作为一种掩饰，费伦齐的外表有些强硬，往往表现出某种傲慢的或盛气凌人的态度。这一点在后来的岁月里变得尤为明显。

费伦齐那开放的、孩子般的天性，他内心的困苦、不断飙升的幻想，这一切对弗洛伊德都有着巨大的吸引力。他在许多方面都是一个追寻自己内心的人。天马行空的想象力总能激励弗洛伊德。这是他天性中不可分割也很难控制的一部分，但这种冲动被一种谨慎的思维驯服了，而这正是费伦齐恰恰相当缺乏的，弗洛伊德也比费伦齐拥有更平衡的判断力。然而在其他人眼里，这种无法抑制的想象力是弗洛伊德很难抗拒的，当身边没有其他批评的听众，只有弗洛伊德和费伦齐二人相处在一起时必定是非常快乐的。同时，弗洛伊德对费伦齐的态度总是慈父般充满鼓励。他努力帮助费伦齐克服神经症的困扰，像对待自己儿子般指导他解决生活中的问题。

亲爱的儿子[①]：

你要求我迅速回复你那封充满感情的信，今天我很想去工作，我要马上告诉你一个好消息让你高兴。我应当简要地回答你，不说太多其他的话。我当然熟悉你的"情结烦恼"。而且必须承认，我更愿意拥有一个自信的朋友，但当你遇到这样的困难时，我也必须把你当作儿子来看待。你争取独立的斗争，不需要采取反叛与屈服交替的形式。我认为你也同样遭受着与荣格的情结神话（complex-mythology）有关的那种对情结的恐惧。一个人应当做的，不是努力去消除他的情结，而是要与之和谐相处：它们在指导一个人如何生活在世时，是具有合法性的。

此外你力图使自己独立，这是一条十分科学的路径。在你的神秘学研究中有一个证据表明了这一点，或许这种努力中包含了一些过分急切的因素。不要因为我实际为你付出的比我愿意付出的更多而感到羞愧。当一种令

[①] 弗洛伊德曾两次在信中这样半开玩笑地称呼费伦齐，但也可以从精神分析的角度看出个中意味。

人欣喜的意外发生时，人们必然会十分高兴，那就是当不借助于任何帮助就能与自己和解的时候。你肯定知道那句老话："没有发生的不幸是万幸。"

现在祝福你并向你告别，希望你冷静下来。怀着慈父般的问候。

你的
弗洛伊德
1911 年 11 月 17 日

亚伯拉罕无疑是这个小组中最正常的成员。他突出的特点是坚定，有判断力，精明，自制力极好。不论遇到如何困难的风暴，他总是保持岿然不动的淡定。亚伯拉罕绝不会做出鲁莽或不确定的事；他和我常常达成共识，在我们的决策中提供一些判断性的因素。他——我不能说是最有所保留的——是我们当中最含蓄谦逊的。他没有费伦齐的光彩和迷人风度。人们很少用"魅力"一词形容他；事实上，弗洛伊德有时候对我说觉得亚伯拉罕"太普鲁士了"。但是弗洛伊德非常敬重他。学术上独立，情感上自我控制力很强，甚至看起来亚伯拉罕不需要特别亲密的友谊。他与我们每个人的距离都不相上下。

兰克和萨克斯是很好的朋友，经常一起工作。他们是委员会中唯一两个没有开展精神分析实践的成员（直至战后才开始）。

描述奥托·兰克有一些困难，他原姓罗森菲尔德（Rosenfeld），兰克在第一次世界大战前后表现出两种截然不同的性格；除他以外我不认识其他人，会有如此强烈的性格巨变。他在战争期间的亲身经历给他带来某种在此之前我们从未怀疑过的气势及其他表现。在这里我将讲述一下战前的兰克，再在适当的时候详述他后续的改变。

兰克所出身的社会阶层比其他人低得多，这或许也就是为什么那些年里，他表现出一种明显的胆怯甚至是恭敬的态度。当然这更可能与他毫无疑问所患有的神经质倾向有关，在后来的生活中，这种倾向被证明是灾难性的。兰克曾在一所技术学校接受过训练，能熟练地操作任何工具。弗洛伊德鼓励他去大学拿了一个学位。我不知道他是如何生活的，所以怀疑弗洛伊德至少在一定程度上支持了他；弗洛伊德习惯悄悄给予他人资助，不让别人知道。他常说，如果我们当中的任何一位有钱了，首先应该给兰克提供援助。有一次他对我说，在中世纪，像兰克这么聪明的男孩往往都会找到一个赞助人，但他又补充道："但可能不太容易，因为他太丑了。"碰巧的是，委员会中没有一个人长得漂亮。兰克是一个十分理想的私人秘书，事实上他在弗洛伊德身边常常担任这样的角色。他总是心甘情愿，从不抱怨工作的任何负担，也是一个很有工作能力的人。他足智多谋，非常聪明，反应敏捷。他对解梦、神话和传说研究有着特殊的分析才能。他在乱伦神话方面所做的杰出研究，今天已经不是很流行了，但足以证明他的博学多才；他到底哪来那么多时间来进行这些研究仍是个谜。几年来，弗洛伊德和兰克的来往密切，几乎每天都有联系，然而这两个人从来没有真正接近过对方。除此之外，兰克缺乏魅力，这对于弗洛伊德来说似乎是个不小的问题。

汉斯·萨克斯是委员会里面最疏离的一个成员。作为同事，他是一个有趣的伙伴、睿智的同伴，他脑子里装着无穷无尽的犹太笑话。他的主要兴趣是文学。当我们常讨论政府方面的问题时，萨克斯总感到很厌烦，无动于衷，这种态度对于他来说是有好处的。后来他移民美国，明智地将自己完全投入专业工作中去。萨克斯全心全意地忠于弗洛伊德，但他那冷漠的个性难以令弗洛伊德开心，因此他和弗洛伊德的私人往来是最少的。

艾丁格的各个方面中，最突出的一点是他是世界上唯一一位拥有私人收入的精神分析师。因此他在各种分析事务中都能发挥很大作用，并且总是慷慨大方。他完全忠于弗洛伊德，弗洛伊德最细微的意愿和意见对于艾丁格来说都是决定性的。此外他又很容易受到影响，所以人们往往很难确定他的想法到底是什么。他觉得自己的犹太血统比其他人更突出，可能萨克斯除外，而且对于反犹主义偏见非常敏感。1910 年他访问了巴勒斯坦，这是一次预兆，预示着 20 多年后当希特勒主义甚嚣尘上时他会再次离开那个国家。

在委员会的五位成员中——随着艾丁格后来的加入，就是六位——我认为亚伯拉罕和费伦齐是两位最优秀的分析学家。亚伯拉罕有非常明确的判断力，即便他缺乏费伦齐的直觉穿透力。当时还毫无分析训练的概念。我想我是第一位决定接受个人分析的精神分析学家。由于我前面提过的原因，弗洛伊德无法进行这项活动，于是 1913 年我前往布达佩斯拜访费伦齐，每天花费两到三个小时，进行了几个月的深入分析。这对我克服个人困难提供了很大帮助，带给我关于"分析情境"不可替代的体验；也给了我第一次欣赏到费伦齐宝贵品质的机会。他从弗洛伊德对自己的分析的评论中学到了很多，1914 年和 1916 年，费伦齐都在维也纳呆了三周，接受弗洛伊德的个人分析，直到突然被召回军队服兵役。其他成员都没有接受过定期的个人分析。值得注意的是，亚伯拉罕在没有接受任何帮助的情况下也做得十分出色，这表明一个人的性格和气质才是决定成功的最重要因素。

除了帮忙冷却亚伯拉罕的乐观、制止费伦齐的铺张浪费之外，我对委员会的实际贡献是使他们对外界获得了更为广阔的视野。维也纳这个小圈子的视角是受限的，某种程度上说，它甚至相当于省级规模。那时候我在美国和欧洲到处旅行，养成了关注各种国际会议的习惯，除了会议上宣读的论文本身之外我对人们的个性和主流观点也有了许多把握。这给我机会去了解精神分析思想在不同地区将会如何发展，以及受到何种不同的阻力。不同国家对这些观点的反应也大相径庭，分析师们所遭受的困难也不尽相同。因此，我有时能为这炎热的室内带来一缕清风，而无需他们亲自离开家。

我们都是自由思想者，所以我们之间没有宗教障碍。我也不记得，作为这个圈子里唯一一个非犹太人有什么困难。我来自受压迫的种族，所以我很容易认同犹太人的观点，多年来的亲密关系使我能高度理解他们的感受。潜移默化地，我对犹太轶事、谚语、笑话都有了全面了解，以至于这个圈子之外的其他分析家都叹为观止。

我逐渐意识到，这些犹太人对于无论多么细微的反犹主义迹象都可以明察秋毫，许多言论和行动都可以从这个意义上去解释，这令我多少有些惊讶。最敏感的成员是费伦齐和萨克斯；亚伯拉罕和兰克则差一些。弗洛伊德本人在这方面算是相当敏感了。我的缺点可能已经足够明显了，无需在此解释。我想我当时突出的特点是总对他人的缺点过分吹毛求疵，但我从对弗洛伊德那和善宽容的态度中也学习到了很多。

委员会无疑履行了建立之初的目标，帮助弗洛伊德对抗那些指向他的严厉攻击。在一个友好的互相陪伴的气氛里，用笑话消解这些攻击之辞是更容易的，我们也可以通过写文章来反对一些指责，弗洛伊德则不屑于这样做；于是他有足够的自由来做自己的研究。随着时间的推移，委员会的其他职能也变得越来越重要。我们经常开会，有时候大家全部出席，有时部分出席，我们之间也定期通信往来，这一切使得我们能够与精神分析世界中发生的事件保持联系。此外，由那些消息最灵通的、具有相当影响力的成员们制订的统一政策，在处理不断增加的无数问题时发挥着不可估量的作用——社团内部的意见分歧，官员的选择，地方上的对立等问题。

  委员会运作有10年之久，对于这样一个非正式的机构来说是不太寻常的。后来内部出现了一些困难，一定程度上也削弱了它的成绩。个体成员的命运——死亡、流放与纷争——会随着故事的展开而出现；它反映的是生活普遍的不可预测性。但作为唯一的幸存者，我拥有美好的回忆，那时我们曾是一群快乐的兄弟。

23. 战争年代

弗洛伊德对政治事件的判断和大多数人差不多，不会更敏锐也不会更迟钝，他追随着大部队，也没有特殊兴趣，除非侵犯到自己的工作进度；1914年，他的工作第一次受到政局的影响。

早在1912年12月8日，弗洛伊德就写信告诉我说奥地利的政治形势十分严峻。他们必须做好迎接逆境的准备。我知道他指的是奥地利与塞尔维亚的关系，或许也包括俄国——这个永远的难题。但弗洛伊德大概是用传统的维也纳观点来看待这个问题的，我记得他晚些时候对我说："塞尔维亚人相当粗鲁。"

6月28日，王位继承人的消息震惊了全世界，斐迪南大公遭到暗杀，行凶者系一名隶属于奥地利的波斯尼亚人，受到塞尔维亚激进分子的鼓动。弗洛伊德在给费伦齐的信中写道："此刻我正在写作，但仍处于萨拉热窝谋杀案的惊人冲击之中，其后果是无法预见的。"然而接下来的几个星期里只有一种不祥的沉默。弗洛伊德似乎被这个表象欺骗了，否则他也不会允许小女儿于7月7日前往汉堡，更不会允许她于7月18日启程前去英国进行数月的旅行。奥地利于7月23日向塞尔维亚发出最后通牒。塞尔维亚接受了，爱德华·格雷（Edward Grey）爵士称这是他所知的一个主权国家对另一个主权国家提出的最棘手的文件，但这份文件还不甚完善，于是奥地利立即宣战，对贝尔格莱德实施轰炸。大战开始了。

战争最初的两三年里，弗洛伊德当然对轴心国抱以同情，他与这些国家息息相关，他的儿子们也正在为这些国家打仗。他甚至背弃了他心爱的英国，将其视为"伪善者"。弗洛伊德显然接受了德国方面的说法，即德国正被那些充满嫉妒的周边邻国"包围"，它们企图摧毁它。直到战争后期，盟军的"宣传"策略才引起他对涉及道德层面的问题的怀疑，因而对于两个版本的说法都产生了怀疑，只能在混战中保持观望。

战争期间，为了与弗洛伊德保持联系，我寄信给荷兰、瑞典、瑞士甚至意大利的朋友，通过他们转交到维也纳。在1917年美国参战之前，普特南也定期把

第二部分　成熟时期（1901—1919）

弗洛伊德写给他的信寄给我。

和当时大多数人一样，弗洛伊德及其圈子对国际形势的严峻性反应比较迟钝。直到 7 月 27 日，费伦齐才不得不放弃对英国的访问计划，因为名字在现役军人名册之中，他不得离开匈牙利。永远保持乐观的亚伯拉罕直至 7 月 31 日还在信心十足地宣称，没有一个大国会向另一个大国宣战（而德国恰恰就在那天宣战了）。结果他的家人被困在波罗的海沿岸的一个村庄里。直到 7 月 26 日弗洛伊德才开始怀疑召开年度大会的可行性。29 日他写信给艾丁格："我们的大会也受到了影响，但是我们无法预测接下来的两个月会发生什么。也许到那时，他们大多数人都会恢复正常的。"然而，就在同一天，他写信给亚伯拉罕说："再过半个月，我们要么会为现在的激动不安感到羞愧，要么将会处于威胁国家数十年的历史节点上。"

弗洛伊德对战争打响的即时反应有些出人意料。人们往往会认为，一位 58 岁的和平主义学者的反应应该就是简简单单的恐惧，和大多数人一样。但正相反，弗洛伊德的第一反应是一种年轻人式的热情，显然，他少年时代的军事狂热苏醒了。他说 30 年来他第一次感到自己是奥地利人。在德国发出了三份宣战令之后他写道："我应当全身心地投入其中，要是我能相信英国不会站错队伍就好了。"他十分激动，无法集中精力工作，他花费大量时间和弟弟亚历山大讨论当天的战局。他说："我所有的力比多都献给了奥匈帝国。"他易激动，易怒，整天口误。

然而这种情绪持续了不到两个星期，弗洛伊德就清醒了过来。说来奇怪，到底是什么使得弗洛伊德的感情发生了逆转呢？大概是新近发现他的祖国在对抗塞尔维亚的运动中表现出的无能令他厌恶。奥地利本打算一举消灭敌人，不料却僵持甚至被敌人击败，这又一次展现出祖国的无望，只能寄希望于老大哥德国的援救，从那时起这成为唯一的希望。同月，奥地利在加利西亚自治区惨败后，弗洛伊德说道："德国已经救了我们。"他已经放弃了战争会迅速结束的希望，于是"忍耐才是最好的美德"。

战争的第二个星期，弗洛伊德的长子马丁（Martin）志愿参军成为一名炮兵。他用一贯的幽默表示，马丁的目的其实是希望不用改变"信仰"就能出入俄国境内。^①他当时在萨尔茨堡，被送往因斯布鲁克接受培训，9月初弗洛伊德前去看望了他。弗洛伊德的女儿安娜差点被困在英国，在奥地利大使的保护下途经直布罗陀和热那亚，于8月下旬抵达家中。我从自己的一封信中看到，我当时提出"在众多路线中选择一条"护送她前往奥地利边境，我仍然保持着和平年代的那种天真，想象不到政府会做些什么来阻止旅行自由。

这是30年来弗洛伊德第一次在维也纳度过8月，很自然他陷入困境。他决定无论如何也不会违反惯例，在10月份之前开张。他写信给亚伯拉罕说，现在他在书房里有充分的闲暇时间，来完成他渴望已久的学习，但又挖苦地补充道："这大概就是愿望满足的样子。"他用很多时间仔细检查和描绘他的古董收藏，奥托·兰克为他的藏书做了一个目录。

9月16日，他去看望了在汉堡的女儿苏菲，离开维也纳12天。他宣布接下来要去看望艾丁格，他用德语表达了对巴黎沦陷的期待和向往。在汉堡这个他十分熟悉的城市里，弗洛伊德写道，这是他第一次感到自己不是在外国；他可以谈论"我们的"战役，"我们的"胜利等等。在回程途中，他与亚伯拉罕在柏林停留了5个小时；他们的下一次碰面则是在4年后。

在9月的最后一天，费伦齐来到维也纳，接受弗洛伊德的分析，但不幸的是三周后他就被征召了。费伦齐曾在匈牙利骠骑兵团担任医生，在那里学会了骑马。

10月，安特卫普沦陷的"好消息"传来。此时弗洛伊德已经重新开张营业，但他只有两个匈牙利病人；接下来的一个月，只剩下一个。这段时间他开始撰写长篇病史，就是我们后来所熟知的"狼人的案例"。然而4年后才得以出版。

在战争刚开始的几个月里，我和弗洛伊德的几封信件都没有投递成功，战争开始后我收到的第一封信是在10月3号。宣战后两天时，我告诉他英国人普遍认为德国会在这场持久战中败下阵来，甚至还在之后的信件中重复谈到过这件事。后来他向费伦齐谈起时，说我以一种"狭隘的英国视角"来看待战争。

11月11日，弗洛伊德写信给费伦齐，说刚刚得知自己亲爱的哥哥伊曼努尔在一次火车事故中丧生。这对于弗洛伊德来说必然是一场巨大的悲痛，因为他对这位同父异母的哥哥的爱，从他孩提时代起就培养起来，并且完全没有破坏过。

---

① 沙皇时期犹太人不得进入俄国境内。

第二部分　成熟时期（1901—1919）

几个月后他对亚伯拉罕说了一番独特的话："我的父亲还有我同父异母的哥哥都活到了 81 岁，所以我的前景也很黯淡。"[1] 著名的埃姆登（Emden）博士的过世也令他伤怀；弗洛伊德说，自己非常热爱他。

12 月份，弗洛伊德心情不佳，请求亚伯拉罕给他打打气。巴尔的摩的特雷根·伯罗（Trigant Burrow）向他提供了庇护的邀请，但无济于事，弗洛伊德在给我的信中表示："这反映了美国人对我们前景的看法。"他给亚伯拉罕写信时说，无助和贫穷是他最痛恨的两件事，看起来它们已经不远了。但是弗洛伊德并不孤单，汉斯·萨克斯以近视为由拒绝入伍，而他的另一位写作助理奥托·兰克也在努力避免被征召，"像一头狮子般与他的祖国抗争"。

此时弗洛伊德身边还有一些受过良好教育的女性，通常是他的病人或学生，弗洛伊德一生中特别喜欢与这样的女性在一起。这段时间的主要人物是露·安德烈亚·莎乐美，在战前跟随他学习。莎乐美极具慧眼，在她的朋友中有许多伟大人物：屠格涅夫，托尔斯泰，斯特林堡（Strindberg），罗丁（Rodin），赖内·玛利亚·里尔克（Rainer Maria Rilke），阿尔图尔·施尼茨勒（Arthur Schnitzler）。据说她曾紧密地依附于 19 世纪和 20 世纪的两位最杰出的人物：分别是尼采和弗洛伊德。弗洛伊德非常钦佩她崇高的平静的个性，认为远远超过了自己。她也十分欣赏弗洛伊德的成就。在这个沉闷的秋天，他给她寄去一张明信片："你是否仍然相信，所有的老大哥[2] 都是好的？给我一句鼓励的话好吗？"她尽了最大努力来应对这个局面，弗洛伊德在给亚伯拉罕的信中称她的信"乐观，令人感动"。他的回复如下："你的信带给我勇气，让我提起笔写另一封。我并不怀疑人类战胜这场战争的能力，但我确信，我和我的同时代人再也见不到世间的欢乐了。这太可怕了。而最可悲的事在于，正如我们精神分析对人类及其行为的预期一样，它正是这样显现出来。正因如此，我无法赞同你愉快乐观的态度。我的秘密结论是：既然我们只能将眼前的最高文明视作遭到巨大伪善的破坏，那么我们便无法有机地适应它。我们不得不隐退，那巨大的未知数，他或它，潜伏在命运的背后，会不时地上演另一场争斗实验。"

然而，弗洛伊德此时的创作仍然处于鼎盛时期，在他身体不好或者情绪低落

---

[1]　还有 23 年艰难的岁月要活！
[2]　莎乐美有六位哥哥，对她非常好，同时这里也指战争中的大国。

时经常会出现这种状态。他不但努力写作，同时保持积极思考。对内心世界的专注取代了对令人不悦的外部世界的兴趣。在向费伦齐谈论了他的一些新想法后，弗洛伊德补充道："即便没有这些想法，我也可以说，我献给世界的比它给我的更多。现在的我比从前更加孤独了，我也希望战争结束后仍然可以如此。我知道现在我只为五个人写作，你和其他几个①。作为一名精神分析学家，德国从未赢得我的同情，至于我们共同的祖国，那还是说得越少越好吧。"

上面谈到的新想法，我们用弗洛伊德自己的军事语言来谈一谈。"像我哥哥说的那样，我生活在自己的原始战壕里：在激烈的战斗过后我思辨、写作，已经解决了最初一系列的谜团和困难。焦虑症、歇斯底里症和偏执症已向我缴械投降。后续的成就还有待观察。但是许多精彩的想法又出现了：例如神经症的类型，复归现象趋于稳定，自我发展阶段的一些进展。整件事的要点取决于能否证明它确实可以掌控真正的动力，即快乐的痛苦（pleasure-pain）问题，我的初步尝试使我对此颇为怀疑。"一周后费伦齐前去拜访了弗洛伊德一天左右，毫无疑问他们二人对这些问题做了一番探讨和研究。

在这次谈话结束后第二天，弗洛伊德写信给亚伯拉罕：

> 现在唯一令人满意的就是我的工作了，尽管一再停滞，但实际上仍然有值得注意的新想法和结论诞生。最近我成功地定义了意识（Bw）系统和无意识（Ubw）系统的特征，基本上使这两个系统都变得可理解了，也为早发性痴呆和现实的关系带来了解决方案。对象的一切贯注构成了无意识。意识系统意味着这些无意识想法与词语概念的联系：正如这样，有些东西才可能成为有意识的。在移情性神经症中，压抑的主要构成是由于力比多从意识系统中被解放出来，即对事物的意识和词语相分离。在自恋型神经症②中，压抑将力比多从事物的无意识系统中解放出来，无疑是一种更为深远的障碍。因此在早发性痴呆症的言语变化中，大多数时候医生们会把这种言语障碍等同于歇斯底里症中的言语障碍，即把它们归于凝缩、置换和释放等机制的"初级过程"。只要工作的愉悦不被我的坏情绪所打断的话，我现在可以

---

① 亚伯拉罕，费伦齐，兰克，萨克斯和我。
② 精神病（psychoses）。

就神经症的理论写一篇完整的论述，包括本能的命运如何，包括压抑和无意识等等问题。

弗洛伊德之前已经暗示过这一有趣的想法，并且坚持这个看法。费伦齐问他，这种情况对于根本没有语词概念的先天性聋哑人来说如何适用。弗洛伊德的回答是，我们必须在一个大的语境中考虑这个问题，必须扩大"词语"（word）的外延，它要包括任何形态的交流沟通。

下面是这一年最后一封信的摘录（译文）：

你的信在圣诞节前夕刚到寄来，正如你此前为保持联络所做的努力一样，这一次也深深地打动了我，令我无比快乐。我曾多次拜托善良的凡·埃姆登博士（Dr. van Emden）帮我把回信转交给你，但我不知道你是否全都收到了。所以假如你没有收到回信，我甚至都没办法让你知道，这并非我的过错……

我们的科研工作取得成果的日期遭到了灾难性破坏，对于这一事实的后果我不抱任何幻想，摆在我们面前的是一段艰难的时日，而我们唯一能做的就是维持火苗不要熄灭，直至有利的风向让它再度熊熊燃烧。荣格和阿德勒为精神分析运动留下的东西，正在被国家间的冲突所破坏。我们的协会与其他自称国际性的机构一样，注定要分崩离析。我们的杂志似乎也要走到尽头了；也许我们可以努力把《年鉴》运营下去。我们曾努力栽培和关注的一切，如今都不得不任其自生自灭了。你们对这项事业的奉献如此感人至深，对于它的终极命运我自然并不担忧，但不久的将来是我唯一能够感兴趣的事，我似乎只能看到笼罩在上空的阴云，我不应该责怪那些逃离沉船的鼠辈。我正努力地把研究集中综合在一起，我仍可为之做出些许贡献，这项工作已经带来了许多新东西……

请坚持住，等待我们重逢的那天。

1915年初，战局仍然对轴心国有利。德国抵抗了来自西部的所有进攻，取得了杰出胜利。弗洛伊德心情相当乐观。年初他说，战争可能会延长至10月底。那时，弗洛伊德曾表示他对即将到来的胜利很乐观，积极地期待和平，一个月后他写道："我的心不在这里,而在高地,也就是说,它在达达尼尔海峡,那里决定了欧洲的命运将如何。希腊将在几天内向我们宣战,这样,我们就再也看不到那些我曾见过的最心爱的城镇了。"

到了春天他反思道:"认为战争不会持续这么久是一种自我安慰的想法……对于即将发生的事件我感到极度紧张。你觉得,一切都会是令人满意的吗?"夏天,弗洛伊德认为战争可能会持续一年,但他仍对胜利抱有希望。"和其他大多数人一样,我也觉得战争越是难以忍受,前景越乐观。"到了秋天,态势变得不容乐观。"我想和平不会来得太快了。相反,在未来的一年里我们将要忍受更多残酷和痛苦的日子。""旷日持久的战争可以摧毁一个人,一场又一场的胜利混杂着日益艰辛的付出,不禁让人怀疑,背信弃义的英国人曾经的预言①是否将要成真。"

恩斯特·弗洛伊德、马丁·弗洛伊德和西格蒙德·弗洛伊德,1916年8月在萨尔茨堡。

当然其中也包含着弗洛伊德对两位战场上的儿子的强烈担忧:长子马丁在加

---

① 基钦纳勋爵(Lord Kitchener)在战争之初预言这场战役将持续3年。

第二部分　成熟时期（1901—1919）

利西亚和俄国战斗；最年轻的儿子恩斯特正在抵抗 4 月份加入战斗的意大利。马丁获得了一枚特殊勇敢奖奖章。另一个儿子奥利弗在战争期间从事工程类工作，修整隧道、营房等；在奥利弗获得工程师资格的同一天，安娜拿到了教师资格证。弗洛伊德的梦中几次出现过儿子遇难的情节，他认为这是对他们年轻的一种嫉妒。

翻译拼命拯救精神分析期刊，为保持工作的连续性采取了一些措施。他成功地挽救了《文摘》和《意象》(Imago)，但代价是把未出版的书当中的章节拆分出来发表到杂志上，然而《年鉴》杂志自 1914 年过后再也没有发行过。大部分编辑工作都得由弗洛伊德一个人来承担，与亚伯拉罕和费伦齐联系非常困难。6 月，兰克被征召；8 月萨克斯也被征召入伍，不过在林茨（Linz）训练了 12 天后被放了出来。弗洛伊德写道，早期的高效率写作似乎又重演了，但完全是孤独的。战争爆发时，维也纳协会停止了会面，但到了冬季会议就恢复了，每三周召开一次。当然接诊寥寥无几，这年年初只有两三个病人，都是匈牙利贵族。

费伦齐曾大胆跑来维也纳两三次，除此之外弗洛伊德在这一年和接下来的一年里几乎没有访客。不过有一个有趣的特殊访客是赖内·玛利亚·里尔克，当时正在维也纳进行军事训练。里尔克与弗洛伊德一家共度的那个晚上是很愉快的。9 月 13 日，弗洛伊德前往汉堡看望女儿苏菲和他的第一个外孙，途经慕尼黑和柏林。弗洛伊德这一年的书信虽然数量比以前少，但同样妙趣横生。以下是写给普特南的一封信的节选，日期是 1915 年 7 月 7 日。这一段话表达了弗洛伊德对人类事务发展的愿景：

> 我主要的印象是，我比从前更原始化了，比起我在波士顿的亲爱的朋友，我变得更加谦卑，没那么崇高。我察觉到他的崇高志向和他对知识的强烈渴望，相比之下，我把自己限定在最容易接近的微小话题上，也倾向满足于自己触手可及的东西。我相信我并不是对你所追求的东西缺乏欣赏，但令我害怕的是这一切当中包含巨大的不确定性；我的焦虑气质要盖过大胆的气质，我会为获得稳定感牺牲许多。
>
> 人类甚至精神分析学家的无价值感始终令我印象深刻，但为什么接受过分析的人总要比其他人好些呢？分析是为了统一（unity），却不一定是为了善（goodness）。我不同意苏格拉底和普特南的看法，即我们一切错误

都源于混乱和无知。我认为,当人们要求精神分析实现每一个精确目标时,是给精神分析套上了过于沉重的负担。

同一年,费伦齐给弗洛伊德讲了一件事:他与指挥官骑马同行时,在马背上给他进行了一次分析。他将此称为史上第一次"马背上的精神分析"。然后他突然想到,弗洛伊德跟歌德很像,并指出了一些共同点,例如他们都对意大利偏爱,你可能会想到这是大部分北方人的共同点。弗洛伊德回答说:"我真的认为你对我过誉了,所以其实我并不会从你的看法中获得愉悦,我不知道我跟你提到的那位伟大绅士之间有什么相似之处,我这么说并不是出于谦虚。我确实很愿意放弃谦虚这种美德——这是事实,或者说是客观判断。对于你的某种看法,我想用一个常见的例子解释一下:人们看到两个画家都在使用画笔和调色板时可能就会产生某种相似的印象,但这并不能说明两幅画的价值就相同。另一方面是你对我和歌德的情感具有某种相似性。我也得承认,我在自己身上也发现了这种品质的一个方面:一种不受惯例影响的勇气。顺便说一下,你也属于生产型人格,你想必也观察到了自己身上的生产机制:接二连三的大胆幻想与残酷的现实主义批判。"

然而费伦齐是不会被改变的,并且列举了更多的相似点。于是弗洛伊德回答说:"既然你坚持拿我和歌德比较,我也能贡献几句,相似和不像的地方都有。相似之处包括,我们都呆在卡尔斯巴德(Karlsbad);然后是我们都尊敬席勒,我认为他是德意志民族中最高贵的人物之一。不同之处是对待烟草的态度,歌德恨之入骨,但我却认为这是哥伦布唯一一项可以被原谅的罪行。总之,我不会被任何伟大的感觉所压迫。"

在另一封信中,他询问费伦齐是否知道有的人会因愧疚感而实施一些犯罪行为,以及排泄功能冲突位移向上可以引起口吃。

1915年,弗洛伊德与亚伯拉罕讨论的最重要的一个主题就是忧郁症的心理,这是他们共同关注的问题。但最耐人寻味的是他终于了解到婴儿性行为的原始基础。关于这个话题没有再多说下去,但我们或许可以猜测,此时他是否已经改变了对施虐与受虐的看法,9年后他连同死亡本能理论一同宣布了这个新观点。

弗洛伊德已经60岁了,年龄的与日俱增总令他感到心情沉重,他莫名其妙地相信自己只剩下几年的时光。因此他想尝试着去综合最深刻的心理概念,补充一些他认为仍应贡献给世界的东西;这种想法在他心中萌发了数年。4年前他告诉荣格，他"孕育了一种伟大的综合理论"，并计划在当年夏天着手书写。他为书取的标题不尽相同："超心理学简介"（Zur Vorbereitung der Metapsychologie），"超心理学入门文章"（abhandlungen zur Vorbereitung der Metapsychologie），"移情性神经症评论综述"（Uebersicht der Uebertragungsneurosen）。

"超心理学"的概念在弗洛伊德思想理论中占据核心位置。弗洛伊德想借此对一切心理过程进行全面描述，包括（a）其动态属性，（b）拓扑学特征，（c）其经济意义。这个术语，据我所知，是弗洛伊德发明的，最早出现在1896年写给弗里斯的一封信中。它第一次出现在出版物上是在1901年，但第二次出现则是在1915年那篇重要的文章"压抑"（Repression）中。

1915年3月15日，弗洛伊德开始撰写这一系列的文章。三周之内完成了两篇：《本能及其变迁》（Instincts and their Vicissitudes）和《压抑》（Repression）。接下来的一篇《无意识》（The Unconscious）于两周后问世，弗洛伊德说这是他最喜欢的一篇。最后两篇文章分别是《梦理论的超心理学补充》（The Metapsychological Supplement to the Theory of Dreams）和《哀悼与忧郁》（Mourning and Melancholia），于11天后完成。

这5篇文章是弗洛伊德所有作品中最深刻最重要的。他对心灵理论的独创性是如此新颖，以至于需要进行十分详细的研究。6周之内能完成全部几乎是难以置信的，但它就是这样发生了。这种狂热在科学史上恐怕很难找到第二个。

但弗洛伊德并没有休息。在接下来的6个星期内，他又完成了5篇文章，其中《意识》（Conscious）和《焦虑》（Anxiety）这两篇尚需修改。他告诉费伦齐说他刚刚完成了关于"转换性歇斯底里症"（Conversion Hysteria）的论文，正酝酿着写一篇"强迫型神经症"（Obesessional Neurosis），然后是关于移情性神经症的一般综述。又过了两周他告诉我，这个系列的12篇基本都快写完了。8月初他彻底完成这部分写作。

悲伤的是，最后7篇文章都没有发表，手稿也未能幸存下来。唯一一次提到它们大约是在两年后，他说起初他想以专著的形式出版这些文章，"但现在不是时候"。现在我无法理解的是，为什么战后我们都没有问过他那些文章都怎么样了。他为什么要销毁它们？我的猜想是，它们代表了一个时代的终结，是他一生工作的最后总结。他写这些文章的时候，还没有迹象表明他生命中的第三个伟大创作期将从1919年开始。可能直至战争结束，弗洛伊德都保留着这些手稿，而当具有革命性的新思想开始出现，并意味着原有的一切必须完全重塑时，他就销毁了它们。

弗洛伊德希望总结自己一生的工作，这一愿望在他此时参加的大学年度讲座中得到了证实。他决定最后一次举办讲座。一切似乎都结束了。

1915 年他发表了另外 4 篇文章。最后是两篇论文；《战争时代及死亡的思考》（Thoughts for the Times on War and Death）经常以各种形式重印再版，在圈外也风靡一时。

与前一年相比，1916 年则显得非常单调乏味。年初就发生了一件对于弗洛伊德来说算是不祥的事件，1 月份奥托·兰克被派往克拉科夫（Cracow）担任当地主要报纸的编辑。亚伯拉罕和费伦齐都不在身边，兰克的离开对于弗洛伊德来说是一个沉重打击，因为在编辑和出版活动中他都依靠兰克提供必要的帮助。现在在他身边的只有汉斯·萨克斯了，萨克斯顺应形势，弗洛伊德对他评价很高。弗洛伊德在战争余下的岁月里主要关注的就是至少要保住三份精神分析期刊。它们代表着精神分析运动留下来的全部。为了让它们存活下来，弗洛伊德特地为这些刊物亲自撰写文章，并缩小期刊规模——情况最糟糕时，降低发行频率，最后弗洛伊德实现了他的目标。费伦齐极力主张从《文摘》的标题中去掉"国际"（international）一词，因其已不再适用，但我恳求不要这样做，希望在整个战争期间，我的名字都能作为编者保留在杂志上。最后令弗洛伊德感到自豪的是，这是唯一一份让国际旗帜飘扬的科学期刊[①]，尽管当时这些国家间正经历着可怕的不幸。

新年第一天，弗洛伊德向艾丁格发去了问候，并说道："这场战争很难说。看起来像是暴风雨前的平静。没人知道接下来会发生什么，将带来什么后果，以及将会持续多久……这里精疲力竭的状态已经十分严重了，甚至是在德国，他们也不再是毫不犹豫地保持乐观了。"他说他的长子被任命为中尉，最小的儿子也成为军校学生；两人现在都在意大利前线作战。另一个儿子奥利弗在喀尔巴阡山脉（Carpathians）的一个隧道施工并已经结婚。一个月后弗洛伊德告诉费伦齐，他每天要看四份报纸，正期盼着与美国的战争爆发。那年春天，我说我有 11 个

---

① 我不能保证这是否完全正确。

病人，有 3 位还在排队，我在乡下买了一所房子和一台车。对费伦齐说起这个消息时，弗洛伊德评论道："快乐的英国。看起来不像是战争的过早结束。"

2 月弗洛伊德患了严重流感，同时也患有前列腺疾病。5 月份弗洛伊德 60 岁生日到了，他对艾丁格叫苦说，自己已经站在迈入老年的门槛上了。他写信给亚伯拉罕说："由于柏林报纸上已经刊登了通知，我生日的消息不能像我希望的那么保密了。尤其是那些外地的人，他们不知道我的想法，还主动赶来，为了做许多令我感激不尽的事。即使是在维也纳，我也收到如此多的鲜花，我都不用期待自己葬礼上的花圈了，希奇曼还给我送来了'祝福致辞'，非常感人，等我下葬前简直都不期待什么祭文了。"20 多年后，当致悼词的重任落到我肩头时，我对希奇曼当年的那些话一无所知。

在奥地利，食物短缺导致已经很难安排任何假期，边境封锁也导致弗洛伊德无法前往他心爱的贝斯特加登度假，也无法去看望他在汉堡的女儿。不过在 11 月中旬，她来到维也纳和父母一起住了 6 个月。7 月 16 日，弗洛伊德前往巴德加斯坦牛头山脚下的一个美丽的地方，他原打算在那里度过暑期，但当地的条件令他不太满意。一周后他去了萨尔茨堡，在布里斯托酒店里住了 5 个星期，这是协会召开第一届大会的地方。8 月底，他回到巴德加斯坦两周，于 9 月 15 日返回维也纳，假期结束得比往年的惯例要早。在假期的中期，他写道："一个人必须用一切可能的措施来逃避外部世界可怕的紧张局势；真的无法忍受。"

这一年里弗洛伊德与费伦齐的书信往来主要内容都是针对后者神经官能症的讨论，这妨碍了他生命中的一些重要决策。弗洛伊德的评价很简短，只是鼓励，而不是分析。事实上他给出了这样的建议，人做出决定时不要依赖任何分析，分析应当先于或遵循着这些决定，但不要伴随着同时出现。

在他们的通信中，二人普遍关心的话题，弗洛伊德的唯一评论就是关于可卡因"一旦过度使用"，可能引发偏执症症状，而且这种药物的停用也会产生同样的副作用。[①] 总的来说吸毒者不太适合做分析治疗，因为分析中的每一次失误或困难都会导致患者对药物的依赖进一步加强。另一句话，也许有人会把它们联系起来，就是他承认对烟草的狂热爱好阻碍了他对特定心理问题的研究。

---

① 为了避免任何误解我需要补充说明，这些话和费伦齐本人无关。

1915 年，弗洛伊德提到了诺贝尔奖。"诺贝尔奖授予了巴拉尼（Barany）[1]，几年前我因感觉他好像不太正常，而拒绝收他做学生，这件事使我产生一个很悲哀的想法，一个人想要赢得公众的尊敬时是多么无助。你知道，对我而言重要的只有钱，或许还有如何惹恼我的一些同胞。但是当世界的八分之七都在反对一个人时，让他去期待被认可是十分荒谬的。"

几天后，他告诉费伦齐，他根本没有病人，也看不到任何其他人。不过他心情很好，他把原因归于威尔逊总统的想法，对此人们应当认真对待。[2]

1915 年弗洛伊德出版了《入门讲座》（*Introductory Lectures*）的第一部分。这一年里，他唯一的科学活动就是筹备 1916—1917 年冬季学期的课程讲义。

1917 年比过去的一年更惨淡，甚至更低产。弗洛伊德早年对德国胜利的热情期盼已经消失殆尽了，他对战争的结果越来越悲观。

随之而来的是俄国的第一次革命。"如果一个人首先考虑的不是和平问题，他会强烈地卷入这场巨大的变革中。"4 月他致信费伦齐："我相信，如果到了 9 月潜艇还没有控制住局势的话，德国将会从幻想中觉醒，从而带来可怕的后果。"几个月后，弗洛伊德确信 1917 年没有和平的希望了，战争将会一直持续下去，直到美国人到来。

这年秋天他肯定感觉到了战争必败无疑。到年底，有明显的迹象表明，真相正在逐渐浮出水面，而弗洛伊德对德国失去了全部同情——他也不是很关心另一方。他写信给亚伯拉罕说道："我对写作这件事充满苦涩的敌意，正如我对其他许多事也都感到不满一样。你亲爱的祖国德国属于后者。即使身体条件允许，我也无法想象去那里旅行，在协约国和同盟国的争夺之中，我确定无疑地选择了海涅笔下《争辩》（*Disputation*）里的堂娜·布兰卡在托雷多的立场：'我只能说（Doch es will mich schier bedünken）……'[3] 唯一令人高兴的消息是英国占领了耶路撒冷，他们还提出了为犹太人建一座家园的实验计划。"

弗洛伊德最喜欢的妹妹罗莎在战争中失去了她唯一的儿子赫曼·格拉芙（Hermann Graf），一位年仅 20 岁的青年，于当年夏天在意大利前线作战时丧生。

---

[1] 译者注：巴拉尼（Robert，1876—1936），奥地利医学家，获 1914 年诺贝尔生理学—医学奖。
[2] 暗指威尔逊的建议即战争双方都应阐明其参战的根本目的。
[3] 影射经过长期的宗教纷争得出最终结论时女王总结道："我只能说，这两方都很恶心。"

第二部分 成熟时期（1901—1919）

这是全家人在战争中唯一的损失。尽管历经许多危险奇遇和艰难困苦，弗洛伊德的两个儿子还是泰然度过了战争。

然而前线的人口也遭受了严重损失，奥地利尤甚。在信中，弗洛伊德不得不多次抱怨寒冷的气候，以及很难获取足够的食物来维持健康；那些年里人们明显营养不良。费伦齐和安东·冯·弗罗因德（布达佩斯的一位富裕的酿酒商，弗洛伊德和费伦齐都很喜欢他）时不时地通过各种复杂手段走私面粉、面包，偶尔从匈牙利运来一些奢侈品，但他们提供的这些帮助很不稳定。一位昔日患者的兄弟雅各布斯·卡恩（Jacobus Kann）也从荷兰给他们运送食物援助。弗洛伊德的研究并未因此升温，他只能用冰冷的手指来书写，在冬季的那几个月里他必须放弃一切科学写作的念头。然而在谈及这些困难过后，弗洛伊德补充道："很奇怪，经受了这一切我仍然很好，我的意志也没有动摇。这证明了在现实生活中，人们对内在幸福的需求是多么有限。"此时除了前列腺疾病之外，他的风湿症也发作了，于是很幸运地拥有了所暗示的内在资源。

这年年底发生了一件事，可能会被后来的我们称为不祥的预兆。弗洛伊德最心爱的雪茄一直短缺，这自然是令人苦恼的事。"昨天我抽掉了最后一支雪茄，自那时起我就脾气很坏，感觉很累。我出现心悸，伴随着口腔肿痛感越来越明显，这个情况在拮据的日子里就出现了（癌症？）。接着一位病人给我带来了50支雪茄，我点燃了一支，立即变得快乐起来，上颚的味道也迅速消失了。如果不是这么神奇的话，我都无法相信。"此时距离癌症真正降临到他头上还有6年时间，我们知道这是外科医生们所说的"癌前阶段"。他的病症与吸烟之间的关联是肯定存在的。

那年夏天，弗洛伊德成功地前往斯巴托（Csorbató）玛丽亚特雷莎别墅（Villa Maria Theresia）度假，那里海拔大约4000英尺。当地很冷，他们遭遇了暴风雨天气，但弗洛伊德很喜欢这个街区，甚至还沉迷于他在度假时期最喜欢的活动：寻找蘑菇。费伦齐在那里待了两个星期，萨克斯呆了三个星期。艾丁格和兰克也设法去探望了他一两天。

在这一年里弗洛伊德的诊所营业状况自然也是相当不稳定的。年初没有开好头，一位病人都没有。到了4月情况有所好转，但6月里只有3位病人。不过假期过后的几个月里有9位病人。但是，他的收入根本无法跟上物价上涨的速度。他们只能"不可避免地破产了"。

5月，弗洛伊德听闻乔安·斯塔克（Johann Starcke）在荷兰逝世的消息，深感悲痛。他是最有前途的分析师之一，他的死亡被认为是精神分析界的一个巨大损失。除此之外，夏天时兰克的冬季抑郁症又出现反弹现象，年底再次严重复发。费伦齐也是焦虑的来源之一。2月份他被发现患有肺结核及格雷夫斯病（突眼性甲状腺肿大）（Grave's disease），曾在塞默灵（Semmering）的一家疗养院里度过了3个月。

在如此众多出乎意料的意外事件冲击下，弗洛伊德没有心情工作是很正常的。有时候他会抱怨战争局势太紧张，以至于令他不想写作。他在给费伦齐的未婚妻的一封信中写道："有时候我很讨厌生活，一想到这艰难的生活就要结束，我就松了一口气。但这种时刻又一个想法袭来，我想到了我那些朋友，他们还都非常需要照顾。"他写信给亚伯拉罕："我一直努力工作，感觉疲惫不堪，我开始发现这个世界是令人作呕的。我迷信地认为我的生命将在1918年2月结束，这似乎是一个很不错的念头。有时候我不得不努力来重新获得对自己的支配能力。"但当这种想法遭到费伦齐的反对时，弗洛伊德回答说："当我读到你的信时，我微笑地看着你乐观的言论。你似乎相信'同样的事会永远重复发生'①，想无视命运确定无疑的方向。像我这把年纪的人，留意到自己那无可避免的逐渐衰退也不是什么新鲜事。我希望你能很快说服自己，这并不意味着我心情糟糕。我每天与9个白痴一起从事出色的工作，我几乎控制不了自己的食欲，我也不像从前那么睡得好了。"

正如人们所料，弗洛伊德在1917年的学术成果不太多。年初他写了一篇文章《精神分析道路上的困难》（A Difficulty in the Path of Psycho Analysis）。这篇文章描述了人类在科学界遭受的三次重大打击：先是从宇宙中心的位置离开，然后被迫离开了动物世界的特殊位置，最后发现自己甚至都不是自己心灵的主宰。这一年的主要出版物是《入门讲座》的第二部分。这些都是春天完成的。从斯巴托返回维也纳的火车上，弗洛伊德写了一篇关于歌德的小文章：《〈诗与真〉（Dichtung und Wahrheit）中的童年回忆》。9月，他主要写作一篇1月份就开始写的人类学论文《童贞的禁忌》（The Taboo of Virginity）。

但实际出版物数量并不能完全代表弗洛伊德这一年的写作成果。有一个重要

---

① 引用尼采的一句话。

的主题贯穿了他全年的思绪。这是他和费伦齐共同承担的一项研究，即拉马克思想与精神分析的关系。亚伯拉罕对此一无所知，于是弗洛伊德给他寄去了以下摘要："我们的目的是把拉马克的理论全部置于我们的基础上，并力图说明他提出的产生并使器官变化的'需求'本质上就是无意识支配身体的那种力，在这里我们看到的歇斯底里症的遗迹：简言之，就是意念的'万能'。目的和用途理论将可以用精神分析来解释说明；这将是对精神分析理论的完善。其后有关变化或进化的两大原则将会出现：一个是通过（自体）对自己身体的适应，然后是通过改变外部世界实现的（异种）。"在弗洛伊德一生中最后一段非常思辨化的时期里，这个思路一直贯穿始终。

到1918年时，弗洛伊德显然已经像许多奥地利人一样接受了被德国一路拖到最后的悲惨下场。3月的一场被英国人称为"鲁登道夫进攻"的战斗，唤起了为另一场胜利，而非和平本身的希望。"我想，我们必须盼望德国获胜（1）这是一个不愉快的想法，（2）仍然没什么可能。"

战争带来的困苦生活一直在持续。除了严重的粮食短缺和供暖不足问题外，还有无数细小的麻烦不断阻碍着日常活动。弗洛伊德的家庭在食物方面比大多数维也纳家庭要好多了，这得益于费伦齐和冯·弗罗因德的不懈努力；他们使用或者滥用自己的军事地位，以各种巧妙的方式实现这个目的。肉食一直是弗洛伊德的主菜，战时肉制品的严重缺乏使他非常气恼。他一再向朋友们感谢他们给予的帮助，想到有这样忠诚的朋友他感到很高兴。

2月，弗洛伊德成功治愈了的一位病人给了他一万块（奥地利旧金币），名义上相当于2026美元，但实际上连四分之一都不值。弗洛伊德开始"扮演富人"，把这笔钱分给他的孩子和亲戚们。

在这一年的上半年，弗洛伊德的情绪变化不定很明显。他显然已经决定没什么可期待的了。"我们能做的只有冷淡地接受现实了。"亚伯拉罕的坚定想法总是会鼓舞他："我不停地动摇的勇气和放弃的想法在你那平和的气质和坚不可摧的生命力之中得到了安慰。"3个月后弗洛伊德写道："我妈妈今年83岁了，身体也不再那么强壮。有时候我觉得，她死了的话我会更自由些，因为想到一旦她被告知我死掉了将会是一个十分可怕的事。"

这个夏天发生了两件令人愉快的事件，使得弗洛伊德的心情变好了，并维持了下去。这两个事件分别如下：匈牙利人菲尔·安东·冯·弗罗因德博士最近切除了一个睾丸肉瘤,无疑他很担心会复发。这种担心在他身上引发了神经症症状,而弗洛伊德成功地治愈了他。然而,生活总是变幻莫测,弗罗因德产生了慈善计划的念头,用以处理他那笔庞大的财产,并决定用它来继续促进精神分析事业的发展。弗洛伊德把他介绍给了费伦齐,并于当年夏天开始筹备具体的行动。弗洛伊德的出版物,不论是书籍还是期刊方面总有没完没了的麻烦,不仅是印刷纸、打字机、劳动力的极度短缺,更是因为他的出版商海勒是个很难沟通的人。于是弗洛伊德产生了自己创办独立的出版公司的想法,也即出版社(Verlag),能够让他拥有对这些项目的独立控制权。这正是冯·弗罗因德正在着手安排的,一开始费伦齐一起帮忙,随后得到来自兰克的更为专业的帮助。

这一年另一件鼓舞人心的事件,是在暑期召开了一次精神分析大会。在战争期间安排这样一次大会的想法,当然是来自精力充沛的亚伯拉罕。会议在布达佩斯举行,弗洛伊德现在称布达佩斯为精神分析运动的"中心"。

第五届国际精神分析大会于1918年9月28日、29日在匈牙利科学院礼堂召开。这是第一次有政府代表出席的正式大会,包括奥地利、德国和匈牙利的政府代表。他们决定出席大会的原因,是出于对军队中越来越多的"战争神经症"的日益重视。年初西美尔(Simmel)出了一本书,加上亚伯拉罕、艾丁格、费伦齐等人的杰出治疗工作都有目共睹,即便不是针对一般意义上的医疗受众,至少可以说给军队里的高级医务官们留下了深刻的印象。也有说法表示军方考虑在各大战营架设精神分析中心来应对战争神经症。

布达佩斯市长和地方法官展现了热情好客的形象。新的温泉酒店盖勒特-佛多(Gellért-fürdö)专为与会者保留,为了方便协会举办会议和晚宴,政府方面还提供了一艘多瑙河上的轮船供大家使用。总之整个气氛十分友好,鼓舞人心。费伦齐当选国际协会的下一任主席。在接下来的一个月里,超过一千名大学生向校长请愿,要求费伦齐前来开展一次精神分析专题讲座。42名分析学家和支持者出席了大会。弗洛伊德宣读了一篇关于"精神分析治疗的进展"(Lines of Advance in PsychoAnalytic Therapy)的论文。出于某种奇怪的原因,弗洛伊德确实在那次讲座上宣读了这篇文章,他背离了一贯的不发表任何演讲或演说的原则。为此他遭到在场的家人的强烈反对;他们坚持说他破坏了家庭传统,令他们蒙羞。

尽管他尽量地远离一切正式仪式,他不能不被当时的热情场面所感动,光明的前景出乎意料地延长了他的工作时间。几天后,弗洛伊德写信给费伦齐:

第二部分　成熟时期（1901—1919）

"现在我心满意足地陶醉着，我的心情很好，因为我知道，我最为担心的事（Sorgenkind），我一生的工作；在你和其他人的保护与合作下将会得到很好的照顾。我会望着美好未来的来临，即使我是从远处遥遥望着。"费伦齐回答说，关于远方遥望的这个故事他十年前就听说过了，当时弗洛伊德正决定让位给荣格。

在战争期间，弗洛伊德很少收到菲斯特的消息，不过这一年的10月份他们的通信恢复了，因为菲斯特出版了一部新书。在对这部作品赞扬过后，弗洛伊德说对书中的两个观点不能同意：对婴儿性观念和对道德的批判。"在后一点上我给你让路；这个话题与我的兴趣相去甚远，你有对灵魂的关怀。而我不太关心善恶的问题，但总的来说，我并没有从人们身上发现'善'的一面。在我的经验里，他们大多数都是乌合之众，不论他们是否宣称自己是这个或那个道德学说的拥护者。你不能说这种话，可能连想都不敢想，虽然你的生活经历跟我的也不可能有太大出入。如果谈到什么道德问题的话，我承认我有崇高的理想，但悲哀的是我认识的大多数人都与之相去甚远……从治疗的角度来看，我唯一羡慕你的，就是你能从宗教中获得升华的可能性。但宗教之美当然不属于精神分析的范畴。当然我们在这个问题上的方法是不同的，而且很可能一直如此。顺便说一句，为什么那些虔诚的人们无一人发现了精神分析？他们为什么非要等待着一个邪恶的犹太人来发现它呢？"

在过去的一两年里，随着收入的不断下降，弗洛伊德有理由担心自己的财务状况将以破产而告终。他的妻兄艾利·伯奈斯怀疑他的经济状况不佳，在美国于1917年参战之前就从纽约给他寄了一大笔钱；四分之一个世纪多以前，弗洛伊德曾帮助他离开奥地利前往美国，这也算对当年那次帮助的一种令人宽慰的报偿。然而这些钱早就被花光了。

接下来则是随着奥匈帝国的解体，奥地利政府垮台。弗洛伊德说他对这一结果有着难以自制的满足感。两周后他写了一封信："这个时代太过紧绷了。陈旧事物的消亡是件好事，但新事物尚未到来。我们在等待着来自柏林的好消息，这个消息将会宣告崭新的开始。但我不会为奥地利或德国的命运而流泪。"他并没有期望威尔逊能有什么好表现，我知道后来弗洛伊德对他十分气愤，因其用许许多多自己无法实现的承诺误导了欧洲。

他写信给费伦齐："我预感德国会发生可怕的事情——比你和我所遭受的更可怕。想想这4年半以来的紧张局势吧，现在突然松缓了真是令人非常沮丧。抵抗，血腥的抵抗将会出现。威廉是一个无可救药的浪漫派；他对革命的误解如同他误解了战争一样。他不知道堂吉诃德的骑士时代已经结束了。你不要让自己太在意匈牙利的命运；或许这个如此有天赋而强壮的民族将会再度复发。至于奥地利的衰落，我只有深深的满足。幸运的是我不认为自己是德属奥地利人或是一个泛德国人……我们的精神分析运气也很差。刚刚因为战争神经症为世界所关注时，战争就结束了，我们一旦发现了财富的源泉，它就立即枯竭了。但厄运总是与生活相伴相生的。我们的王国显然不属于今天的这个世界。"

战争给人造成的焦虑是一个值得思考的问题。几个星期以来，弗洛伊德的长子马丁都杳无音信，所以各种可能性都是存在的。最后谣言传来，说他的整个部队都被意大利人俘虏了，直到12月3日一封明信片寄到维也纳，直白地宣告他正在意大利的医院里。直到第二年8月底他才得到释放。

尽管印刷纸和打字机极度短缺，弗洛伊德还是成功地于1918年出版了他的《著作集》(*Sammlung kleiner Schriften*)第四卷；这一卷有717页，相当于前三卷加起来的厚度。

和平直至第二年的夏天才得以最终实现，与此同时德国的情况继续恶化，奥地利及其他剩下来的地方尤为严重。弗洛伊德伤心地抱怨道："比起这几个月的残酷景象，以及即将到来的无疑更加残酷的日子，过4年的战争都是个笑话。"

弗洛伊德的私人营业状况现在已经基本恢复了，他每天要治疗9到10位病人。但现在他们付的钱只值战前的十分之一。新年伊始弗洛伊德写信给费伦齐："我们常常谈到改变自我以适应环境和改变外部世界的问题。现在我的适应能力在罢工，对这个世界我也无能为力。我仍然尽可能不去用这种态度影响到年轻健全的人们。"

起初他缺乏新的想法，但是很快有关受虐狂的话题就出现了。他对费伦齐的一篇关于技术的论文很感兴趣，称之为"精神分析的金子"。听闻费伦齐在3月初的婚讯，弗洛伊德很高兴；现在他从照顾费伦齐的重任中解放出来了。但另一方面，一位匈牙利朋友弗罗因德则有坏消息传来，他的肉瘤还是复发了，余下的日子屈指可数。

3月，弗洛伊德表示他突然间变得思如泉涌。几年前他曾告诉费伦齐，他真正的创作周期要每7年出现一次。现在时机已经成熟了，他的创作能力再度复苏，在某种程度上这是非常令人吃惊的现象。

24. 生活与工作模式

应该谈一谈弗洛伊德生活方式的话题了。我们可以从自然环境的描述开始。山巷街这个名字的由来，是由于它是从一条大马路上陡然下斜的小巷，这条街两边都是18世纪典型维也纳风格的房屋，还有几家商店。19号楼的一层有一家肉铺。屠户的名字叫西格蒙德，他的招牌钉在大门的一边，而对面则挂着一个牌子，上面写着西格蒙德·弗洛伊德教授，形成有点奇特的对比。主楼的入口很宽，这样马和马车就能直接穿过花园和后面的马厩。进来以后，左手边是看楼人的宿舍。和其他维也纳市民一样，我过去也觉得很奇怪，弗洛伊德没有回家的钥匙，如果他在晚上10点以后回来还得去叫醒门房给他开门。右手边是一截6层的楼梯，通往三间工作用的房间，弗洛伊德在此营业从1892年一直到1908年。透过房间后面的窗户可以看到花园的景色。一段华丽的石阶通往下一层楼，这是弗洛伊德和他的家人生活的地方。

1954年，世界心理学卫生联合会为这所房子挂上了一个纪念牌，以纪念弗洛伊德曾在那里居住多年。

20世纪30年底，市议会提议把这条大街更名为"西格蒙德·弗洛伊德大街"（Sigmund Freudgasse），这是追随当时维也纳兴起的一种纪念名医的风气。弗洛伊德称其为"荒唐的"。由于政治冲突介入，这一提案被撤销了。然而到了1949年2月15日，市议会决定把一套维也纳第九区的公寓命名为"西格蒙德·弗洛伊德小区"（Sigmund Freud-Hof）。

1908年春季，弗洛伊德改变了他的内务安排。他放弃了那套已经成为他的圣地的三层楼小公寓，接管了妹妹罗莎的公寓。这间房子一楼挨着他的公寓，于是现在整个一楼都属于他了。他开了一扇门，能从新公寓直接通往旧公寓，而不必打开前门。他在会见病人时可以由此节省几分钟的时间。另一个改变则是让病人可以在治疗结束时直接离开，不必再回到候诊室里，所以两位患者就很难见到彼此。女仆会在恰当的时候取来帽子和外套，递给离开的病人。

24. 生活与工作模式

弗洛伊德的房间是这样的。首先是一个小小的候诊室，窗户对着花园。这间房间宽敞得足够容纳几年来维也纳协会星期三会议的成员，直到这个队伍变得壮大起来。房间中央有一张长方形的大桌子，整个房间都装饰有弗洛伊德各种各样的古董收藏。在候诊室及其毗邻的隔壁诊室之间，弗洛伊德安装了一道双扇门，台面呢做内衬，两侧悬垂着厚重的窗帘；这种设计确保了绝对的隐私。弗洛伊德的旁边是沙发，他坐在一张不太舒服的椅子上，面向窗外，同样可以看到小花园，后来他用一个高凳子来支撑脚。诊室里同样有许多文物，包括著名的格拉迪瓦（Gradiva）浮雕。诊室通往弗洛伊德的秘密书房。这里摆满了书，也有很多的古董柜。弗洛伊德的写字台不大，但总是很整洁。打扫这里必然是个考验，因为里面摆满了小雕像，大部分来自埃及，过去弗洛伊德经常从他的柜子里换掉。弗洛伊德喜欢收集希腊、亚述、埃及的文物，这在弗洛伊德感情生活中扮演的重要角色我们之前已经讲过了。幸运的是，他的所有藏品后来都原封不动地运到了伦敦的家里，如今都成为优秀的展品。弗洛伊德不时收集各式各样的物品，这是他最大的乐趣之一。我们当中的几个人很珍惜这些小物件，他的儿子恩斯特有几个非常不错的收藏，显然是根据弗洛伊德的艺术喜好来选择的；对于弗洛伊德来说，古物的艺术价值总是次于它的历史或神话意义。

这套房屋有三间接待室和几间卧室。总面积不少于12个老式维也纳瓷炉。孩子们都自豪地认为，在他们的圈子里家里拥有11张桌子是独一无二的。在维也纳，弗洛伊德的生活除了工作之外几乎别无他事。早上8

弗洛伊德在书房里，维也纳，1938年3月。图片来源：埃德蒙·恩格尔曼。

点开始接待第一个病人，这意味着刚过 7 点就得起床。这么早就让他起床真的很不容易，由于辛勤工作和加班，弗洛伊德总是渴望能得到更多的休息。然而，一场冷水浴就会使他恢复精神。理发师每天早上都来给他修剪胡须，必要时还会理发。自从在美国发现自己大胡子的外表很奇特之后，回到欧洲以后他都会刮掉面颊上的胡子。但几个月后他决定停止这项工作；不久之后他也放弃了自己的小胡子和大胡子，后来修剪得都很短。早餐的时间很匆忙，他会瞥一眼《新自由报》（*Neue Freie Presse*）。弗洛伊德给每位患者的时间都是精确的 55 分钟，因此每两个人之间会有 5 分钟的休息时间，以使头脑清醒获得新的印象，或者是冲进屋子里看看家务上的最新消息。但他向患者强调务必守时。

弗洛伊德一家人每天下午 1 点钟吃午饭。这是一家人团聚的唯一时刻；晚饭总是很晚，吃饭的时候年轻人已经休息去了。午餐是一天中最主要的一顿，主要有汤、肉、奶酪等，还有甜点。弗洛伊德很喜欢他的食物，吃饭时总是很专注于食物。弗洛伊德吃饭时不太说话，有时候来访者不得不跟他家人一起吃饭的话，难免会有些尴尬。然而，弗洛伊德从不错过家庭事务和日常新闻。如果孩子错过一顿饭，弗洛伊德会用刀或叉子指着那个空座位，望着桌子另一端座位上的太太，投去疑惑的眼神。她会解释说，孩子不来吃饭或者有什么其他事情，弗洛伊德的好奇心得到满足，会点点头，然后继续默默地吃饭。他渴望与家庭保持联系。

除非特别忙，弗洛伊德在下午 1 点到 3 点之间是休息时间，饭后休息几分钟后，他就会在附近的街道上进行有组织的散步了。这将是进行一些小型购物的机会。作为一个非常敏捷的步行者，弗洛伊德在他所能支配的时间里，可以走上很远的路程。他可以走到他的出版商德意迪克（Deutick），后来是海勒（Heller）那里交一些样稿。还有一件重要的事就是去麦科勒（Michaeler）教堂旁边的烟草店（Tabak Trafik）买一些新的雪茄。下午 3 点是咨询时间，出于这个目的，弗洛伊德会穿上外套。从这时起一直坚持忙到晚上 9 点，吃晚饭。特别忙的时候，弗洛伊德甚至会和病人一起工作到 10 点，这意味着每天要进行 12 甚至 13 个小时的分析工作。

从下午 1 点到晚上 9 点什么食物都不吃，似乎是一个漫长的过程，直到他 65 岁时，才开始在下午 5 点钟左右喝上一杯咖啡。

吃午饭时，弗洛伊德会很轻松地与家人在一起，而不是在一种心不在焉的心情中度过。之后,他会和妻子、妻妹或是后来的女儿一起散步。有些时候他们会去咖啡馆;夏天去兰德曼(Café Landmann)咖啡馆;冬天去中央咖啡馆(Café Central)。当女儿们去剧院时,弗洛伊德会在电影院附近的某个灯柱下等着迎接她们,护送她们回家。

他的大女儿讲了一个故事,可以从中看出弗洛伊德对家人的礼貌。14岁时她被邀请在父亲的右手边走路。学校里的一个朋友观察到这件事以后告诉她,这是不对的;父亲应该永远走在右手边。但女儿自豪地回答说:"我和我的父亲不是这样,在他身边我永远是女士。"

回到家后,弗洛伊德立即回到书房中,专心工作,首先是回复信件,他总是一封封回复,然后是正在撰写的论文。除此之外,还有准备新文章和修改校样的工作,不仅包括自己的作品,也包括正在编辑的期刊。凌晨1点之前他从来不睡觉,常常要工作到很晚之后。

刚才描述的例行程序还需要插入补充一些其他的。每个星期三都有维也纳协会的例会,弗洛伊德往往会参加讨论或宣读论文。每个星期二他会去参加圣约信徒(B'nai B'rith)协会的犹太旅馆会议,有些时候他也会读论文。星期六的晚上是很神圣的,弗洛伊德很少在这天晚上错过他最喜欢的娱乐项目——卡牌游戏塔罗克。晚上在剧院度过则是罕见事件。必须得是一些他非常感兴趣的东西,例如莫扎特的歌剧或是莎士比亚的戏剧,才能够让他恋恋不舍地离开他的工作。

星期天当然没有患者。早晨,弗洛伊德会在一两位家庭成员的陪同下去看望他的母亲。家里常常也有一个或几个妹妹在,大家会聊些家庭八卦。弗洛伊德是个很顾家的人,他关心很多家庭困难,而且会给出一些自己的建议。在这些场合中,他听的远比说的多,当出现任何重大问题,例如经济上的问题时,他会与弟弟亚历山大在家里静静地谈论此事。偶尔,他会去拜访朋友,或者上午会有朋友来拜访他,但这种情况一年里只会发生几次。在以后的几年里,星期天是弗洛伊德最喜欢的日子,因为他可以见到一些来自国外的精神分析界的朋友,他可以与他们共度好几个小时的时光。有几次,我和他在一起一直待到凌晨3点,尽管打扰了弗洛伊德晚上休息的时间,我良心很不安,但他觉得这场有趣的谈话很难结束。星期天晚上,弗洛伊德的母亲和姐妹们都会来进行一次家庭聚餐,但是吃罢饭弗洛伊德会立即回到自己的房间去。如果有人想和他私下里说句话,或是一些建议,就不得不去他房间里找他。星期天也是弗洛伊德经常用来写作的日子。

众所周知弗洛伊德是个重度烟瘾者。他平均一天要抽 20 支雪茄。与其说是习惯，更不如说是一种瘾，尤其是在后来他无法吸烟之后所表现出来的种种痛苦可以证实这个判断。这件事发生在战争的最后几年里，以及后来出于健康考虑的戒烟。当出于健康原因而不得不放弃含尼古丁的烟草时，弗洛伊德把脸拉得很长。另一方面，弗洛伊德从未有过过度饮酒的倾向。他曾给他的未婚妻写信，说自己"没有酗酒倾向"。作为一个年轻人，他喜欢酒，但不包括啤酒或烈酒，在去意大利的旅途中他会品尝一点当地的葡萄酒。然而在维也纳，他一点也不喝，家里也不会有任何酒。这很可能并非出于什么原则，只是他不喜欢任何饮品引发的一丁点精神混乱；弗洛伊德总是想保持头脑的清醒。

弗洛伊德的服装总是很整洁，不会出错，虽然不时髦也不考究。战争前，他身着一套深色休闲服，内衬一道笔挺的白色领口和一条黑色领带；他的礼服外套只在特殊场合才穿。他的帽子是当时在维也纳很常见的一种宽大的黑色帽子；丝绸帽子则是为非常罕见的礼仪场合准备的，但弗洛伊德总是很成功地避免出席类似场合。

弗洛伊德的婚姻生活值得一提，因为关于这方面各种各样奇怪的传闻似乎很盛行。弗洛伊德的太太无疑是他爱情生活中唯一的女人，她的位置高于所有其他人。但是婚姻生活中更富激情的一面，在弗洛伊德这里可能消退得比其他男人要早——事实上我们知道这是什么意思——而是被一种不可动摇的忠诚和完美和谐的理解所取代了。曾有一位作者说："玛尔塔·弗洛伊德是一位勤于打扫、洗刷、整理家务的主妇，她不会休息，也不会允许坐垫里面的填充物还没塞好。"这种说法完全不符合事实。当然，玛尔塔是一位很能干的管家，但如果说在家庭的一切事务中，她把家务卫生放在第一位，那就太离谱了。玛尔塔并不是一个"保姆型"女性，她是一位非常有教养的女士，对于她来说生活中的风雅也是非常重要的。她的晚间活动就是阅读，她始终关注着当下的文学动态直至漫长的生命结束。托马斯·曼是她最喜欢的作家之一，当他来访时她感到非常高兴，这是在弗洛伊德家受到款待的许多著名文学家之一。玛尔塔几乎没有什么机会去追求纯粹的智力研究，可能也没有这种欲望，她几乎不了解她丈夫的专业工作细节。但是在他的信中，提到他写的关于《格拉迪瓦》(Gradiva)、列奥那多（达·芬奇）以及摩西等的文章时，都会不经意地提到玛尔塔。

接着就是他的妻妹，"小姨子明娜"(Tante Minna)，后者与弗洛伊德一家一同生活了 42 年。对于弗洛伊德的工作，明娜无疑比她姐姐了解得更多。弗洛伊德曾有一次说，在那些孤独寂寞的年头里，只有弗里斯和明娜能够理解他。明娜言辞犀利，常常吐露出许多警句，被全家人收藏。毫无疑问，弗洛伊德欣赏她的言谈，但说她在任何方面可以取代弗洛伊德对她姐姐的感情，这种说法则完全是胡说八道。

弗洛伊德的孩子们非常惊讶地读到了一本书，是一位美国作家写的，想象了孩子们和父亲之间的关系特征。首先，他们惊奇地发现，在弗洛伊德的天性中，给予孩子们自发的、单纯的爱是不可能的，他把自己对他们的感情"封闭"起来。我不由得想起记忆中的一幕，他的女儿，当时已经是中学生了，坐在他的大腿上，毫无疑问弗洛伊德表现出了他全部的爱，或爱的表示。和孩子们在一起，分享他们的快乐，是弗洛伊德最大的幸福，他把自己唯一的空闲时间都用来跟孩子们一起度假。要知道一位严厉的父亲应该是什么样子，对于他们来说仍然是奇怪的事。有的人将弗洛伊德与孩子的关系，描绘为一种家长式的严厉，对父亲怀有敬畏，分毫不差地服从他，构成孩子们的成长基础。相反，弗洛伊德对孩子的教育如果有值得批评的地方的话，那就只有——对他们似乎宽容过头了。弗洛伊德允许孩子们的个性自由发展，尽量给予最少的束缚或限制，这种教育方式是非常罕见的，弗洛伊德甚至已经在这个方向上走了极端——然而，孩子们后来的生活都非常幸福。他的儿子们和女儿们都是如此。

在伯格大街生活的这一家人有一个非常不寻常的特点：拥有异乎寻常和谐的氛围。孩子们和他们的父母一样，极富幽默感，所以生活中少不了笑话，有可能有时候相互取笑，但从来没有什么争吵之类出现。他们谁也想不起来有什么吵架的场景，父母更没有吵架，甚至从来没有出现过类似的"架势"。整个家庭的气氛都是自由的、友好的、平等的。弗洛伊德不是一个感情外露的人，他不是那种会在陌生人面前亲吻太太的男人，但他感情的深泉从心底里喷涌出来滋润着整个家庭。

弗洛伊德在抚养孩子的事情上下定了一个决心，只要是他能力允许的范围内，孩子们不应该经历他自己早年那种缺钱的焦虑。他的计划是，孩子们应该拥有他们所需要的一切，包括快乐和教育，直至他们能够自己生活；自此，他们不再期盼任何东西。他离开人世时可能会剩下的一切财产都是留给家眷的。离开维也纳之前，他给他的妹妹们留下了一笔财产，另外一小笔交给了一个信得过的家庭，以便他的太太以后可以随时从那里拿钱。在此期间，孩子们不仅在用钱的问题上没有任何忧虑，而且甚至尽可能少地了解关于钱的事，事实上他们除了自己的零用钱之外其他什么也没有。这就相当于另一个极端了，其实如果他们学习过钱在生活中所扮演的角色，那么他们的生活也许会更容易一些。但是这种养育方式也并没有带来什么不良后果。

弗洛伊德过去常说，有三件事是永远不该节省钱的：健康、教育和旅行。他还说，孩子们的自尊是很重要的，应该给他们穿好一些的衣服。

弗洛伊德特别注意到，孩子们的假期旅行不应该因为缺钱而受到阻碍。他会给他们想要的一切，这也说明了这些孩子们性格的一个特点，他们当中无一人会滥用这种慷慨。另一方面，弗洛伊德的体贴和正义感会考虑到任何同伴们的财务情况。这正是他大儿子最需要的品质，他最好的朋友碰巧是个年轻的穷光蛋。二人想一起去山里旅游时，弗洛伊德先让儿子问问朋友带来多少钱，然后再给他同样的数目，这样他的朋友就不会尴尬了。

自然，弗洛伊德的主要收入来源于他定期的治疗工作。战争之前，他的收费是 40 币（8.10 美元），在维也纳来说算是收入很高的。他把每一次咨询中所收获的东西都视为奖赏，并且把它们作为自己爱好的保留——收集古董。这些年里，版税的数额很小，这些钱都用来给孩子们买礼物了。送礼物是弗洛伊德的一大乐趣。他太喜欢送别人礼物了，以至于无法耐心等到最合适的时机。他不顾妻子的反对，总是在孩子生日前一天晚上就把礼物送到了。弗洛伊德热情而急躁的性格并不只有这一个例子。邮差的到来也是他每天热切盼望的大事件。他不仅非常喜欢收信，一旦朋友们没有像他那样迅速地回复信件，他还很容易感到不耐烦。

当时在奥地利，很少会有公民一丝不苟地申报所得税，弗洛伊德可能也不例外；把家庭的需要置于皇帝之前，并不是什么奇怪的事。一次，有关部门给他写了一封信，表示惊讶地发现他的收入并不高，"因为人人都知道他早就名扬四海了"。弗洛伊德则尖刻地回答说："弗洛伊德教授非常荣幸地收到政府的一封信。这是政府第一次注意到他，他也承认这一点。不过有一个说法他不同意，他的名声不是已经名扬四海了，而是从奥地利的边境线才开始传播的。"

弗洛伊德对金融交易从来没有感兴趣过。他节省下的钱，全都投资于保险和政府债券了，从来没有投到过股票交易所。这笔钱在战争通货膨胀后都失去了价值。当他从这个打击中恢复过来以后，他再次投资于政府债券，但把大部分钱留在国外一个更安全的银行账户中。晚年，他的银行家儿子马丁掌管着他的财务，弗洛伊德把这件事完全托付给了他。如果了解到他青年时代是如何饱受贫困之苦的折磨的话，人们就会明白他对金钱的这种态度是再正常不过的了。钱在现实世界中有着重要意义，但没有情感价值。弗洛伊德总是比其他人慷慨一些，不仅对那些遇到困难的亲戚，也包括那些贫困的学生，他的个人经历使他很容易同情贫穷的人。

弗洛伊德关注当地的新闻和政治事件，但并没有过多参与其中。他对社会党提出的更为渐进的改革措施比较赞赏，但他不是社会主义的信徒。他的弟弟亚历山大在政界活动，强烈反对社会主义，但听他的长篇大论时弗洛伊德只是报以一个安静的微笑。他从未选举过社会党，也没有投票反对过激烈反犹的基督教政党。有一个小规模的自由党曾经有一两次在弗洛伊德所在的选区提名候选人；这时候弗洛伊德会给他投票。

在60多岁以前，弗洛伊德从来没有得过什么严重的疾病。但是，他的健康状况总是不断受到一些轻微的干扰。在他给朋友的信中总是会提到他的肠道疾病，慢性便秘是最突出的症状，其他的问题都很模糊。在不同时期这种肠道不适被诊断为结肠炎、胆囊炎、简单的消化不良或是慢性阑尾炎。所有这些情况都有可能出现在他这样一个久坐不动的人身上，但这种病症一部分可能也是神经症的产物。在弗洛伊德进行自我分析之前一直深受神经症的困扰。

其他的毛病，包括反复发作的"风湿病"。他的右手经常患风湿，使写作变得很困难。同样令人惊讶的是，像弗洛伊德这样一个沉迷于用笔的人，有时候也会有书写痉挛发作。再就是弗洛伊德终身患有严重的偏头痛和复发性鼻窦感染，晚年前列腺也有一些小麻烦。

弗洛伊德一生都在全神贯注地思考死亡的问题，死亡的意义、对它的恐惧，以及对它的渴望等。他经常对我们说起或者信中写到这个话题，他总是说他年纪大了活不多久了。弗里斯的"周期性"计算说他会活到51岁。最后这个年龄过去了已无大碍，弗洛伊德就又采用另一种迷信——他将死于1918年2月。这个日子也悄悄过去，他做出了很典型的讽刺评论："这显示人们对超自然力量的信任多么靠不住。"

假期对于弗洛伊德来说确实意味着一种非常不同的生活。当火车带着他离开讨厌的维也纳时，他会满足而宽慰地叹息。许多个月之前，通常早在1月份，全家人和朋友们就开始展开讨论，为即将到来的夏天选择最有吸引力的地点。弗洛伊德经常在复活节进行探索，并把有趣的见闻汇报给家人。他们在这些事情上都是鉴赏家，要求也十分特殊：一个舒适的房子，有一间舒适的房间，如果弗洛伊德觉得喜欢的话可以在里面写作，海拔要达到一定高度，并且阳光充足空气新鲜，可以在松林附近散步，要有许多蘑菇，壮丽的风景，最重要的是要安静，远离拥挤的游客和室外音乐演奏台。

战争之前，在假期外出时弗洛伊德会穿一身有支撑物的蒂罗尔（Tyrolese）套装，一条"短裤"，一顶侧面别着麂皮刷（Gamshart）的绿色小帽子。他会拿一条结实的手杖，潮湿的天气里再加上一个蓬松的阿尔卑斯斗篷。以后的几年里被"灯笼裤"所取代，再后来则是一套更稳重的灰色西服。

早些年，弗洛伊德会玩一种木球游戏，但大部分时间的活动都是散步。弗洛伊德是一个了不起的步行者，他又轻又快，不知疲倦。

弗洛伊德度假时最大的特点就是对蘑菇的热爱，他特别喜欢寻找蘑菇。他有着惊人的天赋，可以知道哪里有蘑菇，甚至还坐在火车上的时候就能指出有蘑菇的地点。为了探索这件事，他经常离开孩子们，他们肯定很快就会听到他成功的呼喊。接着他悄悄爬到它身边，突然猛扑过去，用帽子捕捉真菌，就好像是捕住鸟或蝴蝶一样。除此之外，则是对珍稀野生花卉的探寻，他会不慌不忙地仔细辨认。弗洛伊德的一个女儿告诉我，她父亲特别想教会他们的三件事有：野生花卉的知识，寻找蘑菇的技巧和塔罗克纸牌游戏。他成功地教会了他们所有人。

弗洛伊德在假期的表现，有两个非常明显的女性化特征。一个是他没有方向感，在乡间找不到路。弗洛伊德的儿子们告诉我，在长途步行中，当他开始朝错误的方向往家走时，他们非常吃惊，但了解清楚了这一点后，他会欣然接受别人的指导。另一件事则是他对于旅行的细节问题不是很擅长。火车时刻表超出了他的理解范围，更为复杂的旅行安排总是由他的弟弟亚历山大，后来是由他的儿子奥利弗来完成的，他们都是这个方面的专家。为了能够找到正确的列车，他会过早地来到火车站以防万一，甚至有时候还会出错或是弄丢。

弗洛伊德会以这种田园诗般的方式度过6周左右，接着他可能会需要一些更复杂的乐趣。这通常都是意味着去意大利旅行，很少单独一人。

关于弗洛伊德写作的习惯没有什么要说的。根据频率和他的信件我们可以看出，他一定是喜欢写作这种物理动作本身，他总是亲手写。只是到了晚年，70多岁时，他最小的女儿会帮他稍稍减轻一点负担。弗洛伊德没有托罗洛普（Trollopian）式的艺术气质迫使他每天写这么多字。他的写作有种不稳定的诗人气质。他很可能几周甚至几个月都没有感觉，没什么想写的东西。然后会突然有创作的冲动，一个缓慢的、痛苦的阵痛，每天努力写上至少两三行，最后，一篇重要的文章将在几周内出现。几周并不是指连续写；相反，它意味着在经历了一天的辛劳过后空闲的几个小时内，高强度的密集写作。

身体上的诸多不适加上一些其他症状，往往会促成弗洛伊德最优秀的作品诞生。就像经常发生的那样，在弗洛伊德身体处于完美状态、心情愉悦的时候，他根本写不出任何东西。他意识到驱使他如此高产的个人动机，当然是除了科学之外的动机。他向我解释，整天倾听这么多内容，会产生一种表达某事的需要，从一种被动接受的态度转变为主动的创造态度。暑期往往是新思想萌芽的时期，毫无疑问在过去几个月的工作中，从他那些患者当中接受了无数的印象。然后在10月份回到维也纳时，他最有可能投入工作。他有一个信念，1913年向费伦齐传达了这种想法，认为自己最好的作品要每7年出版一次；这显然还是受到弗里斯周期律理论的影响。

对于弗洛伊德来说，工作某种程度上是一种日常食粮。他无法忍受一种悠闲的生活。"如果生活中没有工作，我无法想象还会有什么舒适的事情。创造性的想象力和工作与我同行；我对其他事情都没有情绪。如果这个想法不算可怕的话，那么我要说，一个人的生产力完全依赖于敏感的情绪，那将是一剂幸福的药方。当思想停止流动时，美妙的语言不会再涌现时，你该怎么办？这种可能不禁使人发抖。这就是为什么，尽管成为一个顺从命运的正直之人，我还是会暗暗祈祷：没有疾病，没有身体上的痛苦来麻痹我的力量。我们会死在马背上，就像麦克白说的那样。"

经过多年的骂名之后，"一战"过后弗洛伊德确实声名远扬了，如果否认这一点，那就是虚伪之举了，弗洛伊德从来都不会这样做。他像其他人一样接受了这个简单的事实，当然也对越来越多的认可感到高兴。但他做的一切都不是为了成名；名声只是那些出于其他动机所做的工作附带的后果。弗洛伊德曾经说过："没有人是为了成名而写作，不管怎样，这是一件非常短暂的事，或者说是一种不朽的幻觉。我们书写，首先无疑是为了满足自己，而不是其他人。当然，当别人意识到我的努力时，我内心的满足感也会增加，但即便如此，我们写作的初衷还是为了自己，遵从一种内心的冲动。"

一旦脱离了他想表达的那些理论系统，他就不是很看重自己的著作了。这种漠不关心的态度，突出地反映在翻译的问题上，他在这方面有些随意地胡乱授权。后来他的儿子恩斯特为此辛苦工作了好几年，才解开各种合同之间的复杂纠缠。

弗洛伊德对自己的评价很谦逊。他做过一个经典的评价："我的能力和天赋很有限。我完全没有自然科学方面的天分，没有数学才能，没有任何定量方面的天赋；我拥有的可能是一种非常有限但强烈的天赋。"

我曾经被问过多次，弗洛伊德的犹太性在他的理论和研究中占据多大分量。这样问我的人，无疑是希望我能给出一个明确的肯定回答。一方面，犹太性无疑发挥着重要作用，他经常也会这样说。那种哪怕被所有反对声音包围仍然坚守自己的立场、陈述自己的主张的特性是他继承下来的犹太特征。这一点在弗洛伊德身上高调地彰显出来，他把这一点归结为一种面对反对声音不为所动的坚定性，无疑是正确的。这一特征也适用于他的追随者们，他们大多数都是犹太人。在第一次世界大战之前，一场反对精神分析的风暴袭来之时，坚守并留在这个阵营里面的非犹太人只有宾斯万格、奥博霍尔泽（Oberholzer）、菲斯特和我。

弗洛伊德相信，对于精神分析如此惊人的发现将会迎来不可避免的反对，其中很大一部分原因也是出于反犹主义的偏见。在给亚伯拉罕的信中，谈到瑞士出现的反犹主义早期迹象时，弗洛伊德写道："以一个犹太人的视角来看，如果我们要跟其他人合作，就应该培养一点受虐气质，做好准备忍受一定程度的不公正。不然我们没有其他办法与人合作。你应该想到，假如我的名字叫奥博胡博（Oberhuber），除开一些其他因素，我的新理论受的抵抗可能要少得多。"这种说法里面有多少真实性其实很难说。就我在英国的经历而言，这种说法并不完全贴切，起初的十几年里我们也遭到足够强烈的"抵制"，但我们的协会里面只有两名犹太人。

是否只有犹太人能发明精神分析这个问题也明显很难回答。一方面，可以说，毕竟这样做的确实是一个犹太人，但另一方面也可以说，还有成千上万的犹太人没有这样做。

弗洛伊德顽强地坚守自己的理论，尽管很难获胜，他冷静地面对那些来自外部的、通常是由于无知而产生的怀疑和"批评"，这种坚韧常常被很多对手说成是教条主义和武断的表现，说他从不愿意承认任何质疑。这种结论当然是错的，其错误是可以证实的，在弗洛伊德作品的许多片段中，他都会承认各种结论的强烈实验性，而且会以它们的不完美作为最终陈述。除此之外更重要的是，从弗洛伊德书信的许多段落中我们都可以看到这个特点，其中一些我们已经引述过了。正如他自己所说的那样，他比任何其他人都更严厉地批评自己的工作。

弗洛伊德从不怀疑自己的工作是否会有前景，尽管他也不会认为它可能有多重要。一旦想到他的发现中蕴藏的真理，他就会深受鼓舞。早在1906年初，写到他的对手阿申芬伯格（Aschaffenburg）时，弗洛伊德说："推动他的是一种压抑一切与性有关因素的倾向，性在一个良好社会中是多么不受欢迎的话题。两个世界在打架，活了大半辈子的人会知道哪一个将被打败，哪一方将获胜。"

1910年，弗洛伊德用他一贯的直率态度来回应费伦齐的新年祝福和赞美："你祝我新年快乐的那封信中那些言辞的确给我带来了很大的快乐，这我没有必要否认。我对于夸奖不是很敏感，这是我的错。至于我的工作的价值，和对未来发展的影响，我自己很难形成意见。有时候我很有信心；有些时候我又很怀疑。我觉得没有什么方法可以预测这件事；或许上帝自己都不知道。但不管怎样，目前的工作对我们来说是有价值的，我很高兴我不再孤身一人。只有我年老的时候才会从中收获什么吧，但我肯定不会出于任何或名或利的目的去工作；考虑到人类不可避免的忘恩负义的本性，我也不期望今后从我的孩子们那里得到什么。所有的这些考虑在我们的生活中也只是扮演着很小的角色，如果我们认真地对待这项全人类的事业，'命运与铁律'（Fatum & Ananke）。"

弗洛伊德在《自传》中对自己的作品做了最后的评价："回想起来，在我努力拼凑的生活中，我可以说已经开了很多头，并提出了许多建议。但它们的未来会如何，我自己也说不出来多少。然而我希望自己已经开辟了一条通往知识的重要道路。"

弗洛伊德被誉为德语散文大师，1930年他荣获法兰克福歌德文学奖这一崇高荣誉就能说明很多。说他的散文是奥地利风格的可能更贴切一些，因为他所偏爱的写作方式明显是一种奥地利式灵活风格的，和德国那种北方式的沉重风格不同。

从弗洛伊德的科学著作和他的书信中，我们可以看出弗洛伊德一定也是一个娴熟的作家。他的文笔总是十分流畅；维也纳式的轻松而优雅的风格和简洁的表达相得益彰。然而，正如他的每位译者必须承认的那样，弗洛伊德并不是一个特别谨慎的作家；有时，当被问及一个模棱两可的短语时，弗洛伊德会笑着责备自己说那是个马虎的错误；这即便对于他的自我批评来说也是很尖刻的一个词。他灵敏的笔尖流淌出敏锐的洞察力，简短有力。

　　弗洛伊德的词汇非常丰富，但他对词语的使用又不是刻板式的。当我问为什么用"Narzissmus"而不是正确的"Narzissismus"来拼写单词时，他的审美意识战胜了他的文学道德，简单地回答说："我不喜欢它的发音。"弗洛伊德不会随便写一个没有独创性、优雅和体面的句子。同样他的谈话也是如此；平凡的甚至陈腐的事情，被他一说，在外人听来都会是犀利而独特的。

25. 性格和个性

当为自己的亲戚或朋友写传记时，人们常常会力图避免让自己显得太过主观，从而坚持某种枯燥的客观性。我想我没有这种担忧，但我采取了一些措施来预防这种情况。我咨询弗洛伊德的亲友们，尤其是询问他们在其眼中弗洛伊德最显著的特点是什么，在这里我要反馈一下他们的说法。当然，这些答案不尽相同。

我曾经向安娜·弗洛伊德提过这个问题，她是他生命最后二三十年里最了解他的人。安娜毫不犹豫地回答："最突出的是他的纯朴。"这个答案也是乔安·里维埃（Joan Rivière）眼中"他最明显的一点"。我们必须给这个答案应有的关注。弗洛伊德很讨厌一切使自己或他人生活复杂化的东西。这一特点延伸到最细微的日常细节上，包括最私人的事务。因此他只有三套衣服、三双鞋子、三套内衣。即使是长假外出打包行李也是一件简单的事。这项品质的另一个方面也得到乔安·里维埃的关注，在弗洛伊德逝世后不久她写道：

> 但不论是否是在精神分析方面，他的兴趣出奇地有一种不近人情的特点，他无法忍受没有意义的闲谈。人们往往会对他有这种印象，好像他迫切渴望了解的东西并不是为了他自己，而是出于某种自身之外的目的。这种非个人化的渴望之中有一种简单纯朴的本质，这或许是他身上最重要的一点。他对自己正在追寻的问题保持全神贯注，自我只是作为一种探索的工具。他那双敏锐细致的眼睛，不仅有着孩子般的清澈和天真——对于他来说，任何事都不是小事，也没有什么东西是太过平庸或是不洁的——还包含着成熟的耐心和谨慎，和一种独立的质询精神。半是犀利半是凝视的目光在两道浓眉下显现出一种超越普通感知边界的力量。但它也表达了一种耐心和仔细审查的能力，那种做出如此罕见的判断，以至于令众人难以信服的判断的能力；他那冷酷的怀疑主义甚至被误读为犬儒主义或悲观主义。他是一位在无尽的

小径上行走的猎人,也是一位孜孜不倦地检查和修改的监督者。正是从这种结合中他的能量喷发出来,他发现了感情的源泉,理解了男女的行为。不屈不挠的勇气和坚韧,加上坚定不移的诚实,支持着他的观察天赋、"无畏的想象力"和洞察力,成就了他的伟大事业。

弗洛伊德的女儿凭直觉选取的这项特点不仅十分显著,而且也是关键性的,从这一点我们可以轻松入手,继续分析这一特点带来的许多其他特征。首先,弗洛伊德表现得总是很有风度。弗洛伊德举止安静,朴素而高贵,从不有意做出任何姿势、口吻和矫揉造作的样子。他明显很厌恶这种装腔作势,也讨厌任何欺骗性的、虚伪的或是一些复杂的阴谋。我看到有一些人用"虚荣"和"自大"来形容他的个性,这只能说是种非常奇怪的令人不悦的说法。弗洛伊德讲话很直接,没有短语或遁辞。我们几乎无法说他很精明,他也没有什么圆滑的社交技巧,如果有的话那说明他真的非常关心一个人。如果我听到一个陌生人表示,觉得他的举止有点唐突,那我丝毫不会感到惊讶。然而,弗洛伊德又是一个平易近人的人,他很少会拒绝任何想前来拜访他的人,即使打电话约见的人只是出于一种随随便便的好奇心。

与好友们在一起时,弗洛伊德自然会放松到一个很随和的状态。他并不是一个很风趣的人,但他对生活中的幽默有着敏锐的感觉,他对任何一条新闻的评论可能都会引用一些有趣的至理名言、谚语或是犹太轶事。但人们总会觉得,这种关系是在他的控制之下的。只有他愿意的时候他才是亲切而随和的。人们感到他身上有某种无形的保留,用以防备无礼的打扰,但没有人这样做过。

现在我们要触及一个颇有争议的话题。弗洛伊德总是非常坚决地认为,只有他有权决定,把自己的个性向他人展露多少、隐藏多少:总的来说这是一个相当可以理解的立场。但是他的态度中一些特点似乎超出了这个,在他那里,隐私一词的含义变成了保密。因为在有些事情上似乎并不涉及隐私,也没有特殊理由去保密;再一次,这一特点也相当显著。弗洛伊德绝对不是一个沉默寡言的人;他在各种场合都表现得非常自如,从不隐瞒自己的意见。但不知道为什么他设法给人留下了这样的印象,即关于他的性格这个话题只有得到他的恩赐才是可以谈论的,他还讨厌任何亲密的提问。他从未和孩子们谈过他的青春期和早年;他们所掌握的大部分信息都是关于他现在的工作。关于他早年生活的话题虽然没有明文禁止,但似乎是个禁忌,他们也从来都没有提起过。弗洛伊德中年时期经常告诉我们他在写什么,但在他生命的最后 20 年里,他对此守口如瓶,甚至对他的密友也不例外;他只会说到了适当的时候就会知道的。总之正如我们前面已经注意到的,他向世界展示了关于他内心生活的坦率画面,尤其是对自己梦境的分析,但对于自己的爱情生活却完全保留。那里无疑是一片神圣的领地,我们此前也谈到过,他采取了一种非常特殊的措施来保护他青春年代那段最纯真、最短暂的爱恋。

另一方面,奇怪的是,弗洛伊德并不是一个能够帮别人保守秘密的人。他在这方面确实是以很不谨慎出名的。有几次他跟我讲了一些同事的私生活的事,这些他本不该告诉我。但当时我表示原谅,也许他觉得这种痛苦的消息令他难以忍受,他有自由向一个他可以信任的外国人来吐露这些事以减轻自己内心的负担。我的猜测应该还算贴切。因为很可能保守秘密也会伴随着某种紧张情绪,他以这种间接的方式得到了解脱。

詹姆斯·斯特雷奇(James Strachey)投奔弗洛伊德门下学习时,我为他写了一封推荐信,但并非全是溢美之词,我还告诉弗洛伊德其实当时我对他了解并不多。在早会上弗洛伊德走进隔壁房间,取出信来,大声念给他听。还有一次我给弗洛伊德寄去一些私人信息,当时他正在治疗我的一位病人,我想他可能需要这些信息——是一些关于秘密使用吗啡方面的事——并且叮嘱他,不能让患者知道我跟他通过气。他回信告诉我说,他会把这些事放在自己心底里,但不久后我就收到这位病人一封愤怒的来信,抱怨我的做法。

弗洛伊德偏爱简单,厌恶复杂,这与他性格中的另外两个特征密切相关:他对礼节的厌恶和对规则限制的暴躁态度。前者或许多少可以从他的成长环境中得到解释,弗洛伊德幼时家境比较贫困,出入社交场合的机会很少,缺乏丰富的社交经验。早年在他写给未婚妻的信中,多次承认自己因缺乏社交礼仪而感到自卑,由于不知道如何彬彬有礼地谈话,他常常感到不自在。但在后来的岁月中,弗洛伊德显然克服了这些困难,虽然人们还是很难把他看作一个通晓世故的人,但他能以优雅的方式做出优美的举动,比如用他珍贵的收藏品做一件礼物等,他的社交礼仪也是无可指摘的。①

弗洛伊德对那种复杂的保障措施几乎是毫无耐心的，尤其是与法律规范相关的，人们往往通过这些规范来维护他们的关系。如果他们互相信任，这样的保障措施就是多余的；而如果不是这样，也没有什么保障措施可以规避麻烦。当听说美国精神分析协会正聘用律师来为其成员制订规则时，弗洛伊德表示非常反感。他的态度是如此的坚决，以至于当后来更为复杂的行政问题出现时，就产生了相当困难的问题。弗洛伊德找不到社会需要规则的任何理由，尽管我们努力让他容忍了国际精神分析协会的一份简短章程。有时候他会建议我们采取一些行动——必须指出——来违反特定的规则或章程。"那我们就把它改了吧；你想恢复的时候也可以轻松恢复。"面对棘手的问题，他喜欢快刀斩乱麻，而不是尝试解开它。

更遵纪守法的人可能会把弗洛伊德的这种态度理解为纯粹的武断，这不是一个很公正的说法。这种态度始于一种更值得称赞的源头。弗洛伊德真正关心的问题，是他认为在任何我们自己认为最佳的时刻，我们都应当保留做任何事情的自由，而不必受到固定规则的阻挠。类似的还有其他几件事，例如在他的著作中援引其他分析学家的著作的问题，也是很难解释的。在他的神经学著作中，弗洛伊德的参考书目十分严谨而全面，但他的精神分析类著作则不是这样。兰克曾开玩笑地说，弗洛伊德把文献出处分发给各位分析学家，遵循的原则和国王颁发奖章一样，都是根据当时的心情和想法决定。不但如此，他还会重新分配它们。我记得他曾经把我书中的一个很重要的结论，说成是这本书的一位评论家的结论；那段时间弗洛伊德不是很喜欢我，但是那个人很受器重。

这种表面上的任意性的一部分来自弗洛伊德性格中一种非常出人意料的因素，即他对他人爱憎分明的特点。这是有些令人意想不到的，因为弗洛伊德最清楚，一个人其实是好和坏两种品质构成的复合体。然而在他的意识生活中，无疑在他的无意识中更甚，就是对于他来说大部分人都是可以好坏二分的——或者更确切地说，分为他喜欢的和讨厌的——中间地带的极少。同一个人可以在两种类别中来回移动。同样，对于一位杰出的心理学家而言很奇怪的是，他同时也是一位可怜的 Menschenkenner——总是评价别人，这一点他自己也承认。而或许我们

---

① 这里或许有一个例外就是弗洛伊德很喜欢咳痰，随地吐痰，这是由于他的慢性黏膜炎和过度吸烟所致。一些颇不习惯的西方患者可能对此很是反感，而弗洛伊德则会斥责他们是神经质。

也不必感到奇怪，因为这两个特征往往也是同时出现的。

我已经很多次读到过有人说弗洛伊德非常讨厌，他总跟朋友吵架，他是个悲观主义者，他很傲慢。我想考虑一下这些负面评价中可能存在的事实因素。关于弗洛伊德，我最常被问到的问题就是，他是一个怎样的工作伙伴？这个问题很简单。我一向认为，跟弗洛伊德一起工作是非常轻松愉快的，我相信任何有过相似经历的都会跟我说同样的话。他非常开朗，和蔼可亲，是一个有趣的伙伴，他很少针对我们呈现给他的计划做过多批评。但确实，有时候人们可能不巧会碰上他的偏见，他非常固执，这时候其他人别无选择，只能改变自己的计划。

人们普遍认为弗洛伊德是一个悲观主义者。他无疑是个非常快乐的人，所以这又很糟糕地使他会被人视作那种"乐观的悲观主义者"，这种人我们生活中也很常见；事实上，他也不止一次地用这个词来形容自己。但这并非事实。描述他一个恰当的说法是"现实主义者"，他很少空想。他确实认为生活本来就是很艰苦的，生活不易。这是首先要被忍受和克服的事。如果一个人成功地做到了这一点，他就可以享受很多东西了，会发现生活非常值得一过。在他关于"无常"的一篇小文章中，他批驳了那种认为生活的无常消解了其美好的观点；只要他们还能撑一分钟，转机可能就会出现。

弗洛伊德活在当下。尽管他也很迷恋过去，无论是对个体还是整个人类的历史，他相信只有通过研究过去，人们才能学到有价值的有用的东西，但他似乎不再对自己的过去有任何兴趣了，也从未谈起过。对他个人来说，最重要的是现在，当然也包括近期的计划。至于广义的未来，我认为他没有多想。他意识到物质环境和心理动机那庞大而复杂的本质，在这样一件不可预知的事情上思辨无疑是浪费时间。然而，他对未来也没有悲观的态度。在给赖克（Reik）的一封信中写道："虽然我同意你对世界和今天人类问题的判断，但正如你所知道的，我无法认同你对于美好未来的悲观拒绝。"弗洛伊德会赞成一些明显的社会改革，但从长远的角度来看，他并不确定这是否能够创造出一种真正令人满意的文明。世界需要一些更激进的东西。

至于说弗洛伊德傲慢，这个词用在他身上真的是非常荒唐。如果这个词是说，他对于自己来之不易的信念保持坚定的态度，给人以"自以为是"的印象那还说得过去，但如果是说他很固执，不愿意修正改变，那就与事实不符了。弗洛伊德探索未知世界那种循序渐进的方式，以及他结论中不断出现的变化和日积月累的经验都是无可争辩的历史事实。在浩瀚的未知世界里，弗洛伊德的态度就是牛顿那种态度——他的鹅卵石躺在知识的沙滩上。他知道自己已经"开始了"，开辟出了一段道路，但这条道路将通往何方他无法判断，也没有尝试这样做。他不是一个哲学家，他不会去想象自己有能力构建什么思想体系；起初，他的处境与这类事物相去甚远。

我很怀疑弗洛伊德是否会认为自己是个伟人，或者他是否想过拿自己跟一些伟大的人物做比较：歌德，康德，伏尔泰，达尔文，叔本华，尼采。玛丽·波拿巴曾经告诉他，她认为他是巴斯德（Pasteur）①和康德的混合体。他回答说："这种说法很慷慨，但我不能同意你的看法。这绝对不是出于谦虚，丝毫不是。我对我所发现的事物评价都很高，但对我自己却不是。伟大的发现者本身并不一定是伟大的人。哥伦布对世界的改变无人能及，但他是什么呢？一位冒险家而已。他有一种特质，这是真的，但他并不是伟人。所以说你可以看到，一个人可能会做出伟大的发现，但这并不意味着他本人是伟大的。"关于他自己的一件事他总是非常确信，那就是他的智力很差。有很多东西例如数学或物理，弗洛伊德掌握得都不好，他知道他永远不可能理解那些其他人轻轻松松就能明白的东西。

不论其中的源头在哪——弗洛伊德始终被这样的问题困惑着——一种道德感深深地植根于他的原初天性中。他从未怀疑过什么才是正确的行为方式。一切都是如此的显而易见，他最喜欢的一句话就是费舍尔（F. T Vischer）说的："道德是不言而喻的。"（Morality is self-evident）直到晚年，弗洛伊德才揭示了道德情操的起源问题。

给普特南的一封信深刻地揭示了弗洛伊德对道德的态度。1915年，弗洛伊德阅读了普特南最新出版的一本书《人的动机》（*Human Motives*），并写了如下内容：

> 得到消息后很久你的书终于问世了。我还没有读完这本书，但我已经读了关于宗教和精神分析的最重要的章节，并产生了写信给你的强烈冲动。
>
> 你肯定不会要求得到我的赞扬或认可。令人高兴的是，它会给你的同胞们留下深刻印象，他们当中的许多人都会打破根深蒂固的抵抗。在第20

---

① 译者注：巴斯德（Louis，1822—1895），法国化学家、细菌学家。

页我发现了一段话，不得不说这很适用于我自己："在开始研究成年人之前，让我们自己先适应一下未成年人和儿童的研究，这会使我们的视野自身囿于一种令人讨厌的限制，从而影响我们所从事的研究工作的规模。"

我承认这是我自己的情况。我当然也没有能力去判断这件事的另一个方面。我一定是利用了这种片面性，才能看到隐藏的事物，而其他人知道该如何去远离它。这就是我防御反应的正当性。片面性毕竟也有其自身的用处。

另一方面，关于我们理想型的争论并没有给我留下多深刻的印象，也证明不了什么。我还没有办法从我们对完美的心理现实中跳转到相信它们是客观存在的。当然你知道，我们不期待从争论中获得审美。我还要补充说，我对全知全能的上帝（almighty）没有任何恐惧。① 如果我们有朝一日会相遇，我对他的谴责肯定比他给我的还要多。我会质问他为什么没有给我一个智力更好的头脑，他也无法抱怨我没有充分利用我有限的自由。（顺便说一下，我知道我们每个人都代表着生命能量的一部分，但我不知道生命能量与自由相关，也即没有制约因素。）

我不得不告诉你，我对自己的天赋一向很不满意，确切地说，我知道我在哪些方面缺乏天分。但我认为自己是一个很有道德的人，我可以用费舍尔的一句话来总结自己："我的道德是不言而喻的。"我相信自己极具正义感，关怀他人，不喜欢让别人受苦或是利用别人，在这些方面，我可以与我所认识的人中最好的那些相媲美。我从来没有做过任何卑鄙或恶毒的事，也察觉不到这些做法的任何诱惑力，所以我并不是毫不骄傲的。我所指的道德观念，指的是它的社会层面，而不是性的层面。作为一种社会存在的性道德，用美国式的最极端定义来看似乎很可鄙。我支持无比自由的性生活，尽管我自己很少使用这种自由：只有在我本人认为可以的情形下才会使用。

道德要求的那种张扬往往给我留下很不好的印象。我所看到的从宗教到伦理的转换，并不是很吸引人。（下面直言不讳地提到了荣格。）

然而我在一个问题上很同意你的观点。我问自己为什么我一向光明磊落，随时准备尽可能地给予别人以善意，我知道这样做可能会伤害到自己，把自己变成一块砧板。他人是残酷的，不值得你为他们这样做，但事实上我

---

① Der liebe Gott.

第二部分 成熟时期（1901—1919）

不知道为什么我还是不放弃坚守道德。这肯定不是聪明的做法。我年轻时从未有过什么特殊的道德抱负，也没有因为知道我比大多数人要好，而从中获得什么满足感。这可能是我第一次向别人承认这一点。所以你可以引用我的事例来支持你的观点，即一种追求理想的冲动构成了我们品质的核心部分。真希望在其他人身上也能多多发现这种可贵的品质！我有一个秘密的信念，如果一个人有机会把本能升华理论研究得跟本能压抑一样透彻，他可能就会得到非常自然的心理学解释，从而使你的博爱假设变得不必要。但是正如我所说，我对这一切一无所知。为什么我自己——以及我的 6 个已经成年的孩子——要做完全正派的人，这对我来说是难以解释的……

弗洛伊德过去常常说，爱与恨的交替影响着他和其他男人的关系，毫无疑问有些时候确实是这样的。然而这种令人不安的矛盾心理从来没有困扰过他与女人的关系，在与女人相处时他的态度更为连贯，甚至可以说是相当老派的。不管他在这个问题上有什么见解，他的著作和通信中有很多迹象表明他的感情态度是一致的。如果说弗洛伊德把男性视为创造的主宰，这种说法肯定是太过分了，因为他的本性中毫无傲慢和优越感，但我们也许可以公正地阐述他对女性的看法，弗洛伊德眼中女性的主要功能是作为救死扶伤的天使，来抚慰男性的需要，令他们更加幸福。他的书信和爱情选择清楚地表明，他心中只有一种类型的性对象，就是一位温柔的女性。尽管女性可能属于弱者，但弗洛伊德认为她们比男人更出色，道德更为高尚；有迹象表明，他希望自己从女性身上吸收一些品质。

毫无疑问弗洛伊德还发现女人的心理比男性更为神秘。他曾经对玛丽·波拿巴说："尽管我对女性的灵魂进行了 30 年的研究，我却从未回答过一个重大问题：'女人到底想要什么？'"[①]

弗洛伊德也对另外一种女人颇感兴趣，一种更为智性化的类型，或者说有些男性化的类型。这样的女性在他的生活中多次扮演了重要角色，她们属于他的男性友人序列，尽管有着更为完美的品格，但她们对他来说毫无性爱的吸引力。最重要的一位首先是他的妻妹明娜·伯奈斯，然后按照时间先后排序分别是：艾玛·艾克斯泰因（Emma Eckstein），洛·卡恩（Loe Kann），露·安德烈亚斯·莎乐美，

---

① Was will das Weib?

乔安·里维埃，玛丽·波拿巴。弗洛伊德对于莎乐美杰出的人格和道德理想有一种特殊的钦佩，他觉得她在这方面远远超越了他自己。

弗洛伊德是一夫一妻制的极度推崇者。很少有男人能够说，在他们一生中，除了唯一的妻子之外再没有任何形式的出轨行为。然而弗洛伊德似乎是做到了。如果其他人都能做出弗洛伊德这样的伟大选择，那么这些人的确是非常幸运的，但这是否能够代表男性的真正常态是一个只有社会或心理人类学家才能回答的问题。毫无疑问，弗洛伊德对男性和女性都产生了非凡的吸引力，这当然不能只是归咎于他那优雅的举止和殷勤。那些只认识弗洛伊德一点点的女性，甚至根本不了解他的人，都常常发现难以抵抗他那种特殊的自信和温柔体贴；他是一个值得信赖的男人。而他对她们个性的明显兴趣，也给她们留下了深刻的印象。男人往往也会被他的权威所击中，被一个真正的父亲形象打动，他拥有超然的学识和善良宽容的态度；显然他是值得他们尊敬的，或许也是一个模范偶像。

弗洛伊德的大多数学生都会被他那顽固的二元论所震惊。在他的著作中始终贯穿着海因兹·哈特曼（Heinz Hartmann）的那句话："一种非常有特色的辩证思维，倾向于把理论建立在两种对立力量相互作用的基础上。"这个特点在他的基本分类中当然也最为明显：爱—贪婪；自我—性欲；自体性欲—异体性欲；爱欲—死欲；生命—死亡，等等。似乎如果不把一个话题分成两个对立面来看的话，弗洛伊德就很难思考任何问题，对立项从来不超过两个。

人们很自然地想要把这种倾向与其在弗洛伊德性格中的表现关联起来。科学规则与哲学思辨之间存在着斗争；他热烈的爱情冲动和他强烈到异乎寻常的性压抑；照耀着他全部作品的旺盛的男子气概，和他女性化的需求；他渴望自己创造一切，也渴望得到别人的孤立；他热爱独立，同时也需要依赖。但这样的说法无疑会有将问题过于简单化的风险。

现在我提议尽我所能地尝试探索弗洛伊德的天才奥秘。这是一个大胆的尝试；可以去做但必然会失败。

当我第一次认识弗洛伊德时，我不能不留意他身上一些十分鲜明的特质，他的直率，绝对的诚实，宽容，容易接近，和他骨子里的善良。但我很快注意到另一个他身上特有的特点。他的态度很容易受到别人的影响。他会礼貌地聆听他人的观点，表现出兴趣，经常对其发表尖锐的评论，但某种程度上有人会觉得他对此又是漠不关心的。就好像是强行对某个正在讨论的话题发生兴趣，但事实上这又与他本人的兴趣无关。

这并不是说弗洛伊德固执己见，他也不是一个任性的人，因为这个词通常指的是积极的愿望，坚持去做某件事或者得到某个东西。弗洛伊德表现出了非比寻常的力量。一旦他的意志真正建立起来，他就不会偏离，甚至不会被建议导向任何其他方向。"不"对于他来说可能是个强大的词。在他年老的时候，他会激烈地摇着头重复说着"不，不，不"（nein, nein, nein），使我觉得他在婴儿时期一定是个非常不服管的孩子。

弗洛伊德有着与生俱来的可塑性和灵活的头脑，他喜欢自由思考，对新事物甚至是一些相当不可能的想法都保持开放态度。但这种情况仅在这些观点都是产生于他自己想法的条件下才成立；对于那些来自外部的观点他可能会很抗拒，这些很难令他改变主意。一开始我发现弗洛伊德对外部观点很是抵抗，我感到困惑，但后来我似乎找到了这个现象的合理解释。我的直觉很快得到了证实，与弗洛伊德伟大的独立思考和怀疑精神相伴而行的，也有一条隐藏的对立的脉络——他的抵抗是一种防御，为了避免太容易受到他人的影响。战前弗洛伊德曾接待过一位患者，我对其生活史了解得十分详细，但是我一次接一次地遭遇一种情况就是弗洛伊德会相信一些说法，而我知道这肯定不是真实的，同时他还会拒绝去相信一些千真万确的事情。乔安·里维埃讲述过一个特殊的事例，可以证明他这种轻信和固执相结合的特点。在她的分析中，有一天早上弗洛伊德很生气地说，他刚刚遇到的一位英国病人向他抱怨自己遭受到来自分析师的十分变态的可怕虐待，这位分析师来自伊普斯威奇（Ipswich）。里维埃夫人冷静的头脑一下就判断出这是个荒唐的假消息，但她安慰说，这里面没有提到这位英国分析师的名字，而且伊普斯威奇根本没有精神分析师，甚至说在伦敦之外英国就没有分析师了。这无济于事，弗洛伊德继续斥责这种可耻的行径。然而不久之后他收到亚伯拉罕的一封信，说他推荐了一位英国女士来咨询弗洛伊德。这位病人喜欢发明一些关于医生的难以置信的故事，她是个可怕的偏执狂（paranoiac）。所以那个来自伊普斯威奇的邪恶的分析师就是可怜的亚伯拉罕！

有很多确凿无疑的记录表明，弗洛伊德为了对抗自己的轻信也做了很多努力。在19世纪90年代，他从朋友弗里斯那里吸收了许多惊人的命理学的空想，我甚至不确定他后来是否完全摆脱了对它们挥之不去的信念。因此他从痛苦的经历中明白，自己的想法很容易受到那些他喜欢的人的影响。

然后就是他对病人所说的来自家长诱惑的故事的轻信，在早期的精神病理学刊物上他叙述过这些事。当我跟我的朋友詹姆斯·斯特雷奇谈起弗洛伊德的轻信性格时，他颇为机灵地说了一句："他有这种特点对我们来说很幸运。"大多数研究者不会去相信病人们所说的这些故事，因为一听就是根本站不住脚的——至少不会如此大规模地全盘相信——他们只会将其视作歇斯底里症患者不可信的又一个证据而将其忽视掉。弗洛伊德却严肃地对待它们，起初他相信这些说法中真实存在的事实，而经过了几年的反思后，他发现了这些故事中十分明显的幻想特征。自此他开始研究幻想在无意识的重要性，并发现被压抑的婴儿性欲的存在。

因此我们必须得出这样的结论，弗洛伊德天性中那种奇怪的张力，远非不幸的弱点或缺陷，而恰好构成了他天才的核心部分。他愿意相信不可能发生的事和意料之外的事——正如赫拉克利特（Heraclitus）数个世纪前指出过的那样，这是发现新的真理的唯一途径。而这又无疑是一把双刃剑。他的轻信使他有时候会做出严重的甚至是可笑的误判，但这种品质也促使他百折不挠地去面对未知。

一个比较有趣的想法是，这种特性很可能不是缺点，而是天才不可缺少的工具。

正如我们所见，弗洛伊德的形象，不论作为一名沉闷的病人还是一位合理的事实调查者的形象，都是非常不完美的。他无疑是耐心的理智的，但他还远不止这些。在他早年的科学工作中，当他还整天把自己绑在显微镜下时，他曾无情地检查和审视他那创造性思辨的才能，但这份才能从未真正长久止息。经过自我分析他达到了平衡，使他得以涉足他新领地的迷宫，40年后终于带回一份无价的报告。后来，在他生命的最后20年里，他给予自己的创造性思辨以前所未有的自由，这一点我们将在后面的文章中看到，他得出许多令人困惑的结论，这些成果在今天还远远没有得到充分的评价。

这种探寻真理的能力说明背后还有一种非常强烈的欲望。弗洛伊德不仅显然拥有这种欲望，而且我还冒昧地猜测，这是他一生中最深刻、最有力的推动力，这种力量促使他走向开创性的成就。什么是真理？为什么欲望如此强烈？在对列奥那多（达芬奇）的研究中，弗洛伊德坚持认为，孩子的求知欲是由于对生命的基本事实、出生的意义等都具有强烈的好奇心，从而引发出一种强烈动机。早在1909年弗洛伊德在讨论到儿童的心灵时写道："对知识的渴求似乎离不开性好奇。"

当一个对手的出现取代了母亲注意力，或者说她的爱时，这种好奇心往往就会被激发出来。我们知道小尤利乌斯在弗洛伊德幼年生活中扮演了这样一个角色，而因为当年希望这位入侵者早些死掉的敌视愿望，弗洛伊德在后来的一生中从未停止过自我谴责。我们也看到在他与玛尔塔·伯奈斯订婚期间，他表现出极其强烈的嫉妒，对于独占她的爱还有一种非同寻常的强烈需求。因此他很有理由想去了解，这些事情都是如何发生的，入侵者是如何出现的，以及到底由谁来为此负责。毕竟在其他领域分神多年以后，过着纯洁的、清教徒式生活的弗洛伊德最终发现答案出现在性生活中，这不可能是一种偶然。

只有了解真相才能获得安全感，才能确信可以独自拥有母亲。但是，要克服与目标之间那令人生畏的障碍，不仅需要决心，还需要勇敢地面对未知的幽灵。这种大无畏的勇气是弗洛伊德身上最杰出的品质和上天赐予他的最珍贵的礼物。而除了对母亲的爱拥有绝对信心之外，这种勇气还能从何而来呢？

现在，我们能否从这个角度来进一步了解弗洛伊德性格中的其他显著特征呢？如果想要在追求真理的征途中获得成功，绝对的诚实和完全的正直是必不可少的；这一点在弗洛伊德身上十分明显。但是他为什么要完全独立地进行探索呢？他不仅想要独自完成，甚至还要抵御一切外来的影响，哪怕是那些显然很有价值的影响，好像它们会干扰他令他分心，甚至企图把他引入歧途。这符合弗洛伊德天性中的不信任感；最终在他生命的重大问题上，他只能相信自己。然而，我们该如何解释他有时候也会表现出来的一些相反态度呢？他似乎有一种倾向，相信别人告诉他的事似乎比他自己更能揭示事实真相。在这样的紧要关头，到底是什么促成了他的不信任？他肯定相信，有的人已经确实知道了谜语的答案，而这谜语却无意识地迷惑了他。但是他们会告诉他真相吗？在以后的一些年里，弗洛伊德常常抱怨他遭到了"背叛"，这是他自己用的词，他遭到了朋友们的背叛，按照顺序分别是布罗伊尔、弗里斯、阿德勒、荣格。他们曾答应过帮助他，甚至也很大程度地激励了他的探索，继而却纷纷抛弃了他。我认为，在目前的情况下，我们用"欺骗"来取代"背叛"这个词是合理的。所以最终他不得不孤身一人去追寻答案。

第三部分

最后岁月
(1919—1939)

第三部分　最后岁月（1919—1939）

26. 重聚（1919—1920）

第一次世界大战后的岁月极其艰难。维也纳的一切偃旗息鼓，生活几乎令人无法忍受。蔬菜汤的单调饮食远没有营养可言，饥饿则持续不断地袭来。1918—1919年以及1919—1920年的冬天是最为糟糕的，房间彻底断了暖气，光线昏暗。在致命的严寒中静静地坐着治疗病人一小时又一小时，即使穿了厚大衣、戴了厚手套，也还是需要极其坚韧的精神。到了晚上，弗洛伊德就用他半冻僵的手指写回信，为著作的新版本以及一些期刊进行大量校对。个别时刻他还有余下的经历去思考一些新想法，生产出更多的作品。

生活为那些无法避免的困难又增添了许多焦虑。弗洛伊德的长子在意大利战争中被俘后数月杳无音信。几年里他也一直在为儿子们的就业问题发愁——其中一位仍然是个学生——他不仅需要帮助儿子，还得帮助在汉堡的女婿，除此之外还有他的各种亲戚朋友。奥地利的经济状况极度灰暗，未来的前景也一样黯淡。弗洛伊德面临的财务问题相当严峻，前途更是岌岌可危。他的收入跟不上物价的持续飞涨，被迫依靠积蓄维持生活。1919年10月，这种局势持续了18个月，但是他乐观地假设通货膨胀不会增加。然而事实上，他失去了全部积蓄，共计15万克朗（价值29000美元），所以他晚年没有留下任何东西。但他主要担心的是他妻子今后的生活，希望她也能像他一样活下去。他为自己的生命购买了10万克朗（19500美元）的保险，受益人是妻子玛尔塔。他对这一点感到满意，但是随着通货膨胀的不断加剧，这点钱很快连出租车费都付不起了。

很快事实就显现出来，能够让他的生活维持下去的一个重点是那些来自英国或美国的患者，他们支付的货币多少还没有贬值。1919年10月初，伦敦的医生大卫·弗西斯（David Forsyth）前来进行了7周的精神分析学习。弗洛伊德非常欢迎他，不仅因为他是第一位前来求学的人，更因为他突出的个性给弗洛伊德留下了深刻的印象。接着在同年11月，我给他推荐了一位美国的牙科医生，为了直面维也纳的严酷生活，后者曾向我寻求帮助。这位病人需支付5美元的低额费用，但弗洛伊德表示只要付一半就好了，因为他只是半个美国人；另一半的血统是匈牙利犹太人。第二年的3月份，我又给他送去一位英国患者，支付几尼①。弗洛伊德告诉我说如果没有这两个病人，他就入不敷出了。他问费伦齐："如果琼斯不能再给我送病人来，我该怎么办呢？"然而到了那一年的年底，这股源流也没有中断。首先是来自英国的新兴分析师，后来是美国的医生前来学习他的治疗技术，他已经有足够的能力胜任了。但这又带来另一重麻烦。弗洛伊德觉得适应不同口音很困难，他痛苦地抱怨说，他们说的英语口齿不清，跟他习惯的欧洲大陆的英语口音不同。聆听这样的病人说话6小时，使他筋疲力尽。

尽管几次收到邀请，但他从来没有认真地考虑过移民英国。我敦促他到英国来，他对此的回答正如他在1938年之后所说的那样："只要我能做到，我就留在我的岗位上。"然而在此之前，他显然经常拿英国作为最后一条道路来开玩笑，他在给艾丁格的信中这样写道："今天我请了一位老师来提高我的英文水平。这里的局势是无望的，而且无疑将继续下去。18个月之内，我相信到最后只要我愿意拿出我最后的积蓄，英国就会允许他们旧日的敌人踏上国土。我的两位兄长已经在英国的土地上休息了；或许我也应该在那里找到自己的地方。"这句话最终应验了。

这两年里欧洲各地特别是在奥地利发生的灾难性事件，引发了弗洛伊德的无奈和听天由命的心情。接下来的几个片段摘取自相隔几周内写的信件。在战后我收到的第一封信中，他写道："你不会听到任何抱怨。我仍然是个正直的人，对于世界这片无聊喧哗的任何一个部分我都不负任何责任。"对于指望着得到布达佩斯官方承认的费伦齐，他同时写道："保持矜持的态度。我们不适合以任何官方的形式存在，我们在各方面都需要保持独立。也许我们有理由说：上帝保护我们免受朋友们的伤害。到目前为止，我们已经成功地对付了我们的敌人。除此之外还有这样一种未来，我们可以从中找到适当的居所。我们必须远离任何倾向性，除非是对调查研究有帮助的。"

大约在同一时间，他给我写信："我已经记不起从什么时候开始，我的视野变得如此黑暗，我也已经记不得那些我还年轻的时日，那时我不会为年龄的增长和身体疾病而烦忧。我知道你也经历了一些痛苦，度过了艰难的时光，我感到非

---

① 译者注：几尼，英国的旧金币，值一镑一先令。

常抱歉，因我也没有给你带来更好的消息和安慰。我相信我们今年会见面，当我们见面时，你会发现我还是坚定不移，仍然能处理任何紧急情况，但只是在感情方面，我的判断总是悲观的……我们正生活在一个糟糕的年代，但科学或许是一种可以使人坚强的力量。接受我最好的爱，把你的好消息写信告诉你的老朋友弗洛伊德。"

艾利·伯奈斯的儿子爱德华在这些年里一直是弗洛伊德在美国影响的推动者。1919年初在巴黎，他设法弄到了一盒哈瓦那雪茄，并通过一个负责去维也纳侦查情况的特派团负责人带给了弗洛伊德；他知道对于他姑父来说，最好的礼物莫过于上等雪茄了，因为他已经很多年没有抽到过好的雪茄了。作为回报，弗洛伊德送给他一本《精神分析入门讲座》（Introductory Lectures on Psychoanalysis）的复印本，爱德华立即提出想要安排人翻译它，弗洛伊德立刻同意了。第二年10月份我与弗洛伊德见面时，我告诉他我们正打算为这本书出英译本，但如果美国方面已经拿到了英文版权，就很难再在英国找到出版商了。他立即打电报到纽约要求停止那边的翻译工作，但为时已晚。爱德华·伯奈斯在第一时间组织哥伦比亚大学的研究生展开了翻译工作，并已与邦尼 & 利夫莱特（Boni and Liveright）公司签订了出版合同，在次年春天以《精神分析概论》（A General Introduction to Psychoanalysis）的书名出版。弗洛伊德对译本中的诸多错误和其他不完美之处颇为不满，后来他对这次授权表示懊悔，尽管一段时间里给他带来丰厚的版税。与此同时，乔安·里维埃也做了认真的翻译，1922年以更为准确的书名《精神分析入门讲座》（Introductory Lectures on Psychoanalysis）出版。

这年夏天他没有离开维也纳，尽管他显然需要度假，其中不只是财务紧张方面的原因。1919年7月15日，弗洛伊德与明娜·伯奈斯一同前往巴德加斯坦（瓦辛别墅），二人都需要去那里接受"疗养"来重整旗鼓。弗洛伊德的太太无法一同前往，因为两个月前她患上了流行性肺炎，正在萨尔茨堡附近的一间疗养院里进行康复治疗。9月9日，他踏上了前往汉堡的一次不祥的旅程，途经慕尼黑，前去看望女儿苏菲——事实证明，这是他最后一次见到她；4个月后她就离世了。9月24日弗洛伊德返回维也纳，我很快就见到了他——这是我们近五年来的第一次会面。

战争结束时发生的一系列事件引起了弗洛伊德的注意，也把他的视线引向多年来几乎完全隔绝了的外部世界。维也纳局势惨淡，而匈牙利这个他不久前还认

26. 重聚（1919—1920）

为是精神分析发展最有前景的阵地也脱离了奥匈帝国，甚至在和费伦齐通信的时候也会遇到很大困难，这一切都使他非常渴望知道，他的工作在更为遥远的国度取得了怎样的进展；而我从国外为他带来的大量可喜的消息则进一步激发了他的兴趣。

弗洛伊德当然需要振作起来，因为在德国和奥地利，学术界对待他的研究的态度还是一如既往的敌对。阿尔弗雷德·E.霍希（Alfred E.Hoche）在1919、1920、1921年的三届德国西南部神经学家和精神病学家会议（South-West German Neurologists and Alienists）上，不断地鞭笞弗洛伊德及其理论，称之为"无法被容忍的、披着科学面纱的神秘运动"。恩斯特·克雷奇默（Ernst Kretschmer）也有过类似的说法。

战后的几年里，英国知识分子界对弗洛伊德及其学说进行了大量探讨。事实上，很多都是一些邪教或潮流，这些对于正规的学生来说都是不受欢迎的，我们尽自己最大努力将研究范围限于科学工作——甚至承受着被说成是宗派主义或隐士的代价。英国精神分析学会于1919年2月份改组，共有20名成员。英国心理学会也正经历着广泛的变革；J. C. 弗留格尔（J.C.Flugel）担任秘书，我是委员会的执行主席。改革的一个结果是成立了一个特别医疗科，后来证明这成了我们与其他医学心理学家交流想法的宝贵论坛。为了提高其信誉，我们请来杰出的人类学家 W. H. R. 里弗斯（W.H.R.Rivers）担任首届主席，但接下来的七届都是精神分析学家，自那时以后又有很多精神分析学家担任主席。

虽然弗洛伊德和我都同样渴望通过一次私人会面来重新恢复自己的状态，但其中的困难却都是最难以克服的。当局表现得好像德国的危险迫在眉睫，意欲重新开战，而事实上20年后才发生，政府对任何想出国旅行的人的动机都极为怀疑。法国当局则更加难缠。尽管如此，我于1919年3月15日来到伯尔尼，并在那里与奥托·兰克见了面。两天后汉斯·萨克斯也来了。

在之前的一个月，萨克斯从达沃斯（Davos）写信给弗洛伊德，宣告他决定正式改变自己的职业，从律师转型为执业精神分析师。在维也纳继续他先前的工作，鉴于那里普遍萧条的状况，前景也是非常惨淡的。

对于这些年的战争带给兰克的变化，我深感震惊。上一次见到他，他还是一个柔弱年轻的害羞、恭敬的人，喜欢用鞋后跟敲击地面，常常鞠躬。现在他身体结实强壮，气场强大，他的第一个动作是把一把巨大的左轮手枪放在桌面上。我问他这是什么意思，他满不在乎地回答："以防不测。"他是怎样通过边境检查的呢？当这位官员指着他鼓囊囊的口袋质问时，他平静地回答说："面包。"这一变化与他战后在维也纳恢复工作的时间一致，他在克拉科夫（Krakow）曾经三次忧郁症发作，这应该也是相应的轻度狂躁反应。

伊格诺思（Ignotus）是费伦齐和弗洛伊德的一位布达佩斯朋友，也是匈牙利驻伯尔尼代表团团长，负责积极寻求与协约国当局的接触，尽管都无功而返。在我与他分别前一天，我们获悉匈牙利爆发了贝拉·库恩（Bela Kun）的布尔什维克革命，这使得伊格诺思的授权立即失效了。这一政治变革从两个方面影响了弗洛伊德。5个月以来，他几乎无法从费伦齐那里得到一丁点消息，这是他焦虑的主要原因。其次，布尔什维克主义者尚未发现精神分析是一种对资本主义的离经叛道，而资本家们则唆使弗洛伊德反对马克思，或多或少地给予优待，他们任命费伦齐为首位大学精神分析教授。桑德尔·雷多（Sandor Rado）对于新领导有一些影响力，他就是操纵此事的人；罗海姆（Róheim）几周前被任命为人类学教授。

费伦齐轻率地接受了这份荣誉，也付出了足够昂贵的代价。8月，罗马尼亚人进入布达佩斯，他们支持的反动政权激烈地鼓吹反犹主义，很长一段时间费伦齐不敢在街上露面。令他大为懊恼的是，他甚至被布达佩斯医学会开除了。事实上，只有他能和当局就冯·弗罗因德基金问题谈判，这是一个致命的障碍。

3月22日，在卢塞恩（Lucerne）呆了几天过后，我们三个人启程前往苏黎世，1919年3月24日，致辞新成立的瑞士精神分析学会，取代了战前以荣格为首的那个组织。新的瑞士委员会有路德维希·宾斯万格（Ludwig Binswanger），F.莫雷尔（F.Morel），埃米尔·奥博霍尔泽（Emil Oberholzer），奥斯卡·菲斯特（Oskar Pfister），赫尔曼·罗夏（Herman Rorschach）。

8月份我设法在我的助理艾瑞克·希勒（Eric Hiller）的陪同下再次来到瑞士。我们在巴塞尔与萨克斯见面。获得准许前往弗洛伊德正在附近度假的楚格峰（Garmisch）没什么问题，不过我从奥地利驻伯尔尼大使那里取得了更大的成功。他用贵族式的语气漫不经心地说，居然有人想要去维也纳这样不幸而糟糕的地方，不过又补充道，"各有所好"。他没有提出任何反对意见，瑞士当局也给予了批准。于是我和希勒出发了。很快，弗洛伊德所言他的国家的荒凉景象就得到了证实，那些饥饿的衣衫褴褛的官员已经充分证明了这一切，我也不会忘记那些瘦弱的小狗徒劳地向我们丢给它们的食物摇摇晃晃地走来。我们是第一批抵达维也纳的外国平民，在里贾纳酒店（Hotel Regina）很受欢迎，精神分析师来访常常住在那里。

这次见面我发现弗洛伊德头发有些花白了，也比战前形容消瘦；在那以后他再没有回复从前的丰满身材。但他的头脑一点也不失警惕。他一如既往地精神饱满，热情友好，很难想象我们已经有近6年没有见面了。我们刚刚见面没多久，费伦齐就闯进了房间，令我颇感吃惊地热情洋溢地亲吻我们的脸颊。他已经有一年多没见到弗洛伊德了。我们要说的话太多，这些年来发生在我们各自身上的事情说也说不完。当然，我们也谈起了欧洲局势的巨大变化。弗洛伊德说，他最近和一名狂热的共产主义者进行了一次会面，这使我感到惊讶。他说他已经部分地转向了布尔什维克主义——他听说，布尔什维克主义的出现之初会带来几年的痛苦和混乱，但过后随之而来的即将是普遍的和平、繁荣和幸福。弗洛伊德说："我告诉他，前半句我还是相信的。"

关于威尔逊总统，弗洛伊德有很多怨气要吐露，威尔逊构想的以正义为基础的和平欧洲的远景迅速宣告一场空。当我指出在处理停战问题时，部队的工作是相当复杂的，这不可能由任何一个个人来决定，他回答说："但他不应该夸下海口。"

对于弗洛伊德来说，他所说的"精神分析的重镇"明显不得不向西方移动了。于是他向费伦齐请求，由我来接任国际协会的代理主席一职。在战时布达佩斯大会中这一职位投票的结果是费伦齐胜出。费伦齐欣然同意了，但在未来的岁月里，这是他强烈悔恨的根源，他从未在这个头衔下发挥任何作用，我也有足够的理由在后来认为，对于我取代了他这件事，费伦齐对我报以没有理由的怨恨。弗洛伊德当时说："希望我们这次找到了合适的人选。"显然是希望我的任职能够长久。不幸的是，从我的角度来看，后来他常常不这么想了。

在维也纳会面期间，弗洛伊德向我们提议说，建议邀请艾丁格加入我们的私人"委员会"。我们立即同意了这个建议，亚伯拉罕被委托去征求艾丁格的同意；几个月后，一枚新的徽章戒指就诞生了。1920年5月，弗洛伊德又给了他的女儿安娜一枚相似的戒指；除此之外获得这枚戒指的女性有露·莎乐美、玛丽·波拿巴，以及我的太太。

1910年10月，弗洛伊德被授予大学教授的头衔。他称之为一个"空头支

第三部分 最后岁月（1919—1939）

票"，因为并没有同时授予他教师的席位。但幸运的是，这也没有为弗洛伊德带来任何特殊的教学任务。

1920年的第一个月，命运带给弗洛伊德两次严重的打击：一次是他尽管不甘心，但也多少有所准备，而另一个打击则是完全惊人的、出乎意料的。前者是托尼·冯·弗罗因德之死。39岁那年，弗罗因德动了一次肉瘤手术，其后他患上了严重的神经官能症，而弗洛伊德于1918—1919年成功地治愈了他。但在这一年的3月份，肉瘤复发的迹象又出现了。几个月来，他的朋友们在希望和恐惧之间摇摆不定。然而，经过进一步的检查，这一不祥的征兆成为事实，病人的病情迅速恶化。12月，亚伯拉罕问弗洛伊德，弗罗因德是否意识到自己即将到来的结局，从而找到给他写信的合适措辞。弗洛伊德回答说，冯·弗罗因德无所不知，甚至嘱咐在他死后，把弗洛伊德送给他的戒指归还回去，以便可以传给艾丁格。然而，冯·弗罗因德死后，他的遗孀认领了这枚戒指，于是弗洛伊德把自己戴着的那枚戒指送给了艾丁格。弗洛伊德当时每天都去拜访这位垂死的人，尽力安慰他。最后一次是在1920年1月20日，弗洛伊德说，冯·弗罗因德英勇地牺牲了，没有给精神分析丢脸。弗洛伊德特别喜欢他，他的死对于他来说是一场非常严重的打击；弗洛伊德说，这是他衰老的一个重要因素。

就在三天以后，弗罗因德被埋葬的那天晚上，从汉堡传来弗洛伊德美丽的女儿苏菲、这个"星期日孩子"病重的消息；那一年，流感肺炎十分猖獗。维也纳没有前往德国的火车，所以她的父母无法前去见她。两天后，1月25日，一封电报宣布了她的死讯。那一年苏菲只有26岁，身体很健康，生活幸福，她留下了两个孩子，其中一个只有13个月大。这一消息无疑是晴天霹雳。收到信后的第二天，弗洛伊德写信给我："可怜的托尼·弗罗因德上个星期四被埋葬了。听到令尊的坏消息我感到很遗憾[①]，但是我们必须经历这一切，我在想什么时候会轮到我。昨天我经历了一件事，使我希望我生命的最后时日尽快到来。"告知费伦齐这个消息后，他补充道："我们自己呢？我的太太已经崩溃了。我想：一切都在继续。但是一个星期也是过于难熬的。"弗洛伊德尽管控制着他的斯多葛主义精神，仍然可以深深地掩盖着他的情绪。艾丁格像往常一样，尽可能地给予他帮助，在

[①] 我告诉了他我父亲病危的消息。

给艾丁格写过一些信后，弗洛伊德描述了他对此的反应："我不知道还有什么好说的。这件事使我精神瘫痪了，它使一位无神论者头脑一片空白，从而也避免了与之俱来的冲突。只有生硬的需要、无声的服从。"

费伦齐深深地担心这场可怕的打击会对弗洛伊德精神造成何种影响。弗洛伊德则用这些可怜的话来安慰他：

> 不用为我担心。我和之前一样，只是有点累。这一致命打击不论多么痛苦，都无法推翻我对生活的态度。这么多年来，我已经做好了失去儿子的准备①；现在厄运降临到我女儿的头上了。因为我绝对地反宗教主义，我没有人可以指责，我知道没有任何地方可以让我抱怨。"士兵不变的职责"②和"生活的甜蜜惯性"③都可以保证生活还会像以前一样继续。在内心深处，我能体会到一种深刻的、无法治愈的自恋挫伤。我的妻子和安娜瑞尔（Annerl）则以一种更有人情味的方式被击垮了。

几周后，我告诉弗洛伊德我父亲的死讯，他回信说："令尊撑不下去了，直到他像可怜的弗罗因德一样被癌症吞噬。这是多么幸福的机会啊。很快你就会发现这对于你来说意味着什么。我父亲去世的时候，我跟你差不多大（43岁），这件事彻底地改变了我的灵魂。"

生活还是要继续。弗洛伊德余下的兴趣，就是1920年2月14日在柏林开张的门诊部。他想把柏林变成精神分析的中心。得益于艾丁格的慷慨解囊，这一门诊部最终成立了，恩斯特·弗洛伊德（Ernst Freud）以令人赞叹的方式设计了这幢大楼的布局。这座建筑无疑包括一个供研究使用的图书馆，还规划了一个训练中心的布局；这是第一次，也是长久以来最著名的一次。这一年夏天，汉斯·萨克斯从瑞士来到柏林协助教学，他到了不久后，维也纳的西奥多·赖克（Theodor Reik）也加入进来。

---

① 在战争中丧生。
② 席勒：《皮科洛米尼》（Die Piccolomini）第一幕第四场："永远的服务"（DesDienstes Ewig gleichgestellte Uhr）。
③ 歌德：《埃格蒙特》（Egmont）第五幕第三场："生活的甜蜜习惯"（Daseins susse Gewohnheit）。

第三部分 最后岁月（1919—1939）

维也纳协会的成员当然也想如法炮制，有人建议成立一个类似的门诊部，作为综合医院的一个部门。弗洛伊德非常反对这一建议。他给亚伯拉罕的理由是，他没有时间做这件事，而且不知道这个协会里面有谁可以胜任这项工作。但是，他向费伦齐承认，在他看来，维也纳并不是一个适合精神分析发展的地方，因此也不适宜成立这样一个门诊部。然而不可否认的是，以门诊部（Ambulatorium）命名的诊所于1922年5月22日正式开张营业。

弗洛伊德时不时地和哈夫洛克·埃利斯（Havelock Ellis）通信，经常给他寄去自己的书，但对埃利斯在战争期间写的一篇论文并不满意，他近期才注意到这篇文章。埃利斯认为弗洛伊德是一个艺术家，而不是科学家；弗洛伊德则称这是"抵抗的高级升华形式"。他写信给我，把埃利斯的文章描述为"最优雅、最随和的抵抗形式，称我是伟大的艺术家，以损害我们宣称的科学的正当性"。

战争结束时，许多人投诉奥地利军事医院治疗战争神经症的手段十分令人痛苦，甚至很残忍，特别是维也纳综合医院的精神科，当时由尤利乌斯·瓦格纳-若雷格（Julius Wagner-Jauregg）担任主任。1920年初，奥地利军事当局成立了一个特别委员会调查此事，他们邀请了弗洛伊德和埃米尔·莱曼（Raimann）（瓦格纳-若雷格的助手）做报告。顺便说一句，这是弗洛伊德在维也纳当局眼中具有科学地位的证据。他的报告题为"战争神经症的电气疗法笔记"。

在医学界已经存在的关于铁路和其他事故的创伤性神经症性质的划分问题，弗洛伊德加以评论，有些人认为是由于神经系统的轻微损伤而致，尽管很难得到证实。另外还有一些人认为它们仅是神经系统的功能紊乱。那些远离前线的、没有任何诸如炸弹爆炸等身体创伤的神经症现象，支持了第二种观点。

精神分析将一切神经症都归结于内心的情感冲突，对于战争神经症，至少其直接成因可以很容易地总结为自我保护本能与军事义务之间的冲突。自我保全的本能冲动使士兵们有必要去摆脱军事危险，然而又有各种力量阻止这种本能的公开表达——责任感、服从训练等。为了适应这种状况而发展出来的疗法，就是使用电疗法，这比回到前线更令人生厌，这种方法首先出现在德国军队中。"至于其在维也纳诊所里面的使用情况，我个人认为，瓦格纳-若雷格教授绝不会允许它变本加厉地发展。其他我不认识的医生会怎样我就不知道了。医生们普遍缺乏心理学教育，他们当中的许多人可能已经忘了，被他们当作装病的患者可能是真的生病了……"

26. 重聚（1919—1920）

"用强电流进行治疗最初取得了卓越的效果，然而后来被证明这个效果不会持续多久。恢复后被送回前线的病人可能会复发，然后重复这个故事，这样做至少赢得时间来避免眼前的战地危险。当再度置身枪口之下时，他对电流的恐惧就消失了。而他正处于治疗期间时，对当兵的恐惧就消失了。此外，公众当中迅速弥漫的对战争的忧虑，还有对于战争越来越反感的普遍倾向，对战士们的影响也越来越大，于是治疗开始失效了。在这种情况下，一些人屈从于德国特有的倾向，为了达到目的不择手段。发生了一些本不该发生的事：电流的强度，以及其他治疗手段的残酷性，都增加到一个令人无法忍受的程度，目的就是避免士兵们从战争神经症当中获益。无可辩驳的事实，就是德国的医院在治疗过程中出现了死亡病例，也有自杀事件。然而我一点也不知道，维也纳的诊所是否也经历了这样的治疗过程。"

在弗洛伊德看来，纯粹装病的人只占很小一部分比例。这个判断的正确性已得到进一步经验的证实。但是大多数军队中的医生肯定会有不同看法。瓦格纳－若雷格主张当战争神经症患者表现出躯体上的诸如震颤等症状时采取相对温和电击疗法，他在自传中也承认："我对于治愈过的装病的人，往往都采取相当严厉的措施，如果他们都作为原告起诉我，那也将是一次令人印象深刻的审判。"正如他所说，他很幸运，因为他们中的大多数都分散在前奥匈帝国的各处，现在也都无影无踪了，所以委员会的最终决定对他没有什么不利。

弗洛伊德面临着一项令人讨厌的任务，就是在调查战争神经症治疗的委员会面前给出证据。他们主要围绕着瓦格纳－若雷格教授入手，他是最终负责人。弗洛伊德说，他打算尽可能友好地对待瓦格纳－若雷格，因为后者对一切事件并不负有个人责任。在10月15日的会议上，所有维也纳神经学家和精神病学家都出席了，报界也应邀到场。弗洛伊德首先宣读了他8个月前提交的报告，然后以平静客观的方式阐述了他的观点。瓦格纳－若雷格认为，所有的战争神经症患者都只是纯粹的诈病，在这一点上他比弗洛伊德更有经验，因为弗洛伊德从未遇到过装病的战士。弗洛伊德说，他同意瓦格纳－若雷格的观点，即迄今为止所有的神经症都是某种意义上的装病，但是这是无意识层面的装病；这两种观点有本质的区别。他也同意在战时状况下，使用精神分析疗法是很困难的，但是他坚持认为，精神分析学的知识会比电击疗法更有用。他还指出，医生的责任是永远把病人的利益放在第一位，而军事当局的要求，则是医生应该主要帮助病人重拾军事义务。紧接着是一场激烈的辩论，整个委员会都强烈反对弗洛伊德。在这场讨论中，有些人说了许多侮辱精神分析不堪入耳的话。最后弗洛伊德表示，这次会议只是加强了他对维也纳精神科医生们的虚伪的认识和憎恨。

大约在这个时候，弗洛伊德听说了战时美国的传言，大意是说维也纳的条件太艰苦导致弗洛伊德自杀了。他说他觉得这不是一个善意的说法。1920 年 7 月，艾丁格请一位维也纳雕塑家保罗·柯尼斯伯格（Paul Konigsberger）为弗洛伊德雕塑一座半身像。弗洛伊德当时工作过度，但他无法拒绝艾丁格的请求。他料想这位雕塑家会惹恼他，但没想到反而很喜欢这位雕塑家，觉得他水平高超。弗洛伊德和他的家人对作品成果很满意："这给人的感觉好像是布鲁图斯（Brutus）的头，影响力很强。"我们这个委员会的成员决定购买原版，作为弗洛伊德 65 周岁的生日礼物。它被放置在弗洛伊德的家中，作为一个"幽灵，威胁，自己的青铜翻版"。但弗洛伊德抱怨说他被骗了。"我真的以为艾丁格是要自己留着，否则去年我就不去坐着让他雕了。"

战争刚一结束，我们就开始考虑召开下一届大会的可行性。显然这次我们需要找一个中立的国家，鉴于穿过法国的种种复杂限制，荷兰似乎比瑞士要更合适。1919 年春天，我希望我们秋天就可以召开一次大会，但是经过调查后发现这是行不通的。

第六届国际心理分析大会于 1920 年 9 月 8 日开幕，会议持续 4 天。62 位成员到场，两个来自美国，多利安·费根鲍姆（Dorian Feigenbaum）和威廉·斯特恩（William Stern），7 位来自奥地利，15 位来自英国，11 位来自德国，包括乔治·格罗德克（Georg Groddeck），16 位来自荷兰，包括杰格斯玛（G.Jelgersma）、凡·兰特格姆（Van Renterghem），3 位来自匈牙利，包括梅兰妮·克莱因（Melanie Klein），一位来自波兰，7 位来自瑞士。受邀到场的 57 位客人中，有安娜·弗洛伊德、詹姆斯·格洛弗（James Glover）、约翰·里克曼（John Rickman）。

弗洛伊德宣读了一篇题为"梦理论补充"的论文。他主要强调了三点。一个是他的愿望满足理论的扩展，包括愿望并不是从无意识寻求快乐的方面产生的，而是从良心的自我惩罚倾向开始的。他的理论还包括了另一个令人不安的观察，即梦境的简单重复是一种创伤性体验；这也是当时除了众所周知的唯乐原则之外，促使他得出"强迫重复"结论的一个考虑因素。第三点则是对于近期一些辨别梦境的"预测倾向"的尝试，弗洛伊德予以拒绝，他认为这种尝试导致梦的显性和隐形内容之间的混乱。

此次会议上还有一些其他优秀的论文，亚伯拉罕撰写的《女性的阉割情结的表现》（Manifestations of the Female Castration Complex），费伦齐的《精神分析积极治疗的进一步发展》（Further Development of an Active Therapy in Psycho-Analysis），罗海姆做了一场惊人的即兴演讲——关于澳大利亚的图腾崇拜。

从各个方面来看，这是一次成功的大会，多年来一直失去联系的同事们这次又愉快地重聚了。弗洛伊德后来写道，"他对这次大会感到骄傲"，这是一次普天同庆的大会，这是各个敌对国家的研究者们第一次聚集在一起进行科学合作。

为了进一步巩固私人委员会的内部结构，我们为海牙大会采取了进一步行动，这是我们第一次悉数到齐地会面。我们决定至少小规模地改变先前成员之间不规则的通信方式，改成一种规则的圆信（Rundbrief）形式，委员会的每个成员都会收到信，以便大家都熟知事态的变化和计划。起初是每周一次，但在不同的时候改为间隔10天，甚至两周。然而这种节省时间的设计并不会中断其他私人通信，特别是与弗洛伊德本人。

1920年10月，美国的版税到账，弗洛伊德为此欢呼，他给侄子写信说要为纽约的一本畅销杂志撰写四篇文章。这些文章会很受欢迎，他提出，第一篇文章的题目就叫"不要在争论中利用精神分析"（Don't Use Psychoanalysis in Polemics）。伯奈斯立刻向《时尚丽都杂志》（*Cosmopolitan Magazine*）提议此事。他们预付了弗洛伊德1000美元购买他的第一篇文章；如果效果好，会采取进一步的措施。他们不同意弗洛伊德提出的一个话题建议，而反馈给他几个杂志社想出来的题目，比如"妻子在家庭中的精神地位"，或"丈夫在家庭中的精神地位"等。弗洛伊德被激怒了。"一位优秀作家"的文章的接受度取决于大众的口味，所以他要写什么题目，应当是被指派好的，这种态度严重地伤害了他的自尊心。"如果我从职业生涯开始时，就考虑到了你的编辑的影响，我相信我今天根本不可能被美国人和欧洲人所知晓。"他给爱德华·伯奈斯写了一封尖刻的拒绝信，但我不能不认为，他的愤慨之中有一些是因为自己不得不放弃一贯的高标准，提议写热门文章来赚钱而感到羞愧。这是他一生中唯一一次考虑做这样的事。

一个月后，弗洛伊德又收到伯奈斯从纽约发来的电报，说纽约的一个组织邀请他前去进行为期6个月的工作，早上接待患者，下午举办讲座，薪酬保证为1万美元。弗洛伊德的回复仅仅是"不方便"，接着是一封长信，堪称商业智慧的杰作。弗洛伊德详细计算了他不得不支付的个人开支,包括累积所得税等,并得出结论,他返回维也纳时将疲惫不堪,而且比去之前还穷;用英语授课这一点也是决定性因素。

1920年底,弗洛伊德的财务状况开始出现好转迹象。到11月为止,他的收入已经达到战前的三分之二水平了。他甚至开始积累一部分外汇。为了这个目的,那年夏天他让我以自己的名义在一家荷兰银行开了户,以便外国病人向这个账户汇款。

自这时候起,出版社成了弗洛伊德生活中很重要的部分,即国际精神分析出版社(Internationaler Psychoanalytischer Verlag),1919年1月中旬在维也纳成立。负责人分别包括弗洛伊德,费伦齐,冯·弗罗因德和兰克。9月,我接替了病危的冯·弗罗因德,1921年艾丁格也成了负责人之一。兰克被任命为总经理,赖克做他的助手。出版社着手做的第一本书是《关于精神分析与战争神经症》(*Psycho-Analysis and the War Neuroses*),1919年5月由亚伯拉罕、费伦齐、恩斯特·西美尔和我负责。

弗洛伊德对出版社的命运之所以如此感兴趣,主要表达了一种对独立的强烈渴望。他想完全摆脱出版商强加的条件,自己喜欢什么时候出版就什么时候出版,想出版什么就出版什么,这些诉求迫使他在这方面做出了有力的措施。其次,有了自己的出版社,他的精神分析刊物尽管在战时遭受了严重打击,也可以继续生存下去,也更安全。最后,一贫如洗的作者可以推出佳作,但商业出版商可能并不会接受。从外部公众的角度来看,这样一个出版社所出版的图书隶属于精神分析文献大类,尽管内部价值必然各不相同,由此也可以区别于许多其他假借精神分析之名出版的书籍。

大多数目标最终都实现了,尽管付出了相当大的代价,为了出版社的事业,我们从科学工作中挪用了大量财力和精力。在20多年里,出版社出版了一百五十多本书,除了维持5本精神分析刊物的运营外,还推出了五套弗洛伊德《著作集》(*Collected Works*)。英国的分支机构也出版了50多本书,其中许多都是维也纳出版社图书的翻译本,具有很高价值。出版社面临的最突出的困难就是财务问题,只有罕见的时刻出版社才能还清债务,而且书籍来源也持续依靠精神分析学派自身。弗洛伊德自始至终都不接受版税,还常常把自己的钱大笔大笔投入出版社。财务上的紧缩已经逼退了我们贫穷的作者了。相反,我们还不得不要求他们来支付一些书籍生产的费用,所以跟我们合作还不如去找一家商业出版社。不过,从各个方面来衡量的话,这个出版社仍然应被视为一个值得称赞的事业。它的存在曾经引发弗洛伊德很大程度的焦虑,他也为此付出了巨大的个人劳动,但同时也收获了深深的满足。

可以肯定的是,如果不是凭借着惊人的能力和精力,出版社根本不可能存活下来,不论是编辑还是管理层都为之付出许多。兰克就是这样投身到工作中去的。接管出版社以来他有4年没有离开维也纳外出度假了,后来去度假时,还带着大量的材料处理。5年来,这种紧张的节奏一直持续下去,说来也是他后来精神崩溃的一个重要因素。

冯·弗罗因德留下了一大笔钱作为专项基金来支持出版社以及其他弗洛伊德想要开展的事业。总金额相当于50万美元。然而这是一个命途多舛的事业。不到四分之一的约100万克朗的钱转移到了维也纳。大家决定一半留在维也纳,另一半转移到伦敦。如何处理留在维也纳的这笔钱,兰克做出了我所知道的唯一一次错误决策。当时奥匈帝国解体,人们可以选择使用奥地利货币来保存,或者兑换成新捷克币。正如许多人所做的那样,兰克判断认为,新国家维持不了多久,于是他把钱用奥地利币保存起来。几年内通货膨胀使这些钱一文不值了,新捷克币的实际价值却有所增加。那年的9月(1919)我在维也纳,与埃瑞克·希勒在一起,我们答应将100万克朗的另外四分之一走私出境送往英国。在穿越奥地利边境的时候,我们被海关官员剥光了衣服,所以说要想完成这个任务还需要一些技巧。我的手提箱先行通过了检查,于是我平静地从希勒的箱子里取出钱放进我那个已经通关的箱子里。然而,在火车离开瑞士的第二天我们要重新接受检查,于是在第二天早晨,我租了一辆出租车,开过莱茵河大桥以后就是另一个国家了。在边界线上我们可以理直气壮地说,我们的行李已经检查过,并且盖章了。然而,这一壮举并没有得到应有的回报,过了一两年,这些纸币甚至都没有白纸值钱了。当时没有人能相信,一个国家的货币会完全消失。

当时的匈牙利是布尔什维克政权,接踵而至的是1919年8月罗马尼亚占领匈牙利,这些事件宣告了将基金中更大比例送往维也纳的一切努力都是徒劳的。那里的红色恐怖之后便是强烈的反犹主义浪潮,如前所述,这严重地影响了费伦齐的处境。尽管如此,他、兰克和冯·弗罗因德仍在斗争,1919年底,似乎有微弱的希望,可以避免至少一部分钱被拿去充公。市政当局认为,慈善捐款应当用于当地的慈善事业，不论如何，这笔钱不应该离开这个国家。

费伦齐参与了一系列复杂的谈判，但反犹主义和反对精神分析的势力太顽固了，直到3年之后才有一笔宝贵的资金获救。这将弗洛伊德和出版社置于尴尬的境地，因为在此期间他们背负相当沉重的经济负担。然而，艾丁格这个始终可靠的支持者于几个月后拯救了这个局面，他劝说他那位在纽约的富有同情心的姐夫向出版社捐赠了一笔5000美元的可观资金。

在德语之外的语言领域里拓展我们的出版物，从一开始就显现出明显的必要性。出版社成立一周后，一家伯尔尼的公司提出想与我们合作，推出在维也纳发行的书籍的法文译本。

"敌国"的公司在当时不被允许在英国设立分支机构，或者只能在有限的条件下进行，因此我必须成为一个独立出版商，建立所谓国际精神分析出版社。一开始它坐落于韦茅斯街的一家商店，主要出德语书籍，其他的也得不到；这里由埃瑞克·希勒负责。这项事业持续了几乎一年，我们卖出100英镑（280美元）的股票，并关闭了商店。接着是国际精神分析系列丛书，我刚完成了第五十卷的编辑，前两卷于1921年出版。再之后，1924年，伦敦的机构与霍加斯（Hogarth）出版社达成了令人满意的协议，自此它们的联合出版一直继续了下去。

翻译弗洛伊德作品所需要的巨大劳动中，这里关心的最主要的问题，是他提供给我们的细节合作。我们在他论述有些含糊的地方追问了一个又一个问题，并就文内冲突的地方等提出了不同的建议。这个过程在詹姆斯·斯特拉奇（James Strachey）的英明领导下一直持续至今。值得注意的是，从编辑的角度来看，称为"标准版"（Standard Edition）的弗洛伊德著作英译本，比任何德文版本都更值得信赖。

为了有助于编辑我们事业里第三重要的《国际精神分析杂志》（*International Journal of Psycho-Analysis*），我邀请了英国的道格拉斯·布莱恩（Douglas Bryan）和弗留格尔（Flugel）。在美国选择编辑的问题更为微妙复杂。经过一些圆滑的策略，最终选择了布里尔H. W. 弗林克（Frink）、克拉伦斯·奥本多夫（Clarence Oberndorf）。

当然，我一开始就与布里尔交流了我们的计划，他立刻答应会全力支持。同时他也提出了一个奇怪的建议，即我们应该成立英美精神分析协会，用来对抗国际协会，因为后者当时主要是德国人，或者至少都是说德语的。布里尔在战争初期强烈亲德,但后来发生的事件似乎将他过度美国化了。我不赞成这个建议,也没有听到更多后续消息。

除了那封友好的信,布里尔很久以来都鸦雀无声。我本想用布里尔的一篇文章作为杂志的开篇,但我多次发去邀请,包括3条电报,都没有引起任何反应。弗洛伊德从战争开始以来就没有收到过他的信,随着时间的推移,他变得越来越关心布里尔的情况了。布里尔还有一些生命的迹象。"我从布里尔那里拿到了他的一些翻译,分别是列奥那多,还有诙谐和图腾这几篇,却是没有信件。"但在此期间,布里尔无私地筹集了1000美元帮助出版社。弗洛伊德信中写道,"布里尔真的没事",但这对我来说不是什么新闻了。

1920年9月的海牙大会布里尔没有参加,但后来他解释了自己长久以来的沉默。"我收到布里尔的一封长信,很疯狂,很柔情,没有一句提到钱,但解释了他这段时间的神秘举止背后的原因。这一切都是出于嫉妒、感情受伤等等。我会尽我最大的努力去安慰他。"布里尔显然经历了人生中唯一一段非常糟糕的岁月。他永远是忠诚的老朋友。麻烦的是,布里尔相信弗洛伊德因为他的翻译受到严厉批评,而对他有所不满,但事实上这是毫无依据的。弗洛伊德一点也不觉得它们有什么错,但从那时起,布里尔就明智地决定远离这些事务。

到了1916年战争的中期,弗洛伊德一定觉得,他已经把自己的一切都献给了这个世界,因而除了活下去之外余下的东西也很少了。在1915年春那次惊人的几乎难以置信的能量爆发中,弗洛伊德把他最深刻的思想和最深远的观点倾注到了超心理学系列文章中去,在接下来的一年里他撰写并出版了《精神分析导论》(*Introductory Lectures on Psycho-Analysis*),结束了他那几年的演讲和论述。

在接下来的几年里,似乎没有什么可期待的,不论是他理论的进一步发展还是既有理论的传播。1918年底布达佩斯大会的成功鼓舞了他,加上出版社的成立,以及来自海外的好消息,弗洛伊德的精神似乎重振起来。新年伊始,他告诉费伦齐说,他对科学思想的看法仍然很不成熟,但仅仅几周后,我们就听闻他关于受虐主题的一些新点子,他对此很有信心。3月,发酵的时间明显延长了。"我刚刚完成了一篇论文,长达26页,分析了受虐狂的成因。其中一个题目是'正在挨打的孩子'。我开始着手写第二部分,给它取了一个神秘的标题叫'超越唯乐原则'。我不知道是春寒还是素食让我变得如此高产。"两周后,他写道:"我

第三部分　最后岁月（1919—1939）

正在写一篇关于'超越唯乐原则'的新文章，盼望你的理解，这一点从来没能难倒我。我在这篇文章里面说的许多话都很模糊，读者只能尽可能地去理解。有时候人们不得不这样做。但我仍然希望你能从其中发现很多有趣的东西。"

初稿在几个月后就完成了，但他在巴德加斯坦治疗期间计划重写。然而与此同时，就在他启程之前的几个小时里，他抽空重写了一篇从抽屉里找到的旧文章。这是一个很有趣的题目，叫"暗恐"（The Uncanny），年底发表在《意象》杂志上。假期的进展很慢，他告诉我他无法继续工作，因为他感觉太舒适了。显然他对这项努力并不满意，似乎把它抛向下一个夏天。在这段时间里，他还写了一篇关于女性同性恋的杰出案例。

5月份，他告诉艾丁格："我现在正在修改和完成《超越唯乐原则》，并在生产的过程中发现自我。"6月，他写信给费伦齐表示，这之中出现了一种"奇怪的延续"，大概是关于原生动物永生不死的可能性部分。他在暑假之前完成了这项任务，并请艾丁格作证，在他女儿苏菲健康状况尚好的时候，这本书就已经完成一半了；他说："很多人对此都会摇头。"这是一个相当奇怪的请求，人们可能会怀疑，如果这不能说明他对死亡的新看法中是受到丧女之痛的影响的话，那么在那次不幸事件发生两周后的另一封信中，他为什么会漫不经心地提到了那篇关于"死亡本能"的文章呢？

弗洛伊德提出的关于生命与死亡关系的惊人想法，以及他对"死亡本能"这一概念的引入，不仅具有深刻的哲理性，而且具有高度思辨性。弗洛伊德也提出了这样的观点，而且是以试探性的方式，但后来他完全接受了。他以前从来没有写过这种东西，这本身对于任何一个与他性格相似的学生来说，都有高度吸引力。正如我们已经看到的，弗洛伊德往往会承认他天性中的思辨甚至是幻想特质，尽管多年来他极力审查着这种特性。现在他放弃了固有的掌控，让自己的思绪飞向遥远的地方。

在处理生命起源和死亡本质等终极问题时，弗洛伊德表现出一种大胆的思辨，这在他所有作品中都是独一无二的；他在别处所写的任何东西都无法与之相比。更值得一提的是，这是弗洛伊德唯一一本在其追随者中几乎没有被接受的著作。

问题在于，弗洛伊德观点的出发点是心灵二元论。由于丰富的经验结论，弗洛伊德在其所有心理工作中都怀着心灵深处冲突的观念，他很自然地想到对立力量这个本质问题。在他工作的头 20 年里，弗洛伊德很乐意把精神冲突的类型列为两个方面：一个是性欲冲动，源于生物学家称之为生殖本能的东西；另一个则是自我冲动，特别是自我保护的本能。到了 1914 年，这个公式受到了干扰，强有力的原因迫使他提出了自恋的概念。在自恋中，弗洛伊德发现自我保存的本能也必须被囊括进来。因此，唯一可见的冲突是自恋与异体性欲之间的冲突，也即在两种形式的性本能之间的冲突。这是非常令人满意的，因为弗洛伊德总是觉得，除了性欲之外，心灵中一定还存在着某种其他本能，大概是在自我这方面；他暂时地将其称为"利己主义"（self-interest）。这是自我当中非性欲部分的概念的开端，可以与性本能形成对比。大约在这个时候，弗洛伊德反复观察他最年长的外孙玩的游戏，他反复玩了一遍又一遍，而这个行动对他来说只有一种不愉快的意义——重复上演母亲的缺席。

弗洛伊德开始重申他对快乐—不快乐原则重要性的看法，他同意了费希纳（Fechner）所提出的稳定性原则。据此，心理活动的本质功能就包括了尽可能地缓解由本能或外界刺激导致的紧张程度。弗洛伊德用芭芭拉·洛（Barbara Low）提出的术语"涅槃原则"（Nirvana Principle）应用于这两种情况，不论其目的是消除还是仅仅减少刺激。这个原则似乎与弗洛伊德的发泄治疗经历一致，事实上，与他的整个愿望满足理论都是一致的。在他的理论中，冲动寻求满足，然后平息。但现在他已经看到了刺激增加与不快乐之间的关系、放松与快乐之间的关系，并不像他之前认为的那么密切；性紧张加剧所带来的快感似乎是这一规则的明显反例，现在"战争梦"的经历似乎也同样令人震惊。

弗洛伊德接着提到了上面所说的儿童游戏的故事，并评论了孩子们为什么喜欢重复游戏、重复的故事等等，不论这些内容是否使他们感到快乐。这些观察使他开始怀疑，在快乐—不快乐原则之外，是否还存在着其他独立的原则，他猜想其中有一种叫作强迫重复。他脑海中复现了一些明显相似的现象，似乎都和这个概念相吻合：经常梦见战争神经症，将原始的创伤一次又一次地重复；某些人生活中常常出现的自残行为类型；精神分析过程中，所有患者倾向于将其童年的不快经历反复上演。在上述所有情形中，想要发现这些重复的动机其实并不难，弗洛伊德自己也提出了一些看法。于是战争梦中，在缺乏任何准备的情况下，创伤的强烈程度打破了内心的防御屏障，弗洛伊德表示，睡眠中的这种重复，伴随着强烈的焦虑，也许表现了一种提供"焦虑信号"预警的努力，这种预警的缺乏曾导致打击带来的创伤效应。然而，弗洛伊德认为，诸如此类的梦，是他梦的一般理论中的一个例外。他又回到他和布罗伊尔对自由能（free energy）和束缚能（bound energy）的区分当中，这也是他心理学理论的根基。现在，弗洛伊德将其与对不快经历的"掌控"或"束缚"现象联系起来，对他来说这就是重复的含义。

弗洛伊德现在找到了要找的第二条原则。正是这种原则，掌控或束缚了原初印象，把它们从"初级系统"带入"次级系统"——用他自己的话来说。现在他将这条原则视为比快乐原则更为本质的东西；事实上这是快乐原则得以运作之前的一个必要过程。

弗洛伊德思想中的三个同等重要的概念，如今在他的脑海里汇集到了一起。在快乐原则运作之前必须被束缚的主要过程，可能来自内部刺激，所以也属于本能。重复倾向很明显，也是本能的一种。它比快乐原则更为重要，并且因其"恶魔"的属性与快乐原则形成对立；而快乐原则往往被细化为"现实原则"。趋向稳定的，也被称为"恒定原则"，也是心灵的一个基本属性。从这三个观点出发，弗洛伊德的思想当中又出现了两个更为深入的想法，构成了他最终的心灵理论。

弗洛伊德脑海中最突出的一点就是重复倾向。他正确地认为，这种倾向是本能生活的典型特征，因此在其本质上是保守的。确实，人类本能中非凡的可塑性是值得关注的，但我们越是去追溯人类的动物性尺度，显现出的本能行为就越典型化。因此到目前为止，我们仍然处于生物性的罗盘之内，但弗洛伊德的想象力开始使强迫重复具有了更为超越性的意义。我们甚至不知道，他在这个问题上受到弗里斯残余的影响有多深。后者认为必然周期律可以解释生活中的全部事情，以及他在何种程度上受到尼采"相同事物的永恒轮回"学说的影响——弗洛伊德确实在书中引用过这句话。无论如何，这里似乎都存在着一个不太容易理解的推理步骤，并且引发了更多的误读。

这里所说的步骤，就是把重复的倾向，等同于恢复曾经某件事的状态，但这种等同其实并不明显。尽管如此，弗洛伊德还是得出这样的结论：本能的根本目标是回到早期状态，即一种倒退。假如本能的目标是过去，它们为什么要在把生命有机体减低至前生命状态（pre-vital）、一种无生命的状态前止步呢？所以生命的终极目标必然是死亡。以这种方式，弗洛伊德发展出他著名的死亡本能（Death Instinct）概念。

26. 重聚（1919—1920）

用一系列这样的秩序来思考一种无所不在的"本能"，如今已经把弗洛伊德带入一个危险的境地，现在他似乎不得不承认一种生命一元论观点。1914年他险些陷入这种危险，当时他引入自恋的概念，将性本能的范围大大地扩展了。在他看来，性本能是我们最为保守的本能，而自我保存的本能，这项被寄予希望可以对抗死亡本能的能量，事实上只是性本能的仆从；它唯一的功能是尽可能地确保有机体按照自己的内在法则和此时所被指定的方式死去，而规避其他可以避免的意外事故或疾病。就连雪中送炭的唯乐原则本身，如今也被说成是死亡本能的仆人。此时，绝对的僵局出现了，弗洛伊德似乎已经走到叔本华的位置上，后者表示"死亡是人生的目标"。顺便说一句，歌德在一次谈话中也表达过一个非常相似的想法。但弗洛伊德巧妙地用自己的方式再现了这种观点，这一次他指出，尽管性本能是保守的，也遵从强迫重复和永恒涅槃的原则，但是它是以自己特有的方式完成的。的确，它们倾向于恢复早期的存在形式，因而必然构成死亡本能的一部分，但是至少它们行动的方式具有某种优势，就是无限期地推迟死亡本能的目标。人们甚至可以说，通过创造新的生活以对抗死亡本能，由此可以认为它是死亡本能的对手。于是，弗洛伊德最后还是成功地在头脑中建立了两种相互对立的力量：分别称之为生命本能和死亡本能；前者又被称为爱欲（Eros）。二者的能力和地位是平等的，处于不断的斗争中，尽管最后必然赢得胜利的是死亡本能。接着又出现了一个问题，这种无声的力量既在头脑中，也在身体的每一个细胞中发挥作用，默默地行使着它的功能，企图毁灭生命。有没有什么方法能够探测到它的存在呢？弗洛伊德认为，他可以找到两个可能是源于死亡本能假设的标志，或者至少是暗示。正是生活的残酷为他提供了线索；近年来大规模的战争，带来一系列侵略和残酷的事件。没过多久，弗洛伊德承认存在一种攻击性或破坏性的本能，当其与性冲动融合在一起时，就成为我们熟知的施虐倾向。当他第一次提出（1915）时，认为这是自我本能的一部分，但后来给予它一个更为基础性的地位，与自我相互独立，而且早于自我的形成。弗洛伊德始终将受虐视为施虐的变种，这是施虐冲动转向内部的结果。现在他将这个顺序颠倒过来了，认为受虐倾向是初级的，这是一种自我伤害的倾向，反映了死亡本能。而破坏性和施虐的冲动都来源于受虐倾向，而非它的源头。弗洛伊德的想法是，性本能或生命本能——生命的"喧哗"——在与对手的斗争中，为了努力把生命再延长一点，把自我毁灭的倾向转向外部、指向他人，就像统治者会通过发动一场对外战争来扭转境内的反叛或革命势力——奥地利发动世界大战的动机。这是一个非常巧妙的构思，弗洛伊德借此完善了精神功能动态理论。

弗洛伊德第一次宣布我们刚刚提到的这些观点时，是纯粹试探性的态度，是一系列的私人看法。可以这么说，这些想法令他开心，但是还远远未能说服他自己——然而，几年内，在他的著作《自我与本我》(The Ego and the Id)中，他已经完全地接受了它们，随着时间的推移这种信念越来越完善了。正如他曾经对我说过的那样，没有这些理论，他就看不见路了，它们是不可或缺的。

尽管弗洛伊德威望很高，但新理论在精神分析学家中遭遇了很复杂的状况。少部分人立刻接受了这个理论，包括亚历山大[①]、艾丁格和费伦齐。据我所知，还有几个分析师仍然使用"死亡本能"的概念，例如梅兰妮·克莱茵，卡尔·门宁格(Karl Menninger)，赫尔曼·南伯格(Hermann Nunberg)。他们在纯粹临床的意义上接受了弗洛伊德的新观点，这背离了弗洛伊德最初的理论。弗洛伊德所提出的一切临床应用，都是在这一理论被提出之后才被假定的，而不是先于理论。因此，我们通过纯粹的心理观察发现了婴儿的攻击和食人幻想，紧接着是谋杀幻想，但是我们无法从中推断出细胞中有什么可以导致身体死亡的活跃意志。在精神分析工作中，"死亡愿望"(death wishes)即谋杀愿望(murderous wishes)这一不可避免的短语，仅仅用"死亡"(death)这个词汇来表示似乎造成了很大的混乱。事实上，经过一系列复杂的识别机制，很少会有忧郁症患者最终自杀，所以这并不能证明这种疾病是源于一种身体上的自我毁灭意愿；临床证据清晰地指向相反的结论。

在死亡本能理论假设和其次生现象的临床观察之间做出区分是至关重要的。爱德华·比布林(Edward Bibring)通过下面一段陈述很好地诠释了这个观点："生命本能和死亡本能并不是心理上可以感知到的；它们是一些生物性的本能，它们的存在仅仅是假设性的。那么既然如此，严格地说，原始本能理论是一个应当在理论方面去论证的概念，而非通过临床观察或通过实验来讨论。在后者的脑海中，攻击性或破坏性本能的观点足以解释我们面前的一切事实。"

这本书中苦苦思索的论点让人难以理解，包括我在内的几个分析学家都在试图用更简单易懂的语言来呈现它，而弗洛伊德对这个问题的看法经常遭到大大的

[①] 亚历山大后来改变了看法。

误解。

    这一时期的第二本书叫《群体心理学和自我分析》(*Group Psychology and Analysis of the Ego*),是与《超越唯乐原则》的灵感源泉同时迸发出来的。他从1919年冬到1920年开始撰写,当时他正被困在前一本书的写作困境中,于1921年春季写完了它。

    因此在战争结束后的前两年时间里,我们看到,弗洛伊德充满希望地想要积极生活下去,他充满了新鲜的理念和实际计划,以在世界范围内扩大他的工作、知识。在这段时期过去以后,弗洛伊德的状态再也没有这么好过。对朋友们的失望,以及可怕的肉体病痛,对他的意志提出了考验。

第三部分　最后岁月（1919—1939）

27. 分裂（1921—1926）

　　弗洛伊德对待委员会的态度某种程度上超越了对任何一位成员的个人情谊，当下面的故事展开时，记住这一点是很重要的。弗洛伊德不仅十分珍视个人友谊，而且珍视自己的发现及其带来的一切价值。就好像他从我们的知识中收获了宝贵的财富，珍惜和进一步发展这些财富是他义不容辞的责任一样，像是一个有良知的土地继承人对待其财产的那般呵护。弗洛伊德从来没有想过会活得长久，因此他不可避免地深切关注着如何传达自己生活使命的问题，也就是精神分析未来发展及其继承者的问题。1909年在去美国的途中，弗洛伊德常常把他的梦想和他的同伴荣格和费伦齐联系起来。不久后他们告诉我，他们之间贯穿着的主要话题，就是弗洛伊德对孩子和精神分析未来的关系和焦虑。

　　如果认为弗洛伊德对委员会的哪位成员有着任何个人依赖就错了，哪怕是对最亲近他的费伦齐。本质上来说，他对我们的态度更像是父亲对待孩子，而不是同龄的同事之间的那种感情。他关心我们的幸福和家庭生活，特别是我们的孩子，但他没有机会与我们进入一种更为亲密的关系，费伦齐除外，因为费伦齐总是在个人困难方面向弗洛伊德求助。

　　从这些考虑出发，委员会内部的和谐关系是弗洛伊德最为关心的问题。来自五个不同的国家、性情各异的成员们，聚在一起交流看法和巩固友谊的机会少之又少，这种和谐能维持多久呢？除了友谊之外，当然还有另一条伟大的纽带，献身于共同的事业，即对精神分析知识的追求。而对于这一目标的任何犹豫不决，便是纷争最有可能出现的来源，事实也正是如此。

　　10年来在我们之间弥漫着的和谐气氛如今受到了严重的干扰，纷争的恶魔开始作祟，到了1923年，曾经如此令弗洛伊德安心的委员会，如今似乎正在瓦解。事实上有几个月时间里，委员会的工作已经停止了。这种灾难引起弗洛伊德深深的痛苦也不足为奇，尤其是当时他的病痛又刚好发作，他也心知肚明，这是致命的疾病。他那种听天由命的哲学态度及时地拯救了他，他的人生中已经经受过如

27. 分裂（1921—1926）

此之多命运的打击，他用自己一贯的刚毅扛下来了。但要是他没有责备我们当中那些理应为此负责的人，那他就不是人类了。责备的主要矛头指向亚伯拉罕，还有程度轻一些的我。只是几年过去了，问题的真正根源才逐渐显露出来：我们未能成功地争取到兰克和费伦齐的精神团结。

事情出错的第一个迹象就是兰克和我之间在出版问题上日趋紧张的关系。当时的情况加上我们两个人性格的不合是主要原因。我一直很喜欢兰克，直到我们关系破裂。当我们不得不亲自商议某件事时，意见总能达成一致。但是，远程合作又是另一回事，这带来了许多困难，而如果我们在同一个城市生活的话这些困难应该会很好地解决。我们共同计划于1919年在英国成立出版社用以支撑维也纳的出版社时，我们在金融问题上犯下了致命的错误。除此之外，战后奥地利的日常机能如此失调，以至于完成任何事情都面临着难以形容的困难。纸张需要通过各种旁门左道的方式获取，劳资纠纷频繁，通信慢得让人生气。面对着这些无穷无尽的困难，兰克英勇地挣扎着，他几乎用一种超人类的能力单枪匹马地应对着这些难题。举个例子，他不得不自己去买绳子，把要分发的书捆绑起来，再抬到邮局里去。然而这些巨大的压力最终暴露了他敏感的内心。

在私人关系的方面，我性格中的一个特点影响了我们的关系，这种倾向也常常给我带来许多生活上的困扰，就是我会对我认为最佳的方式做出某种强迫性的坚持，我难以容忍任何马虎，这种特征有可能激怒其他人。兰克为了实现目标，几乎是发了疯似的工作，不惜一切代价地工作，所以有时候我表示抗议，就会严重激怒他。他用一种——这究竟是怎么开始的？——专横的威吓的语气来回应我，从一个老朋友口中听到这些令我感到非常奇怪。是什么唤起了兰克如此残酷的蛮横，在此之前他从未表现过这种态度，其中的脉络我当然无法猜到；过了若干年后我才明白，当时他的躁郁症（cyclothymia）的狂躁情况正在逐渐加重。

我知道兰克在童年时期对其兄长怀有强烈的敌意，但压抑得很严重，这种倾向中通常也包含了对父亲的类似态度。现在对兄长的敌意转向了我，但我最关心的是如何确保弗洛伊德免遭这种后果的不良影响。我知道委员会的和谐对于弗洛伊德来说何其重要，所以我努力在他面前掩饰兰克和我之间的困难。然而我的伙伴兰克却没有同样的顾虑。他不断地向弗洛伊德讲述作为他共事者的我是多么难以合作，在这种私人处境下，弗洛伊德的地域情结和怀疑主义往往倾向于相信兰克。我则不断向他保证，不要为我们之间的麻烦而烦恼，我们两个可以妥善解决彼此之间的问题,然而弗洛伊德对我的看法却恶化了。

3年来,我一直生活在恐惧之中,唯恐兰克对"兄弟的敌意"回归到更深的对"父亲的敌意"中。我希望在弗洛伊德有生之年,这样的事情不会发生。然而不幸的是,我的担忧是正确的,这段时期过后兰克就公开表示出对弗洛伊德的无法抑制的敌意。

我与兰克之间的分歧产生的背景,是精神分析遭遇的越来越强烈的反对,我不得不在英国努力地抗争着。第一次世界大战后,我们的对手充分利用了英国人的反德情绪,而精神分析本身,由于其揭示的都是人性当中不甚体面的部分,就被污蔑为一种典型的德国式的堕落和普遍兽性。①

我抗议说,与其说弗洛伊德是德国人,更不如说他是犹太人,但这于事无补——他用德语书写这件事就足够了——但我急切地希望,尽可能不去强调我们的研究与德国之间的联系,这是可以理解的。《国际学报》(*International Journal*)不可避免地要用外语印刷,因为当时奥地利还没有英文印刷。外国印刷商对英文一无所知,总是夹杂着大量的德国式词汇,我不得不煞费苦心地改掉。然而,当时对英文知之甚少的兰克,在没有通知我的情况下,就亲自前去校对。于是我们不得不在维也纳安插一个可以在那里校对的人员,并能节省时间尽快把稿件寄送到伦敦。埃瑞克·希勒于1920年12月被派往维也纳,使情况得到了改善。当时我们还得到一份非常偶然的无价的帮助,那就是来自维也纳的安娜·弗洛伊德在英语工作上的帮助,这使她比以往任何时候都更接近精神分析的工作,这项工作贯穿了她未来的职业生涯。

兰克不断对我编辑杂志的方式提出尖锐的批评,尽管这并非他真正关心的事

---

① 反德偏见仅仅是对精神分析偏见中的一部分,我们这里要谈到的1921—1922年,伦敦的状况尤为艰难。当时冒出来很多"野生分析师",他们的所有不法行径都被归结为精神分析本身的罪恶。(一个叫"英国精神分析出版公司"的机构出版了一则广告,内容如下:"你想成为一名精神分析师,年入1000英镑吗?我们来告诉你如何做到。订购8节课,每堂课只需4几尼!")新闻界对那些勒索和强奸患者的故事乐此不疲。一次一位美国教师因其对"患者"的猥亵行为而被逮捕并驱逐出境,又一次证明了我们的欺骗性。我们写了一篇通告表示我们与他没有任何关系,但《泰晤士报》拒绝刊登。新闻报纸大幅刊登诸如此类的消息,高呼着精神分析的危险性,《每日写真报》(*Daily Graphic*)还安排了一个由律师和医生组成的委员会来调查我们的工作;每天在报纸上发表他们的调查进展。早些时候我从前的一位病人、一个牧师写了一本小册子,针对这个话题坎特伯雷主教安排了一个委员会专门研究自慰的伦理问题。有人呼吁某些官方机构,特别是医务委员会(General Medical Council)来调查我们的工作。皇家医师学会(Royal College of Physicians)接过了任务,但拒绝采取行动;然而不久之后,英国医学会(British Medical Association)开始着手调查,结论对我们完全有利。

物。如果他感到不满意的话，甚至会拒绝我送交给他付印的材料。他最为反对的就是他所谓的"大西洋越洋垃圾"，这也是维也纳和纽约发生冲突的第一个迹象，在接下来的20年中我都卷入这场冲突之中。我曾设想，《国际学报》(*Journal*) 不能只是德语《文摘》的简单复制品，它也应当为英美地区崭露头角的分析学家们提供一个机会，让他们发表自己的成果，即使他们的首次努力并非是什么经典之作。弗洛伊德也表达了对《国际学报》前两年内容的不满。

然而，相比于弗洛伊德作品的翻译问题，学报这边遇到的麻烦还算比较温和。很长一段时间里，弗洛伊德对这件事都表现得漠不关心，我致力于订正英译本，他甚至反对我这种"浪费时间"的行为。然而当他发现我正在做的这件事是一项雄心勃勃的计划时，他的态度改变了。弗洛伊德总是觉得，他的生命没有多久了，他非常渴望在他有生之年可以看到承诺的卷本得以出版，因此对于任何延迟都越来越苛刻。弗洛伊德完全接受了兰克的观点，认为我应当为卷本的延迟出版负责，是我导致学报推迟出版，是我在插手干涉这一切。

在我认识弗洛伊德的14年时间里，我们的私人关系一直很好，从来没有被任何分歧的迹象所破坏；弗洛伊德一次又一次地向我表示敬意，不论是针对我个人，还是对我的工作。因此，在1922年初我收到下面这样一封信时，我感到震惊且万分痛苦：

> 亲爱的琼斯：
> 你应该还在遭受痛苦，我感到很遗憾，这两个星期以来我自己也生病了，对你也充满同情。
> 过去的一年带来了太多难以忍受的失望，我不得不发现，你对自己的情绪和激情控制得有点差，你比起我对你的期望，和你所担任的突出职位相比，有一些不太一致，不够真诚，也不够可靠。尽管是你自己提议组建的这个委员会，你却并没有为了保护它内部的亲密关系而自行克制住一些不合理的敏感脆弱之情。你知道，在友谊关系中压制我的真实判断不是我的习惯，我也时刻准备着为这种行为承担风险。
> 你问得很对，朋友之间对待彼此，应该如同命运一般无情，但是想象一下，对于一个朋友来说去认可、赞扬或欣赏另一个人，比去原谅他要令人舒服得多……

第三部分 最后岁月（1919—1939）

希望在 1923 年我们之间的信任和友谊可以完全恢复。

你热情的
弗洛伊德

在这里，弗洛伊德是对我正式提出了诉状，还是举例暗示我，这个问题我必须留给别人来判断。他提到我的"激情"，令我着实困惑不已，这应该不可能是从兰克那里散布出来的，特别是在后来的信件中，他又很神秘地提到一种"冒险"（只能是色情意味的）以及它们是如何分散我的工作注意力的。这个问题在几个月之后才得到了解释。那些年我给弗洛伊德送去的病人中，有一位女士是我曾经分析了一段时间的，我还给弗洛伊德发了一个简短的病例材料。这位女士把我对她展现出的一些善意，当作我个人感情的证明，正如我在信中所说的那样这是她的"一种爱的宣言"。弗洛伊德错误地认为，这是我的爱情宣言，甚至以为我和她有性关系；当她去找他进行分析时，弗洛伊德很高兴地发现了自己的错误。

不久后，弗洛伊德对我的行为提出了更为具体的批评，这些问题就更容易应对了。根本的问题是弗洛伊德著作英译本的出版被过度推迟这件事，他变得越来越不耐烦了，还怀疑自己有生之年能否看到任何一本出版。

> 看起来机器中的另一个齿轮也坏掉了，我想这是因为你在其中处于中心位置，仪式性的规范也使得你在每一个步骤中都进行了介入和干涉。我听到的每一个证据都指向了你，有 3 到 5 人正在做校对工作，我明白为什么我两周内只拿到一页《群体心理学》样稿，我觉得我没办法或者看到另外两本可怜的小册子（《超越唯乐原则》和《群体心理学》）出版了，更不用说大部头的，比如我的全集了。我不明白你为什么要单枪匹马地做这些事，让你自己被这些日复一日的枯燥工作压垮……
>
> 原谅我干涉了你的事，但它们也是我们共同的事，也是我个人的事，兰克太温顺了，不能在这些事务上反对你。正如你说的，我的肩膀宽阔，能够担负起这个重量……

这封信里暗示了兰克的无辜，用文学修辞来说，这引发了我的一阵苦笑，这

27. 分裂（1921—1926）

说明弗洛伊德从未见到兰克一直以来写给我的那些傲慢的信。在我的回信中，我这样说道："……正如你所说，我们也必须看看到底能做些什么事，来加速伦敦这边的工作。在这个问题上，我将非常感谢一切明确的建议。你只给过我一个建议，就是只留下最终的校样版本提交到维也纳这边，这件事我18个月之前就开始执行了……

"我根本不喜欢这种细节性的工作，我的偏好是恰恰相反的，只要可能，我就希望能从这种日复一日的工作中解脱出来，但我也害怕自己抱怨得太多了……我现在的麻烦，就是我管得太多（即承担了《学报》的翻译）……所以你看，我的焦虑刚好与你减轻负担的建议不谋而合。我完全没有控制每一个细节的愿望，并不是兰克错误地认为的那样。我最好给他写一封完整的信，描述一下我从接手这份工作到它问世的整个过程。请他提出一些修改意见，这会令我非常高兴的。

"你知道，对于你的著作的英译本不太好这件事我非常遗憾，但它们是一个很好的例证。你对《超越唯乐原则》和《群体心理学》这两本小册子的抱怨是正确的。好的，那么我们就从这两本书入手判断。一年前我修正了前者的译文，去年5月份寄送到维也纳印刷。从那以后，我就和它的存在毫无关系了，除了去年12月份收到最初的两页开本，除此之外就是反反复复关心它的进展如何。关于我过度干涉细节工作这件事已经说了很多了……《群体心理学》这本书的情况也是一样的。去年8月我完成了审阅，稿件就由斯特雷奇带往维也纳。这个星期我拿到了第一份校样。

"我很抱歉说了这么多打扰你，但这件事关系到我们大家，我想把真实的情况摆在你面前，因为你一直对这件事有着浓厚的兴趣。你知道，我们这一切工作本质上都是为了你，这就是为什么你的鼓励和认可对我们来说是如此重要。如果我能在我的有生之年推出你的作品集，并把学报办得井井有条，我会觉得我选择的人生是值得的，尽管其实我更希望我能进行更多精神分析工作。"

对我这份实事求是的回信的回应是弗洛伊德的一封明信片："非常感谢你的来信。恐怕是我老了，喜怒无常。你宽恕了我。"在他寄来的另一封信中写道："……我之前对你的怀疑是错的，我得收回那些批评并向你道歉……你说推出我的作品英译本是你工作中最重要的任务之一，我深受感动，我也希望你能在某种由于瞬间冲动产生的温柔而夸张的光环中看待这件事，但是你真正的工作当然一定要看得更高更远，超越与我个人利益有关的范畴。我仍然非常感激你的话，这

第三部分　最后岁月（1919—1939）

是对我一种善意的表达，你知道我也一直打算回到这种善意当中。"

在那之后，弗洛伊德尽管仍然会时不时地批评我，但言辞温和了许多，但是我与兰克的关系却在持续恶化。他现在开始指责我对国际协会事务的干预，而且通常基于一些很容易反驳的理由。不久后，亚伯拉罕成了国际协会的秘书，兰克在没有告知我们任何人的情况下，向各个分会传达了一些关系到中央行政方面的问题。亚伯拉罕对兰克的反应比我要敏锐得多，弗洛伊德给我们两个人都写了信，信中他为了替兰克说话，称我们有着所谓的神经质式的敏感。当然我们对弗洛伊德的说法都很不服气。

英国这边的出版公司和维也纳出版社方面的事务也在持续恶化。希勒拒绝再同兰克一道工作，并提出辞职。如果没有任何一位英国代表在那边，那么旧的计划就很难再继续下去了，最终人们一致认为，英国的出版公司应当在伦敦刚刚成立的精神分析研究所的支持下独立出来。

我原本希望，当我们在业务上的往来中断后，我与兰克的私人关系可以得到缓和，但我惊讶地发现，兰克对我的敌意越来越明显。在1923年8月底举行的最后一次委员会会议上，这种状态达到了白热化阶段。费伦齐和兰克在上个月共同完成了一本他们已经着手准备数年的书——《精神分析的发展》（*The Development of Psychoanalysis*）。

我们在圣克里斯托福罗（San Cristofaro）见面，在多罗密特（Dolomites）的卡达诺佐湖（Lake Caldanozzo）以靠近弗洛伊德，当时他正在附近海拔2000英尺的拉瓦罗内（Lavarone）度假。弗洛伊德提议我们应当试着一起开个会，学习一下，在没有他的情况下如何保持和谐，如果我们能够成功做到，他会高兴地迎接我们。当时我似乎对兰克做了一些批评——现在我已经记不清楚到底是对谁——他立即对我表现得非常不友好。我为伤害了他的感情而道歉，但他拒绝接受，并要求把我从委员会中开除出去。这个说法其他人自然不会允许，尤其是亚伯拉罕非常保护我，但是当时的场面非常令人痛苦，兰克无法控制他的愤怒，而我一言不发，百思不得其解。

尽管当时委员会的和谐还没有恢复，但弗洛伊德已经同意接待我们。我永远也不会忘记他那善良的宽容，他尽一切努力促成某种程度的和解。在那次痛苦的事件之后，我淡出了兰克的生活，亚伯拉罕则把我当作一个"捣乱分子"。1923年底，费伦齐和兰克发表了精神分析的发展报告。这本书在整个故事中扮演了一个决定性的角色,它突然出现在委员会中,除了弗洛伊德以外,再无其他人知道。这件事令委员会的其他几名成员感到十分惊讶,我们忍不住把它视为不祥事件,这与我们的惯例不符,事实上,也违背了我们过去的相互承诺。这本书对精神分析技术的许多方面都做出了精彩的论述,但它有前后不一致和自相矛盾的篇章,听起来很奇怪,似乎预示着精神分析的一个崭新的时代来临。这本书处理的主要问题,是患者在行动中表现出的无意识冲动的倾向。弗洛伊德为此专门写了一篇论文,并且强调这种倾向与更值得分析的目标之间的斗争,后者旨在恢复如今遭到压抑的童年时期原始冲动。这本书很好地说明了为什么行动本身就具有很大的研究价值,弗洛伊德接受了这一结论并纠正了自己先前的态度和技巧。实际上,在撰写这篇论文的7年里,弗洛伊德的技术也提高了,比以前更多地利用了一些鲜活的倾向。

但是这本书中有很多段落可能不是很明确地暗示着,仅是分析这些倾向可能就已经足够了,而无需去追溯童年的历史渊源。对我来说,这令我想起我在1913年慕尼黑大会上对荣格的指控。当时他想通过只讨论当下的情况,来取代对童年的分析。弗洛伊德对此也有疑问,虽然他确信这种情况不可能在这本书的作者身上发生。柏林的分析学家,尤其是亚伯拉罕和雷多(Rado)对此十分不悦,而时间证明了他们的恐惧是正确的。

在这本书出版以前,弗洛伊德已经读过了,并提出了一些建议。后来他告诉费伦齐说,起初他被它俘获,尤其是那些他自己正在做的技术上的革新部分。但随着时间的推移,他越来越不喜欢这本书了,他发现它"不诚实"。隐藏在其背后的,是兰克关于出生创伤的想法,还有费伦齐对于"活跃"的技术方法,二者都旨在缩短分析,但是这两点在这本书中都没有提到。

1924年1月2日,费伦齐在弗洛伊德出席维也纳大会前宣读了这本书中的一篇论文。后来他就此征求过弗洛伊德的意见,弗洛伊德写信给他说,他的演讲给听众留下了奇怪的印象,因为并没有触及这本书的主题——倾向于当下的记忆而不是召唤回忆——而只谈及他的"积极治疗"的新技术。在这封信中,弗洛伊德温和地说,他并不完全同意这本书的全部内容。费伦齐在一封长达10页的信中,说他被这句话"打击得支离破碎"。他激动地抗议说,他做梦也没有想过要从弗洛伊德的教导中分离出去一丝一毫。弗洛伊德回应道:"至于你努力与我完全保持一致这件事,我很珍惜你的这份友情,但是我觉得你的目标既不必要,也不容易实现。我知道我不是很容易理解,也很难吸收那些与我的路数不是很相关的外来思想。我需要花费很长时间才能对它们做出判断,因此在这段时间里,我不得不中止判决。如果你每次都等这么长时间,你的工作效率就会下降,所以这根本没有用。你或是兰克在独自的航行中如果离开了精神分析的基础,这对我来说不太可能。因此,如果在我的观点之外另一种方式行不通,你们为什么不该去试试呢?如果你们在这样做的过程中走了歪路,总有一天你们自己会发觉的,或者一旦我发现,我也会冒昧地向你指出的。"

同一时期出现的情况也大为复杂,1923年12月,一本更为令人不安的书出版了,名为《出生创伤》(*The Trauma of Birth*)。弗洛伊德和费伦齐都没有事先阅读过,尽管他们知道兰克在写这样一本书,而这对于我们其他人来说是相当吃惊的一件事。弗洛伊德一直认为,婴儿在出生过程中的痛苦经历是后来一切恐惧(Angst)发作的原型,因为这一过程中的窒息会不可避免地使婴儿陷入致命的危险之中。兰克现在使用了"创伤"这个词,坚持认为人生的其余部分就是一系列去克服或摧毁它的复杂努力。顺便说一句,正是这种努力的失败导致神经症的发生。这本书写得非常糟糕而含混,那种夸张的语气更适用于某个新宗教福音书宣言。他没有提供任何可供测试的数据,大部分内容都是艺术、哲学或宗教领域的思辨。临床上,它认为所有的心理冲突都涉及母亲与孩子的关系问题,有时候可能会表现为孩子与父亲的冲突,包括俄底浦斯情结在内,都只不过是一个关系到出生创伤本质的面具。因此,精神分析治疗从一开始就应当专注于迫使病人把出生创伤的转换形态加以重复,治疗的结果将是重生。

这些观念在兰克的脑海中慢慢萌芽了。我仍然记得,1919年3月,我在瑞士遇见他和他怀孕的妻子,令我惊讶的是,他用一种凄凉的语气说人生无意义;生命的本质是母子关系。1921年3月16日,他在维也纳大会上宣读了一篇关于已婚伴侣关系的奇特论文;他表示,这种关系本质上是母亲与孩子关系的重复(在夫妻双方中交替上演)。弗洛伊德很少使用提出术语的方式对病人进行分析,除非是他必须在截止日期之前完成。兰克现在在每一个案例中都这样做,毫无例外,这就大大缩短了分析的时长。这使他想到,精神分析应当以一些"鲜活"的经验为主,不久后就将出现重生的形式。

1922年夏天,兰克把他的理论观点告诉了弗洛伊德,弗洛伊德的答复是:"其他任何使用这个方法的人都会使自己变得独立",他对费伦齐这样评价道:"我不

27. 分裂（1921—1926）

西格蒙德·弗洛伊德，1922年，66岁。马克斯·哈伯施塔特（Max Halberstadt）摄。

知道这本书有三分之一还是三分之二是正确的，但无论如何，这是精神分析自发现以来所取得的最重要的进步。"

弗洛伊德对兰克理论的反应，表现出他个性中很有趣的方面。对于出生创伤理论，他最初的反应是不相信，在这本书出现4个月后，他说他对此的第一反应是震惊——唯恐他对神经症病因投入的毕生心血，都被消解在出生创伤这一理论中——这种震惊到现在还没有完全消失。然而很快，这个理论就令他感到高兴，因为他觉得兰克的这一理论有其重要性，他的兴趣转向如何将其编织到先前的精神分析结构中。但是随着时间的推移，可能也受到来自柏林方面的批评的影响，他试图抑制的疑虑被柏林方面表达出来，弗洛伊德对兰克的价值越来越产生怀疑。有时候他对这一理论做出矛盾的评论，这种摇摆不定自然很难使人弄懂他真正的观点到底是什么。

1923年圣诞节，萨克斯在维也纳期间，弗洛伊德向他强调了对兰克理论的怀疑。萨克斯把这些内容写在信中寄往柏林，强化了柏林地区本已盛行的批评态度。接着弗洛伊德从艾丁格那里听闻他所称的柏林"风暴"，觉得必须做点什么事情来缓和局面了。于是，他向委员会全体成员口授了如下通告函：

> 我亲爱的朋友们：
> 我从各个方面不无惊讶地听说，费伦齐和兰克近期的出版物——我指的是他们二人的共同工作，以及关于出生创伤的理论——引起了相当不愉快

的激烈讨论。我的一个朋友①要求我公开讨论一下这件尚未定夺的事件，他在其中感觉到一种分裂的气息。我答应了这个请求，请不要觉得我太唐突。我应该尽量保持在后台的位置，让你们每个人都按照自己的方式去工作。最近萨克斯在这边的时候，我和他交换了一些关于出生创伤理论的看法，因此，我的印象可能是，在这部新出版的作品中我看到了一种对立的倾向，或者我完全不能同意它的内容。但是我应该想到，我对于这份学术奉献的接受会使我上述想法失效。

　　这里的事实是：不管是我们之间的和谐关系，还是你们常常对我表现出的尊重态度，都不应当阻碍你们对这份作品的自由运用。我不希望你们的工作是为了取悦我，希望你们做一切符合你们观察和想法的事。我们五六个性情迥异的人要想在一切科学细节和所有新话题上都保持完全一致是不可能的，甚至我们也不是很希望如此。能够使我们的合作卓有成效的唯一条件就是，不要放弃精神分析前提的共同点。还有一个你们很熟悉的要件，就是我始终扮演着专制的角色，时时提防着去审查你们的工作，这让我特别不适应。我总是很难接受外来的不同思想，我通常要等到我能找到这些理论与我那蜿蜒曲折的道路之中有某种联系才可以。所以，如果你想等着每一个新观点都能得到我的认可，那么你可能得等到很老了。

　　我对这两本书的态度如下。我认为这是对我关于重复或表现形态在分析中所起的作用这一概念的修正。过去我意识到了这些，总是把这些事件——你们今天称之为"经历"（experiences）——看作一些不幸事件。兰克和费伦齐已经注意到这样一个事实：这些"经历"是无法避免的，因此可以很好地加以利用。在我看来，他们的阐述有着不够全面的缺点；例如，他们不考虑分析技术上的变化这一重要问题，只是暗示提及。当然，这项与我们"经典分析技术"相去甚远的手段也有很大风险，正如费伦齐在维也纳时所说的，这也并不意味着风险是完全无法避免的。就技术问题而言，不论是不是出于实用目的，我们都可以用另一种方法来完成工作，我觉得这两位作者的实验完全有道理。我们看看将会发生什么吧。无论如何，我们必须防止一开始就对这种异端进行谴责的做法，同样，我们不必压抑内心的某些疑虑。

---

① 艾丁格。

27. 分裂（1921—1926）

费伦齐的积极治疗对于野心勃勃的初学者来说，将是一种冒险的诱惑，而且几乎没有办法去阻止他们进行这样的实验。我也不会掩饰我的另一种印象或偏见。最近我生病了，我得知到了胡子需要6周才会重新长出来。距离我的上一次手术已经过去3个月了，今天我还在忍受着疤痕组织的变化。所以我很难相信，只需用稍长一点的4到5个月的时间你就能深入潜意识的最深处，并为患者带来心灵上的永久改变。不过当然，我会向经验低头。我将继续做"经典"分析，因为首先，我几乎不接收任何病人，只接受学生，对于他们来说经历的内心过程越多越好——一个人不能把精神分析训练的方法，原封不同地用来处理临床治疗式的分析——第二，我认为我们现在仍然有很多研究要去做，目前还不能只是依赖我们的理论前提，这在被缩短的分析中也是同样必要的。

现在我们谈第二点，无疑有趣得多，就是兰克的这本书——《出生创伤》。我可以毫不犹豫地说，我认为这项工作非常有意义，它给了我很多思考，但我还是尚未对它做出决定性的判断。我们早已对子宫幻想理论很是熟悉了，而且也认可它的重要性，但是兰克给予它更突出的地位，使之达到更高的意义层次，并揭示了俄底浦斯情结的生物学背景。我用自己的语言再重复一遍兰克的观点：某些本能必然与出生创伤有关，只在恢复到一个先前的状态。人们可能会称之为对快乐（Gluckstrieb）的需求本能，需要理解这里的"快乐"概念主要是指性方面的。现在，兰克比精神病理学走得更远了一步，展示了人类如何改变外部世界，以服务于这种本能，而神经症为其自身免除这种困难，采取幻想返回子宫的这种捷径。如果我们把兰克的这个观点和费伦齐的一个概念合并起来的话，即男人可以用他的生殖器来代表，那么我们就首次得出正常的性本能结论，这与我们对世界的看法是一致的。

现在到了我发现问题的时候了。障碍，诱发了焦虑，作为为禁止乱伦而设的壁垒，反对着朝向子宫的完美回归：那么这些都是从何而来的呢？显然它们的代表是父亲，是现实，是禁止乱伦的权威。为什么这些事物设置了乱伦的屏障呢？我的解释是历史和社会的，一种系统发育的原因。我从乱伦家庭的原始历史中看到了反对乱伦所设置的屏障，从而在实际的父亲身上看到了真正的障碍，后者重新建立了这种屏障。这就是兰克偏离我的地方，他拒绝考虑系统发育方面的原因，将反对乱伦的焦虑仅仅视作对出生时焦虑的重复，从而认为神经质的压抑，先天地受到出生过程的审查。确实，这种出生焦虑转移给了父亲，但是根据兰克的说法，这只是一种伪装。基本上，对待子宫或女性生殖器的态度被认为一开始就是矛盾的。这就是矛盾的地方。我觉得在这个问题上很难下结论，也不知道能够从经验中收获什么，因为在分析中我们总是将父亲视为禁忌的代表。当然这不是争论的焦点。现在我必须让这个问题得到公开讨论。作为反驳，我可能要指出，本能的本质并不在于联合抑制，也不在于通过与出生的恐惧相联系来回归母体。事实上，每一种本能都渴望恢复到先前的状态这种说法，假定了创伤就是变化的原因，这样一来，就没有什么任何矛盾的本能了，即任何伴有焦虑的本能。当然我们可以详细地讨论这一点，我希望兰克幻想出来的这些想法，能够催生一系列成果丰富的大讨论。我们今天在这里面对的，不是一个与我们确信的知识相矛盾的反叛者、革命者，而是一则有趣的加法，其价值是我们和其他分析学家们都应该意识到的。

当我补充说，我不清楚将移情过早地解读为一种对母亲的依恋为什么会有助于缩短分析流程，这时我已经忠实地告诉你们我对这两部作品的态度了。我高度重视它们，已经部分地接受了其中的观点，对于其中几个章节的内容存有疑问和顾虑，期待进一步的思考和经验来澄清和解释。而且我建议所有分析师对于这个一石激起千层浪的问题，都不要过于迅速地做出评判，至少不要草率地给出负面判断。

请原谅我的东拉西扯。或许这份声明可以不再让你总来催促我对这个问题发表意见了，因为你们自己也可以做出判断。

弗洛伊德
1924 年 2 月 15 日

这封可能太过宽容的信未能消除亚伯拉罕的疑虑，亚伯拉罕不喜欢一封信轮流传阅这种方式，唯恐激怒两个相关人士。于是他给弗洛伊德写了一封私人信件，说他看到一个与精神分析重大问题相关的严重迹象。弗洛伊德要求他说明所看到的危险，因为自己看不到任何东西。听闻弗洛伊德愿意听取哪怕是对他最亲近的朋友的批评，亚伯拉罕受到了鼓舞，于是直率地说，他在这两本书中看到了一种科学倒退的迹象，均与 12 年前荣格的情况相似。唯一的希望就是下一届大会（4月）之前，委员会成员之间能够进行一场开诚布公的讨论。

比起亚伯拉罕，萨克斯更喜欢兰克的创新理论，但他指出兰克在阐述中的一个致命弱点。"出生创伤可以从民族学的材料中加以证明，然而从宗教心理学的角度能解释的则跟俄底浦斯情结能解释的一样少之又少。《梦的解析》和《神经症理论》，是《图腾与禁忌》的理论前提，没有它们的存在，后者将是不可思议的。没有这样的基础，整个阐述就不是证明性质的，而是一种类比。"

弗洛伊德有点生气，因为亚伯拉罕曾一度怀疑他是否真的愿意倾听令人不快的批评声音。他承认，亚伯拉罕所设想的可能性与他的想法并没有很大出入。但是他宣称，费伦齐和兰克从根本上不同于荣格，他们不过是想发现一些新的东西，因而唯一的危险就是犯了错误。"这在科研工作中是很难避免的。让我们举个最极端的例子，费伦齐和兰克做出直接的断言认为，我们之前停留在俄底浦斯情结上是错误的。真正的决定性事件是在出生创伤中被发现的，没有克服这次创伤的人，就会在俄底浦斯情结中遇难。然后，我们应该意识到心理上的意外事故，而不是神经症的实际病因，那些变得神经质的人，要么是遭受了特别严重的分娩创伤的孩子，要么就是与生俱来地伴有某种对创伤特别敏感的组织。进一步说：基于这种理论，一些分析师就会在技术上进行一定的调整。还会有什么更进一步的危害呢？一个人可以极其平静地坐在屋檐下，经过几年的研究，就会发现人们是高估了一个发现的价值，还是低估了它。对我来说也是这样。当然我不能预先就去否定你打算提出的想法和观点，也正是出于这个原因，我完全赞成你提议的公开讨论。"

弗洛伊德的这两封信——还可以加上一些其他证据——本身就是对某种传言的决定性的反驳，有一些作者编造了一些关于弗洛伊德的谣言，说他反对任何一个追随者有自己的想法，或是偏离他的观点。

弗洛伊德显然没有考虑到两位作者的反应。在给亚伯拉罕写信后两天，他不太明智地把亚伯拉罕的怀疑以及将兰克与荣格类比的事告诉了兰克，当然也传到了费伦齐耳中。很难说他们二人哪个更生气。费伦齐写道，亚伯拉罕谴责态度的"礼貌面具"背后是"无尽的野心和嫉妒"，宣称已经采取行动决定委员会的命运，并声称亚伯拉罕丧失了被选为国际协会主席的权利；这本来已经是安排好了的，亚伯拉罕将在即将举行的大会中当选主席。情况已经相当糟糕了。

弗洛伊德一直过于乐观地认为，我们4个人——亚伯拉罕、费伦齐、兰克

第三部分 最后岁月（1919—1939）

和我都有能力冷静地把这些问题解决了，所以当他发现他无意中引起的糟糕动荡时感到十分震惊。他急忙向费伦齐保证说，他对他和兰克的忠诚绝对信任。但他无法掩饰对所发生的事件的窘迫之情。"我不怀疑，前委员会的其他成员对我那种体贴和善意的态度，但事情已经发生了，我将陷入困境。我的工作能力越来越弱，我将成为一个无用之人。我的心态很衰弱，只想远离一切过重的负担，我感到自己再也没有能力去承担一些令人烦恼的事。我不希望此番抱怨会改变你的主意，让你去采取措施挽救委员会。我知道：失去了就是失去了①。我有幸活到今天，看到委员会成员可以成为我的继承者。或许我还应该活到看到国际协会。我希望精神分析可以比我活得更久。但是这一切，给我生命的最后篇章带来一抹忧郁。"

在这种听天由命的绝望情绪中，弗洛伊德甚至转而攻击忠实的亚伯拉罕，认为是他造成了今天所有的麻烦局面。他给亚伯拉罕写了一封措辞僵硬的很不友好的信，信中表示："不论你对费伦齐和兰克的反应可能有多少正确的成分，但你的行为本身确实是不太友好的。这件事导致很明确的结果：委员会不复存在了；因为从这一小撮成员之间诞生委员会的那份感情基石消失了。在我看来，进一步的解体能否中止就取决于你的行动了，我希望艾丁格会帮助你。"弗洛伊德很少有非常不公正的情况，这次是其中的一次。他对亚伯拉罕的责难是很不理性的，这种态度时常出现在弗洛伊德身上。而写到亚伯拉罕所谓的不良行为（或许也包括我的）时，他总结道："由于强烈情绪而产生的或多或少不公正的态度，并不能作为谴责受偏爱之人的恰当理由。"

亚伯拉罕并没有把此事放下。在一封友善且充满男子气概的信中，他对弗洛伊德这样的指控提出了异议，并大胆地将弗洛伊德态度的变化归因于——说得相当正确——对于接受一个痛苦事实的怨恨之情。

1924年复活节期间召开的萨尔茨堡大会，弗洛伊德由于患了流感而无法参加，费伦齐和兰克完全拒绝展开任何关于工作的探讨。因此，原计划于大会前一天召开的委员会会议没有如期举行。事实上在那之前10天，兰克就给我们发了一封通告，宣布解散委员会。处于盛怒之中的费伦齐和哀伤的弗洛伊德都默许了他的决定。

---

① Hin ist hin, verloren ist verloren. 引自"勒诺"（Lenore）Burger 的一首诗。

然而，不论是不知疲倦的亚伯拉罕，还是我，看到事情以这种状况结束都感到很不满意。我们在大会开始的第一时间拦住了费伦齐，亚伯拉罕坦率地告诉他，他开始走上的这条道路将会使他完全抛弃精神分析。他的语气是如此真诚而客观，费伦齐只能报以微笑和诸如此类的抗议："你不是认真的。"接着是一阵平静的越来越友好的谈话。现在萨克斯加入了我们，和谐的关系在某种程度上恢复了。

然而，兰克却不太好说话，第二天他就离开大会前往美国。他后来告诉弗洛伊德，他在商务会议前匆匆离开了大会，是因为他不忍目睹亚伯拉罕被任命为主席。弗洛伊德对于在此次大会上可能会出现可怕破裂的担忧被证明是毫无根据的。在研讨会上，大家不得不提到出生创伤这个话题，三位来自柏林的分析人士都以克制而客观的态度发了言。

到了关键时刻，是费伦齐提出由亚伯拉罕当选主席的建议。弗洛伊德写信祝贺亚伯拉罕出任新职位，说："在对事实的判断中，我与你的观点很接近，或者更确切地说，我越来越接近它，但是在人格问题上，我仍然不能与你站在同一边。我相信了你的行为的正确性，但是不管怎样，你都应该采取另一种做法。"弗洛伊德对亚伯拉罕的感情完全恢复了。在下一封信中，他称他为"青铜之石"（rock of bronze），并解释了一下自己先前的心情。"为了避免和我过不去，你需要不断设身处地地为我着想，虽然我大概已经在康复了，但是内心深处仍有一种悲观的信念认为，我的生命即将结束。我身上那伤口的折磨永不停息。有那么一种老年抑郁症，它是对生命非理性的热爱，和更为理性的顺从之间的冲突……如果我受骗了，这只是一个过渡阶段，那么我将是第一个注意到它的人，然后再次用我的肩膀担起重担。"

弗洛伊德早些时候对兰克的工作的热情正在迅速下降。"我现在离出生创伤越来越远了。我相信如果人们没有这么严厉地批评它，它很快就会败下阵来，然后说到兰克，我很看重他的天分和他曾为我带来那些可敬的付出，兰克也会从这件事中收获颇丰。"几个星期以来，弗洛伊德一直试图把兰克的理论应用到日常生活中去，只要有可能涉及出生创伤就会应用，但是他的病人对此没有什么反馈，这些解释对他们也没有产生任何其他影响。另一方面，费伦齐也应用了相同的方面，取得了极好的成绩，他在每一个案例中都应用了它。

时任纽约协会主席的撒迪厄斯·H.艾姆斯（Thaddeus H.Ames）邀请兰克去

第三部分　最后岁月（1919—1939）

美国6个月。大约3个月以后，有关他的行动的种种忧虑开始传入欧洲。"旧"的精神分析学已经完全被他的新发现取代了，现在分析过程可以在3到4个月之内完成，这引起相当大的轰动。许多年轻人都被这奇妙的进步迷住了，但是意志更坚定一些的人，比如布里尔，只是感到很困惑，而且自然而然地很想知道弗洛伊德如何看待此事。弗洛伊德一开始很希望这些评论都是夸大其词，但是他认为传播一些尚未经过适当验证的思想是错误的做法。几周后，兰克寄来了一封极不愉快的信。弗洛伊德读罢感到难以置信，这几乎不是他所认识的兰克，他完全搞糊涂了。"我再也理解不了兰克了。你能不能做些什么来提点一下我？15年来，我认识的他一直都是一个亲切体贴的人，他随时准备为我做任何付出，非常谨慎，完全值得信赖，正如他随时准备无拘无束地研究他的新想法一样，他总是在我与他人的争论中支持我。正如我所相信的那样，没有人强迫他这样做……哪个才是真正的兰克？是我认识了15年的那个人，还是过去几年里琼斯给我展现的那个兰克？"

他把这封信复印了一份寄给了艾丁格。"当然，亚伯拉罕不应该知道兰克这封信的任何内容。兰克在这封信中显现的情绪实在太丑陋了。他的语气充满恶意和敌意，让我怀疑一切。"显然，兰克在这封信中谴责了弗洛伊德没有完全接受他的新想法这件事。兰克也解释了他敌意的来源，那就是弗洛伊德听取了亚伯拉罕的批评；弗洛伊德贴切地说道，他似乎陷入一种对亚伯拉罕的奇怪报复中，后者提醒他不要怎么做，他就会怎么做。在给兰克的一封信中，弗洛伊德还相当鲁莽地表示，假如兰克接受过精神分析，他就不会写这本书了，因为他把自己的情结写入理论中是很危险的。（在弗洛伊德说出他已经认识兰克15年这番话之前仅18个月，弗洛伊德还不可能认为兰克需要进行精神分析。）兰克愤怒地回答道，从所见的接受过弗洛伊德训练的分析师来看，他认为自己从来没被分析过是件幸运的事。弗洛伊德对此发表了评论："一切都过去了，包括他还称亚伯拉罕是个完全无知之人。"

尽管对浪子回头充满了希望，弗洛伊德还是做好了多方面的准备。"兰克已经跟着他自己的新发现跑得太远了，就像阿德勒一样，但是一旦需要上升到独立出去的程度，他就不会跟阿德勒享有同样的运气，因为兰克的理论违反普通大众的常识，而阿德勒出于对权力的追逐，努力逢迎着大众的常识……当兰克醒悟过来，我们就该重新回忆他从前那些无与伦比的付出，他的不可替代性，应当原谅他所有的偏差。但是，我不敢这样期待；经验表明，魔鬼一旦被释放出来，就会走得很远很远。想到事实证明琼斯是正确的，这让我感到很羞愧。"

我和亚伯拉罕在萨尔茨堡大会上与费伦齐进行的那番谈话，可能对费伦齐形成了一些影响。他已经处于悬崖边缘，现在他用正确的方式把自己拽了回来。在读罢兰克那封粗鲁无礼的信之后，他向弗洛伊德宣称，他绝对已经回头了。

9月末，弗洛伊德收到来自兰克的另一封信，这次是一种冷酷但更决绝的腔调。收到这封信以后，弗洛伊德认为兰克已经彻底迷失了。兰克在美国期间的所有诡异举动，都令人想起1912年荣格在美国的情景，事情的结局也被证明是一模一样的。

第二年9月，兰克回到维也纳，与弗洛伊德进行了一场长达3小时的会面。他令弗洛伊德很是困惑，他把自己的一切行为都归因于对亚伯拉罕反对声音的怨恨上。这令他感觉到弗洛伊德要放弃他，于是他想另谋生路。这次会面的结果很不理想，也没有得出任何结论。它的要点就是各种闪烁其词的否认。谈话结束时，兰克声称自己又要回美国去，至少呆6个月。11月19日，兰克向弗洛伊德告别。这是一次痛苦而尴尬的会面。弗洛伊德说，自己从心里为兰克感到难过，因为看得到，他心里有一种很难表达的东西，不希望再次见到他。就在同一天，弗洛伊德收到布里尔的一封令人印象深刻的信，布里尔用耸人听闻的语调向弗洛伊德汇报了兰克在纽约大肆灌输的夸张教条，以及随之而来的混乱；兰克的学生已经开始兴高采烈地声称，以后不再需要解析梦境了，在出生创伤之外也无需做任何其他解释，性这个令人不快的话题也不必再提起了。

对于兰克，弗洛伊德丝毫没有怨恨，也不悲叹自己的损失。我也一样。当弗洛伊德认为，兰克已经永远地离开维也纳了，他给我写了一封信谈论这个情况："如你所见，一场公开的破裂得到了避免。兰克自己不是有意为之，丑闻对我们也没什么好处。但是与他的一切亲密友好的关系就此终结了……不仅是我，包括会面中的其他两个人，都觉得兰克不太诚实，他的陈述也不可信。我很遗憾，亲爱的琼斯，事实证明你是完全正确的。"在接下来的一封信中，弗洛伊德写道："兰克这件事已经快结束了……请不要认为这件事给我造成了多大的打击或是有多大不良后果。考虑到兰克在过去15年里在我的生活中所扮演的角色，我的这种反应可能相当奇怪。但我知道我情感冷淡的三个原因。首先可能就是年轻原因，我的年龄已经不再会将失去看得如此重要了。第二就是我告诉自己，这段关系在过去的 15 年中已经被分摊掉了，这不同于那种一个人经过两到三年或是几年的优秀工作后的突然背叛。第三个原因，也是最后一点，但并非最不重要的一点，或许我这么冷静就是因为我回溯了整个过程，知道我自己是没有任何责任的。"

接着发生了令人震惊的事情。兰克在推广他理论的路上走得很远，一直到了巴黎，在那里他严重的抑郁症发作了，距离上一次发作已经过去 5 年了。他回到维也纳，在 12 月的第二个星期前来看望弗洛伊德。他又变了一个人。除了抑郁症之外，他对自己的处境似乎洞察得很透彻。正如弗洛伊德所说，他已经从精神病的状态中恢复了。他谈起了整件事，仿佛是一场忏悔。这是非常悲哀的一幕，最终几乎是以悲剧结尾。弗洛伊德被深深地感动了，并为找到他的老朋友和忠实信徒而欣喜若狂。弗洛伊德写信给艾丁格，说在兰克与费伦齐合著的那本书中，字里行间都表现出兰克的神经症倾向，其内容也与兰克在书中提到的出生创伤十分相似。一想到现在发生的事情，兰克就不知所措了，他只有一个愿望，就是要消除他所造成的伤害。弗洛伊德说那能理解我们的某种怀疑和有所保留，但是就他个人而言，由于对情况完全了解，已经彻底克服了这种怀疑。他告诉亚伯拉罕说，他十分确信兰克通过自身经历已经完全从神经症恢复了，就好像他已经受过定期的分析一样。

在同一天，弗洛伊德也向乔安·里维拉表达了他的乐观和释然："你大概已经听说了关于兰克医生的一段不愉快的插曲，但那都是过去的事了。现在他已经彻底回到我们身边，并以一种要求宽容和宽恕的方式来解释自己曾经的行为。他经历了一段严重的神经症状态，现在已经清醒过来，看穿并明白了发生的一切；他尚未克服抑郁症，这也是他的经历导致的一个可以理解的结果。"

弗洛伊德的乐观中有两个显著特征，只能用他对多年来的无价老友失而复得那种强烈的释然来解释。他知道兰克患上了躁郁症（cyclothymia）[①]，这个事实他几年前就说过了。弗洛伊德曾受过精神病学训练，他对这个病症不可避免的复发特征再清楚不过了，但他能够压抑住这种显而易见的忧虑。事实上，兰克当下的忧郁阶段仅仅在 6 个月后就消失了，取而代之的是再度狂躁，在此后的几年里一直波动不定。另一个奇怪的特点，是弗洛伊德显然接受了我们在理论上反对的异

[①] 即狂躁型抑郁精神病（manic-depressive psychosis）。

端邪说,即对重复经验的研究可以取代对深层次遗传分析的需要:经验疗法可以代替精神分析。

1924年12月20日,兰克给我们发了通知信,解释了发生在他身上的一切事,并请求我们的原谅。他谦卑地向亚伯拉罕和我道歉,希望能与我们恢复友好关系。他对我们说,他的敌意也是神经症的一部分,与弗洛伊德危险的癌症相联系时就会明显地显现出来。自然我们都向他的恢复表示了理解和同情。

但是,我们并没有一直在等待这个大团圆的结局,在此之前我们就已经采取行动修补委员会之间的关系了。事实上在这件事发生之前,弗洛伊德就向费伦齐表示,现在我们又是一个和谐的委员会了,我们恢复了先前的习惯,开始写圆信轮流传阅。

我们当然都高兴地回应了这一邀请,也接受了亚伯拉罕早先的建议,即让一年前已经开始从事分析工作的安娜·弗洛伊德在委员会中担任职务,取代兰克空出的位置。

1925年1月7日兰克再次前往美国,弗洛伊德给布里尔写了一封长信说明情况,并请求布里尔帮助兰克处理摆在他面前的艰难任务。向慷慨的布里尔提出这样的请求向来都是奏效的。他告诉我们,兰克正在尽其所能,但处境仍然很可怜。这一次兰克只在纽约待了几周,2月底之前回到维也纳,悲惨而沮丧。

6月份,弗洛伊德报告说兰克的抑郁症已经康复,他们正在进行卓有成效的分析谈话。1925年9月的洪堡大会上,兰克宣读了一篇论文。这篇文章非常模糊,其呈现的步调连最了解兰克想法的费伦齐都觉得跟不上。兰克非常激动,谈论着他对未来的庞大规划,但他对我们任何人都没有表现出个人层面的友好之情。大会结束之后,他第三次访问美国。弗洛伊德同意他这样做,并且仍然确信他不会再出现之前的那种突发状况。

然而,再度返回维也纳时,他始终保持着一种超然的态度,在1926年4月12日——在弗洛伊德70岁生日宴前整整三周——最后一次前来道别。"兰克已经离开维也纳前往巴黎了,但这可能只是他去美国途中的一个中转。他可能有几个打算……但最重要的是,过去他曾试着在病情发作的极端情况下表达一个想法,现在他用冷静的方式表达了:离开我和我们所有人。有两个事实是明确的:他不愿意放弃自己神经症理论中的任何一部分;他一点也不想接近维也纳的团体。我不是那种要求其他人永远被束缚着、要求别人永远出于'感激'而出卖自己的人。兰克付出了很多也得到了回报,所以他现在放弃了!在他的最后一次探望中,我明白我没有机会表达我特殊的温情了;我诚恳,也很努力。但我们确实失去了他。事实证明亚伯拉罕是正确的。"

弗洛伊德再一次很罕见地在文章中提起兰克,是在1937年,即兰克逝世前一年。文章的主题是缩短分析过程,以及这种方式很难取得成效。弗洛伊德提到兰克试图在几个月之内进行分析,通过专注于出生创伤这一主题,弗洛伊德说:"不可否认的是兰克的思路是大胆而巧妙的,但它经受不住严峻的考验。这是在战后欧洲的苦难和美国的繁荣之间形成的对比之中构思出来的,它的目的是为了加快分析治疗的节奏和速度,以适应美国的快节奏生活。"

我们在这里所关注的并不是兰克的职业发展,他跟早期那些持不同政见者并无不同,例如阿德勒、斯特凯尔和荣格。对于弗洛伊德来说,重要的是他们的工作应当与精神分析学明确区分开来。兰克的叛逃和荣格的背叛之间有某些相似之处,这也许很值得评论一番。二人一开始都是担任秘书职务,接着表现出分歧的时候相当隐晦。两人都是在访问美国期间首次流露出分歧的,然后是一封粗鲁的私人信件。再接着是一次深刻而短暂的道歉。分歧在很久之前就已经被其他成员发现了,但弗洛伊德过了很久才承认其可能性。当他这样做时,尽一切努力去和解,失败后就把这些事抛到一边。这两个事例中的明显差异当然是荣格没有遭受兰克一样的精神问题的困扰,因此他能够追求不同寻常的、富有成效的生活。

28. 进步与不幸（1921—1925）

与弗洛伊德的预测相反，战争期间他的工作和他的名字变得更加广为人知。他的书得到热切的推崇，并被翻译成各种语言。弗洛伊德甚至收到来自时任《法兰西新评论》（*Nouvelle Revue Française*）主编的安德烈·纪德（André Gide）的请求，要求许可他们出版他的著作。在德国，新的协会在德累斯顿、莱比锡和慕尼黑陆续成立。英国科学促进协会决定成立一支致力于心理学的队伍，并邀请弗洛伊德前往开场致辞，但弗洛伊德拒绝了。

弗洛伊德的精力已经彻底被学术占用。从这以后，他减少了病人的数量。他有很多学生，主要来自英国和美国，他们希望学习他的分析技术。7月，弗洛伊德说他两次承诺会对尽可能多的人进行分析，10月份再恢复工作。最后他接收了10个人。

年初，维也纳的出版社（Verlag）出版了一本格罗德克（Groddeck）撰写的名为《灵魂探寻者》（*Der Seelensucher*）的书。这是一本生动活泼的书，其中不乏淫秽的段落。有几位分析人士，特别是菲斯特，认为这种书籍不是一个科学出版机构应当公开出版的，瑞士协会还为此召开了特别会议表示反对。弗洛伊德觉得这本书非常有趣，他对于瑞士涌来的那些愤怒的信件的唯一回应就是："我捍卫格罗德克的活力，反对你们所谓的得体。如果你是当代拉伯雷（Rabelais），你会怎么说？"

4月3日，弗洛伊德的一个孙子安东·沃尔特（Anton Walter）出生了，这是马丁·弗洛伊德的儿子。7月31日，恩斯特·弗洛伊德的长子史蒂芬·加布里耶尔（Stephen Gabriel）降生。弗洛伊德有4个孙子，但他抱怨自己一个孙女都没有。

弗洛伊德65岁生日前后，不断地抱怨自己的加速衰老："今年3月13日，我突然迈出了真正衰老的第一步。从那时起，死亡的念头就没离开过我，有时候我产生这种印象：我的7个内脏都在为帮我结束生命而光荣斗争。奥利弗在启程前往罗马尼亚的当天说了再见，但我却没有适当的场合。我仍然没有向这种疑病症屈服，而是冷静地审视它，正如我在《超越唯乐原则》中的思辨一样。"

7月15日，弗洛伊德前往巴德加斯坦，和他的妻妹明娜一起在瓦辛别墅（Villa wassing）度假，明娜需要在那里疗养。与此同时，弗洛伊德的妻子和女儿在萨尔茨卡默古特度假。8月14日，他们在塞费尔德（Seefeld）汇合，这是靠近巴伐利亚边境的北蒂罗尔地区一座海拔近4000英尺的村庄。弗洛伊德仍然抱怨心力不支、心悸和其他心脏症状，但他很快就在山里的新鲜空气中恢复过来；那是个理想的地方，他可以在户外走上好几个小时。

在那里有好几个客人，住在萨尔茨堡的凡·埃德蒙，来看望他两次，费伦齐也花了一天时间陪他。最重要的是布里尔的到访，自战争爆发以来，他们就再没见过面，而且从那以后也几乎没有收到布里尔的信。1月底，弗洛伊德给布里尔写了一封很强硬的信，无异于最后通牒；威胁要跟布里尔断绝一切关系，并收回进一步的翻译版权。然而过了6个月，还是没有得到布里尔的任何答复。弗洛伊德更是被激怒了，他开始觉得这样下去毫无希望："布里尔行为可耻，他必须被解雇。"最后布里尔在我长期的催促下做了一件明智的事，他来欧洲与弗洛伊德面谈了。不出所料，沟通的结果令人相当满意："布里尔在这里跟我一起待了好几天。他很好，很乐意帮助我们，相当可靠，他承认了自己神经质的错误。这次会面收获很大。"

9月14日弗洛伊德离开塞费尔德前往柏林，又从那里前往汉堡去看他的两个孙子。委员会的全体成员于9月20日在柏林同他碰面，一起前往希尔德斯海姆（Hildesheim）。我们计划到哈尔茨地区进行为期10日的旅游，亚伯拉罕很了解那里，他可以当大家的导游。我们先是呆在希尔德斯海姆，然后到了迷人的戈斯拉尔古镇（Goslar）。我们从这里爬到布罗肯山（Brocken）的山顶，这是一个特别吸引我的地方，因为它跟女巫有关，我们甚至瞥见了著名的布罗肯幽灵。每天都有徒步探险，弗洛伊德在这方面的速度和不懈努力都给我们留下了深刻印象。

这是一次难得的机会，整个委员会成员都聚在了一起，这也是我们和弗洛伊德一起度过的唯一一次假期。因此这是一次重大事件。旅行结束时，弗洛伊德对我们说："我们共同经历了很多事，这些经历往往可以使人们的关系更紧密。"然而很少有什么事是完美的，此次旅行的美中不足就是我们每个人都患上了重感冒。弗洛伊德的病情尤其严重，但是他向我保证这并没有影响到他："这只是表象。"

28. 进步与不幸（1921—1925）

那些日子里，我们当然有充足的时间，对大家共同感兴趣的各种科学话题进行大量讨论交流。弗洛伊德给我们读了两篇他为此次出游特别撰写的论文，这是他唯一一次这样做。一篇是关于传心术（telepathy），他从7月底开始写，用了三周就完成了。他给我们读的另一篇文章知名度更高。前一年的1月，弗洛伊德宣称他获得了一次瞬间的深刻洞见，"如同石破天惊一般"，他发现了偏执型嫉妒（paranoiac jealousy）的机制。这种研究结论是从一位我介绍给他的美国患者身上得出的，这是他自战争以来接待的第一位外国患者。

旅行结束后，弗洛伊德于9月29日返回维也纳，不久后他就开始"为希尔德斯海姆和谢尔克感到惋惜，如同一场遥远的梦"。

12月，弗洛伊德成为荷兰神经病与精神病学家协会的荣誉成员，这令他十分感激，更令他感动的是他得到了温克勒教授（Professor Winckler）的支持，后者先前一直是精神分析的反对者。这是弗洛伊德第一次以这种方式获得荣誉，也标志着弗洛伊德的学术声誉开始发生转变。从现在起，人们开始普遍认为弗洛伊德成果中的一些部分有着突出的重要性，尽管很多被视为"错误"，弗洛伊德成了有着显赫的科学声望之人。

1922年初，委员会的几名成员访问了维也纳。当时有一些英美学生正在跟随弗洛伊德学习精神分析，弗洛伊德想出一个点子，让他们在精神分析学习的基础上，再聆听一些由维也纳其他分析学家开设的讲座课程，作为学科理论方面知识的补充。于是在他们的要求下，亚伯拉罕、费伦齐、罗海姆和萨克斯于1月的第一周来到维也纳，每个人都举办了若干场讲座。这项计划被证明是十分成功的。

此时，弗洛伊德的名字在伦敦已经家喻户晓。1月，他的照片刊登在伦敦一本时尚周刊《球体》（*The sphere*）上。但是出版商不得不提防警察。保罗·基根公司（Kegan, Paul & Co.）曾因为涉嫌出版内容淫秽的自传而遭到起诉——在那个时代里，性和精神分析是相互交换的概念——决定将正在着手出版的弗洛伊德的《列奥纳多》（*Leonardo*）限定在医学界内部发售，以保证艺术家们免受污染。

然而弗洛伊德发现日益高涨的声望带给他的只有负担："我很抱歉没有回复你倒数第二封信。有时候我的笔会感到疲倦。我有这么多的商务信件要处理，警告病人不要前来，因为我没有时间接待他们，还要拒绝为这类那类的期刊写这样那样的稿件。这些都是出名的弊端。我看不到这当中的好处。"他回想起第一次

第三部分　最后岁月（1919—1939）

与艾丁格见面时的处境，做了一番对比，写道："我的情况在这 15 年中发生了很大变化，我发现自己已经摆脱了物质上的忧虑，到处都是我所厌恶的走红的嘈杂声，共同从宁静的科研工作中夺走了我的时间和精力。"同一周他写信给费伦齐："当然，看到你上一封热情洋溢的来信我很高兴，你称赞了我的青春和活力，但当我转向现实原则，我知道这不是真的，而且我对此也并不吃惊。我的兴趣很快就耗尽了：也就是说，现在它们很愿意转向别处。我知道钱是永远赚不够的，但是我身上某种反叛的东西在阻止我去履行赚钱的义务，它促使我继续过去 30 年来的心理策略。过去当我蔑视人们和这个可憎的世界时，我始终保持着正直的人格。奇怪的秘密的渴望在我心中升腾——或许来自我的祖先遗传——我渴望一种东方式的或地中海式的另一种生活：这是我从童年时代就始终未能实现的心愿，但这个愿望与现实不符，似乎暗示着解开一个人所有的社会关系。然而——我们将会在柏林那片深沉的土地上相会。"

伦敦大学与犹太历史学会联合举办了一系列关于五位犹太哲学家的讲座：菲罗（Philo）、迈蒙尼德（Maimonides）、斯宾诺莎、弗洛伊德、爱因斯坦。弗洛伊德的那部分由伊瑟列尔·莱文讲授（在我的帮助下）。次年，莱文出版了一本名为《无意识》（*Unconscious*）的书；他是第一位充分欣赏弗洛伊德思想的哲学家。当弗洛伊德读到这本书时，写信给我："伊瑟列尔·莱文是谁？我从未因一本像《无意识》这样的精神分析著作而感到如此高兴。如果他是哲学家那真是一个罕见之人。我想深入地了解一下这个人。"

自 1906 年起，弗洛伊德就开始偶尔与著名作家阿尔图尔·施尼茨勒（Arthur Schnitzler）通信。奇怪的是他们从来没有见过面，虽然他们的活动区域相近，而且弗洛伊德和施尼茨勒的弟弟——著名的外科医生很熟。阿尔图尔·施尼茨勒在自己的医学生涯期间阅读过弗洛伊德于 1893 年翻译的《星期二讲座》（*Leçons du Mardi*）。尽管有着显而易见的心理学天分，且十分崇拜弗洛伊德的著作，施尼茨勒却永远不会认同弗洛伊德的主要结论。他就这些结论与赖克、阿尔弗雷德·冯·温特施泰因（Alfred von Winterstein）、我，还有其他分析师都进行过争论，但他无法克服对乱伦以及婴儿性欲等理论的反对。

这一年，纽约发生了一件相当严重的事件，与分析师弗林克有关。1920 年 3 月到 1921 年 6 月间弗林克追随弗洛伊德做研究，弗洛伊德对他智力和前景的评价都相当高。然而现在他爱上了自己的一个病人。二人都婚姻不幸，弗林克提出与妻子和平分手并迎娶她。这位病人的丈夫闻之大怒，扬言要发起一场丑闻会毁掉弗林克。从欧洲回到美国后，弗林克并没有出名，美国的分析师中那些声望较高的，例如布里尔、史密斯·埃林·杰里弗（Smith Ely Jelliffe）都认为此事很严重。弗洛伊德却支持弗林克的行动：爱上病人是一个错误，但现在的情况也不得不接受现实。在纽约传得最疯狂的谣言，说的是弗洛伊德自己要娶这个女人！这件风波的结局是，在风口浪尖时刻故事中的原配丈夫突然死掉了。

在5月31日的维也纳大会上，安娜·弗洛伊德宣读了一篇论文：《跃动的幻想和白日梦》（Beating Phantasies and Day Dreams），1922年6月13日她如父亲所愿，正式成为协会的一员。

前文还提到过，弗洛伊德对于在维也纳开设一家精神分析诊所的想法一直不冷不热。但即便这样，维也纳的其他分析师，尤其是希奇曼、海伦·多伊奇（Helene Deutsch）和保罗·费德恩（Paul Federn）仍然坚持，于是1921年6月，教育部为他们在军事医院（Garnisonsspital）提供了住处。最后，克服了诸多困难和障碍后，1922年5月22日，一个名为门诊部的诊所在鹈鹕小巷（Pelikangasse）挂牌了，希奇曼担任主任。这个门诊部有一个很大的房间用来召开协会会议。然而，6个月后，市医疗当局突然下令将其关闭，接着经过3个月的谈判才使它重新开放。

暑期，弗洛伊德收到了他23岁的外甥女塞伊西莉（Caecilie）的死讯，这是他特别喜欢的一个孩子。她发现自己怀孕了，于是服用了大量巴比妥，8月18日死于肺炎。她是弗洛伊德最喜欢的妹妹罗莎唯一剩下的孩子，她唯一的儿子在战争中死掉了，弗洛伊德被这场惨剧"深深打击了"。

8月份，弗洛伊德和兰克一起呆在塞费尔德，亚伯拉罕和萨克斯前去看望他们。那一次我们做了一个迟来的决定，为了巩固委员会成员之间的亲密关系，我们决定用你（Du）和名字来称呼对方。这无疑消除了许多尴尬，因为按照之前的习惯，不同成员之间的相互称呼也不太一样。举例来说，我会对费伦齐、兰克和萨克斯称"你"，但不会对亚伯拉罕和艾丁格这样叫，诸如此类。弗洛伊德对我们用更正式的称呼：您（Sie）。在弗洛伊德的家庭成员之外，用"你"来称呼弗洛伊德的，我所知道的，只有尤利乌斯·瓦格纳-若雷格（Julius Wagner-Jauregg）教授和罗伊教授（Professor Lowy），二人与弗洛伊德自学生时代起就是朋友了。其他的老朋友，例如柯尼施泰因教授、罗森伯格（Rosenberg）以及雷伊（Rie）

兄弟也会这样叫，但奇怪的是，约瑟夫·布罗伊尔却对他保留了老派的称呼方式："尊敬的教授先生"（Verehrter Herr Professor）。我所知道的只用姓名不加任何前缀地称呼弗洛伊德的人，有法国朗诵家伊薇特·居尔伯特（Yvette Guilbert），她是弗洛伊德一家的好朋友，还有美国大使 W. C. 布利特（W.C.Bullitt），以及英国小说家 H. G. 威尔斯（H.G.Wells）。弗洛伊德称呼委员会成员时，当然都用姓氏，不论是口头对话还是书信中都是如此。例外是艾丁格，从 1920 年 6 月开始，应艾丁格的请求，弗洛伊德还是叫他亲爱的马克斯（Lieber Max）。有点奇怪的是，弗洛伊德从不使用费伦齐的名字；在信中，费伦齐和亚伯拉罕永远都是亲爱的朋友（Lieber Freund）。

1922 年 9 月 25—27 日召开的柏林大会，注定是弗洛伊德参加的最后一场类似的会议，尽管接下来的两届大会弗洛伊德都花费了很大努力想要参加，都未能实现。这一次他在会上宣读的论文题目为"关于无意识的一些评论"（Some Remarks on the Unconscious）；这篇文章从来没有发表。他宣告的新观点是从《自我与本我》一书中提取出来的，后者之后很快就出版了。这本书适当地呈现了他对无意识的原初定义，以及压抑状态下的精神过程，现在他讨论的是未被压抑的自我的无意识方面。这是全新的自我心理学的开端，是精神分析理论的一次根本性的进步。

其他人的论文，例如弗兰茨·亚历山大（Franz Alexander）、亚伯拉罕，费伦齐、伊斯特凡·霍洛兹（Istvan Hollos）、卡伦·霍尼（Karen Horney）、梅兰妮·克莱因、赫尔曼·纽伯格、菲佛、雷多、罗海姆和我的文章随后都被证明有一定的激励作用。亚伯拉罕关于忧郁症的文章，还有费伦齐生殖器理论的文章都非常出色。这次大会的学术水平达到了前所未有的高度。我在报告中提到，协会成员的数量在过去的两年内由 191 名增加到 239 名。

弗洛伊德对此次大会的讨论十分满意，他还对我在晚宴后的讲话大加赞赏。我仍能记起我的讲话中最令他感到幽默的段落，这可能表明，分析师们其实并不像大部分人以为的那么缺乏幽默感。一则谣传说柏林门诊部的匿名捐赠者事实上是艾丁格。于是我说："在英语中，我们有两个著名的谚语：好事从家里做起（Charity begins at home），和'谋杀是掩盖不住的'（murder will out）。如果我们现在使用一下凝缩（condensation）和置换（displacement）机制，将会得出结论，'谋杀从家里做起'，这是精神分析的基本原则；'慈善是掩盖不住的'，这说的是守住柏林门诊部捐助人名字这个秘密也是很困难的。"

甚至在维也纳，对精神分析学的兴趣也扩展到更大的范围，弗洛伊德被医学院（Doktoren-Kollegium）邀请前去举办讲座，被自由思想者协会（Society of Freethinkers）邀请，甚至收到警察局的邀请（！）。不用说，他拒绝了所有邀请。他的专业工作已经很辛苦了，而且大部分还是外文文献，他告诉艾丁格，现在他已经将工作时间缩减到每天8小时。

11月，弗洛伊德一个老仆人的儿子开枪射击了他的父亲，当时后者正在试图强奸自己的继女，但老人没有生命危险。弗洛伊德并不认识这个少年，但他的人道主义天性总是对少年遭受的困难深感同情。于是，弗洛伊德支付一切法律费用，聘请这个领域的权威专家同时也是类似案件司法程序改革机构的创始人瓦伦丁·泰里奇博士（Valentin Teirich）来为这位少年辩护。弗洛伊德还写了一个报告，表示任何试图寻求更深层次动机的尝试都只会掩盖那些简单的事实。施特劳斯勒教授（Professor Straussler）写了一份类似的报告，主张这个男孩头脑中"短路"的激情瞬间相当于暂时性的神经错乱。这一请求被接受，年轻人被无罪释放了。

12月8日，弗洛伊德的第五个孙子、恩斯特的儿子卢西安·米歇尔（Lucian Michael）出生了，现在他是一名杰出的画家。

弗洛伊德一生中最关键的一年是1923年。这段时间，我和兰克之间的摩擦使弗洛伊德非常不悦，因为这威胁到委员会的和谐。然而，更可怕的是那致命疾病的第一个迹象出现了，而后给他带来无尽的痛苦，直到结束生命。弗洛伊德常常以为自己时日无多了，但如今他终于看到了可怕的现实。病症的第一个迹象出现在2月份，但是弗洛伊德在这几个月里什么也没有做。他也没有向任何人、家人或朋友提及此事。我第一次听说这件事，是在4月25日的一封信里。"两个月前我发现我的下巴和上颚右侧长出了白斑，20日我刚去把它们切除了。我还没开始工作，不能吞咽。我确信这是良性的，但你知道，一旦它变大了任何人都无法保证它会变成怎样。我自己的诊断是上皮瘤，但没有被接受。大家认为吸烟是这个病灶的罪魁祸首。"在67岁这个年纪出现白斑，并没有在57岁或47岁时出现那么可怕，于是我也认为这只是一个局部的病症，现在已经解决掉了。但这件事给我的疑虑是弗洛伊德对我提起了它。这不是他的习惯，因为除了费伦齐之外他不会跟任何人谈论自己的健康状况——即使当时我还不知道这个——所以我想知道，弗洛伊德是不是在认真地考虑某些事情。

事情的经过是这样的：4月下旬，弗洛伊德前往咨询了一位权威的鼻科医生马尔库斯·哈耶克（Marcus Hajek），他是弗洛伊德的一位旧相识；也是施尼茨勒的内弟。哈耶克说，这是由于吸烟导致的白斑。但在回答一个问题时，哈耶克说了一句不祥的话："没有人能长生不老。"不过他建议把这个小小的斑块切除——一个很小的手术——让弗洛伊德在一天上午去他的门诊部。在这之前几天，菲利克斯·多伊奇（Felix Deutsch）曾因一些私人事务前去拜访弗洛伊德，在谈话结束时，弗洛伊德让他看一下自己嘴里这个"令人不快的东西"，即皮肤病医生口中的白斑（Leucoplakia），一般建议切除。多伊奇立刻看出这是癌症，接着他又听到弗洛伊德说假如注定要痛苦地死去，请他帮助自己"体面地从这个世界上消失"。然后弗洛伊德谈起了自己的老母亲，他知道自己去世的消息会令母亲难以承受。多伊奇似乎将这席话视作一种自杀威胁；我们应当看到弗洛伊德在最后关头坚持了下来。于是多伊奇安慰自己说，这只是一块简单的白斑，建议最好是切除。

经过几天的思考，弗洛伊德悄然出现在哈耶克的诊所，而对家人只字未提；应该说，这个诊所只是一所普通教学医院的一部分，没有私人病房。不久，家人接到诊所打来的电话，要他们带上一些过夜用的必需品。弗洛伊德的太太和女儿赶到那里时，发现他正坐在门诊部的一把厨房椅上面，衣服上都是血。手术没有预期那样顺利进行，而且出血量太大，病人不宜回家。门诊部里没有空房间，甚至一张空床都没有，大家在一个小房间里七拼八凑搭了张床，房间里已经住了一位正在接受治疗的痴呆症侏儒。病房员工在午饭时间把两位女士送回了家，因为外人不能打扰，并向她们保证病人会没事的。一两个小时后她们回来，得知他出现了大出血现象，为了求助他按了铃；然而，机器出了故障，他说不出话也不能喊。幸好善良的侏儒急忙呼救，过了一会儿流血就止住了；或许是他的举动拯救了弗洛伊德的性命。安娜这次拒绝离开，坐在父亲的身边过夜。弗洛伊德失血过多身体很虚弱，加上麻药的药效已经褪去一半，他感到痛苦万分。夜里，安娜和护士们对他的病情感到震惊，派人去请病房医生来，但弗洛伊德拒绝下床。次日早晨，哈耶克向一大群学生详述了弗洛伊德的情况，当天晚些时候，弗洛伊德被允许回家。

弗洛伊德的第一次手术就这样结束了，从这以后，他在最终解脱之前又经受了另外 32 场手术的折磨。

切除的组织经过检查发现是癌细胞，但没有人告知弗洛伊德这一事实。外科医生也没有采取任何通常防止疤痕收缩的预防措施。因此术后出现了相当大程度的收缩，于是弗洛伊德嘴巴可以张开的程度减少了许多，从而带来极大的困难。

想要彻底弄清楚哈耶克的傲慢态度是很困难的。也许他认为自己已经做了一切可以做的，而且觉得这种增生应该不会复发。或者另一方面，他可能认为这件事从一开始就毫无希望，任何特殊关切都是多余的。但是接下来圭多·霍茨奈希特（Guido Holzknecht）给弗洛伊德做了两次放射线治疗，这不符合病情无害化的要求。接着又是哈耶克的助手弗希提格（Feuchtiger）主持的一系列激烈治疗，使用的是镭胶囊；剂量想必非常大，因为弗洛伊德遭受了很严重的毒副作用。4 个月后弗洛伊德写道，由于治疗停止，他一个小时都没有再疼过。他补充说："对生活中大多数琐事漠不关心的态度使我明白，深切的哀痛[①]正在继续。我没有什么新观点，也没有写过一句话。"

在同一个月里发生了一些事情，对弗洛伊德后来的精神状态产生了深远的影响。他的外孙海纳勒（Heinerle），即海因茨·鲁道夫（Heinz Rudolf），苏菲的第二个儿子，和他的姨妈马蒂尔德（Mathilde）在维也纳住了几个月。弗洛伊德非常喜欢这个男孩，说这是他遇到的最聪明的孩子。在弗洛伊德第一次动手术期间，海纳勒正好刚刚摘除了扁桃体，当两位病人第一次见面时，他饶有兴趣地问外祖父："我已经可以吃面包皮了。你呢？"不幸的是，这个孩子十分娇嫩，前一年在乡间感染了肺结核，6 月 19 日死于粟粒型肺结核，夭折时只有 4 岁半。这是弗洛伊德一生中唯一一次流泪的时刻。在失去外孙之后他告诉我说，这个损失给他带来的影响不同于他所遭受的任何其他不幸。后者带来的只是纯粹的痛苦，而这一次却在他身上杀死了某些东西。几年后，他告诉玛丽·波拿巴，自那次不幸事件之后，他再也不可能喜欢上任何人了，他只是保留了他的旧相识；他发现这个打击非常难以承受，比他自己的癌症还要严重得多。在接下来的一个月，他写信说自己患上了生命中的第一次抑郁症，毫无疑问，这应该也是外孙的死亡带来的，它来得那么快，和他那致命的痛苦第一次被宣告时一样。3 年后，宾斯万格的大儿子去世，在向他吊唁时弗洛伊德说，海纳勒对他而言代表了所有儿童和

[①] 对他的外孙。

成人。自他死后,他就无法享受生活的乐趣了,他还补充道:"这就是我冷漠的秘密——人们称之为勇气——面对自己生命危险时的勇气。"

弗洛伊德在接下来的几个月里去见了哈耶克几次,后者没有反对他同往年一样离开维也纳进行为期3个月的度假。但在临行前让弗洛伊德每两周给他发一份报告,并在7月底再来复查一次。7月份,弗洛伊德从加斯登(Gastein)写信来,问自己是否真的需要回维也纳去,然而,哈耶克在两周后才迟迟回复说没必要,他整个夏天都可以在外地。这种含糊不定,或者自相矛盾,加重了弗洛伊德对这位医生的不信任。加斯登的一位医生仔细地检查了伤疤,并出示了一份积极的报告,但弗洛伊德身体的总体不适太严重,在女儿的坚持下,弗洛伊德请多伊奇在拉瓦罗内跟他见面,后者大部分时间都与家人在此地度假。多伊奇立即发现增生复发且进一步扩散了,需要进行更彻底的手术。然而,有几个动机阻止了他坦率地向弗洛伊德说明这种情况。有一个不确定的因素,就是弗洛伊德是否会同意进行这样一次大手术,说不定他可能宁愿去死;他正沉浸在外孙离世的深深哀痛中。再就是多伊奇不愿意在弗洛伊德与女儿前往罗马的旅行计划中投下一抹阴

弗洛伊德与孙子海纳勒和恩斯特在一起,汉堡,1922年。马克斯·哈伯施塔特摄。

28. 进步与不幸（1921—1925）

影，因为弗洛伊德对此次旅行期待已久。于是他和安娜来到圣克里斯托弗罗，委员会的成员也正聚在那里开会。兰克已经被告知了事态的严重性，现在惊慌失措的我们也了解到了这个情况。然后我们和安娜一同去吃晚饭。席间，我们自然提到了弗洛伊德，令我们非常震惊的是，兰克突然爆发出一阵无法控制的歇斯底里大笑。几年以后，上一章我们提到的事件就解释清楚了这次意外。

最后，多伊奇和安娜走回拉瓦罗内。在路上，为了探出多伊奇的真实想法，安娜说，如果她和父亲喜欢罗马的话可能会在那边呆得更久一些。这令多伊奇非常激动，他让她忠诚地保证不会这样做。这是一个很宽泛的暗示，但足以令安娜明白了。

与此同时，在委员会会议上，大家进行了一番讨论，探讨什么才能成为说服弗洛伊德接受手术最有力的依据。萨克斯建议说这是安娜的想法，而兰克考虑到了更深的层次，提到弗洛伊德的老母亲。我抗议说，我们无权从弗洛伊德手里夺走这样的决定权，亚伯拉罕、艾丁格、费伦齐和在场的其他医务人员都支持我的看法。许多年后，当弗洛伊德搬到伦敦生活时，我告诉他我们曾经讨论过是否要通知他，他眼里冒着怒火反问："你们有什么权利这样做？"但后来弗洛伊德告诉费伦齐，从一开始他就知道这个增生是癌性的。

直到这时，弗洛伊德也没有被告知实情。相反，哈耶克在看过组织检测报告之后仍然让弗洛伊德放心，说不是恶性肿瘤，手术纯粹只是一个预防措施。但是一场必需的大型手术正在被悄悄安排着，等待着他返回维也纳。弗洛伊德心里想，这或许是他最后一次机会了，于是决定执行一个长期以来的计划，向女儿安娜好好地介绍一下罗马。他在4月动第一次手术的那一周就做出了这个决定。他们在维罗纳度过了一天一夜，乘坐第二天的夜班快车从维罗纳前往罗马。早餐期间，在火车上发生了一件可怕的事。突然间弗洛伊德的口中喷出一股鲜血，一块脱落的结痂明显带掉了嘴里的一块组织。这件事在二人的心里无疑都有着它的意义。不过，此次的罗马之旅非常快乐，弗洛伊德是一个出色的导游，安娜对带她去看的那些景观都报以热情称赞，弗洛伊德对此也十分高兴。"罗马太可爱了，前两周热风没有过境时，我的病痛还没有加重，那段时间尤其可爱。安娜非常优秀。她懂得一切，并喜欢一切。我为她骄傲。"

在罗马期间，弗洛伊德拿到一个来自芝加哥的剪报，文中宣称他正在"慢慢死去"，已经放弃了工作，并把工作转交给了学生奥托·兰克。弗洛伊德对此的评

第三部分 最后岁月（1919—1939）

论是："这个谣言的起源很有启发性，这篇文章是围绕着某个意味深长的内核写出来的。这并非完全是杜撰出来的。这篇文章安慰了我，世上没有死亡这种东西，它只属于邪恶之人；这则报道的作者是个基督教科学派（Christian Scientist）。"

弗洛伊德在罗马期间，多伊奇走到了前面。他说服汉斯·皮希勒教授（Professor Hans Pichler），一位著名的口腔外科医生来接手弗洛伊德的治疗。多伊奇在这件事上做了一个非常好的决定，为此弗洛伊德始终满怀感激；他也为接下来可能的行动做好了一切必要的安排，然后耐心地静候弗洛伊德的归来。

9月26日，哈耶克和皮希勒一同为弗洛伊德做了检查，明确无误地发现他硬腭上的一块恶性溃疡已经侵入周围组织，包括下颚上部甚至脸颊。皮希勒当即决定进行一次根除性的手术。弗洛伊德在同一天写信给亚伯拉罕、艾丁格和我，说道："你知道这一切意味着什么。"第二天皮希勒开始做常规准备工作（牙齿等）。主要手术在10月4日和11日两个阶段进行。第一次手术皮希勒结扎了颈外动脉，并移除了可能已经遭到扩散的颌下腺。第二次手术中，在切开唇颊之后，医生切除了受影响侧的整个颚和腭。这是一个规模庞大的手术，无疑会把鼻腔和口腔打通。这些可怕的手术是在局部麻醉的情况下进行的。第二次术后，弗洛伊德好几天不能说话。在这段时间里，他不得不通过鼻胃管进食。然而，他恢复得很好，10月28日就回家了。在医院期间，弗洛伊德写了两次信。一封是给我的电报，里面没有提到手术的事。另一封是术后一周写给亚伯拉罕的，这是一封语气最愉快的信：

亲爱的不可救药的乐观主义者：

今天更换了纱布。下床。为我残余的身体套上衣服。感谢所有的消息、书信、问候和剪报。只要我不用打针就能睡着，我就可以回家了。

随后开始的，是长达16年的病痛，不幸和煎熬，时不时地复发，需要进一步的手术。那个巨大的假体，一种放大的假牙或闭孔器，用来把口腔和鼻腔的通道关闭，是非常恐怖的；它被称作"怪物"。首先，这个东西很难取出或替换，因为弗洛伊德根本不可能完全张开嘴。有一次，他和女儿共同努力挣扎了半个小时仍然未能成功放入，不得不把医生叫了过来。其次，为了使这个东西达到关闭上面通道的目的，从而使说话和进食成为可能，它必须相当牢固。但这导致持续的刺激和疼痛，直到病人无法忍受。但是，如果这个东西被取出超过几个小时，组织就会收缩，假牙就不能再更换，除非重新定做。

从这时起，弗洛伊德讲话就很有缺陷了，它会随着对假牙的不断适应而经常发生改变。他的声音有浓重的鼻音，很像是有腭裂的人。吃东西也是一种考验，但他不太介意在他人在场的时候进食。此外，咽鼓管的损伤，加上附近不断感染极大地损害了他右侧的听力，最后他的右耳几乎完全聋了。以前病人就坐在他的右侧，现在他的椅子和沙发的位置必须颠倒过来。

从发病到生命结束，弗洛伊德拒绝任何其他人的护理，他的身边只有安娜。他一开始就和她订立了一个协议，要求她不要表现出任何情绪；所有的行动都必须以一种冷静的、实事求是的方式进行，带着外科医生那种没有情感的特点。这种态度，她的勇气和意志，使安娜即使在最痛苦的情况下也能很好地遵守这一约定。

弗洛伊德在第二位主治医生的选择上是非常幸运的。皮希勒作为一位口腔外科医生的声誉是无与伦比的，他给了弗洛伊德最好的治疗。他对于弗洛伊德在这个世界上的地位只有一个模糊的概念，但把他当作皇帝一般忠诚地照料和对待。皮希勒是那种品格极佳的德属奥地利人，是一个高度正直之人。他那敏锐的专业良知无可挑剔。他正是弗洛伊德想要找的那种医生，一个可以绝对信任的人，他们的关系一直非常好。

毫无疑问，菲利克斯·多伊奇从头到尾的做法都包含着最真诚善良的心。几年后他向弗洛伊德保证说，他不会为自己所做的事感到后悔，在类似的情况下，他会采取同样的行动，但不会去征得弗洛伊德的同意。弗洛伊德对于自己当医生可能骗他这件事一直高度敏感，当发现自己被隐瞒了全部真相时，感到很难原谅，虽然这并没有影响到他对多伊奇的好感和感激之情。在这件事中弗洛伊德最在意的大概是，这种隐瞒暗示着他们认为，他可能无法勇敢地面对痛苦的事实，但直面苦难恰是他突出的品格之一。这几个月来，多伊奇无疑已经感觉到了这一点，于是在手术后，当弗洛伊德或多或少恢复正常了，就大胆地告诉他目前为止发生的事不利于今后医患间建立完全的信任，而这又是至关重要的。弗洛伊德遗憾地表示同意，但他保留了随时向多伊奇寻求进一步帮助的权利。1925年1月，二人完全和解了。

在介绍了弗洛伊德苦难的史诗故事之后，让我们重新回到逐日逐年讲述的方式中去。

2月份，法国前沿神经学期刊《大脑》（*L'Encephale*）向弗洛伊德要一张照片，附在一篇对他的研究工作的完整论述上。此外，雷蒙·德·索绪尔（Raymond de Saussur）撰写的一本极好的书——《精神分析方法》（*Psychoanalytique la Methode*）在法国遭禁，理由是其中奥迪耶（Odier）对梦境所做的分析违反了职业审查。

出版社现在经过协商已经将弗洛伊德的作品译成大量的外文。在一个月之内，莫斯科销售了2000册俄文版《入门讲座》。那段时间，精神分析在俄罗斯受到广泛欢迎，又一个精神分析社团在喀山（Kazan）成立。当涉及中文译本时，弗洛伊德怀疑中译本的精神分析是否会比原文更容易理解。也正是在这个时候，出版社决定发行弗洛伊德的《著作全集》（Gesammelte Schriften）。第一本问世的将是卷四，还有三本将在1924年的萨尔茨堡大会上亮相。

1923年2月22日，罗曼·罗兰（Romain Rollan）写信给佛洛伊德，感谢弗洛伊德在写给二人共同好友爱德华·莫诺－赫尔岑（Edouard Monod-Herzen）的信中对他大加赞美。这是罗曼·罗兰和弗洛伊德之间有趣的通信中的第一封，从中我们可以看出弗洛伊德非常尊敬他。罗曼·罗兰告诉弗洛伊德，自己20年来一直在关注着他的工作，如果正确的话这似乎是非常杰出的研究。

夏天，弗洛伊德收到了一位名叫莱茵斯（Leyens）的犹太青年的来信，这是一个狂热的德国民族主义者，曾在第一次世界大战中上过战场，是汉斯·布吕厄（Hans Blüher）的追随者。他想让弗洛伊德帮助解答一个困惑，就是布吕厄身上的一个悖论。这是一个狂热民族主义者和反犹太主义者，同时也是弗洛伊德的崇拜者。弗洛伊德在1923年7月4日给他回信，其中包含了一些关于布吕厄的谦辞，他写道："我劝你最好不要把精力浪费在当前政治运动那毫无结果的斗争上。群体精神病就是证据。只有德国人有机会从世界大战中学到这一点，但他们似乎又做不到。先不管他们吧……希望你能献身到那些可以让犹太人克服这些愚蠢行为的事业中去，请不要误解我的忠告，这是来自老年人的智慧。不要急着跟德国人搅在一起。"纳粹统治时期莱茵斯逃到美国，他从美国写信给弗洛伊德，告诉他他的建议是多么正确。1936年7月25日弗洛伊德回了一封温和的信："你肯定认为，我不会为自己的正确而感到骄傲，对吗？我的正确在于，我是一个悲观主义者，我反对狂热主义者，就像老年人反对年轻人一样。我要是错了就好了。"

28. 进步与不幸（1921—1925）

如前所述，10月28日大手术结束后弗洛伊德获准回家。11月1日他恢复工作，但是手术留下的伤疤出现了许多并发症。在检查中，从脓毒性和坏死组织中发现了癌物质的痕迹，于是皮希勒立即进行了进一步治疗。第三次手术于11月11日、12日进行。这一次，软腭被大面积切除，加上旧疤痕组织和骨翼突；此次手术在奥尔斯佩格疗养院（Auersperg Sanatorium）进行，局部麻醉加鸦片全碱。手术中出现了严重的出血，副作用十分痛苦。

11月17日，弗洛伊德提出请求，接受施泰纳赫（Steinach）主持的两侧输精管结扎手术。这样做是希望通过回春来延缓癌症的复发。这个主意来自冯·厄本（von Urban），他曾与施泰纳赫一同工作，对类似手术之后的效果非常狂热。他让费德恩去劝弗洛伊德，弗洛伊德接着询问了冯·厄本的工作经历。然而两年后，弗洛伊德告诉费伦齐，他没有从中得到任何好处。

这一年余下的时间里，弗洛伊德几乎每天都会去皮希勒那里看病，持续调整嘴里"怪物"的尺寸，以便能够尽可能舒适地说话。在那几个月里，他还接受了几次放射线治疗。直到新年弗洛伊德才重新开始接待病人。6个月来他什么钱都没有挣到，开销也很大。他坚持要给皮希勒和他的所有医生支付全部费用。

这一年最重要的文字著述就是《自我与本我》，这本书开拓了一片相当新颖的领域。其中的主要概念始于前一年7月份，当时正是弗洛伊德最高产的时期。他写信给费伦齐："我现在正专注于一些思辨性的东西，算是《超越唯乐原则》的一个延伸吧；我可能会写出一本小书或者什么都写不出。"后来又对费伦齐说："在更正了论据之后，大家都知道我陷入抑郁，我向自己保证再也不会冒这种险了。在我看来自从超越唯乐原则之后情形就迅速下滑。这本书仍然是思想丰富的佳作，但《群体心理学》（Group Psychology）就接近平庸了，现在这本书无疑是晦涩难懂的，以一种造作的糟糕方式写成……除了'自我'这一基本概念，和关于道德起源的一个概览之外，我对整本书中的任何东西都不太满意。"

弗洛伊德在这一年中写了几篇奇怪的文章、序言之类的东西。1923年1月发表的两篇论文都是上一年写的：《梦的解析的实践及理论评价》（Remarks on the Theory and Practice of Dream-Interpretation）和《17世纪魔鬼神经症》（A Seventeenth Century Demonological Neurosis）。最重要的一篇写于1923年2月，发表在《文摘》4月号上，题目为"力比多的婴儿生殖器组织"（The Infantile

Genital Organization of the Libido）。

　　1924年的主要事件，就是亚伯拉罕对费伦齐和兰克两人的批评引发的悲哀而复杂的状况，以及兰克个性上的显著变化。弗洛伊德本来打算4月份前去参加大会，但是又对亚伯拉罕表示，担心聆听15篇论文对于自己来说是个过重的负担。弗洛伊德在以前参加过的所有大会上，都会仔细倾听人们宣读的每一篇文章，后来他的女儿继承了这一特征，然而，3月份弗洛伊德患上了流感，造成的不幸后果就是鼻黏膜和鼻窦疾病再次发作——这是弗洛伊德的一个老毛病——所以他不得不休息。

　　1月2日，弗洛伊德恢复了工作，开始接待病人，但是努力在工作中说话使他疲惫不堪。"有的人拒绝相信，我已经不再是过去的我了，你也属于这类人。可是事实上，我很累了，需要休息，几乎无法完成我的6小时分析工作，也不想做任何其他事情。正确的做法就是放弃一切工作和责任，在一个安静的角落里等待自然而然的结局。但是还有事情诱惑着我——或者，是必需的——只要开销还是这么大，我就得继续赚钱，这个诱惑是非常强烈的。"他嘴里的"怪物"总会出现麻烦，每隔几天就得去调整一次。第二个假体于2月份制成，第三个是10月份，但都没有太成功。弗洛伊德被允许吸烟了，但是要想在牙齿之间夹住一根雪茄烟，必须借助衣夹来打开嘴巴。

　　弗洛伊德接受了一场大手术的消息在维也纳几乎人尽皆知，于是出现了一些友好的迹象。《新自由报》于2月8日刊登了一篇赞扬弗洛伊德的文章，作者是阿尔弗雷德·冯·温特施泰因。然后是如今社会民主党占多数的市议会，在他生日那天授予他维也纳的"人权"（Bürgerrecht）的称号，类似于英国的"城市的自由之魂"之类的。"我曾认为68岁生日将是我的最后一次生日，其他不少人也是这么认为的，因为在那天维也纳当局急急忙忙授予我这么一个称号，这个称号通常都是在某人70岁的时候颁给他的。"弗洛伊德没对费伦齐提过这件事，后来费伦齐问起，他回答说："你提到的维也纳的'人权'这件事我没什么要说的。这本质上可能就是一种仪式表演，适用于安息日（Sabbath）。"[1]

　　斯特凯尔可能也是出于同样的理由受到触动，他对弗洛伊德的个人感情可能

---

　　[1] 原文：Man kann Schabbes davon machen. 琼斯博士在翻译这句话的时候，没有注意到这其实是一句犹太讽刺言语。字面意思是"人们可以从中得到安息日——即安息日的晚餐"。但是这句话的实际意思是，这什么都没有。——编者注

也恢复了许多，于是提出和解。我不知道弗洛伊德是否曾回应过他的信——很可能没有；确定的是他没有见过他。

4月24日，弗洛伊德的第6个，也是最后一个孙子出生了：克莱门斯·拉斐尔·恩斯特（Clemens Raphael Ernst），恩斯特的第3个儿子。

第八届国际精神分析大会于4月21—23日在萨尔茨堡举行，这也是16年前第一次大会召开的地点。大会一结束，我就去维也纳看望弗洛伊德并向他报告大会的情况；我在维也纳待了三天。当然，看到他外表和声音上的巨大变化令我相当震惊。他必须习惯于用拇指保持假体的位置；一段时间后，这个姿势给人一种集中于哲学沉思的印象。很明显，弗洛伊德和从前一样精神敏锐。亚伯拉罕和费伦齐向弗洛伊德通报了国会的详细情况，弗洛伊德欣慰地知道这场风波已经过去了，没有什么不幸事件发生；他一直担心柏林分析学家们对费伦齐和兰克的批评会引发更大范围的纷争。

5月14日，罗曼·罗兰拜访了弗洛伊德。由斯蒂芬·茨威格（Stefan Zweig）把他带到弗洛伊德家中，一起度过了一个晚上，茨威格担任翻译；讲话的障碍让弗洛伊德自己明白，有时候讲德语都不是听得很清楚，所以讲法语就更不可能了。

同样的事情几年后又发生了，弗洛伊德在布里斯托酒店（Bristol Hotel）拜访伊薇特·居尔伯特时，他可怜地对后者的丈夫说道："我的假牙不会说法语。"

乔治·塞德斯（George Seldes）热情地给了我一些同一时期另一个事件的细节资料。两个年轻人——利奥波德和洛布（Loeb）在芝加哥实施了他们称之为"完美谋杀"的案件，尽管如此他们还是被发现了，随后的长期审讯在美国引起相当大轰动。他们富裕的亲戚朋友们竭力挽救二人免受极刑，这个目标最后达成了。塞德斯是《芝加哥论坛报》（*Chiacago Tribune*）的工作人员，奉麦考密克上校（Colonel McCormick）的命令给弗洛伊德发去一封电报："为弗洛伊德提供25000美元的报酬，或者他提出什么其他条件也都可以，请前往芝加哥来进行精神分析（为两位谋杀嫌疑犯）。"弗洛伊德于1924年6月29日回复了赛德斯的信：

> 你的电报姗姗来迟因为你写错了地址。作为答复我要说，单凭报纸上的报道，没有机会进行亲自检查的情况下，我不可能针对个人或行为提供任何专业的意见。赫斯特出版社（Hearst Press）邀请我在审判期间到纽约去，

第三部分 最后岁月（1919—1939）

出于健康原因，我不得不拒绝这个请求。

最后一句指的是芝加哥的赫斯特邀请弗洛伊德去美国为两位嫌疑犯进行"精神分析"，大概是为了说明二人不应该被处决。他表示对于报酬弗洛伊德可以提任何数额。听说他生病了，便准备包租一艘专门的邮轮，以便弗洛伊德免受其他乘客的干扰。

6月，弗洛伊德如愿地预订到7月份在格拉宾登州弗里姆（Flims）沃尔德豪斯（Waldhaus）的房间。他总想去瑞士度假，但不知何故始终没有去过。现在他不得不再次失望了，因为口腔里的局部不适要求他必须保持在医生方便的范围内活动。所以他从塞默灵租了个别墅，他从维也纳过去时经常会住在这里。

在这个时候，我必须告诉弗洛伊德一个消息，那就是夏季萨克斯在伦敦举行的讲座非常成功。更令人吃惊的是，在威尔士的国家艺术节（National Eisteddfod）上，首席诗人因一首与精神分析相关的诗歌而获奖。

奥利弗·弗洛伊德的女儿伊娃·马蒂尔德于9月3日出生。她是弗洛伊德的第二个孙女，马丁·弗洛伊德的女儿米利亚姆·苏菲（Miriam Sophie）出生于1924年8月6号。

这一年带给弗洛伊德很大失望，其程度仅次于兰克事件。纽约的弗林克于1922年4月在维也纳恢复了分析工作，直到1923年2月才离开，弗洛伊德对他的印象和评价都非常高。据弗洛伊德的说法，弗林克是迄今为止他遇到的最能干的美国分析师，是唯一一个有天分成就大事的人。弗林克已经通过他的分析度过了精神病阶段——有那么一段时间他确实在一个男护士的陪同下度过——弗洛伊德认为他已经相当成功了，指望他可以成为美国的首席分析师。不幸的是，回到纽约之后，弗林克对前辈们，尤其是布里尔的态度表现得非常傲慢，总是告诉人们他们多么过时。弗林克的第二次婚姻是一个相当轰动的丑闻，之后大家都期待他们能有一个圆满的结局，然而又一次失败，他的妻子提起离婚诉讼。这一事件，加上前面提到的争吵，势必会引发另一阵轩然大波。1923年11月，弗林克写信给我说，出于健康状况他不得不放弃他在《学报》的工作，也要退出私人执业活动。第二年夏天，弗林克已经成了菲普斯精神病院（Phipps Psychiatric Institue）的一名病人，最终也没有恢复神智。10年后，他在北卡罗来纳的教堂山精神病院离世。

28. 进步与不幸（1921—1925）

弗洛伊德对于他的论文集的英译本感到不耐烦且不满意，他没有意识到，如果要彻底完成这项工作，需要付出巨大的劳动和努力。但最后它们还是出现了。"里维埃女士给我寄来全集的第一卷，令我非常满意和惊喜。我承认我错了。我低估了自己的寿命和你的能力。你信中介绍的之后几卷我觉得前景很不错。"当论文集的第一卷终于到了弗洛伊德手中时，他写道："看，你已经完成了你的目标，确保了英国有了精神分析文献的一席之地，我为这样一个结果向你祝贺，我本来几乎放弃希望了。"

年底，海伦·多伊奇（Helene Deutsch）提议成立一个跟柏林那个训练中心一样的机构。由海伦·多伊奇担任主任，伯恩菲尔德（Bernfeld）是副主任，安娜·弗洛伊德担任秘书。

到了年底，弗洛伊德又接受了几次预防性的放射线治疗，目前还没有看到癌症复发的迹象。

除去序言一类的东西，1924 年弗洛伊德发表了五篇论文。其中两篇是《神经症和精神病》（Neurosis and Psychosis）、《神经症和精神病中的现实感丧失》（The Loss of Reality in Neurosis and Psychosis），所提到的观点在《自我与本我》当中都有扩展。

还有一篇非常重要的论文——《受虐狂的经济问题》（The Economic Problem of Mascochism），于 4 月份发表。写作的动机是出于若干令人困惑的问题，都是《超越唯乐原则》的延伸。

1923 年的 10 月和 11 月，弗洛伊德尚未从大手术中完全康复，就应《大英百科全书》（Encyclopaedia Britannica）的美国出版商之邀，撰写了一部分自传性质的简短的精神分析报告。1924 年夏天，新的卷本问世了，题为"峥嵘岁月——20 世纪是创造出来的世纪，正如它的许多创造者们所言"（These Eventful Years. The Twentieth Century in the Making, as Told by Many of its Makers），这篇文章作为其中的 73 章，有一个相当切合的题目："精神分析：探索隐藏着的思想凹槽"（Psycho-analysis: Exploring the Hidden Recesses of the Mind）。4 年后，在弗洛伊德的著作全集中它的标题是"精神分析概述"（Kurzer Abriss der Psychoanalyse）。

1925 年 2 月，弗洛伊德说，过去的 4 个月里他没有任何新思路，这是他印象里没有想法的最长周期。然而这种状况并没有持续很久。

亚伯拉罕和妻子计划于复活节前往维也纳看望他，弗洛伊德急切地盼望着和他们见面。但是皮希勒刚好正在重组他的假体,也就剥夺了弗洛伊德讲话的权利,并且使他很痛苦。所以,弗洛伊德不得不怀着巨大的遗憾推迟了与亚伯拉罕见面的时间,希望能在来年夏天见到他。这是他们最后一次见面的机会了,因为到了夏天,亚伯拉罕出现了疾病的征兆,后来被证实是致命的;他在那一年的12月逝世。

5月,我向弗洛伊德汇报了如下的消息:贝尔弗勋爵(Lord Balfour)在耶路撒冷讲话时[1],用一种友好的方式提到了他认为对现代思想影响力最大的三个人,全都是犹太人:柏格森、爱因斯坦和弗洛伊德。在我出席的英国-奥地利社团近期举行的晚宴上,当晚的嘉宾霍尔丹勋爵(Lord Haldane)在讲话中谈起了几个世纪以来维也纳为文化做出的贡献。他列举出的4个名字分别是莫扎特、贝多芬、马赫和弗洛伊德。弗洛伊德刚刚重印了他的《自传》,送了两本给我,让我转交给刚刚提到的两位绅士;贝尔弗正式接受了,但是霍尔丹拒绝了。

弗洛伊德前往塞默灵,租了6月30日那里的别墅。那天他刚刚做完牙龈毛细血管扩张症[2]的电灼手术。在那之前半个月,他接受了局部麻醉下的创口刮除手术。在那之前,有四颗牙齿的牙髓必须先杀死,并用填充物堵住。6月份在离开维也纳一周后,弗洛伊德又得回来进行乳头状瘤及其周围粘膜灼烧手术。所有这些繁琐的小手术,都是为了改进假体而进行的持续斗争中的小插曲,所以人们可以理解弗洛伊德必须保证自己在医生能随时找到的范围内活动。

6月20日,约瑟夫·布罗伊尔离世,享年84岁。弗洛伊德给他的家人送去了温暖的慰问,并为《文摘》撰写了讣告。

纽约方面传来好消息,布里尔重新出任协会的主席。协会建立之初的两年布里尔担任主席,但之后的两年,他将主席职位转让给了弗林克,自那时起协会实际上就没有真正的领导了。布里尔重新出任,并在接下来关键的11年里都稳居要职,其中6年里他还同时担任美国精神分析协会主席。退休时,他已经成功地规范了两个协会及其与国际协会之间的关系。在布里尔40年的积极生活中,他对精神分析的真理怀着坚定不移的信念,他对付对手的方式友好而毫不妥协。他总是乐于帮助年轻的分析师,在美国,布里尔为精神分析事业的付出比其他任何人都多。在我们谈到的这段时期,精神分析争取美国社会承认的斗争是十分严峻

---

[1] 希伯来大学(Hebrew University)开幕式上的演讲。
[2] 一个瘤样扩张的毛细血管。

的，要赢得新的拥护者并非易事。例如在 1925 年，全美纽约以西的地方只有一位分析师——芝加哥的莱昂内尔·布利茨坦（Lionel Blitzsten）。

圣灵降临节期间，亚伯拉罕在荷兰做讲座，回来时出现了支气管咳嗽的症状。我们当时听到的故事是，他无意中吞下一根藏在支气管里的鱼刺，之后伤口一直没有愈合，人们认为这引发了慢性支气管扩张症。亚伯拉罕在 7 月份第一次去文根（Wengen），然后去锡尔斯玛利亚（Sils Maria）休养，收效甚微。洪堡大会是由亚伯拉罕主持的，但他是个病人，为了控制慢性咳嗽而使用了吗啡，吗啡的影响很明显。回到柏林后，他去弗洛伊德的老朋友弗里斯那里看喉咙。他说他很惊奇地发现，自己的神经疾病与弗里斯的数值计算理论之间是密切相关的。由于亚伯拉罕一直对弗里斯的想法很是怀疑，人们可能会将他的这种转变归因于他的迷惘，因为其他人都无法对他的病情做出合理的诊断。

9 月 2 日至 5 日的洪堡大会取得了成功，但学术水平不如上一届那么高。这次有许多美国分析师出席，他们在关于外行执业这个争执不休的问题上，与欧洲的分析师们明显产生了严重分歧。我建议艾丁格为大会成立一个特别机构，尽可能地相互沟通各个协会训练精神分析候选人的方式和标准，并为技术问题的讨论提供更多机会。艾丁格对这个提议很热情，并让雷多在商务会谈上就此问题提出建议，这一提议立即得到接受。不幸的是，这一举措带来许多后续的麻烦，下一任主席艾丁格，同时也是该委员会的主席认为，委员会有权向各处推广一套统一的执行标准和规则，这种想法或多或少地也得到弗洛伊德和费伦齐的支持，然而我们不少人，尤其是美国分析师们都拒绝接受。

弗洛伊德委托女儿安娜在会上宣读一篇他为大会特别撰写的文章。这意味着他对此次会议的关注，加上文章的内容以及宣读的方式，都让与会人员感到很开心。这篇论文是《性别解剖差异的某些心理后果》（Some Psychological Consequences of the Anatomical Distinction between the Sexes）。

有一段时间，弗洛伊德因左侧的下颌疼痛而无法入睡。有人发现，有一颗连在颌骨里的牙齿严重感染，形成脓肿。11 月 19 日，这颗牙齿被拔掉，连同附近的肉芽和囊肿。这个手术听起来令人不适，但弗洛伊德说手术很简洁。一周后一片死骨片掉了下来。

现在弗洛伊德的名声已经如日中天了，前去维也纳拜访的人需要提前电话预约。在之后的几年里，这成为一个相当大的灾难。弗洛伊德在选择是否接受访问时不是很有辨别能力。这一年的第一个客人是法国著名作家勒诺尔芒（Lenormand），希望能和弗洛伊德讨论一下他的剧本《唐璜》。他给弗洛伊德留下了严肃而可怜的印象，他们都认为那些仅仅简单地将精神分析数据拿去使用的作家应当被谴责，这种做法很危险也不体面。复活节期间有几位分析学家来访：亚历山大、兰道尔（Landauer）和菲斯特。弗洛伊德说，他与丹麦著名散文家勃兰兑斯的谈话非常愉快。大约在同一时期，凯泽林伯爵（Count Keyserling）拜访了弗洛伊德两次，他的第一次来访是1923年，但是他们的谈话似乎变成一次咨询，因为后来弗洛伊德推荐他去找亚伯拉罕帮忙。12月，有两位著名作家来访，分别是埃米尔·路德维希和史蒂芬·茨威格。弗洛伊德说他对前者没有什么特别的印象，但从20年后路德维希写的那本关于弗洛伊德的非凡著作中我们可以判断，这显然是一种报答。

可悲的是，在亚伯拉罕生命的最后几个月里，他与弗洛伊德的关系不比从前任何时期，但毫无疑问这个时期非常短暂。这一切都源于著名电影导演萨缪尔·戈德温（Samuel Goldwyn）关于拍摄电影的请求，他找到弗洛伊德表示愿意出10万美元的报酬，请他合作拍摄一部描述历史上著名爱情故事的电影，开篇是安东尼与克里奥佩特拉。弗洛伊德认为这种利用精神分析和爱情之间关联的投机行为感到很好笑，当然拒绝了这一提议，甚至拒绝见戈德温。汉斯·萨克斯汇报说，弗洛伊德拒绝的电报在纽约造成巨大的轰动，甚至超过他的《梦的解析》当年的轰动效应。6月份，UFA电影公司的代表诺依曼提出，这部电影将拍成一部阐述精神分析机制的影片。这次找到的是亚伯拉罕，后者向弗洛伊德征求意见，亚伯拉罕认为在可靠监督之下制作出来的电影，会比那些由"野生"分析师们协助制作的影片要好些。弗洛伊德拒绝亲自授权，但也没有积极劝阻亚伯拉罕。他的主要反对意见在于，他不相信自己的抽象理论能以一种电影的形式呈现出来。但如果情况不像他以为的那样，而被证明是可行的，他会重新考虑自己要不要授权的问题；如果授权后，他会将所得的报酬都投入出版社。

电影制作完成后，第二年1月份我在柏林观看了它。这一消息引起很大的恐慌，尤其是这样一部电影居然得到国际协会主席授权这个事实。在英国，周期性的谩骂正在持续，英国的报纸充分利用了这个故事。他们说弗洛伊德在专业圈子内未能使自己的理论获得支持，走投无路，只能在一堆电影的花边广告中推广他的思想。这种指责是非常典型的，精神分析受到反对者们无所不用其极的攻击。

8月份，弗洛伊德抱怨电影公司未经他的同意就宣布了这一消息；他们声称这部电影是"与弗洛伊德联合制作的"。它在纽约的宣传文案说："《灵魂的秘密》（Thte Mystery of the Soul）这部电影的每一个脚本，都是由弗洛伊德医生精心策划和审阅的。"另一方面，由于亚伯拉罕病情始终没有好转，萨克斯接手担任电影的负责人，他抱怨当时的出版社主任斯托弗尔（Storfer）到处分发报纸上的一篇他对这部电影的贬损性评论。齐格弗里德·贝恩菲尔德（Siegfried Bernfeld）写作了这部电影的剧本，并同斯托弗尔一道把它卖给了其他公司。他们甚至为此争取亚伯拉罕的合作，但是亚伯拉罕指出了合同中的重要条款，承诺官方不再报道任何其他精神分析电影，至少国际出版社（Internationaler Verlag）三年内不应再做任何类似报道。在激烈的争论中，亚伯拉罕对这两个维也纳人的诚信产生了不良印象。弗洛伊德认为他的看法过于夸张，但亚伯拉罕向他详细陈述了自己的批评意见，并提醒弗洛伊德，他的判断早些时候在荣格和兰克的问题上都已经得到过证实。这也激怒了弗洛伊德，后者说，他没有理由总是对的，但如果事实证明果真如此的话，愿意再一次接受他的观点。在这封信的结尾，弗洛伊德还是表示了希望他早日康复的最热烈的祝愿。

亚伯拉罕对自己的病始终抱有康复的希望，但病情持续下去，医生也无法找出原因。弗洛伊德觉得很不可思议，对结果也越发焦虑。10月，亚伯拉罕说肝区出现疼痛和肿胀，认为这是胆囊的病症，坚持要做手术。手术的日期是根据弗里斯的测算选择的。手术在没有充足照明的情况下进行，这种操作弊大于利。亚伯拉罕向弗洛伊德转达了弗里斯对他的同情，对此弗洛伊德的评价是："这份20年后的同情让我感到很心寒。"听上去，弗里斯的离开带给他的伤害仍未完全褪去。

焦虑还在继续，几周后，弗洛伊德几乎完全放弃了亚伯拉罕康复的希望。根据后来的医学知识，我们一致认为未确诊的病症肯定是肺癌，在6个多月的时间里病情不可避免地加重。12月18日，我收到一封来自萨克斯的电报，非常震惊："亚伯拉罕的情况令人绝望。"一个星期后的圣诞节那天，一切结束了。这一消息传到弗洛伊德那里，当天他撰写了一个简单的讣告，后来由我补充了个人生平成为一篇更完整的讣告。弗洛伊德的那句话是引用贺拉斯的："一位正直而无污点之人（Integer vitae, scelerisque purus.）。"他给我写信说："我特别反感在死亡发生时那些夸张的言行，我一直小心翼翼地避开它们。但这句引用我觉得非常真实。"许多年前的1898年，当弗莱施－马克索的纪念碑揭开时，弗洛伊德也在场，他

第三部分　最后岁月（1919—1939）

听到布吕克的接班人埃克斯纳教授对他死去的朋友说了同样的话。弗洛伊德可能不会知道，有谁比他们俩更配得上这句话了。

在同一封信中，他继续写道："在哈尔茨，当我们同在一起，谁会想到第一个离开这无聊生活的人，竟会是他！我们必须继续努力，团结一心，个人损失是无法补救的，但对于工作，每个人都不是无可替代的。我很快就会离开——希望其他人可以再晚些离开——但是，这项工作必须继续下去，与它相比，我们都是一样渺小。"

1925年最有名的作品是弗洛伊德的《自传》，这是他不得不去写的这类文章中最全面的一篇。这部作品也是弗洛伊德学生们最重要的信息来源之一。这本书主要是一系列医学方面的回顾，全面地介绍了弗洛伊德的科学生涯、他的观点，私人生活很少。

另一篇也是同一年受邀写作的。弗洛伊德同意成为一本杂志编委会成员之一，这是一本日内瓦的杂志，名为《犹太新闻》(Revue Juive)。杂志的主编阿尔伯特·科恩（Albert Cohen）通过表示弗洛伊德和爱因斯坦是在世的最杰出的两位犹太人来奉承弗洛伊德，迫使他写文章。这篇文章叫《对精神分析的抵抗》(The Resistances to Psycho-Analysis)，于1925年3月发表。这篇文章探索了人们对新事物矛盾的态度，包括对它的恐惧和渴望。弗洛伊德把对精神分析的反对归因于一种情感动机，主要是基于对性欲的抑制。因为文明取决于我们对原始本能的压抑程度，而精神分析的启示似乎可能会破坏这种压抑。最后弗洛伊德表示，针对他本人的那种反犹太偏见也是一个间接原因，因为这种令人不快的反对总是十分明显的。

1925年1月份的《文摘》杂志上刊登了一篇奇怪的小短文，《神秘书写板》(A Note upon the 'Mystic Writing-Pad')。另外两篇于1925年发表的临床论文分别为《否定》(Negation)和《生理性别差异的某些心理后果》(Some Psychological Consequences of the Anatomical Distinction between the Sexes)。

29. 名誉与痛苦（1926—1933）

除了无法弥补的损失之外，亚伯拉罕的离世也带来了许多重要的遗留问题。首先是由谁来取代他在委员会中的空缺位置。我提议詹姆斯·格罗夫（James Glover）、凡·奥夫森（van Ophuijsen）、雷多和乔安·里维埃，但最后决定继续保留原来的阵容。其次，现在有两个主席职位空缺出来，费伦齐提出需要有人担任下届国际协会主席。当我们把消息告诉弗洛伊德时，他觉得可能需要考虑一下艾丁格，作为秘书他应当在适当时间成为亚伯拉罕的继任者。我们不知道艾丁格是否愿意接任一个任务如此繁重的位置，而且这将影响到艾丁格每年不同时间出国度假的习惯。然而，他不仅表示愿意接受这个职位，而且从那时起他也培养起了高度的责任感，这对于许多人来说都是一个惊喜。另一方面，艾丁格坚决拒绝接替亚伯拉罕担任德国协会的主席，经过讨论后我们选择了西美尔（Simmel），他也完全没有辜负大家的期望。安娜·弗洛伊德接替艾丁格担任国际协会秘书。

自从做了大手术，弗洛伊德就不再出席维也纳社团的一切活动了，但他强调将会出席1月6日举行的纪念会。《文摘》杂志的下一期将会庆祝弗洛伊德70岁生日，但弗洛伊德告诉杂志的主要编辑雷多把这件事推迟一下，即将出刊的这一期用来追悼亚伯拉罕，雷多本打算在年底再这样做。"没有履行追悼的义务时，人们不能庆祝任何节日。"

2月17日和19日，弗洛伊德在大街上遭遇两次轻度心绞痛发作；疼痛没有伴随着焦虑或呼吸困难。第二次发病时，他发现距离自己的朋友、著名医生路德维希·布劳恩（Ludwig Braun）的家只有几步之遥，于是设法来到他家。布劳恩诊断为心肌炎，并建议他在疗养院接受为期两周的治疗。弗洛伊德顶住了劝告，一度对自己的处境持乐观态度，认为这无疑是他对烟草的不接受。他一直吸不含尼古丁的雪茄烟，即便如此还是导致一定程度的心脏疾病；他认为这是一个不祥的信号，意味着他并没有竭尽全力地戒烟。费伦齐确信这种情况是心理上的问题，并建议他到维也纳来为他做几个月的分析。弗洛伊德被感动了，感谢了他，

第三部分 最后岁月（1919—1939）

补充说："其中可能有心理根源，能否通过精神分析来控制，这也非常值得怀疑；一个人到了 70 岁，就没有权利进行任何一种休息了吗？"

有一段时间，弗洛伊德满足于过着平静的生活，每天只接收三个病人。但在布劳恩的坚持以及布达佩斯的拉约什·莱维（Lajos Levy）医生的劝说下，弗洛伊德于 3 月 5 日搬到郊外疗养院，在那里继续治疗他的三位病人。弗洛伊德的女儿安娜睡在隔壁房间，一天中的半天由她来护理弗洛伊德；他的妻子和妻妹负责另外半天的护理。弗洛伊德于 4 月 2 日回家。

现在弗洛伊德更严肃地看待自己的病情了，他给艾丁格写了一封内容如下的信：

> 没错，我确定会在 5 月初接待委员会的朋友们，你，费伦齐，琼斯和萨克斯。我打算放弃 5 月 6 日到 10 日之间的工作，以便把自己全部奉献给我们的几位客人。促成这个决定的一个想法是，这可能是我和朋友们的最后一次会面。我不反抗命运，不做任何顺从，只是作为对事实的一种平静的接受，尽管我知道，要说服其他人也去接受这种前景是很困难的。一个人如果不是像我们的亚伯拉罕那样乐观，那么就会被当作悲观主义者或疑病症患者。没人愿意相信，我会仅仅因为它是可能性最大的，而去期待着一些不好的事情。
>
> 很肯定的是，我心肌方面的一些情况不能仅仅通过戒烟来处理。医生们说什么只发现了一些很轻微的问题，而且很快就会有很大改善等等的话，只是一些职业性的含糊其辞。我不能扫兴，我要举止得体，不能违背习惯。我在这里感觉不太好，即便这儿是里维埃拉（Riviera），我也早就应该回家了。
>
> ……我身体上的各种问题都使我想知道，我还能继续我的专业工作多久，特别是自从放弃吸烟这一美好的习惯之后，我的学术兴趣也随之减弱了，这一切在不久的将来都会是一种威胁。我唯一的恐惧就是，我长期的病弱会让我丧失工作的可能性；更明确地说，无法赚钱。而这恰恰是最有可能发生的事情。如果不源源不断地赚钱，我没有足够的钱支撑下去，无法应付我不断的开销。这才是最后的问题，一些严肃的私人层面的考虑，你会明白在这个节骨眼上——语言和听力能力障碍以及智力受损的威胁——我不会因此一蹶不振，因为心脏方面的问题给了我一个可以期待的出口，我不会等太久，

也不会太痛苦……我当然知道，这类事情的诊断有不确定的两面性，它可能只是一个短暂的警告，黏膜炎会好转，等等。但是对于一个70岁上下的人来说，为什么每一桩事都是好消息呢？此外，我对残余事物始终非常不满；我甚至无法忍受雪茄烟盒里只有几支烟。

我为什么要告诉你这些？可能是为了避免在你来的时候当面这样做。除此之外，为了争取你的帮助，在即将到来的节日庆典上尽可能地帮我减轻一下负担……不要错误地认为我很沮丧。我认为在一切情况下保持明确判断都是一种胜利，不像可怜的亚伯拉罕那样，被自己的乐观所欺骗。我也知道，如果不是因为有可能无法工作了，我还认为自己是个值得羡慕的人。长这么大，在家人和朋友中收获了许多温暖和爱，在这样一个冒险的事业上，如果还没有真正成功的话，至少也有很大的可能性，还有什么人有这么多收获？

弗洛伊德返回维也纳之后仍然重病在身，他通常在早上上班前开车去绿油油的郊外。这让他有机会发现，早春时节维也纳的丁香花是多么美丽！"太遗憾了，我直到日薄西山之年才发现如此美好的事物。"

年初，70岁生日庆典就已经开始困扰着弗洛伊德了。以前的生日庆祝活动已经够糟糕了，这次无疑会更糟。有时候他考虑把自己关在疗养院一周，以躲避这次活动，但结论是这种做法太懦弱了，而且对于那些真心为他好的人过于刻薄。

几天来，问候和贺电从世界各地传来。庆贺中弗洛伊德最喜欢的几封来自格奥尔格·勃兰兑斯（Georg Brandes）、爱因斯坦、伊薇特·吉尔伯特（Yvette Guilbert）、罗曼·罗兰和耶路撒冷的希伯来大学——弗洛伊德是这所学校的负责人之一。弗洛伊德收到了布罗伊尔遗孀的贺信，非常感动。维也纳所有报纸，还有德国的许多报纸都为此刊登了特别文章。写得最好的两篇分别来自布鲁勒（Bleuler）和斯蒂芬·茨威格。

然而，维也纳的官方学术界，包括大学、学院、医学协会等都完全忽视了这件事。弗洛伊德觉得他们的这种反应只是出于诚实。"我不该再把任何来自他们的祝福视为真诚的。"

弗洛伊德所在的犹太国际服务组织在自己的期刊上发表了一期特别纪念号，其中有许多友好的文章。"总的来说这些文章都非常无害。我将自己视为宗教最危险的敌人之一，但他们似乎从不怀疑这一点。"谈起弗洛伊德避开节日的会面，弗洛伊德说："那会让人既尴尬又无聊。当有人侮辱我时，我可以保护自己，但面对赞美我是手无寸铁的……犹太人总是把我当作民族英雄，但我对犹太事业的贡献只有一点，就是我没有否认我是个犹太人。"

5月6日当天，大约有8到10位学生聚集在弗洛伊德的客厅里，向他赠送了一笔30000马克（4200美元）的奖金。他将其中五分之四捐献给了出版社和维也纳的诊所。在致谢中弗洛伊德向我们做了告别演说。他说，现在我们必须接受，他已经从精神分析运动中退休了，在未来我们必须依靠自己。他呼吁我们向后代证明，他曾有过多么出色的朋友。然而，演讲中最有力的部分是他呼吁我们不要低估了对手的能力，不要被眼前看似成功的局面迷惑，真正的敌对力量还没有被克服。

第二天，弗洛伊德与全体委员会成员举行了最后一次会议。这次会议持续了7个半小时，尽管不是连续的，但他也没有表现出疲劳的迹象。

当年《文摘》杂志的第三期是一个纪念刊号，其中有一篇是一幅蚀刻版画的复印品，这是维也纳著名艺术家施穆策特意制作的。得知费伦齐被委托写一篇介绍性的祝词，弗洛伊德给他写信道："在你50岁生日时我给你写过一篇这样的文章，但假如我被要求写了三篇，到最后我可能已经对你充满敌意了。我不希望这种情况发生在你身上，所以考虑一下你自己所需的精神净土吧。"

6月17日，弗洛伊德开始住在塞默灵的舒勒别墅，一直待到9月底。在那里他经常去看维也纳的医生，努力让他那可怕的假体变得更舒服一些。那年夏天是非常痛苦的，几个月后弗洛伊德的心脏状况才出现好转。假期的最后一两个月情况好了一些，这几个月中弗洛伊德每天接待两位患者。

费伦齐于8月22日来看望弗洛伊德，打算在9月22日前往美国之前在这里呆上一周。在前往瑟堡（Cherbourg）乘船时，他在巴黎的一个旅游局偶遇了兰克；两年前还是助手的二人再度相遇一定非常奇特。费伦齐在塞默灵的这一周非常快乐，这也是弗洛伊德最后一次在费伦齐的陪伴下度过的真正快乐的时光。因为此刻，我们正处于他们二人关系中一个悲伤故事的开头处。费伦齐有一段时间在布达佩斯感到孤独不满，春天他想搬到维也纳去，但他妻子不支持。4月份他收到来自纽约的社会研究新学院的讲座邀请，让他秋天前往美国。在弗洛伊德批准之后，费伦齐接受了邀请。1926年10月5日，在布里尔的主持下，费伦齐开始了一系列讲座中的第一场。基于一些直观的预感，可能是基于荣格和兰克类似访问带来的不幸后果，我建议费伦齐拒绝这次邀请，但他没有接受，并计划在纽约呆上6个月，在那边尽可能多地展开分析。结果证明了我的不祥预感是正确的。

从长假中返回之后，弗洛伊德决定把病人的数量从过去的6位减少5位，但自从他把费用从20美元提高到25美元后，他在工作中的收入并没有减少。弗洛伊德安排的另一个变化是，他仍然感觉自己无法主持维也纳协会的会议，于是允许少量几个挑选出来的成员，于每个月第二个周五晚上前往他的家中进行科学研讨。

10月25日，弗洛伊德应邀拜访了在维也纳的拉宾德拉纳特·泰戈尔。泰戈尔似乎没有给弗洛伊德留下特殊的印象，因为不久后另一个印度人、加尔各答的哲学教授古普塔（Gupta）来访，弗洛伊德表示："我对印度人的兴趣目前已经完全得到了满足。"

我已经描述了弗洛伊德与委员会各个成员之间的私人关系及其各阶段，这对他来说意义重大，因此在同一个问题上我也不能忽视掉自己。从1922年起的10年里，我们的关系不像从前和之后那么风平浪静。问题始于兰克，引起弗洛伊德对我的偏见，另外由于我和亚伯拉罕揭破了弗洛伊德对兰克及其观点的幻想，很长一段时间里他都没有消除对我们的气恼。接着，费伦齐扮演了一个十分相似的角色。从这时候起，他不停地向弗洛伊德表达对我的敌意，那时候我什么都不知道，甚至在我最近读到他的信件之前也没有任何察觉；和兰克一样，这也是后来他对弗洛伊德表现出敌意的前兆。还有在一些其他问题上，我不得不跟弗洛伊德持有相反看法：关于心灵感应（telegraphy）这个话题，关于对待业外分析师的正确态度问题，以及我对梅兰妮·克莱茵工作的支持。

弗洛伊德和他的妻子在圣诞节期间来到柏林，1月2日返回维也纳。这是他三年多以前手术后的第一次旅行，也是他最后一次为了消遣而前往柏林。此次目的是去看望在那里的两个儿子，其中一个即将离开柏林，去巴勒斯坦工作，还有4个孙子也在那边：这4个孩子当中，弗洛伊德之前只见过一个，还是在后者1岁的时候。

弗洛伊德第一次接触了阿尔伯特·爱因斯坦。当时他和儿子恩斯特在一起，爱因斯坦及其妻子拜访了他。他们在一起聊了两个小时，后来弗洛伊德写道："他很开朗、自信而且令人愉快。他对心理学的了解，和我对物理学的了解一样多，所以我们谈得很愉快。"

《禁忌，症状和焦虑》（Inhibitions, Symptoms and Anxiety）（在美国发表时题目为《焦虑问题》（The Problem of Anxiety）于1926年2月发表。弗洛伊德的评价是："它包含了一些新东西和重要东西，收回和纠正了先前的许多结论，但总的来说不太好。"

这项研究无疑是弗洛伊德在战后这些年里最有价值的临床贡献。它本质上是一个关于焦虑的各种问题的综合研究。这是一本相当有说服力的书，显然是为自己写的，试图理清自己的想法而不是去阐述它们。正如我们所看到的，弗洛伊德对结果并不满意，但他指出了许多从前遭忽视的问题的复杂性，激励了许多严肃的工作者。有些问题甚至到现在还没有解决。

这本书有丰富的启发性观点和一些初步的结论，在这里我们只能选取一些最引人注目的议题。弗洛伊德回到他最早的一个概念，即"防御"（defense），二十多年来这个词被"压抑"（repression）所取代，现在弗洛伊德把后者看作自我使用的几种防御手段之一。他把歇斯底里症中压抑所扮演的核心作用，与强迫性神经症中更具特色的防御机制如"反应形成"（reaction-formation）、"隔离"（isolation）以及"毁灭"（undoing）（一种复原）进行了对比。

弗洛伊德承认他曾错误地认为，病态的焦虑仅仅是力比多的变形。早在1910年，我就批评过他的这种非生物学的观点，并表示研究焦虑必须从自我着手，然而弗洛伊德不听，直到16年后再次触及这一问题时，他才以自己的方式改变了观点。

弗洛伊德接着探讨了焦虑的危险性本质问题。"真正的焦虑"与病态焦虑不同，前者的危险性显而易见，但后者是未知的。在病态的焦虑中，危险可能源于对本我的冲动的恐惧，来自超我的猥亵，或者来自对外部惩罚的恐惧。对于男性来说主要是一种对于阉割的终极恐惧，对于女性来说更典型地表现为害怕没有人爱她。然而，弗洛伊德通过区分模糊的危险感和最终灾难本身——他称之为创伤——来更为深入地研究了这个问题。后者是一种无助的状态，主体在不借助于帮助的情况下无法掌控一些过度兴奋的状态。分娩本身是这种情况的一个原型，但弗洛伊德不同意，认为焦虑的后续发作只是分娩的一种重复以及发泄它的不断努力。在创伤情况下，所有的保护措施都被破坏了，呈现一种恐慌的无奈状态，这种结果弗洛伊德认为不恰当也无法避免。然而，大多数临床的焦虑可能被称为一种权宜之计，因为它们本质上是一种接近危险的信号，在很大程度上可以通过各种方式加以避免。其中包括压抑行为本身，弗洛伊德现在将其视作受到焦虑驱动的行为，而不是——像他先前认为的那样——是焦虑的原因所在。

神经质症状与焦虑之间的确切关系是另一大难题。总的来说，弗洛伊德将其视为排除焦虑的部分手段，为恐惧冲动提供替代性的出口。但最模糊的问题是，在原始无意识状态下，最初的危险状态是如何保持完整强度的？例如，在成年生活中可能会出现对于婴儿阉割恐惧的强烈反应，仿佛这是一种迫在眉睫的意外。这些加强了神经症之谜。毫无疑问，数量的因素是决定性的，但弗洛伊德指出另外三个对其产生重大影响的因素。第一个或生物学的一个，是与其他动物相比，人类婴儿显著且漫长的不成熟期；这一特点加强了对母亲帮助的依赖，母亲的缺席往往会引发焦虑预警。第二，历史的或进化角度上的，弗洛伊德从人类性欲发展两个阶段的奇特回归中推断出的因素，这两个阶段被潜伏期分离开来。第三点，心理因素，与人类心理的特殊组织形态有关，它分化为本我和自我。因为外部危险（阉割），自我不得不去应对特定的本能冲动，把它们当作危险的前兆，但是自我只能通过各种变形（deformities）的代价来对付它们，通过限制自己的组织形式，以及作为冲动的部分替代默许神经质症状的形成。

6月，弗洛伊德开始写另一本书——《业外分析师的问题》（*The Question of Lay Analysis*）。写这本书的契机是，有人以行骗为名对西奥多·赖克提起诉讼，最后以败诉告终。弗洛伊德称这本书很"苦涩"，因为撰写它的时候，他的心情很不好。

1927年的主要事件是费伦齐个性的变化，这是他与弗洛伊德关系疏远的第一个迹象；美国与荷兰分析师在因斯布鲁克大会上争吵；弗洛伊德与我之间在业外分析师和儿童分析的问题上的分歧。

弗洛伊德与斯蒂芬·茨威格相识多年，并保持通信，这一年春天他与阿诺德·茨威格展开了更全面的书信往来。这二位茨威格很不同，甚至彼此之间也没有什么亲戚关系。斯蒂芬·茨威格出身富裕，混迹于维也纳最有教养的圈子和艺术界。他的生活悠闲自在，是一位富有才华的作家，创作了许多引人入胜的作品，尤其是历史传记，展现出可观的心理学洞见。但他没有留给读者太多想象的空间，他的小说处处都在指导读者们应当产生什么样的心理感受。与之相对，阿诺德·茨威格过着艰苦的生活，身体状况也不佳。他的普鲁士气质更浓重，也更透彻深刻。弗洛伊德对两个人的态度，从称呼方式上就可以明确看出。他称斯蒂芬为亲爱的博士先生（Lieber Herr Doktor），称阿诺德为亲爱的阿诺德先生（Lieber Meister Arnold）。弗洛伊德很熟悉阿诺德·茨威格早期的作品，但真正将二人带到一起的是他的著名战争小说《格里沙中士案件》（Sergeant Grischa）。

费伦齐没有提前与纽约的分析学家们沟通过他要来的事，所以他的突然到访令纽约的同事们略感生气，但他们还是友好地接待了他，并邀请他在1926年12月26日的美国精神分析协会动机会议上讲话。布里尔对他尊敬的老朋友非常亲切，并且主持了费伦齐在社会研究新学院的开场演讲。顺便说一句，当时兰克正在社会研究旧学院（Old School of Social Research）同时举办讲座。这段时间，美国学界的重视和热情大大促进了费伦齐的能量爆发。费伦齐着手为8到9位分析师进行培训，大部分是业外人士。这些培训必然很简短，但总数足以形成一支特殊的业外分析师队伍，费伦齐希望国际协会可以将其作为一个独立团体予以接受。这些活动使费伦齐与纽约分析学家们发生了冲突，1927年1月25日，他们通过一项决议强烈谴责非医疗背景人员进行精神分析治疗的做法。随着时间的推移，费伦齐与纽约分析师之间的关系越来越紧张了，直到最后他几乎完全被他的同事排挤出去。6月2日，费伦齐在离开美国前往欧洲的前夕举行了告别宴会，但即使是友善的布里尔也拒绝出席，奥本多夫（Oberndorf）也同样没有到场。

费伦齐首先前往英国，在那里，他在英国心理学和精神分析协会发表演说。我们热情地接待了他，在他最近的纽约之行过后，这必定是一个可喜的变化。我为他举办了一场游园会和几次宴会，并在我的乡间的家中共度了几天。所以我对这次见面的印象是，我们之间的友谊并没有受到影响。他问我是否曾在意大利与布里尔见过面，我说没有。之后他写信给弗洛伊德说，他确信我在撒谎，我和布里尔一定在意大利见过面，对业外分析师的问题显然进行过一番密谋。

费伦齐离开伦敦前往巴登巴登看望格罗德克（Grodeck），然后去柏林看望艾丁格，之后又回到巴登巴登，直到9月份的因斯布鲁克大会后，才去拜访弗洛伊德。因为费伦齐来得太晚，弗洛伊德被激怒了。他认为这预示着费伦齐有一些解放自我的倾向。他发现自从访问美国后，费伦齐明显变得有所保留了。这是他从弗洛伊德这里逐渐疏离出去的第一个迹象。那时，弗洛伊德不知道这一天会有多远，然而出于某种原因，他们认为有必要向彼此确保这份多年来的友谊将会天长地久地走下去。

这一年，弗洛伊德在行政方面的主要精力都放在业外分析师的问题上。在弗洛伊德生命的最后阶段，业外分析师的问题可能是出版社之外，在精神分析运动中最能吸引弗洛伊德兴趣和情感投入的一件事了。这关系到精神分析运动中的一个两难困境，目前还没有找到合适的解决方法。

弱化精神分析起源于精神病理学领域这一事实，弗洛伊德认识到他所做出的发现及其理论基础，在精神病理学领域之外还有一个非常普遍而广泛的基础。只要它意味着对人类本性、对人类动机和情感更为充分的了解，那么对人类心理的各个领域来说，精神分析就不可避免地是有价值的，有时甚至是至关重要的。而且进一步的研究将会增加这种贡献的价值，在一定程度上不容易受到限制。仅提及其中的几个方面——人类学、神话学和民俗学研究；人类的历史演变以及遵循的各种不同路线；儿童的教养和教育；艺术贡献的意义；社会学的广阔领域，对诸如法律、婚姻、宗教甚至政府等各种各样社会机构有更敏锐的评估。如果精神分析学最终只被局限在精神治疗教科书中，与催眠治疗、电击疗法等章节并列出现的话，所有这些无止境的潜能都会丢失。如果精神分析被认为只是医学实践的一个分支，那么一切也会发生。

弗洛伊德进一步认识到，尽管实践分析师在这些不同领域里可以提出有效的建议和看法，但真正有长久价值的必须是由那些经过恰当训练、掌握精神分析学知识的专业人士做出的。这种训练的重要部分，是对那些渴望服从于精神分析的人展开实际的分析。所以举个例子，一位人类学家希望将精神分析理论应用到他的特殊领域中去，首先应该至少成为一段时间的心理治疗师。人们可能认为这是解决整个问题的一种非常令人满意的方法，但事实上，那些其他领域的学习精神分析的人总是渴望成为终身的分析师，这一决定必然会限制他们将新获得的知识有效地利用在他们先前的领域中。这样一群人被称为业外精神分析学家。

弗洛伊德热烈地欢迎那些从医学界以外各行各业进入治疗领域的人，在他看来，精神分析训练的候选人是否持有医学资格不是什么非常重要的问题。有人征求他的建议时，弗洛伊德敦促这些候选人，不要花费多年学习获得医学资格，而是可以立即着手进行精神分析工作。他想对初学者进行更广泛、更好的初步教育。应当有这样一所特殊的大学。在这里,课程包括解剖学基础、生理学和病理学,生物学、胚胎学与进化,神话学与宗教心理学,文学经典等。

尽管人们可能会被弗洛伊德的远见所吸引,我们还是得考虑一些需要首先处理的因素。首先,弗洛伊德坚定而正确地认为,实际的分析人员不应该完全独立。这些人在那些医学诊断的所有事项中未经受过训练,他们无法决定哪位病人更适合接受治疗。弗洛伊德制订了一个不变的规则,即分析师永远不能充当顾问;第一个检查病人的必须是医生,然后可以将合适的病例提交给分析人员继续分析。显然,这意味着与医学界的合作,并提出了合作的条件以及合作的深度问题。有些国家,如奥地利、法国和美国,法律禁止任何不具备医疗资格的人实施任何治疗措施。还有更多的医疗行业从业人员被法律禁止与非医务人员进行合作。此外,如果大多数分析师都是业外人士的话,人们可能不得不正视一个事实,那就是精神分析越来越脱离医学的可能性,从理论和实践上都是极大的损失。此外,它作为一个合法的科学分支的前景可能也会逐渐消失。

到目前为止,我所知道的非医学人士在战前从事分析工作的包括,维也纳的赫尔曼·休格-赫尔穆特(Hermine Hug-Hellmuth)、苏黎世的奥斯卡·菲斯特(Oscar Pfister)。菲尔·休格-赫尔穆特博士(Dr.Phil.Hug-Hellmuth)进行了教学分析,并为孩子们提供了许多有用的分析性意见。她最著名的成就是设计了儿童分析技巧,战争结束后,梅兰妮·克莱茵将其出色地继承了下来。战后几年,一些非医学分析师开始在维也纳执业。奥托·兰克或许是他们中的第一个,虽然他半是怀着歉意地告诉我,他只分析儿童。当时人们有一种幻觉认为分析儿童比分析成年人容易;因此1929年纽约协会短暂地同意允许业外分析师上岗时,将其执业范围局限于儿童分析。不久伯恩菲尔德(Bernfeld)和赖克就加入了兰克的队伍,1923年,安娜·弗洛伊德也加入了。再后来是艾宏恩(Aichhorn)、克里斯(Kris)、瓦尔德(Walder)和其他人。大约在统一之间,其他几个人开始在伦敦上岗,主要有 J. C. 弗路格尔(J.C.Flugel)、芭芭拉·洛(Barbara Low)、乔安·里维埃(Joan Riviere)、艾拉·沙尔普(Ella Sharpe),不久后詹姆斯(James)和艾利克斯·斯特拉奇(Alix Strachey)也加入了。

在维也纳,大多数接受分析的都是美国人,其中许多人回到美国后,自己也做起精神分析师来,这是美国和欧洲分析家之间长期矛盾的开始。这种分歧持续了许多年,直到最后一次战争后才痊愈。在奥地利情况最危急的时候,连最紧迫

29. 名誉与痛苦（1926—1933）

的生活必需品都很难得到，经济上的因素导致一些医学界或业外分析师的出现。这并不奇怪，对于专业工作标准的普遍放宽也被认为是可行的。例如我记得问过兰克，他怎么能把一个只跟他呆了6周的人当作实习分析师送回美国，他耸耸肩回答道："人总得活着。"还应当记住，当时的"训练"完全是私人的，非官方的，在以后的日子里也没有一套由科研机构设计出来的通行标准。

1925年布里尔为纽约的一家报纸撰写了一篇反对业外分析师的文章，当年秋天，他向纽约精神分析学会宣布，假如维也纳对待美国的态度继续如此，他决定与弗洛伊德断绝关系。

1926年春，西奥多·赖克的一位患者起诉了他，声称赖克的治疗方法有害，并援引奥地利法律提请诈骗诉讼。幸运的是，赖克的这位患者被证明是一个精神失常的人，其所提供的证据也不可靠。加上弗洛伊德具有高度官方效应的个人介入，使得情况对赖克很有利。不过在这件事过后，7月，弗洛伊德匆忙拼凑了一本小册子，题为业外分析师的问题。这是一个对话形式的剧本，谈话双方分别是他和一位仿照刚刚提到的冷漠的官员设计的角色。这本书的大部分内容是面向外行对精神分析做什么进行的一番精辟阐述，也是弗洛伊德说明文中的艺术典范。其次这本书提出了一个无疑是最有说服力的主张，代表了对业外分析师的自由主义态度。他告诉艾丁格，维也纳的报纸正在报道赖克的事件，并补充说："针对业外分析师掀起的反对运动，似乎只是反精神分析的普遍运动的一个衍生品。不幸的是，我们自己的许多成员也是目光短浅，或是被他们的专业兴趣蒙蔽了双眼。"

那年秋天，纽约州议会通过了一项法案，宣布业外分析为非法行为，美国医学会同时警告其成员禁止与任何类似的实践者进行合作，费伦齐表示这是布里尔怂恿的。

预见到这一话题将在1927年9月的因斯布鲁克大会上成为主要论点，我和艾丁格安排了一个初步研讨，以文章的形式发表在协会的官方刊物《国际学报》和《文摘》杂志上。事实上，费伦齐是唯一一个与弗洛伊德一样持极端立场的人。协会主席艾丁格明显是比我还专业的医学人士，他的态度正如弗洛伊德屡次抱怨的那样，对于业外分析师的问题"不冷不热"。费伦齐培养的美国业外团体想要加入国际协会，弗洛伊德认为这是一种实验。然而艾丁格不愿接受他们，所以也没有这样做。

1927年5月，纽约协会通过了一项决议，赤裸裸地谴责业外精神分析行为，在即将到来的公开讨论之前这种做法是相当草率的，无益于讨论会氛围的改善。我给布里尔写信，强烈请求他在 11 个小时内做些什么事来补救已经在欧洲产生的坏影响，但为时已晚。在因斯布鲁克大会上，维也纳和纽约的分析学家们针对双方观点的分歧展开了激烈的辩论，但最终也没有达成决议。弗洛伊德对美国的立场总是非常冷漠，我认为其中一个主要原因是这样的：也许在第一次世界大战之前，世界上没有哪个国家比奥地利更推崇医学界的专业地位了，一个大学讲师或者教授头衔，几乎是任何社会中一切阶层的通行证。弗洛伊德不明白，医学的地位在其他国家可能是完全不同的。他不知道 50 年前美国医生们的艰苦斗争，当时各种非合格从业人员会赢得与专业医生同样多甚至更多的好处。因此，他绝不会承认美国分析学家对业外人士的反对，在相当程度上是美国各种学术职业斗争的一部分，是确保专业知识及其所需的培训能够得到尊重和认可的努力。1928 年春季，弗洛伊德对费伦齐说："精神分析的内部发展处处偏离我的意图，它脱离了分析，成为一个纯粹的医学专业，我认为这对精神分析的未来发展是致命的。"

对业外分析师问题的紧张僵持一直持续到第二次世界大战的到来。"二战"结束后，欧洲大陆的精神分析运动已经所剩无几了，而美国如今成为世界精神分析学家的重镇。他们不仅放弃了先前对国际协会的看法，而且与国际协会达成前所未有的真诚合作。因此，我们的团结得以挽救，但代价是有关业外分析师的地位问题又被推迟了。

20 世纪 30 年代末，美国报纸大肆报道说弗洛伊德已经彻底改变了他在那本关于业外分析师手册里曾明确表达过的观点，现在他的看法是，精神分析实践应该严格限制在所有国家的医务人员中。以下是他于 1938 年对这种谣言调查后的结果："我无法想象那种谣言是怎么出现的，说我已经改变了对业外分析师的看法。事实上，我从来没有否认过这些观点，面对美国把精神分析变成精神病学一个纯粹女仆的倾向，我对它们的要求比从前更加强烈了。"

因斯布鲁克大会过后，我们改变了委员会的结构，把它变成国际协会的一个官方团体，而不再是一个私人团体。眼下我们需要讨论的最迫切的问题就是出版社面临的财政危机。情况非常糟糕，我们进行了严肃的讨论，打算出售股票，期待商业化能带来转机。弗洛伊德不愿放弃他一直非常心爱的一个项目，于是艾丁格挺身而出解决困难。一笔来自格蕾丝·波特小姐（Miss Grace Potter）的 5000

29. 名誉与痛苦（1926—1933）

美元的捐款化解了眼前的危机。

弗洛伊德这一年的健康状况似乎比上一年更糟。3月份，医生建议他接受另一个疗程的心脏治疗。他暂时拒绝了，他对艾丁格说："我想等到真正需要的时候再接受。我觉得为自己的健康而活是难以忍受的。"但是4月，他在小屋疗养院（Cottage Sanatorium）住了一个星期，从那时起他把接待的患者数量从5位减少到3位。

9月，弗洛伊德给我发了一封长信，强烈谴责英国发起的一场反对他的女儿安娜，或者也就是针对他的公开运动，认为我是这场运动的执行者。这次爆发的唯一原因，就是我在学报上发表了一篇讨论儿童精神分析的长篇报告。这是多年以来我们协会感兴趣的话题，协会中包括许多女性分析家，而梅兰妮·克莱茵一年前来到英国，进一步促进了这个话题的讨论。我把整件事情的经过写了一个完整的陈述寄给了弗洛伊德，他回答说："我很高兴你能平静而充分地回答我的信，而没有很生气。"但是，弗洛伊德对梅兰妮·克莱茵的方法和结论持怀疑态度，并可能因此抱有偏见。后来我和他谈了几次关于早期精神分析的问题，但没能取得任何结果，除了最后他承认自己没有这方面的相关经历来指导。

1927年弗洛伊德有三份文献作品。第一篇是对10年前匿名出版的关于米开朗基罗的《摩西》（Moses）那篇文章的补充，写于6月。接着，正如他所说的，他"突然"写了一篇关于恋物癖（fetishism）的小文章，于8月的第一周周末发出。他悲哀地说："可能收不到什么反馈。"这篇文章被寄出的那一天，弗洛伊德宣布他正在写一篇关于"幽默"的论文。他对这一话题的兴趣始于那本二十多年前写的书——《笑话及其与无意识的关系》（der Witz und seine Beziehung zum Unbewussten），直到现在它仍然是一个尚未解决的问题。他写这篇论文只花费了5天时间。安娜·弗洛伊德在9月份的因斯布鲁克大会上宣读了这篇文章。

那一年弗洛伊德出版了一本书，题为《幻想的未来》（The Future of an Illusion）。它引发了很多激烈的争论，如今仍在持续。在给费伦齐的信中，他对这本书贬损了一番："在我看来，它很幼稚；从根本上说，我不这么认为。我认为这是一种自我坦白和分析的不足。"这句话会让很多人感到头疼；显然是一种开放性的解释。当时英国出现了大量宗教纷争，始于伯明翰大主教关于信仰的人类学起源的变形论论述，因此弗洛伊德非常希望我们尽快推出这本书的译文。

1928年初，格扎·罗海姆（Geza Roheim）在玛丽·波拿巴的慷慨帮助下可

第三部分 最后岁月（1919—1939）

以前往太平洋和澳大利亚探险的消息令人非常激动。弗洛伊德对这件事的评价如下："罗海姆燃烧着前去'分析'他原始本性的渴望。我认为更为紧迫的是对儿童性自由和潜伏期的观察，还有俄底浦斯情结的一切迹象，还有原始女性中的一切男性情结迹象。但我们一直认为，这项计划最后会追随那些显现自身的东西。"

罗海姆计划此次回航后在柏林定居，他也确实这样做了。费伦齐抱怨说很多匈牙利人都这么做，他也很想效仿他们；关于他移居柏林的处境问题，费伦齐向弗洛伊德咨询了意见，但弗洛伊德建议他尽可能留在自己的岗位上，直面霍尔蒂（Horthy）的反犹主义政权。

2月，我问弗洛伊德是否知道，经过不懈的努力有希望帮助他赢得诺贝尔奖，他回答说："不，我不知道什么努力可以确保我获得诺贝尔奖，我一点也不欣赏它。谁会愚蠢到插手这件事？"

本月，弗洛伊德一只眼睛患上了严重的结膜炎，持续了6周，使阅读变得极其困难，但到了3月底，他在马克·布鲁恩斯维克（Mark Brunswick）和露丝·马可（Ruth Mack）的婚礼上担任证婚人。这是他除了自己的婚礼之外，参加的第三个婚礼。

那时，艾丁格给他寄了一本朋友兼偶像、俄国哲学家舍斯托夫（Chestov）的小书。弗洛伊德说他读一篇就都弄懂了，但是没能发现作者的态度。"你可能无法想象这些哲学迂回在我看来是多么陌生。它们所能给我的唯一满足感，就是我没有从事这种浪费脑力的可悲活动。哲学家们无疑相信，在这些研究中，他们对人类思想的发展做出了贡献，但其背后永远隐藏着一个心理学甚至是心理问题的动机。"

那年弗洛伊德迎来了平静的72岁生日，与他的愿望一致，永远忠诚的艾丁格是我们当中唯一一个前去庆生的人。

6月16日，弗洛伊德离开维也纳开始他的暑期度假，这一次陪伴他的是他的第一条狗，这是弗洛伊德家里的好朋友多萝西·伯林厄姆（Dorothy Burlingham）送给他的。和他那一代的大多数犹太人一样，弗洛伊德很少与动物接触，但几年前一条阿尔萨斯犬沃尔夫（Wolf），获准陪伴他的女儿安娜在塞默灵森林散步。弗洛伊德对于观察狗的行为方式非常感兴趣，从这时起他越来越喜欢狗了。他的第一条中国犬名字叫论语（Lun Yu），不幸只活了15个月。第二年的8月份，伊娃·罗森菲尔德护送她从贝希特斯加登到维也纳时，这条狗在萨尔茨堡的车站跑掉了,三天后尸体在街头被发现,被车轮碾过。弗洛伊德说这种失去孩子的痛苦他们也都曾经历过,虽然没有那么强烈,但在性质上是类似的。但不久后,就被另一条狗乔飞(Jo-fi)取代了,它是弗洛伊德七年来的忠实伴侣。

那年春天弗洛伊德经历了一段非常痛苦的时期,到3月份,他说他的疲劳感已经达到了一个不同寻常的程度。嘴里的不适和疼痛几乎已经无法忍受,尽管皮希勒仍在不断努力帮他缓解痛苦,但弗洛伊德失去了希望。他要是能够负担得起的话,就放弃工作。弗洛伊德的儿子恩斯特用了一年时间来恳求他前往柏林,去拜访著名的外科口腔医生施罗德教授(Schroeder),但弗洛伊德不愿离开自己原来的医生,一直推迟着这一计划,直到皮希勒自己承认已经走投无路了,弗洛伊德才前往柏林。经过共同的协商和安排,6月24日弗洛伊德与施罗德见面了。讨论的结果认为前景非常光明,弗洛伊德同意只要施罗德有空他就在柏林呆上一段时间。他要求我们尽可能把这个消息压下来,不希望任何人揣测这一举动代表着他对维也纳医生有什么看法。散布出去的消息说的是他去柏林看望他的孩子和孙子们。8月30日他同安娜一起离开,第一次住进了泰格尔疗养院(Tegel sanatorium),玛丽·波拿巴和费伦齐当月前去拜访了他,但弗洛伊德的情况很糟糕,几乎聊不下去,而且为事业未来的不确定性感到不安。然而,11月初回到维也纳时,新的假体虽然不完美,却证明确实比先前的假体有了明显的进步,它使生活变得可以忍受了。现在的生活要比先前好上百分之七十。

在接下来的两年半时间里,弗洛伊德的外科医生是约瑟夫·魏曼博士(Joseph Weinmann),后者于1929年在柏林与施罗德共事过一段时间,所以很熟悉弗洛伊德病情的细节。魏曼提出使用妥卡因(orthoform)进行治疗,这是奴佛卡因(novocain)中的一种,因此其发现也受益于弗洛伊德早年的可卡因研究。这项药物的使用后来成为几年内弗洛伊德的一大福音,但不幸的是,它后来造成的刺激导致局部过度角化,一种癌前状态。此后妥卡因的使用必须受到严格限制。

在这个充满身体病痛的一年里,弗洛伊德没有写出什么值得瞩目的学术著作是不足为奇的。这一年里什么都没写,这是四分之一个世纪里我们第一次可以这样说。

一篇拓展性的文章《陀思妥耶夫斯基与弑父》(*Dostoevsky and Parricide*)于当年发表。几年前弗洛伊德就被邀请为埃克斯坦(F.Eckstein)和菲利普·米勒(F.Fullop-Miller)编纂的《卡拉马佐夫兄弟》(*The Brothers Karamazov*)学术卷本

第三部分　最后岁月（1919—1939）

撰写一份心理学介绍。1926年春季弗洛伊德开始着手研究，但后来转而去写那本急用的业外分析师的小册子了。后来他承认，他不愿意写这篇文章的原因，是因为发现自己对这本书想要做出的精神分析视角的解读，在出版社前不久推出的那本《诺伊菲尔德》（*Neufeld*）的小册子里大部分已经谈到了。不过，艾丁格一直不停地催促他完成工作，还不断地送书，包括一套完整的陀思妥耶夫斯基通信集，最后这篇论文大约在1927年初完成了。

这是弗洛伊德对文学心理学做出的最后一次贡献，也是他最为辉煌的成就。弗洛伊德对陀思妥耶夫斯基的天才怀有最崇高的敬意。他说："作为一名有创造力的作家，他的地位距离莎士比亚已经不远了。《卡拉马佐夫兄弟》是文学史上最伟大的小说，大检察官的一段是世界文学史上的最高成就。对陀思妥耶夫斯基的赞誉再多都不为过。"然而，弗洛伊德对于陀思妥耶夫斯基本人的评价要低得多，而且明显很失望，一个注定要带领人类通往更美好事物的人，最终成了温顺的反动派。他说他没有机会对各个时代的三大杰作都用弑父主题解析一遍：索福克勒斯的《俄底浦斯王》（*Oedipus Rex*）、莎士比亚的《哈姆雷特》（*Hamlet*）和陀思妥耶夫斯基的《卡拉马佐夫兄弟》。他对于陀思妥耶夫斯基的性格有很多话要说——他的癫痫发作，他对赌博的热爱等等，但是这篇文章最值得注意的部分，是弗洛伊德对于不同类型美德的评价，呈现了陀思妥耶夫斯基的多样性。

西奥多·赖克对这篇文章做了详细的批评，在给他的回信中，弗洛伊德同意了他的许多观点并补充说："你是对的，尽管我很钦佩陀思妥耶夫斯基的强烈情感和崇高精神，但我不喜欢他。这是因为我对精神病的耐心已经在实际分析中消磨殆尽了。在艺术和生活中，我无法容忍它们。这是我个人的一个特点，无需跟他人达成共识。"

1929年冬，出版社经历了一次周期性的危机，玛丽·波拿巴主动挽救了它使其免于破产，令弗洛伊德大松了一口气。3月，来自其他方面的捐款也到了：布达佩斯协会捐赠了1857美元，露丝·布鲁恩斯维克（Ruth Brunswick）说服她父亲捐赠了4000美元，有1500美元来自布里尔，其中500美元是他自己的钱，另外1000美元是一位患者匿名捐助的。

玛丽·波拿巴一直在敦促弗洛伊德聘请一位医护人员，以便每天都能观察到他的健康状况，也可以及时与医生联系。他推荐了马克斯·舒尔博士（Max

Schur），一位优秀的内科医生。他的优势在于接受过很好的精神分析训练。弗洛伊德欣然同意。第一次见面弗洛伊德就规定了基本规则，即舒尔应该告诉他所有实情，不论多么痛苦；他真诚的语气加强了所说的内容。他们就此事握手达成协议。弗洛伊德补充说："我非常能忍受痛苦；我讨厌镇静剂，但我相信你不会让我承受不必要的痛苦。"弗洛伊德不得不要求舒尔满足他的请求的时候即将到来。除了1939年的一个星期之外，在弗洛伊德生命的最后10年里，舒尔一直陪在他身边。

作为医生来说舒尔是一个非常完美的选择。他与病人建立了良好的关系，他的体贴，他的不懈、耐心和他的机智都是无法超越的。对于这位遭受痛苦的人来说，舒尔和安娜是一对完美的看护人组合，能够帮忙缓解患者的各种不适。此外，经过一段时间后，二人已经成为称职的专家，能够对细微的局部状况进行专业评价。他们细心的照料，以及发现危险的早期迹象的技巧无疑延长了弗洛伊德的寿命。安娜以典型的低调身兼数职：护士，一位真正的"私人"医生，伙伴，助理秘书，同事，总而言之，防止外部世界入侵的一道屏障。

弗洛伊德的行为也值得高度关注。他是一个模范病人，会对一切救济感激不尽，在多年时间里从不抱怨。不论多么痛苦，弗洛伊德从来没有烦躁或是恼怒的迹象。他对于自己不得不忍受的痛苦毫无怨言。他最喜欢的一句话是："和命运争吵是没有用的。"他彬彬有礼，体贴周到，对医生的感激之情从未动摇过。

5月，我最终得以代表精神分析界汇报了我最为艰难的成就，即在英国医学协会（British Medical Association），有时被称为精神分析宪章（Psycho-Analytical Chater）的机构成立了一个特别委员会。爱德华·格罗夫和我经过了3年的努力，在极其不利的处境下击败了我们的25位反对派，但当一个包括我在内的三人小组的委员会被通知可以起草最终报告时，我的机会增加了。其中的一项条款正式表示精神分析工作应使用弗洛伊德的技术，因而可以排除所有其他名字。但我认为这件事并没有使弗洛伊德受到多大影响，因为它毕竟是一个医学声明，而弗洛伊德的目标是使精神分析独立于医学。

5月底，新成立的委员会在巴黎举行会议，讨论即将在大会中与美国人打交道这一难题。以安娜和费伦齐为一派，我和凡·奥夫森是另一派，我们之间有一场温和的争论。艾丁格是和平调停者，但我们都希望能有最好的结果。我们同意推荐艾丁格继续连任主席。

第三部分 最后岁月（1919—1939）

在这一年里，费伦齐一直在弗洛伊德那里对我进行许多非常尖刻的批评，这并非毫无效果。弗洛伊德相信了我出于财务动机，要利用业外分析师这个问题"把盎格鲁-撒克逊群体收归于我的权杖之下"（！）。我是一个"不道德的、危险的人，应该受到更严厉的对待。英国的团体应当从（我的）暴政中解放出来"。包括我在内的任何其他人都没有听到过这种充满怀疑和敌意的说法，这些话费伦齐只说给弗洛伊德一个人听。

牛津大会和平且愉快地度过了。正如弗洛伊德所说的那样，避免使协会在业外分析师问题上撕破脸皮，主要得益于我和布里尔的努力，他对我们二人致以热情的谢意。然而，费伦齐对于没能成为主席而深感失望，从那时起，他不再关注协会事务，转而重新进行科学研究。自此，费伦齐开始发展自己的路线，严重偏离了普遍意义上的精神分析领域。在牛津大会上他宣读了一篇论文，谴责了他所谓的对童年幻想的片面关注，并表示弗洛伊德的第一个病因学观点是正确的：神经症的起源将会在一个特定的创伤中找到，尤其是来自恶毒或残忍的父母。这种状况，要求分析师们对患者表现出比弗洛伊德更多的爱来补救，例如，思想智慧。

6月看望过弗洛伊德后，费伦齐在圣诞节之前只给他写过一封信，这与往年形成鲜明的对比，过去几乎每周费伦齐都会寄来一封长信。费伦齐对这件事的解释是，他害怕弗洛伊德会不同意他的新观点（他无法接受这种情况），以及在阐述之前需要将其置于一个稳固的基础上。弗洛伊德反复说道："在过去的几年里，你毫无疑问已经远离我了。但是到目前为止我还是希望，我的圣骑士（Paladin）和秘密首相（secret Grand Vizier）能够创造出一套全新的、与我观点对立的精神分析理论。"

1929年，弗洛伊德通过写作另一本书恢复了他的著述活动。他从7月份开始着手，一个月左右就完成了初稿。他首先为这部作品拟的标题是"文明的不幸"（Das Ugluck in der Kultur），后来又改成"文明及其缺憾"（Das Unbenhagen in der Kultur）。Unbehagen这个词是很难翻译的，因为在英文中最贴切的译法是"疾病"（disease），但这又显得太过时。弗洛伊德提议翻译成"人类在文明中的不适"，但最后定下的题目是"文明及其缺憾"（Civilization and Its Discontents）。一年后这本书卖出去了12000册，不得不发行一套新的。然而，弗洛伊德对这本书非常不满。他写信给露·安德烈亚斯·莎乐美（Lou Andreas Salome）："我为什么这么长

29. 名誉与痛苦（1926—1933）

时间没有回复你的信，你可以用你那一贯敏锐的眼光猜到，安娜已经告诉你我在写一些东西，今天我完成了这本书的最后一句话——在没有图书馆的情况下——尽可能地完成这项工作。这本书讨论了文明、负罪感、幸福和崇高之类的事情，毫无疑问我觉得这些都是正确的，但也非常多余，不像我写早期那些作品时总是怀有一种创作冲动。但我还能做些什么呢？我不能一整天都在抽烟打牌，我已经走不了多远了，阅读的大部分内容我也已经不感兴趣了。所以我写作了，时间过得很愉快。在写这部作品时，我重新发现了一些最平庸的真理。"

在《文明及其缺憾》中，弗洛伊德采用最全面的社会学视角，他称社会学是"精神分析最应该应用的领域"。这本书由一个可能是最宽泛的问题开始：人与宇宙的关系。他的朋友罗曼·罗兰为他描述了一种对宇宙认同的神秘情感，弗洛伊德称之为一种"海洋"的感觉。然而，弗洛伊德却无法相信这是意识首要成分，他将这种感觉追溯到婴儿时期，那种外部世界与我本身合二为一的时代。接着他提出了关于生命的目的的问题。严格地说，在他看来这个问题是没有意义的，它建立在一个毫无根据的前提上；正如他指出的，这种问题基本不会出现在动物界。于是他转向一个更为温和的问题，即人类行为所揭示的目标是什么。弗洛伊德认为答案无可争议的就是寻找幸福，不是狭义的快乐，而是一种极乐，愉快，心灵的平静和满足感——一切欲望都得到了满足。生命受到快乐—痛苦原则的支配。在最为强烈的形式中，这种原则只是作为短暂的插曲出现；对于快乐原则的一切延续都只是经历了温和的满足。因此，人类的幸福似乎并不是宇宙的目的，人类似乎总是做好准备迎接不幸的可能。这种不幸有三个来源：身体上的痛苦，来自外部世界的危险，以及我们与其他人类关系的烦恼——也许是最痛苦的事。

弗洛伊德接着又谈到了社会关系这个话题，即文明的起源。这个问题来自一项发现，一群限制了自身满足的人，要比一个习惯于毫无限制地满足自己冲动的人要强大，不论后者本身有多强。"这个联合体的力量，形成了对抗一切个人力量的'权力'，后者往往会被谴责为'蛮力'（brutal forces）。用一个联合的力量来取代一个个人的力量，是走向文明的决定性步骤。其实质在于，这个团体的成员限制了自身的满足感，而个人是不承认这种限制的。因此，一种文化的首要条件就是正义——也就是说，得以确保一项规则一旦被制订，就不会因个人喜好而遭受破坏。"

这种情况不可避免地导致个人与社会之间无休止的冲突，前者主张自由，要求获得个人满足,而后者总是因此反对他们的主张。弗洛伊德接着讨论了这个对于文明的前途至关重要的问题,即这个冲突是否永远无法调和。在这方面,他提出了一个令人印象深刻的男性性生活限制清单:禁止手淫,生殖前的性冲动,乱伦和变态;将性行为限制为一次,只有一位最终伴侣。"人类的性生活是严重残疾的;有些时候会给人一种萎缩过程中的某项功能的印象。"这些限制付出了沉重的代价,使许多人遭受神经症之苦,以及随之而来的文化能量的减少。

为什么文明的群体不可以是一群只因共同利益而联合在一起的快乐的人呢?为什么它还需要从对性欲目的的抑制中获得能量?弗洛伊德找到了答案的线索:"你要像爱自己一样爱你的邻居,这不仅不切实际,而且在很多方面都是不可取的。社会的这种高要求,来自于人类强烈的残忍本能。由于人们互相之间存在着原始的敌意,因而文明社会不断遭到解体的危机……文化必须唤起每一种可能实现的强化措施,建议阻挡人们攻击性本能的屏障。"这种攻击倾向,弗洛伊德认为是文化的最强有力的障碍,是"一种内在的、独立的、人的本能性格"。

处理这种攻击倾向的最典型方式就是将其内化为自身的一部分,成为超我或良知。然后把自我对他人的攻击性转向自我本身。二者之间的张力构成罪疚感。罪疚感并非一种天生的罪恶感,而是对失去爱的恐惧。超我一旦稳固地建立起来,来自超我的反对,比来自他人的反对更令人恐惧。仅仅放弃一个遭禁止的行为不再能够使良心得到赦免,正如圣人所知道的,愿望还会继续。相反,贫穷甚至不幸会加强罪疚感,因为这些被认为是应有的惩罚。在这一点上弗洛伊德提出了一个新概念,即罪疚感具体来说就是对被压抑的攻击欲的回应。因为这很大程度上涉及无意识,它明显的表现形式就是一种不适感,不满或不快。

这本书的要点可以用弗洛伊德的话来说,就是"意在将罪疚感作为文化演化中最重要的问题来探讨,并说明文明进步是以放弃幸福和增加罪疚感为代价的"。

关于社会的未来,弗洛伊德总是以温和乐观的心态来书写。"我们可能会预料到这一点,我们的文明将进行变革。会变得更加满足我们的需求,不再充满反抗我们需求的批评。但也许我们也得习惯于这样一件事,就是文化在本质上存在着一些特定的困难,对任何变革都不会屈服。"

1930年前两个月,费伦齐的精神状况十分糟糕,他敏感的状态使他和弗洛伊德之间展开了一些直白的对话,结果非常有益。弗洛伊德说,他很同情费伦齐在美国的遭遇，同时对于他没有被提名为主席感到很失望。正如弗洛伊德指出的那样，这一状况可能会导致国际协会的分裂，但他不明白为什么费伦齐会对他怀有敌意。费伦齐回顾了往事：20年前在西西里岛他闷闷不乐的时候，为什么弗洛伊德没有对他更亲切一点？15年前对费伦齐进行为期三周的分析时，弗洛伊德为什么没有分析他那压抑的敌意？

几年来费伦齐隐瞒了在科学见解上与弗洛伊德的分歧，以及他对弗洛伊德观点"过于片面"的看法。这一方面是出于对弗洛伊德健康状况的考虑；另一方面是因为害怕弗洛伊德的反应，因为知道他的反应会如何。弗洛伊德友好的信件让他放下了心，4月21日费伦齐拜访了他，他们进行了一次长时间的令双方都很满意的谈话，这使费伦齐确信自己那种被抛弃的恐惧被严重夸大了。但他仍然是很敏感的。这一年晚些时候，弗洛伊德称赞费伦齐的上一篇文章"非常精巧"，但费伦齐感到遗憾的是，弗洛伊德没有用"正确，有理有据，甚至有眉有眼"之类的词来评价。

弗洛伊德已安排在4月的第三个星期去柏林做一个新的假体，但是，正如三年前那个时候发生事情的那样，他不得不服从医嘱，回到小屋疗养院接受心脏和腹部的治疗。4月24日他启程前往柏林，在柏林一直呆到了5月4日。他恢复得很快，"不是通过任何治疗奇迹，而是通过自愈"。他突然开始无法忍受雪茄，而且停止吸烟之后的感觉要比先前好得多。但这种禁欲只持续了23天。之后他允许自己每天抽一支雪茄，几月后就变成了两支。到了年底，他表示每天"在我的医生布劳恩的掌声中"大概吸烟3到4次。

在柏林逗留期间，美国大使W. C. 布利特说服弗洛伊德与他合作撰写对威尔逊总统的精神分析研究。他们完成了这本书，将在适当的时候出版，我是唯一有幸读过这本书的人。这是对威尔逊生平的全面研究，包含了一些惊人的启示。虽然是一部联合作品，但不难分辨来自其中一位作者的分析贡献和另一位的政治贡献。布利特大使告诉我，弗洛伊德在此次逗留期间对他说过的一句话，表明他当时对于德国人控制纳粹运动的前景充满希望："一个产生歌德的国家不可能走向如此恶劣的境地。"但不久他就被迫彻底修改了这个判断。

7月底，弗洛伊德收到一封"相当可爱的信"，宣布他获得了当年的歌德奖。奖金总额为10000马克（2380美元），支付了弗洛伊德在柏林长期逗留期间的开销。在弗洛伊德看来，与歌德的关联使这个奖项成为一种有着特殊价值的荣誉，

第三部分 最后岁月（1919—1939）

这带给了他极大的乐趣。在接下来的几天里，弗洛伊德不得不写一份致辞，他用精湛的语句描绘了精神分析与歌德研究之间的关系。他提出了一个有说服力的论证，证明他曾对列奥纳多和歌德这样的伟人进行过密切的心理学研究，"所以如果他的灵魂在另一个世界谴责我对他采取了这样的态度，那么我只会简单地用他说过的话来为我自己辩护"。8月28日在法兰克福歌德的家举行的庄严仪式上，安娜·弗洛伊德宣读了这篇致辞。

我希望法兰克福被证明是通往斯德哥尔摩路上的一步，但弗洛伊德立即打消了我的希望。他说得对。精神分析和他的反对者们很快就显现了出来，报纸上涌现出一系列令人震惊的文章，"遗憾"地报道弗洛伊德已经快死了。这一消息自然会对他的营业，也即他唯一的谋生手段，产生十分不利的影响。另一方面，他听闻世界各地有大量的癌症治疗方法，感到有点好笑。

在同样多事的一个月，弗洛伊德母亲的生命危在旦夕。她的腿上有坏疽，为了缓解疼痛需要不断使用吗啡。费德恩设法把她从伊斯克（Ischl）护送到维也纳，9月12日她在维也纳病逝，享年95岁。随后许多人从遥远的世界各地写信给弗洛伊德，他不禁说道，人们看似更愿意吊唁而不是祝贺。弗洛伊德向我们中的两个人描述了他对这件事的感受："我不会掩饰我对这件事的反应是由于特殊状况引起的。确实，我没办法说①这样的经历会在更深层次产生何种影响，从表面上来看我只能发现两件事：个人自由的增加，因为她先听到我的死讯是件可怕的事；第二，她终于在度过了漫长的生命之后获得享受安宁的权利，这让我很欣慰。没有其他的悲伤，像小我10岁的弟弟正在经历的痛苦一样。我没有参加葬礼；安娜像上次在法兰克福代表我一样，这次又代表了我到场。她对我的价值无可比拟。这件大事以一种奇怪的方式影响了我。没有痛苦，没有悲伤，这种情况可能会被我的处境解释，我年事已高，对于她的无助我不再哀哭。一种解脱和释放的感觉，我想我能理解。只要她还活着，我就不能死，但是现在我可以了。不知为何，生命的价值在更深的层次上发生了显著的变化。"

伊娃·罗森菲尔德告诉了我一件在这期间发生的事，我将用她自己的话来讲述："到了夏末，弗洛伊德教授的情况仍然不太好，露丝·布鲁恩斯维克显然忘记我当时正在跟他做精神分析，她向我吐露了她的焦虑之情，担心弗洛伊德的症状

---

① 没办法用英文表达。

29. 名誉与痛苦（1926—1933）

非常严重。之后的一次会面中我感到很不安，我想尽量不把这件事泄漏出去。弗洛伊德自然感觉到了我的踟躇，之后他夺走了我这个不愉快的秘密，他对我说的话是我在分析技术中学到的最重要的'一堂课'，他说：精神分析只有一个目标，只有一种忠诚。如果你违反了这条规则，你所造成的伤害，要比你认为会亏欠我的东西严重得多。"

10 月 10 日，弗洛伊德又做了一次手术。目标是他那块施罗德 6 月份已经彻底烧毁的伤疤，但需要密切观察。皮希勒已经切除了四英寸，多次用病人手臂上的皮肤移植到裸露区域。手术持续了一个半小时，"非常不愉快，虽然这不是一个难度级别很高的手术"。皮希勒的笔记里记载了一个更可怕的事件。一周后的 10 月 17 日，弗洛伊德患上了支气管肺炎，卧床不起 10 天，但他恢复得很好，11 月他回到工作岗位上，接待了 4 位患者。

年底有那么一段时间弗洛伊德的健康状况良好，甚至已经好到可以考虑重新享受生活了。这段时间他每天抽 3 支雪茄。在这一年的最后几个月里他长胖了至少 14 磅。

1931 年 1 月，弗洛伊德受到伦敦大学的邀请，出席赫胥黎年度讲座，他深受感动。在 1898 年斐尔科（Virchow）受邀之后再无德国人获得这份邀请。弗洛伊德是赫胥黎的狂热崇拜者，他非常遗憾自己没有办法接受这份殊荣。

弗洛伊德经常以一种半开玩笑式的口吻表达他对仪式的强烈厌恶。他的 75 岁生日已经提前投下了阴影。在跟艾丁格聊完了出版社的斯托弗难题之后，他继续说道："医师学会已经提名我和兰德施泰纳（Landsteiner）（诺贝尔奖得主）为协会的荣誉会员，将很快获批。在成功面前怯懦的样子，非常恶心和令人厌恶。我不能拒绝，那只会让我产生轰动效应。我将以一封冷冰冰的感谢信来处理这件事。"这些多年来所做的只是报以嘲笑和轻蔑的人，如今做出这样的举动，自然让人不知道该如何应对。

接下来就是庆祝生日的事，这对弗洛伊德来说是个永远的难题。他勉强同意为这次庆典筹集一笔资金，他的动机主要是急于为出版社解决资金上的需要。但他指示艾丁格，不要让任何分析师或患者参加捐款。写完这些后，他明显产生了一个念头，"我早就应该想到这一点了"，这样的募捐是没有其他来源的，于是现在他后悔同意了整个募捐的提议。在这方面，他用一种敏锐无情的现实主义方式描述了他对待馈赠的态度:"显然接受礼物的时候拒绝到场是很不合适的。因此举例来说,'你送了我点什么。把它放下吧。我找时间去拿'。侵略性及与之相关捐助者的柔情都要求得到满足。接受者必须很生气、恼怒、困窘等等。在这种场合中,软弱的老年人惊讶地看到了年轻人对他们的崇敬之情,这种过度的情感帮他们克服了先前的问题,过了一段时间就向后果屈从了。你一无所获,你要为你过长的生命而付出沉重的代价。"艾丁格当然承诺自己不会做任何加重弗洛伊德负担的事。

然而,残余的力量遭到机能的盘剥,要比人性上的盘剥严重得多。上一次手术是在 10 月份,这次手术带来的痛苦一直持续到今年春天,而 2 月份又一个可疑的地方显现出来,于是使用电凝处理掉了。然而两个月后伤口修复得很糟糕,弗洛伊德说从那时起他就没过上一天可以忍受的日子。此外,在那次手术几天之后,另一处可疑的状况又出现了,皮希勒医生希望在它恶化之前切除掉。但弗洛伊德和他的两位医生争辩说,类似的情况可能会在下一次手术后仍然发生,或者可能就是因为它而发生,手术无疑意味着更多的痛苦。为了避免这种情况,医生中的一位——舒尔博士提出建议,去咨询一位镭治疗方面的专家。因为维也纳在这方面没有足够的经验。玛丽·波拿巴写信给她的一位朋友——巴黎的权威 G. V. 里戈(G.V.Rigaud)医生,但后者认为,如果这是早期癌细胞生长的话,就不应该使用镭治疗。作为最后的办法,他们咨询了放射科医生圭多·霍兹克纳希特(Guido Holzknecht),他也同意同事的说法,结果 4 月 24 日又一次手术开始了;进行了一场相当大的切除。组织化验表明,它是在即将转化成恶性的"第 12 个小时"被切除的。

8 年来,人们一直抱有希望,希望第一次大规模的颌骨手术可以带来永久性的治愈。但现在希望破灭了,弗洛伊德不得不面对一个事实,未来只是默默等候着一次又一次的复发[①],并尽早控制住病情。这将持续 8 年。

霍兹克纳希特之前一直是弗洛伊德的一个病人,他是维也纳领先的放射学专家,也是科学先驱者。跟许多拓荒者一样,霍兹克纳希特也是一个受害者,现在他正在医院里即将死于癌症,右臂的截肢没能成功止住癌症扩散;几个月后他去

---

① 严格来说,这些其实并非原来癌症的复发,而是溃烂组织的新发病。整个事情的顺序是:白斑;增生;癌前病变乳突淋瘤;癌。

世了。弗洛伊德和舒尔去拜访他,他们当时没抱任何幻想,在分开时弗洛伊德对他说:"你承受命运的方式值得赞赏。"霍兹克纳希特回答说:"对于这一点,你知道我要感谢的人只有你。"

5月4日,弗洛伊德从疗养院回家,令全家人安心的是他可以在家过生日了。但是经历了疼痛、药物的影响,肺部并发症(轻微肺炎)等折磨,他感到十分疲惫,最重要的是,他很饥饿却无法吞咽任何食物。在庆祝生日这件事上显然没什么困难。甚至连艾丁格也没被允许到场——这是他第一次没有来给弗洛伊德庆祝生日。

我们筹集了50000马克(12000美元),现在涉及如何处置这笔钱的问题。斯托弗已经提前预付了各种款项,包括还银行贷款等。他很快就要离开了,于是掌管出版社财务问题的总负责人艾丁格向弗洛伊德寄去了20000马克让他偿还斯托弗。其余的部分,艾丁格建议弗洛伊德自己留下,作为长期以来亏欠他的版税。弗洛伊德从一开始就拒绝出版社销售他的书籍所付版税,到现在为止,这笔钱已经高达76500马克(18360美元)。然而,弗洛伊德坚决拒绝这笔钱的一分一毫,事实上他从来没有收到过任何版税。

克雷奇默(Kretschmer)于5月14日在德累斯顿主持第六届国际心理治疗医学大会,对弗洛伊德的工作及其75岁生日致以优美的赞扬和祝贺。大会的大部分论文都致力于梦心理学主题研究。在纽约,一个委员会在丽思卡尔顿酒店为二百位客人安排了宴会。威廉·A. 怀特(William A.White)做了主要讲话;其他讲话包括A. A. 布里尔,杰西卡·科斯格洛夫夫人(Jessica Cosgrave),克莱伦斯·达罗(Clarence Darrow),西奥多·德莱塞(Theodore Dreiser),杰罗姆·弗兰克(Jerome Frank),埃文·约翰逊(Alvin Johnson)。此外他还收到许多贺信和电报,其中有一封是爱因斯坦寄来的。更不用说"百花之林"(a forest of the splendid flowers)了。为了感谢玛丽·波拿巴送他的一个希腊花瓶,弗洛伊德说:"不能把它带到坟墓里去会很遗憾。"这个愿望最终得到奇特的满足——他的骨灰现在就放在花瓶里。

雅克布·埃德海姆(Jacob Erdheim)对4月份弗洛伊德下巴手术切除物进行分析后写了一份病理报告,他认为尼古丁就是病源。弗洛伊德对于他所称的"埃德海姆的尼古丁审判"只是耸了耸肩。值得注意的是,弗洛伊德既不会因为癌症

第三部分　最后岁月（1919—1939）

戒烟，也不会因为同样受到吸烟影响的腹部问题而放弃，他只会为心脏并发症而戒烟。这是他认真对待的事。

到这个月底，弗洛伊德又能抽烟了，6 月 1 日他带着 5 位病人离开了，开始了他的暑假。这一次他最远只能走到郊区。事实上，他在 1938 年躲避纳粹之前再也没有离开过维也纳。

在状态不好的时候弗洛伊德曾经想过放纵自己。他坚持认为，"在这把年纪禁欲（烟草）是没有道理的"。此外，在这一点上，75 岁以后他不该被拒绝做任何事。因为他不能吸那种奥地利买得到的烟，只能依靠艾丁格的努力在德国寻找一些合适的烟草。然而在这一年的下半年，经济危机致使法律禁止从德国向奥地利出口任何货物，因此必须发明一个复杂的走私系统，并由一位朋友从一国到另一国地实施。

我们现在到了一个外部事件开始影响弗洛伊德的生活和整个精神分析运动的时刻。1931 年，世界性的经济危机全面展开，不久后它的政治后果对德国和奥地利来说都是灾难性的。在每一个国家，分析师在治疗实践中都感觉手头拮据，原本预计在这年秋天举行大会，现在我们怀疑有几个人能负担得起参会的开销。七月底，我们决定有必要把大会时间再推迟一年。

地狱一般的假体一如既往地令人不满意，8 月份，为了试图改善它，大家又进行了一次绝望的尝试。露丝·布鲁恩斯维克听说哈佛大学的卡赞尼坚（Kazanijan）教授被称作魔术师，他现在正在柏林参加雅克大会。于是露丝·布鲁恩斯维克每天都打电话给他，求他来看看弗洛伊德。他最后还是拒绝了。露丝·布鲁恩斯维克和玛丽·波拿巴在维也纳集思广益。前者得到她父亲哈佛大学董事会成员马克法官的支持，他利用自己的影响力给卡赞尼坚发了一封电报，玛丽·波拿巴则乘上一列开往巴黎的火车，在回家的路上抓住了那位不情愿的魔术师，并把他带了回来，"可以说是牵了回来"，同行的还有同去参加大会的魏曼医生。这一次卡赞尼坚向弗洛伊德收取了 6000 美元的费用。他为弗洛伊德打造假体用了 20 天时间，但结果还是差强人意。女士们已经尽了最大的力，但结果对于出版社的财务状况来说仍然是很不幸的。

然而，10 月份，一件真正令人欢呼的事件发生了。弗莱堡（Freiberg），现名普莱堡（Pribor）市市议会决定在弗洛伊德出生的房子里树立一个铜牌，向弗洛伊德（以及他们自己）致以敬意。街道已经为 10 月 25 日的仪式布置完备，届时

29. 名誉与痛苦（1926—1933）

会有许多人发表演说。安娜·弗洛伊德到场宣读了一封弗洛伊德写给市长的感谢信。这是弗洛伊德75岁这一年获得的第四个荣誉。但他年事已高，不能享受这样的经历。"自从去年的歌德奖以来，世界改变了对我的态度，开始不情愿地认可了我，但这一切只是告诉我它们一点用都没有。要能有一个可以忍受的假体，一切将多么不同，一个不必大声叫嚷着让自己成为我存在中主要对象的假体。"

5月，费伦齐给弗洛伊德寄去一些他准备在大会上宣读的论文，在这些文章中他声称找到了梦的第二重功能——应对创伤体验。弗洛伊德冷冰冰地回复道，这也是第一重功能，这一点他多年前已经详细讲解过了。

10月，度假归来的途中，费伦齐在维也纳停留了一些时日，这两个人就他们的困难进行了一番交心的对谈。费伦齐觉得一切都过去了，但五周后他写信过来说，这次谈话并没有使他的观点发生任何改变。

这些分歧的本质是技术问题。他强调婴儿时期创伤，尤其是来自父母亲的恶意伤害的重要性。与之相关，费伦齐也改变了他的治疗技术，他扮演着一个慈爱的家长，以中和患者早年的不幸经历。这也要求病人在进行治疗时对他进行分析，相互分析的危险性剥夺了必要的客观性。父亲所扮演的角色以及患者对他的恐惧被保留在背景中，因此，正如弗洛伊德后来所说，分析的情境被简化为母子之间的嬉戏游戏，一种角色互换而已。

弗洛伊德给费伦齐寄去了一封重要的信，顺带说明了他在性问题上的非传统观点：

> 和以前一样，我很喜欢收到你的来信，但我不太喜欢它的内容。如果你现在不能改变自己的态度，那么以后就不太可能改变了。但这本质上也是你自己的事；我认为你没有选择一个有前途的方向，这也是我个人的看法，没有必要去打扰你。
>
> 我发现我们之间的差异在技术细节上达到了顶点，这是很值得讨论的。你并没有隐瞒你亲吻你的病人并让他们吻你的事实；我也从自己的一个病人那里听说过。现在，当你决定充分考虑你的技巧和结果时，你必须在两种方法之间做出选择：要么你公开陈述它，要么你隐瞒它。后一种做法在你看来可能是不太光彩的。但是一个人采用什么样的技术，就得公开去捍卫它。此外，这两种方式很快就会同时出现。即使你不这么说，也很快就会知道，正

如我在你告诉我之前就已经听说了一样。

　　现在我肯定不是那种从拘谨或传统的资产阶级视角出发,认为这种行为包含了某种微小的色情满足。我也知道在尼伯龙根的指环中,亲吻是给予每一位客人的无害的问候。我进一步认为,即使是在苏联,精神分析也是可能的,只要国家同意就会有充分的性自由。但其中无法改变的事实是,我们并不是生活在俄国。我们的吻意味着某种性爱的亲密。迄今为止,我们的技术一直保持着这样的结论,认为患者在性爱方面得不到满足。你也知道,还有更广义的满足,不会很轻易地取代他们在角色、在恋爱或在舞台上的那种温柔的爱抚。

　　现在想象一下如果你将自己的技术公之于众,会出现怎样的图景。没有一个革命者不会被一个更激进的人赶出战场。一些在技术问题上独立思考的人会对自己说:为什么要止步于亲吻?于是他们会进一步去习惯动手动脚,毕竟这不会导致生出小孩来。然后更大胆的人也会出现,进一步地窥视和展示——不久以后我们就要接受在精神分析中的整个剧目和爱抚派对,最后演变成分析师和病人之间巨大的利益往来。然而,新的拥护者很可能对这种兴趣要求过高,我们年轻的同事会发现他们很难在原本打算的地方停下来。圣父费伦齐凝视着他创造的生动景象,也许会对自己说:也许在一个亲吻之前,我就应该停止母爱的技巧……

　　在这个警告中,我觉得我说过的话你本来也都清楚。但是既然你喜欢跟别人扮演温柔母亲的角色,那么你也许也可以这样对待自己。然后你会听到残酷的父亲的训诫。这就是我在上一封信中所提到的青春期再现的原因……现在你逼得我讲话很直率。

　　我不指望给你留下什么深刻印象。这种关系的必要基础在我们的关系中是不存在的。对你来说,彻底独立的必要性比你所承认的要强烈得多。但是至少我已经尽了我做父亲的职责。现在你必须继续接下去。

　　费伦齐没有很好地接受这封信。正如他所说,这是他和弗洛伊德之间第一次真正的分歧。但是如果要求弗洛伊德在技术的根本问题上同意他的看法那就太过分了,这毕竟是弗洛伊德所有工作的基础。

　　弗洛伊德的两篇文章同时刊登在《文摘》的10月号上。一篇为《力比多的类型》（Libidinal Types），区分了三种主要类型的人，弗洛伊德分别称为色情型的、自恋型的和强迫型的；也存在三种类型的复合类型。这篇文章是对性格学主题的重要补充。另一篇文章《关于女性性欲》（On Female Sexuality），弗洛伊德研究了一个他始终承认很困难的话题，其中只有几个突出结论是他能确定的。

1932年遭遇的第一个困难是编辑上的问题。威廉·赖希（Wihelm Reich）向《文摘》投递了一篇论文期待发表，主题是关于马克思主义与精神分析学的融合，最终的结论，用弗洛伊德的说法是"把死亡本能说成是资本主义制度的产物"。这与弗洛伊德的观点完全不同，他认为这是一切生物、动植物身上固有的一种倾向。自然，弗洛伊德也想补充一份评论，声明精神分析与任何政治利益都没有关系。赖希也同意了，但是咨询了艾丁格、路德维希·杰克尔斯（Ludwig Jekels）和伯恩菲尔德（Bernfeld）的意见后，弗洛伊德遭到反对，伯恩菲尔德说这样的声明无异于对苏联宣战。事情的最终解决方案是，赖希的论文得到发表，而随后伯恩菲尔德发表了一篇批评文章。

更严重的事务是出版社所面临的真正危机，这是它曾经挺过的无数次危机中最严重的一次。全世界的经济形势导致弗洛伊德的著作销量跌至谷底，在德国的情况尤甚，而这又恰好是出版社主要收入来源。弗洛伊德的收入同样缩水，还有几个儿子失业了。艾丁格来自美国方面的进账也正在迅速消失，事实上在2月份就结束了，而这一直是出版社最后的源泉。现在艾丁格有了一种全新的生活经历，他不得不去面对需要谋生的生活了；他只有一个患者，也没有希望见到更多。

2月，弗洛伊德决定，仅仅依靠微薄的个人基础来支撑出版社是不现实的，他宣布打算向国际精神分析协会发出倡议来为这件事负责。

就在这时，艾丁格患上了轻微脑血栓，左臂麻痹。他已经解决了不谋求连任国际协会主席的问题，这表明他脑部循环的状况使他做出了最后的决定。与此同时，艾丁格不得不卧床数周。弗洛伊德推测他可能在资金上有所需要，主动提出借给他1000美元。

弗洛伊德对他请求国际协会援助的效果持悲观态度。"我不期望能有任何结果。这件事可能会成为一场滑稽之举。"面对灾难性的经济形势，前景似乎非常严峻。"对世界局势说任何话都是多余的。也许我们只是重复着一个杯水车薪的荒唐行为。"然而在这一点上，弗洛伊德的判断完全错了，因为他的请求立即得到令人满意的回应。

为了努力拯救出版社,有两个任务摆在我们面前:一个是应付眼前的债务;另一个是定期为其提供年度支持。大多数协会都尽力地提供帮助。例如英国协会一致热烈地投票支持这项决议,并在第一周内认购了1400美元。除了纽约协会的帮助之外,布里尔还捐赠了2500美元,伊迪斯·杰克逊(Edith Jackson)捐赠了2000美元。

1931年,马丁·弗洛伊德辞去了他在银行的职务,以便接管出版社的管理事务,他付出一切努力来达成一个又一个债权人的妥协;到今年年底,他已经完成了这项艰巨的任务,出版社的债务这时候已经清偿完毕。在9月的威斯巴登(Wiesbaden)大会上,我们达成一致决定,全体成员在未来两年内每月至少需认购3美元。

1932年3月,托马斯·曼(Thomas Mann)第一次拜访弗洛伊德。弗洛伊德立即跟他亲近起来。"他说的话很清晰;给人一种全面的印象。"

这一年春天,弗洛伊德的分析实践首次开始自发地减少了。"我必须在夏天写点什么,因为我很少做分析。目前我的患者有4个,5月初只有3个,没有新的患者了。他们无疑是对的;我太老了,跟我一起工作太危险。我不需要再工作了。换个角度说,我实际付出的时间比我'需要'付出的时间更长,这是件令人愉快的事。"这一年的生日,弗洛伊德静悄悄地度过了。委员会中第一次没有任何委员到场。艾丁格患了中风。艾丁格的缺席给了弗洛伊德机会,他度过了盼望已久的一天,"一直想要这样度过,就像其他一切工作日一样。上午我带着狗去拜访了卡格兰(Kagran),下午按照惯例去了皮希勒那里,然后进行4个小时的分析工作,晚上打了一场轻松的纸牌游戏。我有些怀疑,人们是否应该快快乐乐地活到这一天,然后就听天由命了"。

精神分析学家如今迅速向美国移民。亚历山大正在换掉波士顿的一个临时工作,去芝加哥做一份长期工作。萨克斯已经同意在秋天接替他在波士顿的位置,卡伦·霍妮要去纽约,雷多已经在那边安排好了。

我们都想当然地认为,费伦齐将接替艾丁格出任下一任主席。弗洛伊德完全赞同这一点,尽管他对费伦齐背离自己的理论倾向感到不满。但费伦齐很怀疑自己是否适合出任这个职位。他正全神贯注于他的治疗性研究,怀疑自己是否有足够的精力承担主席的繁重工作。弗洛伊德很明智地建议说,接受这个职位将作为一种"强制疗法",帮助费伦齐摆脱孤独,但这大大地冒犯了费伦齐,他否认自己有任何孤独:这纯粹是一种沉浸。在大会召开前不久,费伦齐宣布不会出任主席,理由是他的思想与公认的精神分析相冲突,因此从官方上代表后者的立场将是不太光彩的事。然而弗洛伊德仍然敦促他接受。

于是费伦齐改变了立场。他表示他并不打算创立一个新的学派,但仍然不确定弗洛伊德是否真的愿意让他出任主席。在从布达佩斯到威斯巴登的途中,他前去拜访弗洛伊德然后再做决定。这次会面之后,弗洛伊德打电报给艾丁格:"费伦齐很难沟通。会面令人很不满意。"艾丁格曾经认为,在这种情况下费伦齐并不是一个合适的人选,听闻弗洛伊德的消息之后他松了一口气,立刻问我是否愿意出任。根据艾丁格的说法,我思想太健康,如果我开始走向什么其他方向也不会有任何危险。我无法很好地拒绝,尽管我不太希望再度承担这么重的负担,直到我可以更轻松地把在伦敦的一些职务委托出去。过了许多年我才有机会放下这个包袱,所以我两度进入那间办公室工作,加起来差不多有 23 年了——想到除了我之外没有其他人被召唤前去重新出任,这种经历令我很欣慰。

关于这次重要的会面我们必须详细说一说,这是两位老朋友的最后一次见面了。在这次见面之前一些天,布里尔拜访过弗洛伊德。他去布达佩斯看望了费伦齐,对他的态度产生了一些不愉快的印象。布里尔特别震惊地听到费伦齐说,他觉得弗洛伊德的洞察力不比一个小男孩强到哪里去;这刚好是兰克那时候使用过的说法。在费伦齐和弗洛伊德命中注定见面的那一天,前者走进弗洛伊德的房间,一句问候也没有说,只是说"我想让你看看我的大会论文"。而弗洛伊德还在看报纸,布里尔走进来,由于费伦齐最近和他讨论过题目的问题,弗洛伊德就让布里尔留了下来,但他没有参与谈话。弗洛伊德显然尽力想带来某种程度的洞见,但徒劳无功。一个月后,费伦齐写信给弗洛伊德,指责他夹带布里尔进入他们二人的对话,让布里尔扮演裁判的角色,并且对于被要求一年之内不能发表论文表示愤怒。在回信中弗洛伊德说,第二个建议仅仅是出于对费伦齐个人利益的考虑。弗洛伊德仍然坚持认为,进一步的反馈可能会证明他的技术和结论是不正确的。他还补充说:"这几年来,你有规划性地一步步离开我,并且可能产生了一种强烈的个人敌意,比你能表达出来的更多。每一个曾经靠近我,后来又离开我的人,都比你更有理由责备我(不,兰克一样没有理由这么做)。这对我造不成太大伤害，我已经准备好了，习惯了这样的事。客观地说，我想我可以指出你结论中的技术错误，但为什么要这样做呢？我相信你不会接受任何怀疑的。所以除了祝福你，我别无选择。"

在大会上出现了一个微妙的问题。弗洛伊德认为费伦齐准备好的那篇文章会影响到他的名誉，所以恳求他不要在会上宣读。布里尔、艾丁格、凡·奥夫森则更进一步，认为在精神分析大会上宣读这样的论文将成为一桩丑闻。艾丁格因此坚决禁止它。但我觉得这篇文章写得很模糊，很难给人留下清晰的印象，不论是好的或是坏的，然而告诉这个协会中最杰出的成员，并且是协会的实际创始人，说他所说的话不值得一听，这无疑会冒犯他，他很可能会愤然退出协会。我的建议被采纳了，费伦齐热情地回应了在宣读论文时受到的欢迎；此外，他还参加了讨论会，表明他仍然是我们之中的一员。他对我非常友好，让我有点吃惊的是，他说他很失望自己这么多年来一直没有被选为主席——布达佩斯大会只是个残余。他告诉我他患了恶性贫血，但希望能从肝脏治疗中获益。大会结束后，费伦齐去法国南部旅行，但他卧床很久，决定缩短假期，尽快回家，甚至也不在维也纳逗留。毫无疑问，他已经病得很重了。

弗洛伊德写信给玛丽·波拿巴，说他对大会的成功感到很满意，但补充道："费伦齐是美中不足。他聪明的妻子告诉我，我应该把他当作一个生病的孩子！你是对的：心智和智力上的衰退，比无可避免的身体衰退要糟糕多了。"

11月，弗洛伊德患上了一次非常严重的流行性感冒兼中耳炎。由此衍生的黏膜炎持续了一个月，是伤口不适的主要来源。总的来说这是糟糕的一年，这一年共有5次手术，10月的那次手术规模非常大。

3月份，出版社的情形令人如此绝望，弗洛伊德想到帮他们写一系列新的"入门讲座"。自第一个系列讲座以来已经过去了15年，在这套文章里，弗洛伊德要谈谈他十五年来思想上的进展。"当然出版社比我本人更需要这项工作，但人总要做点事，尽管可能会被打断，但总比懒惰下去好。"

前一年令人不快，但1933年带来了更为严重的危机。弗洛伊德担心第一次世界大战造成的破坏和敌意，可能会使人们对精神分析的兴趣降低到最低限度，甚至消失。现在，希特勒的迫害构成一个同样的新威胁，而事实上他们成功地在精神分析的故乡——奥地利、德国和匈牙利——实行着这种威胁。弗洛伊德写信

29. 名誉与痛苦（1926—1933）

给玛丽·波拿巴："你可以沉浸在自己的工作中，而不必注意到周围所有可怕的事情，你是多么幸运啊！在我们的圈子里，恐惧氛围已经开始弥漫。人们担心德国的民族主义可能会波及我们这些小国家。我甚至已经被建议逃亡瑞士或法国。那是无稽之谈；我相信这儿没什么危险，如果灾难临头，我就下定决心在这里等着。如果他们能把我杀了——很好。这是另一种死亡。但这可能只是吹吹牛而已。"

10天后，他又写道："感谢你邀请我去圣·克劳德（St.Cloud）。我决定不利用这份邀请，它几乎是没什么必要的。在德国的暴行似乎在逐渐减少。法国和美国的反应给他们造成了一定的影响，但是那些小的痛苦和折磨不会停止，对犹太人的系统化的控制，剥夺他们的一切职务之类，目前还没有开始。我们不得不看到，希特勒将要执行的计划的唯一特征，就是对犹太人的迫害和对知识自由的限制。其他的一切都是软弱的，乌托邦主义的……"

去年9月份的会议过后，弗洛伊德和费伦齐不再探讨二人观点上的分歧。弗洛伊德对费伦齐的感情从未改变，费伦齐也至少在表面上保持了友好的态度。他们继续通信，其中主要的问题就是费伦齐日益严峻的健康状况。医院方面的治疗成功地控制住了贫血本身，但正如这种疾病有时候会出现的那种情况，在3月份费伦齐的脊髓和大脑受到侵袭。在过去的几个月里，他无法站立或行走；这无疑也加剧了他潜在的精神病倾向。

柏林的国会纵火案三周后，纳粹迫害的信号开始广泛弥漫，费伦齐有点恐慌，他迫切恳求弗洛伊德趁着还有时间带上女儿安娜尽快逃离奥地利，也许还包括几位患者，马上前往英国。对他自己来说，如果匈牙利受到威胁，他打算动身前往瑞士。他的医生向他保证说，他现在的悲观情绪来自他的疾病，但是在我们的视线之外，我们必须承认他的疯狂还是具有一定条理性的。弗洛伊德的这次回信，是他写给这位老朋友的最后一封信：

> 我听说你本来恢复得不错，突然遭受了一点意外，我非常难过，但是又听说最近又有新起色，我非常高兴。我要恳求你从繁重的工作中歇一歇；你的字迹清楚地表明你还很累。我们之间关于你的技术和理论创新方面的任何讨论都可以先等一等；现在把它们放到一边，对它们也是有好处的。对我来说更重要的是你恢复健康这件事。

第三部分　最后岁月（1919—1939）

关于你信中提到的让我离开维也纳的事，我很高兴地告诉你，我不打算离开维也纳。我不太能够到处行动，我过于依赖我正在接受的治疗、各种改进方案和舒适度的调整；此外，我不想把我的财产都留在这里。然而，即使我身体健康、年轻，我也应该留下来，这背后当然有一种情绪化的态度，但也有许多其他解释。我还不太确定，希特勒政权是否也会控制奥地利。确实，这可能性很大，但大家都认为它在这里不会统治得像在德国那么残酷。对我而言，没有什么人身危险，如果你认为压制犹太人的那种生活是极其不愉快的，那么别忘了定居国外是多么不舒服，不论是在瑞士还是在英国，我们都是难民。在我看来，离开只有在遭受直接生命威胁的时候才是合理的；再说，如果他们要展开屠杀，那也不过是死亡的一种，和其他死亡的形式一样。

就在几个小时前，恩斯特尔① 刚从柏林回来，在德累斯顿和边境地区遭受了一系列不愉快的经历。他是德国人所以他不能回去了；今天过后，德国的犹太人就不许离开该国了。我听说西美尔已经抵达苏黎世。我希望你在布达佩斯不要受到干扰，尽快给我一个好消息。

费伦齐的最后一封来信，是在 5 月 4 日卧床期间写的，是几行对弗洛伊德生日的祝福。在最后的几个月里，费伦齐精神上的问题恶化得非常迅速。他讲起他的美国病人，在过去他每天会为这位病人做 4 到 5 小时的分析治疗，现在这位病人分析了他，并治愈了他所有的问题。消息跨越大西洋，从她那儿抵达他这里——费伦齐始终是心灵感应术的忠实信徒。接着就是假想弗洛伊德对他有许多敌意。② 最后费伦齐出现了狂暴的偏执状态，甚至爆发出杀人倾向。5 月 24 日，费伦齐猝然离世了。这位聪明、可爱、杰出的人物的结局是悲剧性的，在过去的四分之一个世纪里，他曾是弗洛伊德最亲密的朋友。数年来他怀着巨大的悲痛在与心底潜伏着的恶魔做斗争，取得了不少成功，但最终恶魔战胜了他，我们从这些

---

① 弗洛伊德的孙子。
② 在美国，许多费伦齐先前的学生，尤其是艾捷特·德·弗罗斯特（Izette de Forest）和克拉拉·汤普森（Clara Thompson），坚持散布关于弗洛伊德虐待费伦齐的说法。他们使用一些说法，例如弗洛伊德的"仇恨"（enmity）、"尖酸的批评"等等，还说他充满敌意地对费伦齐步步紧逼。从弗洛伊德的信件以及我的记忆来看，这些说法无疑没有一丝一毫的真实性，尽管很有可能的是，费伦齐在妄想状态中相信了这些想法，并散播了出去。

经历中可以了解到这种力量是多么可怕。

弗洛伊德回复了我寄去的吊唁信:"是的,我们有理由互相劝慰。我们的损失巨大,而且十分痛苦;这种改变使现存的一切都瓦解了,为新事物提供了空间。费伦齐将一些旧时光一并带走了;随着我的离开,你们还会看到一些其他变化。命运。妥协。就是这些了。"

这段时间,悉尼的罗伊·维恩(Roy Winn)博士向弗洛伊德提议他应该写一份更私密的传记。这份建议很不受欢迎。但在一封可爱的回信中弗洛伊德写道:"你希望我写一份更私密的传记这个愿望恐怕无法实现。这种自传(自我表现)所需的精神我在《梦的解析》里面已经披露得够多了,我觉得人们从这本书里面看到的已经足够。从个人角度说,我向这个世界索取得很少,它应当给我保留一片安宁,让我把兴趣都投入精神分析中去。"

在弗洛伊德的生日上,舒尔医生像往常一样检查了他的情况,舒尔的太太怀孕有些日子了。弗洛伊德催促他赶快回家照顾太太,分开的时候他用一种深沉的语气说道:"你从一个不想离开人世的男人,变成一个不想来到人世的孩子。"

弗洛伊德非常喜欢孩子,他对新生儿的消息都怀有极大的兴趣。不久后当我告诉他,我太太怀上了又一个孩子时,他写道:"5月份你传来你将添一子的可喜消息,毫无疑问这件事值得以我们大家的名字向你送去诚挚的祝福。如果这是最后一个孩子,你可以从我们家的经验中看到,最小的孩子可能是最重要的。"当我提醒他他的生日也将近了,他这样回答:

> 汹涌的来信平息之后,第一份回信当然是属于你了,因为在其他信件中没有如此可爱而重要的事件,因为有机会用一份祝贺来回复另一份祝贺,理由更充分。在生活所有熟悉的不确定性中,人们可能会羡慕父母围绕在新生儿身边的那种喜悦和希望。对于老年人来说,一架天平在最后安眠的必然与长久享受身边人的爱和友谊的愿望之间取得平衡时,是非常幸福的。我相信我已经发现了,对最终安眠的渴望并不是什么根本性的,但它表达了一种摆脱影响年龄的匮乏感的需要,尤其表现在生活最琐碎的细节方面。
>
> 你说得对,与我的70岁生日相比,我不再对精神分析的未来感到焦虑了。我很有把握,它走在正轨上。但是我的子孙后代的前途受到了威胁,我自己也陷入痛苦的无助之中。

第三部分　最后岁月（1919—1939）

犹太人迁出德国的浪潮达到了顶峰，那些留在国内的分析师的前景一片灰暗。移民找到了暂时的落脚点，短暂逗留一到两年，例如哥本哈根、奥斯陆、斯德哥尔摩、斯特拉斯堡、苏黎世，但大部分最终还是抵达美国。

弗洛伊德对奥地利的态度无论如何都保持着一定的乐观，事实上当时没有人在墨索里尼面前放弃抵抗。4月份他写道："尽管维也纳充斥着叛乱游行等等，但是报纸上的维也纳一片祥和，人们的生活丝毫没有受到打扰。人们可以确信，希特勒的势力会延伸到奥地利——事实上它已经来了——但这未必意味着将给维也纳带来和德国一样的危险……我们已经把权利移交给了专制政权，这就意味着社会的民主将会遭到压制。这个状态不会太好，尤其是对我们犹太人来说，但我们都认为，反对犹太人的特别法在奥地利是行不通的，因为我们的和平条约中有条款明确保障少数族裔的权利……在这里对犹太人采取合法的迫害，将会导致国际联盟立即采取行动。如果奥地利加入德国，使所有犹太人丧失权利，那么法国及其盟友绝不会允许这样的事情发生。此外，奥地利并没有受到德国暴行的影响。我们处于相对安全的环境中，通过这种方式让自己振作起来。不论如何我绝对不会离开这里。"

两个月后，他对玛丽·波拿巴做了一番评论："你对政治局势做了详尽的描述。在我看来，即使是在战争中，谎言和空洞的话语也不会像现在这般支配着眼前的情境。世界正在变成一座巨大的监狱。德国是最糟糕的一间牢房。奥地利的牢房会发生什么我不确定。我预测德国将会发生一场悖论式的惊喜。他们开始将布尔什维克主义视为死敌，他们最后将与之难辨你我——也许布尔什维克主义毕竟是有着革命理想的，而希特勒主义纯粹是中世纪和反动。这个世界对我来说似乎已经失去了它的生命力，注定毁灭。我很高兴你仍然居住在一片无忧无虑的土地上。"

当希特勒势力崛起时，艾丁格前往维也纳与弗洛伊德商讨了情势。弗洛伊德鼓励他尽可能长时间地坚持下去——但艾丁格并不需要孤立。在一封信中弗洛伊德写道："这里并不缺乏制造恐慌的诱惑，但是就像你一样，在离开这里之前，我会坚持到最后一刻，甚至到了那时我也不会离开。"5月底纳粹在柏林焚毁了弗洛伊德的书，这也没有影响到他。他微笑着评论道："我们取得了多么大的进步。要是放在中世纪，他们会直接把我也烧了；现在他们只要烧我的书就满足了。"

他永远也不会知道，这只是一种进步的幻觉，10年后他们也会把他本人烧毁。

艾丁格于8月5日拜访了弗洛伊德，9月8日启程前往巴勒斯坦进行初步访问。他已经决定要在那边定居了。在停留在巴勒斯坦的两个月里，他组建了一个今天仍在蓬勃发展的巴勒斯坦精神分析学会。这一年的年底，艾丁格永远地离开了柏林。

1933年底，我作为原委员会唯一剩下的成员留在欧洲。亚伯拉罕和费伦齐死了，兰克已经离开了我们，萨克斯在波士顿，艾丁格差不多已经到了巴勒斯坦。

第三部分　最后岁月（1919—1939）

30. 在维也纳的最后时光（1934—1938）

1934年见证了德国及其"清算"运动后剩余下来的犹太分析师的撤离。这是希特勒为数不多的成就之一。回首过去，弗洛伊德和他的作品在德国如此声名远扬，这是多么令人难忘的过去，而如今几乎已经完全消失，因此20年后其作品的影响力在德国仍然远低于在巴西、日本等国家。这当然给弗洛伊德带来了极大的痛苦，也证实了他对普遍存在的反犹主义的悲观看法。

即将发生的惨剧的第一个信号是，弗洛伊德和其他心理学著作在1933年5月底被焚毁，这是希特勒上台后不久的事。1933年4月17日伯埃姆（Boehm）在维也纳拜访了弗洛伊德，征求了他对事态的建议。眼下的问题是，在新形势下没有任何犹太人在科学类委员会中任职。弗洛伊德认为，仅仅改变人事上的问题并不能阻止德国对精神分析的禁止。不过，不给他们以改变人员安排为借口插手的机会是明智的，于是弗洛伊德同意由伯埃姆取代艾丁格在理事会中的职位。沙利特医院的一些医生起草了一份对精神分析学会的起诉状，对于形势恶化的谣言也满天飞。

1933年6月，德国精神治疗协会就处于纳粹控制之下，并以"国际心理治疗医学学会"作为庇护和伪装。戈林医生（Dr. Göring）解释说，所有成员都在对希特勒的《我的奋斗》（*Mein Kampf*）进行深入研究，作为其工作的基础。克雷奇默（Kretschmer）立即辞去了主席职务，他的位置由C. G. 荣格取代。荣格成为官方杂志《精神治疗杂志》（*Zentralblatt für Psychotherapie*）的主编，1936年戈林加入作为合作编辑；1940年戈林辞职。荣格的主要研究任务是区分雅利安人的心理学和犹太人心理学之间的差别，并强调前者的价值。一位瑞士的精神病学家立即抗议这种背离科学中立性的做法，从那之后荣格遭受来自多方面的严厉批评。

1933年11月，纳粹官方心理治疗师与伯埃姆和穆勒-布伦施威格（Müller-Braunschweig）告诉他们，能使精神分析继续下去的唯一机会就是把犹太成员都排除在协会之外。这个趋势的压力不断增大，也伴随着一定威胁。一体化（Gleichschaltung）过程仍然在继续，科学学科各个分支都被"国有化"并置于中央控制之下。M. H. 戈林医生，副元首的表弟，被任命为"德国心理治疗医学学会总会长"，其职责就是尽可能统一各种形式的心理治疗，令其统统服务于国家社会主义的目标。很快，纳粹当局要求德国协会余下的成员退出国际精神分析协会，在1936年5月13日的一次大会上这项决议得到了通过。这件事标注在协会的公报上，但后来当局撤销了这个决定。

1936年7月19日，我和戈林、伯埃姆和穆勒-布伦施威格在巴塞尔（Basle）共同参加一个会议。布里尔也在场。我发现戈林是个相当随和、顺从的人，但后来事实证明，他无法兑现他给我的关于精神分析队伍将被获准自由的承诺。毫无疑问，在此期间，他已经完全了解到犹太精神分析的起源。分析训练被禁止了，但讲座仍然可以召开。然而，戈林和他的妻子着重参加各种讲座，以确保没有人使用精神分析术语，于是俄底浦斯情结不得不用同义词来替换。1937年1月，伯埃姆再次设法来到维也纳。他向弗洛伊德、安娜、马丁·弗洛伊德、费德恩、让娜·朗普-德·格鲁特等人描述德国的形势，谈了足足3个小时，直至弗洛伊德彻底失去了耐心。弗洛伊德打断了他的陈述："够了！几个世纪以来，犹太人一直在为他们的信仰而受苦。现在该轮到我们的基督徒同事们受苦了。只要我的成果能在德国准确无误地出现，是否提到我的名字就根本无所谓。"说着，他离开了房间。

1936年3月28日，马丁·弗洛伊德打电话给我报告了一个灾难性的消息，说盖世太保控制了出版社的所有财产。我立即打电报给莱比锡警察局长，解释说这是一个国际性的机构，然而这不能阻止他们的行动。于是，在接下来的两年里，出版社不得不像一具残缺的躯干一样继续在维也纳苟延残喘。即便如此，在马丁·弗洛伊德的努力下，出版社还是得以运转着，直到1938年纳粹彻底将其收缴。

那年春天，弗洛伊德的下巴局部状况不佳。2月使用伦琴射线治疗了几次，效果都不太理想，于是3月份用了镭治疗。在接下来的几个月里又重复操作了好几次，这几次治疗为弗洛伊德赢得了宝贵的一年，在这一年中什么手术都没有做。然而，痛苦糟糕的反应往往是非常巨大的，幸好曾在巴黎居里研究所（Curie Institute）培训过的路德维希·希罗斯（Ludwig Schloss）医生发现，弗洛伊德假

第三部分　最后岁月（1919—1939）

体中的金属会产生次生辐射；于是重新定做了一套装置来避免副作用。

5月初，弗洛伊德很高兴能改变一下城市里的隐居生活，拥抱更多的郊外景色。这个夏天他比去年幸运，他在格林津（Grinzing）找到了一间宽敞而迷人的房子。

阿诺德·茨威格刚刚写了一部剧，讲拿破仑在雅法（Jaffa）的故事，其中严厉批评了枪击犯人事件。在给阿诺德·茨威格的信中，弗洛伊德写道："所以你刚把一个崭新的故事冲洗了出来，这是拿破仑这个可怕的流氓一生中的一个插曲，拿破仑迷恋着他青春期的幻想，被难以置信的好运所青睐，除了家庭以外他不受其他任何人的约束，走遍世界，像一个梦游者，只为失败，最后成为一个自大狂。很少有这样的天才，他的每一步都走得如此奇特，一种典型的反绅士风格。但他建立在一个宏大的规模之上。"

那年的会议于8月26日在卢塞恩举行。我原本的计划是，在美所有社团都联合在美国精神分析协会下面，这一构想最终于23年后实现了，尽管遭到来自地方团体相当强烈的反对。正是这时，威廉·赖希辞去了协会的职务。弗洛伊德早年对他评价很高，但是赖希的政治狂热导致个人及科学观点上的隔阂。

弗洛伊德在这一年的唯一一份出版物，是为《入门讲座》的希伯来语版本所做的序。但这一年里，他构思并写作了很大一部分关于摩西和宗教思想的论题，这是他生命最后几年里非常专注研究的一个话题。这个新工作的第一份汇报是写给阿诺德·茨威格的："我不知道该如何处理自己的闲暇时间，我一直在写东西，它捕获了我，违背了我原来的意图，我不得不把其他东西都放在一边。现在你不要一想到可以读到它就高兴起来，因为我敢打赌你看了肯定高兴不起来……"

> 因为我们生活在一个严格的天主教信仰氛围中。据说，我们国家的政治形态是由P. 施密特（P.Schmidt）制订的，他是教皇的知己，不幸让自己投身于民族学和宗教学的研究中去了；在他的书中，毫不掩饰对精神分析和我的图腾理论的厌恶……现在有的人想必很期待，我的出版物引起一定的注意力，然后就是躲不过的来自佩特（Pater）的迫害。这样一来，我就会有危险在维也纳被禁止进行分析实践，也不许出版我的作品。如果这个危险只关涉我本人，那对我没什么影响力，但是如果把我们精神分析成员们在维也纳的生计来路给断了，这个责任就太重大了。还有一点是考虑到，我的成果

在我看来还不够充分，也不足以使我满意。所以目前还不是殉道的好时机。暂时先这样。

艾丁格向茨威格问起，弗洛伊德这本书中是否包含了比幻想的未来中更激进的观点，后者躲过了施密特的正式警告。茨威格向艾丁格复述了上面这封信的内容。弗洛伊德表示这本书与以往的著作不同，它只是承认宗教并非完全建立在幻觉的基础上，它还具有真理的历史内核，这才是它有效性的真正来源。他补充说，如果他坚信自己关于摩西的理论，那么就不害怕来自外部的危险，"专家们会发现，把我当作局外人来抹黑是很容易的一件事"，实际上当那一天到来时，他们也确实是这样做的。

弗洛伊德对这部作品中的历史部分不满意："这部分经受不住我自己的批评。我需要更有把握，不想让整本书的最终构想受到什么威胁，我觉得它很有价值，不希望最后看起来好像它的理论根基像松散的黏土一样靠不住。所以我们就把它先放在一边。"与此同时，他写信给艾丁格说："我不擅长写历史演义。让我们把它留给托马斯·曼吧。"但这绝非摩西故事的结局。

1935年1月，弗洛伊德给露·莎乐美写了一份长达几页的关于他对摩西和宗教观点的完整叙述。这些观点最终得出一个结论，说明宗教的力量不在于任何真实存在的真理，而是其所包含的历史真理。他得出结论："现在你明白了，露，我不能发表这套结论，尽管它令我十分着迷。在今天的奥地利，如果我发表它就会冒着被天主教当局正式禁止分析实践的危险。而正是天主教保护着我们免遭纳粹主义迫害。此外，摩西故事的历史基础还没有坚实得足以作为我无价的洞察的基础。所以我保持沉默。我相信自己可以解决这个问题就够了。它贯穿了我一生。"

2月6日，法国著名考古学家列维-布留尔（Levy-Bruhl）来看望弗洛伊德并交换书籍。弗洛伊德说道："他是一个真正的学者，尤其是跟我相对比。"同一个月，他在给巴勒斯坦的阿诺德·茨威格写信："你对春天的描述令我感到既悲伤又嫉妒。我仍有如此强烈的能力去享受生活，我对于自己被迫听天由命这件事感到不满。我生命中的一个亮点就是安娜工作的成功。"

4月，一位来自美国的绝望的母亲写信给弗洛伊德，向他寻求建议。我举这个例子是为了说明，他即使正遭受着痛苦，也愿意帮助陌生人。

> 亲爱的夫人：
>
> 我从你的信中得知你的儿子是同性恋。我最深刻的印象，是你没有在信中提到这个术语。我想问你，你为什么要回避它？同性恋绝对没有好处，但这也没有什么好羞愧的，这不是罪恶，不是堕落，它不能被归类为一种疾病；我们认为它是性发育停滞引起的性功能的变异。古往今来，许多受人尊敬的名人中有很多都是同性恋，其中不乏一些非常伟大的人物（柏拉图，米开朗琪罗，达·芬奇等）。把同性恋作为一种犯罪来迫害，也是一种极大的不公正。如果你不相信我的说法，可以读一读哈夫洛克·埃利斯的书。
>
> 您问我是否能帮忙，我猜你的意思是，问我能否帮忙消除同性恋症状，使其变成异性恋。答案是，总的来说，我们无法保证实现这个目标。在一定数量的案例中，我们成功地开发出来自异性恋的毁灭细菌，现在应用在同性恋当中，在大多数案例中这是不可能成功的。这关系到个人素质，还有年龄等方面问题。治疗的结果是无法预测的。
>
> 您的儿子应该接受什么类型的分析是另一回事。如果他不快乐，神经质，被冲突折磨，在他的社交生活中受到压抑，分析可能会给他带来心灵的和谐和宁静，非常有效，不论他仍是同性恋或是已经被改变了。如果你下定决心，他应该来找我分析一下！！我并不指望你这样做！如果他必须到维也纳来，我不打算离开这儿。但是别忘了给我你的答案。
>
> 真诚地祝福您，
弗洛伊德
1935年4月9日
>
> P.S. 我没觉得你的笔迹很难懂。希望你不会觉得我的英文写作是一项更艰巨的任务。

今年弗洛伊德的生日过得很平静，几乎没有客人来访，但他有很多信件要回复。弗洛伊德说，79是一个"相当不合理的数字"。这是一段痛苦的时光。3月和4月，弗洛伊德都动了手术。在他生日当天，他试着把那可怕的"怪物"插到

嘴里。安娜和舒尔的尝试都失败了，这意味着得请皮希勒来帮忙。

在今年的书信中，弗洛伊德几次提到他那本关于摩西的书，这种念头始终没有离开他。他一直在读从犹太历史中能找到的所有书。5月，他很兴奋地读到了泰勒-阿玛纳（Tellel-Amarna）的出土，其中提到一位王子的名字图斯摩斯（Thothmes）。他想知道那是不是"他的摩西"，并希望自己有一笔钱能到那里进行进一步研究。

5月，弗洛伊德被授予皇家医学会荣誉研究员职称，并被告知该决议获得一致通过。他孩子气地问我，这是否意味着他可以在自己的名字后面加上一串字母，例如 H.F.R.S.M.。

8月1日，安娜·弗洛伊德在巴黎与我和艾丁格见面，商讨培训事宜，所以当时弗洛伊德的情况显然已经不错，可以几天不用安娜照顾了——这是很罕见的情况。

阿诺德·茨威格刚刚完成了《凡尔登战役前的教育》（*Erziehung vor Verdun*），他在这本书中论述了他在世界大战中经历的德国的暴行。弗洛伊德对此时德国当局对犹太人所做的行径感到非常愤慨，在读完这本书之后写道："这就像是渴望已久的解放。最后人们获得了必须拥有的真理，严酷的、最后的真理。如果一个人不知道什么是凡尔登战役（及其意味着什么），他就无法理解今天的德国。幻想的破除来得太迟了，确实，对于你也是……今天人们可能会说'我从我在凡尔登战役的经历中就得出了正确结论，我早该知道不能和这样的人生活在一起'。我们都认为那只是战争，不是人民的错，其他国家也有战争，但表现得就很不同。我们不相信，但其实别人所说的关于德国佬的那些话都是真的。"

今年6月份，费希尔出版社（Fischer Verlag）邀请弗洛伊德写一封信发表，作为托马斯·曼即将迎来的60岁生日纪念。从他80岁的高龄视角来看，他对于如此年轻就要纪念这件事想必是报以微笑的。

弗洛伊德的《自传研究》的美国出版商布伦塔诺邀请他于夏天再给这本书写一点补充；他已经补充过一次了。在这份材料中他表达了没有出版过个人生活细节的遗憾，并劝告他的朋友们不要步后尘。

1936年弗洛伊德迎来了第80个生日。这可能包括一些紧张的庆典，于是几个月前就给弗洛伊德带来了许多焦虑的念头，他尽他所能地把这些活动减少到最低限度。一年前，我策划了一系列纪念散文，作为他的追随者的恰当礼物。弗洛伊德不知怎么听到了，于是写信给我："我从别处听到了一点风声。说你正在为我的 80 岁生日准备一个特别庆祝会。除了不存在任何发生的可能性之外，我还坚信一份吊唁的电报才是唯一恰当的回应。我认为，不论是分析界还是世界各国的形势都不适合举办任何庆祝活动。如果出于某种表达的需要，你无法控制，那么你应该尽可能把这些麻烦和行动减少到最小，例如弄一个相册里面是成员的照片什么的。"听到这个惊人的建议我不禁打了个寒战，我觉得这是最不可行的，但可以给人带来快乐。

然后弗洛伊德更全面地阐述了他的想法："我认为我有理由高兴，现在你是精神分析的掌舵人了，不只是因为纪念册的事。你如此理解我的疑虑，让我有勇气更进一步。让我们把纪念册或者是月刊之类的先埋葬吧。我自己建议做一个相册，这一点也没能取悦我；事实上它令我很不高兴。撇开这两件事，就意味着我有很大麻烦，也不能保证我能活到今天。现在我为这 400 张照片的审美畸形而愤怒，这都是一些我根本不认识的丑八怪，这些人当中的大部分也不想知道我的任何事。不，这不是一个适合庆祝节日的时代，既不在木马内部也不在特洛伊墙外面（intra Iliacos muros nec extra）。在我看来，唯一可能做的事情就是放弃任何共同行动，谁要是觉得一定要祝贺我，那就让他这么做，觉得没必要庆祝的人也不必害怕我会报复。还有另外一种说法。庆祝一个人的大整数生日的奥秘是什么？无疑是一种对抗生命短暂性的胜利，我们时时刻刻都会记得，这短暂已经准备好吞噬我们了。接着人们会油然而生一种共通感，觉得我们并非脆弱的存在，我们当中的一个可以抵抗得住 60 岁、70 岁、甚至 80 岁的敌意。人们会感到理解、认同，但庆祝活动显然只有当幸存者尽管全身伤痕累累，仍然能像个健壮的家伙一样加入他们时，才是有意义的；但假如跟他在一起时没有什么欢乐可言，那么庆祝也就失去了意义。既然后者就是我的处境，我自己承担自己的命运，我宁愿我的朋友们把我的 80 岁生日当作私事对待。"

这件事暂时解决了，但随着可怕的日期越来越近，弗洛伊德对强加给他的压力的焦虑不断增加。一批追随者和陌生人宣布了去看望他的打算，包括艾丁格、兰道尔、拉福格和我。玛丽·波拿巴主动提出过来，但后来若有所思地推迟了访问时间。考虑到这件事，弗洛伊德给阿诺德·茨威格写了一封信，谈起各国新闻界的意图并评论道："在这样一个兵荒马乱的时候想着做些什么是多么可笑啊，活得长也只是受折磨,不,宁肯让我们成为敌人。"他安慰自己说,庆祝会只会持续几天,而且在一生中可能只有这一次;"然后将会迎来一个美好的休息时刻,连公鸡的啼叫声都不会打扰到我。"

生日悄悄过去了,弗洛伊德的房间变成了花店。他现在的情况极好,从3月份那场痛苦的手术中恢复过来。但6个星期过后,弗洛伊德仍在努力应付他必须回复的来自全世界的祝贺。

这次生日带来20世纪两位伟人之间的一次通信,在这里值得全文呈献。

尊敬的弗洛伊德先生:

我很高兴这一代人有幸能有机会向您表达他们的敬意和感激之情,您是最伟大的导师之一。毫无疑问,对于那些怀疑主义的俗人来说,他们很难对您做出独立的判断。直到最近我才领会到您想法中的思辨力量对当今这个时代世界观的强大影响力,对于其中所包含的巨大真理,我们无法形成明确的数量概念。然后不久之前,我有机会听到几个实例,它们本身不是很重要,但据我判断只有压抑理论可以解释,其他的解释都不成立。我很高兴能遇到这样的案例;当一个宏伟而美丽的概念与现实达成一致时,总是令人感到愉快的。

致以我最诚挚的祝福和最深沉的敬意。

你的,

A. 爱因斯坦

普林斯顿 1936 年 4 月 21 日

P.S. 请勿回信。我的喜悦用这一封信就足够表达了。

尊敬的爱因斯坦先生:

您反对我回复您那封亲切的信是徒劳的。我真的必须告诉你,听到你改变了看法我是多么高兴——至少是刚刚开始出现变化。当然,我一直知道你只是出于礼貌而"钦佩"我,其实对我的任何教义都不甚信任,虽然我也经常问自己,如果我的理论不是真的,也即,如果它们并没有包含着大量的真理,那么它们到底还有什么值得赞美的地方呢?顺便问一下,假如我的学说中包含了更大比例的错误和疯狂成分,您认为我就不应该受到更好的对待

第三部分 最后岁月（1919—1939）

吗？你比我年轻很多，当你到了我这个年纪时，能把你算在我的"追随者"中。既然到那时候我已经不知道了，那么我现在就开始期待这样的满足。（你知道我脑海中划过的一句话是什么吗？这是崇高的时刻，我知道 / 现在享受最高时刻的幸福。①）

忠诚而热烈地崇拜您的
弗洛伊德
维也纳 1936 年 3 月 5 日

关于生日庆典，弗洛伊德最喜欢的部分，或者说最不那么介意的事，就是托马斯·曼前去看望他。5 月 8 日，曼在医学心理学学术大会（Akademische Verein fur Medizinische Psychologie）上做了一次令人印象深刻的演讲。那个月，托马斯·曼在不同场合进行了 5 到 6 次演讲，6 周后的 6 月 14 日，星期日，他把讲稿读给弗洛伊德听，弗洛伊德表示这份演讲比他之前道听途说的还要精彩。但弗洛伊德并不是被其他说法所蒙骗："维也纳的同事们也庆祝了这件事，各种迹象都泄露了他们做这件事的困难。教育部部长以礼貌的方式向我致以隆重祝贺，但奥地利的媒体处于被收缴的痛苦之中，被禁止提及这件可悲的事。许多国内外的文章都清楚地表达了他们的拒绝和仇恨。所以我还是很欣慰，诚实并未从这个世界上彻底消失。"

弗洛伊德收到了许许多多的礼物，包括托马斯·曼、罗曼·罗兰、儒尔·罗曼（Jules Romains）、H. G. 威尔斯、弗吉尼亚·伍尔夫（Virginia Woolf）、斯蒂芬·茨威格及其他 191 位作家和艺术家都寄来了签名礼物。托马斯·曼在弗洛伊德生日当天亲自送到他手中。

当然，也有很多私人电话来访。其中一个问弗洛伊德感觉如何，弗洛伊德这样回答："一个 80 岁的老人感觉如何，不太适合作为谈话的话题。"

与此同时，弗洛伊德还是美国心理协会、美国精神分析协会、法国精神分析协会、纽约神经学协会、皇家医学心理学协会的荣誉会员。

在这些授予的头衔当中，他得到的最高的认可，同时也是他最珍爱的一项，

---

① Ein Vorgefuhl von solchem Gluck geniesse ich, etc.（《浮士德》，第五幕）

30. 在维也纳的最后时光（1934—1938）

是皇家学会的通讯成员（Corresponding Membership of the Royal Society）。弗洛伊德是由一位杰出的物理学家、我的一位老病人提名的。我记得是当时在协会委员会中的威尔弗雷德·特洛特（Wilfred Trotter）向我通报了这一令人惊喜的消息。他们都曾隐隐约约听闻过弗洛伊德的名字，不过没有人了解他的任何研究工作，但是特洛特有独特方式说服委员会。

然而，没有哪所大学授予过弗洛伊德荣誉学位；他一生中唯一一次获得的奖学金，是 30 年前来自马萨诸塞州克拉克大学。

5 月，弗洛伊德与露·莎乐美最后一次交换了信件，持续了长达 24 年的书信往来就这样结束了。莎乐美死于次年 2 月。弗洛伊德非常崇拜她，也很喜欢她，"很奇怪，没有任何性方面的吸引力"。他将莎乐美形容为他与尼采之间的真实纽带。

当阿诺德·茨威格提出为弗洛伊德写传记时，弗洛伊德很是震惊。他坚决地拒绝了，告诉他还有许许多多更有价值的东西值得他去写。弗洛伊德对于传记的观点无疑是非常极端的，他补充说道："写传记就是让自己与撒谎、隐瞒、虚伪并和恭维挂钩，甚至是隐藏他自己的无知，因为传记的材料无法获得，如果可以获得也不能用。真相无法通达；人类根本不值得做传，哈姆雷特王子说得多么正确啊，如果有了沙漠，谁能逃脱鞭打？"如今我面对着这些可怕的名言继续我的使命。

弗洛伊德现在越来越确定，奥地利的未来是与纳粹联系在一起的，尽管他心目中是奥地利纳粹，（错误地）认为他们可能会更温和一些。所以他评论道："我等待着自己的人生落下帷幕，遗憾越来越少。"

7 月，弗洛伊德经历了两次非常痛苦的手术，自 1923 年第一次发现癌症以来，这是第二次发现有明确的癌症迹象存在。在过去的 5 年里，医生们一直通过去除癌前组织来守护它，但从现在起，他们知道敌人已经与自己面对面了，而且必须等待着恶性肿瘤的不断复发。

下一个大事件，是 8 月 2 号的马里昂巴德大会。地点选在这里，以便安娜·弗洛伊德参加会议的同时，能够兼顾父亲那边的紧急情况。在我的主席致辞中，我把捷克斯洛伐克描述成一个被极权国家包围的自由之岛，并对后者做了一些评论，这使我登上了纳粹"黑名单"，他们一入侵英国我就被"清算"了。艾丁格在大会开始之前拜访了弗洛伊德——他没能出席他的 80 岁生日宴——我在不久以后也去拜访了他；这是我最后一次见到弗洛伊德，直到 18 个月后移民危机的爆发。

9 月 14 日，弗洛伊德安静地庆祝了金婚纪念日。他幸存的 4 个孩子都到场了，除了奥利弗。他用他典型的简洁的轻描淡写，向玛丽·波拿巴评论道："这对解决婚姻问题确实不失为一个好办法，她今天仍然很温柔，健康，活跃。"

年度之交是弗洛伊德的又一个艰难时期，安娜发现了一个可疑的地方，皮希勒诊断为癌性的，但后来证明这是一个错误判断。"上周六，12 月 12 日，皮希勒告诉我，他不得不灼烧一个他很怀疑的新的部位。① 他这么做了，这一次显微镜检查显示的只是一些无害的组织，但术后的反应是相当可怕的。疼得无以复加，在接下来的日子里，我的嘴巴被严重地封住了，以至于什么也吃不了，而且喝水也很困难。为了继续我的分析工作，要每隔半小时换一个热水瓶来支撑我的脸颊。短波疗法可以减轻痛苦，但不会持续很久。我被告知必须再忍受一个星期。② 我希望你能看到，乔飞③ 对我的痛苦表现出了何等的同情，就好像它什么都明白似的。

"我们的教育部长已经正式宣布，没有任何预设地进行科研那种自由的时代已经宣告结束了。从现在开始，科学研究必须与基督教德国的世界观相一致。这真是一段好日子！就像在亲爱的德国一样！"

刚才提到的那次手术，是这么多年漫长的痛楚之中弗洛伊德唯一一次大喊道"我忍受不了了"。这令皮希勒有些吃惊，但外科医生的强大神经使他坚持完成了手术，这是弗洛伊德唯一一次抗议。

1937 年 1 月，弗洛伊德又经历了一次新的失去，那只过去 7 年来他非常依恋的母狗离开了他。他常常与同是动物爱好者的玛丽·波拿巴交心谈话。仅在一个月以前的 12 月 6 日，他写道：

你从雅典寄来的卡片和写托西（Topsy）那本书的手稿刚刚寄到。我非常爱它；它是如此感人而真实。当然，这不是一份精神分析类的著作，但可以从中感知到分析学家探寻真理和知识的努力。关于人类为什么会对动物，比如你的托西和我的乔飞爱得这么深，这本书为这个惊人的事实给出了原

---

① 类似的经历还有无数次，这只是其中一次。
② 然而这一次持续了很久很久。
③ 他的狗。

30. 在维也纳的最后时光（1934—1938）

因：没有任何矛盾的感情，简单的生活，远离难以忍受的文明冲突，存在本身之美。尽管身体器官的发育相去甚远，但不可否认有一种亲密的感情联结在一起。很多时候，当我抚摸着乔飞的时候，我会发现自己哼着一首曲子，虽然我五音不全但我能辨识得出来，暗示唐璜（Don Juan）里面的咏叹调：

友谊的纽带

把我们绑在一起①

当你还是54岁时，你无法不去想到死亡，当你得知我一个80岁半的人，担心自己是否会活到我父亲和哥哥的年龄，或者活到我母亲的年龄时也不会感到惊讶，一方面是为休息的渴望和害怕新生活带来的痛苦之间的冲突而苦恼着；另一方面，等待着与我身边的一切分离的那种痛苦。

然而，由于两个巨大的卵巢囊肿，乔飞不得不接受手术治疗。手术看似很成功，但两天后它突然死掉了。弗洛伊德觉得，他离开了狗就无法生活下去了，于是去多萝西·伯林翰（Dorothy Burlingham）那里领回来另一只叫伦（Lun）的狗。这条狗4年前由于乔飞的嫉妒，弗洛伊德不得不把它送到多萝西家里。

另一个事件也发生在这个月，这对我们了解弗洛伊德的性格和工作有着重要作用。玛丽·波拿巴通知他，她拿到了他和弗里斯的通信。弗洛伊德立即回答："我和弗里斯的通信这件事，令我非常惊恐。他死后，他的遗孀向我要了他的信。我无条件地同意了，但我没有找到。不论是我销毁了这些信，还是聪明地藏起来了，我现在也不知道……我们的通信是那种你能想象到的最亲密的。如果它们落入陌生人之手，后果将痛苦不堪。所以你能拿到并且保护免于危险真的是太好了，我对你为此付出的代价感到万分抱歉。我可以支付一半的费用补偿吗？如果那个人直接来找我的话，我本该自己买下来的。我不想让后世知道它的内容。"这些重要信件的后续命运我们之前已经说过了。

3月，弗洛伊德越来越关注纳粹政权的迫近。"政治形势似乎正在变得越来越阴沉。纳粹的入侵可能不会受到阻止，将会为精神分析及其他方面都带来糟糕的结果。我只希望自己不要活着看到这一切。"

---

① A bond of friendship.
　 binds us both, etc.

第三部分 最后岁月（1919—1939）

法国分析师爱德华·碧尚（Edouard Pichon）、雅奈的女婿，写信给弗洛伊德问能否接受雅奈的拜访。弗洛伊德在给玛丽·波拿巴的信中写道："不，我不会见雅奈的。我无法不去指责他对待精神分析和我个人的那些不公正的行径，他甚至都没有纠正过。他实在太蠢了，蠢到说出神经症的性病因只会出现在维也纳这种氛围的城市里这种话。一些法国作者还散布谣言说，我听过他的讲座，窃取了他的观点，他用一句话就能总结这种说法。事实上我在沙尔可那里学习的日子里从未见过他，也没听过他的名字：他从来没说过这些话。你可以从他的谈吐中对他的科学水平有一个把握，他说无意识是一种说话方式（une façon de parler）。不，我不会见他的。一开始我想过，用一些委婉的借口来拒绝他，比方说我身体情况不好，不能说法语，他当然一句德语也听不懂。但是我已经决定不这么做。我没有理由为他做任何牺牲。诚实是我可以做的唯一事情；粗鲁也很正常。"

4月30日，弗洛伊德离开维也纳，前往在格林津之前住的房子，但是出发当日他患了严重的中耳炎。月底，他又一次在疗养院进行了那无尽的手术中的又一次，这一次伴随着环己巴比妥静脉注射。然而总的来说，整个夏天和秋天都过得尚可忍受，弗洛伊德从周围令人心旷神怡的环境中收获了许多乐趣。

11月，他写了这样一封信给斯蒂芬·茨威格：

尊敬的博士先生：

我很难说你那封好心的信到底是给我带来了更多的快乐，还是更多痛苦。我遭受着我所生活的时代之苦，正如你一样。我唯一感到安慰的，就是与其他人一起怀抱着希望的感觉，确信有一些共同的事物对于我们来说仍然是珍贵的，有着不容置辩的价值。但是我可能会以一种友好的方式嫉妒你，因为你可以通过你那可爱的工作来防御。也许它会越来越成功！提前赞美你的《麦哲伦》（Megallan）。

正如你所说的，我的工作是我背后的支撑。没有人能够预言，要等多久才能正确地评估它。我自己也不确定；怀疑永远无法与研究分离，我所挖掘出来的不过只是真理的一小块残片。眼前的未来是黑暗的，对于我的精神分析事业来说也是如此。无论如何，在我可能还得活下去的几个星期或几个月里，我不会经历任何令人愉快的事。

这完全违背了我的意图，我已经快要抱怨了。我希望能以一种人性化

30. 在维也纳的最后时光（1934—1938）

的方式靠近你，而不是被崇拜地视作大海中的岩石，在风浪之中徒然破碎。即使我的反抗总是沉默，它仍然包含着蔑视，以及掉落的废墟会让他毫无畏惧（impavidum ferient ruinae）[①]。

我盼望读到你下一本美丽的振奋人心的杰作，希望你不要让我等太久。

您真诚的
西格蒙德·弗洛伊德
维也纳 1937 年 11 月 17 日

---

① 贺拉斯语。

第三部分　最后岁月（1919—1939）

31. 伦敦——结局

1938年3月11日，纳粹入侵奥地利，这是弗洛伊德离开故乡前往异国他乡的信号，他踏上了他的先人们常常疲倦地走过的征程。但这一次要前往的是他很喜欢的一个地方。在他生命中的许多时刻，他都在盘算着走上这一步，还有许多时候他收到邀请，希望他前往。但他天性深处有某种东西始终阻碍着他做出这个决定，甚至在他的最后关头，仍然不愿意严肃考虑这件事。

得知他心里的抵抗多么强烈，以及他在最后几年里经常表达在维也纳呆到最后一刻的决心，我对结局其实并没有抱太大希望。但就在纳粹入侵几天后，我与多萝西·伯林翰通电话，她几乎已经是弗洛伊德家的成员之一了；我又和巴黎的玛丽·波拿巴通了三次电话，于是决定做出最后的努力，劝说弗洛伊德改变主意。那时候没有通往维也纳的航班，所以我于3月15号乘上飞往布拉格的航班，到了那边之后又坐上一架单翼机，完成了这次旅途。行途中看到的景象一片萧条。机场上堆满了德国军用飞机，他们孜孜不倦地恐吓维也纳人。街道上满是轰鸣的坦克，一些人咆哮着"希特勒万岁"，但不难看出，大部分都是用载客列车一列列运送过去的德国人，目的就是为了渲染气氛。我先去了我弟妹那里，安娜·弗洛伊德在那里与我联系，之后我按照她的建议先去了出版社，希望我的国际性身份可以发挥作用。楼梯间被一群模样邪恶的年轻人把守着，手持匕首和手枪。马丁·弗洛伊德被拘捕，坐在角落里。纳粹"当局"正在清点抽屉里的现金。我一开口也被逮捕了，当我提出要与英国大使馆沟通时，他们所说的话，让我明白自希特勒上台以来，英国的威望已经降低到何种程度。一小时后，我被释放了，然后沿着街道来到弗洛伊德的住处。

在此期间出现了奇特的一幕。一帮匪徒似的人闯进来，其中三四个强行进入饭厅。弗洛伊德夫人像大多数人在紧急情况下的反应一样，用她的本能来应对这件事。她热情地邀请哨兵们在门口先坐下，后来说，有陌生人站在家里觉得很不舒服。此举带来一些尴尬，她的下一步行动使这种尴尬加强了。她取出家里的钱放在餐桌上，轻车熟路地说："先生们烦请自便吧。"安娜·弗洛伊德随后把它们拿到另一个房间里打开。总额达 6000 奥地利先令（约 840 美元）。他们正争论着是否继续这场小额盗窃活动，一个虚弱而憔悴的身影出现在门口。这是弗洛伊德，他受到声音惊扰过来的。他一直皱着眉头，眼神凌厉得让一切旧约先知都会羡慕，他那低沉的神情让这群人不由得狼狈起来。他们说改天还会再来，说着匆忙离开了。一周后，盖世太保来了，对各个房间都彻底地搜查了一番，声称是要搜索反纳粹文件；但是，很明显他们没有进入弗洛伊德的房间。他们离开的时候，把安娜·弗洛伊德带走了。

　　我一到就与弗洛伊德展开了一场开诚布公的谈话。正如我所担心的那样，他想一直呆在维也纳。我首先请求说，他不是独自一人，许多人都珍视他的生命，他叹了一口气回答说："是独自一人。哎，如果我是孤身一人的话，我早就结束生命了。"但他不得不承认我的话的力量，然后又争辩说自己太虚弱了，无法去任何地方；甚至不能爬上车厢，欧洲大陆的火车都需要爬上去。这种说法说不通，他又指出，没有哪个国家会准许他入境。这确实是很有力的论据；对于今天的人们来说，很难理解当时各个国家是多么残忍地对待那些有可能移民过来的人，他们对失业的恐惧是如此强烈。法国是唯一一个承认外国人享有一切自由的国家，但条件是他们不能在境内谋生；如果他们愿意的话，欢迎他们来法国挨饿。我只能请求弗洛伊德允许我回到英国去看看，他的情况可否成为例外。然后他做了最后的表态。他不能离开自己的故乡；这会像一个擅离职守的士兵。我引用莱特勒（Lightoller）的一句话成功地反驳了这种说法，莱特勒是泰坦尼克号（Titanic）上的二副，他从未离开自己的船，是他的船离开了他；这句话最终赢得了弗洛伊德的同意。

　　第一个难题，可能是最难的难题解决了。第二个问题是，我能否争取到在英国生活的许可，对此我比较有信心，而且也正如后来事情证明的那样，我的判断是正确的。第三个是说服纳粹释放弗洛伊德，对此我无能为力，但伟大的人物往往有更多朋友，哪怕是在高层，可能比他们自己知道的还多。W. C. 布利特（W.C.Bullitt）是美国驻法国大使，也是罗斯福总统的私人朋友，立即打电话给罗斯福恳求他介入此事。美国总统在世界上有着重要地位，在干涉别国内政之前必然要三思而后行，但罗斯福让他的国务卿给驻维也纳的代办威利先生（Mr.Wiley）发送指示，让他在此事上竭尽所能。威利先生在他权力范围之内也确实尽职尽责

第三部分　最后岁月（1919—1939）

地按照指示行事。在巴黎，布利特拜访了德国驻法国大使格拉夫·冯·维杰克（Graf von Welczeck），言辞直白地告诉他如果纳粹虐待弗洛伊德，世界丑闻将会如何发展。维杰克作为一个知识分子和人道主义者，并不需要这种说服，他马上采取措施，抢在纳粹最高当局之前处理了此事。当时常与领袖有密切接触的爱德华多·韦斯（Edoardo Weiss）告诉我说，墨索里尼还制订了一个行动方针，直接针对希特勒或是其驻维也纳的大使。这是希特勒真正感激墨索里尼的时刻，后者将侵略奥地利的机会留给了他。

所以在一件又一件事当中，纳粹感觉不敢冒险拒绝弗洛伊德的出境许可，虽然他们决定得到应得的第一磅肉。

我在维也纳度过的那几天十分忙碌。穆勒-布伦施威格和一个纳粹政委从柏林赶来清算精神分析的势力。维也纳协会理事会于3月13日举行了一次会议，会议决定，如果可能的话，每个成员都应该逃离维也纳，新协会的所在地应取决于弗洛伊德本人在哪里。弗洛伊德说："耶稣撒冷神庙被提图斯（Titus）摧毁后，约什南·本·撒凯（Jochanan ben Sakkai）拉比请求在雅比尼城（Jabneh）开设学校讲授托拉。我们也打算这么做。毕竟，我们可以运用我们历史上遭受迫害的传统，和我们中的一些个人经验"。他笑着指向了理查德·斯特巴（Richard Sterba）："只有一个例外。"然而，斯特巴却决心与他的犹太同事们共命运，两天后他启程前往瑞士；他严辞拒绝了德国分析师让他回去的花言巧语，而选择担任了维也纳研究所和诊所的主任。于是这里不会被德军的一兵一卒接管，他们不得不满足于扣押协会图书馆，更不必说出版社的全部财产了。

3月17日，玛丽·波拿巴从巴黎来到英国，我觉得离开维也纳去英国寻求许可的紧急任务胜算更大。当时的内政部长萨缪尔·霍尔（Samuel Hoare）先生跟我都在一个私人滑冰俱乐部，稍微认识一点；这就是为什么在写给维也纳的信中我将他伪装地称作"我的滑冰伙伴"。但在这样一个关键问题上，只有获得全方位的支持才能安心，而重要的则是来自英国皇家学会的支持，两年前该协会曾授予弗洛伊德奖项；他们很少会介入社会或政治性事件，一旦介入，他们的意见会得到特别的尊重。所以3月22日我抵达伦敦后，第一个行动就是寻求威尔弗雷德·特洛特的帮助，他是英国皇家学会的理事会成员，他给时任英国皇家学会主席、著名物理学家威廉姆·布莱格（William Bragg）写了一封介绍信。第二天我见到了他。他立刻给我一封信，让我转交内政大臣。尽管不是第一次，但我还是惊讶地发现，一位杰出的科学家在俗世事务上可以多么天真幼稚。他问我："你真觉得，德国人对犹太人很坏吗？"

接着就是内政部。我很欣慰且并不意外地看到，萨缪尔·霍尔先生没有任何犹豫地显现出他一贯的慈善之心——给我一张表格填写许可申请，包括弗洛伊德及其家人、仆人、他的私人医生、他的学生及其家人的工作许可。

最后剩下的难题就是获得纳粹方面的释放许可了。接下来是 3 个月的焦急等待，当然对于维也纳的人们来说这份等待更为焦灼。弗洛伊德雇了一位很友好的律师——因陀罗博士（Dr.Indra），后者尽一切可能帮助他。幸运的是，一名由纳粹指派监管这项事务及其复杂的财务问题的官员——政委索尔瓦德博士（Dr. Sauerwald），尽管是一个狂热的反犹太主义者，最后却出于奇特的理由提供了帮助。他在大学里曾师从赫齐格（Herzig）教授学习化学，后者是弗洛伊德的一个终身的犹太友人，索尔瓦德极其崇拜和敬重自己的导师。正如他所说，他将这种崇拜一直延伸到弗洛伊德身上。尽管索尔瓦德知道弗洛伊德会把钱财带往国外，但他还是冒着巨大的风险帮忙隐瞒了这个事实，直至弗洛伊德及其财产一并离开维也纳；在这之后，弗洛伊德就可以拒绝纳粹要求上缴财产的要求了。

玛丽·波拿巴和安娜·弗洛伊德审阅了弗洛伊德所有的文件和书信，把那些她们觉得不值得带去伦敦的都烧毁了。在提交必要的安全说明（unbedenklichkeitserklärung）（！）之前，纳粹当局要求他们缴纳一大笔以所得税、逃亡税（Reichsfluchtsteuer）等为名的款项。这笔钱对于弗洛伊德来说是很困难的，但他们威胁说如果他不交，就没收他的图书馆和收藏。于是玛丽·波拿巴为此预付了一些奥地利先令。

调查过程是非常仔细的。例如，当纳粹发现马丁·弗洛伊德在中立国瑞士安全地保存着著作全集，坚持要他和他父亲发出指示将其带回维也纳，以便烧毁。当然，弗洛伊德的银行账户也被查封了。

美国的临时代办威利先生一直密切关注着事情的进展。他在前一次纳粹突袭的晚上拜访了弗洛伊德，在安娜·弗洛伊德被捕的那一刻，他通过电话进行了一些成功的干预。美国使馆一位成员曾陪伴弗洛伊德从维也纳抵达巴黎，我们不知道这是一次偶然还是官方性质的，但他尽其所能使这次旅途变得安全舒适一些。

马丁·弗洛伊德经常被盖世太保头目召过去问话，但从未被通宵扣查。更糟糕的，是一天安娜·弗洛伊德被盖世太保逮捕了，并拘留了一整天。这无疑是

第三部分 最后岁月（1919—1939）

弗洛伊德一生中最黑暗的日子。想到这个世界上他最珍视、最依赖的人，有可能像其他人经常发生的情况一样，遭受着被折磨和驱逐到集中营去的危险，这简直难以忍受。弗洛伊德一整天都在踱来踱去，无休止地抽着雪茄烟来麻木自己的情绪。晚上7点，她回来的时候，一切都解禁了。3月22日那天，在弗洛伊德的日记里只是简洁地写道："安娜在盖世太保那里。"

这些年里，弗洛伊德和女儿安娜之间的感情也发展成了非常亲密的关系。但二人都很厌恶多愁善感的表现，表达感情也十分含蓄。在二人之间更多的是一种深深的沉默的理解和共鸣。他们之间的相互理解一定是非常不寻常的，一种无声的交流，近乎心灵感应。在那里，最深的思想和感情可以用细微的动作传递。女儿的奉献无疑与父亲的爱及其感激是同样深刻的。

打发等待的时间有很多种方式。弗洛伊德翻遍了他的书，挑选了一些想带去伦敦的，把不再想要的都处理掉了。这些被处理掉的书几年前在一家书店里找到了，纽约协会买了下来并补充到他们的图书馆里。弗洛伊德仔细研究了伦敦地图，阅读了一些关于伦敦的指南。他和安娜完成了玛丽·波拿巴的书《托西》（*Topsy*）的翻译工作，安娜18个月前就开始翻译了。然后安娜·弗洛伊德翻译了一本以赛亚·柏林（Israel Berlin）的书——《无意识》（*The Unconscious*），弗洛伊德翻译了其中讲萨缪尔·巴特勒（Samuel Butler）的一章。这是自翻译沙尔可和伯恩海姆（Bernheim）的作品以后，弗洛伊德时隔多年首次重拾翻译。此外他还写了一些书信。在给我的信中他写道：

> 你的两封信，给我和安娜的，都在今天收到了。这些信都如此令人振奋，又如此善良，我深受感动立即提笔写信给你，不是出于任何外部理由，纯粹是遵循内心的冲动。
>
> 有时候我会想，也许你认为，在我们眼中你只是想履行自己的职责，你会认为我们并没有对你所做的一切抱有深深的感激和诚挚的感动，这种想法使我不安。我向你保证，情况并非如此，我们看到了你的善良，而且也希望能够尽我所能地报答它。这只是我感情的一种孤零零的表达，因为在亲密的朋友之间，还有很多明显没有表达出来的东西。
>
> ……我现在每天都会为我的摩西那本书工作一小时，它就像个"不放手的幽灵"一样折磨着我。我怀疑我是否能排除一切外部和内部的困难完成

31. 伦敦——结局

第三部分。目前我不能相信。但谁知道呢?

5月,获得出境许可的机会越来越有希望了,弗洛伊德写信给在伦敦的儿子恩斯特:

> 这些黑暗的日子里,有两种希望使我们振作起来:与你团聚和——在自由中死去。[1] 有时候我会拿自己与年老的雅各伯做比,年迈的他把孩子带到了埃及。希望结局不要跟他一样,从埃及出走。永世流浪的犹太人[2]是时候在某处安息了。
>
> 对于我们老年人来说,在处理新家庭的困难时能取得多大成功还有待观察。你会帮助我们的。没有什么能与解脱相匹敌。安娜一定会很轻松,这是至关重要的,因为假如我们三人都是 73 到 82 岁之间的话,这一切都没什么意义了。

第一个获准出行的家庭成员是明娜·伯奈斯,多萝西·伯林翰从疗养院把她接出来护送至伦敦;她们于 5 月 5 号离开维也纳。弗洛伊德的大儿子马丁(他的太太和孩子们已经在巴黎)和他的女儿马蒂尔德·霍利切尔(Mathilde Hollitscher)及其丈夫也都在其父母之前出动了。

弗洛伊德对必须走完的一套手续复杂的流程仍然报以讽刺的态度。获得出境签证的条件之一是签署一份内容如下的文件:"我,弗洛伊德教授,特此确认在奥地利德意志帝国联合后,德国当局尤其是盖世太保给予了我应有的尊重,也对我的科学声誉给予了应有的考虑,我可以完全自由地工作和生活,我可以继续追求我所期望的一切活动,我在这些方面都获得了全力支持,我没有任何抱怨的理由。"纳粹政委带来了这份文件,弗洛伊德当然没有丝毫后悔地签署了它,但他问道是否可以加上一句:"我衷心地为所有人推荐盖世太保。"

即使是在这些焦虑的时刻,弗洛伊德也没有抛下体贴的个性。当约瑟夫·布罗伊尔的长子罗伯特·布罗伊尔(Robert Breuer)的遗孀汉娜·布罗伊尔(Hanna

---

[1] To die in freedom.(最后一个单词是用英文写的。)
[2] Ahasverus.

Breuer）前来向他寻求移民帮助时，弗洛伊德立即让她的女儿玛丽来见他。他对她非常友好，并让布里尔给这一家人签发必要的美国书面宣誓书（American affidavits）。

焦灼的等待终于在6月4日结束了，备齐了一些必要文件和出境许可证，弗洛伊德、太太和女儿最后一次离开了这座他如此依恋的、曾生活了79年的城市。跟他们一起离开的还有两位女仆。其中一位是宝拉·菲赫特尔（Paula Fichtl），这是一个了不起的人物，自此她打理着整个家庭的经济事务。

弗洛伊德在维也纳的漫长岁月到这里就结束了。

次日凌晨3点，他们越过边境乘上法国的东方快车，终于松了一口气，知道应该再也不会见到纳粹了。弗洛伊德的医生舒尔博士因阑尾炎发作无法陪他们同行，不过安娜的一个朋友约瑟芬·斯特罗斯（Josephine Stross）博士，在这场劳顿的旅途中完美地替代了舒尔。他们在巴黎见到了玛丽·波拿巴、大使布利特、哈利·弗洛伊德和恩斯特·弗洛伊德，后者陪他们一同完成了后半段旅程。他们在玛丽·波拿巴美丽而好客的家里度过了美妙的12小时，玛丽·波拿巴告诉弗洛伊德，他的黄金很安全。弗洛伊德经历了一系列彻底的通货贬值的痛苦，货币的价值曾一度完全消失了，于是他明智地保存了一笔金币，以防将来发生任何灾难。玛丽·波拿巴没办法从维也纳拿出这笔钱，于是借助希腊驻维也纳大使馆的力量，把这笔钱送到希腊国王那里去，不久后又经由此转移到希腊驻伦敦大使馆。

他们夜晚坐渡船抵达多佛（Dover），枢密大臣德·拉·瓦尔勋爵（De La Warr）把一切都安排好了，给予他们外交特权，他们在当地或伦敦都不必接受检查。他还专门安排铁路部门，到维多利亚的火车要停到一个特殊的站台上去，从而避开那些好奇的围观群众、记者们的闪光灯和那些前来欢迎的庞大人群。他们受南方铁路局局长和维多利亚火车站站长的热列欢迎。弗洛伊德的长女马蒂尔德和长子马丁，当然还有我和我太太，都在等待着，团聚的一幕非常感人。我们跳进我的车里匆匆逃走了，新闻媒体的记者花了好一阵子才追上我们；恩斯特和安娜留下收拾大量的行李。我开过白金汉宫、伯灵顿宫、皮卡迪利广场和摄政街，弗洛伊德一路都在急切地识别每一处景点，指给他太太看。第一站是埃尔斯沃西路39号，恩斯特·弗洛伊德在那里租了房子作为永久的家。

31. 伦敦——结局

弗洛伊德的心脏很好地承受了这次旅途，比他预想中要好，尽管还是需要几剂硝酸甘油和士的宁才帮他维持了这一路。

在从巴黎到伦敦的夜晚旅途中，弗洛伊德梦见自己在佩文西（Pevensey）降落。他对儿子说起这个梦时，解释道，佩文西是征服者威廉于1066年抵达的地方。这种话听起来完全不像是一位沮丧的难民说出来的，的确，这预示着弗洛伊德将在英国受到近乎皇室般的荣耀欢迎。

弗洛伊德从旅途劳顿中重整旗鼓，很快就能在花园中短暂地漫步了。这座花园毗邻樱草山和摄政公园，可以眺望城市的远景。弗洛伊德第一次走进花园时，举起双臂向我说了一句有名的话："我几乎忍不住要大喊一声'希特勒万岁'。"在漫长的冬天和春天里，他从维也纳那间禁闭的公寓，来到这个令人愉快的地方，这种改变极大地鼓舞了他，弗洛伊德拥有了无比幸福的时刻。不仅如此，弗洛伊德还在英国受到有些出乎他意料的热烈欢迎。他抵达两天后这样写道："在这里有很多话要写，这里的生活令人非常愉快。维多利亚火车站的接待，以及最开始两天的报纸都非常友好、非常热情。我们被淹没在花束之中。接着有许多有趣的信件涌来：只有三封信是要签名的，一个画家提出在我有空的时候给我画像等等……大多数英国的团体成员都发来了问候，一些科学家团体和犹太社团；《抵抗》（*Pièce de Résistance*）是一封来自克利夫兰的长达四页的电报，由'所有不同信仰和职业的公民们'签名。这是一份非常恭敬的邀请，里面包括各种各样的承诺，确保我们在这里更好地安家。（既然已经打开了这些信我们就得回复！）最后，是来自英格兰的惊喜，一些陌生人来信，他们只想告诉我们，我们来到英国是多么幸福，我们是安全与和平的。真的好像我们的安危就是他们自己的牵挂一样。类似的这些事我可以写上好几个小时都不会累。"

几天来，报纸上充斥着关于弗洛伊德到来的照片和一些非常友好的报道，医学期刊也发表了一些简短的文章表示欢迎。《柳叶刀》（*Lancet*）写道："他的学说在他的那个时代引起了争议，比达尔文的时代更为激烈和敌对。现在他年老了，任何学校几乎没有心理学家会说，没有受到他的理论的影响。弗洛伊德提出的一些学说第一次清晰地进入当代哲学，抵抗了那些固执的怀疑，后者被弗洛伊德称为人类对于无法忍受的真相的本能反应。"《英国医学杂志》（*The British Medical Journal*）说："英国医学界会为他们的国家为弗洛伊德教授提供庇护而感到骄傲，他选择了它作为自己的新家。"

第三部分 最后岁月（1919—1939）

弗洛伊德甚至还收到了一些珍贵的古董作为礼物，这些人显然知道弗洛伊德不确定自己从维也纳运过来的收藏品能否安全抵达。出租车司机也知道他住在哪里，银行经理和他打招呼时也表示："我知道关于你的一切。"

但在英国也不完全都是快乐的。除了担忧明娜严峻的健康状况和自己的心脏状况之外，还有一些其他的感情影响着他。在他抵达伦敦的那一天，弗洛伊德写信给艾丁格："胜利解脱的感觉又夹杂着强烈的悲伤，因为我被一直深爱着的监狱释放了。"

据我所知，这是弗洛伊德生命中唯一一次承认了他对维也纳的这份感情。相反在不少时候，他都会表达对维也纳的强烈厌恶。深沉的爱，被他藏得那么深，这想必就是他坚持不懈地拒绝离开的理由。

弗洛伊德非常想念他的好伙伴伦。但由于英国、法国严格限制狂犬病，它在伦敦西部的拉德布罗克丛林（Ladbroke Grove）被隔离了 6 个月。弗洛伊德抵达伦敦后第四天就去看望了它，后来又去过几次。为了弥补这段时间的缺失，有人又给他抱来一只小狮子狗，名字叫詹布（Jumbo），但出于这一物种的本能习惯，詹布只对喂它东西吃的宝拉保持亲近。

因为没有任何希望能把姊妹们留在伦敦，弗洛伊德不得不离开他在维也纳的四位姊妹——罗莎·格拉夫（Rosa Graf），德尔菲·弗洛伊德（Dolfi Freud），玛丽·弗洛伊德（Marie Freud）和宝拉·温特尼茨（Paula Winternitz）。来自纳粹方面的危险迫近，弗洛伊德和弟弟亚历山大筹集了 16 万奥地利先令（相当于 22400 美元）送给她们，只要纳粹不来没收这些钱，便足够她们安度晚年。年底，玛丽·波拿巴努力把她们带到了法国，但她没有获得法国当局的许可。弗洛伊德也没有特殊理由去担心她们的生活；毕竟当时纳粹对犹太人的迫害还在早期阶段。所以幸运的是，弗洛伊德并不知道她们后来的命运如何；大约 5 年后，她们被送往焚化炉。

弗洛伊德一家人不能在这间暂时租来的房子里待太久，于是他们不得不搬到其他住处。9 月 3 日，弗洛伊德和太太、女儿搬到沃灵顿（Warrington）的艾斯普雷内德酒店（Esplanade hotel），打算等新家准备好了再搬过去。但这期间弗洛伊德出现了眼中的并发症。8 月中旬，疤痕中就发现了几个可疑点，舒尔建议把皮希勒从维也纳接过来。弗洛伊德反对。他们咨询了乔治·G. 埃克斯纳，一位在伦敦的皮希勒的前助手，和放射学专家戈特霍德·施瓦茨（Gotthold Schwarz）的意见，后者建议使用更痛苦的热透疗法（diathermy）。有那么一段时间弗洛伊德感觉好多了，还接待了几位患者。

离开埃尔斯沃西路那几天，弗洛伊德被告知尽管上面提到的可疑点已经解决掉了，但新的疑点又出现了。舒尔、埃克斯纳和镭专家卡特·布雷恩（Carter Braine）一致认为需要进行一次新的手术。在弗洛伊德搬到酒店后4天，就被转移到外科门诊。那天晚上我到他那里，第一次看见他刮干净了胡子，因为他们已经决定把脸颊切开以更好地解决问题。最后皮希勒也从维也纳赶过来为他进行手术，手术历时两小时，9月8日凌晨结束；第二天皮希勒就返回了维也纳。在一个月后的一封信中，弗洛伊德说，这是1923年以来他接受过的最严重的一次手术。他说自己极度虚弱，仍疲惫不堪，很难写作或说话。医生告诉他，只要死骨片脱落，会在6周之内恢复。然而过去了3个月，还是没有恢复。弗洛伊德开始认为，这是医生虚构出来的谎言，只是为了安抚他罢了。甚至直到11月底，弗洛伊德仍然未能重拾自己喜欢的专业写作，他只能写零星几个字母。弗洛伊德自此都没有从这次严重的手术中恢复过来，他越来越虚弱了。

9月16日，弗洛伊德太太和女佣宝拉被安置在梅尔斯菲尔德花园20号的家。弗洛伊德和安娜于9月27号搬了过来。弗洛伊德对这间住所非常满意。他说对于一个所剩之日无几的人来说，这样的房子有点太好了，它真的非常美。房子后面有一个宽敞的花园，四周都种满了花和灌木；一排排高高的树木把它与邻近的房子隔开来。弗洛伊德在这里度过了尽可能多的时光，他有一张舒适的秋千躺椅。他的诊室里装满了他心爱的东西，两扇法国式窗户打开直接朝向花园——一年后他就在这里死去。他的儿子恩斯特已经布置好了所有挂画和文物柜，陈设效果绝佳，比在维也纳的时候更加宽敞。宝拉凭借记忆把弗洛伊德桌上各种各样的物件按照原来的样子精准摆放，以便弗洛伊德来到的时候仍然感觉像在家里一样自在。他所有的家具、图书、古董都于8月15日安全抵达伦敦，在他的大诊室或书房里，一切都被完美地安置好，用以摆放他最喜欢的东西。

阿诺德·茨威格仍然在做一件徒劳无功的尝试——无数次中的最后一次！——为弗洛伊德争取诺贝尔奖，这件事弗洛伊德始终认为是浪费时间。"别再让自己去忙诺贝尔奖那件事了。我肯定是拿不到诺贝尔奖的。在组委会中有几个高层都是精神分析的反对者，而获奖取决于他们的态度，无人能期待我可以坚持到他们改变主意为止。因此，尽管在经历了纳粹在维也纳对我的大洗劫之后，这笔奖金可

第三部分　最后岁月（1919—1939）

能是非常丰厚的，以及我的儿子和女婿们都很贫穷，但是我和安娜达成了共识，一个人不一定要拥有一切，并且已经决定放弃这笔奖金和她的斯德哥尔摩之行了……说回诺贝尔奖：我们不能去期待官方委员会让自己冒着挑衅德国纳粹势力的风险把这个奖项颁给我。"

早期的来访者中主要有 H. G. 威尔斯、知名犹太历史学家亚胡达教授（Yahuda），他乞求弗洛伊德不要出版那本关于摩西的书，还有普林斯·勒文施泰因（Prince Loewenstein）、阿诺德·霍利格尔（Arnold Hollriegel）、斯蒂芬·茨威格、著名人类学家马林诺夫斯基教授（Professor Malinowski），和特别受欢迎的客人哈伊姆·魏茨曼（Chaim Weizmann）——著名的犹太复国主义者的领袖，弗洛伊德非常尊敬他。马林诺夫斯基向弗洛伊德报告了一项于6月17日在社会学研究大会上通过的决议，并向弗洛伊德表示欢迎。

6月23日有一次特殊的访问，此前这种规模的访问只对国王本人进行过。此次访问的成员是皇家学会的三位秘书——阿尔伯特·西沃德爵士（Sir Albert Seward）、A. V. 希尔教授（A.V.Hill）和格里弗斯·戴维斯先生（Griffith Davies）。他们为弗洛伊德带来一份官方宪章书要他签署。这次会面令弗洛伊德非常开心。他们送给他一本伟大的著作，其中还有艾萨克·牛顿和查尔斯·达尔文的签名。

7月19日，斯蒂芬·茨威格带着萨尔瓦多·达利前去拜访弗洛伊德，这位著名画家在现场画了一幅素描，这幅超现实主义风格的画作将弗洛伊德的头盖骨画得让人联想到蜗牛！在后来的自传中他提起过这次见面，并且描述了为他画的两幅画。次日弗洛伊德写信给斯蒂芬·茨威格：

> 我真的很感谢你昨天给我带来这样的客人。到现在为止，我一直倾向于把超现实主义者当作百分百的傻瓜（或者说95%的酗酒傻瓜），尽管他们把我奉为他们的守护神。那位西班牙年轻人，他那双狂热的眼睛和无可辩驳的高超技术改变了我的看法。研究他是如何创作出那幅画的，确实是很有趣的事。
>
> 至于你带来的另一位客人，那位候选人[①]，我想给他设置一点难题，为了考验他欲望的力量，达到一种更大程度的自愿奉献。精神分析就像一个想

[①] 诗人爱德华·詹姆斯（Edward James）。

获胜的女人，但知道她如果没有抵抗，她就没有什么价值。如果你的詹姆斯花费太多时间来思考的话，他可以去找其他人，比如琼斯或者我女儿。

我听人说你离开的时候还落下了一些东西，你的手套什么的。你知道这意味着你会再次过来。

8月1日，国际精神分析大会在巴黎举行；这是那些年里召开的最后一次。在这次大会上，一些尖锐的分歧意见出现了，主要发生在欧洲和美国的同事之间，就业外分析师问题展开的争论。各自协会的委员会都需要找到一个合适的解决方案。欧洲委员会于12月4日来到弗洛伊德家里会面，弗洛伊德陈述了他那众所周知的观点。1939年7月20日他们再次会面，弗洛伊德仍然在场，但这次他病得太厉害了，不太能贡献什么。幸运的是，整个计划被即将到来的战争搁置了，从那以后欧洲和美国分析师之间的关系一直很好。这是艾丁格出席的最后一次会议了；他来到伦敦看望弗洛伊德，事实证明这是他们的最后一次见面，然后艾丁格返回巴勒斯坦。

弗洛伊德来到伦敦时，意第绪语科学院委员（Yiddish Scientific Institute）——通常被简称为 Y.I.V.O.——向弗洛伊德表示他们的尊敬[①]；弗洛伊德立即回复：

> 收到你们的问候我很高兴。尽管我对一切宗教，包括我们的宗教在内都持否定态度，但毫无疑问的是，你们知道我很高兴且自豪地承认我的犹太性。
>
> 我会尽快从最近维也纳的事件和我那疲劳不堪的旅途中恢复过来，很高兴将会见到你们了。

弗洛伊德多次试图安排这次会面，但一直拖延到1938年11月7日健康状况允许为止。弗洛伊德详尽地论述了他对摩西和一神教（Monotheism）的观点，也说起他的犹太同胞们警告他不要公开出版这份作品的事。但对于他来说，真理是神圣的，他不能放弃作为一个科学家的表达权利。关于这件事他在一封信中写道："我们犹太人一向知道如何尊重精神的价值。我们通过思想维护我们的团结，

---

① 自1919年以来，弗洛伊德就是这个协会维也纳分会的荣誉主席。

第三部分 最后岁月（1919—1939）

因此我们一直活到了今天。"

在次年8月，弗洛伊德去世前一个月，他被邀请前去接替刚刚逝世的摩西·加斯特（Moses Gaster）博士的职务，担任伦敦Y.I.V.O的主席。弗洛伊德回答说："由于我的《摩西和一神教》（Moses and Monotheism）一书在犹太界引发了强烈的反对，我很怀疑以这种身份公开我的名字，是否会影响到Y.I.V.O的利益。这件事由你们来决定。"

到这一年的年底，弗洛伊德已经恢复到每天进行4次分析的水平了，他坚持这样做，偶有中断，一直持续到他不远的生命尽头。甚至英国的天气也辜负了其糟糕的名声，为弗洛伊德的到来增添了一抹暖意。11月份的气温仍然像6月一样，高达68度。我记得弗洛伊德在他的花园里高兴地说："这就像5月一样。"然后到了12月底，气温骤降至23度，人们迎来了一个古老的"白色"圣诞节。

弗洛伊德在手术之前对摩西一书第三部分完成了最后的润色，8月之前交到阿姆斯特丹付印；截至次年8月，德文版销量达2000册。

弗洛伊德晚年的另一部作品《精神分析纲要》（An Outline of Psycho-Analysis）最终也没有完成。早在几年前弗洛伊德就有意撰写一个这种类型的简短介绍，当我的小册子《精神分析》（Psycho-Analysis）于1928年出版时，弗洛伊德非常高兴，感谢我为他写了一本类似的书。然而现在，弗洛伊德重拾了他的想法，但主要目的是打发空余时间。他在维也纳等待结果的时候就开始写这本书了，到9月份已经写了63页。他不停地说觉得自己写的都是重复的话，没有任何新想法，这令他感到十分羞愧，他希望这最终会被证明是一个死胎。这本书在他死后一年出版，事实上具有相当高的价值。

弗洛伊德死后一年还有一篇论文发表：《自我在防御过程中的分裂》（Splitting of the Ego in the Process of Defence），写于1937年圣诞节。这篇文章很短，但十分重要。弗洛伊德坚持认为，把自我看成一个统一的综合体这种观点是错误的；在童年时代，人们对待现实的态度可能会发生分裂，这种分裂会随着岁月的增长而加深。他引述了一个病例的片段，用以说明这种情况是如何发生的。

我们的故事快要讲完了。在弗洛伊德生命中的最后两年，最突出的焦虑事件就是那些可疑区域被证明并非癌前病变，而是确定无疑的癌症的恶性复发。1938年圣诞节，舒尔医生去除了死骨，弗洛伊德对它的存在十分担忧，现在变得如释重负。但与此同时,肿胀现象也出现了,逐渐呈现出越来越不祥的征象。1939年2月初,舒尔很确定地认为这是癌症的复发,但他没能说服埃克斯纳的诊断。于是大家决定去请癌症方面的权威专家威尔弗雷德·特洛特。我带他来见弗洛伊德,距离他们上一次在萨尔茨堡大会上见面已经过去41年了。特洛特于2月10日、2月21日和24日分别做了检查,但对最终诊断拿捏不定,建议进行进一步观察。舒尔和安娜感到非常绝望。多年以来的日常观察,使他们比其他任何陌生人都更清楚病情。舒尔急切地写信给皮希勒。2月15日皮希勒提议进行电凝术(electrocoagulation)加镭疗法。巴黎居里研究中心主任拉卡萨涅(Lacassagne)被请来,于2月26日进行了一次检查。但是他不支持进行镭疗法。活组织检查已经证实这是一个明显的恶性复发,但外科医生们认为无从下手,进一步手术也不可行。因此现在的病情已经盖棺定论为"无法治愈的癌症"。尽头在望。接下来只能进行一系列保守治疗,每日求助于伦琴射线。3月12日,拉卡萨涅再次从巴黎赶来,为此进行了一系列特殊安排。前往哈雷街(Harley Street)内维尔·萨缪尔·芬奇(Neville Samuel Finzi)医生家的治疗路途令人筋疲力尽,但是这次治疗在阻止病情恶化方面取得了一定成功。

弗洛伊德把自己的情况通知了艾丁格,说治疗会让他多活几个星期,以便他继续他的分析课;给他的最后一封信是在4月20日,只有几行。

3月19日,弗洛伊德最喜欢的学生之一海因兹·哈特曼(Heinz Hartmann)最后一次拜访了他。玛丽·波拿巴在弗洛伊德生命中的最后一个冬天也来过伦敦几次。在见面之后弗洛伊德给她写信说:"我想再说一次,当你跟我们待在一起的时候,我不能给你更多东西,这令我着实感到遗憾。也许下一次你来的时候情况会有所好转——如果战争没有打响的话——晚些时候我就没有这么疼痛了。哈默医生(Dr.Harmer)刚刚来过,找到了一种针对疼痛部位外观的准确无误的治疗方法。"

3月31日到4月1日间玛丽·波拿巴又来到伦敦,这次访问过后还有一封不太愉快的信——

> 我很久没给你写信了,毫无疑问你知道为什么;你也可以从我的笔迹中看出个中缘由。我不太舒服;我的病痛以及治疗的效果都发挥着一部分我无法确定的影响。周围的人试图把我包裹在一个乐观主义的气氛中:癌症正

第三部分 最后岁月（1919—1939）

在缩小；治疗带来的一些反应只是暂时性的。我一点也不相信，也不喜欢被骗。

你知道安娜不会去巴黎大会了[①]，因为她不能离开我。我对她越来越依赖，对我自己越来越不感兴趣。一些并发症可以缩短这残酷的过程，我对此非常高兴。我应该期待在5月份见到你吗？

致以我热情的问候；我的思念与你同行。

安娜·弗洛伊德，1938年3月。
图片来源：埃德蒙·恩格尔曼。

弗洛伊德的最后一个生日时，玛丽·波拿巴来了，呆了三天，似乎是令人开心的经历。弗洛伊德后来写道："我们都特别欢迎你的到来，很快就再次见到你实在是太好了，即使你没有从S[②]带任何东西来。"

"想想看，芬奇很满意，他给了我一周的假期，不用接受任何治疗。尽管如此，我还是没发现有什么大的改善。我敢说，在这段间隔期间癌症肯定会再次增长，就像之前的那个一样。"

玛丽·波拿巴于6月2日再次来到伦敦，停留了几天，在那之后，她收到了弗洛伊德的最后一封信：

前天我正要给你写一封长信，向你报告关于我们的老塔图（Tatoun）[③]之死，并且要告诉你，你下次来时我会热切聆听你讲述你的新作品，并且在我力所能及之处帮你增色。接下来的两天又残酷地摧毁了我的希望。镭又一次吸收了，出现了疼痛和毒副作用，我的世界又成了从前的样子———一座痛苦的小岛，漂浮在冷漠的大海上。

芬奇继续向我保证他的信心。对于我最后的抱怨，他是这样回答的："最后你也会一样放心的。"所以他几乎是违背我的意愿地诱惑我，继续怀有希

[①] 法语界分析师大会。
[②] Segredakei，用于出售巴黎的希腊古物。
[③] 一只很可爱的狗。

31. 伦敦——结局

望,同时继续忍受痛苦。

弗洛伊德非常渴望在有生之年能看到摩西那本书的英译本问世,担任翻译工作的是我的太太,她快马加鞭地赶在3月份将这本书出版了,这令弗洛伊德非常满意。他写信给汉斯·萨克斯:"摩西这本书并不是一份毫无价值的告别。"当然,弗洛伊德也收到许多关于该书出版的信件,包括来自 H. G. 威尔斯和爱因斯坦的信。

英国精神分析学会于3月举行了宴会,庆祝成立25周年。这是我最后一次收到弗洛伊德的信:

1939年3月7日

亲爱的琼斯:

我仍然很好奇,我们人类对未来的不祥预感是多么少。在战前不久你告诉我,在伦敦成立了一个精神分析协会,我还不可能预见到四分之一个世

马蒂尔德·霍利斯彻,弗洛伊德,恩斯特·琼斯,露西·弗洛伊德(1938年6月6日)

纪以后，我的生活离它、离你们都这样近，更无法想象我即使离得这么近，还是不能参加到你们的聚会中去。

但在无奈之中，我们不得不接受命运所带来的一切安排。所以我必须满足于从这么近、又那么远的地方，向你们协会的成立送去热烈的祝贺和美好的祝福。过去这些年发生的事件，已经使伦敦成为精神分析运动的主要地点和中心。希望伦敦协会能够以最精彩的方式发挥它的功能。

您的
西格蒙德·弗洛伊德

他之所以在签名处加上自己的名字，是因为他知道在英国只有王公贵族才会只用一个词来签名；这是英国的特色之一，使他非常感兴趣。

2月20日，弗洛伊德写信给阿诺德·茨威格，向他汇报了自己不确定的身体状况，3月5日给他写了最后一封信。在信中，弗洛伊德建议茨威格移民去美国而不是英国。"英国在大多数方面都比美国要好，但是这是一个很难适应的地方，而且我不会陪你很久。美国对我来说就像一个天堂的反面，但是它地广人稀，又充满机遇，最终人们会找到自己的归属。爱因斯坦最近对一个朋友说，起初，美国对于他来说像是个国家的讽刺漫画，但是他现在感到生活在那里十分自在……我们不必再抱有什么疑问了，我那亲爱的旧癌症再次回归了，我与他休戚与共了16载。在那时候我们无法预测，我和它到底谁更强大一些。"

4月，弗洛伊德又经历了一次打击，他感到难以承受。对于那位朝日相伴、照顾他的私人医生舒尔，弗洛伊德是非常依恋的，在他的心中舒尔是最值得信赖的人，倾尽全力地对待他。但是，舒尔现在却面临着一个痛苦的两难境地。他前往美国的指标已经发下来了，如果他放弃这次机会，就意味着将会损害他及其孩子们的未来。他决定接受，并前往美国一趟，拿到他的第一份入籍报告。4月21日舒尔离开，7月8日才返回。萨梅特医生（Dr.Samet）暂时接替了他的工作，然后是埃克斯纳医生指导哈默医生接过这个重任。在舒尔医生离开的日子里，他定期会收到报告，表示这边没有什么严重迹象，直到最后一刻。

舒尔返回后，发现弗洛伊德的情况大变。总体来说，整个身体都恶化了，体重减轻，并表现出一些冷漠的迹象。他的一边脸颊遭到癌症溃疡的袭击。甚至他最好的朋友、始终伴随这么多年的良好睡眠如今也弃他而去。安娜每天晚上都要多次在局部用俄妥卡因（orthoform）上药。

最后一个来访者之一，是弗洛伊德最早的精神分析伙伴汉斯·萨克斯。7月他前来看望弗洛伊德，知道这将是他最后一次离开这位"主人和朋友"。萨克斯被看到的两件事惊呆了：一个是即便承受着如此痛苦而悲惨的遭遇，弗洛伊德仍然没有表现出任何抱怨或烦躁的迹象——一点也没有，有的只是对命运的接受和顺从。另一件事是即使这样，弗洛伊德仍然对美国的局势很感兴趣，而且对精神分析界近期的一些动态和事件都很清楚。正如弗洛伊德可能希望的那样，他们的最后一次分别很友好，但不带任何感情。

弗洛伊德和所有优秀的医生一样，对用药都很反感。正如他一次对斯蒂芬·茨威格所说的，"我宁愿在痛苦中思考，也不愿清楚地思考"。然而，现在他同意偶尔服用几片阿斯匹林，这是他在最后一刻接受的唯一药物。他设法继续他的分析工作，直到7月底。9月1日，他的孙女伊娃——奥利弗的孩子最后一次前来看望他；他特别喜欢这位迷人的女孩，5年后她在法国去世。

8月，事态急转直下。一个令人悲痛的症状出现了，弗洛伊德的伤口中散发出难闻的气味，所以当他最喜欢的狗被带来看望他时，它缩进房间的一个角落里，这是一个令人心碎的经历，透露了这位病人已经走到了何种阶段。弗洛伊德的身体很虚弱，长期待在书房里的病区，从那里他可以眺望花园里的花。他阅读报纸，跟踪世界上正在发生的事件。随着第二次世界大战的临近，弗洛伊德确信这将意味着希特勒时代的终结。爆炸发生的那天有空袭警报——结果证明是虚惊一场——当时弗洛伊德躺在花园里的沙发上，感到相当不安。他感兴趣地注视着人们为了保护他的手稿和收藏的古董所做的事。但当广播宣布，这将是最后一次战争时，舒尔问他是否

西格蒙德·弗洛伊德，1938年。斯特恩伯格（Sternberger）摄。

第三部分 最后岁月（1919—1939）

相信这种说法，他回答："不管怎样，这是我的最后一次战争了。"他发现自己几乎吃不了任何东西。他读的最后一本书是巴尔扎克的《驴皮记》（*La Peau de Chargrin*），对此他挖苦地评论说："这本书适合我。它讲的是一个饥饿的故事。"那种逐渐萎缩下去，越来越少的东西，在书中描写得是那么强烈。

但是这一切痛苦，都没有让弗洛伊德有丝毫的不耐烦和暴躁易怒。听天由命的哲学观，和接受不可改变的现实的态度贯穿了始终。癌症通过面颊扩散到其他区域，使脓毒症病情加重。他精疲力竭，极度痛苦，难以形容。9月19日，我来向他道别，他在打瞌睡，我喊了他的名字。他睁开眼睛，认出了我，挥了挥手，然后用一个意味深长的姿势把手放下，这个手势包含了太多的含义：问候、告别、放弃。它清晰地表明："剩下的只有沉默。"一句话都不必再说。很快他又再次睡去。9月21日，弗洛伊德对他的医生说："我亲爱的舒尔，你还记得我们的第一次谈话吧。你答应过我，当我不能再继续下去的时候，你会帮助我的。如今只剩下折磨，没有任何意义了。"舒尔握着他的手，答应会给他足够的镇静；弗洛伊德向他表示了感谢，犹豫了一会儿，说道："把我们的对话转告安娜。"没有任何情感的外露或自我怜悯，只有现实。

次日早晨，舒尔为弗洛伊德拿来了第三支吗啡。弗洛伊德已经精疲力竭，而且对阿片类药物毫无耐药性，所以这样微小的剂量已经足够。他如释重负地叹了口气，安然入睡；显然，他已经接近尾声。1939年9月23日，次日午夜，弗洛伊德逝世。他漫长而艰苦的一生结束了，他的痛苦结束了。弗洛伊德以他活着的方式死去——一位现实主义者。

9月26日早晨，弗洛伊德的尸体在戈德尔·戈林（Golder's Green）火化，大批哀悼者前来，包括玛丽·波拿巴和来自国外的朗普斯（Lampls），他的骨灰被安放在一只他生前喜爱的希腊古瓮中。弗洛伊德的家人请我致悼词。接着，斯蒂芬·茨威格用德语做了一番长篇言说，无疑比我的演讲更有说服力，但不会比我的包含的感情更深。

图书在版编目(CIP)数据

弗洛伊德传 / (英)厄内斯特·琼斯著;张洪量译. —北京:中央编译出版社,2018.1
ISBN 978-7-5117-3471-6

Ⅰ. ①弗…

Ⅱ. ①厄… ②张…

Ⅲ. ①弗洛伊德(Freud, Sigmmund 1856-1939) —传记

Ⅳ. ① K835.216.2

中国版本图书馆 CIP 数据核字 (2017) 第 318565 号

弗洛伊德传

出 版 人:	葛海彦
出版统筹:	贾宇琰
责任编辑:	曲建文
责任印制:	刘 慧
出版发行:	中央编译出版社
地　　址:	北京西城区车公庄大街乙5号鸿儒大厦B座(100044)
电　　话:	(010) 52612345(总编室)(010) 52612335(编辑室) (010) 52612316(发行部)(010) 52612346(馆配部)
传　　真:	(010) 66515838
经　　销:	全国新华书店
印　　刷:	北京文昌阁彩色印刷有限责任公司
开　　本:	787 毫米 ×1092 毫米　1/16
字　　数:	538 千字
印　　张:	32
版　　次:	2018 年 1 月第 1 版
印　　次:	2018 年 1 月第 1 次印刷
定　　价:	98.00 元

网　　址:	www.cctphome.com	邮　箱:	cctp@cctphome.com
新浪微博:	@中央编译出版社	微　信:	中央编译出版社(ID:cctphome)
淘宝店铺:	中央编译出版社直销店(http://shop108367160.taobao.com)(010) 55626985		

本社常年法律顾问:北京市吴栾赵阎律师事务所律师　闫军　梁勤
凡有印装质量问题,本社负责调换,电话:(010) 55626985